이 책을 나의 은사 효촌(曉村) 신동호(申東浩) 선생님의 영전에
바칩니다.

맨얼굴의 莊子

혼탁한 세상을 살아가는 지혜

맨얼굴의 장자

: 혼탁한 세상을 살아가는 지혜

초판 1쇄 인쇄 2017년 4월 17일
초판 1쇄 발행 2017년 4월 24일

지은이 / 이종성

펴낸곳 / 도서출판 **동과서**
서울시 영등포구 국회대로 53길 23, 태성빌딩 4층
등록번호 / 제22—405호

D.K.S. Publishing Co.
23, Gukhoe-daero 53-gil, Yeongdeungpo-gu,
Seoul, 150-038 Rep. of KOREA

전화 / (02)333-7533
팩스 / (02)6280-2353

값 27,000원

ISBN 978-89-6525-120-0 (03100)

맨얼굴의 莊子

혼탁한 세상을 살아가는 지혜

이 종 성

동과서

국립중앙도서관 출판예정도서목록(CIP)

(맨얼굴의) 장자 : 혼탁한 세상을 살아가는 지혜 / 지은이:
이종성. -- 서울 : 동과서, 2017
p. ; cm

참고문헌과 색인수록
ISBN 978-89-6525-120-0 03100 : ₩27000

장자
중국 철학[中國哲學]

152.226-KDC6
181.114-DDC23 CIP2017005068

책머리에

장자는 기원전 4세기 무렵 중국 전국시대를 살다간 제자백가의 한 사람이다. 그는 한 명의 위대한 철학자이면서 동시에 문학자이기도 하다. 그의 언어는 종잡을 수 없이 밑도 끝도 없을 때가 많고, 그의 사유는 천지사방 끝 간 데 없이 이르지 않는 곳이 없다. 그의 사유와 그의 언어를 따라 세계를 만나고 인간을 만난다는 것은 분명 새로운 경험임에 틀림없다.

내가 장자를 처음 알게 된 것은 초등학교 시절 자유교양문고로 출간되었던 『장자』를 통해서였다. 그 시절 나는 꽤나 많은 서적을 읽었던 기억이 난다. 그러나 그 어린 나이에 읽었던 『장자』는 나에게 그 당시 어떠한 감흥도 신비로움도 전달해주지 않았다. 그저 봉황새가 하늘을 날아간다는 뜬금없는 옛날이야기 하나 정도가 『장자』의 모든 이미지를 덮어버렸던 기억이 난다. 나의 상상력과 감성이 너무나 무딘 탓이었을까? 그 당시 내 손에 잡혀있던 『장자』는 단지 한 편의 무협소설 같은 허풍스러움과 과장됨으로만 인식되었으니 말이다.

나는 이 시절 교과서에 실려 있던 고려 말의 유학자 안향의 호교론적인 무속비판에 대한 내용과 공업입국을 표방한 국가주의적 과학주의라는 것에 꽤나 많이 훈습되어 있었던 것 같다. 교과서는 믿음의 대상이었기 때문이었을 것이다. 교과서를 부정한다는 것은 만고불변의 진리를 호도하는 불경한 처사에 해당하는 것이라고 믿었기 때문이었을 것이다. 이러한 믿음은 진정한 믿음이 아니라는 것을 그 어린 시절 일찍이 간취한다는 것은 매우 지난한 일이었을 것임에 틀림없다. 이때의 믿음이 일종의 잘못된 신념이었다는 것을 알기까지는 꽤나 많은 시간이 흘렀다. 장자를 철학서로서 만나기 전까지는 말이다.

이런 내게 장자가 참 괜찮아 보이는 인물로 인식되기 시작한 것은 아마 고등학교 1학년 무렵이었던 것 같다. 어느 통속한 잡지에 실려 있던 진묵대사(震默大師, 1563~1633)의 시와 그 시에 원용된 장자의 사유가 감수성이 많던 당시의 나를 포박하였던 기억이 새롭다. 삶과 죽음의 문제에 고민이 많던 청소년기에 진묵의 입을 통해 토해진 장자의 호방한 기개는 나의 협소한 가슴을 위무하기에 충분했다고 사료된다.

그것은 다름 아닌 장자가 죽음을 앞두고 제자들에게 했다는 말이었음을 나는 기억한다. 그 말을 나는 강한 흡인력으로 받아들였다. "하늘을 이불삼고 땅을 요로 삼겠다!" 진묵의 이 말은 장자가 죽음 앞에서 자신의 제자들에게 말한 "하늘과 땅을 나의 관곽으로 삼겠다!"고 했던 말의 변형이었다고 나는 안다. 참고로 진묵의 선시를 아래에 소개해보기로 한다.

하늘을 이불삼고 땅을 요로 삼고 산을 베개 삼으며	天衾地席山爲枕
달을 촛불삼고 구름을 병풍삼고 바다를 술잔삼아	月燭雲屛海作樽
크게 취하여 슬그머니 일어나서 춤을 추니	大醉居然仍起舞
도리어 긴 소맷자락이 곤륜산에 걸릴까 염려로다	却嫌長袖掛崑崙

내가 진묵을 통해 가슴 한 편에 담아두었던 장자를 다시 만난 것은 대학에 입학한 후 나의 은사 효촌 신동호 선생님을 통해서

였다. 효촌 선생님은 장자의 언어를 현대적으로 새롭게 해석하여 설명해 주셨고, 치밀한 논리를 통해 장자에게 생명을 불어넣어 주셨다. 이후 대학원에 진학한 내가 장자 연구가의 길을 택하게 된 것 역시 모두 선생님을 통해 만난 장자 덕분이었다.

안타깝게도 지금 나는 더 이상 효촌 선생님을 뵙고 싶어도 뵐 수 없게 되었다. 선생님께서는 2013년 여름 '구하유(無何有)'의 고향으로 돌아가셨기 때문이다. 삼 년 전 가을의 초입이 되었을 때 효촌 선생님의 지도를 받은 몇 안 되는 제자들이 선생님의 학덕을 기리는 비문을 제작하여 소박한 제막식을 거행하고 돌아온 일이 있다.

그러나 선생님께서 살아계셨다면 이러한 제자들의 결정을 아마도 크게 저어하셨을 것 같다. 선생님께서 진정 제자들에게 바라는 것이 있으셨다면, 그것은 아마도 살아있는 제자들이 각자 자기의 영역에서 자신의 역할을 충실히 수행하는 것을 지켜보는 일이셨으리라 믿는다. 학자의 길로 접어든 제자들의 학문적 삶의 과제를 더 걱정하시고 독려하셨을 것이라 믿어 의심치 않는다.

생각이 여기에 미치자 나는 지금 현 상황에서 내가 할 수 있는 당면과제가 무엇인지 찾아보지 않을 수 없었다. 이러한 고민이 내가 이 책을 기획하게 된 가장 결정적인 이유이다. 그러나 모든 일들이 생각만큼 순조롭지는 않아서 삼 년 전에 묶어서 편집을 마쳐놓았던 이 책이 세상의 빛을 보는 데는 꽤나 많은 시간이 경과해야만 했다.

이 책은 그동안 장자와 관련하여 발표했던 글들을 한 자리에 모아 묶은 것이다. 이 과정에 최근에 발표한 수편의 글들은 제외하였다. 그것은 주제의 성격 때문이기도 하지만, 나의 장자 독해의 관점에 약간의 차이가 생기고 있음을 조심스럽게 느껴가는 중이기 때문이다. 그리고 향후 또 다른 장자 연구서를 출간하기 위한 과제의식 때문이라고 말할 수도 있다. 여기 실린 글들은 예외적인 한 편의 글을 제외하면 발표된 지 꽤나 시간이 경과한 것들이다. 평균 10여 년 전에 썼던 글들이 대부분이다. 상황이 이와 같다보니, 눈에 띄게 거친 문장도 많고, 다른 선배 학자들의 기존 연구 성과를 수용하기에 바빴던 흔적들이 역력하다.

내게는 이러한 것들이 모두 나름의 의미가 있다는 생각이 들었다. 적어도 내 인생의 특정한 시기에 장자를 만나 고민해보았던 철학적 주제들을 한 자리에 모을 수 있다는 것이 그리 쉬운 일만은 아닐 것이라 여겨졌다. 그래서 경우에 따라서는 기존 원고의 많은 곳을 그대로 놓아두기도 하였지만, 또 많은 곳을 전격적으로 수정, 보완하여 새로운 옷을 입히고자 노력하였다.

그러나 태생적으로 메추라기의 운명을 타고난 이 책의 원고가 하루아침에 환골탈태하여 창공을 훨훨 나는 봉황새가 될 수는 없다는 사실을 알기에 자괴감을 느낀다. 장자는 의식의 변화와 사유의 혁명을 요구하지만, 나는 아직도 제자리걸음 중이다. 언젠가는 지금보다 조금은 나은 형태로 장자의 언어를 내 목소리로 전달할 수 있는 날이 오기만을 학수고대하면서, 부족함을 절감하는 부끄러움을 안고 이 책을 세상에 공표하기로 한다.

이 책의 전체적인 논의는 장자철학의 지식론의 방면에 초점이 맞추어져 있다. 특히 장자의 역설적 언어가 보여주는 원의가 무엇인지를 성찰해보고자 한 것이 이 책의 의의이다. 장자는 우리에게 감각과 이성적 사유를 넘어서라고 주장한다. 장자가 말하는 도는 감각과 이성으로 알려지는 것이 아니기 때문에 이런 억지스러운 주장이 제기될 수 있었던 것이다.

장자는 존재의 색깔을 보되 눈으로 보지 말고, 소리를 듣되 귀로 듣지 말라고 한다. 색깔은 귀로 보고, 소리는 눈으로 들으라는 방식의 맹랑하기 이를 데 없는 말도 안 되는 담론이 장자의 철학이다. 그러나 그의 철학은 곧 실천이다. 역설을 통해 진리를 체득하는 순간 실천은 공허하지 않은 삶의 자양분으로 승화한다. 그래서 장자의 역설은 진리를 깨치는 언어적 충격의 방편이다. 이러한 점에서 장자철학은 깨달음의 대상이라기보다는 깨침의 대상이 된다.

그럼에도 나는 '혼돈칠규(混沌七竅)'의 어리석음으로 장자를 만나 제멋대로 장자를 해부하고, 그 해부되어 잘린 마디들을 다시 잇고 봉합하느라 무진 애를 썼다. 이 책은 그 어리석음의 흔적이다. 물론 잘못된 해부로 인하여 장자가 죽고 내가 죽었다. 그래서 장자도 아니고 나도 아닌 기이한 형태의 결과가 배출되었음을 나는 안다. 그러나 그 기이함을 최소화하기 위하여 나는 기존에 나보다 더 기이한 형태로 장자철학의 문제를 담론하였던 여러 가지 입장들을 찾아보았고, 이를 본격적으로 비판해보겠다는 취지에서 이 책을 기획하였다.

이 책은 총 13가지의 주제를 담았다. 각각의 주제는, 장자의 시대와 삶의 문제, 소요유, 제물론, 도, 성심, 심재와 전일, 좌망, 마음 비움의 계보학, 불가지론, 부지의 지, 밝음의 의거함, 무하유지향, 장자와 불교와의 대화 등이 그것이다. 그리고 이 책은 이와 같은 13가지 주제에 대한 해석학적 오해와 관점의 일탈에 관하여 주목해보고, 이에 대한 반론의 형식으로 그 내용을 구성하였다. 일종의 '문목(問目)'의 형태를 통해 장자철학에 대한 의문과 대답을 시도한 것이 이 책의 내용이다.

우리는 장자철학과 관련하여 다음과 같은 의문을 가질 수 있다. 장자는 허무주의자인가, 장자는 관념적 자유주의자인가, 장자는 상대주의자인가, 장자는 실체론적 절대주의자인가, 장자는 유아론자인가, 장자는 수양론자인가, 장자는 자기망각의 초월론자인가, 장자는 '심재' 기원의 반계보학자인가, 장자는 불가지론자인가, 장자는 반지식론자인가, 장자는 궤변론자인가, 장자는 반문명론자인가, 장자는 중국 선불교의 비조인가?

이상의 질문에 대한 나의 답변은 결코 그렇지 않다는 것이다. 분명 이상의 질문은 장자철학에 대한 특정한 시각을 반영하며, 경우에 따라서는 매우 일반화되어 있기도 하다. 그러나 특정한 시각과 일반화의 논리가 반드시 진리를 보장하는 것은 아니다. 이 책은 이상과 같은 13가지 물음들을 발제로 삼아 그에 대한 반론과 변명을 시도해본 결과이다. 그야말로 장자철학의 올바른 이해를 모색해보고자 하는 목표에서 이루어진 '장자철학을 위한 변론'의 시도라고 할 수 있다.

이외에도 장자에 대한 왜곡된 관점들은 얼마든지 더 찾아질 수 있을 것이다. 그 문제들에 대해서는 향후 시간을 두고 단계적으로 차근차근 정리해 나가도록 할 예정이다. 이 책은 아쉬우나마 지금까지 발표한 원고들을 모아 책의 형태에 맞게 새롭게 보완하고 수정해서 묶었다는 데 의미가 있다. 강호제현의 서릿발 같은 질책이 두려웠다면, 애써 이 책을 기획하지도 않았을 것이다. 장자와 함께 자기의 길을 찾고 있는 강호의 길벗들과 같이 나도 나의 길을 가고자 한다.

앞서 밝힌 것처럼 이 책의 대부분은 내가 장자를 연구하면서 발표한 초기작품들에 해당한다. 이러한 점에서 나의 초학자 시절의 사고와 글쓰기에 영향을 준 모든 인연 있는 분들께 감사드리지 않을 수 없다.

장자와 같은 삶의 길을 하나의 나비 꿈과 같은 체험적인 말씀으로 전달해준 김항배 전 동국대 교수님, 그리고 나의 사고와 글쓰기 방식의 틀을 완전히 전환시킬 수 있는 계기를 마련해준 안동대 윤천근 교수님께 특히 감사드린다. 또한 내가 읽고 영향을 받은 저서와 학술논문의 숱한 저자들에게도 감사드린다. 그 모든 인연들의 치열한 사유의 흔적은 책의 말미에 붙은 참고문헌에 고스란히 드러나 있다. 혹여 본문의 내용 가운데 직접적인 출처가 밝혀지지 못한 한계가 발견된다면, 책의 말미에 붙은 참고문헌으로 그 고마움을 대신하기로 한다.

끝으로 어려운 환경 속에서도 출판문화의 진흥을 통해 사회에 이바지하고 있는 도서출판 동과서의 묵묵한 전진에도 감사드린다. 시장성을 보장받기 어려운 이 책을 흔쾌히 출간해준 도서출판 동과서의 관계자 분들께 진심으로 감사드린다.

부족하기 이루 말할 수 없는 결과임을 너무나 잘 알고 있음에도 앞으로의 학문적 발전을 기약하는 마음을 담아, 삼가 두 손 모아 이 책을 나의 은사 효촌 신동호 선생님의 영전에 바칩니다.

2017년 4월

충남대 중정원이 마주한 연구실에서

이 종 성

목 차

일러두기

1. 『장자』의 원문은 郭慶藩, 『莊子集釋』(北京: 中華書局, 1990)본을 저본으로 삼고, 저서의 편명만을 밝히고 인용 쪽수를 명기하였다.
2. 본문의 『장자』 번역은 안동림, 『장자』(서울: 현암사, 1993)를 저본으로 활용하고, 문맥에 따라 부분적으로 수정하여 풀이하였다.
3. 인명표기는 해당국가의 표기방식을 따랐다. 중국인명인 경우는 신해혁명을 전후하여 그 이전의 인명은 한자식으로, 그 이후의 인명은 현대식 중국어 발음을 따라 표기하였다.
4. 이 책에 인용된 내용은 주를 통해 출처를 밝혔지만, 일부 생략된 내용들은 전체 참고문헌으로 대신하기로 한다.
5. 이 책은 필자의 다음 논문들을 저서의 형식에 맞추어 새롭게 수정·보완한 것이다. 이 중에서 제04장과 제12장은 기존에 발간된 필자의 저서(1999)에서 독립시켜 전체의 내용을 새롭게 보완·개정한 것이다.

제01장: 「장자의 삶의 문법과 당대 비평」, 『동서철학연구』 제35호, 한국동서철학회, 2005.

제02장: 「소요와 노닒 또는 걸림 없는 자유-장자 '소요유'의 부정정신과 자유의식을 중심으로-」, 『동서철학연구』 제67호, 한국동서철학회, 2013.

제03장: 「장자의 상대주의적 관점에 대한 반성적 고찰」, 『범한철학』 제30호, 범한철학회, 2003.

제04장: 「장자철학에 있어서 절-대의 해체전략과 도의 자연성에 관한 고찰」, 『도가철학』 창간호, 한국도가철학회, 1999.

제05장: 「장자철학에서의 '성심'에 대한 성찰」, 『대동철학』 제23호, 대동철학회, 2003.

제06장: 「장자철학에 있어서 마음 비움의 해체적 성격」, 『철학논총』 제21집, 새한철학회, 2000.

제07장: 「장자의 '좌망'론」, 『대동철학』 제24집, 대동철학회, 2004.

제08장: 「마음 비움의 계보학–장자의 '심재'와 '좌망'의 상관성을 중심으로–」, 『철학연구』 제98호, 대한철학회, 2006.

제09장: 「장자철학에 있어서 불가지론의 의의」, 『동서철학연구』 제28호, 한국동서철학회, 2003.

제10장: 「장자 지식론의 이중 구조와 모순 융해적 회통의 논리」, 『동서철학연구』 제31호, 한국동서철학회, 2004.

제11장: 「장자의 참된 지식과 '밝음에 의거함'의 특질」, 『대동철학』 제35호, 대동철학회, 2006.

제12장: 「장자의 이상적 세계상」, 『동서철학연구』 제16호, 한국동서철학회, 1998.

제13장: 「장자와 십우도」, 『동양철학』 제25집, 한국동양철학회, 2006.

01

장자, 전국시대의 거침없는 이야기꾼

장자, 전국시대의 거침없는 이야기꾼

1. 장자는 허무주의자인가?

인간은 자신이 처한 사회적 환경이나 정치·경제적 토대 및 당대의 학술적 분위기 등과 결별하여 완전한 독립적 개체로 살 수 없다. 이것은 인간의 자기 존재성을 규정하는 방식과도 관련을 갖게 되어 인간을 '사회적 존재', '정치적 존재', '이성적 존재', 또는 '역사적 존재'라는 식으로 언명하게 한다. 그러나 인간이 어떤 종류의 형태로 규정되어지건 간에 인간은 자신의 활동범주 안에서 늘 새로운 세계와 새로운 인간의 유형에 대하여 소망하면서 살아왔다고 할 수 있다.

장자의 철학적 사유 역시 그가 처해 있었던 시대적 환경 및 당대의 학술적 분위기와 무관하지 않다. 장자의 철학은 전국시대의 혼란한 시대상을 안고, 제자백가의 '백가쟁명'하는 논쟁들을 보면서 정립된다. 분열의 시대에 전쟁은 그칠 날이 없었고, 학술은 진리로부터 일탈하여 단지 진실성 없는 언어의 나열로 전락하였다. 이러한 지점에서 장자는 시대의 혼란을 걱정하고, 학술의 상호 회통을 염원하는 논의를 통하여 자신의 독특한 철학을 수립한다. 장자의 문제의식은 늘 우리의 곁에 있는 구체적인 것들과 유리되지 않는다. 그러면서도 또한 우리의 의식을 더 한층 높은 곳으로 고양시키는 임무를 잊지 않는다.

나는 장자의 구체적인 철학적 문제의식이 그가 처한 시대 및 사상과 긴밀한 연관을 갖고 있었으며, 그 혼란한 시대 속에서도 장자의 철학정신이 대단히 비판적인 동시에 개방적 특성을 띠고 전개되었음에 주목한다. 그리고 그것은 장자의 삶 속에서 드러나는 도가적 삶의 요소가 '현실 외면하기'가 아닌 '현실 넘어서기'의 일환으로 문법화되는 '자연주의적 삶의 결'이었기 때문에 가능한 것이었다고 본다.

그럼에도 장자 연구가들 사이에는 장자의 삶의 문법을 '허무주의'(nihilism)로 인식하는 경우가 많다. 이러한 견해에 따르면, 장자가 추구한 자유와 삶의 문법은 단지 환상 속에만 존재할 뿐이다. 그리고 이러한 장자의 태도는 일종의 정신적 자아도취에 지나지 않는다. 장자의 허무주의적 인생관은 그로 하여금 근본적으로 객관적 사물에 대한 일체의 시비와 차별을 없애고 인식의 가능성과 필요성을 배척하게 함으로써 현실을 외면하게 만들었다는 것이다.[1)]

요컨대 장자와 같은 '현실 외면하기'가 바로 허무주의적 삶의 태도라는 것이다. 허무주의적 관점에서 보면 삶은 그 자체로 무의미한 것으로 인식된다. 그래서 인위적인 어떠한 노력도 필요없다고 하는 삶의 귀결을 낳는다. 따라서 허무주의자들은 현실적인 인생에는 전혀 관심이 없고, 혼탁한 세상을 단지 비관하고 한탄하면서 거부한다.

이러한 사유는 염세주의(pessimism)와도 관련이 있다.[2)] 장자를 염세주의자로 규정한 대표적인 연구가는 궈모뤄(郭沫若, 1892~1978)인데, 그의 장자에 대한 염세주의적 평가를 볼 때 염세주의는 허무주의와 크게 다르지 않다. 염세주의자와 허무주의자들은 세상을 벗어나 은둔을 선택하는데, 장자가 그렇다는 것이다.

그러나 과연 장자의 삶의 문법이 허무주의적인 것이었을까? 그래서 장자는 허무주의자로 평가되어 마땅한 것인가? 의도적으로 장자를 폄하하고자 하는 사람이 아니라면, 장자를 허무주의자로 보는 태도는 마땅히 불식되지 않으면 안 된다는 사실에 공감할 것이다. 나는 이 점에 주목하고,[3)] 장자의 생애에 나타난 삶의 의의 및 시대적 학술 비평에 나타난 비판의식의 의의를 통해 장자가 도리어 허무주의적 삶으로부터 얼마나 자유로웠는지를 살펴볼 것이다.

2. 당당하게 장자로 살다

우리는 역사적 존재로서의 한 사상가가 출현하였던 사실과 관련하여 그와 관련된 출생이나 사망 내지는 행적, 그리고 사상의 형태 등에 관하여 대체적으로 기존의 역사서에 의지함으로써 다양한 정보를 얻는다. 그리고 이것이 가장 객관적인 학문적 태도라고 평가한다. 특정한 인물이나 사건에 관련된 역사적 자료가 특히 사마천(司馬遷)이나 반고(班固)와 같이 일정한 권위를 갖는 역사가에 의하여 기록된 경우라면 더 큰 설득력을 갖는 것으로 평가된다. 이들의 자료에 근거할 때 우리는 하나의 객관적인 분명한 전거를 확보하였다는 암묵적인 권능에 의지하게 되는 것이다.

그러나 여기에 하나의 함정이 도사리고 있다. 과연 과거의 역사적 기록물들은 모두가 객관적인 사실성에 바탕을 두고 논의되었다고 말해질 수 있는가, 하는 점이다. 거기에는 분명 역사를 기록하였던 한 개인의 세계관이나 그 개인의 세계관을 형성하게 한 당대의 시대의식이 뿌리 깊게 개입되었을 가능성이 충분히 존재하기 때문이다.

역사 속의 장자와 관련하더라도, 우리는 이 문제를 가볍게 보아 넘길 수 없다. 우리가 알고 있는 장자는 다른 말로 '남화진인(南華眞人)'이라고도 불린다. 당나라 현종(玄宗, 李隆基, 685~762)은 장자에게 '남화진인'이라는 호를 주었을 뿐만 아니라, 그의 저서를 『남화진경(南華眞經)』이라고 칭하였다.[4] 당나라 천보(天寶) 원년(742년)의 일이었다.[5] 그런데 장자의 저서라는 『장자』 내지 『남화진경』은 한 개인의 저술이라기보다는 장자와 장자 후학들의 저작이라고 알려져 있다.

오늘날 우리가 볼 수 있는 『장자』는 위진 시대 곽상(郭象, 252~312) 본으로서, 내편 7편, 외편 15편, 잡편 11편으로 구성된 33편 본이다. 그런데 곽상 이전에 한나라 때의 역사가였던 반고는 『한서』「예문지」에서 『장자』가 내편 7편, 외편 28편, 잡편 14편, 해설 3편으로 구성된 52편 본이었다고 한다. 오늘날 전해지는 『장자』는 모두 6만 4천 6백 6자로 이루어져 있는데, 한나라 때 반고가 본 『장자』보다는 3분의 1 정도가 유실된 판본이라고 할 수 있다.

중국 역사에 있어서 가장 뛰어난 역사가의 한 명이라고 평가되는 사마천의 『사기』에서는 장자의 출신지와 그의 생존 연대를 비롯하여 장자에 관한 몇 가지 이야기를 다음과 같이 개략적으로 설명하고 있다. 우선 그 전문을 옮겨보도록 하자.

① 장자는 몽이라는 지방의 사람으로 이름은 주이다. 주는 일찍이 몽의 칠원의 관리를 지냈는데, 그는 양혜왕·제선왕과 같은 시대의 사람이었다. 그는 매우 박학하여 통달하지 않은 것이 없었지만, 그의 학문

은 노자의 학설을 근본으로 하고 있다. 그러므로 10여 만 자나 되는 그의 저서는 대체로 우언으로 되어 있으며, 「어부」, 「도척」, 「거협」 편 등을 지어 공자의 무리들을 비방하고 노자의 학설을 천명하였다. 「외루허」, 「항상자」 편 등은 모두 사실이 아닌 허구이지만, 장자의 문장력이 뛰어나고 세사와 정리에 합당하게 잘 비유를 들어 유가와 묵가를 공격하였으니 비록 당대의 대학자라고 하더라도 그의 공격을 피할 길이 없었다. 그의 언사는 거대한 물결과 같이 자유분방하고 자기 마음대로였기 때문에 왕공과 대인들로부터 훌륭한 인재로 평가받지는 못하였다.

② 초위왕은 장주가 현인이라는 말을 듣고 사신을 보내 후한 예물로 그를 맞아들여 재상으로 삼으려고 하였다. 그러나 장주는 웃으며 초나라 사신에게 다음과 같이 말하였다. "천금이라면 막대한 돈이며 재상이라면 존귀한 지위이지만, 그대는 교제(郊祭: 고대의 제왕이 동짓달에 도성의 남쪽 교외에서 하늘에 올리는 제사)를 지낼 때 제물로 바쳐지는 소를 보지 못하였는가? 그 소는 몇 년 동안 사육되다가 수놓은 옷이 입혀져 태묘로 끌려 들어가는데, 그때 가서 하찮은 돼지가 되겠다고 해서 그렇게 될 수 있겠는가? 그대는 빨리 돌아가서 나를 더 이상 욕되게 하지 마라. 나는 차라리 더러운 시궁창에 노닐면서 즐거워할지언정 나라를 가진 제후들에게 구속당하지는 않을 것이며, 죽을 때까지 벼슬살이를 하지 않음으로써 나의 마음을 즐겁게 하고자 한다."6)

이와 같은 사마천의 기록이 과연 얼마만큼 객관적인 것인지는 알 수 없다. 특히 인용문①에서 사마천은 『장자』의 여러 편들 중에서도 유독 '반유가적 사유'가 다른 편들에서보다 더 농후하게 드러난다고 볼 수 있는 「어부」, 「도척」, 「거협」이라는 세 편을 집중적으로 거론한다. 그리고 장자가 유가를 공격하고 그 학술연원이 노자에 있다고 주장한다.

요컨대 사마천은 반유가적이라고 비쳐지는 『장자』의 서너 편을 통해 장자와 유가의 관계를 서로 극단적으로 대치시키는 특징이 있다. 그러나 이것은 『장자』의 전체내용 중 차지하고 있는 비중이 크지 않다. 그럼에도 이것을 『장자』의 전체적인 특징인 것처럼 기술하고 있는 점은 사마천 자신의 입장이 유가에 대한 불편한 입장을 가질 수밖에 없다는 것을 표명한 것이라 볼 수 있다. 이러한 점은 사마천이 지닌 선천적 조건으로서의 황로학적 가문의 분위기와 후천적 조건으로서의 한무제와의 대립적 사유의 입장과 무관하지 않다고 볼 수 있다.

여기에서 우리는 유가의 반대편에 놓여 있는 장자를 발견한다. 또 다른 한편으로는 장자와 노자를 같은 계열의 사상가군으로 묶는 당시의 한대 학술의 사조를 발견한다. 이것은 반고가 그렇고, 또한 회남왕 유안이 그렇기 때문이다.[7] 그렇다면 결국 우리는 사마천을 비롯한 한대인의 시각을 통하여 장자를 독해해 왔다고 평가하더라도 크게 틀리지 않다. 이러한 사태에 직면할 때 우리는 곤혹스러움을 피할 수 없다. 이 문제는 장자철학의 원형이 과연 무엇이냐, 라고 하는 보다 근원적인 문제와 맞닿아 있기 때문이다.

또한 우리는 순수도가적 측면에서 논의되는 장자의 철학과 황로학적 사상의 연장선 위에서 논정되는 장자의 경계가 과연 무엇인지 정확하게 말하기가 곤란하다. 그것은 특히 장자와 장자의 후학들에 의하여 씌어진 『장자』라는 텍스트가 안고 있는 사상의 복잡성으로부터 유래하는 문제이기도 하다.

『장자』가 장자 개인 한 사람에 의하여 기록된 순일한 텍스트가 아니라는 인식은 아주 오래된 것이다. 텍스트의 순일성에 대한 의문은 적어도 7세기 무렵부터 시작되어 약 4세기가 지나면서 북송시대의 소동파(蘇東坡, 1037~1101)를 비롯하여 남송시대에 『남화진경순본(南華真經循本)』을 저술한 나면도(羅勉道) 등에 의해 보다 구체적으로 제기된다. 오늘날은 『장자』가 한 사람에 의하여 기록되었을 것이라고 생각하는 사람은 거의 없는 실정이다.[8)]

따라서 우리는 이제 사마천이 제시한 한두 가지 기본적인 사항들에 관해서만 관심을 두고, 이를 토대로 장자의 삶의 현장을 추적해보기로 한다.

중국 고대의 철학자들이 대부분 그렇듯이 우리는 장자의 생졸연대를 비롯하여 그의 출신국에 관련된 문제들에 대하여 정확하게 알기가 어렵다. 사마천 역시 이에 관한 자세한 자료를 남겨 놓지는 않았다. 그나마 장자가 양혜왕(재위 기간: 기원전 370~기원전 319)이나 제선왕(재위 기간: 기원전 319~기원전 301)과 같은 시대에 살았다는 사마천의 기록을 참조한다면, 장자는 맹자라는 인물과 같은 시대를 살았다는 점만큼은 확인이 가능하다. 그런데 안타깝게도 아직까지는 당대의 가장 뛰어났던 두 명의 철학자 장자와 맹자가 서로 조우했었다는 기록은 그 어디에서도 찾아볼 수 없다.

다만 우리는 장자가 명가의 대표적인 철학자로 알려진 혜시(기원전 370~기원전 310년 경에 60여 세를 살았을 것으로 추정)[9)]와 절친한 교우 관계를 가지고 있었다는 사실을 『장자』 안에서 확인할 때,[10)] 장자는 대체로 기원전 4세기에 활동한 인물이었음이 확실하다는 것을 인정하게 된다. 런찌유(任繼愈, 1916~2009)의 정리에 근거하더라도, 장자는 기원전 375년에서 기원전 275년 사이를 벗어나지 않는 전국시대 중기를 살다간 인물이라고 할 수 있다. 런찌유는 장자의 생몰연대에 대한 중국학자들의 연구 결과를 다음과 같은 다섯 가지로 정리한 바 있다.[11)]

[1] 마쉬룬(馬敘倫): 기원전 369~기원전 286.
[2] 뤼쩐위(呂振羽): 기원전 355~기원전 275.
[3] 판원란(范文瀾): 기원전 328~기원전 286.
[4] 양룽궈(楊榮國): 기원전 365~기원전 290.
[5] 원이둬(聞一多): 기원전 375~기원전 295.

특히 마쉬룬(馬叙倫, 1885~1970)은 장자의 생몰연대를 추정하여 「장자연표」를 만들었는데, 그에 의하면 장자의 생몰연대는 주열왕(周烈王) 7년에서 주난왕(周赧王) 29년까지의 기간에 해당한다.12)

한편, 사마천은 장자가 '몽(蒙)'이라는 지역에서 태어나 활동하였다고 하였다. 그러나 사마천은 그것이 정확하게 어느 나라에 해당하는지에 관하여 언급하지 않았기 때문에, 장자가 과연 어느 나라 사람인가에 대해서도 의견이 분분하다. 그동안 장자의 출생국에 관해서는 송나라, 양나라, 초나라, 제나라, 노나라일 것이라고 추정하는 다섯 가지 정도의 학설이 제기되어 왔다.13)

[1] 한나라 때의 학자들은 일반적으로 몽이라는 지역이 전국시대의 송(宋)나라이며, 장자는 송나라 사람일 것이라고 주장한다. 유향(劉向)·고유(高誘)·반고(班固)·장형(張衡) 등이 송나라 설을 주장하였다.
[2] 당나라 때의 학자들은 『한서』, 『수서』, 『경전석문』 등의 기록에 근거하여 장자를 양(梁)나라 사람일 것이라고 주장한다.
[3] 송나라 때의 학자들은 대체로 장자가 초(楚)나라 사람이라고 본다. 악사(樂史)와 주희(朱熹)는 각각 『태평환우기(太平寰宇記)』와 『주자어류』를 통하여 이 주장을 견지한다.
[4] 육조시대에는 진(陳)나라의 석지장(釋智匠)이 『고금악록(古今樂錄)』을 통하여 장자를 제(齊)나라 사람이라고 주장하였다.
[5] 위와 같은 석지장의 주장을 반대하면서 마숙(馬驌)과 염약거(閻若璩) 등은 장자가 노(魯)나라 사람이라고 주장한 바 있다.

그러나 이러한 학설 가운데 장자가 송나라, 혹은 양나라 사람이라는 주장 외에 초나라, 제나라, 노나라라는 주장들은 근거가 부족하다. 다만 송과 양은 같은 지역이었거나 동일한 지역에 대한 다른 명칭일 수도 있다.[14] 그것은 시대 변천과 관련을 갖는다고 보면 될 것 같다.

황찐홍(黃錦鋐)에 따르면, 송나라가 멸망하기 이전 시기로 본다면 장자는 송나라 사람이었을 것이라고 한다. 그러나 송나라가 멸망한 이후의 시기로 본다면 장자는 양나라 사람이라고 하던 초나라 사람이라고 하던 별 문제가 되지 않는다고 한다.[15] 왜냐하면, 송나라는 제나라와 양(위)나라, 초나라의 공격을 받고 언왕이 피살됨과 동시에 그 영토가 셋으로 분할되기 때문이다.[16]

『장자』에서도 장자와 송나라를 자주 연계시키는 기록이 있다. 이로 볼 때 장자가 송나라의 멸망을 직접 목격했을 가능성이 높아 보인다. 최근에는 많은 학자들이 대체적으로 장자를 당대의 약소국이었던 송나라[17] 사람으로 보는데 동의한다.[18] 이로써 보면 장자는 전국시대 제후국들의 세력 각축장이었던 중국의 중원에서 태어나 활동하였을 것이라고 판단된다.[19]

일본에서는 일찍이 중국 사상에는 두 가지 계통이 있다고 하여, 노장은 남방 사상의 대표자요 공맹은 북방 사상의 대표자라고 하는 견해가 출현했던 적이 있다. 그러나 이러한 견해는 잘못이라고 지적된 지 이미 오래이다. 왜냐하면 『사기』의 기사에 근거할 때 노자와 장자가 출생한 곳은 중국의 중앙부로서 공자와 맹자가 활약했던 제·노 지방과 대단히 가까운 거리에 있었다는 이유 때문이다. 그곳은 지금의 허난성(河南省) 상구(商丘) 동북지역이다. 허남성은 황하강의 남쪽 중·하류지역에 위치하고 있고, 정저우(鄭州)가 성도이다.

그런데 노장과 공맹의 사상이 크게 차이가 생긴 것은 지리적인 관계로부터 발생한 것이 아니라, 그들의 현실적 상황의 차이 내지는 그에 대한 관찰의 방법이 서로 달랐기 때문이라고 볼 수 있다.[20] 장자를 남방인이라 규정하고 그의 철학이 남방 학술을 대표한다고 보는 견해는 장자의 후대에 나타나는 위진현학의 전개 과정이라든가 중국 선종의 전개로부터 등장하는 남·북 사상계의 대치 국면과 유관한 평가일 수도 있다.

즉 현학과 청담의 기풍에 매료되어 있었던 남중국에서는 '무'를 내세운 남종이 펼쳐지게 되는 반면 현실적인 실천을 강조하던 북중국에서는 '유'를 내세우는 북종이 전개되었다는 중국 선종의 단선적인 분류의 맥락 위에서 주장된 것일 수도 있다는 점이다. '남돈 북점'이라고 하는 불교적 논의의 프리즘이 고스란히 유가와 도가를 구분 짓는 지역적 분류에까지 작동하였을 수 있다는 것이다.

물론 이러한 견해는 시대상 사마천에게까지 소급되지는 않으며, 일부 신유학자들의 의식의 강화에 일조했을 가능성과 연대한다. 이러한 사실을 인정한다고 할 때, 우리는 곧바로 장자를 남방 사람이라고 규정하는 것이 무리가 따르는 견해임을 알 수 있다.

사료를 통해 볼 때, 장자는 벼슬길에 나아가는 일을 전연 안중에 두지 않았다. 앞의 『사기』에서 인용된 내용 중 인용문②에 해당하는 부분은 이러한 사실을 단적으로 보여준다. 이와 비슷한 이야기가 『장자』에도 다음과 같이 실려 있다.

> 장자가 복수에서 낚시를 하고 있는데, 초나라 왕이 보낸 두 대부가 찾아와서 왕의 뜻을 전달하여 "부디 나라 안의 정치를 맡기고 싶습니다"라고 하였다. 장자는 낚싯대를 쥔 채 돌아보지도 않고 답했다. "내가 듣기에 초나라에는 신비한 거북이 있는데, 죽은 지 3천 년이나 되었다고

하더군요. 왕께선 그것을 헝겊에 싸서 상자에 넣고 묘당 위에 소중하게 간직하고 있다지만, 이 거북은 과연 죽어서 뼈를 남긴 채 소중하게 받들어지기를 바랐을까요?" 두 대부는 대답했다. "그야 오히려 진흙탕 속에서 꼬리를 끌며 돌아다니기를 바랐겠지요." 그러자 장자가 말했다. "그렇다면 어서 돌아가시오! 나도 진흙탕 속에서 꼬리를 끌며 돌아다니고 싶을 뿐이오."[21]

천금의 봉록과 경상의 벼슬에도 응하지 않았던 장자이기에 그의 삶은 고단하기 이를 데 없었다. 『장자』에는 먹을 양식이 떨어져 부유한 감하후(監河侯)에게 쌀을 빌리러 가는 장면이 소개되고 있기도 하고,[22] 곤궁한 마을의 뒷골목에 살면서 궁색하게 짚신을 엮으며 사는 장자의 모습이 그려지기도 한다.[23]

그런데 『장자』에서 조상(曹商)이라는 인물이 묘사한 것과 같이, 목덜미는 여윌 대로 여위고 얼굴은 누렇게 떠있는 장자의 모습을 한 번이라도 상상해본 적이 있는가?

『삼재도회』의 장자상

『성철화상기』의 장자상

장자의 초상화는 일반적으로 『삼재도회(三才圖會)』 본이 가장 널리 알려져 있다. 그러나 『삼재도회』 본은 장자의 너그러울 것 같아 보이는 군자의 상에 충실하다. 이 점에서 평생 가난하게 살다간 장자의 모습을 왜곡할 수도 있는 가능성이 충분하다.

이에 비해 『성철화상기(聖哲畵像記)』(중국 허베이대학도서관 소장)에 실린 장자의 모습은 『삼재도회』에서 표현하지 못한 장자의 또 다른 면모를 보여준다는 점에서 주목된다. 이 그림은 『중국역대명신상해(中國歷代名臣像解)』에 실린 칠원리상과 매우 흡사하다. 이것이 비록 칠원리라는 낮은 관직을 살던 시절의 장자의 모습이라 하더라도, 이 그림 속에서 부유해 보이는 장자의 이미지는 결코 찾아볼 수 없다. 도리어 장자가 겪은 인생의 간난과 고초가 초상화 속에 묘사된 가냘픈 몸집과 얼굴의 주름살에 고스란히 남아 전해진다.

장자는 평생 가난에도 굴하지 않는 삶을 살았다. 도리어 정치적으로 성공한 사람을 가리켜 '다른 사람의 치질을 핥아주는 자'라고 조롱하기까지 하였다.[24] 장자의 삶은 '가난함'으로 일관되었지만, 그에게 그것은 크게 문제가 되지 않았던 것이다. 장자에게는 자신의 '가난함'보다 오히려 당시의 지식인들이 자신의 뜻을 펴보지도 못하고 절망하여 '지쳐버린 것'이 더 큰 문제였다.

장자가 군데군데 기워진 거칠고 헐렁한 옷을 입고, 다 떨어진 신발을 삼끈으로 묶고서 위혜왕(양혜왕)을 만났을 때의 대화 내용에서, 장자는 '가난함'(貧)과 '지쳐버림'(憊)의 차이점에 대해서로 비교한다. 위혜왕과 만난 장자는 '가난함'에 문제가 있는 것이 아니라 '지쳐버림'에 문제가 있다고 역설한다.[25]

'지쳐버림'은 일종의 자포자기이며, 절망이다. 장자가 지적한 '지쳐버림'의 현상은 당시의 시대와 사회가 만들어 놓은 폐쇄적 구도 안에서 인간의 심정이 절망적으로 표기되어 나타난 심리적 결과의 양상이다. 그래서 장자는 '지쳐버림'의 현상이 '병'과 밀접한 관련이 있다고 말한다. 장자는 원헌의 말을 인용하여, "나는 재산이 없는 것을 가난이라고 하고 배우고도 실행하지 못하는 것을 병들었다고 한다고 들었다. 지금 나는 가난한 것이지 병든 것이 아니다"26)라고 한다.

이렇게 본다면, 장자는 결국 자기 자신의 '가난함'을 내세워 당시의 시대상을 절묘하게 비판하였던 것이라고 볼 수 있다. 자신은 '지친 게 아니라 가난한 것일 뿐'이라는 장자의 말에는 묘한 자부심과 더불어 당대 사회 권력자들을 비꼬면서 희롱하는 풍자성이 넘치고 있다.

장자는 세속의 부귀와 영화에만 초탈하였던 것이 아니라 죽음에 대해서까지 달관한 태도를 보여 준다. 장자는 자기 부인이 죽었을 때, 질동이를 두드리며 노래를 불렀다는 유명한 일화를 남겼다.

> 장자의 부인이 죽자 혜시가 조문을 갔다. 장자는 바야흐로 두 발을 뻗고 앉아 질동이를 두드리며 노래를 부르고 있었다. 혜시가 말하였다. "사람과 같이 살며 자식을 기르다가 몸이 늙어 죽게 되었는데, 통곡을 안 하더라도 정리에 맞지 않거늘 하물며 질동이를 두드리며 노래를 부르고 있으니 너무 지나치지 않은가?" 장자가 말하였다. "그렇지 않다. 이 사람이 처음 죽었을 때 나인들 어찌 홀로 개탄치 않을 수 있었겠는가? 그러나 그녀의 시초를 생각해보니 원래 생명이란 없었던 것이다. 생명이 없었을 뿐 아니라 원래 형체도 없었다. 형체가 없었을 뿐 아니라 원래 기운조차 없었다. 황홀한 세계에 있다가 섞이어 변화하여 기운이 있게 되고, 그 기운이 변하여 형체가 되고, 그 형체가 변하여 생명이 있게 되었다가, 이제 또다시 변하여 죽음에로 돌아갔으니, 이것은 춘하추동이 서로 갈마들어 네 계절이 운행하는 것과 같은 이치이다. 이제 내 아내는 드러눕듯이 천지라는 거대한 방에서 잠들게 되었는데 내가

기꺼이 소리를 내어 따라 통곡하면 나 자신이 명에 통하지 않는 것 같아 그만 두게 되었다."27)

장자는 삶과 죽음에 대한 의식에 매이지 않았다. 그러서 아내에게 찾아온 죽음이라는 사태를 자연스럽게 받아들인 것이다. 우리는 장자가 아내의 죽음을 맞이하여 질동이를 두드리면서 노래를 불렀다고 하여, 그가 '사의 찬미'를 노래하는 죽음 예찬론자였다고 말할 수 없다. 곽상의 설명에 근거한다면 이 점은 보다 분명해진다.

과거에는 장자가 죽음을 좋아하고 삶을 혐오하였다고 주장되었는데, 이러한 생각은 잘못된 것이다. 만약 장자가 그렇게 생각했다면, 어찌 삶과 죽음을 같은 것이라고 했겠는가? 이른바 삶이라는 것과 죽음이라는 것이 같다는 것은 살아서는 삶에 안주하고 죽어서는 죽음에 안주한다는 것일 뿐이다. 삶과 죽음에 대한 정이 이처럼 같아 살아서 죽음을 걱정하는 일이 없는 것이다. 이것이 바로 장자가 삶과 죽음을 대하는 요지이다.28)

삶과 죽음을 대하는 장자의 삶의 방식은 존재적 생명 현상의 내용을 함축적으로 보여주는 것으로서, 인간이 세상에서 생활해 나아가는 삶의 방식과는 종류를 달리하는 것이다.

존재의 생명 현상에 토대를 둔 삶의 내용과 인간 세상에 토대를 둔 생활의 모습은 전연 다른 경우에 해당한다. 전자와 같은 삶의 방식은 최대한 자연적 권능에 의하여 수동적으로 '살아지는' 삶의 양상을 드러내지만, 후자와 같은 생활의 방식은 인간의 주체적 권능에 의하여 '살아가는' 양상으로 드러나기 때문이다. 그래서 우리는 생존하는 삶과 생활하는 삶을 구분하기도 한다. 이것은 인간이 양산해 놓은 여러 가지 문명과 문화를 즐기며 사는 생활인의 삶과 최소한의 생활적 범주 내에서 자연에 순응하며 사는 생존인의 삶의 차이이기도 하다.

우리는 장자 역시 생활인의 범주 안에 놓인 삶을 살았다는 점을 전적으로 부정할 수는 없다. 그럼에도 그는 생활인의 범주로부터 최대한의 거리를 두는 생존인으로서의 삶을 살았다고 할 수 있을 것이다. 생존적 삶은 존재의 생명 현상과 밀접한 관련을 맺고 있다. 생존적 삶의 태어남의 현상이나 돌아감의 현상은 인위가 개입되지 않을 때 진정한 자연적인 양상으로 드러난다.

생존인으로서의 장자의 삶은 장자가 자신의 죽음을 맞아들이는 순간에도 극명하게 나타난다. 장자의 죽음과 관련하여,『장자』는 장자의 임종 직전의 상황을 다음과 같이 묘사하고 있다.

> 장자가 곧 죽으려 하자 제자들이 성대하게 장사를 지내려고 하였다. 장자가 말하였다. "나는 하늘과 땅을 관곽으로 삼고, 해와 달을 귀중한 도리옥으로 삼고, 별들을 진주와 구슬로 삼고, 만물을 장례에 쓰는 갖가지 물건으로 삼을 것이다. 나의 장례 도구가 어찌 갖추어진 셈이 아니겠는가? 여기에 무엇을 더 보태겠는가?" 어느 제자가 말하였다. "저희들은 까마귀와 새매가 선생님을 쪼아 먹을까 두렵습니다." 장자가 말하였다. "땅 위에서는 까마귀와 새매의 밥이 되고, 땅 아래에서는 땅강아지와 개미의 밥이 될 텐데, 저들이 먹을 것을 빼앗아다가 이들에게 준다면 어찌 편파적인 마음이 아니겠는가?"29)

앞에서 장자는 자기 아내의 죽음을 하늘과 땅이라는 거대한 방에서 잠들게 된 것이라고 설명하였다. 또한 자신의 죽음에 임해서는 하늘과 땅을 관곽으로 삼고 해와 달과 별과 만물을 자기 죽음의 동반자라고 간주하였다. 장자는 죽음이란 인간이 천지 만물로 되돌아가는 하나의 자연적 과정일 뿐이라고 생각하였던 것이다. 이러한 측면에서 장자를 해석한 곽상 역시 삶과 죽음의 세계로 들어오고 나가는 현상이 모두 홀연히 저절로 그러한 것일 뿐 그 말미암는 바가 있어서 그러한 것은 아니라고 보았다.30)

죽음 앞에서조차 의연하게 살다간 장자의 삶의 논리는 그야말로 '걸림 없는 자유'의 정신으로 일관되었다고 볼 수 있다. 그러므로 장자는 아내의 죽음에 매이지 않을 수 있었고, 자기 자신의 죽음을 맞이해서도 별다른 감정을 개입시키지 않을 수 있었던 것이다. 장자가 이렇게 죽음을 하나의 자연적인 사태로 브는 관점은 특히 「대종사」 편의 '삶이라고 하여 기뻐한다거나 죽음이라고 하여 슬퍼하지 않는다'31)고 한 생사일여의 정신과 밀접하게 관련된다.

그렇다면, 한 명의 생활인으로서 자신의 삶을 '살아가던' 장자가 생존인으로서 '살아지는' 삶을 꿈꾸게 되는 인생의 계기는 무엇일까? 그레이엄(A. C. Graham, 1919~1991)은 이 같은 장자의 삶의 전환점을 바로 '조릉의 사건'에서 발견한다.32)

장자는 조릉에서 매미를 노리는 사마귀와 그 사마귀를 노리는 이상한 까치, 그리고 그 까치를 노리던 바로 자기 자신 장자를 본다. 장자는 이러한 일련의 연쇄적 관계에 놀란 나머지 활을 버리고 돌아서지만, 결국 그곳을 지키던 산림지기의 노림으로부터 자유롭지 못한 결과에 봉착한다. 장자는 이러한 일련의 관계망 속에서 하나의 깨달음을 얻는다. 그것은 존재사물이 상호간에 서로 긴밀하게 연루되어 있다는 점, 바로 '사물의 상호 연계성'의 깨달음이었다.33)

우리는 이러한 일련의 사태들에 관하여 간과하기가 쉽다 그것은 존재 포획의 욕망에 가려 자신의 처지를 잊고 있기 때문이다. 그래서 장자는 우리에게 '살아간다'는 것과 '살아진다'는 것의 관계를 돌아보라고 권고한다. 이때 '살아간다'는 것과 '살아진다'는 것이 갈라지는 중심에는 '나'라는 문제가 개입하고 있고, 그 '나'라는 것의 문제는 필연적으로 '마음'의 문제와 관계를 맺고 있다. 근원적으로 의지와 욕망으로 구성된 나의 자아가 작동하는 한 나는 이 세상을 주동적으로 영위해나갈 수 있겠지만, 자아의 무화를 통한 존재 자체에의 동참은 오히려 나의 존재를 세상에서 피동적으로 '살아지게' 한다.

이렇게 존재에 의하여 피동적으로 '살아진다'는 것의 의미 속에는 나의 자아중심적인 세계관을 타자에게 개입시키지 않는다는 의미가 내재한다. 그래서 장자는 자연한 삶의 맥락을 드러내기 위하여 의도적으로 '조물자'의 개념을 들고 나온다. 이때 '조물자'와 나의 관계는 마치 막야의 검을 만든 자와 막야의 검으로서 만들어진 자 사이의 관계가 동일한 처지에 놓여지는 것과 같은 맥락을 지닌다. 장자는 다음과 같이 말한다.

> 지금 위대한 대장장이가 쇠붙이를 녹여 무언가를 만들려는데, 그 쇠붙이가 뛰어올라 "나는 꼭 막야와 같은 명검이 될 테야"라고 한다면, 그 대장장이는 필시 그것을 상서롭지 못한 쇠붙이라고 여길 것일세. 지금 한번 인간의 형체로 주조되었다고 해서 "인간일 될 거야, 인간이 될 거야"라고 말한다면, 저 조화자는 필시 상서롭지 못한 인간이라고 여길 것일세. 지금 하늘과 땅을 큰 용광로로 삼고, 조화를 위대한 대장장이로 삼는다면, 어디를 가든 안 괜찮겠는가! 편히 잠들었다 화들짝 깨어나리라!34)

요컨대 '조물자' 또는 '위대한 대장장이'를 이탈하여 독립적으로 '내가 나이다'라고 말해질 수 없음은 막야의 검을 만든 자를 배제하고 '내가 막야의 검이다'라고 말해질 수 없음과 같다. 이것은 끊임없이 꿈틀거리는 자아의 분별력과 그 분별력의 소산 위에서 논의되는 주체의 자만성에 대한 경고이기도 하다.

피동적으로 '살아지는 삶'은 '삶'·'죽음'이나 '선'·'악' 등의 이항 대립적 가치의 논정을 무의미하게 한다. 내가 나의 '주체라는 것'을 내려놓았기 때문이다. 내가 없기에 대상이 설 자리가 없는 것이다. 대신 그 자리에는 존재 자신의 자연함만이 남아서 생동한다.

3. 싸움쟁이들에게 고함

1) 달팽이 뿔 위의 전쟁 놀음

우리는 장자가 살았던 시대를 전국시대라고 한다. 이 시대는 중국 역사에 있어서 춘추시대와 더불어 가장 혼란했던 시대 중의 하나로 손꼽힌다. 특히 장자가 살아가야만 했던 전국시대의 중반기 이후의 시대상은 그 어떤 시대보다도 혼란이 극에 달했던 시기였다고 평가된다.

이러한 혼란한 시대는 전제주의적인 중앙 집권 국가의 건설과 천하 통일이라는 역사적 과제를 안고 있었다. 실로 이 시대의 사회적, 정치적, 학술적 담론의 주제는 '천하'와 무관하지 않다. 많은 정치가와 철학자들은 당시에 공통적으로 천하주의를 표방하고 있었던 것이다.

전국시대는 명분론적으로 전쟁을 종식시키기 위해서라도 전쟁을 할 수밖에 없다는, 그야말로 전쟁의 논리에 노출되어 있었던 시기였다. 이로부터 겸병을 위한 '전쟁'과 구질서 타파를 위한 '변법'이 당 시대의 역사적 과제를 수행하는 주된 원동력으로 작용하게 된다.

이성구에 따르면, 전국시대에 있어서 무엇보다도 시급한 것은 역시 전쟁의 격화에 대비하는 문제였다. 이미 춘추시대에도 전쟁은 빈번하게 발생하였지만, 전국시대의 전쟁의 양상은 춘추시대보다도 여러 가지 면에서 더욱 더 격화되어 있었다. 물론 춘추시대에 비해 총체적인 전쟁 발발 건수는 1/2 미만으로 줄어들어 외견상 평온을 회복한 듯하지만, 이는 교전 양상이 이른바 7웅 간의 대결로 압축되었기 때문이며 각국의 참전 빈도를 놓고 보면 결코 춘추시대의 그것에 못하지 않았다. 더욱이 전쟁 방식의 변화에 따른 전쟁 규모의 확대와 전쟁의 장기화는 춘추시대와는 비교가 안 될 정도였다.[35]

일찍이 노자는 춘추시대 말기의 전쟁의 부정적 결과에 대하여, "군대가 주둔하였던 곳은 가시덤불만 자라고 전쟁이 휩쓸고 간 뒤에는 흉년이 덮쳐 온다"[36]라고 지적하였다. 그리고 장자와 같이 전국시대를 살아가던 맹자는 당시의 전쟁 상황을 비유하여, "토지를 빼앗기 위한 전쟁에서는 사람을 죽여 들판을 가득 채우고, 성을 빼앗기 위한 전쟁에서는 사람을 죽여 성을 가득 메우고 있다. 이러한 행위는 '토지에게 인육을 먹이는 짓'으로서 죽어도 용서받지 못할 것이다"[37]라고 경고한 바 있다.

끊임없는 전쟁과 그로 인한 참혹함으로 인하여 이른바 '전쟁의 시대'라고 일컬어지는 전국시대는 기원전 4세기를 전후하여 100여 년에 걸쳐 경쟁적으로 '변법'을 단행함으로써 국내 체제를 정비해 나갔다. 가히 '변법'의 시대라 칭할 만한 기원전 4세기를 거치면서 열국 내외의 상황이 현저하게 바뀌게 되는데, 이 또한 '변법'의 이유 때문이었다. '변법'이란 문자 그대로 종래의 분권적 봉건 질서 하에서 각 지역 또는 공동체마다에 독자적으로 유지되어 오던 다양하고 상충적인 구전통·가치·관습을 일소하고 그 대신 군주를 정점으로 하는 일원적 법치 질서를 전 통치 지역에 새로이 관철시키려는 시도이다.[38]

예컨대 전국 중기 이후 각국이 한 전투에 동원하는 병력이 전국 초에 비하여 수배로 증가하여 수십만에 달하게 된 것은 단순한 인구 증가의 소산이라고 설명하기는 어렵고, 오히려 보다 중요한 원인은 '변법'을 통한 징병제의 보편적 실시에 있었다. 아울러 제후가 종래의 '후'나 '군'과 같은 칭호를 버리고 '왕'의 칭호를 사용하게 된 것도 '변법' 실시의 시기적 인접성에 비추어 볼 때 결코 '변법'과 무관하지만은 않다. 이러한 점을 중시하고 볼 때, 결국 칭왕은 각 제후가 변법을 통한 국내 체제 안정 및 국력 신장을 확보함으로써 이제 명실상부한 전제 군주의 지위와 권위를 과시하고, 더 나아가 '왕천하'의 열망을 표출한 결과라고 할 수 있다.[39]

한편 당시의 '변법' 세력과 '반변법' 세력 간의 투쟁은 이 시대를 이해하는 중요한 열쇠가 되기도 한다. 왜냐하면 이 시기에 있어서 '변법'은 모든 나라에서 예외 없이 진행되었고, 그것은 사회의 체제를 전환하는 중대한 의미를 가지고 있었기 때문이다. 특히, '변법'이란 기존의 국가 지배 체제를 바꾸는 것으로서 이전의 '예치'의 시스템을 '법치'로 바꾸는 것이었기 때문에 '변법'의 과정에서 치열한 대립과 투쟁이 발생하기도 하였다. 그것은 '예'와 '법'이 각각 담보하는 계급적 내용이 달랐기 때문이다.[40]

장자의 출신국이었다고 간주되는 당시의 송나라에서도 국가의 통치권자였던 '언(偃)'이 '군'의 칭호를 버리고 재위 11년이 되던 해에 스스로를 '왕'이라 칭하면서 자립한다. 그는 중국 역사상 가장 악명을 높인 폭군의 대명사였던 걸왕이나 주왕과 같이 잔인하고 포악하다는 뜻에서 '걸송'이라고 일컬어졌던 인물이다.

사마천의 『사기』에는 「송미자세가」[41]와 「전경중완세가」[42]의 두 곳에서 '걸송'의 존재에 대해 거론하고 있다. 그는 술집 작부보다도 더 음탕하였을 뿐 아니라, 여러 신하들이 간하면 번번이 그들을 쏘아 죽였다. 이런 까닭에 '걸송'을 정벌하는 일은 마치 은나라를 세운 탕왕과 주나라를 창건한 무왕의 업적에 비견될 만한 것이라고 사마천은 강조한 것이다. '걸송'이 다스리던 송나라는 전쟁이 그칠 날이 없었고, 지식인들은 자신이 뜻한 바가 있어도 그 뜻을 펼칠 수가 없는 상황이었다. '걸송'에게 간언하다가 죽은 대신들과, 아무 죄 없이 형벌을 받고 불구자가 된 백성들이 빈번하게 발생하던 것이 장자가 살던 당시의 송나라의 상황이었던 것이다.[43]

이러한 상황을 절통하게 생각했던 탓인지는 모르지만, 『장자』에는 다음과 같은 기사가 실려 있다. "위나라의 지금 임금은 젊은 나이에 독단적인 행실로 함부로 정치를 하면서도 잘못을 깨닫지 못한다. 백성들도 함부로 부려 죽은 이가 나라에 가득하며, 들이나 늪은 불을 놓은 듯 타버려 백성들이 갈 바를 모른다."[44] 물론 여기에 등장하는 나라가 송나라가 아닌 위나라이기는 하지만, 전반적으로 보아 장자 당시의 전국시대의 상황이 송나라나 위나라나 별반 큰 차이가 없었음을 유추해볼 수 있다.

다른 한편으로는 장자가 의도적으로 자신의 송나라를 위나라의 상황에 빗대어,[45] 그 현실적 문제들을 질책하고 있는 것일지도 모를 일이다. 만일 이것이 장자 당시의 위나라 군주에 대한 비판적 묘사였다면 이것은 맹자가 직접 만나기도 했던 양혜왕에 대한 비판이며, 그의 정치적 야망으로 인한 전제정치의 폐해에 대해 지적한 것이라고 할 수 있다.

「양생주」 편의 '포정해우(庖丁解牛)' 이야기에 등장하는 문혜군—성현영은 문혜군을 젊은 양혜왕이라고 한다—의 양생에 대한 관심 역시 정치적 문제현실에 대한 타결책의 일환이었음에 주목할 필요가 있다. 여기에서 문제 상황의 진원지가 위나라이건 송나라이건 그것은 중요한 것이 아닐 수 있다. 모든 왕조가 비슷한 문제 상황에 봉착해 있었기 때문이다. 다만 분명한 것은 장자가 전쟁의 참혹한 현장을 직접 목도했다는 점과 인간의 추악한 이면으로부터 발생하는 현실의 모순들에 관하여 깊이 통찰하였을 것이라는 점을 부정할 수는 없다는 점이다.

전국시대 당시 인간의 생명을 압박하는 가장 큰 요인은 무엇보다도 전쟁이었다. 그리고 이때 전쟁의 목적은 겸병을 위한 것이었고, 그 전쟁을 일으키는 당사자는 당시의 전제군주들이었던 것이다. 장자에게 이러한 점은 현실적 문제야기의 진원지로 비쳐졌다. 이로부터 장자는 당 시대의 전쟁의 현실에 대하여 강한 불만과 거부감을 표명한다.

장자는 어떠한 형태로든 전쟁을 정당화하고자 하는 의론들을 인정할 수 없었다. 유가의 경우는 의로운 전쟁에 대해 관대한 입장이며, 이와 관련하여 '정벌'의 정당성을 주장한다. 그러나 정벌을 통한 정의의 전쟁은 과연 가능한 것인가? 이 문제는 그리 단순한 문제가 아니다. 그렇지만 장자는 이에 대해 회의적이다. 현대전에서도 미군의 이라크 침공과 같은 '정벌'이 정의라는 미명하에 무단적으로 이루어졌음을 상기할 필요가 있다.

전쟁은 그 평가의 기준에 따라서 '쓸모 있음'과 '쓸모없음'의 이중적 지표를 가질 수 있다. 병가나 법가처럼 전쟁을 정당화하고자 하는 전쟁 긍정론자들에 의하면 전쟁은 '쓸모 있음'의 가치를 지닌 것으로 평가될 수 있겠으나, 일체의 전쟁에 대하여 회의하고 부정하는 전쟁 부정론자들의 입장에서는 전쟁이란 '쓸모없음'의 가치를 지닌 것으로 평가된다. 장자는 현실적으로 전쟁을 무의미한 것으로 인정할 뿐만 아니라, 전쟁의 가장 큰 폐해가 자연의 파멸에 있다고 본다. 그래서 장자는 전쟁 부정론을 넘어 전쟁 무용론의 입장에 서게 된다.

장자는 전쟁이 무의미하다는 것을 달팽이 뿔 위의 전쟁과 같은 것으로 비유한다. "달팽이의 왼쪽 뿔에 있는 나라를 촉씨의 나라라고 부르고, 달팽이의 오른쪽 뿔에 있는 나라를 만씨의 나라라고 하는데, 늘 영토 문제로 서로 전쟁을 하여 죽은 자가 수만에 이른다."[46] 즉, 이것은 달팽이라는 존재 위에 서 있는 촉씨의 나라와 만씨의 나라가 서로 경합적으로 치루고 있는 전쟁이 마치 '도'라고 하는 본원존재 위에 서 있는 인간의 국가들이 서로 경쟁적으로 벌이고 있는 전쟁과 서로 다를 바 없다는 것을 비유한다.

근원적 존재의 입장에서 보면, 인간세의 갈등과 분쟁이 모두 덧없는 일이라는 것이다. 이 점을 염두에 두었음인지 장따이니엔(張岱年)은 이 이야기의 핵심이 전쟁 무용론에 있는 것이라기보다는 천인 관계론의 세계관을 설명하고자 한 문장의 후반부에 초점이 맞추어져 있는 것이라고 본다.[47] 그러나 전쟁 무용론과 천인 관계론은 서로 밀접한 관련이 있다. 마치 묵자의 겸애론과 비공론이 사상적 연계성을 갖고 철학적 입론의 근거와 실천론으로 전개되는 것처럼 장자의 천인 관계론과 전쟁 무용론 역시 장자의 철학적 근거이자 실천론의 양상을 갖는다고 보아야 한다.

달팽이 위의 두 국가인 촉씨의 나라와 만씨의 나라 사이의 전쟁에 관한 비유적 이야기는 본디 장자의 친구였던 혜시가 한 말이다. 혜시는 기본적으로 전쟁에 대하여 반대하는 입장에 선다. 언젠가 양나라와 제나라가 우호 조약을 맺었는데, 제나라가 일방적으로 그 조약을 파기한 적이 있었다. 이에 양나라는 제나라를 공격할 준비에 들어갔다. 이 소식을 전해들은 혜시가 양나라의 현자인 대진인이란 사람을 추천하여 양혜왕을 간나 전쟁을 일으켜선 안 된다는 점을 설득하도록 한다. 이에 대진인은 혜시에게 들은 달팽이 뿔 위에 있는 두 나라의 전쟁 이야기를 가지고 양혜왕을 설득하는 데 성공한다.

전쟁은 일종의 한시적 '놀음'이다. 그리고 이 '전쟁 놀음'은 근원적 존재를 한 치도 벗어나지 못한다. 장자는 전쟁을 가리켜 닭싸움과 같은 놀음이라고 유비한다. 그것은 서로에게 상처만 남길 뿐이다. 그러나 장자는 싸우지 않고 천하무적이 되는 방법이 있다고 한다. 그것이 바로 「달생」 편에서 기성자(紀渻子)라는 가상의 인물이 제안하는 '나무 닭'(木鷄) 이야기이다.

> 기성자가 왕을 위해 싸움닭을 길렀다. 10일이 지난 후 왕이 물었다. "이제 (천하무적의) 싸움닭으로 길러졌느냐?" 이에 기성자는 "아직 아닙니다. 닭이 허세가 심하고 제 기운만 믿고 기세등등합니다"라고 대답했다. 다시 10일이 지난 후 왕이 같은 질문을 하였다. 기성자는 "아직 아닙니다. 다른 닭의 울음소리나 그림자만 보아도 당장 싸우려고 덤벼듭니다."라고 대답했다. 10일이 지나 왕이 다시 물었다. 기성자는 "아직 아닙니다. 상대를 노려보며 성을 냅니다"라고 대답했다. 10일 후에 왕이 또 다시 물었다. 이에 기성자가 "이제 되었습니다. 다른 닭이 울어도 꿈쩍도 하지 않습니다. 멀리서 바라보면 마치 나무로 만든 닭 같습니다. 그 덕이 온전해졌습니다. 다른 닭이 감히 대응하지 못하고 도망쳐버립니다"라고 대답했다.48)

'나무 닭' 이야기는 『장자』 이외에도 『열자』 「황제」 편에 등장한다.49) 이것은 전쟁을 일삼는 제후들의 전쟁 놀음이 다치 닭싸움과 다를 바 없다는 것을 비유한 것이다. 진정한 강자는 싸우지 않고도 이길 수 있는 ‘나무 닭’과 같아야 한다는 입장이다. 그것은 덕을 온전히 하는 것이기 때문에 생명의 질서를 따르는 것으로서, 전쟁이 야기하는 죽음의 질서로부터 멀리 벗어나는 일이기도 하다.

전쟁이란 필연적으로 진정한 가치를 생산해 낼 수가 없다. 그럼에도 인간의 전쟁 놀음은 마치 이 세상의 모든 절대적 권능을 전쟁이 가져다 줄 수 있을 것인 양 착각하게 만들어 인간의 의식을 잠시도 여기에서 벗어나지 못하게 결박한다. 그러나 전쟁이란 결국 제 살 파먹기에 지나지 않는다는 것이 장자의 생각이다.

뿐만 아니라 장자는, “무릇 남의 나라 병사와 백성을 죽이고 남의 나라 토지를 겸병하여 자기의 육체와 정신을 살찌게 한다면, 그 전쟁이 아무리 훌륭하게 치러졌다고 할지라도 과연 어느 쪽이 좋은 것인지 알 수 있겠는가? 비록 전쟁에 승리하였다 하더라도 과연 그 승리의 의미가 어디에 있는 것인가?”[50]라고 지적한다.

장자는 승리한 전쟁이 과연 진정한 승리인가를 반문하는 것이다. 여기에서 그는 전쟁의 승리를 위해 담보되었던 수많은 개체적 생명의 존재의의에 관하여 주의 깊은 관심을 환기시킨다. 전쟁이란 그것이 제 아무리 설득력을 갖추어내는 것으로서 명분화되고 희화화된다 할지라도 결국 허구적일 수밖에 없다는 것이 장자의 생각이다.

이로부터 진정한 천하의 주인이 되기 위해서는 검을 사용하지 않는 경지에 도달해야만 한다는 장자 특유의 역설이 제시된다. 장자는 검의 종류에 세 가지가 있다고 주장한다. 곧 서민의 검, 제후의 검, 천자의 검이 그것이다. 그리고 이 가운데 서민의 검은 앞서 이야기한 싸움닭과 하등 다를 바 없는 것임을 강조한다. 최고 경지의 검은 바로 천자의 검으로서 천하를 생각하는 평화의 검이다. 그것은 존재 자체만으로 천하가 저절로 안정되고 평화롭게 되는 종류의 검으로서, 인위적으로 휘두를 일이 없는 현실적 쓰임새가 없는 검이다.51) 이러한 점에서 천자의 검은 무형의 검에 해당한다.52) 장이머우(張藝謀, 1950~)의 영화 <영웅>은 이와 관련된 서사구조를 안고 있다.53)

2) 자기 안에 갇힌 고집쟁이들

전국시대의 혼란한 상황은 비단 장자만의 독특한 것은 아니며, 당대를 살았던 모든 사람들의 공통된 현실이자 과제였다. 그런데 전국시대의 혼란한 사회적·정치적 배경 속에서 제자백가는 서로 제 각기 구세의 방안을 제시하고 자신들의 방안이야말로 구세의 유일한 방법임을 주장하기에 여념이 없었다.

예컨대, 유가는 도덕 실천 규범으로써 무너져 가는 '주례'를 회복하여 사회의 질서를 바로잡고자 하였고, 묵가는 경제적 평등관에 입각하여 무차별의 경제적 실천 규범을 전개하여 혼란한 현실을 구하고자 하였다. 동일한 문제 상황을 해결하는데 있어서 서로 다른, 심지어는 모순을 일으키는 방안이 공존한다는 것은 문제가 아닐 수 없었다. 이러한 문제 상황 속에서 명가의 변자들은 변론으로써 그 시비를 정할 수 있다고 생각하였다.54)

특히 『장자』 내편의 한 축심을 이루는 「제물론」 편을 보면, 장자는 유가와 묵가, 그리고 명가가 당시 학술계를 분열시키는 혼란의 주요 원인이라고 생각하였음을 알 수 있다. 그 중에서도 장자는 유가와 묵가의 시비가 극에 달했음을 비판하면서 두 진영의 사상가들이 그 시비논쟁으로부터 벗어나기를 권고한다. 「제물론」에는 다음과 같은 이야기가 실려 있다.

진리는 어디에 숨었기에 존재하지 아니하고, 언어는 어디에 있기에 불가한가? 진리는 편파적 고정관념에 가려지고, 언어는 영화로운 겉꾸밈에 가려진다. 그러므로 유가와 묵가의 시비가 있게 되었다. 이들은 그 그르다고 하는 것을 가지고 옳다고 하고 그 옳다고 하는 것을 가지고 그르다고 하니, 그 그르다는 것을 가지고 옳다고 하고 그 옳다고 하는 것을 가지고 그르다고 함은 '밝음'으로써 하는 것만 같지 못한 것이다.[55]

장자는 「제물론」에서 이와 같이 유가와 묵가의 시비논쟁의 상태에 관하여 비판한 후 곧바로 명가의 대표적 사상가라고 할 수 있는 혜시의 사상에 관하여 비판을 제기한다. 즉, 그것은 혜시의 '저것과 이것이 동시에 생긴다는 설'에 대한 비판이며, 장자는 이 설이 상대주의적 견해를 벗어나지 못하는 것이라 하여 '자연에 비쳐 봄'만 같지 못하다고 한다.[56]

뿐만 아니라 장자는 우리들이 마음속에 가지고 있는 고정관념을 기준으로 삼아서는 안 된다고 하면서, 혜시의 '사물에 관한 열 개의 명제' 중 하나인 '오늘 월나라로 떠나 어제 거기에 도착했다'는 명제 하나를 인용한다. 이러한 명가적 논리는 있을 수 없는 일을 있을 수 있다고 하는 셈이 된다는 것이다.[57] 아마도 명가적 논의에는 진실이 결여되어 있다는 것이 장자의 비평일 것이다.

장자는 「천하」 편에 당시의 학술상의 혼란함을 종합적으로 비평하는 글을 남긴다. 물론 「천하」 편이 장자 본인의 저술이라기보다는 장자의 후학에 의하여 기록되었을 가능성이 높다고 하더라도, 이것이 장자의 생각을 크게 벗어나지는 않는다고 할 수 있다.

장자는 "천하가 크게 어지러워 성스러운 사람과 현명한 사람이 모두 자취를 감추고, 도덕은 중구난방이나 천하의 사람들은 대부분 각기 한쪽 의견을 가지고서 스스로 자기가 옳다고 여긴다.

비유컨대 이목구비는 모두 각각 그의 공능을 가지고 있으나, 서로 통하지 못하는 것과 같다. 마치 제자백가의 갖가지 기예에 모두 각각 장점이 있고 때에 따라 쓰이는 바가 있는 것과 같다. 그러나 이들은 전체를 포괄하지 못하며 보편성이 없으니 '편벽된 지식인'이라 아니 할 수 없다"[58]라고 하여, 당대 학술사의 분위기를 총체적으로 비평하였다.

이를 통해서 보더라도 장자 당시의 학술계는 '백가쟁명'이라고 표현될 정도로 상호간의 입장이 달랐고, 또한 이로 인하여 극심한 혼란의 상황에 빠져 있었다. 장자 당시의 역사적 환경 가운데는 종법이 쇠약해지자 그 폐단으로서 지식인들의 출세를 위한 무원칙적인 경쟁이 난무하게 되어 그 화란이 크게는 전쟁에 미치고 백성이 도탄에 빠지게 되었으며, 작게는 권력과 지위를 빼앗고 탐하여 일신과 가정을 잃고 망치는 것에 이르고 있었다. 소진과 장의가 합종설과 연형설을 주장하면서 여러 나라 재상이 되어 돌아다닌 것은 당시 지식인들의 '기회주의적 요소'를 가장 잘 대변하는 것이기도 하다.[59]

당시의 지식인들은 각기 자기의 '도'가 당시 문제 상황들을 해결할 수 있는 유일한 대안이라고 주장하였다. 그러나 장자는 당시의 지식인들이 모두 한쪽만 보고 얻어낸 '부분적 지식'을 가지고 전체에 관련되어 있는 문제를 해결하려고 하였을 뿐 진정한 도리를 밝히지는 못하였다고 생각하였다. 마치 귀, 눈, 입, 코에 각기 드러나는 세계가 통하지 못하듯이 제자백가의 여러 학설은 서로 통하지 못하고 있었다는 것이다.[60]

장자의 관심은 여기에 집중된다. 즉, 장자는 '부분적 지식'을 가지고도 이를 절대화하는 '편벽된 지식인'들의 왜곡된 지적 태도와, 그 원인에 대하여 깊이 생각한다. 그리고 일상의 지식으로부터 우리가 구속을 받는다면, 그 구속으로부터 자유로워지는 방안은 무엇인가, 또한 우리가 일상적인 앎으로부터 자유로워진 세계와 밀착되어 있는 참지식이란 도대체 어떠한 것인가, 라는 등의 문제들에 관하여 진지하게 모색한다. 이에 장자의 후학들은 장자가 당대의 분열된 학술계의 혼란을 극복할 수 있는 가능성을 마련하고, 마침내 상호 소통성과 보편성을 갖춘 철학을 제시하였다고 평가한다.

현행본 『장자』의 마지막 편인 「천하」 편에서는 장자철학의 의의를 설명하기 위하여, 먼저 '옛날의 도술'이 사라졌다고 개탄[61] 하는 것으로부터 문제를 제기한 후 여섯 가지 사상의 유파에 관하여 비평한다. 이 여섯 가지 사상의 유파란 ① 묵적·금골리(禽滑釐)[62], ② 송형(宋鈃)[63]·윤문, ③ 팽몽·전병·신도, ④ 관윤·노담, ⑤ 장주, ⑥ 혜시를 가리킨다. 이 중에서 장주의 경우는 다른 다섯 유파의 사상과는 다르게 '옛날의 도술'과 가장 큰 연관을 갖는 것으로서 묘사된다.

결국 「천하」 편의 논의의 중심은 장자에게 있는 것이며, 앞의 네 가지 사상 유파는 장자에게서 거리를 두고 있던 상황으로부터 점차적으로 장자의 사상에 근접해 들어간다는 특징도 일정 부분 확인된다. 그러므로 장자에 대한 비평은 「천하」 편의 결론이 되는 것이다.

다만, 혜시를 장자의 뒤에 두어 설명을 덧붙인 것은 양자의 현실적 친분 관계와 사상의 상호 영향 관계 때문이라고 볼 수 있다. 이에 관하여 왕부지(王夫之, 1619~1692)는 다음과 같이 말한다.

> 이에 묵적으로부터 노담에 이르기까지 포폄이 각기 다양하나 장자가 자신의 설을 가장 뒤에 둔 것은, 역시 자신의 독창적인 견문의 참됨이

제자백가의 설이 귀착할 곳이라는 것을 나타내려는 것이다. 「천하」 편의 마지막에 이르러 혜시의 설을 제시함으로써 문장을 마친 것은, 장자가 재세하던 당시에 제자백가의 장단점을 마음으로 알아 더불어 논변할 사람이 없었는데 오직 양나라에 노닐던 혜자를 만나 서로 더불어 변론할 수 있었기 때문이다. 그러므로 장자는 혜자가 죽었을 때 "나의 최상의 동반자가 이미 죽었다"고 탄식한 것이다. 이에 아마도 장자는 혜자로 인하여 내편에 해당하는 일곱 편을 지었을 것이며, 「천하」 편 말미에 혜자의 설을 기술하여 보여주는 원인이 장자의 언어가 혜자의 설에 많은 자극을 받았기 때문일 것이다.64)

한편 혜시의 학술을 비평한 글이 장자를 설명한 다음에 추가되어 있는 것은 후세에 고본 『장자』에 있던 「혜시」 편을 여기에 접속시켰기 때문이라고 보는 견해가 있다. 이들은 대개 『북제서』 「두필전」의 기사에 근거를 둔다.65) 분명한 것은, 「천하」 편에서 혜시를 비평하는데 쓰인 문장 중에는 앞의 다섯 사상 유파에서 다 같이 기준으로 삼은 '옛날의 도술'이 관여하지 않는다는 특징이 발견되며, 또한 '옛날의 도술'을 기준으로 이들 유파는 모두가 진리의 일면만을 가지고 있다고 평가됨에도 유독 혜시에게는 이러한 비평의 잣대가 적용되지 않는다는 사실이다.

따라서 제자백가에 대한 일정한 비평은 장자 자신에 대한 비평을 제외한다면, 장주보다 앞에 제시된 네 가지 사상 유파에 적용된다고 할 수 있다. 이와 같이 제자백가를 본격적으로 품평하는 학술적 비평의 분위기는 전국시대 말기 이후에 본격화된다. 『순자』 「비십이자」 편은 그 대표적인 예에 해당한다.

그런데 『장자』 「천하」 편의 제자백가 비평은 당대의 시대사조를 이끌어가던 유가나 법가 내지는 음양가 등에 관한 비평이 모두 배제되고 있다는 특징을 보인다. 이것은 「천하」 편의 제자백가 비평이 단순한 사상 평론의 범주에서 머무는 것이 아니라, 일정한 기준을 가지고 특정한 사상 유파를 선별하여 체계적으로 비평하고 있음을 보여준다.

특히, 송대의 여혜경(呂惠卿, 1032~1111)은, 「천하」 편이 장자를 정점으로 두면서 묵적·금골리에 대한 비평으로부터 논의를 시작하는 것은 도가의 학설을 순서적으로 낮은 차원으로부터 높은 차원으로 설명한 것이라고 한다.66) 이러한 여혜경의 주장은 매우 참고할 만하다.

이 점에 주의를 환기하면서, 「천하」 편에 논의된 몇 가지 제자백가 비평을 간략하게 살펴보기로 하자. 우선 「천하」 편의 정점에 선 장자를 제외하고, 앞서 비평되는 네 가지 사상 유파의 특징을 간략하게 소개해보기로 한다.

[1] 묵적과 금골리로 대표되는 묵가의 학설은 후세의 사람들을 사치로 내닫지 않게 하고, 만물을 꾸미지 않으며, 법제를 어지럽히지 않고, 검약과 극기에 그 학설의 근거를 두고 있다는 점에서 '옛날의 도술'이 지닌 일면을 따르고 있다고 한다. 이것이 이 학파의 최대 장점이라는 것이다.67)

그러나 묵가의 학설은 그 가르침을 행함이 매우 지나치고, 그 금지하는 것들이 너무나도 엄격했다. 한 마디로 사람이 살아 있는 동안에는 노래 부르는 일도 없이 괴로워하고, 죽어서는 그 누구도 상복을 입지 않는다는 한계가 있다. 일반적으로 앞선 전통과 같지 않은 것이 많다. 따라서 이러한 묵가의 주장은 인정의 자연스러움을 벗어나는 각박한 것으로서 결코 진실한 의론이 될 수 없다는 한계가 노정된다.68) 이로 인하여 묵가의 학술은 장자나 그의 후학들에게 집중적인 비판을 받게 된 것이다.

[2] 송형과 윤문은 외물에 구속되지 않고 다른 사람들과의 화

합을 중히 여겨 천하의 화평한 생활을 실현시킴으로써 너도 나도 의식이 충분하기를 바라며, 이렇게 함으로써 스스로 마음을 명백(白心)하게 하였다. 이 점이 이들이 '옛날의 도술'에 근거한 장점이다. 송형과 윤문은 이 이야기를 듣고 기뻐하며 화산관을 만들어 자기 학파의 상징으로 삼고, 서로 범하지 않음을 제일의로 삼았다. 뿐만 아니라 이들은 '선입견의 제거'(別宥)로부터 시작하여, 마음속의 덕을 명확하게 하고 그 유화함에 의하여 세상을 조화시키려고 하는 특색을 지녔다. 이러한 사상에 근거하여 송형과 윤문은 '남에게 모욕을 당해도 부끄럽게 여기지 않고'(見侮不辱) 또한 '마음을 종용하는 것을 일컬어 마음의 행위라고 이름붙이는'(語心之容, 命之曰心之行)[69] 태도를 견지했다. 그리고 이들은 백성들의 싸움을 멈추게 하며, 공격이나 무력을 금지시켜서 전쟁을 없애려고 한 반전운동에 앞장섰다고 한다. 송형과 윤문은 이 학설을 가지고 널리 천하를 돌며 윗사람을 설득하고 아랫사람들을 교화한 장점이 있다고 한다.[70]

앞에서 묵가의 학술에 대해서는 비판을 주로 하였던 것에 비한다면, 송형과 윤문에 대해서는 별다른 비판 없이 서술한 특징이 있다. 그럼에도 송형과 윤문의 사상에는 구체적인 현실적 대안이 제시되지 않는다는 점이 문제로서 지적된다. 세상 사람들은 이들의 주장을 받아들이려고 하지 않았지만, 이들은 오히려 시끄럽게 떠들며 억지로 자신들의 의론을 설득하려고 하였던 한계가 있다고 한다.[71]

「천하」편에 소개된 이들의 의론은 다음과 같다. ① 하루에 닷되 정도의 밥을 놓아주면 충분하다. 우리의 선인도 아마 배불리 먹을 정도는 못되었을 것이다. 그러므로 우리는 굶주린다고 천하를 잊지는 않는다. ② 남과 겨루어서 우리가 꼭 살려고 하지는 않는다. 세상을 구원한다는 사람 위에 올라서려고도 하지 않는다. ③ 군자는 번거롭게 사소한 일을 따지지 않고, 몸이 외물에 이끌리는 짓도 하지 않는다.

한편, 「소요유」에 소개된 송형, 곧 송영자는 칭찬받기를 좋아하고 비난을 싫어하는 속물근성으로부터 벗어났으며, 그것을 초월하고자 했던 인물로 묘사된다.[72] 그는 내외의 경계를 분명히 구별하고, 영욕과 치욕의 경계를 확실히 알았던 인물이었다.[73]

[3] 팽몽 · 전병 · 신도는 모든 사물에 대하여 공평한 입장을 택한 채 한쪽으로 기울지 않고 평이하면서도 사심이 없으며, 얽매임을 떠나 무엇을 주체로 내세움이 없고, 만물에 순응하면서 생각에 잠기지도 지모를 꾸미지도 않고, 사물을 선택하지 않으며 그와 더불어 행동한다. 옛날의 도술에는 이런 경향이 있었는데, 이들은 이 가르침을 듣고 기뻐하며 '만물을 같은 것이라고 보고 차별하지 않음'(齊萬物)을 제일의로 삼았다.[74]

벤자민 슈월츠(Benjamin I. Schwartz, 1916~1999)는 팽몽 · 전병 · 신도를 황로 도가의 주요 인적 구성원으로 보고, 이들의 사유가 가진 공통점을 '내면적 평정심과 초연성'으로 파악한다.[75]특히, 신도의 주장은 자아를 고집하지 않고 '부득이함'에 따르는 것을 근본 입장으로 내세워, 지모를 버리고 사물의 이치를 좇아 행동한다는 특색이 있다.[76]

그러나 이들의 주장은 총체적으로 '산 자의 도리'가 아니라 '죽은 자의 도리'라고 비판된다. 이들은 세상 사람들의 뜻을 거역하면서 그들의 이목을 모으려 하지는 않았지만, 자기 생각을 기준으로 사물을 판단한 한계만큼은 면하지 못했다고 한다. 요컨대 팽몽 · 전병 · 신도는 모두 참된 도를 알지 못했다는 것이다.[77]

이상과 같은 비판은 팽몽·전병·신도의 세계관이 장자와 많은 차이점이 있다는 것을 시사한다. 그레이엄은 그것을 인위적인 시스템과 자연적인 존재의 차이점 때문이라고 파악한다. 피상적으로 볼 때, 팽몽·전병·신도의 세계관은 마치 도가적인 것처럼 보이지만, 그것은 국가의 제도와 사회적 시스템 속에 관여된 인간적 특성이 배제되었음을 의미한다.[78] 이들이 제창한 제물론과 내면적 평정심 등은 근본적으로 장자의 철학사상과는 성격이 다른 것이다. 그러나 이들의 사상은 인위적 시스템을 배제한 논리적 맥락의 인간적 특성의 배제라는 점에서는 장자의 자연관과 연관될 수 있는 가능성을 남기고 있다는 점에서 주목된다.

[4] 관윤과 노담은 사물의 말단에 구애됨이 없이 '도'의 묘용을 발휘한 점에서 '옛날의 도술'을 지녔다고 한다. 특히 이들은 '무'를 중심으로 자기 학설의 강령을 삼았다. 관윤은 연약하고 겸손한 태도를 나타내며 다른 사물들과 무심하게 순응하여 만물을 손상하지 않음을 마음의 실질로 삼았다. 그리고 노담은 자신을 부각시키려는 사심을 갖지 않았으며 겸손하게 타인의 뒤를 좇았는데, 그의 허심 속에는 언제나 풍요로운 여유가 있으며 타인에의 순응에는 깊은 깨달음과 평명함이 있었다고 한다. 「천하」편의 저자는 다른 사상가들에 비하여 관윤과 노담을 높이 평가하여, 이들이 '옛날의 도술'을 터득한 '참사람'(眞人)이라고 한다.[79]

'참사람'이란 장자의 주요 개념 중 하나로서,[80] 장자의 이상적 인간상의 한 전형이다. 이렇게 볼 때, 「천하」편에서 이들 관윤·노담의 사상은 여타의 다른 제자백가보다는 두드러지게 긍정적이며 장자철학과 가장 밀접한 관련을 갖는 것이었다고 평가되었음을 알 수 있다.

4. 천지정신과 하나되어

장자가 살았던 전국시대는 국가 간의 전쟁과 학파 간의 분쟁이 그칠 줄 모르던 시기였다. 특히, 제자백가의 각 사상 유파는 자기의 학설만이 옳다고 하는 그릇된 기준을 가지고 남의 학설을 거부하는 극단적인 문호의 폐쇄성을 보이고 있었다.

장자의 철학은 이런 혼란한 시대와 분열의 학술을 넘어서서 소박했던 '옛날의 도술'을 회복하고자 하는 목적을 가지고 성립하였다. 장자는 백가의 분열과 혼란을 하나로 회통시키려는 취지에서 각 사상 유파의 장단점을 지적하는 동시에 모든 사상이 자가의 폐쇄성을 깨뜨리고 '천지정신'에서 만나기를 요청하였다. 「천하」 편의 저자에게 장자는 이러한 '천지정신'과 함께 한 사상가라고 평가된다.

「천하」 편은 다섯 번째 학술사상을 소개하는 자리에서, 장자를 다음과 같이 설명한다.

> 황홀 적막하여 형체가 없고 사물과 함께 변화하면서 일정한 모습이 없으며 죽었는지 살았는지 분명치 않고 천지와 나란히 있는지 신명의 덕과 함께 가는지도 뚜렷치 않다. 어디로 가는지 헤아릴 수가 없고 만물을 골고루 망라하면서도 귀착될 만한 데가 없다. '옛날의 도술'에는 이런 경향이 있었다. 장주는 이 가르침을 듣고 기뻐하며 종잡을 수 없는 큰소리와 터무니없는 말과 밑도 끝도 없는 언사로 이것을 말했다. 이따금 제멋대로 하면서도 한쪽에 기울지 않고 일의 한 부분으로 자신의 견해를 내보이지도 않는다. 천하가 침체하여 혼탁하므로 올바른 말을 할 수가 없다고 생각하여 '앞뒤가 안 맞는 말을 써서 무궁한 변화에 순응하고', '사람들이 존중하는 옛사람의 말을 써서 진실이라 믿게 하며', '다른 것을 빌려 비유한 말을 써서 세상에 널리 알리고', 홀로 '천지정신'과 오가며 만물을 얕보지 않고 시비를 가려 꾸짖지 않으며 다만 세속을 따라 동화되었다.[81]

뿐만 아니라 장자는 일상의 상식과는 다른 방식의 철학적 기술을 전개하는데, 그 속에는 진실이 들어 있고 사물의 근원이 들어 있다고 한다. 이 지점에서 우리는 장자가 말하는 세 가지 언어 진술방식이 「천하」 편의 내용에 깊이 관여하고 있다는 특징을 발견한다.

요컨대 「천하」 편은 「우언」 편에서 제시한 세 가지 언어 진술방식인 '우언(寓言)', '중언(重言)', '치언(巵言)'을 적극적으로 활용하고 있는 것이다.[82] 즉, 앞뒤가 안 맞는 말을 써서 무궁한 변화에 순응하는 '치언'과, 사람들이 존중하는 옛사람의 말을 써서 진실이라 믿게 하는 '중언', 그리고 다른 것을 빌려 비유한 말을 써서 세상에 널리 알리는 '우언'의 언어 진술방식이 그것이다.

이 가운데 특히 장자가 '치언'을 통해 환기하는 방식의 언어 전달법은 '치(巵)'라는 술잔 같은 상징성을 갖는다.[83] 이 술잔은 가득 차면 기울어지고, 텅 비워지면 바로 서는 모양으로 되어 있다. 따라서 이 술잔을 상황에 따라 변화한다. 마찬가지로 치언도 사물의 추세에 따라 변화하며, 그 결과 적절한 깨달음이 환기되어 지식이 감응하게 된다. 장자의 언어는 거품을 일으키는 효소처럼 어떤 흔적도 남기지 않는다. 그것은 무목적적인 성향을 갖기 때문이다.

한편 「천하」 편은 장자가 '천지정신'과 함께 하였을 뿐만 아니라 세속을 따라 동화되는 면모를 잃지 않았다고 평가한다. 이때 '천지정신'과 함께 한다는 것은 인간세의 혼란과 학술의 분열에 대한 폐쇄적 구도를 넘어선다는 강한 부정정신과 더불어 타자와 하나가 된다는 개방정신을 동시에 보여준다. 우리는 일상에서 그 일상을 벗어나 '천지정신'과 더불어 천지를 왕래하면서 그와 하나가 될 수 있어야만 세속을 따라 자연스럽게 동화될 수 있다.

장자가 말한 '천지정신'에 대한 해석은 형이상학적 독법과 즉물적 세계 해석이라는 두 가지 차원에서 논의될 수 있다. 『장자』 내편과 관련하여 생각해 본다면 이것은 '생명정신'과 통하는 것으로 볼 수 있다. 천지와 인간의 존재는 함께 생겨난다고 하는 「제물론」의 입장이 그것이다.[84] 장자에게 있어서 천지와 인간은 '생명'에 토대를 둔 하나의 존재이다. 따라서 '천지정신' 내지는 '생명정신'에 토대를 두어야만 인간과 만물은 하나가 되는 것이다.[85]

우리는 여기에서 자아와 타자가 하나로 소통하게 된다는 장자의 생각에 주목할 필요가 있다. 장자는 분별적 세계의 극복 대안으로 '천지정신'의 왕래를 통한 상호 소통의 세계를 상정하고 있기 때문이다. 이상은 장자에 대한 긍정적 평가이다.

그러나 장자의 후학들은 장자에 대한 비평이라고 하여 무조건 그 비평을 칭찬 일변도로 몰고 가지는 않는다. 「천하」 편의 저자들은 장자가 현실적인 사물에 대응하는 면에 있어서는 철저하게 규명하지 못한 점이 있었다고 평가하기도 한다. 이러한 평가는 장자의 철학적 한계를 지적한 것이라고 할 수 있다.[86]

장자 비판에 대한 이러한 장자 후학들의 학문적 태도는 대단히 중요하다. 왜냐하면 이들에게 『장자』는 '성경'(Bible)으로서의 가치보다는 단지 하나의 '텍스트'(text)로서 그 의미를 보장받을 뿐이며, '장자'는 단지 실존적 개인으로서의 한 사람 '장주'일 뿐, 인간의 차원으로부터 신의 차원으로 작위적인 이주를 강행한 '남화진인(南華眞人)'으로 신봉된 것이 아니기 때문이다.

「천하」 편이 진정한 학술적 비평서의 역할을 담지할 수 있었던 이면에는 이러한 자기비판의 학문적 겸허성과 타자와의 문호적인 개방성이 자리 잡고 있었던 것이다. 자가의 학설 내에서조차 비평하지 못할 대상은 존재하지 않는다는 장자의 비판정신은 오늘날까지도 학문하는 자세의 진정성을 대변하기에 부족함이 없다. '앵무새의 철학'을 철저히 경계하고자 한 것이 장자였고, 또한 「천하」 편의 저자들이었던 것이다.

02

나를 살리는 자유

나를 살리는 자유

1. 장자는 관념적 자유주의자인가?

'소요유'라는 말은 『장자』에 처음 등장하는 용어로서 그것은 『장자』 제1편의 편명이기도 하다. '소요유'는 일반적으로 장자의 자유정신을 표상하는 개념으로 널리 알려져 있다. 중국철학사에 있어서 자유에 관한 철학적 담론은 장자가 가장 선구적이다. 이런 이유 때문에 그는 자유의 철학자라고도 알려져 있다.

그럼에도 기존에 이 같은 장자 '소요유'의 자유정신은 극단적으로 왜곡되어 비판되기도 하였다. 특히, 꽌펑은 장자의 자유정신이 '아Q'의 노예정신과도 같다고 혹평한 바 있다.[1] 아Q는 루쉰(魯迅, 1881~1936)이 1921년에 쓴 『아큐정전(阿Q正傳)』의 주인공을 말한다. 청나라를 망하게 한 신해혁명의 시대에 어리석지만 자존심이 강한 실업자 아Q는 혁명의 꿈에 들떠서 자기의 선전을 많이 했을 뿐 실제로는 아무 일도 하지 않았지만, 혁명군의 한 사람으로 약탈한 죄를 쓰고 사형당하고 만다. 아Q는 혁명에 대한 지식도 또는 사상도 갖지 않은 경박한 실업자 근성의 본보기로서 묘사되고 있다.[2]

리우샤오간(劉笑敢, 1947~) 역시 장자의 정신적 자유는 현실도피적이며 허구적인 측면이 있다고 비판한 바 있다.[3] 이른바 장자의 자유는 관념적 유희의 산물일 뿐이라는 것이 이들의 공통된 의견이다. 그러나 과연 일방적으로 장자를 관념적 자유주의자라고 치부할 수 있을까? 나는 이러한 시각이 매우 잘못된 것이며, 장자철학을 왜곡하는 것이라고 생각한다.

그래서 나는 '소요유'의 본래 의미와 장자가 생각한 자유의 진정성에 대하여 성찰해보고자 한다. 이를 위해서는 먼저 '소요유'에 대한 현대적 번역어에 주목하고, 원어와 번역어 사이의 차이점 및 공통의 문제의식에 대해 구명해볼 필요가 있다고 본다. 이를 통해 '소요유'의 자유정신이 현실을 외면한 공상적 사유의 산물이 아니라, 현실의 구체적인 문제 상황을 기초로 제안된 것임을 확인해보고자 한다.

2. 얽매임 없이 노닐다

옷깃을 천 길 벼랑 위에 휘날리고 발을 만 리 강물에 씻는다.
대장부 이런 기개가 없이 어찌하랴.
바다 끝없이 넓으니 물고기 뛰놀아도 아랑곳없고,
하늘 뎅그렁 비었으니 새 나는 대로 맡겨둔다.
대장부 이런 도량 없이 어쩌랴.4)

'소요유'는 장자철학의 사유를 대표하는 주요 용어의 하나이다. 그러나 장자는 '소요유'의 의미가 정확히 무엇인지 명시적으로 밝히고 있지 않다. 뿐만 아니라 그 내용에 대해서도 구체적으로 언급하지 않음으로써 다양한 해석의 가능성을 남기고 있다.

현대철학자 펑유란(馮友蘭, 1895~1990) 같은 경우는 '소요유'의 의미를 '행복'(Happiness)이라는 말로 독해하고 있지만,5) 많은 장자 연구가들은 '무한한 자유' 내지는 '자유의 경지'로 풀이하기도 한다.6) 자유의 경지에 이르면 자연스럽게 행복이 확보될 수 있다는 점에서 자유와 행복은 별개의 세계에 존재하는 이질적 대립물이 아님은 분명하다.

그러나 자유와 행복의 내용이 어떠한 것이냐에 따라 양자의 관계는 이질적인 것일 수 있다. 자유론의 입장에서 볼 때 특정한 행복주의가 비판될 수 있는 것처럼, 장자의 자유와 특정한 행복주의는 대립적 성격을 띌 수 있다. 따라서 여기서 말하는 자유와 행복은 그 획득의 과정과 내용이 동일 범주에서 논의된다는 점을 전제한다.

구본명은 '소요(逍遙)'라고 말할 때 '소(逍)'는 '노닒'(遊) 혹은 '자적'의 뜻을 지니며, '요(遙)'는 '멀다, 아득하다'(遠)라는 뜻을 지닌다고 보았다.7) 그렇다면 '노닒'(遊)의 의미는 이미 '소요' 안에 내포되었으므로 '소요'와 '노닒'은 동일한 의미가 된다고 할 수 있을 것이다. 그러나 과연 장자가 동일한 말을 이중으로 사용하면서까지 자신의 입장을 전달하려고 하였을까?

왕쌘챈(王先謙, 1842~1917)은 '소요'와 '유'를 나누어 본다. 그는 "사물의 바깥에서 소요하고, 천연에 맡겨 무궁에 노니는 것"8)을 '소요유'라고 한다. 그럼에도 왕선겸의 설명에서 '유(遊)'가 노닒을 말한다면, '소요'가 무엇인지는 분명하지 않다.

이에 '소요'에 대한 사전적 의미를 보면, '소요'는 다음과 같은 세 가지 의미로 풀이된다. "① 한가롭게 지냄. 한가로이 거닒, ② 아무런 구속도 받음이 없이 마음껏 즐김, ③ 배회함."9) 이 세 가지 의미는 모두 '유유자적함'의 의미로서, '소요'는 '방황(彷徨)'과 같은 의미로 풀이할 수 있다.10)

고동백(顧桐栢)은 '소요'를 '아득하게 녹여서 사라지게 한다'

(銷遠)는 의미로 보고, 그것이 유위의 얽매임을 녹여서 소진시키고 무위의 이치를 아득하게 드러내는 것이라고 풀이하였다.[11] 『장자음의(莊子音義)』의 저자인 당대의 육덕명(陸德明, 550?~630)과 송대의 황기부(黃幾復, 본명은 黃介로서 幾復는 그의 자이다), 그리고 『장자각(莊子榷)』 8권을 남긴 명대의 김조청(金兆淸) 등은 '흔들림(동요)을 사라지게 하는 것'(消搖)이라고 풀었고,[12] 이광진(李光縉)은 '멀리 가서 구애받음이 없는 것'(灑遠)이라고 풀이하기도 하였다.[13]

이와 같이 본다면, '소요'는 사물에 얽매인 현실을 벗어난다는 의미를 지니며, '유(遊)'란 그러한 세계에 자유롭게 노니는 것을 말한다. 요컨대, '소요유'는 자유의식뿐만 아니라 부정정신을 수반한다는 점이 특징이라고 볼 수 있다. 그렇다면, 이제 장자의 자유정신을 직접적으로 대변하는 '노닒'의 문제에 대해 보다 구체적으로 살펴보기로 하자.

3. 노닒의 사회적 맥락

장자가 말하는 '노닒'(遊)의 적당한 번역어를 찾기란 쉽지 않다. 그럼에도 그것은 '놀이'라든가 '유희'라는 말로 번역된다.[14] 'play'라든가 'spiel' 등으로 '노닒'이 재해석되고 있는 것이다.

J. 호이징하(Huizinga, 1872~1945)는 다음과 같은 결정적 요소가 놀이의 본질을 이룬다고 한다. 첫째, 놀이란 간접적이며 실제적인 목적을 추구하지 않으며, 움직임의 유일한 동기가 놀이 자체의 기쁨에 있는 정신적 또는 육체적 활동이다. 둘째, 놀이란 모든 참여자에 의해 인정받는 어떤 일정한 원칙과 규칙, 즉 '놀이

규칙'에 따라 진행되는 활동이며, 거기에는 성취와 실패, 이기는 것과 지는 것이 있다.[15]

그러나 다의적 의미를 갖는 '노닒'[16]이 '놀이'와 '유희'로 해석되기에는 많은 한계가 있다. 우선 오늘날 우리가 자주 사용하는 놀이와 유희의 개념들이 서구적 근대의 산물이라고 한다면, 그것은 더 큰 이질감을 내포한다고 할 수 있다. 놀이와 유희가 여가(leisure)라는 측면에서 논의되기 때문이다. 이 경우 놀이와 유희는 노동 행위로부터의 분절성을 그 특징으로 드러낸다. 여가라는 말이 1800년대 후반부터 사용되기 시작하여 1930년대부터 일반화된 용어라고 한다면, 분명 오늘날 우리가 생각하는 여가나 놀이는 근대의 유산이라고 평가하기에 부족함이 없다.

특히 우리말 '놀이'의 개념에는 적잖은 부정적 인식이 투영되어 있다. 그것은 주관의식의 침투 여부 및 그 강도와 밀접한 관련을 갖는다. 이 말에는 '놀이'의 종류에도 강력한 주관의식이 개입된 놀이가 있는가 하면, 단순한 재미를 위한 놀이도 있다는 점이 전제된다. 나는 '놀이'로부터 주관의식이 배제되면 '노닒'의 경향성으로 나아가기도 하지만, 거꾸로 극단적인 주관의식이 자기의 권능을 행사하기 시작하면 '놀음'이 된다고 본다. 그리고 나는 파멸적인 '전쟁 놀음'이 '놀음'의 가장 극단에 위치한다고 본다.

그 긍정적 의미가 얼마든지 찾아질 수 있음에도 놀이에 대한 부정적 인식은 치명적이다. 열심히 살지 않는 게으른 룸펜에게도, 열심히 공부하지 않는 학생에게도 한결같이 균등하게 적용되는 말은 놀이와 관련된 '논다'는 표현이다. 힘써 일을 하지 않는 행위와 공부를 하지 않는 행위가 놀기만 하는 행위로서의 놀이이다.

그런데 우리말 '논다'는 말에는 경우에 따라서 강한 섹슈얼리티와 무절제한 방종이 개입되기도 한다. 그것은 독일어나 네덜란

드어, 영어, 스웨덴어 등이 마찬가지다. J. 호이징하는 Spilkind, Speelkind, aanspelen, minnespel, Laich, laichen, leka, lechery 등이 성적인 것과 관련된 놀이라는 말임을 예로 든다. 뿐만 아니라 그는 산스크리트어 Krīdati(놀다)가 성적인 의미로 종종 사용된다고 한다. 이러한 예들을 통해 그는 놀이의 여러 가지 형태 중 사랑놀이가 그 고유의 특징을 간직하고 있음을 확인한다.[17]

오래 전 개봉된 임권택 감독의 <노는계집 창(娼)>(1997)은 그 대표적 사례의 하나다. 문제는 놀이(노는 행위)에 자본이 침투하고, 유·무형의 권력이 개입함으로써 그 놀이의 진정성이 왜곡되기도 한다는 사실이다. 노는 것은 '계집 창'이지만, 도리어 노는 주체는 관객으로 전도될 수 있다는 사실로부터 우리는 관객들의 관음증적 대리충족이 영상 속 주체를 빌어 자신을 타자화하기도 한다는 사실을 발견한다.

분명 놀이(또는 노는 행위)와 노닒은 다르다. 김시천은 노닒이 놀이의 요소를 포함하는 것을 인정하면서도 노닒은 삶의 차원과 더 긴밀한 관계가 있다고 보고, 장자가 말하는 노닒은 정신적 요소와 깊은 관련을 갖는다고 한다. 또한 삶 자체가 노닒이 된다는 점에서 그것은 일반적인 놀이와 다르다고 한다.[18] 이러한 일반적 의견은 대체로 적절하다. 실제로 장자는 '마음의 노닒'(遊心, 心遊)에 대해 자주 언급하기 때문에,[19] 이 점에서 장자의 노닒은 정신적 요소와 깊은 관련을 갖는다. 그렇다고 장자의 노닒이 일방적으로 사회·정치적인 요소를 무시한 채 개인의 정신적 자유와 해방만을 강조하였다고 볼 수는 없다.[20]

놀이와 노닒은 공통적으로 사회적인 것과 정치적인 것을 토대로 행위화된다. 앞에서 언급한 '노는계집 창'을 양산한 것은 영화의 배경인 1970년대의 사회였다. '노는계집 창'이(과) 어울려 논다는 것은 어두운 놀이에 빠지는 것이다. 그 어두운 놀이가 생겨난 현실의 토대는 경제적 가난과 정치적 무관심을 유도하는 우민정치의 개입을 비롯한 뒷골목의 생태계를 지배하는 '힘의 질서'[21] 등이었다. 거기엔 애당초 재미나 기쁨, 기대감 등이 개입할 틈이 없다.

'노는계집 창'이(과) 어울려 놀던 1970년대의 어두운 놀이에는 비극적 삶의 애환이 뿌리 깊게 투영되어 있다. 이러한 점에서 '노는계집 창'이(과) 어울려 놀던 놀이는 사회적 토대를 벗어나기 어렵고, 그것은 어둠의 질서가 지배하는 공간에서 이루어진 놀이라는 점에서 반정치적인 정치성을 갖는다. 그것은 이미 놀이를 벗어나 있다는 점에서 놀이가 아니기도 하다.

J. 호이징하가 말한 것처럼 엄밀한 의미의 사랑놀이와 교합은 구분된다는 점에서 볼 때, '노는계집 창'의 놀이는 성매매를 통한 자본의 개입이 전제된 성 행위라는 점에서 진정한 사랑놀이가 될 수 없다. J. 호이징하는 성 행위 자체를 사랑놀이로서 놀이 영역에 포함시킨다면 그것은 그릇된 것이라고 주장한다.[22] 그래서 놀이의 관객이나 감독은 그 놀이를 생산한 사회적인 것과 정치적인 것의 이면을 살피고 반성하며 비판한다.

'노닒'이라고 예외일까? 많은 종류의 놀이가 사회·정치적 토대를 떠나 논의될 수 없는 것처럼, 마냥 유유자적한 망중한의 즐김이나 될 것 같은 장자의 노닒 역시 사회·정치적 측면을 배제하고 이야기하기 어렵다. 인간의 구체적 삶의 토대를 외면하고 노닒의 행위가 정당화될 수 없기 때문이다.

첸꾸잉(陳鼓應, 1935~)은 장자의 노닒이 담론화될 수밖에 없었던 사회·정치적 배경에 대해 주목한다. "장자가 말하는 자유 역시 마땅히 먼저 그 배면부터 이해해야 한다. 장자는 당시 권력

구조의 지나친 횡포로 백성들이 과중한 세금과 고통스러운 부역 아래 숨을 헐떡이고 있음을 심각하게 통감하고, 이로부터 외재적인 여러 가지 핍박과 구속으로부터 벗어나는 자유를 갈망하게 되었다."23)

장자가 볼 때, 당시 지배자들의 정치적 행위는 마치 바다를 두 발로 걸어서 건너고 강을 손으로 파헤치며, 모기에게 산을 짊어지게 하는 것과 같은 것이었다.24) 이러한 비유와 풍자는 당대 전제정치에 대한 심각한 고발이며 비판이다.

지배자의 전제정치가 강화되면 될수록 백성들의 자율권은 그만큼 상실되는 결과를 초래할 수밖에 없다. 백성들의 자율권과 권익을 보장하고 신장시키기 위해서는 기존의 이념적 명분과 사회적 도덕규범, 인위적인 법제 및 세속적 지혜가 사라져야 한다. 이념적 명분논리는 헛된 공론을 앞세워 사람을 죽음에 몰아넣고, 사회적 윤리제도는 좀도둑만을 잡을 뿐 국가를 찬탈하는 큰 도둑을 오히려 합리화시켜주며, 인위적인 법제는 사회적 대혼란의 원인이 되어 쿠데타의 빌미를 제공하기도 한다는 것이 장자의 생각이었다.25)

장자가 말하는 노닒은 당시의 사회상황 및 정치권력의 횡포와 밀접한 관련을 갖는 종류의 것이다. 장자는 인치나 덕치를 비롯한 형벌의 다스림이 가져오는 폐해를 낱낱이 폭로하면서, 정치적인 시책이나 정치권력의 확장이 백성들의 죽음을 초래한다고 주장한다. 그래서 장자는 어떻게 하면 사람들이 본성의 참된 모습대로 편안하고 유유자적하게 지낼 수 있을까, 하는 문제에 대해 비상한 관심을 갖게 되었다.26) 그는 각종의 전제정치의 폐해로부터의 해방이 급선무임을 인식하였던 것이다.

실제로 전국시대의 피비린내 나는 전쟁의 소용돌이는 죽음의 질서를 양산할 뿐 노닒의 삶을 보장할 수 없었다. 군주들의 광적인 전쟁도발과 잔혹한 통치의 행위는 더 이상 삶의 터전에서 노닒이 가능하지 않을 것 같은 위기감을 조성하였다. 각종 규범과 윤리를 비롯한 법질서들 역시 인간의 자유와 행복을 보장해주지는 못한다는 회의감이 지배적이었던 시대가 장자의 시대였다. 자유와 행복은커녕 절망과 불행이 난무하던 시대에 장자의 자유주의 철학은 '소요유'라는 이념을 갖고 등장한 것이다.

'소요'와 '노닒'은 일종의 부정이자 긍정이다. 그것은 해방정신이며 자유의식의 발현이라고 할 수 있다. '소요'는 사물에 얽매인 현실을 벗어난다는 점에서 일종의 부정정신에 가깝고,[27] '노닒'은 해방된 자유의 공간과 그 세계에서 노닌다는 점 때문에 일종의 자유의식과 가깝다고 할 수 있다. 그렇다고 '소요'와 '노닒'이 이질적인 별개의 것은 아니기 때문에 '소요'와 '노닒'이 함께 말해져 '소요유'가 된다고 할 수 있다. 부정적 현실로부터의 해방이 자유를 가져다준다는 점에서 '소요유'는 결코 소극적인 것이라고 말할 수 없다.

장자는 "자연에 노닐라"[28]라거나 "만물이 비롯되고 마치는 것에 노닐라"[29] 또는 "천지의 한 기운에서 노닐라"[30]라고도 하지만, "타자와 더불어 노닐라"[31]라고 하는가 하면, "세상 안에서 노닐라"[32]고 강조한다. 타자와의 소통이 전제되지 않는 노닒은 무의미하다는 것을 강조한 것이라고 할 수 있다.

타자와의 관계가 불소통적이면서도 자유롭게 노닌다는 말은 무의미하다. 만일 그것이 주장된다면 그것은 자기기만이며 관념의 유희에 지나지 않는다. 노닒은 어떠한 것에도 걸림이 없어야 한다. 자신과 타자에게 걸림이 존재하는 한 그것은 제한적인 노닒일 수밖에 없다. 따라서 자신과 타자가 온전하게 소통하는 마당(장) 위에 비로소 소요유의 존재의의는 확보된다고 하겠다. 장자의 노닒이 한 개체가 겪는 갈등과 억압의 승화라고만 규정될 수 없는 이유이다.

4. 자족과 초월: 노닒의 두 해석

장자 연구가들은 '소요유'의 의미가 '자유'에 해당한다는 점에 대하여 대체로 동의한다. 거기에는 '광막자재', '융통자재', '통달무애' 등의 의미와 더불어 불교적 측면의 '해탈자재'의 뜻도 담겨져 있다고 본다. 따라서 '소요유'는 자유에 대한 장자적 표현이라고 해도 과언이 아니다. 자유라는 말은 근대 이후 칸트(Immanuel Kant, 1724~1804)와 루소(Jean Jacques Rousseau, 1712~1778), 스피노자(Baruch de Spinoza, 1632~1677), 헤겔(Georg Wilhelm Friedrich Hegel, 1770~1831) 등에 의하여 주로 논의되었다.

추이따화(崔大華, 1938~2013)에 따르면, 루소와 칸트는 의지의 자유론을 주장한 반면 스피노자와 헤겔은 이성의 자유론을 주장하였다. 전자에 내포된 자유의 내용이 행위의 자주 독립이라면, 후자는 인식의 필연성이다. 그리고 전자의 자유가 고유성을 갖는 반면 후자는 이성적 자각을 통해 획득된다.[33] 이처럼 서구 근대 철학자들의 자유관은 각자의 특징을 가지고 있고 서로 상이하다. 실제로 역사상 철학자들이 자유에 대해 제기한 사유와 구체적인 대답들은 매우 다른 것들이었다.[34]

그러나 장자의 자유관은 서구적 이성 자각의 자유관과는 상당히 다르다. 장자의 자유는 아무런 얽매임이 없이 소요하는 심경의 자유이며, 우주의 본체를 체인하는 특징을 지닌다는 것이 추이따화의 입장이다.35) 그런데 장자의 자유관은 여러 가지 입장에서 해석되어 왔다. 장자의 '소요유'에 대한 해석이 주석가들마다 다르기 때문에 장자의 자유관은 한 가지 전형적인 특징만으로 규정되지는 않았던 것이다.

당나라 때의 『장자』 주석가로 유명한 성현영(成玄英, 608~669)은 '소요유'에 대한 기존 해석의 입장을 다음과 같이 세 가지로 정리하여 소개한다.

> '소요유'라고 말한 것은 고금의 해석이 같지 않다. 이제 그 대강을 들어보면 대략 세 가지로 해석된다. 셋이라고 말한 것은 다음과 같다.
> 첫째, 고동백이 말하였다. "소(逍)는 '녹인다'(銷)는 의미요, 요(遙)는 '아득하다, 멀다'(遠)는 뜻이다. 유위의 얽매임을 완전히 녹여 멀리함으로써 무위의 이치를 드러내는 것이다. 이로써 노닐기 때문에 '소요'라고 한 것이다."
> 둘째, 지도림이 말하였다. "사물을 사물 되게 하면서도 사물 속에서 사물이 되지 않는다. 그러므로 한가롭게 자아에 의존하지 않으며, 현묘하게 감응하여 서두르지 않아도 신속하기 때문에 아스라이 이루어지지 않는 것이 없다. 이로써 천하에 노닐기 때문에 '소요유'라고 한 것이다."
> 셋째, 목야가 말하였다. "소요라는 것은 대개 자기가 하고 싶은 대로 하여 자득하는 것을 이름한 것이다. 지극한 덕이 안에 충만하여 때마다 적당하지 않음이 없으니, 생각을 잊고 사물에 응하는지라 어디를 간들 통하지 않겠는가? 이로써 천하에 노닐기 때문에 '소요유'라고 한 것이다."36)

이상과 같이 성현영이 소개한 세 가지 해석 중 고동백은 '소요'의 개념 안에 '노닒'의 의미까지 포함시켜 풀이하는 관점을 보인다. 이에 비하여 지도림(支道林, 314~366)과 목야(穆夜)는 '소요'의 상태에 '노니는 것'이 '소요유'라고 풀이하였다. 경우에 따라서 '소요'는 '노닒'의 의미까지 포함한 개념으로 인식되었음이 확인된다. 그런데 목야는 특히 '소요'와 '소요유'를 다 함께 거론하면서 '소요'가 자득·자족의 세계라면 그 세계에 노니는 것이 다름 아닌 '소요유'라고 주장한다. '소요유'는 걸림 없이 오고 가는 자유행이라는 것이다.

한편 고동백의 해석에서는 지도림이나 목야의 해석과는 다른 '소요'의 성향이 발견된다. 지도림과 목야가 본 '소요'의 세계가 걸림 없는 자유의 세계라면, 고동백이 본 '소요'의 세계는 갖가지 현실적 유위의 얽매임으로부터 해방된 무위의 세계라는 점에 그 차이가 있다. 또한 뒤에서 살펴보겠지만, 지도림은 지극한 사람의 마음을 밝히는 것이 '소요'라고 한다. 성현영은 이러한 전제를 생략하고 지도림의 입장을 단장취의 하듯이 소개함으로써 지도림이 생각한 본의를 이해하는데 일정한 혼란을 초래하고 있다.

이러한 해석의 분류는 아직 본질적이지 못하다. 반드시 지도림과 목야가 동일한 입장을 견지하였다고만은 볼 수 없기 때문이다. 오히려 해석상의 차이를 보이고 있는 고동백의 관점이 지도림의 관점에 일정 부분 관여되는 측면이 있다고 볼 수도 있다. 이 부분에 대한 논리적 정합성이 확보된다면, 고동백과 지도림의 관점은 도리어 목야의 관점과 상호 대비해볼 때 그 사상내용의 측면에서 더 큰 상이성을 드러낼 수 있는 개연성이 있다.

이 문제에 접근하는 하나의 방편으로써 '소요유'에 대한 곽상과 지도림의 대비적 해석의 관점에 관하여 주목해볼 필요가 있다. 유효표(劉孝標, 462~521)는 『세설신어(世說新語)』「문학」편의 주석을 통해 '소요유'에 대한 대표적 해석으로 곽상과 지도림의 경우를 들고 있다. 유효표가 소개한 지도림의 '소요유' 해석은 성현영이 소개한 짧은 인용문에 비하여 그 내용이 상대적으로 풍부하기 때문에 지도림이 어떤 입장을 취하였는지가 보다 분명하게 밝혀질 수 있는 계기를 제공한다.

그렇다면 이제 유효표가 『장자주』에서 인용한 곽상의 주석을 먼저 살펴보기로 하자.

> 상자기와 곽자현이 본 소요의 뜻은 다음과 같다. "대저 대붕이 구만리나 날아오르는 것과 작은 연못에 사는 메추라기가 훌쩍 날아 느릅나무와 박달나무 위로 솟구쳐 오르는 것은 작고 큰 것이 비록 다르지만 각기 그들의 성질에 맡긴 것이다. 진실로 그들의 본분에 합당하다면 그들은 똑같이 소요한 것이다. 그러나 갖가지 많은 사물들은 마찬가지로 의뢰한 바에 의지한지라 그들이 의뢰한 바를 얻은 연후에 소요하게 된다. 오로지 성인만이 무심하게 사람이나 사물과 혼연히 동화하여 커다란 변화와 더불어 같이 변화하여 의지하는 것 없이 언제나 통할 수 있으니, 어찌 성인 홀로 통할 뿐이겠는가? 또한 의지하는 바가 있는 것의 성질에 따라 그것이 의지하는 것을 잃지 않게 하니 그들이 의지하는 것을 잃지 않으면 크게 소통하여 하나가 될 것이다."[37)]

유효표는 상수(向秀, 약227~272)와 곽상(郭象)을 『장자주(莊子注)』의 공동저자로 인정[38)]하면서, 그들의 '소요'에 대한 입장을 직접 인용하여 소개한다. '소요'에 대한 곽상의 결론적 입장은 큰 붕새나 작은 메추라기나 동일하다는 것이다. 곽상은 「소요유」 편명의 의미를 총괄적으로 설명하는 부분에서도 동일한 입장을 취한다.

『남화진경』
세덕당본

『장자집석』
호남 사현정사 간행본(1894)

곽상은 다음과 같이 말한다. “작고 큼이 비록 다르지만 스스로 얻은 마당에 풀어놓으면 사물은 자기의 본성에 맡겨지고 사업은 자기의 능력에 맞춰져 각자 자기의 몫을 다하니, 소요는 한 가지인데 어찌 그 사이에 이기고 짐을 용납할 수 있겠는가!”[39] 즉, 모든 사물이 평등하게 소요한다는 것이 곽상의 입장이다. 이렇게 ‘소요’에는 차별이 있을 수 없다는 곽상의 입장은 매우 신선한 듯 보이기도 한다.

그러나 곽상은 장자의 원의를 가장 많이 왜곡하였다는 평가로부터 자유롭지 못한 것 또한 사실이다. 곽상은 존재의 당체론적 입장에서 장자의 지식론적 소요의 의미를 희석시켜버림으로써 심각한 왜곡을 초래하였다.[40] 문제는 그가 말한 것처럼 ‘소요’는 한 가지요, 각자의 본성에 맞는 자득적 성향을 띠고 있다는 점이다. 이러한 점에서 곽상의 소요론은 일종의 ‘선험적 자유론’이라고 할 수 있을 것이다. 그것은 소요에 이르기 위한 본성의 전제를 미리 염두에 두고 논의되기 때문이다.

그렇다면 이제 유효표가 곽상의 입장과 다르다고 평가한 지도림의 '소요'에 대한 관점을 살펴보기로 하자.

> 지도림의 소요론은 다음과 같다. "대저 소요라는 것은 지극한 사람의 마음을 밝힌 것이다. 장자가 대도에 관하여 진술하고자 붕새와 작은 메추라기에 뜻을 의탁하여 전하였다. 붕새는 삶을 영위하는 길이 가없이 넓기 때문에 몸 밖에서 뜻에 맞는 것을 잃을 수 있고, 메추라기는 좁은 세계에 살면서 멀리 나는 붕새를 비웃으니 마음 안에 뽐내는 생각이 있는 셈이다. 지극한 사람은 사물의 자연스러운 성향에 따라 흐뭇해하며 자유로운 세계에서 무궁하게 노닐며, 사물을 사물 되게 하면서도 사물 속에서 사물이 되지 않는다. 그렇게 되면 아스라이 자기를 잊고 현묘하게 감응하되 인위적으로 하지 않으며 서두르지 않고서도 신속하게 된다. 그러면 눈 녹듯이 마음이 쾌적하지 않음이 없을 것이니, 이것이 소요하는 까닭이다."[41]

불교인이었던 지도림은 곽상과 같은 방식의 '소요'의 해석에 강한 불만을 가지고 있었다. 그는 곽상처럼 붕새나 메추라기가 한 가지로 소요한다는 입장에 찬동할 수 없었다. 그래서 지도림은 곽상의 『장자주』가 미처 다하지 못한 것이 있다고 비판한 것이다.[42]

지도림은 곽상과 달리 붕새도 '소요'에 한계가 있고, 메추라기도 '소요'에 한계가 있다고 주장한다. 큰 것도 문제가 있고, 작은 것도 문제가 있다는 것이다. 큰 것은 지나치게 큰 의식 때문에 자기의 몸 밖으로 나가고자 하는 한계가 있고, 작은 것은 편협한 마음을 가지고 있기 때문에 마음 안에 자기만이 최고라는 오만함을 떨쳐버리지 못하는 한계가 있다. 자기의 몸 밖에서 '소요'를 찾는 것은 공허하고, 편협한 마음 안에서 '소요'하고자 하는 것은 맹목이다.

요컨대 큰 붕새도 '소요'에 이르지 못하고, 작은 메추라기도 '소요'하지 못한다는 것이 지도림의 입장이다. 그들은 모두 안팎의 공간적 구획에서 자유롭지 못하기 때문이다. 지도림은 단지 지극한 사람의 마음만이 '소요'에 이를 수 있다고 주장한다. 그는 불교인답게 일종의 '해탈적 자유론'43)을 제창한 것이라 볼 수 있다. 그런데 지도림은 장자가 말한 "사물을 사물이 되게 하면서도 (자신은) 사물 속에서 사물이 되지 않는다"44)라는 말을 본원적 존재의 차원에서 이해하기보다는 지극한 사람이 가진 마음의 차원으로 해석하는 특징을 보인다. 이러한 점은 철저히 불교적이다.

그렇다면 이제 다시 앞으로 돌아가서, 성현영이 제시한 세 가지 '소요유'에 대한 해석의 입장에 대해 검토해보도록 하자. 유효표가 인용한 지도림의 소요론은 불교적 색채가 강한 일종의 '해탈적 자유론'이었음을 감안할 때, 이러한 해석은 '파사현정(破邪顯正)'처럼 유위의 해체를 통해 지극한 사람의 마음을 밝히는 관점이라고 볼 수 있다. 그러므로 지도림이 상정한 걸림 없는 자유는 해탈의 수행을 겪고 난 이후의 본심에 대한 후험적 자유라고 할 수 있을 것이다. 이 같은 지도림의 '소요'는 해탈을 전제하지 않고 이루어질 수 없다는 점에서, 그 내용상 도리어 고동백의 해석에 가까운 점이 없지 않다.

그리고 표면적으로 지도림의 해석과 유사한 것 같았던 목야의 해석은 곽상의 해석과 통하는 측면이 있다. 왜냐하면 목야의 소요론은 자득의 소요론이기 때문이다. 마음의 존재론적 입장에서 '소요'를 주장하는 지도림의 입장은 존재의 자득적 입장에서 '소요'를 주장하는 목야와는 그 접근의 방식과 내용이 서로 다르다.

반면 고동백은 유위의 얽매임으로부터 벗어나 무위의 이치를 드러내 노니는 것이 '소요'라고 하였으니, 이러한 입장은 차라리 곽상이나 목야의 입장보다는 지도림과 같은 종류의 해석방식과 상통하는 측면이 있다고 할 수 있다.

이렇게 볼 때, 성현영이 제시한 세 가지 '소요'에 대한 해석의 입장은 유효표가 제시한 두 가지 입장으로 압축하여 이해할 수 있을 것이다. 그리고 많은 주석가들이 인정한 것처럼 곽상의 소요론이 지도림의 소요론보다 더 큰 논리적 결함을 안고 있다는 점에 대해서도 암묵적으로 동의할 수 있을 것이다. 우리는 너무 오랜 기간 곽상이 풀이한 '소요유'의 해석에 대한 맹목적 권위에 눌려 무반성적으로 '소요유'를 해석해 왔음을 자각하여야 한다.

5. 자유로운 정신에 자유로운 몸

장자의 '소요유'는 분명 정신적인 자유와 관련이 깊다. 여기에서 내가 '정신적'이라고 하는 말은 장자 본유의 '정신'이라는 용례로 사용되지 않는다. 그것은 일상에서 통용되는 육체나 물질에 대립되는 영혼이나 마음 정도의 뜻으로 사용됨을 전제한다.

『장자』에는 '노닒'과 마음의 개념이 서로 결합되어 '마음의 노닒'(心遊)이라는 말이 있을 정도로, 정신적인 것을 떠나 자유를 말하기 어려운 측면이 있다. 그러나 『장자』 안에는 '마음의 노닒'보다 '몸의 노닒'이 더 적극적인 형태로 논의되고 있음을 간과해서는 안 된다.

『장자설(莊子雪)』의 저자인 청대의 육수지(陸樹芝)는 '소요'와 노닒의 관계를 다음과 같이 구분한다. "노닒은 몸이 기탁하는 것이고, 소요는 이리저리 거닐어 자득하고 고원하여 구속이 없는 것이다."[45] 이러한 견해에 따른다면, '소요'는 정신적인 해방과 관련이 깊고, '노닒'은 자유에 대한 실천적 몸의 행위와 관련이 깊다. 오로지 광대한 자유의식에 알맞은 활발한 몸의 행위만을 진정한 '노닒'이라고 할 수 있는 것이다.[46]

그런데 '노닒'의 개념이 직접적으로 드러나 있는 경우가 아니라 하더라도, 『장자』의 많은 비유들은 장자의 '노닒'이 몸을 떠나 존재하기 어려운 것임을 암시한다. 예컨대, 소를 잡는 포정(「양생주」), 수레바퀴를 깎는 노인(「천도」), 나무를 깎아서 '거(鐻)'를 만드는 장인(「달생」) 등은 모두 실천적 '노닒'의 전형적 예를 보여주기에 충분한 사람들이다.

이들은 모두 타자와의 온전한 소통을 이루고 자신의 삶의 현장에서 삶의 달인이 된 사람들이다. 이들의 정신적 '노닒'은 숱한 시행착오와 삶의 현장에서 흘린 땀방울 등에 의해 가능해진 것이다. 그들의 몸은 정신과 별도로 작동하는 법이 없다. 몸은 여기에 있으나 마음은 다른 곳을 향해 달려 나가는[47] 법이 없는 것이다.

만일 몸 따로 마음 따로 몸과 마음이 이반된 상태에서 노동의 행위가 수행된다면, 그것은 노동의 소외에 다름 아니라고 할 수 있다. 노동에 의하여 소외가 생기고 그 소외에 의하여 다시 노동이 소외되는 악순환이 발생하기도 한다. 노동의 소외에는 즐거움이 개입될 여지가 없다. "지극한 즐거움에 노닐어야 한다"[48]는 것이 장자의 입장이고 보면, 노동으로 인하여 일어나는 소외와 삶의 질서를 피폐하게 만드는 즐거움이 없는 노동의 행위는 모두 해체되지 않으면 안 될 부정의 대상이다.

달인들의 행위는 일상적 노동의 차원을 넘어 삶의 예술로 승화된다. 특히, 소를 잡는 포정과 수레바퀴 깎는 노인, 나무를 깎아서 '거'를 만드는 장인 등이 보여준 '노닒'의 세계는 일상의 노동을 통한 노동의식의 해체를 보여준다. 그들은 노동으로부터 스스로 해방되어 있는 것이다. 그리고 그들이 보여준 노동의 행위는 그들 자신의 삶 자체와 하나로 어우러진 '살림의 정치적 은유'로 작동한다.

그러나 그들과 같은 삶의 '노닒'에 적극적으로 동참하지 못한 당대의 권력자들, 예컨대 포정과 대면한 문혜군이나 수레바퀴 깎는 노인과 대면한 제환공, 나무를 깎아서 '거'를 만드는 장인과 대면한 노나라 군주 등은 '죽임의 정치적 은유'로 작동한다. 그들의 삶의 질서는 '노닒'의 질서로부터 가장 멀리 떨어진 '놀음'의 상황과 연대한다. '놀음'에는 죽음의 질서가 수반된다. 놀음은 타자의 영역까지 자기화하여 자신의 현실적 가치를 최대화하려는 것이다. 이러한 이유 때문에 놀음은 필연적으로 타자와의 경쟁을 피할 수 없고, 타자의 공격으로부터도 자유로울 수 없다. 놀음의 극단적 유희는 자신과 자신의 자산들을 담보로 타자와 관계를 맺는 것이다. 그러나 이러한 관계맺음의 방식은 전연 근원적이지 못하다.

특히, 권력을 지향하는 정치는 타의 추종을 불허하는 놀음의 일종이다. 권력 지향적 정치의 놀음은 전쟁을 통한 영토의 확장과 그를 위한 노동력의 확보를 요청하기 때문에 거기에는 반드시 백성들의 피와 땀이 담보될 수밖에 없다. 그래서 장자는 권력을 지향하는 일체의 정치를 부정한다. 이렇게 볼 때, 장자의 '노닒'이 가능하기 위해서는 일상의 정치적 지배구조로부터의 해방이 절실하다.

그래서 장자는 삶의 달인들이 보여주는 실천적 삶의 질서에 주목한다. 실제로 권력을 지향하는 정치는 삶으로부터 많은 것들을 분리해내기 때문이다. 권력을 지향하는 정치는 권력의 유무와 신분의 고하, 경제적 유무 등의 차별을 획정한다. 바꾸어 말한다면, 모든 것을 이분법적 틀에 맞추어 양분시키는 것이다. 장자가 볼 때 이러한 태도는 반자연적인 것이다.

이러한 경우 몸과 정신은 통일될 수 없으며, 세계와의 소통 역시 불가능하다. 그러나 삶의 달인들은 정신과 몸이 분열되지 않았다는 점에서, 온전한 '몸의 정치'를 생산한다. '몸의 정치'는 정화열의 개념을 차용한 것으로서, '몸의 정치'는 그의 저서명이기도 하다.[49] 나는 여기에서 정화열처럼 탈근대성의 측면에서 이 용어를 차용하지는 않는다.

다만, 정화열이 탈근대성의 내용으로 삼는 이원론이나 자아중심주의, 시각중심주의, 남근중심주의 등에 대한 비판적 입장을 몸의 정치로 보는 점에 동의하고자 한다. 나는 여기에서 몸의 분열을 가져오는 일체의 허위의식을 반성하는 사유를 일종의 '몸의 정치'라고 이해하고자 할 뿐이다. 몸과 마음이 대립적으로 분열될 수 없다는 근본적인 이해가 장자와 함께 한다는 점에서, 장자의 실천적 자유 역시 몸의 정치라는 형식을 벗어나지 않는다고 보기 때문이다.

장자는 몸의 한계에 매몰되는 것도 문제이지만, 정신현상으로서의 의식에 국한되는 것도 한계가 있다고 본다. 몸의 한계에 매몰될 때 우리는 새로운 세상과 만나 소통할 수 없고, 사변적인 의식에 국한될 때 구체적인 현실을 도외시하기 쉽다. 몸과 정신의 분열이 가져오는 파열음은 생각보다 시끄럽고 혼란스러운 것이다. 분열된 몸과 분열된 의식은 자유를 가로막는다. 몸과 정신의 온전한 일체화는 실천적 자유를 구현하기 위한 필수조건이다.

『장자』 안에 수없이 논의되는 정신적 자유의 담론들은 결국 몸과 정신의 소통을 위해 요청되는 비유의 결정들이라고 할 수 있다. 장자의 몸의 정치 안에서 수행되는 정신적 자유와 해방은 몸의 자유와 해방을 위한 전제조건인 셈이다. 여기에 정신적 자유의 의의가 있다. 온전한 자유와 해방을 위하여 정신적 반성이 요청되는 것이다.

장자는 자유의 상징체로 붕새를 하늘 높이 띄워 올린다. 잘 알려진 우화이지만 『장자』가 소개한 붕새의 비상에 관한 이야기는 다음과 같다.

> 북명이라는 큰 바다에 물고기가 살고 있으니 그 이름을 '곤(鯤)'이라 한다. 곤의 크기가 몇 천리나 되는지 알지 못한다. 이 물고기가 화하여 새가 되니 그 이름을 '붕(鵬)'이라고 한다. 붕의 등 넓이가 몇 천리나 되는지 역시 알지 못한다. 힘차게 날아오르면 그 날개는 마치 하늘 가득히 드리운 구름과 같다. 이 새는 바다가 움직여 큰바람이 일면 이를 타고서 남명으로 날아간다. 남명이란 남쪽에 있는 천연의 연못이다.[50)]

이것은 『장자』 「소요유」 첫머리의 이야기로서 이른바 '곤붕변화론'의 내용을 담고 있다. 물고기 '곤'이 '붕'이라는 새로 변화한다는 이야기이다. 그리고 힘차게 날아오른 붕새는 북명에서 남명으로 날아간다고 한다. 장자의 상상력이 제공한 이러한 이야기 때문에 장자의 자유는 정신적 자유를 말하는 것으로 여겨지는 것 같다. 그러나 독해의 방식에 따라 이 우화에 대한 해석내용은 전연 다른 방식으로 풀이될 수 있다.

명나라 때의 승려 감산(憨山, 1546~1623)은 이 이야기를 정치적 독법으로 풀이한다. 그는 '남명'이란 날씨가 따뜻한 지방을 가리키는 것으로, 왕이 정치에 임하여 남면하는 것을 상징한다고 본다. 성인이 나타나 남면하고 천하를 다스린다는 것이다.[51)] 이렇게 본다면, 장자의 자유론은 일종의 심정적 자유론이기보다는 정치적 자유론의 성격을 띠는 것이라 할 수 있다. 그리고 그것은 '초월주의적 자유론'이 아니라 현실세계를 밝게 하고자 하는 일종의 '포월주의적 자유론'[52]이라고 할 수 있다.

감산은 붕새(성인)가 바다 기운을 탄다는 것이야말로 대기를 타고 초월적 경지에서만 노니는 것이 아니라 세상에 직접 나아감을 상징한 것이라고 한다. 그리고 옮겨간다는 것은 자신의 거처를 바꾼다는 의미라고 풀이한다.[53] 당연히 옮겨질 거처는 구체적인 현실세계요 일상의 땀내 나는 인간세상이다

그러나 밝은 정치가 그냥 이루어지는 것은 아니다. 물고기가 붕새로 변화하고, 또한 붕새가 구만리 상공에서 이전의 자신을 반성하는 일을 거치지 않으면 안 된다. 곤붕 변화는 존재현상이 아니라 일종의 정신현상이다. 곤붕 변화는 하나의 비유이자 상징이다. 곤을 고래의 일종이라고 보는 주석가들도 있지만,[54] 나는 그것이 물고기의 알이라는 주장[55]에 더 공감한다.

곤은 새로운 생명체로 태어나기 전의 존재성을 갖는다. 그래서 그것은 미생자(未生者)이다.[56] 물고기의 알은 두 가지 종류로 구분된다. 생겨나기 이전의 물고기 알을 가리켜 '난(卵)'이라고 하고, 이미 생겨난 것을 가리켜 '물고기 새끼'(子)라고 한다.[57] 단옥재(段玉裁, 1735~1815)는 『설문해자주』에서 '곤'이 알에서 부화되기 이전의 '난'에 해당한다고 본다.[58] 만일 곤이 물고기의 알이거나 또는 부화된 새끼라고 한다고 하더라도 커다란 물고기 성체로 변화되어 표현된 곤은 이미 곤이 아니다. 이렇듯 곤은 자기해체적이다. 그 곤은 붕새로 다시 한 번 자기를 변화시키고, 또 다른 변화 앞에 선다. 언제든 다른 것으로 변화될 수 있는 가능성은 자기중심성을 파기한다는 점에서 몸의 정치에 충실하다.

이러한 점 때문에 장자는 의도적으로 크고 작음을 대비적으로 논변하는 장치를 마련하는데, 그것이 이른바 '소대지변(小大之辯)'이다. 장자는 작은 알음알이는 큰 지식에 미치지 못하고, 작게 살다간 수명은 길게 살다간 수명에 미치지 못한다고 한다.[59] 이러한 대비는 상대적일 수밖에 없다. 그리고 이분법적 사유에 의하여 대비적으로 논변되는 한 그것은 언제든 파기될 성질의 것이다. 정신현상의 이분법적 사유 역시 근원적인 것은 못된다. 그럼에도 곽상은 이 같은 정신현상의 측면을 존재현상의 측면으로 여겨 '소요'의 경지가 한 가지일 뿐이라고 강변하는 오류를 범하였다.

장자는 실천적 자유를 확보하기 위해서는 무엇보다 정신현상의 한계를 자각하라고 한다. 그는 일상의 정상적이라는 것들에 대해 숙고해보기를 권면한다. 지구에서 바라본 하늘의 색깔이 파란 것처럼 거대한 우주 공간의 색깔이 과연 파란 것일까(正色)에 대하여 회의한다.[60] 또한, 「제물론」에서는 아름답다고 여기는 것의 정상성(正色)에 관한 문제와 거주공간의 정상성(正處)에 관한 문제, 맛있다고 생각하는 음식의 정상성(正味)에 관한 문제들에 대해 회의하기도 한다.[61]

그런데 그것은 각각 존재현상으로서의 색깔과 거처, 맛의 문제라기보다는 정신현상에 의하여 제시된 표상세계의 정상성에 관한 문제들이다. 이에 장자는 정상적이라는 것의 정상성의 문제가 오히려 비정상적인 것으로 판명될 수도 있음을 반성한다. 그래서 그는 지구에서 파란 색으로 보이던 하늘의 색깔이 붕새가 되어 구만리 장천으로 올라가 보면 검은 색이 아닐는지 누가 알겠는가, 라고 반문하는 것이다. 그리고 그동안 정상적이라고 여겼던 아름다움의 대상과 정상적으로 맛있다고 여겼던 음식의 맛이 타자에 의해서는 제 각각 다르게 판단될 수도 있다는 점에 주목한다.

자유의 세계에 노닐기 위해서는 정신세계에 걸림이 없어야 한다. 그러나 그것을 가로막는 장애물은 너무나 크고 높다. 장자는 그것을 '나'라는 자아의식이라고 보았다.[62] 일상의 '나'라는 자아의식은 언제나 타자를 비교분석하고 그것을 평가절하하려는 오만한 성향을 갖는 한계가 있다. 경우에 따라서 타자의 크기가 생각보다 크다고 느끼면, 메추라기처럼 먼발치에서 비웃기에 바쁘다. 이른바 뒷담화의 생산 공장이 '나'의 자아의식인 셈이다.

그런가 하면 타자의 권능에 두려움을 느끼는 '나'라는 자아의식은 마치 살쾡이처럼 몸을 바짝 움츠리고 호시탐탐 상대를 해코지할 기회만을 찾아 그의 허점과 빈틈을 엿본다.[63] 이것은 타자에 대한 야비한 공격성을 자신 안에 은장시키면서도 겉으로는 전혀 아닌 것 같이 행동하는 모순적 삶의 양식이다. 이러한 삶의 양식은 자신과 타자를 모두 불행하게 만든다.

뿐만 아니라 '나'의 자아의식은 언제나 자기중심적이라서 타자까지도 자기화하려고 욕망한다. '나'라는 자아의식은 욕망의 주체이기도 한 것이다. 그런데 욕망의 과잉은 극단적으로 죽음을 초래한다. 호랑이는 호피 때문에 죽고,[64] 지식인은 자신의 명예욕 때문에 죽는다[65]는 것이 장자의 생각이다. 호랑이는 죽어서 가죽을 남기고, 사람은 죽어서 이름을 남긴다는 오래된 속담에 대한 역설이 아닐 수 없다.

실제로 인간은 온갖 '외물'의 유혹으로부터 자유롭지 못하다. 외물은 욕망의 대상이다. 그 대상은 사람마다 다르다. 재물은 소인의 욕망의 대상이고, 명예는 선비의 욕망의 대상이며, 가문은 대부의 욕망의 대상이고, 천하는 성인의 욕망의 대상이다.[66] 견물생심이라는 말이 있듯이 대부분의 사람들은 눈앞의 이익에 민감하다.

장자는 욕망에 사로잡혀 외물에 속박된 사람을 가리켜 '도치된 인간'이라거나 '몽매함에 가려진 인간'이라고 한다.[67] 이들은 온갖 외물의 유혹에서 자유롭지 못하다는 점에서 '질곡에 빠져있는 인간'이기도 하다. 장자가 말한 '질곡'은 본래 차꼬와 수갑이 채워진 '속박'을 의미한다. 따라서 '질곡에 빠져있는 인간'이란 외물에 속박된 인간을 의미한다. 장자는 그들이 스스로의 육체와 정신을 바쁘게 움직여 온갖 외물에 빠진 채 본연의 자기로 돌아가지 못하고 외물에 끌려 다니는 삶을 살아간다고 안타까워한다.[68]

'질곡에 빠져있는 인간'과는 다르게 "뱁새는 깊은 숲속에 둥지를 틀지만 하나의 나뭇가지에 만족하고, 두더지는 황하강의 물을 마시지만 배가 부르면 그만 둔다."[69] 사로잡혀 있는 소유의 욕망으로부터 해방된 자유로운 삶이 있을 수 있음을 환기시키는 비유이다.

그러나 욕망하는 주체에게는 그 어떤 대상도 충족을 주지 못한다. 욕망은 간단하게 충족되지 않기 때문이다. 분명 '배고픔'과 '목마름'과 같은 '욕구의 상징화'를 통해 인간은 동물과 차이를 드러낸다. 인간은 욕구를 언어로 표현함으로써 이를 통해 대타존재를 작동시킨다. 그리고 그 상징화의 영향 때문에 욕구는 소외되고 욕구는 욕망으로 전환된다. 그러나 그 욕망은 또 다른 욕망의 결핍으로 나타난다.[70]

욕망의 충족 불가능성이 지속되는 한 인간은 자유로울 수 없다. 그러므로 실천적 자유의 '노닒'을 위해서는 욕망의 과잉으로부터 해방되는 것이 필수적이다. 요컨대 '나'라는 자아의식으로부터의 해방이 절실한 이유이다.

그래서 장자는 '나'라는 정신현상이 빚어내는 의식의 세계를 멀리 여행 보낼 필요가 있다고 생각한다. 여행에는 근거리 여행도 있겠지만, 원거리 여행도 있을 것이다. 그러나 정신적 자유의 여행을 원한다면, 장자의 경우엔 될 수 있으면 원거리 여행을 권한다.[71] 여행을 통해 기성의식은 먼 여행지에서 갖가지 낯선 것들을 만나 충돌을 일으킬 것이다. 그 충돌은 정신의 계발을 가져오고, 이전까지의 자신의 앎이 잘못된 것이었음을 자각케 한다.

이른바 '우물 안 개구리'의 편협함은 자유가 아니라는 것이 장자의 생각이다. 다시금 강조하지만, 이것은 정신현상의 문제일 뿐 존재현상의 문제가 아니다. 장자는 '동해의 거북'과 '우물 안 개구리'는 서로 세계를 보는 의식의 크기가 다름을 말하고 싶었을 뿐이다.[72] 그래서 장자는 많이 보고 많이 듣는 견문이 필요하며, 이를 위해서 그 견문을 '멀리두기'(遠)할 필요가 있다고 본다.

세계를 제대로 이해하기 위해서는 '멀리두기'(遙, 遠=遙遠)가 필요하다. 그것은 기존의 것들과의 '거리두기'이다. 그것은 '나'의 주관적 의식을 통한 '자기중심적 하나 되기'가 아니다. 모든 것들을 자기화하고자 하는 자기중심성이 '나'라는 정신현상을 지배하는 한 몸의 정치를 구현하는 실천적 자유는 불가능하다. 몸의 정치는 '자기중심적 하나 되기'가 아니라 자기중심성이 해체된 '타자와의 하나 되기'이다. '타자와 하나가 되어 노닐기'(遊於物)가 가능하면 세상에 거칠 것이 없고 자유롭게 살아갈 수 있다.

장자는 이러한 경지에 이른 사람을 가리켜 '마음을 노닐게 하는'(遊心) 사람, 즉 '자기중심성으로부터 해방된 사람'(無己)이라고 보고, '지인(至人)', '신인(神人)', '성인(聖人)', 또는 '진인(眞人)'이라고 부른다. 자기중심성이 해체되었기 때문에 이들은 세상의 공적에 머물지도 않고, 명예에 집착하지도 않는다.[73]

장자는 실천적 자유의 구현을 위하여 기존의 잘못된 가치체계를 '멀리하기'(遠) 위한 여행을 통해 자신을 반성하고, 그것을 '녹여버리기'(銷)를 원하거나 '사라져버리게 하기'(消)를 희구한다. 이것은 장자의 '무위(無爲)'의 정신이 '소요'의 정신으로 재탄생한 종류의 것이라는 점에 의의가 있다. 장자의 정신적 자유는 '무위'의 실천에 '거닐기'(逍)라는 점에서 철저한 부정정신을 보여준다.

이러한 부정정신은 자유의식을 낳는다. 그리고 그 자유의식은 부정정신을 현실화한다. 이처럼 '소요'라는 부정정신은 실천적 자유를 위한 진정한 '노닒'(遊)의 전제가 된다. 그러나 '소요'와 '노닒'은 별개의 것이 아니다. 부정정신이 자유의식을 떠날 수도 없지만, 자유의식이 부정정신을 폐기할 수도 없다. 그 어느 일방이 침윤되는 한 그것은 진정한 부정도 진정한 자유도 아닌 관념의 유희에 불과한 것이기 때문이다.

6. 편견을 넘어서

다시 지도림의 소요론으로 돌아가 생각해보기로 보자. 지도림은 사물에 매이지 않는 것이 '소요'라고 보고, 그렇게 매이지 않아야만 어디로건 자유롭게 갈 수 있기 때문에 진정한 '노닒'이 가능하다고 한다. 그리고 그 위에 배고픈 자가 밥을 먹고 목마른 자가 물을 마시는 것이 바로 '소요'라는 설명을 덧붙인다. '소요'와 '노닒'이 일상을 벗어나 딴 세상에 존재하는 것이 아니라는 것이다. 그는 이와 관련하여 다음과 같이 말한다.

> 만약에 무릇 하고자 함이 있어서 그 만족하고자 하는 바에 마땅하게 해주고, 만족하고자 하는 바를 족하게 해준다면, 이것이야말로 상쾌하게 자연의 참됨과 같아지는 것이다. 이것은 마치 배고픈 사람을 한결같이

배부르게 하고 목마른 사람을 한결같이 채워주는 것과 같으니, 어찌 (제사에 쓸 제물의 하나인) 말린 곡식을 준비해 놓고 '증제'(겨울제사)와 '상제'(가을제사)를 잊겠는가? 탁주와 단술을 받아놓고 술잔을 끊어 버리겠는가! 진실로 지극한 만족이 아니라면, 이것을 어찌 소요하는 까닭이라 하겠는가![74)]

일상을 벗어난 추상적인 관념의 '소요'는 무의미하다는 주장이다. 이 같은 주장은 장자가 곳곳에서 말하는 '방외의 세계에 노닐기'[75)]라는 말 때문에 '소요'의 진정성이 왜곡될 수 있음을 염두에 두고 제기된 것이기도 하다. 지도림은 '자연의 정상성'(天正)을 따르는 것이 바로 '소요'라고 보았다. 그것은 존재 만우의 현전성이 드러내는 정상성을 따르는 것이기도 하다. 배가 고플 때 밥을 먹어야 배고픔을 잊을 수 있듯이, 갈증이 심할 때는 물을 마셔야만 갈증을 잊을 수 있는 것이다.

장자가 본 '자연의 정상성'이란 존재현상의 질서에 일탈이 없는 것이다. 그런데 장자는 존재현상의 질서가 일탈됨으로써 물리적 현상계에 비정상적 운행이 일어나기도 한다는 점에 주목하기도 한다. 물리적 현상계의 질서가 교란될 수 있다는 것이다. 그것은 음양의 기운이 상호 마찰을 일으킴으로써 미묘한 질서의 일탈을 초래하는 변이 현상이기도 하다. 물리적 현상계에 일어나는 질서의 교란은 천지자연의 재해를 초래하고 생명의 질서를 파기하는 병리현상을 초래하기도 한다. 그러나 음양의 두 가지 기운은 서로 조화되기도 하고 교란될 수도 있다는 점에 비하여 세계는 본원적인 기운의 질서에 의하여 조화를 이룬다. 장자는 그 천지의 기운 자체에서 노닐라고 말하는 것이다.[76)]

그러나 문제는 늘 자연을 벗어난 '인간세'에서 발견된다. 인간이 만들어 놓은 갖가지 법망과 제도의 틀들이 인간 자신을 속박하고 형벌적 존재로 전락시키기도 한다. 거기에서 살아가는 일은 참으로 고단하고 힘겨운 일이다. '소요'의 부정정신은 이를 극복하여 넘어서고자 한다. 그리고 그로부터 자유로워지고자 한다. 거기에 노니는 것이 참다운 실천적 '노닒'이다.

그런데 '인간세'에 수많은 장애가 발생하는 원인에 대해 장자는 인간의식의 독단과 자기중심성을 상정한다. 세상이 그 독단과 자기중심성으로 인하여 심하게 왜곡되는 것이다. 세상은 세상 그대로이지만, 인간의 정신현상이 일으킨 의식적 차별은 존재와 세상을 '어떠어떠한 것'으로서 규정하고 대상화한다.

이러한 대상화는 급기야 세상을 특정한 유용성의 틀로 재단된다. 자신에게 필요하면 유용성을 지닌 것이지만, 자기의 의식의 범위를 넘어서 존재하는 것들은 무용한 것으로 평가된다. 그러나 장자는 많은 곳에서 '무용의 쓰임'에 대해 언급하면서, 일상의 편견으로부터 벗어날 것을 요청한다. '인간세'의 전도된 가치의식 안에 수렴되는 유용성의 범주를 벗어나 근원적으로 더 큰 쓰임을 갖는 존재 자체의 권능에 따르는 일, 그 의존 없는 경지의 세상에 쓸모없다는 커다란 나무를 심어놓고 그 아래에서 쉬며 노니는 일, 그것이 가능하기 위해서는 일체의 편견으로부터 해방되지 않으면 안 된다.

진정한 일상이 일상으로 복권되기 위해서는 편견이 제거되어야 한다. 장자는 '무하유지향'이라는 세상에 노니는 것이 참다운 '노닒'이라고 한다.[77] 나는 '무하유지향'이 '편견 없는 세상'이라고 이해한다. 그 세상은 '아무것도 존재하지 않는 세상'이 아니라 '어떠어떠하다는 규정과 편견이 존재하지 않는 세상'이라는 의미로 이해한다는 말이다.

이 세상은 장자의 존재론적 장소이기도 하다. 그 존재론의 장소는 존재자가 보이지 않는 저기 어딘가에 따로 있는 '심연'이 아니라, 바로 존재자가 있는 곳이고, 그 존재자들이 만나는 곳이며, 또한 갈라지고 헤어지는 곳이다.[78] 그 장소는 언어로 규정될 수 없다. 특정한 인식으로 형상화될 수도 없다. 그러므로 '무-하유'의 세상인 것이다.

어떠한 '편견'도 지배할 수 없는 세상은 장자의 이상이다. 그 세상은 '나'라는 자기중심성이 사라져야만 드러나는 세계이다. '나'라는 인칭이 사라져버린 '비인칭적 자아'(無己)로부터 수많은 '그-타자'들과의 차별 없는 만남을 가능하게 해주는 존재론적 장소가 다름 아닌 '무하유지향'인 것이다. 그 세계는 장자의 부정정신을 내함한 자유의식이 온전히 발현된 세계이다. 이러한 장자의 존재론적 공간은 사회적 차별의식의 타파와도 밀접한 관련을 갖는다는 점에서 의의가 있다.

장자가 이상적으로 본 세계는 '실질적 규정'을 벗어나 존재한다. 마치 바이올린이거나 책이라는 것으로서 규정되지 않는다는 말이다. 그래서 실질적으로 쓸모가 없다는 인식과 그로 인한 불만이 제기될 수 있는 세상이 '무하유지향'이다. 그러나 '실질적 규정'이란 그 각각의 다른 존재자와의 만남과 갈라짐에 의해 규정될 뿐이다. 바이올린이 사라 장(장영주, 1980~)이나 정경화(1948~)와 만나면 악기로서 바이올린이지만, 백남준(1932~2006)과 만나면 악기가 아니라 개처럼 질질 끌려 다니는 퍼포먼스의 소품이 된다. 바이올린이 활과 만나면 악기로서 존재하지만, 그것 없이는 악기로서 존재하지 못한다. 또한 책이 사람과 갈라지면 더는 책이 되지 못한다. 책은 불과 만나면 불쏘시개가 된다. 이것은 이진경의 주장을 원용한 것이다.[79]

이것은 장자에게도 여전히 유효하다. 그래서 이 세상은 아무

짝에도 쓸모가 없는 세상인 것 같지만 진정으로 쓸모가 있는 세상이라는 장자의 역설이 가능해지는 것이다. 장자는 이러한 세상에 노닐라고 한다. 그러면 어떠한 외물로부터도 벗어나 자유로울 수 있다는 것이다.[80]

그럼에도 특정한 사람들에게는 이와 같은 장자의 자유정신이 마땅치가 않았다. 장자의 자유정신은 현실개혁의 의지가 없는 하나의 관념적 유희에 지나지 않는 것으로 폄하되기 일쑤였다. 그러나 편견 없는 세상에서 노닐기를 꿈꾼 장자의 철학을 허구적이며 현실 도피적인 노예의식의 산물이라고 말할 수는 없다.

장자는 곳곳에서 많은 꿈 이야기를 제시함으로써 마치 꿈의 철학자라는 인상을 받기도 한다. 그러나 이러한 점 때문에 그를 단순히 몽상가라고 치부할 수 있을까?

장생화접(『정씨묵원(程氏墨苑)』)

꿈의 의미에도 중의성이 있기 때문에 어떠한 맥락에서 장자의 꿈의 논리에 접근하느냐 하는 문제가 중요하다. 장자의 꿈의 논리를 부정적으로 보는 경우는 대체로 세간에 가장 많이 알려진 나비 꿈 이야기에 대한 오독으로부터 말미암는 것 같다. 결정적으로 꿈에 대한 오독이 장자를 환몽적인 몽상가로 치부해버리는 것이다.

그러나 나비 꿈 이야기의 전후맥락을 조금이라도 자세히 살펴본다면, 장자는 꿈꾸라는 것에 매인 철학자가 아니라 꿈에서 깸을 강조하는 철학자임을 바로 알 수 있다. 장자는 꿈에서 깨어난 이후 비로소 자기 자신과 나비의 경계를 확실하게 알게 되었다고 술회할 정도로 꿈에서 깨어난 이후의 중요성을 강조한다. "참사람이라야만이 밤에 잠을 자도 꿈을 꾸지 않는다"[81]라고 한 장자의 말에 주의를 기울이지 않으면 안 된다.

이렇게 본다면, 우리는 도리어 편견으로 가득한 세상을 마주 대하고 살면서도 아무런 회의나 부정을 제시함이 없는 일상의 맹목적 삶의 동참자들을 몽상가라고 하여야 하는 것이 아닐까? 과연 누가 더 꿈속에 빠져 있는 몽상가라는 말인가?

지금은 진정 장자의 생각처럼 '곤'의 변화가 필요한 시점이다. '소요유'는 '곤'의 자기부정으로부터 시작된다는 엄연한 현실 앞에서, 우리는 이제 '미생의 삶'을 떨치고 분연히 깨치고 일어서 비상하여야만 한다.

03

너도 옳고, 그도 옳다

너도 옳고, 그도 옳다

> 너는 사람의 음악소리를 들어보았겠지만,
> 땅의 음악소리를 들어보지는 못하였을 것이다.
> 설령 땅의 음악소리를 들어보았을지 모르지만,
> 하늘의 음악소리를 들어보지는 못하였을 것이다.[1)]

1. 장자는 상대주의자인가?

철학적 범주에 있어서 상대주의는 지식론의 한 분야에 속한다.[2)] 우리는 일반적으로 진리는 모두 상대적이라고 보는 입장을 가리켜 상대주의라고 부른다. 이 상대주의는 진리가 항상 의존적으로, 즉 다른 것과의 관계에 의해서 어떤 일정한 조건에 있어서만 성립한다고 주장한다.[3)]

이러한 상대주의는 오늘날 사회, 정치, 도덕과 관련된 문제들에 대한 많은 사람들의 생각과 행동뿐만 아니라, 지식의 모든 영역에 침윤되어 있다. 그래서 오늘날은 지각, 진리 그리고 이성 그 자체까지도 상대적인 것으로 받아들여지고 있다. 우리가 지각하는 것, 우리가 참이라고 생각하는 것, 우리가 이성적이라고 생각하는 것들이 어떤 객관적 실재와의 연관성에 의하여 결정되는 것이 아니라는 것이다. 그것들은 모든 문화적 패러다임과 개념 체계 또는 언어에 상대적이다. 이러한 일정한 형태의 상대주의는 물론 과거에도 존재하였고, 어떤 관점에서 보면 상대주의적 관점은 사상사 자체만큼이나 오래된 역사를 가지고 있다.4)

특히 장자는 동양의 철학사에 있어서 상대주의적 진리를 내세운 전형적 인물인 것처럼 일컬어지기도 한다. 이러한 현상은 장자가 제시하는 철학적 담론의 내용이 곳곳에서 상호 의존적 상대성을 띠고 나타나기 때문이라고 볼 수 있다. 그래서 혹자는 말하기를, 장자는 일체의 주관적 지식이 상대적 가치를 생산하며, 이러한 가치는 모두 상대적일 뿐 절대적 가치는 존재하지 않는 것으로 믿었다고 한다.5)

상식적으로 우리는 하나의 공간을 여기와 저기, 앞과 뒤, 왼쪽과 오른쪽이라는 방식으로 양분한다. 그리고 여기니 저기니 하는 장소가 실재한다고 믿는다. 그러나 여기라는 것은 '나'라는 인간이 현재 있는 곳을 가리키고, 저기란 내가 있지 않은 곳을 가리킬 뿐이다. 따라서 여기·저기라는 구별은 나의 신체에 대해서만 존재하고 있는 상대적인 것에 불과하다. 장자는 이러한 상대주의적 사유를 옳고 그름의 문제를 비롯하여 선·악의 문제에까지 확장하여 논의한다.6)

이로부터 장자철학은 상대주의적 성향을 지닌 것으로 평가되고, 심하게는 장자를 극단적 상대주의자 내지는 완고한 회의론자로 치부하기도 한다. 그리고 이러한 평가의 이면에는 장자를 극단적 허무론자로 몰고 가려는 심리적 기제가 작용하기도 한다. 즉, 장자철학이 비현실적이고 도피적이며, 허구적일 뿐이라는 특성을 강조하기 위한 의도적 배타성이 개입되기도 한다는 말이다. 만일 이러한 목적의식을 내걸고 장자의 상대주의를 규명코자 한다면, 장자의 상대주의는 우리에게 전연 공감되지 않는 이질적인 낯설음으로 다가올 것이다.

장자철학의 상대주의적 특성에 관해 특히 부정적으로 평가한 인물로는 꽌펑(關鋒, 1919~2005)이 대표적이다. 그는 장자철학을 상대주의의 연장선상에서 허무주의 내지 아Q정신의 노예적 성향을 주장한 철학이라고 규정하고, 그 성격이 매우 교활하고 비관적일 뿐이라고 비판한다.[7] 뿐만 아니라, 거펑(革峰) 역시 장자의 변화에 대한 관점이 모순 전화적인 변증법과는 완전히 대립되는 상대주의적인 것이라고 보면서, 「제물론」 전체의 내용은 조야한 상대주의의 관점에서 벗어나지 못한 것이라고 비난한다.[8]

따라서 우리는 장자철학을 상대주의로 규정함과 동시에 장자를 진리 상대주의자로 규정하는 것이 과연 어느 정도나 타당한 것인지를 묻지 않을 수 없다. 많은 경우에 있어서 장자는 여러 가지 비유와 역설을 동원하여 그 비유와 역설의 배면적 이치를 깨닫도록 하는 상승적 효과의 전략을 스스로 일삼고 있기 때문이다.

2. 제물론 이해하기

장자철학에 있어서 존재 현상에 대한 지식은 다름 아닌 차별의 관점으로부터 존재사물을 유추하여 판단하는 분별지이다. 그리고 이 분별지의 성격은 상대주의적이라는 특성을 지닌다. 따라서 장자는 어떠한 사물이라도 그것이 있다는 입장에 따라서 있다고 하면 있지 않은 것이 없고, 그것이 없다는 입장에서 없다고 하면 어떤 사물도 없게 된다고 한다. 동쪽과 서쪽은 서로 반대 방향에 있다. 그러나 동쪽이 없으면 서쪽이 없고, 서쪽이 없으면 동쪽이 없게 된다.[9]

장자는 양극이 서로 없을 수 없다고 한다. 동쪽과 서쪽의 양극이 사물을 이루므로 '동서'의 개념은 사물의 대명사가 되었고, 오늘날에도 현대 중국어에서는 사물을 여전히 '똥시(東西)'[dōngxī]라고 말하고 있는 것이다.[10] 어떠한 사물이라도 그것이 있다는 것을 기준 삼아서 있다고 한다면 있지 않은 것이 없고, 그것이 없다는 입장에서 없다고 하면 어떤 사물도 없게 된다. 동쪽과 서쪽은 서로 반대 방향에 있다. 그러나 동쪽이 없으면 서쪽이 없고, 서쪽이 없으면 동쪽이 없게 된다. 존재의 유무판단과 공간적 지각의 방향판단은 상대적일 수밖에 없다는 것이 장자의 입장이다.[11]

차별적 존재로 드러나는 현상계는 나와 너의 관계로 되어 있지 않은 것이 없다. 『장자』 주석의 권위자인 곽상 역시 이 점에 주목하고 '나'와 '너'의 존재방식이 마치 입술과 이의 관계처럼 더불어 있다고 한다. 입술과 이가 일찍이 서로를 위한 일이 한 번도 없지만, 입술이 없으면 이가 시리게 된다. 그러므로 비록 '너'가 그 자신만을 위하지만 어떠한 의미에서이건 '나'와 관련을 맺는 한에 있어서 나에게 미치는 영향은 매우 크다. 그러므로 차별적 존재를 드러내는 현상계에 있어서는 '나'와 '너'가 서로 상대적으로 존재하지만, 이들은 서로 없어서는 안 될 관계에 놓여 있게 되는 것이다.[12]

장자는 개별적 사물 상호간의 상대적 관계를 중시한다. 그래서 그는 '이것과 저것', '옳음과 그름', '삶과 죽음', '있음과 없음', '허와 실', '큼과 작음', '이루어짐과 훼손됨', '그러함과 그렇지 않음', '가능함과 불가능함' 등과 같은 상대적인 측면들에 관하여 자주 거론한다.[13] 장자는 여기에서 개별적 사물 상호간의 상대성을 보았을 뿐만 아니라, 그 상대성을 갖는 개별적 사물 상호간의 동일성까지 보고자 하였다.[14)] 그래서 장자는 다음과 같이 말한다. "사물을 서로 다른 입장에서 보면 한 몸 안의 간과 쓸개도 초나라와 월나라만큼 서로 다르고, 그것이 서로 같다는 입장에서 보면 만물은 모두 하나다."[15)]

장자는 『장자』 외편의 「제물론」이라고 평가받는 「추수」 편에서 차별적 관점과 만물의 동일성을 깨달은 관점을 서로 대비시켜 자신의 논지를 보다 명시적으로 제시한다. 지금까지 자신이 최고인 줄만 알고 살아가던 황하의 신 하백을 등장시킨 후 그를 북해에 이르게 한 후에 세상의 광활함을 보게 하고 이를 통해 자신의 왜소한 지적 한계를 반성케 한다는 우화를 제시한 것이다. 북해에 도달한 하백은 북해를 다스리는 신 북해약을 만난다. 이때 북해약은 하백에게 차별적 관점에 의거하여 대상을 상대적으로 파악하는 분별지의 한계에 관해 심각한 우려를 표명하면서 다음과 같이 말한다.

> 우리가 차별관에 의거하여 사물을 비교 계량하는 한, 어떤 것이 다른 것보다 크기 때문에 '이것은 크다'라고 하는 식으로 논한다면 만물의 그 어느 것도 크지 않은 것이 없고, 어떤 것이 다른 것보다 작기 때문에 '이것은 작다'라고 하는 식으로 논한다면 만물의 그 어느 것도 작지 않은 것이 없다. 천지의 크기도 곡식 한 톨에 지나지 않고 가을 짐승의 터럭 끝의 크기도 산과 언덕만한 것임을 안다면 대비적 관점이 얼마나 허망한 것인지를 알게 되는 것이다.[16)]

북해약이 살고 있는 북해는 중국에서 보아 동북쪽에 있는 바다로서 한국에서 보면 서해, 정확히 말하면 발해만이다. 이곳에 사는 북해약은 차별적 관점에 매여 있는 하백을 거부하지 않는다. 오히려 그를 받아들여 대화의 상대로 삼는 개방적인 포용성을 보여준다.[17] 그는 이미 사물 상호 간의 동일성을 보았기 때문이다.

하백(『이소도(離騷圖)』)

앞의 인용문에서 언급된 북해약의 말처럼 우리가 경험적 지식을 토대로 삼아 개별적 사물을 서로 대비적으로 판단한 결과 '이것은 크다'라거나 아니면 '이것은 작다'라는 식으로 사물을 변별하는 것은 사실상 무의미하다. 이러한 판단은 본래적 존재를 왜곡하기 때문이다. 우리가 존재사물에 대하여 차별관을 갖는 한 우리에게 파악되는 세계의 모습은 항상 상대적일 수밖에 없다. 여기에서 개별적 존재사물은 상호 의존적인 상대주의적 성격을 지니게 되는 것이다.[18]

일상적으로 '이것은 크다', '이것은 작다'와 같이 진술하는 판단명제는 이른바 종합명제(synthetic propositions)이다. 그것은 이것보다 더 큰 것이나 이것보다 더 작은 것이 나타나면 거짓으로 판명되는 한계가 있다.[19] 종합명제란 술어 개념이 주어에 포함되어 있지 않은 명제를 말한다. 술어 개념이 주어에 포함되어 있지 않기 때문에 지식이 확장되는 명제이며, 새로운 술어는 언제나 경험을 통해 확보된다. 그리고 경험을 통해 확보되는 지식은 보편성을 획득할 수 없다.[20]

우리가 존재사물에 대하여 차별관을 갖는 한 우리에게 파악되는 세계의 모습은 항상 대비적 관계에 놓여 있게 된다. 사물 상호 간의 관계가 서로 대비적 관계에 놓이게 된다는 것은 우리의 지적 분별력이 작동하였기 때문이라고 할 수 있다. 이와 같은 분별력을 기반으로 두고 세계를 인식하는 한 세계는 언제나 상대주의적인 것으로 파악된다.

그런데 그동안 장자철학의 상대주의적 입장에 관해서는 많은 논란이 있어왔다. 장자철학을 상대주의로 규정하는 방식도 매우 다양해서 통일된 의견을 제시하지 못한 것이다. 이에 이은봉은 장자를 상대주의자로 볼 수 있다는 견해와 볼 수 없다는 견해를 유형별로 나누어 다음과 같은 다섯 가지 범주로 정리한 바 있다. ① 강한 상대론자, ② 부드러운 상대론자, ③ 상대론이나 비상대론을 모두 부정하는 자, ④ 상대론이나 비상대론을 모두 긍정하는 자, ⑤ 상대론을 부정하기도 하고 긍정하기도 하는 자의 다섯 가지 유형이 그것이다.[21)]

그러나 이러한 분류는 사실상 이은봉의 고유한 주장이라고 볼 수는 없다. 그것은 김경희의 번역을 통해 확실해진 것처럼 본래 로버트 앨린슨(Robert E. Allinson, 1942~)의 분류방식을 옮겨 놓은 것이다. 김경희에 의해 우리말로 옮겨진 앨린슨이 분류한 다섯 가지 상대주의의 유형은, ① 강경한 상대주의, ② 온건한 상대주의, ③ 상대주의도 비상대주의도 아닌 모델, ④ 상대주의이자 비상대주의, ⑤ 비대칭적 상대주의이다.[22)]

이은봉은 이 다섯 가지의 유형에 대하여 각각 그 장단점을 제시하면서, 마지막 다섯 번째의 유형을 장자에 대한 가장 만족할 만한 해석의 모델로 간주한다. 이 관점은 한쪽은 상대주의이면서 비상대주의(either relativism and non-relativism)라고도 부를 수 있는 입장[23)]을 장자가 취하고 있다는 주장으로 받아들일 수 있다.

나 역시 이 입장에 기본적으로 동의한다. 그러나 이 역시 그 표현을 명확히 하지 않는다면 장자에 나타난 상대주의의 의미를 왜곡시킬 수 있는 측면이 있어서 주의가 요망된다. 나는 이 점에 유념하면서 『장자』에 나타나는 상대주의의 문제를 주로 장자의 '제물론(齊物論)'의 입장에서 살펴볼 필요가 있다고 본다.

3. 다르지만 같다

장자의 상대주의적 관점은 『장자』 전편을 통하여 드러나 있기는 하지만, 주로 「제물론」 편에 집중적으로 나타나 있다. 장자는 「제물론」을 통하여 존재의 끊임없는 전변성을 거론함과 동시에 분별적 옳고 그름의 논리적 무의미성을 주장한다. 이때 현상적 존재가 끊임없이 전변한다는 것은 그것이 절대성을 상실하고 있다는 것을 의미하며, 분별적 옳고 그름이 무의미하다는 것은 그것이 상대적이라는 것을 의미한다. 그런데 '제물론'의 의미 속에는 '제물-론'과 '제-물론'이라는 양 측면이 상호 연계성을 가지고 공존하고 있다.24)

즉 '제물론'의 의미에는 다음과 같은 세 가지의 의미 내용이 담겨져 있다. ① 천차만별한 만물의 세계를 제동(齊同)한다는 의미의 '제물-론'과, ② 사물에 관한 일체의 주의·주장의 옳고 그름을 제일(齊一)한다는 의미의 '제-물론', ③ 그리고 '제물-론'과 '제-물론'의 양 측면을 연계하여 하나로 결합시키는 통합적 의미로서의 '제물론'이 그것이다. '제물론'에서 '제'란 어떠한 기준을 미리 정해 놓고 이를 획일적으로 적용하여 각 개체의 독특한 성질을 말살하고자 하는 것이 아니라, 도리어 갖가지 만물의 서로 다른 특색들을 인정하면서 큰 조화를 이루고자 하는 목적을 지니고 있다.25)

황찐훙(黃錦鋐)의 주장에 따른다면, ①과 같이 '제물-론'이라고 보는 해석의 관점은 주로 당나라 시대 이전까지 성행하였다. 즉 당나라 이전에는 '제물'이라고 연독(連讀)하였던 것이다. 그러나 송나라 시대 이후부터는 '제물'을 연독하던 ①과 같은 전통적 해석의 방식과 ②와 같이 새롭게 '물론'이라고 연독하는 두 가지 견해가 분리되어 의견이 서로 갈리게 되었다고 한다.[26]

위와 같은 '제물론'에 관한 두 가지 해석의 측면은 모두 하나로 통일될 수밖에 없다. 그 근거가 이미 '제물론' 안에 내포되어 있다. 따라서 장자의 '제물론'은 일종의 '통일론'이라고 명명하여도 무방하다. 또한 그것은 일정 부분 상대주의적 사유와 관련을 맺고 생겨난 것임을 부정할 수 없다.[27] 장자는 '제물론'의 논리 위에서 존재사물의 가치적 우열의 상대성 및 옳고 그름을 판단하는 변론의 상대성에 관하여 중점적으로 거론하는 한편, 이에 관한 상대주의적 속성들을 근원적으로 일원화하고자 하는 통일론적 지평을 기획하고 있다.

따라서 장자의 '제물론'의 논리에는 상대주의적 성향의 사유체계가 표면적으로 떠올라 있는가 하면, 그 심층적 근원에는 비상대주의적 통일론의 사유 체계가 자리 잡고 있는 '차이의 동거'를 보여준다. 이러한 측면 때문에 장자철학은 일방적으로 그 사유의 성격이 일반적인 상대주의라든가, 아니면 완고한 절대주의라고 규정될 수 없다.

1) 다채로운 세계를 가지런하게 하다

여기에서는 먼저 장자의 '제물론'의 논리 중 '제물-론'의 '만물제동(萬物齊同)' 사상에 나타난 개별적 사물의 상대주의적 성격의 문제에 관하여 살펴보도록 하자.

장자는 "천하에 가을 짐승의 터럭 끝보다 더 큰 것은 없으니 태산도 작은 것이요, 어려서 죽은 아이보다 더 장수한 자는 없으니 팽조도 일찍 죽은 것이다"[28]라고 하여, 일상적 사유의 통념을 파기하는 역설을 주장한다. 이와 같은 장자의 역설에는 일상의 상대주의적 관점을 논리적 도구로 채택하여 자신의 역설에 적극적으로 활용하는 의도된 전략이 확인된다.

일상적으로 그 형체의 공간적 연장성을 비교한다면 가을 짐승의 터럭 끝보다 태산은 큰 것이요, 태산보다 가을 짐승의 터럭 끝은 작은 것이다. 그리고 수명의 시간적 장단을 비교한다면 어려서 죽은 아이보다 7~800년을 살았다는 팽조는 장수한 것이다. 그럼에도 장자는 이러한 경험적 지식의 일반성을 부정하는 역설을 주장한다. 그러면 과연 이와 같은 장자의 역설이 의미하는 바는 무엇인가?

사물의 연장적 대소와 시간적 장단은 상대적이다. 의미론적으로 크다고 하는 것도 이보다 큰 것과 비교하면 작은 것이 되고, 작다고 하는 것도 이보다 작은 것과 비교하면 큰 것이라고 할 수 있다. 이와 같은 장자의 역설이 성립하는 까닭은 사물의 대소·장단을 구분하는 우리의 상대적 판단에 절대적 기준이 존재하지 않기 때문이다.[29] 그러므로 우리가 크다고 판단하는 것이 작을 수도 있는 것이며, 작다고 하는 것이 클 수도 있는 것이다. 또한 길다고 판단하는 것이 짧을 수도 있는 것이며, 짧다고 하는 것이 길 수도 있는 것이다.

그래서 장자는 이러한 상대주의적 관점을 하나로 통합하여 제동시키는 근거를 다음과 같이 설명한다.

① (사람들은 자기가) 가능하다하기 때문에 가능하고 불가능하다하기 때문에 불가능하며, 길이라는 것은 가서 이루어지는 것이고 사물은 일컬으니까 그러하다. 어찌하여 그러한가? 그렇다고 하니까 그러하다. 어찌하여 그렇지 않은가? 그렇지 않다고 하는 데서 그렇지 않다. 사물은 본래 그러한 바가 있고 사물에는 본래 가능한 바가 있으니, 사물치고 그렇지 않은 바가 없고 사물치고 가능하지 않은 바가 없다.30)

② 그러므로 이 때문에 풀줄기와 기둥나무, 문둥이와 서시를 대비하면 해괴하고 야릇하지만 도는 통하여 하나가 된다. 그 분산되는 것은 이루어지는 것이요, 그 이루어지는 것은 허물어지는 것이다. 무릇 만물은 이루어짐이나 허물어짐이 없이 다시 통하여 하나가 된다.31)

서시(청대의 그림)

장자는 인용문①에서 개별적 사물에 관한 우리의 판단이 자기를 기준으로 한 주관적 판단에 불과하다는 점과 이러한 주관적 판단은 결국 상대적인 성격에서 벗어나지 못한다는 점을 제시한 후에, 인용문②에서 개별적 사물에 관한 주관적 판단을 해체시키고 도의 관점에서 세계를 보면 모두 통하여 하나가 된다는 점을 밝히고 있다.

장자는 이 점을 보다 분명하게하기 위하여 '조삼모사(朝三暮四)'의 우화를 예시하기까지 한다.32)전체적인 관점에서 볼 때, 3+4나 4+3은 근원적으로 총체적인 동질성을 갖는다. 그러나 개별적 자아를 기준으로 본다면, 이것은 현상적인 차별성을 지니고 있는 것임에 분명하다. 그럼에도 '조삼모사'의 우화를 통하여 볼 때 일상적 인간들은 원숭이와 다를 바 없는 어리석음에 빠져있으면서도, 세계의 동일성을 보려하기보다는 자기를 중심으로 한 눈앞의 차별성을 확인하는 데 경도되어 있다고 말할 수 있다.

나는 여기에 상대주의적 입장에 대한 불편한 진실이 개입되어 있다고 본다. 그것은 자칫 궤변론으로 떨어질 수 있는 가능성에 충분히 노출되어 있기도 하다. 나는 '조삼모사'에 개입된 두 가지 시각에 주목한다. 그 하나는 전통적인 해석처럼 어리석음의 대명사로 비유되는 원숭이 무리들이 가진 시각이다. 일상적 인간은 상대주의의 속성이 지닌 실용적인 상식주의의 특징을 잘 간취하지 못한다. 눈앞의 자기이익에 가려져 있기 때문이다. 원숭이 무리들의 시각은 늘 자기중심적이다. 그리고 근시안적이다.

이에 비해 상대주의적 관점의 약점을 잘 알고 있는 원숭이 사육사는 원숭이 무리들의 욕망을 안다. 그리고 그들을 다룰 줄 안다. 자신은 전연 손해를 보지 않으면서도 원숭이 무리들을 만족시킬 줄 안다. 원숭이 사육사의 시각은 또 하나의 상대주의적 입장이다. 이것은 원숭이 무리들의 상대주의적 입장을 이해하는 또 다른 형태의 상대주의적 입장이라고 보아야 한다.

이와 같이 '조삼모사'에는 두 개의 상대주의의 시각이 공존한다. 그러나 어느 것 하나 근원적인 것이라고 말할 수는 없다. 장자는 이러한 두 개의 맹목적이거나 교활한 상대주의의 입장이 사라지지 않으면 안 된다고 본다. '조삼모사'에 내재한 두 개의 상대주의적 시각을 자본가와 노동자, 기업인과 근로자의 관계로 전환하여 생각해볼 필요가 있다.

역사 이래로 자본가와 기업인은 늘 이윤창출이 목표였기 대문에 노동자나 근로자에게 더 많은 임금을 주는 것에 대해 대부분 환영할 수 없었다. 노사문제의 갈등은 결국 두 가지 시각의 상대주의적 입장들의 대결구도라고 볼 수 있다. 어떠한 경우라도 상대주의의 맹점에 함몰되어 있는 한 전체를 올바로 파악하지 못하는 한계에 빠질 수밖에 없다. 일상적으로 인구에 많이 회자되고 있는 '조삼모사'라는 말은 교활한 상대주의의 지모에 대한 비판이라고 할 수 있다. 이러한 관점은 여전히 유효하다는 것이 나의 입장이다.

경우에 따라서 원숭이 사육사를 '성인'이라고 규정하고, '조삼모사'와 '조사모삼'의 선택 자체를 타자와의 소통이라는 측면에서 논의할 수 있는 가능성이 열려 있다. 그러나 이렇게 볼 경우, 장자철학은 궈모뤄(郭沫若)가 비판하는 것처럼 극도로 편의적이고 기회주의적인 것으로 평가[33]될 수밖에 없다는 것의 나의 입장이다. 장자에 대해 매우 비판적 입장을 견지했던 궈모뤄조차 '조삼모사'의 행위의 주체인 원숭이 사육사는 이상적 인격자인 '성인'이 아니라 세속의 학문을 배운 편벽된 지식인에 지나지 않는다고 본다.[34]

편벽된 지식인과는 다르게 이상적 인간의 표상인 성인은 일체의 옳고 그름의 분별적 상대성을 하나로 감싸 안고 넘어서서 일체의 자연의 균형, 즉 '천균(天鈞)'에 맡긴다고 한다. 장자는 이것을 가리켜 '양행(兩行)'이라고 하였다.[35] 이러한 사고에서 볼 때, '조삼모사'는 '자연의 균형'을 벗어난 인위적인 행위이다. '조사모삼' 역시 한쪽에 치우친 양자택일의 행위이다. '이것이냐 저것이냐'를 가르는 양자택일은 '자연의 균형'을 파기한다.

장자의 '양행'이란 글자 그대로 '둘 다를 긍정하고 둘 다를 부정하는' 병행의 논리로서, 남을 용인하는 일종의 너그러움을 표현한 말이다. 그러므로 이것은 말을 통해 의사를 주고받고 서로를 이해하는 데 윤활유 같은 작용을 하는 방법이다. 따라서 이와 같이 본다면, 장자의 제물 논리는 그야말로 세상의 갖가지 주의 주장들을 가장 평화롭게 잠재우는 인간적인 논리라고 평가할 수 있겠다.[36]

2) 다른 의견을 하나로 정리하다

그렇다면 이제 장자의 '제물론'의 논리 중 '제-물론'적 '물론제일(物論齊一)'의 사상에 나타난 옳고 그름의 상대성에 관한 장자의 발언을 살펴보도록 하자. 장자는 다음과 같이 말한다.

> 사물치고 저것 아닌 것이 없고 사물치고 이것 아닌 것이 없다. 그러나 저것으로부터 보면 보지 못하고 이것으로부터 안다. 그러므로 이르기를 저것은 이것에서 나오고 이것이라는 것 또한 저것으로 말미암는다고 한다. 이것이 바로 혜시가 말하는 '이것과 저것이 나란히 생겨난다는 주장'(彼是方生之說)이다. 비록 그러하나 생겨나자마자 죽어가고 죽어가자마자 생겨난다. 가능하면서도 불가능하고 불가능하면서도 가능하다. 옳음이라는 것에 말미암는다는 것은 그름으로 말미암고, 그름에 말미암음은 옳음에 말미암는다.[37]

여기에는 상대주의적 모순 개념들이 상호 지양됨으로써 통일된 동일성을 확보한다는 논리가 잠재되어 있다.[38] 생각하면 일상의 우리들은 자유로이 언어를 다루어 생각하는 대로 행동하고 있는 것 같지만, 실은 언어 체계의 그물에 포박되어 있는 존재이다. 그런 세속의 언어 체계에서는, 언어엔 그에 대응하는 실체가 존재한다는 것이 당연한 전제로 되어 있다. 더욱이 거기에는 나·너·그라는 인칭의 구별이 있어서 전혀 혼동될 리가 없을 것 같다. 여기에서도 인간은 인간으로서의 '나'라는 존재를 당연한 전제로서 받아들인다. 특히 '나'에 관해서는, 객체로서는 있을 수 없는 주체로서의 그 '나'를 주어로 사용함으로써 대상화하는 구조도 갖추고 있다. 본래는 정합할 수 없는 모순을 호도하여 나의 존재를 인정하는 것이다. 그와 같이 사물이 존재한다고 하는 전제와 주체를 대상적으로 파악할 수 있다고 하는 전제를 통해 세속의 언어 체계는 성립한다는 특징이 있다.39)

이 세상에는 저것 아닌 것이 없고 또한 이것 아닌 것이 없다. 이쪽에서 보면 이것 이외의 사물은 모두가 저것이요, 저 쪽에서 보면 저것 이외의 사물은 모두 이것이다. 즉, 현상적 세계는 상호 한정의 세계인 것이다. 그런데 우리는 스스로를 저쪽에서는 보지 못하고 다만 이쪽에서 볼 줄 알뿐이다. 실상 따지고 보면 혜시의 말처럼 저것이란 이것에서 생겨나고 이것이란 저것에서 비롯된다. 이것과 저것의 상호 의존적 관계를 주장하는 이 설을 '이것과 저것이 나란히 생겨난다는 주장'이라 한다.

그러나 어찌 이것과 저것만이 상호 의존 관계에 있겠는가? 삶이라는 것이 있음에는 죽음이라는 것이 있고 죽음이라는 것이 있음에 삶이라는 것이 있다. 가능함이라는 것이 있기 때문에 불가능함이라는 것이 있고 불가능함이라는 것이 있음에 가능함이라는 것이 있다. 가능함으로 말미암아 불가능함이 있다. 그러므로 불가능은 가능함에 의하여 한정된다. 불가능으로 말미암아 가능함이 있다. 그러므로 가능함은 불가능함에 의하여 한정된다. 이런 까닭에 전적으로 가능한 것도 있을 수 없고 전적으로 불가능한 것도 있을 수 없다. 이처럼 본래가 가능함도 불가능함도, 옳고 그름도 절대적인 구분이 없는 것이라면, 결국 옳음에 의거한다는 것이 그름에 의거하는 것이 되고 그름에 의거하는 것이 옳음에 의거하

는 것이 되고 만다.40)

따라서 모든 사물이 스스로 이것이라고 함으로 이것 아님이 없으며, 모든 사물이 서로 저것이라고 함으로 저것 아님이 없다. 저것 아님이 없으면 천하에 이것 아님이 없고, 이것 아님이 없으면 천하에 저것 아님이 없다. 저것도 없고 이것도 없는 것은 현묘하게 같게 될 수 있는 까닭이다.41)

그래서 장자는 또한 다음과 같이 옳고 그름의 논쟁에 관한 비판적 진술을 통하여 그 논쟁이 상대적일 수밖에 없음을 밝힌다.

> 만일 나와 네가 논변을 한다고 하자. 네가 나를 이기고 내가 진다면 과연 네가 옳고 내가 그른가? 내가 너를 이기고 네가 진다면 과연 내가 옳고 과연 네가 그른가? 우리 둘 중에 한 사람은 옳고 한 사람은 그른가? 그렇지 않다면 우리 둘 다 옳거나 둘 다 그른가? 나도 너를 알 수 없고 너도 나를 알 수 없다. 사람들은 그 무엇에 가려서 알지 못하는데 우리는 누구에게 그것을 가려 달라고 하겠는가? 만일 너와 의견이 같은 자에게 가려 달라고 한다면 이미 너와 같은데 어떻게 가릴 수 있겠는가? 또 설령 나와 의견이 같은 자에게 가려 달라고 한다면 이미 의견이 나와 같은데 어떻게 공정하게 가릴 수 있겠는가? 나도 너도 아닌 다른 사람에게 가려 달라고 한다면 이미 나와도 다르고 너와도 다른데 어떻게 가릴 수 있겠는가? 만일 나와도 의견이 같고 너와도 같은 사람에게 가려 달라고 한다면 이미 나와도 같고 너와도 같은데 어떻게 공정하게 가릴 수 있겠는가? 그렇다면, 나도 너도 남도 할 것 없이 모두가 서로 알 수 없다. 또 누구에게 가려 달라고 하겠는가?42)

우리는 흔히 상반된 의견을 가진 양자가 자기 견해의 정당성을 주장하는 논변을 벌였을 경우, 그 승부에 따라서 옳고 그름이 판별되거나 제3자의 객관적 판단에 의해서 그 옳고 그름이 판정될 수 있는 것이라고 생각한다. 그러나 장자는 논변의 승부 여하가 반드시 그 견해의 정당성 여부를 결정하는 절대적 기준이 되

지는 못한다고 본다. 제3자의 판단 역시 공정성을 지닐만한 아무런 근거가 없다는 것이다.[43)]

논변 상대자 쌍방이 상반된 주장을 하게 되는 것은 그들이 입각해 있는 관점이 서로 다르기 때문이다. 논변의 승부는 일차적으로 자기 나름의 관점으로부터 자기의 주장이 도출되는 논리적 과정의 타당성을 제시하느냐 못하느냐에 따라 결정되게 마련이다. 그러나 그러한 승부가 상대방을 승복케 하는 데에까지 이르지 못하는 것은 피차의 관점상의 차이가 여전히 대립 상태에 있기 때문이다. 그런데 이차적으로, 피차가 가지는 관점의 정당성 여부를 다시 따져 밝히려면 자기 정당성 주장의 근저로서 또 하나의 관점을 가지게 되니, 결국 무한한 대립 상태에 의해서 무의미한 논변만이 계속된다.[44)]

그렇다고 하여 제3자의 객관적 판단에 이것을 맡길 수도 없다. 왜냐하면 제3자의 판단 역시 그것이 비록 객관적이라고 할지라도 어느 일방의 판단에 동조하여 판정을 내릴 경우 엄밀한 의미에서 이것은 이미 공정성을 상실한 것이기 때문이다. 반면에 제3자의 의견이 양자와 모두 같거나 모두 다르다면 어느 쪽이 옳다는 판정을 내릴 수가 없게 되어 그 논변 자체가 무의미해지게 되는 것이다.

이상의 논의를 통하여 볼 때, '통일론'에 입각한 '제물론'의 입장에서는 모든 구별의 세계, 대립의 세계, 상대의 세계를 넘어서면, 천지 만물과 개별적 자아는 하나가 된다고 볼 수 있다. 따라서 현상적 존재에 대한 상대적 개념들과 분별적 지식을 부정하여 방기하고 만물이 모두 같다고 생각한다면, '천지의 광대함'과 '손가락 하나의 극미함'이 서로 일체가 되어 만물의 다양성과 말 한 마리의 개별성이 서로 하나가 된다고 할 수 있다.

그래서 오강남은 '하나는 여럿이면서 여럿은 하나'(一卽多, 多卽一) 내지는 '하나 속의 여럿이면서 여럿 속에 하나'(一中多, 多中一)라는 논리가 성립하게 되는 것이라고 한다.[45] 이러한 세계관은 화엄불교적인 특징을 반영한 것이기는 하지만, 장자의 '제물론'의 사유와 무관하지 않다. '하나'와 '여럿'은 개념의 세계에 속해 있을 뿐만 아니라, 구체적인 상황에 속해 있다. 인생은 다원성이 합일된 것이니, 이것이 '제물론'의 '제'의 의미이다. 또한 '여럿'이 '하나'로 정리되고, '하나'가 '여럿'에서 나옴으로써, 실제 상황은 더욱 풍부하게 된다. 이것이 바로 '제물'의 실제적인 '론'이다.[46]

4. 사물과 하나되어

어떤 장자 연구가는 장자의 상대주의가 혜시의 영향을 받고 성립된 것이라고 주장한다. 리우샤오간이 그 대표적인 인물이다. 그는 혜시가 "만물은 모두 같기도 하고 다르기도 하다"[47]고 주장하면서도 '모두 다르다'고 하기보다는 '모두 같다'는 측면을 중시하였듯이, 장자 역시 '다른 입장에서 보는 것'보다는 '같은 입장에서 보는 것'을 중시하기 때문에 장자와 혜시 두 사람이 사물에 대한 상대주의적 관점을 견지하는 목적은 서로 같다고 본다.[48]

특히 리우샤오간은 『장자』의 「덕충부」 편에서 "서로 다른 입장에서 보면, 간과 쓸개는 초나라와 월나라의 차이처럼 멀다. 그러나 같은 입장에서 보면 만물은 모두 하나이다"[49]라는 구절을 근거로 이 같은 주장을 하는 것으로 보인다. 장자의 생각은 '서로 다른 입장에서 보는' 것이 아니라 '서로 같은 입장에서 보는' 것에 주안점이 있다고 판단한 결과이다.

뿐만 아니라 혜시의 지적 능력이 상당히 사변적임에도 그는 특히 사물 상호간의 공통성을 추론해내는 측면에서 능력을 발휘하였고, 여기에서 사물 상호간의 개념적 차이점에 관심을 갖는 공손룡과는 다르게 그는 개념들 상호간의 공통점을 보고자 하는 '합동이(合同異)'의 관점을 취하였기 때문에 장자와 혜시의 상대주의적 사유방식이 공통의 결과를 예기하고 있다고 파악한 것이다.

그러나 리우샤오간은 장자와 혜시의 사상적 기조를 동일시 내지는 혼동한 것 같다. 다음과 같은 펑유란의 견해는 이것을 잘 대변해 준다. "혜시는 단지 사변지로써 '만물은 모두 같기도 하고 모두 다르기도 하다'고 말하고 '천지가 일체'라는 것을 추론 증명하려 하였을 뿐이다. … 그러나 장자는 언어 이외에 '무언'을 말하고 지식 이외에 '부지'를 말하여 쓰니, … 장자의 철학이 옳고 그름의 경계를 넘어서서 마침내 대도에 통하는 경지에 이른 것은 변자들이 지식을 고찰하고 언변에만 종사한 것과는 다른 바가 있는 것이다."[50]

펑유란의 주장에 따른다면, 장자와 혜시의 사상에서 양자의 상대주의는 서로 다른 내용을 담고 있다. 그 이유는 서로의 철학적 구경의가 같지 않기 때문이다. 혜시는 철학적 최고 경지로서의 절대의 진리는 오로지 사변지에 의해서만 파악 가능한 것이라고 본다. 그러나 장자는 우리가 아무리 지적 사변을 철저히 수행한다 하더라도 그것이 본질적으로 '옳음과 그름'을 분간하며 '미세함과 거대함'을 한정하려는 심의적 활동인 이상, 이를 통해서 절대 불변의 진리를 파악할 수는 없는 것이라 한다.[51]

이를 근거로 신동호는 장자의 '제물론적 사유(齊物論的 思惟)'와 혜시의 '역물론적 사유(歷物論的 思惟)'[52]가 서로 다를 수밖에 없음이 확인된다고 본다. 장자가 추구하는 절대의 세계, 불변의 진리는 '정밀함과 조야함'이나 '큼과 작음', '옳고 그름'이나 '귀함과 천함'을 온통 하나로 싸고 넘어선 세계이다. 그러기에 장자에 있어서 절대의 세계는 우리의 경험적 지식은 물론 그를 대상으로 하는 사변적 추론까지도 근본적으로 불허하는 포월적 일자일 뿐이라는 것이 신동호의 입장이다.[53]

장자가 제시하는 상대주의는 일차적으로 현상사물의 주관화된 속성을 밝히는 것을 목적으로 한다. 그리고 그것의 진정한 목적은 일체 존재사물에 대한 대상적 의식지향으로 말미암아 발생하는 주객의 상대적 관점을 끊고 대상적 사물과 하나로 '물화'되는 '제물론'에 있다. 여기에서 주관과 객관은 무의미해지게 된다. 그래서 타자가 자신을 말이라고 규정하면 자신은 말과 동화되며, 타자가 자신을 소라고 규정하면 자신은 소와 동화되는[54] '물화'의 경지가 열리는 것이다.

'물화'에 관하여 장자는 다음과 같이 말한다

> 언젠가 장주는 꿈에 나비가 되었다. 훨훨 날아다니는 나비가 된 채 마음껏 즐기면서도 자기가 장주임을 전혀 몰랐다. 그러나 문득 깨어나 보니 자기는 틀림없는 장주였다. 도대체 장주가 꿈에 나비로 된 것인지 아니면 나비가 꿈에 장주로 된 것인지 알 수가 없다. 장주와 나비는 반드시 분별이 있다. 이렇게 되는 것을 '물화'라고 한다.[55]

'물화'의 경지에 도달하기 위해서는 주관과 객관으로 마주서 있던 기존의 이분법적 관계망이 해체되지 않고는 불가능하다. 자연의 변화 자체에 하나로 동화되는 것이 바로 '물화'이기 때문이다. 현상적 존재의 관점에서 장주와 나비 사이의 상대적 구분은 엄연히 존재한다. 그러나 자연의 입장에서 본다면, 이러한 구분 자체는 무의미하다. 왜냐하면 주객의 상대적 관계를 변별하여 자연의 흐름에 동참하지 못하는 것은 언제나 개별적 자아의 주관이 이들의 관계 위에 기준으로 설정되어 개입하기 때문이다.

장자철학에서 '물화'되기 위한 전제 조건으로 개별적 자아가 문제로 제기되는 원인은 개별적 자아가 지닌 자기중심적 사고방식 때문이다. 개별적 자아는 항상 자기와 의견이 같으면 따르고 자기와 의견이 다르면 반대한다. 또한 자기와 의견이 같으면 옳다고 하고 자기와 다르면 그르다고 한다.[56)]

장자는 개별적 자아의 주관적 집착을 부정 방기하여 사물 상호간의 상대성을 끊고 개별적 사물과 하나가 되는 '물화'의 경지를 이상적인 것으로 상정한다. 현상적 사물과 하나로 '물화'되기 위해서는 철저한 자기 부정이 없이는 불가능하다. 장자는 '물화'의 선결문제로서 자기 자신의 회의와 부정을 꿈과 현실을 동시에 부정하는 방식을 통하여 보여준다. 즉, 장자는 꿈속에서의 판단도 방기하고 현실에서의 판단도 방기하는 철저한 부정의 면모를 보여주게 되는 것이다.

결론적으로 볼 때, 장자는 일체의 상대적 관점에 대한 철저한 부정을 통한 '물론제일'의 사상으로부터 '만물제동'의 사상으로 나아가는 실천 지표를 '물화'로서 결론내리고 있는 것이다.[57)]

5. 그래도 도는 있다

이상에서 살펴본 것처럼 일정 부분의 상대주의적 성향을 지니고 있는 장자철학은, 한편으로는 상대와 절대에 대한 차별도 상대적인 것으로 파악하고, 이 상대적 동일성을 절대화함으로써 상

대적 안정성을 부인하여 주관주의 내지는 유심주의에 떨어졌다는 비난을 받기도 한다.58)

다른 한편 장자의 상대주의는 각자 자기가 옳고 다른 사람은 틀렸다고 하는 방식의 주관주의를 반대하기 위하여 설정된 것이며, 당시 전국시대의 사상계에 난무하던 '독단론'을 반대한 것이라는 평가를 받기도 한다. 이러한 장자의 생각은 대단히 긍정적이다. 우리가 조금만 자세히 들여다본다면 장자는 상대주의자도 아니며, 그렇다고 회의주의자도 아니라는 사실을 어렵지 않게 발견하게 된다.59)

장자철학에 있어서 상대주의의 의의는 인간중심주의 내지는 자아 중심주의적 사유방식을 부정하는 데 있다. 장자철학에 나타나는 모든 상대주의적 표현들은 인위적 이념의 절대화를 해체시키기 위하여 설정된 것이라고 할 수 있다. 모든 상대주의적 이념의 주장은 항상 개별적 자아를 중심으로 한 인위적 기준틀을 상정한다. 장자는 이러한 인위적 기준틀을 기준으로 삼을 것이 아니라, 자연을 기준 삼아야 한다고 한다. 개별적 자아 사이에는 상호간에 어떠한 동질성도 확보할 수 없기 때문이다.

그럼에도 장자철학에 등장하는 상대주의적 성격을 곧바로 장자의 지식론의 전체로서 파악하고, 여기에 대하여 집중적으로 비판하는 장자 연구가들이 있다. 런찌유(任繼愈)가 대표적이다. 그는 장자의 상대주의는 결국 불가지론의 논증에 불과하다고 본다. 그리하여 장자와 같이 상대주의를 지식론의 기초로 삼는 태도는 필연적으로 절대적 회의론이나 불가지론 내지는 극단적인 주관주의로 흐르게 되어 결국에 가서는 허무주의로 빠지고 만다는 것이다.60)

임계유의 이러한 관점은 앨린슨의 다음과 같은 주장에 의하여 비판될 수 있다. 앨린슨은 장자철학에는 상대주의적 진술과 비상대주의적 진술이 상호 공존하고 있다고 본다. 그리고 그는 우리가 만일 장자의 진술들을 완고한 상대주의로 해석하고자 한다면, 『장자』라는 텍스트를 자기 모순적인 것이거나 궁극적으로 이해할 수 없게 된다고 본다. 장자는 오히려 상대주의적 진술들을 통하여 상대주의적 관점을 극복하고자 한다. 따라서 장자철학에 나타난 상대주의는 분별지의 부정적 성격을 보여주는 지식에 대한 반성적 전략의 일환일 뿐이다. 결국 이러한 상대주의적 진술들은 현상계를 대상적으로 분별하는 정신의 의견이나 논쟁의 세계에만 존립될 수 있는 한계를 지닌 것이라고 볼 수 있다.[61)]

요컨대, 장자의 상대주의는 상대주의 자체를 옹호하고자 제안되는 성격의 것이 아니라, 진리 체득의 과정에서 이러한 상대주의적 진리를 자신 안에 포섭하고 절대적 존재로서의 도의 경역에 무한히 접근해 가는 방편적 성격을 갖는 것이라는 점에 의의가 있다.

상대주의적 진리관에서는 현실을 현실 그대로 지식할 수 없고 지식하는 의식에 의해서만 지식할 수 있을 뿐이라고 강조한다. 이 주장에 따르면, 모든 이론적·실천적 가치는 주관적·심리적인 개인과의 관계에 있어서는 상대적일 뿐이며, 모든 진리·규범·가치는 각자의 입장에 따라 서로 다르게 해석할 수 있다고 주장한다.[62)]

이러한 상대주의적 진리관은 장자철학 안에서는 하나의 방편으로만 동원될 뿐 '상대주의를 위한 상대주의'를 위해 제안되는 것은 아니다. 따라서 장자의 상대주의라는 것은 일종의 상대주의에 대한 지양(Aufheben)의 측면과 관련을 갖는 것일지언정, 상대주의 자체와는 근원적 거리감을 유지하는 종류의 것이었음을 재삼 확인하지 않을 수 없는 것이다.

그렇다면 이제 우리는 장자철학에서 논의되는 상대의 개념과 함께 이를 하나로 감싸 안고 넘어서는 절대의 관계에 관하여 좀 더 구체적으로 살펴보지 않으면 안 된다. 다음 장의 내용은 이에 대한 구체적인 논의의 개진이다.

04

도를 아십니까?

도를 아십니까?

1. 장자는 실체론적 절대주의자인가?

장자철학은 우화를 통한 우회적 서술기법을 통하여 깨침의 상승효과를 기대한다. 그래서 장자철학에는 수많은 상징과 은유, 과장과 역설의 언어가 동원된다. 이것은 장자가 당대의 부조리한 현실[1])로부터 초탈하고자 하는 자신의 철학적 목표와 그 목표에 도달하기 위한 기술의 방편으로 제시된 것 이상의 의미는 없다.

장자는 기존의 철학적 방법을 가지고는 자신의 철학적 목표에 도달할 수 없다고 본다. 그리고 이상과 같은 나름의 대체방안을 강구하였다고 볼 수 있다. 장자는 '긍정진술'보다는 '부정진술'을 통하여 자신의 철학을 개진한다. 물론 '긍정진술'과 '부정진술'이라는 용어는 아리스토텔레스(Aristoteles, BC.384~BC.322) 판단진술의 두 가지 양상이지만, 이 두 가지 개념은 아카츠카 기요시(赤塚忠, 1913~1983)의 용어를 차용한 것임을 밝힌다. 그는 유가철학이 긍정진술을 통해 자신의 사상을 개진했다면, 도가는 부정진술을 통해 세계와 인간을 해석하였다고 본다.[2]) 장자 역시 수많은 부정진술을 통해 자신의 철학을 전개하였다는 점에서, 많은 경우 유가철학과 충돌된다.

장자는 현실로부터의 비상을 도모한다. 마치 '곤'이라는 물고기가 '커다란 붕새'로 변화하여 하늘로 날아오르는 것[3]과 마찬가지로 인간도 현실로부터 새로운 삶을 도모하여야 한다는 것이 장자의 생각이다. 장자철학은 기본적으로 현실을 부정하면서 이상을 동경한다. 그런데 장자가 의도하는 부정의 목표는 부정에 있지 않다. 부정은 동시에 긍정을 배태하고 있다.

장자철학은 부정이 부정으로 머물지 않는 동시에 그 부정이 교묘하게 역전되는 긴장감을 항시 동반한다. 왜냐하면 부정이란 것이 존재, 즉 즉자의 세계에 있을 수 없음은 자명하기 때문이다. 부정은 존재의 세계에 대한 인간적인 침윤으로 해석되며 의식의 대자적인 활동으로 이해된다. 그러므로 부정은 일차적으로 의미론적 영역이라고 할 수 있을 것이다.[4] 장자철학에서 부정은 하나의 전략일 뿐이다. 나는 이것을 장자의 '해체전략'이라고 부르고자 한다. 장자가 해체를 통하여 드러내고자 하는 세계는 바로 도의 세계 이외의 다른 것일 수 없다.

부정의 방법을 통한 해체의 강도가 강하면 강할수록 도의 본원상은 세계의 전면으로 보다 더 분명하게 떠오른다. 도는 자신의 '본디 그러한' 모습으로 도래할 뿐 어떠한 타자에 의하여 새로운 모습으로 드러나는 것이 아니기 때문이다. 도는 자연성을 지닐 뿐이기 때문에 도에 강제되었던 일체의 외재적 요소가 해체되기만 하면 자신의 본원상을 저절로 드러낸다. 그러므로 더 이상의 부정과 해체의 대상이 존재하지 않게 될 때 세계는 드디어 '자연', 즉 '도'로서 존재하게 된다.

그렇다면 장자의 도는 절대적인 것인가? 만일 절대적인 것이라고 한다면, 일반적으로 형이상학에서 말하는 유일절대의 '실체론적 개념'[5]과는 어떠한 차이가 있는가? 그것은 형이상학자들이 말하는 고정된 실체의 개념과는 어떠한 차이가 있는가? 같은 것인가, 아니면 다른 것인가? 이와 같은 문제는 분명 장자의 '도'에 내재된 형이상학적 의의를 추적하는 작업에 해당한다고 볼 수 있다. 그러나 장자의 도는 일반적인 형이상학의 유형과는 그 내용이 다르다고 할 수 있다. 장자는 절대를 부정하면서도 긍정한다.

나는 절대에 관한 장자의 이 같은 애매모호한 성향에 주목한다. 그리고 그 애매모호한 성향의 절대의 의의에 대해 성찰해보고자 한다. 이 글에서는 먼저 도와 관련된 절대의 의미가 무엇이고, 그것은 상대와는 어떠한 관계를 유지하고 있는가를 살펴본 후 도와 관련된 존재물음을 근원적으로 해소하고자 구상하는 장자의 해체전략의 철학적 목표가 무엇인지 살펴볼 예정이다.

또한, 도가 주관적 평가에 의하여 지각되거나 언표될 수 없는 근원적 통일자임을 살펴봄으로써 주관적 가치평가가 해체되면 자연은 저절로 도래한다는 점을 토대로 도의 존재 질서가 자연성에 있다는 점을 확인해보고자 한다.

2. 절-대적 도의 세계

일반적으로 우리는 장자가 현실을 초탈하여 절대적 도의 경역에 도달하려는 철학적 목표를 설정하고 있다고 생각한다. 그리고 이 과정에서 장자는 모든 상대적인 것들을 포기하고 절대적인 도를 추구한 것으로 인식하기도 한다. 그래서 부정적 성격을 강하게 보여주는 장자철학은 극단적인 완고한 허무주의로 비쳐짐으로써 '현실로부터의 도피'를 모색하는 철학의 대명사처럼 평가되기도 한다.

장자 비판의 선하 격에 해당하는 순자의 발언, 즉 "장자는 자연에 가려서 인간을 알지 못했다"[6]는 말 역시 이러한 맥락에 서 있다. 그러나 와타나베 다카시(渡邊卓)의 견해에 따르면, 이와 같은 순자의 장자 비판은 예로부터 장자철학의 특징을 역으로 설명한 것에 지나지 않는다.[7] 장자는 도리어 인간이나 상대적인 것들에 대한 깊은 통찰을 가지고 있었기 때문이다. 장자는 절대와 자연을 추구하지만 상대와 인간을 외면하지는 않는다.

'절대(絕對)'라는 개념에 있어서 '절'의 대상어는 '더'이며, '대'의 의미는 '상대'를 가리킨다. 그러므로 절대의 개념은 '상대적인 것들을 끊는다'는 의미 내지는 '구속으로부터 풀려난다'는 것을 의미한다.[8] 이 점은 일반적인 형이상학이 말하는 실체론적인 절대 개념과는 그 의미를 달리할 수 있는 시사점을 제공한다. 실체론적 의미의 절대적 존재, 절대정신, 절대의지 등은 상대를 배제한 유일무이한 성격을 그 특성으로 삼는다 그러나 장자가 말하고자 하는 절대의 정신은 실체론적인 것이 아니라, 의미론적인 것이라고 보아야 한다.

일반적으로는 표상·정립·상대를 벗어나는 것이 '절-대'의 가능성의 조건이라고 할 수 있다. 이러한 입장에서 신오현은 '절-대'의 어원을 다음과 추적한다. 서양의 언어에서 'Absolute'라는 영·독·프랑스어는 라틴어 'abssolutus'에 유래하며, 'abssolutus'의 동사형 'absolvo'는 'ab+solvo' 즉 해소·해방 곧 자유를 의미한다. 따라서 절대란 자기 이외의 타자에 의해서 대립되지 않는 자기·자재 자연일 수밖에 없다고 하겠다.[9] 즉, 절대란 일체의 대립에서 면제된다는 의미를 지니는 것이기 때문에 상대와 대립하는 것은 아니다.

무타이 리사쿠(務臺理作, 1890~1974)의 견해 역시 신오현과 다르지 않다. 보통 우리가 말하는 절대는 실은 상대의 일종으로서 상대적 절대에 지나지 않는다. 그런데 철학에서는 상대적인 것에 절대적인 것이 계기로써 요청된다. 이것은 만일 절대적인 것이 없으면 상대주의에 빠질 위험이 있기 때문이다. 상대주의로의 환원으로부터 진리와 참된 인식을 지키기 위해서는 절대적이라는 계기를 생략할 수 없는 것이다.[10)]

장자철학 역시 예외가 아니다. 장자에게서 절대의 세계란 의미론적 범주에서 모든 상대적인 조건들이 사라진 세계를 의미할 뿐 고정적으로 독립된 절대타자를 가리키는 것이 아니다. 장자에게서 그것은 도의 세계로 표상된다.

절대적 도의 세계는 구체적 현상을 떠나 있는 초월적 존재의 세계를 의미하는 것은 아니다. 만일 초월적이라는 말이 이 세계의 현상 만유를 떠나 저 홀로 독립적으로 분리되어 존재하는 것을 의미하는 것이라면, 이러한 초월적 존재는 곧 상대적 존재에 대하여 존립하고 있는 또 하나의 상대적 세계에 지나지 않는다. 다시 말하자면 초월적 존재라는 개념 안에는 이미 상대적 존재라는 이항 대립적 존재 구조가 내포되어 있다는 말이다. 그런데 상대적 관점에서 파악되는 세계상은 분별적 있음의 범주인 '유'로서 드러난다.

장자의 도는 절대적이다. 장자는 절대적 존재로서의 도가 상대적 관점으로부터 파악되어지는 어떠한 개념이나 범주 속으로 흡수될 수 없다는 것을 강조하기 위한 하나의 방편으로 무분별적 없음의 범주인 '무'를 말한다. 이때의 '무'는 일차적으로 의미차원에서 파악되는 절대라고 할 수 있다. 그러므로 '절-대'란 우리의 일상적 경험으로부터 초래되는 일체의 주관적 관념의 다발을 해체하는 것을 의미한다. 그래서 장자는 특히 인간이 자기의식의 모형으로 규정하여 집착하고, 또한 타인과 자연에 대해 강제성을 부여하려고 하는 일체의 모든 그릇된 양태들에 대하여 부정적인 것이다.

장자는 기본적으로 모든 상대적인 것들을 해체하고자 한다. 그러나 이것은 절대적 도를 드러내기 위한 하나의 방편일 뿐이다. 그래서 장자는 상대주의를 부정하면서 오히려 도처에서 상대주의를 주장하는 것 같은 인상을 강하게 풍긴다. 그러나 장자의 상대주의는 표면적인 것이다. 상대를 통하여 탈-상대를 도모함으로써 절대에 이르고자 하는 것이 장자의 의도이기 때문이다.

이와 같이 장자철학에 표면적으로 드러나고 있는 상대주의적 요소는 중국철학사에 있어서 커다란 의미를 지니고 있다. 장자는 현상 자체의 상대성을 논의하기보다는 지칭의 상대성을 논의하고 있다고 보아야 하는데, 지칭된 대상은 직접적이든 간접적이든 간에 상호 의미연관을 지닐 수밖에 없다. 어떠한 대상이 서로 연관되지 않았다면 상대란 무의미하다. 그런데 일상인은 이러한 의미연관된 관념의 다발을 절대적이며 변하지 않는 것이라고 생각한다. 이러한 생각은 결국 독단으로 흐르게 되어 문제가 된다.

그러므로 철학사에서 상대주의의 기원은 일반적으로 독단론에 대한 부정으로부터 출발한다. 장자가 표면적으로 내세우는 상대주의 또한 당 시대의 유가와 묵가를 비롯한 선진 제자백가의 독단론에 대한 부정으로서 전개된 것이다.[11] 당대의 제자백가는 모두 자기의 주장만이 절대적인 것인 양 고집했고, 상대의 주장을 수용하려 하지 않았다. 모두가 한쪽에 치우친 주의 주장을 강조했다. 이에 대한 장자의 논의는 「천하」 편에 잘 기술되어 있다.

'절대'는 긍정과 부정의 일방적인 선언지를 표방하지 않고 이들을 하나로 감싸 안고 넘어선다. 왜냐하면 절대는 일반적으로 표상과 정립, 그리고 상대를 벗어나는 의미론적 가능태로서 부정과 관련되며, 그 존재론적 근거로서 어떠한 타자와도 대립되지 않는 자기 내지는 자재적인 자연으로서의 긍정과 관련되기 때문이다.

그렇다면 장자는 과연 무엇 때문에 도의 절대성을 설명하면서 상대적 절대를 계기로서 요청하는가? 즉 무엇 때문에 장자는 상대에 대립되는 절대를 계기로서 요청하는가? 이것은 만일 상대에 절대라는 것이 없다면 절대적인 도가 상대주의에 빠질 위험이 있기 때문이다.

장자는 상대적 절대를 통하여 절대적 절대를 드러내고자 하는 것이다. 도는 상대적인 것이 아님에도 도가 상대주의에 빠지고 만다면 이것은 오류이다. 절대의 계기가 없다면 상대라는 계기는 곧바로 상대주의로 환원되고 말기 때문에 장자는 일차적으로 상대적 절대의 필요성을 느낀다. 상대주의의 환원으로부터 도를 지키기 위해서는 절대의 계기를 생략할 수 없는 것이다.

3. 흐르는 생명, 도

도는 장자철학의 가장 핵심적인 개념이다. 그런데 장자뿐만 아니라 대부분의 중국철학자들은 실재를 연속적으로 유동하고 변화하는 과정으로 보았고 그것의 궁극적인 본질을 도라고 불렀다. 그들의 관점에서는 우리가 관찰하는 모든 현상은 이 우주적 과정에 참여하고 있으며, 따라서 본질적으로 역동적인 것으로 파악되었다.[12)]

장자 역시 도를 역동적인 것으로 파악하였기 때문에 장자철학에 있어서 도는 언어를 통하여 개념화될 수 없다. 언어는 역동적인 세계를 오히려 고정화하기 때문이다. 그러므로 장자철학에 있어서 도와 관련된 존재물음이란 사실상 무의미하다. 우리는 이것을 장자와 동곽자의 존재물음에 관련된 대화에서 찾아볼 수 있다.

> 동곽자가 장자에게 물었다. "이른바 도는 어디에 있습니까?"
> 장자가 말하였다. "곳곳마다 있지 않음이 없다."
> 동곽자가 말하였다. "있는 곳을 구체적으로 지적하여 주십시오."
> 장자가 대답하였다. "땅강아지와 개미 속에 있다."
> 이에 동곽자가 물었다. "어찌 그처럼 내려갑니까?"
> 장자가 말하였다. "가라지와 돌피 속에 있다."
> 동곽자가 물었다. "어찌 그렇게 더욱 내려갑니까?"
> 장자가 말하였다. "기왓장 속에도 있다."
> 동곽자가 물었다. "어찌 그리 더욱 심합니까?"
> 장자가 말하였다. "똥과 오줌 속에도 있다."
> 이에 동곽자가 더 이상 대꾸하지 않았다.
> 장자가 말하였다. "하늘과 땅 사이에 사물을 떠난 도는 없다. 지극한 도는 이러한 것이며 '주(周)', '편(徧)', '함(咸)' 세 가지는 명칭은 다르지만 실질은 같으며 그 의미도 같다."[13)]

도는 일체의 속성으로부터 벗어나 있기 때문에 기본적으로 그 존재성에 관하여 물을 수 없다. 도가 어느 특정한 곳에 존재한다고 한다면 그것은 이미 도가 아니기 때문이다. 그래서 장자는 동곽자의 존재물음에 대하여 부정적이다.

그럼에도 동곽자는 존재물음에 관련된 부정의 방법적 의의를 깨닫지 못하고 계속하여 도와 관련된 존재물음을 지속한다. 이에 장자는 도가 개미나 잡초, 기왓장에도 있다고 한다. 뿐만 아니라 심지어는 똥과 오줌에 이르기까지 도가 존재하지 않는 곳이란 없다고 답변한다. 여기에 이르러서야 동곽자는 더 이상 도에 대한 존재물음을 제기하지 않았던 것이다. 이러한 동곽자의 도에 대한 태도는 도를 대상화하여 상대적인 것으로 자신과 마주 대하고자 하는 것이다. 동곽자의 입장과는 다르게 도의 존재성은 상대적 대상과 마주 대하는 종류의 대상적 타자성을 갖지 않는다는 특징이 있다.

동곽자의 질문에 대한 장자의 답변은 사실상 파격적이다. 왜냐하면 장자의 답변은 기존의 가치체계를 전복시켜, 동물로부터 식물, 그리고 무생물의 순으로 점차 저급한 것으로만 내려가고 있기 때문이다. 뿐만 아니라 똥과 오줌에까지 도가 내재한다고 주장하는데 이르면, 이것은 일상적 호오의 감정의 체계를 완전히 무시한 것이라고 볼 수도 있다. 도에 대한 이 같은 장자의 이해는 비단 도가뿐만 아니라 중국철학사에 있어서 그 의의가 매우 크다.

이러한 장자의 사유방식은 특히 중국 선종에 많은 영향을 미치고 있다. 뒷날 중국 선종에서는 "물을 긷고 장작을 패는 것이 모두 도 아닌 것이 없다"고 주장하는가 하면 "부처를 꾸짖고 욕한다"는 데까지 이른다. 이것은 한편으로 장자의 이러한 철학 정신을 계승한 것이라고 할 수 있다.[14] 그래서 후꾸나가 미쓰지(福永光司, 1918~2001)는 장자와 동곽자의 이 존재문답에 있어서의 마지막 문답은 중국 선종의 유명한 공안이었던 '부처란 무엇인가?'에 대하여 '마른 똥 막대기(乾屎橛)!'라고 응답하는 선문답의 기원이 되었다고 주장한다.[15]

중국 불교에 있어서 오가칠종(五家七宗)의 하나인 운문종(雲門宗)을 개창한 운문 대사에게 어느 날 한 승려가 "부처란 무엇인가?"라고 물었다. 그러자 운문의 입에서 전광석화처럼 대답이 떨어졌다. "간시궐(乾屎橛)!" 이것이 바로 옛날부터 선객들을 괴롭혀온 '간시궐'이란 공안의 탄생이다. '간시궐'이란 말은 예로부터 똥 막대기라고 해석되어 왔다. 그 구체적인 뜻은 대변을 보고 나서 밑을 씻는 막대기라고도 하고, 똥통을 휘젓는 막대기를 이른다는 주장도 있다. 또 똥이 말라붙어서 막대기처럼 굳어진 것을 일컫는다는 설도 있다.[16]

우리는 장자와 동곽자 사이의 존재문답에서 도가 구체적인 사물과 유리되어 존재하지 않는다는 장자의 생각을 읽을 수 있다. 도는 인간의 현실 세계와 무관하게 존재하는 신비스러운 대상이 아닌 것이다. 그럼에도 세상 사람들은 도, 즉 진실재의 세계가 이 현실 세계를 초월하여 존재하는 어떤 심원하고 유현한 형이상학적인 다른 세계라도 되는 듯이 착각한다. 그것은 일상인의 선입견과 무관하지 않다.

그러나 우리가 일상적으로 초월적이라고 생각하는 도는 이 현실세계 속에 있으며, 닭이 닭으로서 울고 개가 개로서 짖는 우리들 눈앞의 구체적 사상 속에 있다.[17] 이것은 도가 궁극적 존재이기는 하지만 현상사물과 유리된 초월적 존재는 아니라는 말이다. 그래서 장자는 도가 현실 세계를 초월하여 존재하는 어떤 고원한 것이 아니라는 점과 관련하여 도의 무소부재(無所不在)한 성격을 강조한 것이다.

도가 어디에나 무소부재하게 존재한다는 장자의 견해는 몇몇 장자 연구가들에 의하여 범신론이라고 평가되기도 한다.[18] 실제로 장자의 답변은 일견 범신론적으로 보이는 측면이 없지 않다. 그러나 그렇다고 과연 장자철학을 범신론이라고 규정지을 수 있는 것인가라는 문제에 대해 긍정적으로 답변하기란 그리 쉬운 일이 아니다.

장자 역시도 '신'이라는 개념을 사용하고 있음은 부인하기 어렵다. 그러나 장자의 '신' 개념은 주재적 성격을 가진 상제와 같은 종류의 '신'적 의미와는 거리가 멀다. 그것은 다만 자연의 신비로움과 현묘함을 가리키는 개념일 뿐이다.[19] 장자의 '신' 개념에는 주재적이면서 초월적인 일체의 신비적 권능의 요소가 철저하게 배제되어 있다.

'신'이란 허신(許愼)이 『설문해자』에서 말한 것처럼 '하늘의 신이 만물을 나타나게 하는 것'[20]이라고 한 것에서도 알 수 있듯이 본래의 개념은 만물을 주재하는 초월적인 종교적 성격을 띤 것이었다. 그 주재적인 초월신의 개념은 산천초목이나 천둥과 비, 바람 등과 같은 자연의 영역에 삼투되어 자연스럽게 자연신의 개념을 형성하였다. 그러다가 이와 같은 전통적인 '신'의 개념은 공맹에게 이르러 내재적이며 윤리적인 성격으로 변용되었고, 노장에게 와서는 철저하게 이법적이며 자연적인 성격으로 전환되었다.

장자의 '신' 개념[21] 역시 '자연'의 범주에서 크게 벗어나지 않는다. 장자의 '신' 개념은 일정 정도 자연과 연관성을 가지면서도, 산천초목이나 비, 바람과 같은 종류의 자연과는 다른 맥락의 자연의 성향을 지니고 있다. 이 점을 간과할 수는 없다. 장자는 작용성의 범주에 해당하는 '신'의 개념에 대해 많이 이야기한다. 그럼에도 장자가 실체적 의미를 가진 '신'의 개념을 전혀 언급하지 않는 것은 아니다.[22] 다만, 그 실체적 개념의 '신'의 의의는 매우 미약하며, 장자철학의 의의를 범신론으로 이끌어가는 데까지 성공적이지는 못하다.

이러한 점을 상기한다면, 장자가 말하는 '신'과 범신론에서의 '신' 개념은 서로 다르다는 것을 알 수 있다. 그래서 류인희는 장자를 범신론자로서 규정하는 것은 서양철학의 범주를 장자철학의 해석에 잘못 적용한 것에 지나지 않는다고 주장한다. 왜냐하면 장자는 도를 '일기 조화론(一氣造化論)'으로 발전시켰기 때문이다. 즉 그것은 도를 하나의 기운으로 자연을 조화로 파악하는 것으로

서 초월적 창조주의 성격이 사상된 자연기능 이외의 다른 것이 아니라는 것이다.23)

그렇다면 장자와 동곽자의 도에 관한 존재문답에 있어서 장자가 역설적인 답변을 내릴 수밖에 없었던 이유는 무엇인가? 이것은 동곽자가 문제를 추구하는 태도에 있어서 몇 가지 오류를 범하고 있기 때문이다. 동곽자의 설문에는 '범주착오의 오류'가 범해지고 있다. 즉 진실재의 세계와 일상적 사물의 세계는 동열에서 유비될 수 없음에도 동곽자는 이들을 동일한 차원에서 취급하는 오류를 범하고 있는 것이다.

또한 동곽자는 자신의 입장에서 도라는 것은 어떤 특정하고 구체적인 곳에 있을 것이라는 결론을 전제로 삼아 질문을 한다. 그런데 이와 같이 결론에서 주장하고자 하는 것을 전제로 제시함으로써 범하는 형식적 오류를 '선결문제 요구의 오류'라고 한다. 이 오류는 없는 전제로부터 결론을 도출하려는 시도라고 볼 수 있다.24) 동곽자의 존재물음 안에는 이와 같은 '선결문제 요구의 오류'가 범해지고 있는 것이다.

장자는 기본적으로 동곽자가 '도는 어디에 있는가?', 라고 구체적인 장소를 지적하여 묻는 문제설정 자체에서 문제를 발견한다. 그래서 장자의 답변은 역설적으로 제시된다. 여기에서 그는 설문자의 심층적 심리로부터 반전의 효과를 거두고자 한다. 이것이 바로 장자가 의도하는 해체전략의 목표이다. 장자는 동곽자의 질문에 대하여 직접적인 답변을 거부하면서 우회적으로 답변할 수밖에 없었던 것이다. 장자에 있어서 이러한 도와 관련된 존재물음에 대한 부정은 '지와 무위위의 문답'25)을 비롯하여 '태청과 무궁'26)의 문답에서도 발견된다.

이러한 존재물음과 관련된 대화에서 장자는 공통적으로 도가 언어로 표현될 수 없으며, 구체적인 사물로 상정될 수도 없다는 것을 강조한다. 도는 제일차적 존재이기 때문이다. 그래서 장자는 "도에 관하여 질문하는 자가 있어서 거기에 응답하는 자가 있다면 그는 도를 모르는 것이다. 도에 대하여 묻는 자 또한 도에 대하여 모르는 것이다. 도는 물을 수도 없고 물음에 대하여 응답할 수도 없는 것이다. 질문할 수 없는 것을 질문하는 것은 헛된 질문이며 응답할 수 없는 것에 대하여 응답하는 것은 참됨이 없는 것이다"27)라고 말한다.

우리는 일상적으로 분별적 '유'에 매몰되어 존재물음 이전에 이미 스스로 어떠한 판단을 내리고 있는 경우가 많다. 존재물음의 설문자는 자기 자신이 스스로 설정해 놓은 기준을 가지고 규격에 맞는 답변을 예기 지향하여 요청한다. 그러므로 일상적 존재물음이란 이미 어떠한 전제를 가지고 미리 그 전제의 방향 지시를 받아 일정한 노선을 스스로 결정하고 있다고 보아야 한다.

우리는 "도는 어디에 있는가?"라고 묻는 동곽자의 물음에서 이미 '도는 어떠어떠한 곳에 있다'는 가정이 전제되어 있음을 발견한다. 도와 관련된 존재물음에 있어서 이미 전제가 설정되어 있다는 것은 존재가 존재자의 위격으로 변질되었다는 것을 말해준다. 이때 존재물음의 설문자는 '도는 어떠어떠한 곳에 있다'라고 하는 무의미한 명제를 유의미하게 판단한다. 이것은 명백한 오류이다. 왜냐하면 도가 존재하는 구체적 장소를 묻는 설문자의 언명 속에 잠재된 명제어라는 것은 사실상 논리적 주술관계의 명제로서 성립할 수 없는 비명제이기 때문이다. 비명제적 주제를 명제화한다는 것 자체가 난센스다.

이러한 논리적 혼동을 발견하기란 쉽지 않다. 그것은 일상적 사유의 습관 속에 우리가 너무나 깊이 젖어 있기 때문이다. 일상적 사유의 습관이란 단순함에 대한 친숙성에 기반을 둔다. 그리고 이것은 상식이라는 이름을 통하여 자신을 드러낸다. 그러나 상식은 어디까지나 상식에 불과하다. 상식을 절대적 진리로 생각한다든가, 자신의 신념을 상식의 이름으로 정당화하는 것은 잘못이다. 상식은 시대와 장소에 따라 달라지기 때문이다.28)

일반적으로 상식은 무엇인가 필연적으로 존재하고 있다는 '유'의 범주를 절대화한다. 왜냐하면 있는 것 같이 더 이상 명백한 것은 없기 때문이다. 그래서 우리는 일상생활에서 무수히 있는 것들을 상대하고 그날그날 생활하고 있다. 얻고 잃는 의욕의 대상이 있고, 쾌·불쾌의 정서의 대상이 있고, 유용한 물건과 가치 있는 물건들이 있다. 그러므로 이 이상 새삼스럽게 "유란 무엇인가?"라고 다시 한 번 질문을 환기시키는 것은 상식에 어긋나는 것처럼 보인다. 그러나 상식이 반드시 진리를 보장하지는 않는다.29)

보통의 상식으로는 사물이란 무엇인가, 라고 반성하는 일이 없다. 그밖에 시간이라든가 공간이라든가, 사물의 관계란 무엇인가, 어떻게 하여 변화는 가능한가, 따위를 다시 생각하는 일이 없다. 요컨대 사물·존재·시간·공간 등의 개념 그 자체는 무반성적으로 가정되고, 판단이나 경험은 부지불식간에 이러한 개념들에 기초하여 행해지고 쌓여 올라가고 있는 것이다.30)

우리가 '유'를 절대화한 보통의 상식을 통하여 도를 안다는 것은 불가능하다. 도는 '무'의 차원에 있기 때문이다. 그러므로 장자는 도와 관련된 그릇된 존재물음에 대하여 직접적으로 답변하지 않는다. 도리어 장자는 이러한 존재물음을 발생하게 한 근원적인 원인을 찾아 이것을 먼저 해체시키고, 물음 자체를 원점으로 환원시키려고 한다. 궁극적으로 문제와 답변은 모두가 설문자의 몫이기 때문이다.

이러한 장자의 철학적 방법이야말로 진정한 문제가 어디에 있는가를 묻는 '문제에 대한 문제'를 찾는 길이다. 장자는 그릇된 존재물음 자체를 부정하는 동시에 참된 문제를 찾는 독특한 방법을 제시하고 있는 것이다. 장자는 이러한 방법을 통하여 문제를 해결하려는 것이 아니라 근본적으로 문제 자체를 해소하려고 한다. 여기에서 문제를 해결하는 대신 해소한다는 것은 철학적 난국의 기원이 오류, 혹은 오해, 말하자면 관련된 판단진술의 논리적 방법을 잘못 이해한데 있다는 것을 강조하려는 것이다. 이 오해가 사라졌을 때 문제의 근원은 해결된 것이 아니라 근원적으로 해소된 것이다.[31]

이상을 통하여 우리는 장자가 그릇된 존재물음의 해소를 통하여 드러내고자 하는 것이 다름 아닌 문제에 대한 철저한 원점 확인이었다는 것을 알 수 있다. 이것은 일상적 사유로부터 제기된 존재물음의 다양한 전제에 대한 부정이라고 할 수 있다. 장자는 존재물음의 부정을 통하여 물음 자체에 대하여 다시 한 번 물음으로써 문제 자체를 철저하게 재점검한다.

이로부터 '문제의 문제됨'을 해체하여 문제 자체를 원점으로 환원시키면, 물음의 출발선상에 존재하던 기존의 그릇된 여러 전제들은 자연히 '무전제성'을 담지하게 된다는 것이 장자의 생각이다. 장자철학은 이러한 측면에서 무전제성의 철학이다.

4. 물오리의 다리는 짧은 대로 좋다

장자는 인위적인 것을 부정함으로써 자연에 복귀하고자 한다. 후쓰(胡適, 1891~1962)에 따르면, 고대 중국의 철학자들 중 순자를 제외한 대부분의 철학자들은 일반적으로 '인위적'인 것보다는 '자연적'인 것, 즉 '천연적'인 것을 더 좋은 것이라고 생각하였다. 이로부터 이후에는 일체의 '자연적'인 것은 '참된 것'인 반면 '인위적'인 것은 '거짓된 것'이라고까지 생각하게 되었다.[32)]

인위는 세계를 대상화하는 주관적 평가로부터 유래하지만 자연은 오히려 인간의 주관적 평가의 해체로부터 도래한다. 주관적 평가는 자연의 존재방식과는 다르게 언제나 상대적이다. 주관적 평가는 인간의 자의적인 감정의 체계 위에 제2차적인 것으로서 자연의 존재방식과는 무관한 방식으로 성립한다. 주관적 평가가 의식의 표상(Vorstellung)을 전제하기 때문이다. 표상은 일체의 존재를 자신의 '앞에'(vor) '맞세워 놓는'(stellung) 일종의 대상화 작업이라고 말할 수 있다.

장자는 일체의 감정의 체계로부터 떠오르는 주관적 호오를 마치 절대적인 것처럼 판단하는 일상의 태도를 부정한다. 주관적 호오는 자기중심적이기 때문이다. 장자가 볼 때, 인간은 자기중심적 세계관에 대한 절대적 우월성에 토대를 둔 맹목적 신념을 가지고 살아가는 존재이다. 인간이 자기중심적인 것처럼 자기중심적 인간의 평가는 늘 주관적이고 자기중심적일 수밖에 없다. 또한 그것은 항상 가변적이다. 그러므로 주관적 평가의 성격은 상대적일 수밖에 없다.

장자는 이러한 주관적 평가의 상대성을 해체하고자 한다. 이것은 인간중심적 사유방식을 부정하는데 그 의의가 있다. 장자철학에 나타나는 모든 상대주의적 표현들은 인위적 이념의 절대화를 해체하기 위하여 설정된 것이라고 할 수 있다. 모든 상대주의적 이념의 주장은 항상 개별적 자아를 중심으로 한 인위적 기준틀을 상정한다. 장자는 이러한 인위적 기준틀을 기준으로 삼을 것이 아니라 자연을 기준 삼아야 한다고 주장한다. 개별적 자아 사이에는 어떠한 동질성도 확보할 수 없기 때문이다.33)

또한 장자는 인간이 자신의 주관적 평가를 절대적인 것으로 간주하여 사물을 임의로 평가하거나 재단하여 단절시켜서는 안 된다고 주장한다. 다음과 같은 장자의 비유는 이 점을 잘 보여준다. "물오리의 다리는 짧지만 이어주면 괴로워하고, 두루미의 다리는 길지만 잘라주면 슬퍼한다. 그러므로 본래의 됨됨이가 긴 것은 길더라도 자르지 말 것이요, 본래의 됨됨이가 짧은 것은 짧더라도 잇지 말아야 한다."34)

'길다'라거나 '짧다'라고 하는 것은 의식 표상되어 지각된 판단의 내용이다. 그리고 '물오리의 다리는 짧기 때문에 이어야한다'라거나 '두루미의 다리는 길기 때문에 잘라야한다'라고 하는 것은 인간의 자기중심적인 평가를 의미한다. 이러한 평가에는 인간의 주관적 호오의 감정이 개입되어 있다. 즉 주관적 평가에는 어떠한 특정한 기준점으로부터 물오리의 다리는 짧기 때문에 나쁜 것이며, 두루미의 다리는 길기 때문에 나쁜 것이라는 정의적 태도가 개입되어 있다는 말이다.

사물의 현상을 의식 표상하여 지각하는 의식작용과 여기에 인간의 정의적 태도가 개입함으로써 사물을 주관적으로 평가하는 의식작용은 서로 다른 특징을 지닌다. 전자는 비교하는 대상을 서로 '구분'(Division)하는 것이지만, 후자는 서로를 '차별'(discrimination)한다는 의미를 갖는다. 후자는 전자보다 훨씬 강한 주관성을 갖는다. 좀 더 구체적으로 말한다면, '구분'은 논리학적 조작으로서, 개념이 지니고 있는 내용을 나타내는 데 쓰는 말이다. 즉, 한 개념의 내용을 이루는 종을 각각 별도로 열거하는 것을 말한다.[35] 그리고 '차별'은 기본적으로 평등한 지위의 집단을 자의적인 기준에 의해 불평등하게 대우함으로써, 특정집단을 사회적으로 격리시키는 통제 형태를 말한다.[36]

인간의 정의적 주관성이 강화될수록 문제와 갈등이 복잡하게 얽힘으로써 곧바로 그릇된 작위를 유발한다. 이르부터 인간은 자신보다는 자기 밖의 일에 마음을 쏟게 되어 자신의 생명력을 스스로 고갈시킨다. 그래서 장자는 이와 같은 주관적 평가가 사물의 진실을 왜곡하고, 나아가서는 사물의 본디 그러한 모습을 인위적으로 파괴하는 비극을 초래한다고 경고한다.

장자철학에 있어서 상대적 사물들은 감각지각의 대상이 될 수 있을 뿐만 아니라 언표될 수도 있다. 그러나 도는 감각지각의 대상도 언표의 대상도 될 수 없다. 도는 감각지각을 넘어서 존재한다. 도는 일체의 색깔과 소리, 냄새 등으로 대상화될 수 없다. 도는 색깔도 없고 소리도 없고 냄새도 없다.

도는 일체의 속성으로부터 벗어나 있다. 일체의 색깔과 소리, 냄새 등은 모두가 특정한 속성이다. 색깔이나 소리, 냄새 등은 주관에 의하여 대상화될 때 비로소 지각되는 것들이다. 그러나 도는 대상화될 수 없다. 이것은 도가 타자를 설정하지 않는다는 의미이다. 도는 우리의 감각지각을 통해서 파악되지 않는다. 이와 같이 도는 감각지각으로부터 벗어나 있다. 그것은 도가 주객미분의 상태에 있다는 것을 의미한다.

감각지각을 통하여 파악되는 세계는 자기중심적 주관성에 토대를 둔 상대적 세계이다. 장자는 일상적 세계가 상대성을 벗어나지 못하고 있음을 지적하여 다음과 같이 말한다.

> 사물치고 저것 아닌 것이 없고 이것 아닌 것이 없으나, 저것으로부터 보면 보지 못하고 이것으로부터 안다. 그러므로 이르기를 저것은 이것에서 나오고 이것이라는 것 또한 저것으로 말미암는다고 하니 이것이 '저것과 이것이 나란히 생겨난다는 주장'이다. 비록 그러하나 생겨나자마자 죽어가고 죽어가자마자 생겨난다. 가하면서도 불가하고 불가하면서도 가하다. 옳음이라고 하는 것에 말미암음은 그름이라고 하는 것에서 말미암고, 그름이라고 하는 것에 말미암음은 옳음이라는 것에서 말미암는다.[37]

장자의 논리에 따른다면, 모든 사물이 스스로 이것이라고 함으로 이것 아님이 없으며, 모든 사물이 서로 저것이라고 함으로 저것 아님이 없다. 저것 아님이 없으면 천하에 이것이란 있을 수 없고, 이것 아님이 없으면 천하에 저것이란 있을 수 없다.[38]

장자는 자신의 친구였던 혜시의 주장, 즉 '저것과 이것이 나란히 생겨난다는 주장'[39]을 끌어들임으로써 현상계의 존재 구조가 상대성을 벗어나지 못한다는 사실에 대하여 동조하는 것처럼 보인다. 그런데 현상계의 존재 구조가 상대성을 벗어나지 못한다는 것은 결국 인간의 주관적 관점이 서로 상대적이라는 의미와 상통한다. 장자는 의미차원의 상대성을 논의하기 때문이다. 이러한 상대성은 주관적 평가의 기준이 서로 자기중심적이기 때문에 발생한다.

우리는 항상 대상 쪽에서 보지 못하고 자기의 기준을 가지고 사물을 보기 때문에 존재를 일방적으로 왜곡하기까지 한다. 자기의 일방적 기준으로 보는 개별적 사물의 세계는 상호 한정의 상대적 세계일뿐이다. 따라서 개별적 사물은 서로가 의미론적으로 연관되어 있을지라도 그 성격이 객관적이지 못하다고 하겠다. 개별적 사물들은 인간의 자의적 주관성에 의하여 얼마만큼 강하거나 약하게 포박되어 있는지, 그 차이만이 있을 뿐이다.

장자는 기본적으로 일상적인 상대적 개념을 적극적으로 사용하면서도 또한 이를 부정하는 전략을 세운다. 이러한 맥락에서 장자는 혜시의 주장을 빌어 혜시의 주장을 극복하고자 하는 논리를 견지하고 있는 것이다. 장자는 '상대의 상대됨'을 올바로 인식하고, '절대'로의 차원 전환을 수행하고자 한다. 그런데 '절대'에 이르기 위해서는 '상대의 상대됨'의 반성적 계기를 생략할 수 없다.

일상인은 여러 가지 개념의 상대성에 대하여 편집성을 지니고 있다. 이것은 일상인이 자신의 상대적 판단이 절대적이라고 하는 신념에 스스로 매몰되어 있기 때문이다. 그래서 장자는 여러 가지 개념들이 상대적이라는 점을 제시하고 그 불합리함을 논거로 하여 이것을 전면적으로 해체하고자 한다. 장자철학에 있어서 해체의 대상은 일상인에게 친숙해 있는 상대적 관념의 세계이다. 이러한 해체를 통하여 장자는 도가 근원적 통일자임을 가르쳐 주려고 한다. 도는 상대적 관념의 세계가 해체되기만 하면 자신을 숨김없이 드러내는 자연한 세계이다.

장자는 이러한 도를 '혼돈'이라고 하고, 다음과 같은 '혼돈칠규(渾沌七竅)'의 우화를 제시한다.

> 남해의 임금을 숙이라고 하고 북해의 임금을 홀이라고 하며, 중앙의 임금을 혼돈이라고 한다. 숙과 홀이 서로 혼돈의 땅에서 만났을 때 혼돈이 매우 융숭하게 그들을 대접하였다. 숙과 홀이 혼돈의 은혜에 보답할 것을 의논하여 말하기를, '사람은 누구나 눈·코·귀·입의 일곱 구멍이 있어서 그것으로써 보고 듣고 먹고 숨 쉬는데 오직 이 혼돈에게만 없으니, 시험 삼아 그것을 뚫어주자'라고 하여 날마다 구멍을 뚫었는데, 7일이 지나자 혼돈은 죽고 말았다.[40]

혼돈의 도는 주관과 대상이 미분화된 통일체이다. 그런데 근원적 미분화의 통일체인 혼돈은 '유'·'무'의 상대성에 근거하여 표상적인 존재로 분별되기 시작하면 그 즉시 자연성은 파기되고 만다. 그것은 감각이 아니지만, 감각의 차원에서 볼 때 가장 예민한 감지의 힘을 가진 감각이라고 말할 수 있다. 그래서 그것은 오히려 감각이 아닌 것이다. 혼돈은 우리의 감각지각의 기초 위에서 관념적으로 '어떠어떠한 것'이라고 분별되기 이전의 자연으로서의 도를 의미한다. 혼돈은 대상적 사물이라든가 주관적 자아라고 하는 규정적 의미망이 형성되기 이전의 참된 형상을 가리키는 은유이다. 일종의 존재의 본연상이 혼돈인 것이다.

혼돈은 대상적으로 존재하는 것이 아니면서도 인간의 여러 감각기관의 수용성으로 말미암아 비로소 대상화되기 시작한다. 그러나 이렇게 대상화된 혼돈은 이미 혼돈이 아니다. 즉 감각기관에 의하여 포착된 도는 이미 도가 아니다. 존재를 감각기관에 의하여 파악한다면 주관적이고 특수한 것으로 포착할 수밖에 없기 때문이다.

감각지각으로 표상된 세계상은 세계 자신과 다르다. 우리가 보아서 볼 수 있는 것은 현상적 사물의 형체와 빛깔에 불과하다. 그럼에도 우리는 형체와 빛깔, 이름과 소리를 가지고 세계의 참 모습을 얻었다고 착각한다.[41] 이것을 지적하여 장자는 다음과 같이 말한다. "도는 들을 수 없는 것이니 들을 수 있는 것은 도가 아니요, 도는 볼 수 없는 것이니 볼 수 있는 것은 도가 아니며, 도는 말할 수 없는 것이니 말할 수 있는 것은 도가 아니다. 사물에 형체를 지니게 하는 것은 형체를 지닌 사물이 아님을 알 수 있겠는가? 도는 이름 지어 부를 수 없는 것이다."[42]

장자가 말하는 '혼돈칠규'의 비유 속에는 주관적 평가의 존재

양상과 도의 자연한 존재양상이 서로 다르다는 점이 명백히 제시되어 있다. 장자는 주관적 평가로 인하여 차별화된 세계의 존재양상을 해체하라고 한다. 이러한 해체를 통하여 도의 자연한 존재양상이 드러나기 때문이다. 그래서 장자는 혼돈을 제시하고 혼돈으로 복귀하라고 한다. 혼돈이란 '비유비무'의 자연이다.[43] '유'와 '무'의 어느 한쪽에 치우친 기준은 추상화된 존재의 속성을 갖는다. 그것은 개념으로 규정된 것일 뿐 실재하는 것이 아니다. 따라서 '비유비무'의 혼돈은 감각지각에 의하여 임의로 파악될 성질의 것이 아니다.

감각지각을 통하여 형성된 각종의 개념들은 추상적이고 허구적이다. 장자는 이러한 추상과 허구를 해체하고자 한다. 우리가 만일 이러한 추상과 허구를 반성적으로 해체하고 혼돈의 미분화 상태에 감각의 '매개 없이'(im-mediate) 일치할 수 있다면, 자연이 저절로 도래한다. 감각의 '매개 없이' 일치한다는 것은, 즉각적으로 하나가 된다는 것의 다른 표현이다.

장자철학에서 말해지는 직관이란 것도 감각의 '매개 없이' 곧바로 아는 것을 말한다. 예컨대 날개 없이 하늘을 난다는 것, 두 발을 통하지 않고 길을 걷는다는 것, 지식 없이 세상을 안다는 것 등은 모두 '매개 없이' 세상을 보며 살아간다는 것을 의미한다.[44] 이것은 장자가 제안하는 '심재'의 철학적 의의이기도 하다. 즉 주관적 평가가 해체되면 도는 자신의 '모습 아닌 모습'을 세계의 전면에 떠올린다는 말이다. 여기에 이르면 존재와 의식은 무분별한 혼돈과 같이 근원적으로 통일된다는 것이 장자의 생각이다.

장자는 존재와 의식의 상호 소통을 지향한다. 그는 존재만으로 실재하는 세계나 의식만으로 존재하는 세계를 상정하지 않는다. 그러므로 장자철학은 존재의 실재성만을 주장한 것이라거나 정신의 경지성만을 주장한 철학이라고 규정할 수 없다. 이러한 이유 때문에 장자는 실유형태의 형이상학이나 경계형태의 형이상학 중 그 어느 일방에 치우친 견해를 제시하지 않는다. 이것은 도가 물·심이 일원화된 미분화 상태에 있기 때문이다.

차라리 도는 '무'다. 또한 '무'는 절-대적이다. 이런 한에서 도는 절대적인 것이라고 볼 수 있다. 그러나 이것은 상대와 대립되는 절대는 결코 아니다. 상대와 대립되는 한 절대는 결코 절대일 수 없는 상대의 일종이다. 그래서 장자는 '무'에 관하여 '무무'를 말함으로써 다시 한 번 이를 부정하기도 한다. 혼돈이 '비유비무'인 것처럼 만일 '절대무'라는 표현이 가능하다면, 장자의 도는 일종의 '무무'라고 할 수 있다. 이것은 도에 대한 추론이 끝이 없고 무의미하다는 점에 대한 부정의 표현이기도 하다.[45]

5. 도는 어디에나

도는 '스스로가 근본이 되는 것'으로서 어떠한 타자와도 대립하지 않는다.[46] 사실상 도에 있어서 타자는 무의미하며, 도는 자신의 '본디 그러한' 자연성만을 갖는다. 이러한 이유 때문에 장자는 도를 설명하는 과정에서 인격적 의지를 지닌 전통적 '상제(上帝)'에 대한 관점을 부정한다.

'상제'는 기본적으로 주객 이원화의 성향을 벗어나지 못한다. 상제는 자기 이외의 대상을 지향하기 때문이다. 어떠한 측면에서건 대상을 지향한다는 것은 스스로 의지를 지닌다는 의미를 갖는다. 의지적 존재로서의 상제는 대상을 통해 자신의 목적을 실현하고자 하는 타자로서,[47] 그는 일종의 절대타자에 해당한다고 볼 수 있다.

상제의 존재는 일종의 종교 신학적 개념이다. 장자는 철저하게 귀신과 상제 등의 종교 신학적 관념을 부정한다. 그는 자연의 도를 천지만물의 근원으로 삼을 뿐이다.[48] 이와 같은 맥락에서 볼 때, 장자도 노자처럼 상제가 최고의 존재가 될 수 없다고 본 것이다. 도는 상제보다 앞선다.[49] 노자가 생각했던 것처럼 세계는 초월적 인격성을 지닌 절대자의 주재로 말미암지 않는다는 것이 장자의 생각이다.

장자철학에서는 어떠한 경우에도 세계를 창조한 주재자는 상정될 수 없다. 세계는 절대적 주재자의 어떤 목적이나 의지를 실현하는 장소가 아니다. 이와 관련하여 장자는 세계를 창조한 주재자가 있느냐 없느냐를 묻는 '계진(季眞)'과 '접자(接子)'의 상호 담론을 제시한다. 계진은 '막위(莫爲)'를 주장하고, 접자는 '혹사(或使)'를 주장한 인물이다. '혹사'와 '막위'는 세계의 시원 또는 형이상학적 근원자의 서로 다른 두 가지 존재형식이다.

장자는 도가 '혹사'나 '막위'를 넘어서 있다고 주장한다.[50] 이때 '혹사'는 현상적 사물의 변화가 어떤 특정한 존재에 의존함이 있는 것이라면, '막위'는 그것이 특정한 존재에 의지함이 없는 것을 의미한다. 그러나 '혹사'와 '막위'와 같은 종류의 존재판단이란 항상 상대적이다. 그리고 이러한 존재판단은 항상 '유'와 '무'를 동반한다. 그렇기 때문에 도에 대한 존재판단은 한계가 있을 수밖에 없다. 존재판단의 상대성은 사물의 범주에나 통용되는 것이다. 이러한 점에서 도에 관한 존재판단의 내용은 필연적으로 도를 사물의 범주로 끌어내리게 된다.

도와 사물은 결코 혼동되어서는 안 된다. 그래서 장자는 "사물을 사물이 되게 하는 것은 사물과 다르다"[51]고 한다. 도와 사물은 존재론적인 차이가 있기 때문이다. 사물은 물리적·기하학적인 시·공간 안에서 인과율의 지배를 받고 있지만, 도는 이러한 일체의 제약으로부터 벗어나 있다.[52] 사물은 천차만별한 다양성의 세계로서 상대적이지만, 도는 궁극적 존재로서 절대적 성격을 갖는다.

도와 현상적 사물의 존재적(ontisch) 관계는 상호 의존적이다. 현상적 사물의 존재적 근거가 도라는 점에서 사물은 도를 근원으로 삼아 자신의 구체성을 나타내고, 또한 도는 구체적인 사물존재를 통하여 자신의 본원적인 존재성을 드러낸다. 도는 만물을 초월하여 존재하지 않으며, 만물도 도를 벗어나 자신의 존재의의를 확보할 수 없다. 이들은 각각 별도로 존재하지 않는다.[53] 장자철학에서는 현상적 사물을 떠난 도 자체의 초월성은 그 어디에서도 인정되지 않는다. 현상적 사물의 배후에 존재하는 최후의 존재가 도라고 하는 식의 존재의 구조적 특성 또한 인정되지 않는다.

도는 사물에 대해 본다면, 단적으로 사물과 다르다. 그럼에도 도는 사물의 본원상이며, 사물은 도의 현전상이라는 특징을 갖는다. 이것은 논리적으로 '사물을 사물이 되게 하는 것'으로서의 도라는 개념과 사물의 개념은 서로 다르다는 것을 의미한다. 전자가 후자보다는 상위 개념이라는 말이다. 그러나 도라는 개념 자체가 '거짓 이름'(가명)[54]이듯이 도를 '비물'이라고 규정하는 것 역시 무의미하다. 도와 사물을 전혀 다른 것으로 볼 수 없으면서도 다르다고 말할 수밖에 없는 이유는, 이들의 관계가 '존재적'(ontisch) 측면에서는 상호 동일성을 유지하고 있지만 논리적인 측면에서 서로 차이를 드러내기 때문이다. 그 차이는 '존재론적'(ontologisch)인 것이다.

장자에 있어서 도는 곧 자연이다. 그렇다고 장자가 말하는 자연이 물리적인 것이라거나 물상적인 것을 의미하지는 않는다. 장자에 있어서 자연은 기계론적인 것도 아니며 목적론적인 것도 아니다. 장자의 자연은 본디 스스로 그러하다는 상태를 가리키는 개념일 뿐이다. 이러한 자연의 내재적 존재질서를 지니고 있는 자연은 다름 아닌 도이다. 도는 자신만을 본받을 뿐 어떠한 타자에 의하여 영향을 받는 일이 없기 때문에 스스로가 근본이 되고, 상제나 귀신의 존재보다도 앞서는 존재이다. 따라서 도는 일체의 사물이 그에게 의존할 수밖에 없는 궁극의 근원적 존재인 것이다.[55]

도는 어떠한 타자도 양립할 수 없는 비대상적 존재이다. 그래서 도는 언어를 용인하지 않는다. 도라고 불린 도조차 도가 아니다. 그러므로 도라는 개념은 자기 부정적 요소를 떠나서 생각할 수 없다.[56] 이것은 규정을 거부하는 도의 존재방식을 보여준다. 도는 있다고도 할 수 없고 없다고도 할 수 없다.[57] 도는 고정된 실체가 아니므로 있는 것 같으나 없고, 없는 것 같으나 있는 '그 무엇'이라고 할 수 있다.[58] 그러므로 도의 존재질서는 무규정성을 지니고 있으며, 이로 인하여 도는 임의로 규정될 수 없다.

만일 우리가 도를 어떠한 것으로서 규정하고자 한다면, 언어 사용상에 있어서 명사를 동원하여야 하고 논리적으로 이를 개념화하여야 한다. 그런데 명사는 존재를 소유의 양태로 전환시키고,[59] 개념은 존재를 임의로 시·공간상에서 단절시킨다. 우리는 이러한 논리적인 개념화를 통하여 일상적으로 일반성 내지는 보편타당성이란 것을 주장한다. 일반성이나 보편타당성은 형식 논리상의 동일률과 모순율로 집약된다.

이러한 논리적 사유는 세계의 유동 과정을 어느 길이로 잘라서 구획하고 공통된 특징만을 추출하여 일반 공통성을 뽑아 보는 추상을 전제한다. 말하자면 한 사물의 유동 과정의 각 구절에서 공통된 일반적 성질만을 취하여 그 사물의 본질이라는 것을 만들고, 이것으로써 그 사물의 명칭을 삼는다. 이 명칭이 이른바 사물의 일반성을 표시하는 개념이라는 것이다.[60)]

도는 이러한 개념 규정의 영역을 벗어나 있다. 도라는 존재는 인간의 주관적 관념에 의하여 포획되는 개별적 사물이 아니다. 뿐만 아니라 도는 시간적으로 영원하고 공간적으로 무한하다.[61)] 도는 시·공간상에서 한 치의 간극도 용인하지 않는다. 그렇다고 도가 고정된 실체일 수는 없다. 그것은 물질적 실체도 아니고 그렇다고 정신적 실체도 아니다. 세계는 끊임없는 자기 전개로부터 유동 변화의 과정 중에 있는데, 그 존재론적 근거가 다름 아닌 도이다. 이러한 도는 무의지적이며 비인격적이다.

다른 한편 장자는 이러한 자신의 생각에 위배되는 것 같은 개념들을 보여주기도 한다. 예컨대 그는 도를 '조물자'라든가 '조화자'라는 용어를 비유적으로 사용한다. 그러나 이것은 다만 장자가 도를 의인화하여 일상언어의 권위에 의지하는 표현방식을 빌어 그 권위를 부정하는 전략을 취한 것일 뿐이다. 도는 결코 인격적 의지를 지닌 존재가 아니다. 그리고 도는 창조자도 아니라서 만물을 창조하는 존재도 아니다.

또한 도는 결코 타자에 의하여 영향을 받는 법도 없다. 도는 스스로 독립되어 있다. 도는 단지 그 자신의 자연적인 존재질서를 본받을 뿐이므로 타자에 의하여 생성되는 법이 없다. 그래서 도는 과거도 없고 현재도 없다. 도는 그 시작과 끝이 없다.[62)] 이것은 도의 포월성을 말해주는 부분이다. 시작이 있다면 끝이 있을 수밖에 없고 끝이 있다면 시작이 있을 수밖에 없는 것이 자명한 이치이고 보면, 이러한 논리를 넘어서 있다는 것은 그 자체 현상적 사물의 존재방식을 스스로 넘어서 있다는 것을 보여준다. 반면 시작과 끝이란 물리적 시간의 전개와 관련된 논리적 규정으로서 그 자체 현상적 사물의 존재방식을 의미한다.

현상하는 사물의 시작과 끝을 근거지우는 존재론적 요소는 시작과 끝을 넘어서 있는 도에 있다. 이것에는 시간을 시간이게끔 하는 성질이 기본적으로 내재되어 있다. 도는 구체적인 시간의 전개를 총괄하는 시간성의 원리라고 보아야 한다. 시간성의 원리는 개별적 인간의 삶의 영역과는 구분되는 범주에 놓여진다.

개별적 인간의 시간이 시작과 끝을 갖는 현상의 순간적인 계기를 지니고 드러나는 것이라면, 존재의 시간은 개별적 인간의 의식과 그 의지작용이 미치지 못하는 항상성을 스스로 지니고 있다고 해야 한다. 따라서 시간을 시간이게끔 하는 시간의 총체로서의 시간성의 원리는 규정을 불허한다. 그것은 스스로 그러할 뿐이기 때문이다.

도는 포월적인 동시에 철저하게 내재적이다. 어떠한 현상적 사물도 도가 내재되지 않은 것은 존재할 수 없다. 이것은 현상적 사물의 존재근거가 도에 기초하기 때문이다. 도는 안도 없고 밖도 없다.[63] 도가 공간적으로 무한하다는 말이다. 그래서 장자는 도를 '유'가 아니라 차라리 '무'라고 한다. 그리고 그러한 '무'도 참된 '무'가 아닐 수 있다고 우려하여 '무무'라고까지 말한다. 이와 같이 장자는 '무무'의 철학 체계를 세워 '무'에 대해서도 부정하는 강한 부정 정신을 보여준다.[64] '무'는 항상 자기 부정적이다.

바꾸어 말한다면, 도는 '무'이면서 또한 '무무'이다. 그러므로 공간적으로 안과 밖이라고 규정된 한계를 넘어서 있다. 안과 밖은 한계가 있지만 '무'나 '무무'로서의 도는 한계가 없다. 사실상 안과 밖이라는 것은 서로가 상대적으로 규정된 공간적 범주이다.

공간적으로 안과 밖이 규정된다는 것은 도가 특정한 타자와 구분되는 어떠한 특정한 존재라는 것을 의미할 뿐이다. 만일 이렇게 본다면, 도는 한계를 지닌 사물존재와 다를 바 없이 스스로가 한계 지워지고, 자기 자신의 무한성 자체에도 스스로 모순되고 만다. 이렇게 도는 시·공간적으로 무한한 존재이다. 그러면서도 도는 스스로 내재적이면서도 일체를 감싸 안고 넘어선다.

자연성에 기초한 도를 존재론적 측면에서 볼 때, 도는 세 가지 성격을 지닌다. 김충열은 장자의 도를 다음과 같은 세 가지 성격으로 설명한다. ① 시간적으로는 도는 선재성, 즉 초시간적 존재이다. ② 공간적으로는 보편성, 즉 초공간적 존재이다. ③ 그리고 그 자체로는 자재성, 즉 독립상존하는 존재이다.[65]

이외에 리우샤오간은 본원적 의미로서의 도의 특징을 ① 절대성, ② 영원성, ③ 초월성, ④ 보편성, ⑤ 무차별성, ⑥ 무목적성이라고 하는 여섯 가지로 파악한다.[66] 또한 장쭝왠(張鍾元, 1907~1988)은 장자와 동곽자 사이의 존재물음의 대화에서 제시된 바 있는 '주(周)'(all-pervading), '편(徧)'(all-embracing), '함(咸)'(everywhere and all things)이라는 세 가지를 도의 성격으로 규정한다.[67] 이 말은 도가 모든 사물에 보편적으로 존재하고, 두루 미칠 뿐만 아니라, 함유되어 있다는 의미이다.[68] 이러한 세 가지 특징은 이름만 다를 뿐 한 가지를 가리킬 뿐이다.[69] 도에 관한 이와 같은 설명들은 모두 도가 지니고 있는 존재질서가 자연성에 기초하고 있다는 것을 보여주는데 지나지 않는다.

이러한 도는 자연적으로 기운을 통하여 자기를 전개한다. 거대한 존재의 질서 체계 속에는 하나의 기운이 자기 자신의 운동성을 지니고 존재하고 있다. 그래서 하나의 기운은 자기 자신의 운동성을 지닌다는 점에 있어서 타자의 작용력에 영향을 받지 않는다. 하나의 기운이 스스로가 자신을 전개하기 때문이다. 이 전개 과정상에서 하나의 기운은 다양한 현상사물과 관련을 맺고 여러 가지 기운으로 분기된다.

다양한 현상의 개별성이 기운의 작용력을 서로 주고받음으로써 현상적 질서를 유지한다. 현상적 질서 속에서 현상적 사물은 끊임없이 유동 변화한다. 이때 여러 가지 기운은 현상적 사물의 개별자 속에 존재하면서 상호 관련을 맺고 긴밀한 연대를 유지하기도 한다. 분화된 여러 가지 기운은 서로에게 영향을 미치면서 구체적인 운동을 하게 된다.

장자에게서 기운은 도가 개별화되는 기초 자료라고 할 수 있다. 개별적 존재에게 삼투된 기운은 상호간의 작용력에 근거하여 그 운동이 왕성하면 모이고 미약하면 흩어지는 취산운동의 상태에 있다. 이것은 타력에 의하지 않는다. 이것이 세계가 존재하는 질서이며 존재의 방식이다. 장자에 있어서 세계는 자연적인 것이다. 이러한 세계의 존재질서는 인간의 생명에도 그대로 적용된다. 즉 존재의 기운이 작용하는 양상에 따라 인간의 생명은 기운이 모이면 삶이 되지만 기운이 흩어지면 죽음이 된다. 그러므로 천하는 하나의 기운에 통일될 뿐이다.70)

그렇다면 이러한 개별적인 기운이 모이게 하는 통일의 근거는 무엇일까? 장자는 이것을 '기운의 어미'(氣母)라고 표현한다.71) 이것은 원초적인 존재의 기운이며, 다름 아닌 도라고 할 수 있다. 이 '기운의 어미'가 구체적인 기운의 운동을 비롯하여 개별적 기운의 연대를 가능하게도 하며, 그 연대를 풀어헤치기도 하는 근원적 통일자인 것이다.

장자에 있어서 '조물자와 짝 한다'라고 하는 것은 개별적 존재에 내재되어 있던 개별화된 기운의 작용이 해체되어 하나의 본연한 기운 속으로 되돌아간다는 것을 은유한 것이기도 하다. 개별화된 기운들은 다양한 방식으로 상호 연대한다. 또한 그 연대가 해체됨으로써 현상적 사물의 개별성이 도와 일체화되기도 한다. 이것은 도가 현상적 사물 속으로 들어가 개별화되었다가 다시 자기 자신에게로 되돌아간다는 자기전개방식의 다른 표현이기도 하다.

도는 자기 스스로의 전개방식을 갖는다. 도는 현상적 사물로 전개되었다가 자기 자신에게로 되돌아오는 존재의 운동방식을 스스로 지니고 있다. 도는 스스로가 그러한 자신을 본받을 뿐 다른 것에 의지하여 작용하는 법이 없다. 요컨대 도는 절대적이며 자연한 존재의 양상을 지니고 스스로 자기를 전개하는 근원적 통일자라고 할 수 있는 것이다.

6. 알 수 있는 도는 도가 아니다

장자철학의 중심 개념이라고 할 수 있는 도는 자연성을 지님과 동시에 특정한 개념으로 의미화 된다거나 규정될 수 없는 자기 부정성을 지닌다. 이 때문에 장자는 마치 양도논법의 모호성을 보여주는 것처럼 생각되기도 한다. 또한 형식 논리적으로 볼 때 장자의 도에 대한 설명은 전연 '명석판명'(clara et distincta) 하지 못한 것으로서 인식되기도 한다.

명석판명하다는 것은 무엇인가? 그것은 서양의 근대철학자인 데카르트(Descartes, 1596~1650)의 철학 방법론을 단적으로 연상시키는 개념이다. 명석판명하다는 것은 형식 논리적으로 개념의 정확성을 표현하고자 하는 목표가 내재된 말이다.

사전적 정의에 따를 때, '명석'이라는 말은 주의하는 정신에 나타나는 인식으로서 그 실재성이나 가치를 의심할 수 없다는 말이다. '판명'이라는 것은 일체로부터 구별되어 있어서 명석 이외에 다른 어떤 것도 자체 내에 가지고 있지 않은 것이다. 명석은 '모호'(obscura)와 대립되며, 판명은 '분규'(confusa)와 대립된다.72)

그러나 과연 도가 우리에게 명석판명한 상태로서 형식 논리적으로 그렇게 분명하고 명료하게 설명되거나 전달될 수 있는 것일까? 그것은 굳이 장자의 언어를 빌리지 않더라도, 그렇지 않다. 사실상 장자철학이 명석판명하지 못한 이유는 장자가 주체와 대상을 맞세우지 않기 때문이다. 이로부터 '모호'와 '분규'의 영역에 대해서도 지식론적 여지를 남겨 놓는 것이 장자철학이다.

만약 철학의 지향점이 명석판명한 것으로서 구정된다면, 이러한 한에서 장자철학은 철학이 아니다. 그럼에도 장자철학은 철학을 부정하면서도 여전히 하나의 철학으로 남는다. 그래서 장자철학은 자기 모순적이다. 그리고 그 모순의 구조 위에는 언제나 역설의 언어가 동원된다. 장자철학에 있어서 역설의 언어만큼 도를 설명하는 훌륭한 방편도 없다. 역설에 기초한 장자철학은 부정의 판단진술을 통하여 언어 자체의 부정성을 강조한다. 다시 말하자면 장자는 언어를 사용하여 언어를 부정하고, 동시에 언어를 부정하면서 언어를 사용한다.

장자는 자신의 논지를 부정적 해체전략을 통하여 전달하고자 한다. 이것은 장자가 도의 혼돈 미분화된 성질에 논의의 근거를 두고 있기 때문이다. 장자는 도가 자신의 밖에 어떤 또 다른 타자를 설정하지 않는다는 자연성을 본 것이다. 그러므로 도는 밖이 있을 수 없다. 이런 점에서 도는 절대적이다. 이러한 절대적 도는 자신의 존재질서의 자연성에 근거를 두고 자기를 전개한다.

도로부터 생겨나는 현상적 사물의 삼라한 만상은 도 이외의 다른 것으로부터 생겨나는 것이 아니라는 특징을 지닌다. 도는 스스로가 자신의 근본이 되기 때문이다. 도는 시작도 없고 끝도 없다. 그러므로 도는 우리의 감각지각으로 파악되지 않는다. 도는 무규정적인 '무'이다. 감각지각에 의하여 포착되는 세계는 다만 주객의 이원적 분리로부터 임의로 해석될 뿐이다.

그러나 혼돈 미분화의 상태에 있는 '무'로서의 도는 주객의 이원적 분리방식을 통해서는 파악되지 않는다. 그래서 장자는 의미화 된 사물의 상대적인 상호 연관성을 끊고 존재의 자연성을 보라고 한다. 이것은 주관 쪽에서 대상을 보는 방식으로는 파악되지 않는다. 그래서 장자는 관점의 전환을 요청한다.

존재의 자연성을 보기 위해서는 일차적으로 존재를 보는 관점을 전환할 필요성이 있다. 요컨대 주관 쪽에서가 아니라 먼저 이전에 대상이라고 설정하였던 쪽으로 가서 보아야 한다. 그래서 사물을 기준삼고, 도를 기준삼아야 한다.[73] 도를 기준으로 삼을 경우 그것은 더 이상 대상이 아닌 경지를 기준으로 본다는 의미가 된다.

사실상 도는 실재도 관념도 아니다. 이것은 주관에 대립된 실재도 의식에 포획된 관념도 아니라는 말이다. 도는 존재와 의식의 공속성을 지닌 통일체이다. 그러나 장자의 도라는 말은 하나의 '거짓 이름'(가명)일 뿐이다. 이런 한에서 도라고 표현된 도는 도가 아니다. 도는 그 자체 자기 부정적이다. 이것은 감각지각이나 언어적 사유의 한계를 넘어서 있는 도를 일상적 방식으로는 체득할 수 없다는 역설의 다른 표현이다.

장자의 도는 절대적 특질을 지니고 있다. 그리고 이러한 도의 절대적 특질 안에 '온·갖'의 진정한 의미가 살아나게 된다. 장자는 기본적으로 '갖가지'로부터 '온'을 지향한다. '온'은 하나의 세계로서 '갖가지'의 존재론적 근원이 되며 '갖가지'는 다양한 세계로서 '온'을 실현시키는 현상론의 근거가 된다. 장자는 현상적 사물의 다양성을 인정했을 뿐만 아니라 그 근거로서 도를 상정한 것이라고 보아야 한다.

이와 같이 본다면, 장자는 '절대'가 지닌 역설의 이중 논리에 기초하여 '절대(온)'와 '상대(갖가지)'의 두 가지 세계를 일원적으로 소통하고자 하는 자신의 철학적 목표를 성실히 수행하였다고 볼 수 있다. 장자철학에 있어서 현실과 상대의 지반 없이 이상과 절대란 무의미하다.

05

내가 아는 게 진리가 아닐 수 있다

내가 아는 게 진리가 아닐 수 있다

1. 장자는 유아론자인가?

도가철학에서 노자와 장자가 차지하고 있는 위치는 유가 철학에서 공자와 맹자가 차지하고 있는 위치에 상응한다고 할 수 있다. 공자가 죽은 뒤에 유가는 여덟 갈래로 나뉘어졌지만,[1] 그 가운데 공자의 정신을 가장 높은 수준에까지 발전시켜 유가의 전통을 수립한 사람은 역시 맹자이다. 그런데 노자 이후의 도가철학에 있어서도 노자를 계승한 서로 다른 별파들이 나타났지만, 노자의 정신을 높은 수준으로까지 발전시킨 것은 누구보다도 장자라고 할 수 있다.

궈모뤄(郭沫若)는 장자의 위치를 불교와 비교하여 말한다면, 마명(馬鳴, Aśvaghoṣa)과 용수(龍樹, Nagārjuna)의 지위에 해당한다고 본다.[2] 이러한 견해는 벤자민 슈월츠(Benjamin I. Schwartz)에게도 수용되어, 장자가 불교의 철학자 용수와 마찬가지로 지성을 파괴적 수단으로서 사용하는 데에 대단히 열성적이었다는 평가를 내리게 한다.[3]

이 글은 특히 이러한 장자의 철학적 특징이 부각될 수밖에 없는 상황을 우리들 일상의 마음과 지식의 양태에 대한 장자의 비판적 소양 때문이라는 점에 초점을 맞추어, 그 파괴적 수단의 대상이 되는 부정의 대상에 관하여 논의해보고자 하는 목적을 지니고 있다. 장자철학에 있어서 마음과 지식의 관계는 상호 긴밀한 유대 관계를 지니고 있다. 물론 이러한 유대 관계는 장자철학에만 적용되는 것일 수는 없지만, 장자는 특히 마음의 양상과 지식의 양태에 관하여 누구보다도 깊은 관심을 보이고 있는 것만은 부정할 수 없다.

여기에서는 이상과 같은 점에 주목하고, 장자철학의 지식론의 영역에서 배제할 수 없는 문제인 마음의 문제 중에서 장자가 「제물론」 편에서 단 한 차례 언급한 바 있는 '성심(成心)'[4]의 문제에 관하여 검토해보고자 한다. '성심'의 개념이 『장자』 전편을 통해 단 한 차례 밖에는 언급되지 않았다 하더라도, 장자의 지식론에 있어서 '성심'이 차지하는 비중은 자못 크다고 할 수 있다. 또한 이와 관련하여 장자는 유사한 다른 표현들을 통하여 '성심'을 설명하기도 한다는 점에서 '성심'은 결코 소홀히 취급할 수 없는 개념이라고 할 수 있다.

장자가 말하는 '성심'은 일상의 마음을 의미한다. 그런데 이 일상의 마음이 어떠한 구조를 지니는지에 대해서는 분명하지 않다. 나는 본문의 내용을 통해 먼저 일상적 인간의 마음과 긴밀한 연계성을 지니고 있는 지식의 문제를 중심으로 장자가 본 '성심'의 의미가 구체적으로 어떠한 것인지 검토해볼 예정이다.

어떤 장자 연구가들은 장자의 '성심'을 긍정하기도 하고, 또 어떤 연구가들은 부정하기도 한다. 이들 중 어떤 연구가는 장자가 타자와의 관계보다는 자신의 마음을 더 중시한 철학자였다고 본다. 그 이유는 장자가 말한 '성심'의 문제와 밀접한 연관성을 갖는다. 그리고 이와 같은 장자의 철학적 태도는 일종의 유아론(唯我論, solipsism)과 같은 것이며, 장자는 유아론자라는 것이다.

노만 맬컴(Norman Malcolm, 1911~1990)에 의하면, 유아론자란 자기 자신 이외의 다른 경험이나 사고가 있다고 가정하는 것이 의미가 없는, 즉 무의미한 것이라고 생각하는 철학자를 말한다.5)

장자를 유심론자의 전형으로 보는 임계유의 경우도 이러한 관점에서 무관하지 않다. 그는 장자가 자신의 경험과 관념을 매우 중요하게 생각하면서도, 객관 대상인 물질의 존재에 대해서는 인간의 경험과 무관하게 존재한다고 하는 주장을 피력하기 때문이다. 그는 특히 장자의 '도'가 실제로 존재하는 것이 아니라, 단지 장자의 머릿속에만 존재하는 허구적 관념에 불과하다고 본다. 이러한 세계관은 마음에 의해 세계가 구성된다고 하는, 유심론 중에서도 객관 유심론에 대별되는 주관 유심론의 입장이다. 임계유의 이러한 관점은 필연적으로 장자를 유아론적 사유와 밀착시킬 수밖에 없다.6)

유아론에서는 세계와의 관계에 있어서 인간의 닫힌 마음이 주동적인 주체의 역할을 담당한다. 그래서 내가 보는 대로 세상도 존재할 것이라는 착각을 갖게 만든다. 그러나 과연 장자를 유아론자라고 볼 수 있을까? 장자는 '닫힌 마음'을 부정할 뿐만 아니라, 타자와의 관계와 교류 및 연대에 관심을 많이 갖는다. 이러한 점을 상기한다면, 유아론적 마음의 이론은 부정될 것임에 분명하다. 장자는 유아론의 토대를 형성하는 닫힌 마음에 대하여 대단히 부정적이다. 이러한 이론적 지반을 '성심'에 대한 해석을 통해 간접적으로나마 밝혀보기로 한다.

2. 빨간 안경을 쓰니 세상이 빨갛다

일상의 이성적 사려를 통한 이성적 지식은 숙명적으로 제한적인 유한성을 띨 수밖에 없다. 왜냐하면 이성적 지식은 장자의 말처럼 기본적으로 감관을 통해 수용된 감각자료들에 기초하여 성립되기 때문이다.[7] 일차적으로 감관적 지식이 근본적인 제약을 통하여 형성되기 때문에 이성적 지식 또한 그 제약들로부터 자유롭지 못하다.

이성적 지식은 감각기관의 여러 가지 제약들을 기초로 성립된 감관적 지식의 바탕 위에서 제2차적 사려를 통하 재구성된다. 이러한 특징 때문에 이성적 지식은 갖가지 한계를 갖는다. 왜냐하면 인간은 제한적으로 수용한 감각자료의 바탕 위에 마음의 사려기능을 통하여 존재사물에 대한 주관적인 판단을 하며 살아가게 되는데, 그로부터 세계 자신이 자체의 본연상을 상실하기 때문이다. 따라서 이성적 지식은 세계를 왜곡하여 허구적으로 재구성한다는 점에서 감관적 지식보다 더 큰 문제를 안고 있는 것이다.

감관적 지식이 공간과 시간의 제약을 받고 성립되는 것처럼 이성적 지식 또한 기본적으로 공간과 시간의 제약을 받는다. 장자는 인간이 공간의 제약으로부터 자유롭지 못한 상황을 다음과 같이 설명한다.

> 내가 천지 사이에 있는 것은 자갈이나 작은 나무가 태산에 있는 것과 같으니 바야흐로 보잘 것 없는 데에 존재하는데 어찌 즐겁다고 여기겠는가? 바다 한가운데 둘러싸인 천지의 사이에 있는 것을 헤아려보면 개미구멍이 큰 연못에 있는 것과 같지 않은가? 중국의 바다 안에 있는 것을 헤아려보면 마치 곡식의 낟알이 커다란 창고에 있는 것과 같지 않는가? 사물의 수를 헤아려보면 만물이라고 불릴 정도로 많은데, 인간은

그 만물 가운데 하나에 지나지 않는다. 사람들이 모여 사는 아홉 고을 안은 곡식이 생장하고 배나 수레가 왕래하는 곳이기도 한데, 사람은 그 가운데서 조그마한 한 모서리를 차지한 것에 지나지 않으니 만물과 비교하면 마치 말 몸뚱이 위에 붙어 있는 한 오라기의 터럭과 같지 않겠는가?[8)]

공간적인 제약을 받으며 살아가는 왜소한 존재로서의 인간이 의식의 기능에 의지하여 존재 자체를 파악하여 명확하게 규명한다는 것은 불가능한 일이다. 의식의 기초 위에서 대립적 관계를 맺고 있는 전체와 부분이라는 개념상의 의미를 전제로 본다면, 부분은 필연적으로 전체를 확보할 수 없기 때문이다.

그러므로 장자에게 있어서 인간은 만물의 영장으로 표현되지도 않으며, 만물의 척도로서 지목되지도 않는다. 인간은 단지 세계를 구성하는 하나의 극미한 존재에 지나지 않는다. 거대한 존재의 질서 속에 하나의 자연한 계기로서 삶이라는 한 획을 긋고 다시 본연한 존재의 질서 속으로 돌아가는 것이 인간존재이다.

장자철학에서 표면적인 인간의 위대성을 찾는다는 것은 무의미하다. 물론 장자가 모든 인간상을 부정하는 것은 아니다. 장자 역시 '지인', '신인', '성인', '진인' 등 이상적 인간상에 대해 분명하게 언급하고 있다. 이러한 사유는 노자에게서도 발견된다. 노자는 인간이 우주 가운데서 탁월한 지위에 있다고 본다. 노자에게서 인간은 도와 하늘, 그리고 땅과 더불어 우주의 '네 가지 큰 것' 가운데 하나라고 여겨졌다.[9)] 장자는 인간에게서 자체의 긍정적 위대성을 찾기보다는 부정적 왜소성을 규명하는 데 더 많은 관심을 갖는다. 특히 『장자』의 외편과 잡편에서는 인간이란 아주 보잘 것 없으며, 우주에서 어떠한 중요한 지위도 지니지 못한다고 간주되는 경우가 많다.[10)]

그럼에도 인간은 자신의 열등성을 망각하고 세계를 의도적으로 포획하여 복속하려는 작위적 태도를 일삼는다. 장자는 무엇보다도 이러한 작위적 태도를 유발하는 인간의 마음과 의식을 파탈하는 것이 중요하다고 본다. 장자에게서는 인간이 세계보다 위대하다거나, 세계가 인간보다 위대하다는 식의 논리적 근거는 확보될 수 없다. 왜냐하면 이러한 관점은 세계와 인간을 대립적으로 분별하여 가치의 우열을 논정하는 것이므로 분별적 행위 자체를 부정하는 장자에게서는 효력을 상실하기 때문이다.

한편 장자는 인간이 시간의 제약으로부터도 자유롭지 못함을 다음과 같이 지적한다. "하늘과 땅은 무궁하지만 인간은 때가 되면 죽기 마련이다. 유한한 신체를 무궁한 천지 사이에 맡기는 것은 마치 준마가 문틈을 홀연히 지나가는 것과 같다. 자신의 기분을 만족시키고 그 수명을 보양하지 못하는 자는 모두 진리에 통하지 못한 사람이다."[11]

인간은 시간적으로 유한한 삶을 영위할 뿐임에도 그 마음은 언제나 무엇인가를 끊임없이 알고자 하는 의식지향의 경향성을 갖는다. 장자는 "나의 삶은 한계가 있으나 알고자 하는 데는 한계가 없다. 한계가 있는 것으로 한계가 없는 것을 따르는 것은 위태로울 뿐이다. 이미 그러함에도 지식을 추구하는 자는 위태롭다고 아니할 수 없다"[12]라고 하여, 이성적 지식이 수행하는 의식지향의 대상 분별적 성향에 대하여 경고한다.

또한 장자는 "인간이 아는 바를 헤아려보면 그 알지 못하는 것보다 많지 않고, 인간이 살아 있는 시간은 살고 있지 않은 시간보다 길지 않다. 그 지극히 작은 것으로 지극히 큰 것을 추구하기 때문에 정신이 혼미하고 어지러워서 스스로 얻지 못한다"[13]라고 한다. 이것은 시간의 제약으로부터 자유롭지 못한 상황에서 성립된 이성적 지식이 결코 완정한 지식일 수 없다는 점을 분명하게 지적한 것이다. 이것은 인간의 이성적 지식에 대한 장자의 탈이성주의적 사유의 결정이라고 할 수 있다.

그렇다고 장자의 탈이성주의적 사유가 이성적 지식 자체를 완전히 폐기하고자 하는 근원적 지식 부정론의 특성을 갖는다고 볼 수는 없다. 탈이성주의적 사유는 이성적 지식의 한계를 깨닫는 반성작업의 일환으로서 의미가 있다. 이성적 지식을 절대적인 것인 양 착각해서는 안 된다는 지적 반성의 태도가 탈이성주의적 사유의 핵심이다.

장자의 지적처럼 이성적 지식은 기본적으로 공간과 시간의 제약을 받고 성립한다. 그래서 '우물 안 개구리'의 안목과 다를 바 없는 이성적 지식은 공간의 구속을 받고 있으며, '여름철 하루살이'의 삶과 다를 바 없는 이성적 지식은 시간의 구속을 받고 있다. 물론 '우물 안 개구리'나 '여름철 하루살이'와 같은 종류의 이성적 지식은 감관적 지식의 유한성에 기초한다는 점을 전제하기 때문에, 그 한계는 감관적 지식에도 동일하게 적용된다.

그런데 인간의 이성적 지식은 공간과 시간의 구속 이외에 또 하나의 제약과 연관되어 있다. 바로 후천적 교육을 통한 문화적 요소의 제약이 그것이다. 장자는 이렇게 이성적 지식의 성립에 제약을 가하는 세 가지 상황의 구속성을 가리켜 공간에 구속되고, 시간에 구속되며, 교육에 구속된다고 한다. 이에 관하여 장자는 다음과 같이 말한다.

> 우물 안 개구리에게는 바다에 관한 이야기를 할 수 없다. 한 공간에 갇혀 살기 때문이다. 여름철 하루살이에게는 얼음에 관한 이야기를 할 수 없다. 여름이라고 하는 한 계절에 매여 살기 때문이다. 편벽된 지식인

에게 도에 관하여 이야기할 수 없다. 한 가지 가르침에만 얽매여 살기 때문이다.[14]

인간에게는 이들 세 가지 구속 중 가장 큰 영향을 끼치는 것이 바로 세 번째 구속인 교육의 구속이다. 일반적으로 교육은 인간의 상징 행위 때문에 가능하다. 이 상징 행위에 의거하여 각종의 관념과 태도, 감정, 관습, 규약, 제도, 예술, 언어, 드구 등의 문화가 등장한다. 이로 인하여 비로소 교육이 가능해지는 것이다.

교육이 상징과 관련되는 한 존재 자체를 곧바로 반영할 수는 없다. 그럼에도 인간이 존재를 버리고 상징에 얽매이게 되는 것은 상징의 상징성에 대한, 또는 교육의 내용에 대한 근원에 굴철저하기 때문이다. 그런데 이 교육의 틀 안에 구속되어 자신의 사고 체계를 화석화시킨 사람들이 있다. 장자는 이들을 가리켜 '편벽된 사람'이라고 한다. 그리고 장자가 볼 때엔 특히 '편벽된 지식인'이 문제이다. 이들은 교육과 문화적 구속을 벗어나지 못하고 자신의 경험을 토대로 자기의 생각만이 옳다고 고집하는 사람들이다. 일종의 유아론자가 이들이다.

'편벽된 지식인'은 천지의 아름다움을 쪼개고 만물의 이치를 해체하며, 옛사람의 완전함을 흐트러뜨려 사회적 문제를 야기하는 등 수많은 폐해를 가져오는 장본인이라고 할 수 있다.[15] 그들과 더불어 진리에 관하여 담론한다는 것은 근원적으로 불가능하다. 장자는 그들이 대화의 통로조차 폐쇄시키고 있다고 본다. 그래서 장자는 '편벽된 지식인'과 더불어 진리에 관하여 말할 수 없다고 본다. 왜냐하면 '편벽된 지식인'은 교육에 의하여 제약을 받고 있기 때문이다.[16]

장자는 이성적 지식이 다툼의 도구일 뿐이요, 흉기에 지나지 않는다고 본다.[17] 이성적 지식은 무엇인가를 대상적으로 알려고 하는 주객 대립을 전제로 형성되기 때문이다. 그런데 이성적 지식은 이와 같은 주객 대립의 관계 속에서 주객이 서로 형평의 질서 위에 관련을 맺고 성립된다기보다는 오히려 지식주관이 대상으로 설정한 존재사물을 자신의 영역 안으로 적극적으로 포획함으로써 성립한다. 장자는 이성적 지식을 특별히 '중앙의 덕'(中德)이라고 간주한다. 장자는 다음과 같이 말한다.

> 흉한 덕이 다섯 가지가 있는데, 그 중에서 '중앙의 덕'이 그 첫째이다. '중앙의 덕'이란 무엇인가? '중앙의 덕'이란 자기가 좋아하는 것은 소유하려고 하지만, 그렇지 않은 것에 대해서는 훼방하는 것이다.[18]

그럼에도 장자는 자신이 흉한 덕으로 꼽는 다섯 가지가 구체적으로 무엇인지 언급하지 않았다. 후대의 장자 주석가인 성현영은 흉한 덕에 해당하는 다섯 가지 요소를 구체적으로 다음과 같이 해석한다. "이것은 마음, 귀, 눈, 혀, 코를 말한다. 이것을 다섯 가지 뿌리라고 하는데, 이 다섯 가지 덕으로 말미암아 화를 당하므로 흉한 덕이라고 하는 것이다. 다섯 가지 뿌리야말로 재앙의 주인공이다. 그 '중앙의 덕'은 다름 아닌 마음을 가리킨다."[19]

청나라 세종 옹정 연간에 활동한 장자주석가 서정괴(徐廷槐)는 장자가 흉한 덕의 으뜸으로 꼽은 '중앙의 덕'이 '의식'을 가리키는 것이라고 본다. 그는 다음과 같이 말한다. "'중앙의 덕'은 곧 의식이다. 의식이 있으면 이로부터 분별이 있게 된다. 그러므로 다른 사람들은 나에게 미치지 못한다고 하여 그것을 헐뜯게 되는 것이다."[20]

이와 같이 본다면, 성현영과 서정괴는 각각 마음의 개념을 다른 차원에서 파악하고 있음이 확인된다. 성현영이 마음을 지각작용의 주체로서 파악하였다면, 서정괴는 마음의 기능적 측면을 부각시켜 의식작용으로서 파악한 것이다. 여기에서 '다섯 가지 덕'은 다름 아닌 오관임을 알 수 있다.

그런데 오관을 통해서는 끊임없이 변화하는 세계를 있는 그대로 포착할 수 없다. 오관은 세계의 변화에 일대일로 감응하는 데 어려움이 있다. 오관은 개별적 자아의 개방된 측면과 연결되어 존재하는 것이 아니라 폐쇄된 측면에 부속되어 있다는 속성이 이 점을 잘 말해준다. 존재의 폐쇄된 측면에 부속되어 있는 오관은 세계의 변화 자체에 감응하기보다는 개별적 자아의 욕구에 봉사함으로써 전체의 조화를 파괴한다.

이 중에서도 '중앙의 덕'은 외재하는 세계를 가치의 대상으로 간주하여 편안하게 자신의 분수를 지키는 영역을 넘어서 스스로 가치 있다고 여기는 것을 쟁취하기 위하여 기력을 낭비한다. 그로부터 세계의 자연스러운 운행질서를 거역함으로써 스스로의 파멸을 초래한다.[21] 이러한 특징 때문에 장자는 '중앙의 덕'을 가장 흉한 덕으로 꼽은 것이다. 장자에 있어서 마음은 지각작용의 주체라는 의미와 더불어 의식작용의 주체라는 의미를 갖는다. 다음은 이 두 가지 요소를 모두 간직하고 있으며, 이들은 상호간에 긴밀한 유대 관계를 지니고 있다.

장자철학에서 마음은 기본적으로 인간의 신체를 구성하고 있는 눈이나 귀, 코, 입 등과 같은 감각기관을 의미한다. 그러나 장자에게서 마음의 개념이 신체의 일부를 구성하고 있는 일종의 '장기'라는 의미로 사용된 예들은 다음과 같은 몇 가지 경우에 지나지 않는다. 즉 「천운」 편에서 서시(西施)가 '심장'을 앓아 이마를 찌푸리고 다녔다는 예화[22]나, 「산목」 편에서 비간(比干)이 '심장'이 갈라지는 형벌을 받았다는 예[23]들이 그것이다. 또한 장자는 "마음이 갇혀 있으면 알 수 없고, 입이 막혀 있으면 말할 수 없다"[24]고 하여, 마음도 입과 같은 감각기관이며 그 기능이 폐쇄되어 기능이 상실되면 대상을 파악할 수 없다고 한다. 이러한 것들은 모두 마음을 신체적인 장기의 일종으로 본 예들이다.

장자는 감각기관이 각각 제 기능을 온전히 수행할 때 오감의 감각 기능이 밝아져서 눈 밝음의 세계, 귀 밝음의 세계, 코 밝음의 세계, 입 밝음의 세계가 열릴 뿐만 아니라, 마음을 통한 분별적 밝음의 인지적 세계가 열린다고 한다.[25] 이렇게 다른 감각기관과 동열에서 열거되고 있는 마음은 지각 능력의 주체이다. 그리고 그것은 정신적 사유의 주체가 되는 감각의 기관이라고 말할 수 있다.

이러한 점에서, 장자는 '정신의 자리'로서 오늘날 우리가 견지하고 있는 뇌중심설보다는 도리어 심장을 중추로 생각하던 고대적 습관을 따르고 있음을 알 수 있다.[26] 그런데 좀 더 정확하게 말한다면, 장자가 '정신의 자리'로 생각한 것은 심장을 비롯한 비장·간·폐·신장 등의 오장이라고 할 수 있다. 이렇게 오장 전체로 인간의 기분이나 감정, 지각 등을 포함한 '정신의 자리'를 구하는 것은 중국철학사에 있어서 『관자』와 더불어 『장자』가 처음이다.[27]

그런데 감각기관은 자신의 기능을 제 아무리 원활하게 수행한다고 할지라도 존재 자체를 유동하는 흐름 자체로서 포섭하지는 못한다. 그러므로 비록 마음이 기능적으로 원활하게 작용하여 지식을 성립시킨다고 하더라도 그것은 제한적인 성질에서 벗어나지 못하는 것이다. 왜냐하면 감각기관에 의하여 일차적으로 표상되는 세계상 자체가 제한적으로 수용되었기 때문이다.

감각기관에 의하여 확보되는 세계상은 국한적인 일면일 수밖에 없다. 지각작용을 통하여 선별적으로 확보된 세계의 배면에는 인간의 감각지각에 의하여 포착되지 않은 세계가 더 많이 존재한다. 그러므로 마음이라는 감각기관이 자신의 기능을 원활히 수행하여 지식을 성립시킨다고 할지라도 이를 통하여 세계를 분별하는 것은 일변적일 수밖에 없다. 분별된 지식의 이면에는 지식에 대한 지식 부정의 영역이 엄연히 존재한다고 볼 수 있는 이유이다.

장자에게서 마음은 감각기관으로서의 측면뿐만 아니라, 의식 지향적 작용으로서의 측면을 동시에 지니고 있다. 일반적으로 의식은 무엇인가를 표상하고 지향한다. 의식은 감각자료를 바탕으로 일정한 사태를 표상하고 지향한다. 그리고 의식은 의식 밖에 있는 개별적 사물뿐만 아니라, 자기반성에 의하여 생각하는 존재로서의 자기 자신까지도 하나의 대상으로서 의식한다. 따라서 의식의 본질은 대상 지향성에 있다.[28)]

장자는 이러한 의식의 지향성이 견고하게 굳어진 상태를 '의지'로서 인식하고, 이것을 전쟁에 사용되는 병기에 비유한다. 장자는 "병기 가운데 의지보다 더 큰 상처를 입히는 것은 없다. 날카로운 막야의 검도 그보다는 못하다. 해를 끼치는 것 가운데 음양보다 큰 것은 없다. 그것은 천지 사이에 가득 차 있어 숨을 곳도 없다. 그러나 이것은 음양 자체가 해치는 것이 아니라 마음이 그런 상황을 만드는 것이다"[29)]라고 하여, '의지'와 관련된 마음이 가장 심각한 위험 요소임을 지적하고 있다.

이렇게 본다면, 장자에 나타난 마음의 두 가지 개념 중에서 보다 문제가 되는 것은, 지각 능력의 주체인 마음이라기보다는 의식지향의 기능을 수행하는 마음이라고 할 수 있다. 후자의 마음은 음양의 두 가지 기운조차도 주관적으로 포획하여 개별적 자아의 영역으로 복속시키려 한다. 그래서 장자는 이러한 의식지향을 배제하고자 한다. 장자는 다음과 같이 말한다.

> 무지 무심하여 의식지향을 버리고 모든 생각을 버려 의심을 품지 않으며 온갖 것이 생기는 대로 따라서, 가는 것은 전송하고 오는 것은 맞이하며 오는 것은 막지 않고 가는 것을 멈추지 않으며 배반하는 자를 그대로 버려두고 순순히 따르는 자를 그대로 두어 각기 힘을 다하도록 놓아두어야 한다.30)

여기에서 우리는 마음의 기능에 있는 의식지향의 성향을 제거하면 유동 변화하는 존재의 흐름 자체에 하나로 동참할 수 있다는 장자의 생각을 읽게 된다. 존재의 흐름에 나를 맡기기 위해서는 무엇보다도 분별지를 버리고 '무심'의 존재영역에 놓여 있어야만 한다. 나 자신과 세계 또는 타자와의 관계가 온전한 상태를 유지하기 위해서는 반드시 '무심'과 같은 종류의 '비어 있음'의 상태에 이르지 않으면 안 된다.

3. 만들어진 마음

중국철학사에 있어서 장자만큼 인간의 마음에 관하여 주목한 철학자도 드물다. 그래서 쉬푸관(徐復觀, 1904~1982)은 『장자』의 전체적인 대의는 이상적 인간의 마음에 관하여 설명하고자 한 것이라고 간주할 정도이다.31)

장자는 이상적 인간의 마음을 설명하기 위하여 무엇보다도 먼저 허구적 세계를 구성하는 우리들 일상의 마음의 기능에 관하여 주목하는 경향성을 보인다. 그것은 이러한 마음보다 더 큰 문제를 유발하는 것도 달리 없다고 하는, 일정한 마음에 대한 규명 때문일 것이다.

일상의 마음이 이성적 지식을 생산한다 할지라도 그 이성적 지식에 의하여 구성된 세계의 개별적 사물은 한결같이 모순된 사유의 토대 위에서 재구성되어 있는 허구적 세계상이라고 할 수 있다. 장자는 이러한 마음을 기본적으로 '성심'이라고 규정한다. 그럼에도 장자는 '성심'의 의미가 단적으로 무엇인지에 관해 구체적으로 언급하지는 않았다.

장자는 '성심'과 관련하여 단지 다음과 같이 말하고 있을 뿐이다.

> 무릇 자기의 '성심'에 근거하여 긍정과 부정의 표준을 삼는다면 누구인들 기준이 없겠는가? 그것이 어찌 반드시 만사 만물의 변화하는 이치를 알아서 마음에 체득한 현자에게만 있겠는가? 그것은 어리석은 사람에게도 있을 것이다. '성심'이 없어도 긍정과 부정의 논의가 있다고 하는 것은 '오늘 월나라로 떠나 어제 도착했다'라고 말하는 것처럼, 이것은 있을 수 없는 일을 가지고 있을 수 있다고 하는 것이 된다.32)

이 '성심'에 대한 해석은 주석가들마다 차이가 있다. 혹자는 긍정적인 마음의 기능으로 간주하는가 하면, 혹자는 부정적인 기능으로 파악하기도 한다.

'성심'에 대해서는 종래로 서로 다른 두 가지 해석이 각각 주장되어 왔다. 즉 '성심'을 인간이 본래 가지고 있는 참된 마음, 또는 천연한 자연의 마음이라고 해석하는 입장과,33) 이와는 반대로 '성심'을 일정하게 굳어진 마음으로 보면서 그것이 일체의 시비와 선악의 가치평가를 발생케 하는 근거로서 편견에 지나지 않는다고 해석하는 입장이다.34)

그렇다면 과연 어느 것이 장자의 진의에 부합하는 해석인지 여기에서 구체적으로 검토해보지 않을 수 없다.

먼저 곽상은 "사람이 태어남에 형체는 비록 일곱 척에 지나지 않지만, 반드시 오상이 갖추어져 있다. 그러므로 비록 작은 몸이지만 온 천지를 받들어서 섬겨야 한다. 이런 이유로 천지 만물로서 존재하는 것은 하루라도 서로 없을 수 없다"[35]라고 한다. 그리고 임희일(林希逸, 1193~1271)[36]은 "성심이라는 것은 사람마다 이 마음을 가지고 있는데, 하늘의 이치에 혼연함이 있어서 갖추지 않은 것이 없다"[37]라고 하여 '성심'을 긍정적으로 해석한다. 감산은 "본래 가지고 있는 참된 마음이 현성한 것"[38]이 바로 '성심'이라고 본다. 또한 쇈잉(宣穎)은 "성심의 가운데 오묘한 도리가 갖추어져 있다"[39]고 하였으며, 장시창(蔣錫昌)은 "성심이란 스스로 참된 주인이 이루어진 마음으로서, 바꾸어 말하면 성심은 곧 우리가 천연으로 스스로 이룬 마음"[40]이라고 하였다. 이들은 모두 '성심'을 천연의 본연한 마음이라고 해석한 것이다. 이렇게 본다면, '성심'이란 인간이 기본적으로 갖추어야 할 긍정적인 것이라고 해야만 할 것 같다.

그러나 '성심'의 의미를 부정적인 것으로 해석하는 경우를 살펴본다면, 장자가 말하는 '성심'의 의미가 과연 무엇인지 올바로 판단한다는 것이 결코 용이한 것만은 아님을 알 수 있다. 성현영은 "실정을 제한하고 본성의 드러남을 막으며 일가의 편견에 집착하는 것을 성심이라고 한다"[41]고 해석하였다. 또한 임운명(林雲銘)은 "성심은 인심이 다다른 바를 가리키는 것이다. 곧 흉중에 고정관념을 가지고 있어 그 견고함을 파괴할 수 없으니 현명한 자나 어리석은 자를 막론하고 모두 그렇다"[42]고 하였으며, 진상도(陳詳道)는 "무릇 진리를 본보기로 삼지 않거나 옛 것을 본받지 않고 자신의 기성관념에 집착하는 것을 성심이라고 한다"43)고 말하고 있다. 챈무(錢穆, 1895~1990)는 '밝음'과 '어두움'을 서로 대립된 개념으로 간주하고, 만일 각자가 자신의 '성심'을 기준으로 삼는다면 '어두움'에 빠져 시비가 섞여 일어난다고 한다. 예를 들어 닭이 울고 개가 짖는 소리는 누구나 알 수 있지만 '큰 지식'을 지닌 사람일지라도 만물이 스스로 전개되는 것을 읽어내기란 쉽지 않다. 그러나 만일 '밝음'의 이치에 근거한다면, 지식이 변하여 '성심'이 민멸되고 시비가 사라지게 된다는 것이 전목의 입장이다.44) 이러한 해석들은 모두 '성심'을 부정적인 의미로서 파악한 것이다.

그렇다면 '성심'의 의미는 과연 무엇인가? 이를 규명하기 위해서는 먼저 「제물론」에서 '성심'을 언급한 문단의 바로 다음 문단에서 장자가 말한 '작게 이루어진 것'이라고 하는 개념에 주목할 필요가 있다. 장자는 문장 자체로 보아서는 대단히 모호한 '성심'의 개념을 제시한 후 다음과 같이 '작게 이루어진 것'에 관하여 언명함으로써 '성심'이 '작게 이루어짐'과 관련된 개념임을 시사하고 있다.

> 진리는 어디에 숨었기에 참이니 거짓이니 하는 것이 있는가? 언어는 어디에 숨었기에 옳으니 그르니 하는 것이 있는가? 진리는 어디에 가서 있지 아니하고 언어는 어디에 있기에 불가한가? 진리는 '작게 이루어진 것'에 가려지고 언어는 화려하고 아름다운 말에 가려지는 것이다. 그래서 유가와 묵가의 시비가 있게 되었다. 그 그르다고 하는 바를 가지고 옳다고 하고 그 옳다고 하는 바를 가지고 그르다고 하니, 그 그르다고 하는 바를 가지고 옳다고 하고 그 옳다고 하는 바를 가지고 그르다고 하고자 함은 '밝음에 의거함'만 같지 못하다.45)

여기서의 '작게 이루어진 것'이란 '작게 이루어진 마음'을 가리키는 동시에 '성심'의 다른 한 가지 표현이라고 보아야 한다. 왜냐하면 '성심'을 장자철학에 나타난 '작은 지식'과 '큰 지식'의 연장선에서 해석한다면,[46] 그것은 '작게 이루어진 지식'과 '크게 이루어진 지식'의 두 가지 층위와 연계된 두 가지 차원의 마음으로 구분하여 볼 수 있기 때문이다.

이렇게 '성심'을 '작게 이루어진 마음'과 '크게 이루어진 마음'으로 구분하여 살펴본다 할지라도, 우리는 그것이 각각 부분적인 한계를 지닌 개념임을 알 수 있다. 이것은 '작게 이루어진 마음'을 파기하여 '크게 이루어진 마음'을 세우는 것이라고 해석할 수도 있다. 그러나 장자철학에 있어서는 이와 같은 크고 작음의 구분조차도 문제가 된다.

우리는 작음이나 큼, 그 어디에도 걸림이 없어야 한다. 큼과 작음의 구분이 있다는 것은 곧 분별의식이 작용하고 있다는 것을 의미한다. 그러나 큼과 작음의 상대성이 상정된 상태에서의 큼이라는 것은 절대의 경역에 미치지 못한 경험적 단계의 가치 분별이다. 이와 같은 분별의식이 작용하는 한 본원존재의 온전함은 철저하게 은폐되고 만다. 그만큼 본원존재로서의 도는 인간의 분별의식에 대해서는 대단히 민감하게 반응한다고 할 수 있다. 이렇게 본원존재를 상대적으로 분별하여 가려버리는 부정적 기능을 담지하고 있는 것이 바로 '성심'이며, 특히 그것은 '작게 이루어진 마음'이라고 할 수 있다.

그런데 일각에서는 '성심'의 의미를 부정적으로 해석하면서도 '작게 이루어진 것'의 의미에 관해서는 긍정적으로 해석하기도 한다. 옌링펑(嚴靈峯, 1904~1999)의 분석에 따르면, 이들은 진리가 은폐되는 원인이 '작게 이루어진 것' 자체에 있는 것이 아니라, 인간이 그것을 편애하여 고집하기 때문이라고 분석한다.47) 이것은 문제가 '성심' 자체에 있을 뿐임을 강조하는 입장이다.

성현영과 임운명(林雲銘)의 경우가 이에 해당한다. 이들은 '작게 이루어진 것'이 문제가 아니라 오히려 부분적이고 제한적 지식인 '작게 이루어진 것'을 마치 전체적 지식 내지는 진리라고 간주하는 태도로부터 진리가 은폐된다고 한다. 이들은 작게 이루어진 지식일지라도 그 지식 자체는 아무런 문제가 없다는 것이다. 비록 '작게 이루어진 것' 자체가 제한적인 성격을 가졌을지라도 그것은 그 나름의 객관성을 유지하고 있다고 보는 것이 이들의 주장이다. 이들은 단지 '작게 이루어진 것'을 절대화시킨다거나 그것을 일방적으로 고집하여 편애하는 주관적 태도가 개입될 때만 문제가 된다고 한다. 결국 '작게 이루어진 것'을 유발시키는 주관적 판단이 편향적일 때 문제가 되는 것이지 '작게 이루어진 것' 자체는 아무런 문제가 없으며, 그것은 오히려 객관적이라는 것이 이들의 공통적인 주장이다.

성현영은 '성심'을 부정적인 것으로 간주한 것과는 다른 맥락에서 '작게 이루어진 것'에 대해서는 긍정적인 의미로 해석하고 있다. 성현영은 "'작게 이루어진 것'이라는 것은 인의를 비롯한 다섯 가지 덕을 일컫는데, 작은 진리이지만 이루어 얻은 바가 있는 것을 '작게 이루어진 것'이라고 말한다. 세상과 시대가 천박하면 오직 인의를 행할 뿐 커다란 진리를 행할 수 없다. 그러므로 진리는 '작게 이루어진 것'에 가려진다고 말한 것이다. 그러나 진리는 결코 가려질 수 없다. 그러므로 노자는 커다란 진리가 폐하여 인의가 생겼다고 말한 것이다"48)라고 주장한다.

또한 임운명도 '성심'의 의미에 관해서는 부정적인 것으로 해석하였지만, "작게 이루어진 것이란 진리의 일단을 체득하여 가지고 스스로 만족하게 여기는 데 안주하는 것을 말한다"[49]라고 하여 '작게 이루어진 것' 자체에 대해서는 긍정한다. 임운명 역시 문제는 지식의 측면에 있는 것이 아니라 '성심'의 한계에 있다고 본 것이다.

이들은 다 같이 '작게 이루어진 것' 자체가 문제가 아니라, '작게 이루어진 것'을 편애하는 것이 문제라고 지적한다. 성현영이나 임운명은 대체로 '작게 이루어진 것'을 객관적인 것으로 간주하면서, 문제의 소지를 전적으로 '성심'의 영역으로부터 찾아야 한다는 입장이다.

그러나 이러한 견해는 부분적으로만 타당하다. 왜냐하면 '성심 vs 작게 이루어진 것'의 의미를 '부정적 의미 vs 긍정적 의미'로서 해석한다거나, 반대로 '긍정적 의미 vs 부정적 의미'로서 해석하는 것은 모두 의미론적인 혼동을 내포하고 있기 때문이다. 여기에는 다음과 같은 두 가지 결정적 약점이 존재한다.

[1] 마음과 지식은 상호 긴밀한 관계를 유지하고 있다. 따라서 마음의 상태가 본연성을 유지하고 있다면 지식 또한 편견으로 치우치지 않을 것이다. 반면 마음의 상태가 지식을 절대적인 것으로 고집하고 편애한다면 이러한 지식은 왜곡된 지식에 지나지 않을 것이다. 장자는 기본적으로 지식을 '작은 지식'과 '큰 지식'의 두 가지로 대별하여 구분하는데, '작은 지식'은 일상의 관습적인 견해에 갇혀 있는 사람을 상징하는 매미나 작은 비둘기 내지는 우물 안 개구리 같은 존재들이 지닌 지식을 말한다. 반면에 붕새와 같은 존재는 고차원적 '큰 지식'의 관점에서 인간의 자유와 위엄을 상징한다.[50] 그런데 이러한 입장은 마음과 지식의 관계를 이분법적으로 보고, 또한 지식과 지식에 대한 편애를 별개의 영

역으로 거론한다는 점에 있어서 논리적 혼동을 범하고 있다.

요컨대 이 주장에서는 진리가 은폐되는 직접적인 원인이 '작게 이루어진 것' 때문이 아니라, '작게 이루어진 것' 자체가 지니고 있는 그 나름의 객관성을 마치 절대적인 것인 양 착각하여 이를 진리라고 고집하는 주관적 태도에 있다고 한다. 이 주장은 마음과 '작게 이루어진 것'에 대하여 그 자체적인 객관성을 보장해주는 것처럼 보인다. 그러면서도 '작게 이루어진 것'을 편애하는 주관적 태도를 별도로 상정하여 문제의 진원지로 삼고 있다는 점이 특징이다. 그러나 '작게 이루어진 것'을 편애하는 주관적 태도는 결국 마음의 상태 중에서 '성심'의 영역으로 환원될 수밖에 없다. 그렇다면 이 주장은 마음과 지식의 관계를 이원적으로 파악하면서도 그 관계를 명석하게 규명하지 못한 한계를 벗어날 수 없다.

[2] '작게 이루어진 것'이라는 개념 자체가 그 나름대로의 객관성을 유지하고 있다는 해석은 자체의 언어 규정적 측면에서도 한계를 갖는다. '작게 이루어진 것'의 개념에 사용되고 있는 '작음'의 의미는 부정적인 것일 뿐 결코 그것이 객관적 진리를 지칭하는 것으로 사용되지는 못한다. '작게 이루어진 것'이란 아직 제대로 이루어지지 않았다는 말이거나 잘못 이루어졌다는 의미이다. 따라서 이것은 어떠한 사태를 객관적으로 조망하지 못하고 주관적 기준에 준거하여 판단한 사유의 결정물이라고 할 수 있다. '작게 이루어진 것'이라는 의미 속에는 이미 주관적 판단의 요소가 개입되어 있다. 그러므로 '작게 이루어진 것'이 객관성을 지니고 있다는 주장은 무의미해진다.

'작게 이루어진 것'이 객관성을 보장받지 못하는 한 '성심'의

의미 역시 온전한 마음의 상태로서 이해될 수 없다. 왜냐하면 '작게 이루어진 것'과 '성심'의 개념에 사용되고 있는 '이루어진 것'의 의미 또한 상대적 개념이기 때문이다. '작게 이루어진 것'과 '성심'의 의미는 각각 '부분적 살핌'과 '좁은 소견'이라는 함의를 지닌다. 이들은 모두 대단히 지엽적인 관점을 지칭한다. 따라서 '작게 이루어진 것'의 의미는 결국 '성심'과 같은 맥락에서 부정적 개념으로서 이해되어야 함을 알 수 있다.[51]

4. 집단적 편견은 어떻게 작용하는가

이상의 논의를 통하여 본다면, '성심'의 의미는 자연성으로부터 일탈한 '기성관념'을 가리킨다. '성심'이 드러내는 판단의 성격은 상대적이고 불완전하다. 왜냐하면 '성심'의 '이루어짐'이라는 배면에는 상대적으로 '이지러짐'이라는 것이 상호 의존적으로 존재하고 있으며, 동시에 '성심'은 주관적 기준을 가지고 사태를 예단하기 때문이다.

장자는 '이루어진 것'의 한계를 거문고의 명수였던 소문(昭文)[52]이 거문고를 연주하는 행위에 비유하여 설명한다.[53] 소문의 연주는 분명히 신묘한 가락을 이루고 있었다. 그러나 그는 신묘한 가락들을 형성하였던 반면에 연주되지 않은 무수히 많은 다른 가락들을 잃는 결과를 초래했다. 소문이 연주한 가락들은 '궁·상·각·치·우'라는 오음에 기초한 연주였을 뿐이다.

소문이 연주하지 못한 가락들은 그가 연주한 가락들보다 양적인 면에서나 질적인 측면에서 더 많은 영역을 차지하고 있다. 그래서 그가 차라리 거문고를 연주하지 않았다면 '이루어진 것'이나 '이지러진 것'은 없었을 것이다. 이러한 까닭에 곽상은 만일 우리가 소리를 내려고 하면 온전한 소리는 사라지게 되지만, 도리어 소리를 내려고 하지 않으면 소리는 온전하게 다 살아나게 된다고 생각한 것이다.54)

'이루어진 것'은 '이지러진 것'에 대한 상대적 개념이다. 이 상대적 개념에 호명되는 대상세계는 개념적 지식과의 관련에 있어서 단지 부분적으로만 대응하면서 유한하고 제한적인 것으로 전락한다. 근본적으로 개념의 세계와 대상 자체의 세계는 서로 다른 존재의 구조를 지니고 있다. 그럼에도 우리는 '이루어짐'의 상대성을 제대로 인식하지 못하고 그것을 절대적인 것이라고 고집한다. 여기에서 긍정과 부정의 논의가 발생한다. 그럼에도 그 긍정과 부정의 논의는 매우 불규칙하고 일정하지가 않다.

이에 천쏘우앤(陳紹燕)은 '성심'의 작게 이루어진 상대성 자체에 얽매인 일상의 지적 태도에 관하여, 『장자』에서 다음과 같은 두 가지 이야기를 들어 예시한다.55)

① 여희는 애라는 국경지기의 딸인데, 진나라에 처음 이끌려 갈 때는 너무나 슬프게 울어서 옷깃을 적실 정도였으나, 왕의 궁전에 이르러 왕과 더불어 같이 잠자리를 하고, 쇠고기나 돼지고기 등 맛있는 음식을 먹게 되자 처음 울고불고 한 것을 후회하였다고 한다. 이와 마찬가지로 이미 죽은 사람들도 처음 살았을 때에 삶을 바랐던 일을 지금 후회하지 않을는지 내가 어찌 알겠는가?56)

② 꿈속에서 기분 좋게 술을 마시던 자가 아침이 되면 불행한 현실에 슬피 울고, 꿈속에서 슬피 울던 자는 아침이 되면 즐겁게 사냥을 떠나기도 한다. 한참 꿈을 꿀 때는 그것이 꿈인지도 모르고, 꿈꾸는 중에도 또한 그 꿈을 점치기도 하다가 깨어나서야 꿈이었음을 안다. 참된 깨어남이 있고 나서야 이 인생이 커다란 한 바탕의 꿈인 것을 안다. 그러나 어리석은 사람은 자기가 깨어 있다고 자만하여 아는

체를 하고 군주라고 우러러 받들며, 소치는 목동이라고 하여 천대하는 따위의 차별을 하니, 참으로 옹졸한 일이다. 공자도 그대도 모두 꿈을 꾸고 있다. 그리고 내가 그대에게 꿈 이야기를 하는 것도 또한 꿈이다.[57]

인간은 같지 않은 시기나 서로 다른 장소에 처해 있으면 제각기 다른 지식을 갖게 되며, 꿈과 꿈에서 깬 정신 상태가 서로 다른 것과 같이 사람들의 지식 또한 다를 수밖에 없다는 것이다. 이와 같은 상황을 유발하는 단서는 '성심'으로부터 찾아진다. 그러므로 '성심'을 통한 인간의 지식 능력은 서로 다를 뿐 아니라 불확정적임을 알 수 있다.[58]

장자철학에서 긍정과 부정의 논리를 발생하게 하는 근거는 '성심'의 근거 위에 마련된 '이것'이라는 기준이다. 그런데 '이것'이라는 기준은 그 자체적인 성질이 매우 불안정한 상태를 유지하고 있다. 이 점에서 그것은 문제가 있다. 그래서 장자는 긍정과 부정의 논리적 발생 근거로서의 '이것'의 성격이 매우 불확정적이고 일정하지 않음에 관하여 주목한다. 장자는 이러한 상황을 가리켜 '이것의 옮김'(移是)이라고 한다. 장자는 다음과 같이 말한다.

생명은 어두움으로부터 나오는데 차별과 구분을 내세워 긍정과 부정을 논하는 것을 '이것의 옮김'이라고 한다. 시험 삼아 '이것의 옮김'을 말하려 해도 긍정과 부정의 논리란 움직여서 일정치 않은 것이므로 말할 수 없다. 그러나 말하지 않으면 움직인다는 것도 알 수 없다. … 시험 삼아 '이것의 옮김'에 대해 말해 보기로 하자. 긍정과 부정의 논리란 자기를 위주로 해서 남보다 지혜가 뛰어나다고 생각하면서 옳다느니 그르다느니 하고 말하는 것이다. 본래 이름과 실질은 하나인데 이를 구별하고 스스로를 실질이라 하여 남이 나를 위해 절개를 지켜주기를 바라며 이 절개를 위해 죽기까지 한다. 이러한 자는 쓸모 있는 자를 지혜르운 자라고 하고 쓸모없는 사람을 어리석다고 생각하며 세상에서 알아주는 것을 명예라 하고 아무도 알아주지 않는 것을 치욕이라고 여긴다. 지금의 사람들은 긍정과 부정의 논리를 내세워 대립하고 있다. 이들은 매미나 비둘기처럼 어리석은 자들이다.59)

생명 자체는 본래 '이것'과 '저것'이라는 상대적 구별조차 허용할 수 없다. 그러나 주관적 성격을 띤 '이것의 옮김'을 통하 자신과는 무관하게 특정한 것으로서 고정된다. 각종의 외물에 대한 욕망과 유한한 지식의 근거 위에서 각종의 사태들은 '이것'에 기준을 둔 긍정과 부정의 논리를 유발하게 되고 상호 대립을 초래한다. 이러한 분별적 사태들은 또 다시 '성심'의 상태르 환원된다. 그러므로 '성심'의 상태로 환원되는 '이것의 옮김'은 긍정과 부정의 논리적 대립을 조장하는 부정적인 지식의 작용을 연출해 낼 수밖에 없다.

이와 같이 '성심'과 '이것의 옮김', 그리고 '긍정과 부정의 논리'가 양산되는 관계를 상호 관련된 사유의 도정으로서 상정하고 그 연관성을 인정한다면, '성심'은 결코 보편적 진리를 가늠하는 객관적 기준이 될 수 없다. '성심'은 긍정과 부정의 논리를 촉발하는 단초를 제시한다. 그리고 '성심'과 함께 긍정과 부정의 논리한 가운데에는 '이것의 옮김'이 자기중심적 판단의 기준을 가지고 정향된다.

'성심'이란 인간이 후천적으로 형성한 마음속의 각종 관념이나 한쪽으로 치우친 부분적인 지식을 의미한다. 그것은 긍정과 부정을 가르는 마음 내지는 분별적 마음의 양태와 통하는 개념이다. 그러므로 '성심'이란 자기의 자아를 절대적인 것처럼 고집하는 마음이라고 할 수 있다. 그것은 기존의 전통이나 관습 및 교육

등의 제 요소들에 의하여 후천적으로 형성된 습관적 마음이나 그에 대한 편집을 의미한다.[60]

'성심'은 일종의 '주관적 편견'을 의미한다. 그것은 항상 긍정과 부정을 가리는 시비 논쟁의 근원이 된다. '성심'은 언제나 가변적이며, 또한 편향적인 자기 주관성을 보여준다. 따라서 '성심'은 항상 자기중심적인 일방향적 기준을 가지고 있다고 말할 수 있다. 이로 말미암아 그 성격이 편파적이라고 평가될 수밖에 없다. 결국 '성심'이란 우리의 일상적 마음이 외물에 유혹되어 집착하는 존재열망의 고착성과 관련된다.

마음이 이러한 존재열망의 고착성에 매달리게 되면, 우리는 존재의 본연상을 잃어버리고 만다. 그래서 장자는 우리의 마음이 외계의 다섯 가지 맛에 붙들리면 비록 맛에 통달한 유아(俞兒)[61]라 할지라도 그 참맛을 알지 못하며, 마음이 밖의 다섯 가지 소리에 붙들리면 비록 음률에 통달한 사광(師曠)[62]이라고 할지라도 그 참소리를 알지 못하고, 마음이 외물의 다섯 가지 색깔에 붙들리면 비록 색깔에 통달한 이주(離朱)[63]라 할지라도 참다운 분별을 하지 못할 것이라고 경고한다.[64]

다른 한편 장자철학에서 '성심'은 '쑥대와 같은 마음' 내지는 '기계적인 마음'과 동일한 맥락으로 통용된다. 장자는 자신과 수많은 철학적 담화를 나누었던 혜시와의 문답을 통하여 '쑥대와 같은 마음'이라는 개념을 제시하고 있다.[65] 즉 장자가 혜시와 조롱박의 쓰임새에 관하여 담론하다가 혜시의 마음이 마치 '쑥대와 같은 마음'을 가졌다고 힐난하는 내용이 그것이다.

혜시처럼 조롱박의 쓰임새에 관하여 일상의 실용적 측면에서만 그 의의를 찾는다면, 조롱박은 특정한 틀 속에 갇힌 도구 이외의 다른 존재성을 확보할 수 없다. 이러한 사유에서 창조적이거나 미학적인 행위의 결과를 기대한다는 것은 애시 당초 불가능하다. 1917년 마르셀 뒤샹(Marcel Duchamp, 1887~1968)이 예술품으로 내놓은 변기가 만일 혜시의 조롱박에 갇혀 있었더라면, 변기를 작품화한 <샘>은 결코 미학적 가치를 보장받는 예술품으로 평가되지 못했을 것이다. 혜시의 조롱박이란 혜시의 '성심'을 비유한 말이라고 보아야 한다.

사물의 유용성에는 큰 것을 쓰는 것과 작은 것을 쓰는 것의 구분이 있다. 그런데 장자는 일상적 사유의 개별적 욕망에 갇혀 마치 쑥대와 같이 얽힌 마음을 가진 혜시는 작은 것을 쓰는 것만을 알 뿐 큰 것을 사용하는 것에 관해서는 전혀 알지 못한다고 비판한다. '쑥대와 같은 마음'을 지닌 혜시는 '쓸모없음'의 '쓸모있음'을 모른다는 것이다. 이때 혜시와 같이 '작은 것'만을 사용하게 되는 것은 '작게 이루어짐'의 사유가 행위로 전이된 필연적 결과이다. 따라서 '쑥대와 같은 마음'은 특정한 곳에 뿌리를 내리고 제거하기 어려울 정도로 깊이 고착되어버린 일상의 마음을 의미하며, 그것은 결국 '성심'의 의미와 통용된다고 볼 수 있다.

장자는 '성심'과 동일한 맥락을 지닌 개념으로서 '기계적인 마음'에 관하여 언급하기도 한다. "기계가 있으면 반드시 기계에 관한 일이 있고 기계에 관한 일이 있으면 기계적인 마음이 일어나게 된다. 기계적인 마음이 흉중에 있으면 순백이 갖추어지지 않고 순백이 갖추어지지 않으면 자연의 본성이 안정되지 않고 자연의 본성이 안정되지 않은 자는 진리를 체득할 수 없다."66)

이것은 우리가 '성심'에 기초를 두는 한 진리로부터 멀어질 수밖에 없다는 것에 관한 장자의 비유적 상황 설정이라고 볼 수 있다. 사람들은 자신이 알고 있는 것들이 서로 각각 다르다. 그럼에도 각자 자기가 알고 있는 것만을 진리라고 고집하고 타자의

의견을 무시하기 때문에 진리로부터 멀어질 수밖에 없다.[67)]

장자는 우리의 마음이 기계라고 하는 특정한 대상에 얽매임으로써 도리어 그 대상에 철저하게 침윤되어 버리는 전도된 현실을 직시한 것이다. '기계적인 마음'이 일어나면 세상은 기계적인 특성으로 읽혀지게 된다. 여기에서 세계는 인과율의 지배 아래 놓이게 되고, 개념적으로 고정된 자기정체성의 범주를 이탈할 수 없도록 강하게 포박되어 버린다.

이러한 상황을 고려해본다 하더라도, 우리는 '성심'의 기능이 자체적으로 긍정적이라기보다는 대단히 부정적인 작용을 담당하고 있다는 것을 알 수 있다. 이러한 결과로 말미암아 장자는 주체와 대상의 이원화된 지식 기반과 더불어 대상을 주체의 영역 안으로 강하게 복속하려는 '성심'의 고착성을 해체하고자 하는 방안에 관하여 생각하게 된다. 즉 장자는 기존의 이원 대립적 마음의 구도를 해체하고 주체와 대상이 전일한 구조 안에 소통될 수 있는 새로운 상태의 마음의 가능성을 모색하게 되는 것이다.

5. 편견을 해체한 이후

인간의 마음은 지식의 영역과 밀접한 관련을 맺고 있다. 그리고 장자처럼 마음도 하나의 감관으로 보는 한, 마음이 양산하는 지식은 감관적 지식과 이성적 지식의 두 영역에 공통으로 관련을 갖는다고 할 수 있다. 그러나 무엇보다도 마음은 특히 일상의 이성적 지식의 영역과 떼려야 뗄 수 없는 관계를 맺고 있다. 그런데 일반적으로 마음의 사려 기능을 통하여 성립된 이성적 지식은 일상의 삶을 '어두움'의 상태로 격하시킨다.[68)] 이성적 지식은 근본적으로 모순 대립적인 사유 틀을 노정하고 있기 때문이다.

'어두움'의 상태에 처한 삶은 언제나 피폐하고 수고로울 수밖에 없다. 마음의 사려 기능은 판단 작용을 통하여 차별적 존재의 현상에 대한 취사선택의 집착을 유발한다. 이처럼 취사선택의 분별을 수행하는 이성적 지식은 결코 보편적 지식이 될 수 없다. 어떤 존재판단도 그것이 존재 자체의 성질을 직접적으로 규명하지는 못한다. 그것은 이미 지각 주체로서의 마음이 수용한 대상을 의미화 하여 판단을 수행하기 때문이다. 이성적 지식은 존재를 의미화 하여 이차적으로 판단하는 것이기 때문에 그 판단의 배후에는 항상 상호 모순의 논리가 전제된다.

이성적 지식을 통한 존재판단의 상대적 유무는 상호 배척적인 관계를 자체 내에 지니고 있으며 또한 상호 전화하기도 한다. 여기에서 존재가 상호 전화한다는 것은 사실상 본원적인 없음의 세계가 현상적 있음의 세계를 생성시킨다거나 현상적 존재가 본원적 존재의 경역으로 수렴된다는 식의 존재의 생성에 관한 법칙을 의미하지는 않는다. 오히려 이러한 상대적 판단 자체를 존재라고 생각하는 것 자체가 모순인 것이다. 이와 같은 모순된 생각이 바로 이성적 지식이 유발하는 '어두움'의 상태이다.

감관적 지식이나 이성적 지식은 모두 존재를 존재 자체로서 보는 근원적 지식의 태도와는 구분된다. 그래서 우리는 이러한 지식의 특징이 자아와 타자를 매우 분명하게 분별해 낸다는 측면에서, 성현영의 개념을 차용하여 특히 '분별지'라고 지칭하는 것이다. 그러나 일상의 분별지를 가지고서는 그 근원적 약점 때문에라도 본원존재인 도를 체득할 수 없다. 분별지는 가변적이며, 단편적이고, 부분적인 지식이기 때문이다.

우리는 분별지를 통하여 존재사물을 나누어 분별하고자 하지만 거기에는 항상 나누지 못하는 영역이 있고 변별해내지 못하는 부분이 존재한다. 장자는 다음과 같이 말한다. "그러므로 나누는 것은 나누지 못하는 것이 있으며, 변별하는 것은 변별하지 못하는 것이 있다. 이것은 무엇을 말하는 것인가? 성인은 품고 있으나 보통 사람은 변별하여 드러낸다. 그러므로 변별하는 것은 보지 못하는 것이 있다."[69)]

분별지는 존재를 제대로 드러내기는커녕 오히려 존재를 공간적으로 구획하고 시간적으로 단절하는 결과만을 초래한다. 그로부터 존재는 그 본래의 본연함을 철저히 상실 당한다. 본래 존재 자체는 그 무엇에도 가려지지 않는다. 존재는 항상 연속의 선상에 있으며 어떠한 경우에도 비약이 없다.

오직 인간만이 분별지를 가지고 존재를 차단하고 구속한다. 그러면서도 인간은 자신의 의식이 가려진 것은 깨닫지 못하고, 존재가 없다고 한다거나 그것이 희미하다고만 생각한다. 이것은 유한한 분별지를 가지고 무한한 존재의 영역을 알고자 하는 데서 오는 예기된 한계가 아닐 수 없다. 따라서 장자는 분별지의 한계를 지적하는 동시에 이를 철저히 부정하지 않을 수 없었던 것이다.

나는 이상과 같이 지식의 영역과 관련을 맺고 있는 마음의 측면에 초점을 맞추어 주로 '성심'의 의미가 무엇이며, 그 작용이 어떻게 드러나는지에 관하여 살펴보았다. 이 과정에서 논의된 내용들을 토대로 생각해본다면, 장자를 유아론자라고 보는 관점은 매우 잘못된 것임을 알게 된다. 유아론자들의 정신적 기반으로 작용하는 '닫힌 마음'은 장자가 부정하여 극복하고자 한 '성심'과 다르지 않음을 알 수 있었기 때문이다. 결론적으로 말하자면, 장자는 '닫힌 마음'으로 세계를 보고자 한 유아론자가 아니라 도리어 유아론을 극복하고자 한 '닫힌 마음'의 비판자였다.

이상에서 살펴본 '성심'의 문제는 그 특징과 의의 이외에도 마음과 관련을 맺고 있는 '욕망'이라는 또 하나의 문제와 관련하여 검토되어야만 한다. 장자는 분명 욕망에 관한 자신의 분명한 이론을 가지고 있었고, 이것이 인간의 일상적 마음, 즉 '성심'과 별개의 차원에서 전개되지는 않는다는 점을 인지하고 있었다.

인간의 욕망은 지식과 마찬가지로 사물과의 접촉에서 비롯된다고 할 수 있다. 특히 인간의 오감이 마주 대하는 외물로서의 존재의 결여가 곧 욕망이라고 할 수도 있다. 욕망은 인간이 죽을 때까지 가지고 살 수밖에 없는 치료하기 힘든 상처이며 질병이다. 인간은 욕망에 의해 생명을 유지한다. 그러나 욕망 때문에 타인의 생명을 요구하기도 하고, 스스로의 생명이 상하기도 한다. 장자가 살고 있던 시대는 극소수 인간이 자기들의 욕망을 채우기 위해, 대부분의 민중의 욕망을 희생시키고 심지어는 생명까지도 빼앗는 것이 일상화된 시대였다. 천하는 그런 극소수 인간의 사유물이었던 것이다.[70)]

장자는 인간이 욕망하는 대상 중에서도 가장 존귀하게 여기는 것은 부귀와 장수, 그리고 훌륭한 명예라고 지적한다. 또한 인간은 몸이 편안한 것과 맛있는 음식, 화려한 의복과 아름다운 음성 및 성적 대상으로서의 이성에 대한 끊임없는 욕망을 추구하기 때문에 자유롭지 못하다고 한다. 이러한 것들에 대한 욕망이 충족되지 않을 때 인간은 크게 불안해하고 두려워하는 것이 인지상정이다. 장자는 그 어리석음에 대하여 경고하기를 잊지 않는다.[71)]

장자는 인간의 일상적 분별지와 욕망을 해소할 대안적 방안에 대하여 고심한다. 그 결과 장자가 내세우게 된 대표적인 해체의 방안이 바로 '심재(心齋)'[72)]와 '좌망(坐忘)'[73)]이다. 여기에서 '심재'와 '좌망'이 전연 별개의 영역이라고 볼 수는 없다. 특히 쉬푸관의 경우는 이를 구분해 보기도 하는데, 그는 '심재'가 분별지의 속박으로부터 완전히 벗어나는 방안이라면, '좌망'은 분별지와 욕망이라는 두 가지의 속박을 완전히 벗어나 철저한 자유를 얻는 방안이라고 구분하여 설명하기도 한다.74)

그러나 장자철학에서 '심재'가 '성심'에 대별되는 부정적 복귀의 전략임을 감안하고, '성심'의 개념 분석 과정에서 논의된 바와 같이 마음의 차원이 지각능력의 주체로서의 마음과 의식지향의 주체로서의 마음이라는 두 영역에 걸쳐 있음을 상기한다면, 마음은 기본적으로 분별지와 욕망의 두 영역에 관련을 맺고 있다는 점을 부인할 수 없다. 그렇다면 '성심'을 부정하는 대안적 전략의 일환인 '심재'의 부정 영역은 쉬푸관의 지적처럼 분별지의 분야에만 관여되는 것이 아니라, 결국 욕망의 영역에까지 닿아 있음을 알 수 있다.

그럼에도 '심재'의 부정 영역이 분별지에 그치든, 아니면 욕망의 영역을 수용하든 간에 '심재'의 부정 대상은 마음으로부터 일어나는 외계와의 이원적 대별성이라는 점은 공통적일 수밖에 없다. 일상적 마음으로서의 '성심'은 숙명적으로 존재를 이원화함으로써 이를 포획하여 복속하고자 하는 존재열망의 상태에서 근원적으로 자유롭지 못하다.

그래서 장자는 '심재'의 대안을 마련한 후 일상적 감관의 귀를 통하여 외계의 소리만을 들으려 하지 말고 이성적 마음으로 들을 것이며, 이성적 마음으로 세계를 분별하지만 말고 전일한 기운의 질서를 통하여 세계와 일체가 됨으로써 진리의 세계와 단절되었던 그동안의 분열을 종식하라고 권고하였던 것이다.75)

결론적으로 볼 때, 장자철학에서 제기되는 지식론의 전체적인 구도는 일상적 사유의 기반 위에서 이루어지는 것이 아니라, 전일한 기운의 질서와 온전하게 일체가 되는 자연성 위에서 그 의미를 확보하는 종류의 것임을 알 수 있다. 이제 이와 같은 장자의 요청은 마음 비움의 미학으로서 열매 맺는다.

06

나를 깨뜨려야 산다

나를 깨뜨려야 산다

1. 장자는 수양론자인가?

전통적으로 동양철학이 제시하는 공부론은 지식의 양적 확대보다는 인간의 구체적인 삶 속에서 몸과 마음의 통일을 이루어냄으로써 진정한 지혜를 체득하고자 하는 분명한 목표를 설정한다. 그러면서도 여전히 일차적인 것은 마음공부가 문제로 제기된다. 이것은 동양철학의 주류라고 할 유가를 비롯한 불교, 도가의 철학에 이르기까지도 다 같이 동일한 목표로 제시되는 문제라고 볼 수 있다.

이러한 특징은 그만큼 동양철학이 인간의 마음에 대하여 심각하게 경계하고 있었다는 말과도 통한다. 이러한 점은 장자의 경우에 있어서 특히 역설적으로 나타난다. 장자는 일종의 '불구의 성인'이라고 불릴 만한 인물들을 대거 등장시킴으로써 이들을 오히려 사지육신이 멀쩡한 인간들보다도 훌륭한 덕을 지닌 존재로 상정한다. 이것은 장자가 무엇보다 문제의 진원지로 생각한 것이 다름 아닌 인간의 마음이었다는 것을 시사한다.

이러한 측면과 관련하여 동양철학은 나름대로 '수양론'이라는 철학적 범주를 생산해 냈고, 이를 근거로 일상인이 참사람으로 성장하는데 철학적 지침을 제시하였다고 자부하게끔 만들기도 하였다. 어쩌면 동양철학이 서양철학과 차별화될 수 있는 것은 이 수양론이 존재하기 때문이라고까지 믿기에 이른 것이다.

사실상 철학이 지식의 증대보다는 지혜의 체득을 부르짖고 나선 것은 동·서양이 다를 바 없다. 그러나 동서의 지적 전통 속에 드러나는 철학적 성격의 차이는 결코 가볍지만은 않다. 동서양은 다 같이 아리스토텔레스가 강조한 것처럼 중용을 지키는 '실천적 지혜'(phronesis)를 강조하기도 하지만, 특별히 동양철학 내부에서 강조하는 수양론의 의의는 분명 오늘날 우리가 동양철학을 공부하는 태도에 대해서도 많은 반성을 촉구하는 것이 사실이다.

그러나 나는 우리가 수양론이라는 개념을 무분별하게 남용하는 학문적 태도에 일단의 문제가 있다고 생각한다. 본디 유·불·도 삼가사상이 몸과 마음을 대립적으로 맞세우지 않으려는 근본적인 태도로부터 진리 체득에 나서는 것은 공통적인 사항이지만, 그 진리 체득의 방법을 살펴보면 유·불·도가 같은 과정을 통하여 자신들의 목표에 도달하는 것은 아니기 때문이다.

특히 노장으로 대표되는 도가철학을 유가적 수양론의 범주 안에 끌어들여 도식화하는 태도는 너무나 고전적이라고 생각한다. 예컨대 짱쌍런(張尙仁)은 '인생 수양론'이라는 입장에서 노장철학의 의의에 접근한다.[1)] 이러한 입장은 넓은 의미의 수양론의 범주를 노장에 적용한 예에 해당한다. 왜냐하면 유가에서 제시하는 수양론이란 존재와 당위를 일원화하기 위한 끊임없는 내적 성찰로서의 자아 완성을 향한 도덕적 선의 축적에 초점이 맞추어져 있는 반면 도가철학은 이미 축적되어 있는 제반 사항들을 오히려 해체하려는 태도를 견지하기 때문이다.[2)]

도가의 이러한 해체적 방식은 닦아서 기른다는 의미로서의 수양론의 범주와는 아무래도 쉽게 접목되기 어려운 거리감을 갖는다. 이러한 점과 관련하여 도가의 진리 체득의 방법조차 기존의 수양론이라는 범주 아래로 일방적으로 편입시켜 연관시키는 태도는 마땅히 종식되어야 한다. 일반적인 축적론에 기본을 둔 수양론을 기준으로 수양론의 주제적 접근을 시도하고자 하는 한, 장자의 수양론은 오히려 반수양론이라고 하는 편이 옳을지도 모른다. 장자는 오히려 수양론자이기를 거부하는 철학자라고 보아야 한다.

물론 장자의 공부론도 넓은 의미의 수양론의 범주에 포함될 수 있을지 모른다. 그러나 이때의 수양론이라는 개념이 이미 기존의 학문적 권능에 의지한 하나의 패러다임으로 제시된 것이라고 한다면 그 개념을 무조건적으로 용인할 수는 없는 일이다. 특히 유가의 수양론의 범주를 기준으로 타 학파의 이론적 범주들을 무반성적으로 흡수 통합하여 논의하는 방식은 지양되지 않으면 안 된다.

수양론이 체계화되고 본격적으로 논의되기 시작한 시점이 송대 성리학의 시대였음을 상기한다 하더라도, 수양론은 역시 유가적 색채가 짙은 철학 방법론이라고 할 수 있다. 유가에게 전유된 수양론에서는 윤리적 수양을 통한 인격의 고양이 중시된다. 거기에서는 장자가 말하고자 하는 자연에로의 복귀조차 수양론의 영역 안으로 수렴하고자 하는 특징이 발견된다. 장자는 이러한 수양론에서 강조하는 '윤리적 주체형성'에 대해 도전적이다. 이러한 맥락을 간과하지 않는다면, 장자는 분명 특정한 수양론의 범주에 대해 부정적이었음이 확실하며 그 자신은 반수양론자의 입장을 견지하였다고 볼 수조차 있다.

장자는 노자와 달리 '양생'이라는 표현을 직접 사용하면서 삶을 기를 것을 요청한다. 『장자』에는 세 번째 편명인 「양생주」에서 '양생'이라는 말이 처음 등장하고, 「양생주」, 「달생」, 「양왕」편에 각각 한 차례씩의 '양생'이라는 표현이 나타난다. 뿐만 아니라 『장자』에는 기른다는 의미의 '양'자도 여러 차례 등장한다.[3)]

그러나 이것은 일종의 삶의 기술에 대한 논의일 뿐 수양론의 의의를 담은 것은 아니라고 본다. 장상인은 노장철학의 연구범위에서 '수양론'과 '양생론'의 영역을 구분한다. 그는 양생론을 정신론과 연계시켜 '정신 양생론'의 의의를 모색한 특징이 있다.[4)] 적어도 장자는 송대 신유학자들이 본 것과 같은 종류의 수양론을 직접 기획하지는 않았다는 말이다. 유가의 수양론은 마음에 덕을 쌓아서 기르는 방법을 요청하지만, 장자는 도리어 마음을 비워서 자연에 도달하는 삶의 기술을 기획한다는 점에서 차이가 있다.

이러한 점을 염두에 두고 나는 장자의 마음 닦음에 나타난 해체적 성격의 의의를 성찰해보고자 한다. 장자의 마음 닦는 길은 한마디로 역설적이다. 축적하지 않고 버리지만 오히려 이루어지지 않음이 없다는 일상적 논리를 벗어난 논리 아닌 논리 때문이다.

이러한 해체적 마음 닦음은 사실상 중국철학사에 있어서 장자가 처음으로 제시한 '좌망'의 논의 안에서 보다 분명하게 확인된다. 그러나 장자의 좌망론을 검토하기 이전에 여기서는 우선 장자의 좌망과 밀접한 관련을 갖고 있는 심재와 전일의 문제를 구체적으로 검토해봄으로써, 장자 좌망론에 관한 예비적 고찰을 수행해보기로 한다.

2. 짓는 마음, 비추는 마음

장자가 본 인간의 마음은 기본적으로 부정적이다. 그래서 장자는 「재유」 편에서 다음과 같이 말한다.

> 사람의 마음은 흔들리기 쉬워서 누르면 내려가고 일으키면 올라간다. 그 오르고 내림이 마치 옥에 갇히거나 죽음을 당하는 것처럼 해롭다. 부드러워서 강강한 것을 유약하게 하고, 모난 것을 깎아 내며, 그 뜨겁기는 마치 타는 불과 같고, 그 차갑기는 마치 찬 얼음과도 같다. 그 빠르기는 순식간에 사해의 밖을 두 번이나 돌 수 있고, 그 거처함은 깊은 못과 같이 고요하다. 그 움직임은 하늘만큼 동떨어져 있다. 억세고 오만하여 매어 놓을 수 없는 것은 오직 인간의 마음뿐이다.[5)]

또한 장자는 「제물론」 편에서 형체가 변화됨에 따라 마음도 그 형체와 더불어 변화한다는 점을 전제하고, 대체로 '성심'을 따라서 기준을 삼는다면 모든 사람에게 기준이 없을 수 없다고 한다.[6)] 장자는 '성심' 때문에 모든 혼란이 초래된다고 하여 '성심'을 기준으로 삼아서는 안 된다고 주장한다.

그것은 부정적 기능을 지닌 '성심'에 근거를 두고 행동하면 자연의 본연함을 상실하여 도로부터 일탈된다고 보기 때문이다. 이러한 장자의 관점에 주목할 때, 일상적인 마음의 양상은 매우 불안정하고 부정적 성향을 가지고 있음을 알 수 있다. 장자는 일상적인 마음이 부정적 기능을 촉발하여 작동을 시작하면 존재사물과 개별적 자아의 전일적 구도는 무너진다고 본다. 이것이 마음에서 도를 버리지 말아야할 이유이다.[7)]

지각작용을 가지고 있는 마음은 스스로 자기 자신을 혼란스럽게 할 뿐만 아니라 사회를 어지럽게 만드는 혼란의 진원지이다. 이러한 마음은 분별지를 야기하는 '분별심'이라 불린다. 『장자』를 해석하면서 '분별심'이라는 용어를 선호한 이는 성현영이 대표적이다. 분별심은 외물에 이끌려 그 본래의 자리를 일탈한다. 외물에 이끌려 대상을 좇아 질주하던 분별심은 갖가지 시비를 초래한다. 분별을 초래하는 이러한 마음이야말로 두려워하지 않을 수 없다. 그래서 성현영도 『장자』를 주석하면서 “마음 한 가운데가 어지러워지면 우환이 여기에서 일어난다”[8]고 본 것이다. 성현영은 분별심이 우환의 진원지라고 보고, 그에 대한 경계를 잊지 않았다.

장자는 마음의 기능에 대하여 부정적으로 보면서도 다른 한편으로는 마음과 관련하여 ‘상심’을 비롯한 ‘영부’, ‘영대’, ‘지극한 사람의 마음’ 등 여러 가지 긍정적 표현들을 논의 가운데 떠올림으로써 마음을 통하여 도에 도달할 수 있음을 밝히기도 한다. 여기에서 우리는 장자가 파악한 마음이 중층 구조를 이루고 있고, 그 중층적 구조 속에는 마음의 부정적 기능과 더불어 긍정적 기능이 함께 공존하고 있다는 것을 확인할 수 있다. 장자는 마음에 두 가지 층위가 있다고 본 것이다.

탕쥔이(唐君毅, 1909~1978) 역시 장자가 말하고 있는 마음은 부정적인 것과 긍정적인 것으로 구분할 수 있다고 본다. 그의 견해에 따르면, 장자철학에 있어서 마음의 성격을 부정적인 것으로 간주할 수 있는 예로는 ‘인심(人心)’, ‘기심(機心)’, ‘적심(賊心)’ 등을 비롯한 ‘성심(成心)’, ‘심려지심(心厲之心)’, ‘심손도지심(心損道之心)’, ‘덕유심이심유첩(德有心而心有睫)’ 등을 생각할 수 있으며, 반면 마음의 성격을 긍정적인 것으로 간주할 수 있는 것으로는 허(虛)에 바탕을 둔 ‘심재(心齋)’를 비롯한 ‘고심(刳心)’, ‘쇄심(洒心)’, ‘해심지류(解心之謬)’, ‘해심석신(解心釋神)’, ‘심정(心靜)…심(心)…정(定)’, ‘무청지이심(無聽之以心)’, ‘정신무심(精神無心)’, ‘심청(心淸)…심무소지(心無所知)’, ‘상심(常心)’, ‘영부(靈府)’, ‘영대(靈臺)’ 등이 있다.[9]

또한 이강수는 장자철학에 나타나는 마음의 두 가지 양상에 대하여 다음과 같이 정리한다. 장자에 나타나는 여러 가지 마음 중에서 '중인지심(衆人之心)'·'유봉지심(有蓬之心)'·'성심(成心)'·'기심(機心)'·'적심(賊心)' 등은 장자가 탐탁하게 여기지 않는 것이며, '성인지심(聖人之心)'·'중심(中心)'·'상심(常心)'·'일심(一心)'·'지인지심(至人之心)'은 이상시하는 마음이다. 이밖에도 '허실(虛室)'·'영대(靈臺)'·'영부(靈府)'·'우태(宇泰)' 등의 용어로써 마음을 표현한 사례도 있는데 이들은 모두 근본심이라고 부를 수 있을 것이다. 이상 여러 종류의 마음이 가진 뜻을 살펴보면 '적심(賊心)'은 남을 해치려는 마음이며, '기심(機心)'은 임기응변하는 마음이며, '성심'은 선입견과 집착에서 벗어나지 못하는 마음임을 알 수 있다. 그리고 '상심(常心)'은 분별 작용을 일으키지 않는 마음이며, '일심(一心)'은 경지명합(境智冥合)의 마음, 즉 주·객관이 합일된 마음이다. 또 '영부(靈府)'는 정신의 집이며 '영대(靈臺)'는 텅 비고 고요하여 외부 사물들이 영향을 미칠 수 없는 마음의 체(體)이며, '허실(虛室)'은 공허한 마음을 비유한 것이며, '우태(宇泰)'는 태연한 마음을 뜻한다. 이처럼 다양한 종류의 마음이 있지만 역시 두 종류로 환원시켜 대별할 수 있다. '유봉지심(有蓬之心)'·'성심(成心)'·'기심(機心)'·'적심(賊心)' 등은 중인의 마음이며, '일심(一心)'·'우태(宇泰)'·'상심(常心)'·'영부(靈府)'·'영대(靈臺)' 등은 지인(至人)의 마음이다.[10]

마음의 두 가지 층차를 두 가지로 상정한다면, 긍정적인 마음이나 부정적인 마음 그 어느 것도 실체론적으로 파악하기가 곤란하다. 이들은 마음의 근원적 구조 위에 일원적으로 존립하고 있는 두 가지 양태에 불과하기 때문이다. 장자의 논리에 의거한다면, 마음은 긍정적인 것만도 아니며 그렇다고 부정적인 것만도 아니다. 마음은 그 기능이 긍정적인 측면으로도 부정적인 측면으로도 작용할 수 있다. 장자에 있어서 마음은 불변하는 고정적 실체일 수 없다. 따라서 마음 자체가 긍정과 부정의 논리에 얽매이게 되면, 마음은 오히려 그 자신이 지닌 자연한 기능을 상실당하고 만다.

장자에게서 마음의 개념이 긍정적인 의미로 사용될 때, 이것은 '정신'의 개념과 매우 유사하다. 장자는 기본적으로 마음보다는 '신'의 개념을 상위의 개념으로 간주한다. 장자철학 안에서 정신은 당연히 마음보다 상위의 개념으로 자리 잡게 된다. 쉬푸관의 검토에 따르면, 중국철학사에 있어서 '정'과 '신'을 함께 말하여 '정신'의 개념을 처음으로 사용한 철학자는 다름 아닌 장자이다. 물론 장자 이전에도 '정'이라는 글자와 '신'이라는 글자는 매우 유행하였지만, 이를 연용하여 정신이라는 개념을 처음 사용한 것은 장자로부터 비롯된다. 장자는 인간의 마음을 '정'이라고 하고, 그 마음의 묘용을 가리켜 '신'이라고 보았던 것이다.[11]

'정'이란 생명의 정수로서의 정기를 의미하며, '신'이란 그것이 반응하는 작용으로서의 신명을 가리킨다. 그러므로 장자철학에 있어서 '신'의 순일한 기능이 마음을 통하여 제대로 발현될 때 마음속에서 부정적 기능을 수행하던 이전의 주객 대립적 대향성이 스스로 무화되어 그 작용력이 무력해짐과 동시에 해체되기에 이른다.

여기에 이르면 마음의 작용력은 자연적인 전환력으로 나타난다. 이것은 마음의 순기능적 작용력이다. 이 순기능적 마음의 작용력으로 말미암아 존재와 의식은 하나로 소통된다. 순기능적 작용력을 지닌 마음은 언제나 텅 비어 고요하기 때문에 어떠한 유목적적인 인식이나 행위도 개입될 수 없다. 장자는 이러한 순기능적 마음에 관하여 여러 가지 방식으로 표현하고 있다. 그 가운데 '영대(靈臺)'라는 개념이 주목된다. '영대'는 일종의 '자기 반성적 기능을 지닌 마음'이라고 할 수 있다. 이 '영대'는 본래 의식의 중심이다. 그것은 자신의 결함과 제한성을 부정하고 해체할 수 있는 반성작용을 스스로 발휘하는 특징이 있다.

'영대'라는 개념은 『장자』에 세 차례 등장한다. 「달생」 편에 한 번, 「경상초」 편에 두 번 연이어서 등장한다. 『장자』의 내편에는 '영대'라는 개념이 등장하지 않는다. 『장자』 내편에 등장하지 않는 개념이라면 이것은 장자와는 직접적인 관련성이 없는 장자 후학들의 철학적 개념일 수도 있다는 점을 부인할 수 없다. 그럼에도 여기에서 굳이 '영대'에 주목하고자 하는 것은 그것이 지닌 상징성이 '거울'과 같은 작용력을 지니고 있다는 점 때문이다.

'영대'는 어떤 특정한 개인에게만 국한된 주관적 관념이 아니라, 모든 사람들이 스스로의 인격 속에 갖추고 있는 공통의 반성능력을 지닌 마음이라고 할 수 있다. 그래서 자신의 자아를 긍정할 수 있는 동시에 다른 사람도 자기와 마찬가지로 자아의 통일을 표현할 수 있는 권리가 있음을 용인하고 승인한다. 따라서 황똥메이(方東美, 1899~1977)는 '영대'가 제 기능을 발휘하기만 하면, 자아중심적인 편견과 교만과 독단을 유발하는 일체의 그릇된 기운들을 모두 제거할 수 있다고 본다.[12)]

장자는 이러한 '영대'의 반성적 기능을 '거울'에 비유한다.[13)] 이와 관련하여 장자는 "지극한 사람이 지닌 마음의 작용은 마치 거울과 같다. 사물을 보내지도 않고 맞아들이지도 않는다. 사물에 따라 비치되 감추지 않는다. 그러므로 사물에 응하여도 상하지 않는다"[14)]라고 하였다. 또한 그는 "물이 고요하면 오히려 밝은데 하물며 정신이랴! 성인의 마음은 고요하구나! 천지의 거울이고 만물의 거울이다"[15]라고 언명한다. 장자는 현상적으로도 자기를 되비치는 거울을 상징적으로 마음에 비유한 것이다. 마음이 순기능적 기능을 수행하기 위해서는 거울과 같은 무목적적인 반성이 수반되어야만 한다.

당연한 일이지만 거울은 대상을 온전히 비치며 생멸하는 대상에 특별한 집착이나 편애를 일으키지 않는다. 그것은 오직 대상을 있는 그대로 비치는 역할에 충실할 뿐이다. 또한 그 충실함이라는 행위 역시 인위적인 것이 아닌 자연적인 것일 뿐이다. 그것은 자연함으로 텅 빈 존재이기 때문에 취사선택이라는 주관의 발휘가 적용될 여지가 전무하다.

거울은 자신이 사물을 '비추는' 주동적이고 능동적인 의식으로부터 멀리 떨어져 있다. 그것은 언제나 목적 없이 사물을 '비치는' 수동적인 활동선상에 있다. 그러므로 거울은 대상을 자의적으로 쌓아두는 일이 없다. 이러한 거울의 상태처럼 마음이 텅 비고 고요한 성격을 유지하면, 외물의 자극에도 흔들리지 않고 대상을 온전하게 받아들여 만물의 근원과 하나가 될 수 있다.

맑은 거울과 같은 마음에는 욕망과 사려 등이 개입하지 못한다. 이러한 마음에는 어떠한 편애도 자리를 잡을 수 없다. 그래서 장자는 "인간의 본성을 상해할 요소들이 마음속에 있지 않으면 바르게 되고, 바르게 되면 고요해지고, 고요해지면 밝아진다. 밝아지면 텅 비고 텅 비면 무위하게 되지 않는 것이 없다"[16]고 한다. 장자는 이러한 텅 비고 고요한 마음에 도달하면, 내적으로는 본원존재와 일체가 되고 외적으로는 어떠한 외물에 의해서도 상해를 받지 않는다고 한다.

그렇다면 분별심으로부터 '영대'로 복귀하여 일체의 사려분별을 제거하고 참다운 지혜로 전환할 수 있는 가능적 계기는 어디에 있는가? 이 점을 풀어내기 위하여 우리는 장자철학이 전제하여 두고 있는 기운의 논리 속으로 돌아갈 필요가 있다. 그리고 기운의 논리와 우리의 정신 현상 사이의 관계를 추적하여 볼 필요가 있다.

장자철학의 문맥 속에서 정신현상이라는 것도 기운의 논리와 관계를 맺는 것일 수밖에 없다. 정신현상이 '나'라고 하는 개체 속에 놓이게 되는 존재의 한 속성이라면, 그것은 나를 구성하는 기운의 총체적이고 집약적인 어떤 작용을 전제로 하는 마음의 양상이라고 말할 수밖에 없는 것이다. 그것은 장자철학에서도 마음이 대표가 되어 이끌어 가는 것이지만, 마음 역시 기운으로 이루어져 있고, 그 마음의 기능 역시 어떤 종류의 기운의 논리이며, 마음의 존재성은 나를 구성하는 모든 기운과의 관계성을 통하여 드러나는 것이라는 점을 우리는 부인하지 못한다. 그런 점에서 나를 구성하는 기운과 나의 마음이 주동이 되어 이끌어 가는 정신현상 사이에는 일정한 유기적 관계가 마련되어 있다고 보아야 할 것이다.[17]

기운의 질서는 마음의 대상 지향적 분별력으로부터 주객미분의 무분별력을 지닌 참다운 지혜로 전환할 수 있는 가능적 계기를 제공한다. 기운은 스스로 변화하여 날마다 새로워지는 역동성을 지닌다. 우리는 이것을 장자의 '변화 일신론(變化日新論)'이라고 말할 수 있을 것이다.[18] 존재하는 세계는 기운의 질서를 통한 끊임없는 변화의 과정 중에 있다. 존재와 의식의 통일을 지향하는 장자의 철학적 구도 아래서는 이미 일체의 분별력을 일으키는 마음의 대립적 구도로부터 벗어날 수 있는 계기가 마음 안에 내재되어 있다고 보아야 한다. 다시 말하자면 인간은 자신이 지닌 마음의 그릇된 분별력을 무력하게 함으로써 존재 구속의 상황으로부터 벗어날 수 있다는 말이다.

기운은 존재론적으로 텅 비고 고요한 마음에만 감응하여 발현되는 성격을 지니고 있다. 기운이 텅 비고 고요한 마음에 모이게 되면 이전까지 부정적 기능을 작동시키던 '성심'은 근원적으로 소멸하게 된다. 마음에서 '성심'의 기능이 적극적으로 발휘될 때 지식에 대한 반성적 기능은 폐쇄되어 무력할 따름이지만, 텅 비고 고요한 마음을 회복하여 존재의 본원적 기운이 발현되면서부터 '영대'의 반성적 기능은 오히려 '성심'을 무력화시킨다.

마음의 구조상 '성심'이 표층구조를 이루고 있다면, '영대'는 그 심층에 자리 잡고 있다. 그러므로 '영대'는 '성심'보다 더 근원적인 마음이라고 할 수 있다. '영대'는 기운의 작용이 원활하게 이루어지는 마음이다. 기운의 질서는 감정과 사려의 요소가 없어서 텅 빈 상태로서 부드럽게 만물에 임할 수 있다.[19] 그래서 기운은 지각작용을 통하여 이루어지는 분별심을 제거하고 만사만물에 자유자재로 맡길 수 있는 마음의 기틀을 마련한다. 이 마음의 기틀이 '영대'라고 불리는 순기능적 마음으로서, 장자는 이것을 '자연의 곳간'(天府)[20] 내지는 '신령스러운 곳간'(靈府)[21]이라는 용어로 표현하기도 한다.

이상과 같은 마음은 도를 알 수 있는 실질적인 계기로 작용한다. 즉 순기능적 마음의 작용력이 바로 도를 체득할 수 있는 가능인자인 것이다. 이러한 순기능적 마음은 경험적이고 추론적인 지식을 야기하는 분별심과는 근본적으로 성격을 달리한다. 마음이 순기능적으로 작용하는 한, 이때의 마음은 주객미분의 상태에 자리 잡고 있기 때문에 분별지를 유발하는 주체로서의 분별심과는 그 존재방식을 달리하게 된다. 왜냐하면 마음이 긍정적으로 작용한다는 말은 존재와 의식이 서로 분리되어 있는 상태가 아니라,

상호 공속적인 일원적 관계 위에 존재한다는 것을 의미하기 때문이다.

이러한 측면에서 나는 장자에서 긍정되는 마음을 '분별심'에 대별되는 '무분별심'이라고 부르고자 한다. '무분별심'이란 본디 성현영의 주요 철학 개념이지만,[22] 이 말을 장자에 그대로 적용해도 무방하다고 본다. 그것은 지식, 좀 더 구체적으로는 분별지와 연동성을 갖는 마음이라기보다는 '무지'와 연대하는 마음이다. 이 무분별심에 근거하여 분별지를 일으키는 분별심을 무력화시키고 또한 분별심이 야기한 분별지의 비진실성을 폐기한다면, 존재가 지닌 본원적 기운의 질서가 자연스럽게 마음에 이르러 감응한다. 이때 마음은 비로소 존재세계와 더불어 하나로 관류하게 된다는 것이 장자의 생각이다.

3. 삶을 기르는 방법

1) 심재: 마음 잠재우기

장자철학에서 마음 닦음이란 마음 안에 일체의 긍정적인 가치들을 축적하고자 하는 적극적인 행위로 나타나지는 않는다. 오히려 장자의 마음 닦음은 경험을 통하여 집적하였던 관념의 다발들조차 해체할 것을 요구하는 부정적이고 소극적인 행위로 나타난다.

앞에서 말한 소극적인 행위라는 말의 의미도 유의하지 않으면 안 된다. 적극적이라거나 소극적이라고 하는 개념은 매우 자의적인 판단에 의하여 제시될 수 있다는 개연성을 부정할 수 없기 때문이다. 도리어 적극적이라고 간주하는 행위가 더 소극적인 것일 수도 있고, 소극적이라고 간주하는 행위가 더 적극적인 행위일 수도 있음을 부정해서는 안 된다. 사실 장자의 해체와 부정은 소극성과 적극성을 넘어서 있는 것이라고 할 수 있지만, 역설적으로 그것은 도리어 소극성을 넘어선 적극적인 행위라고 하여도 무방하다.

이와 같은 장자의 마음 닦음은 해체적이다. 그리고 그의 해체는 필연적으로 또 다른 해체를 기다린다. 이는 마음이 일반적으로 '결여'를 느끼고 있으며, 그 결여를 충족시키기 위하여 외부에서 무엇인가를 끊임없이 수집해 들이고자 하는 대상 지향적 활동에 열중해 있기 때문이다. 장자는 이러한 대상 지향적 활동을 해체하여 마음과 행위의 잘못된 문제를 해체하고자 한다. 장자의 이러한 마음 닦음의 방법은 마음의 대상 지향적 확장 성향을 안으로 수렴하는 자기 부정성에 토대를 둔다.

장자는 마음 닦음의 자아 내적 수렴 방법의 하나로서 '심재'를 제시한다. '심재'란 마음의 결재를 의미한다. 오강남은 이것을 '마음 굶김'이라고 해석하기도 한다.[23] 장자는 '심재'를 설명하기 위하여 「인간세」 편에서 공자와 그의 제자 안회를 끌어들여 하나의 가설적인 담론을 제시한다.

안회는 당시 혼란이 극에 달하였던 위나라로 가서 국정에 참여하여 무도한 위나라 제후의 행실을 바로잡고 고통에 시달리는 백성들을 구해보겠다고 나선다. 이에 공자는 안회를 만류한다. 공자는 안회에게 공부가 아직 지극한 경지에 이르지 못하였는데도, 만일 유세하러 가서 제후에게 간언하게 된다면, 이는 아무런 도움이 되지 못할 뿐만 아니라 오히려 형벌을 면치 못할 것이라고 충고한다. 이 말을 듣자 안회는 공자에게 깨달음의 방법을 청한다.

이에 공자는 다음과 같은 내용의 '심재'의 방법을 제시한다.

> 너는 정신을 통일하라. 귀로 듣지 말고 마음으로 듣도록 하고, 마음으로 듣지 말고 기운의 질서를 통하여 듣도록 하라. 귀는 소리를 들을 뿐이고 마음의 기능은 사물을 상대할 수 있을 뿐이지만, 기운의 질서는 허하면서도 일체의 사물에 응한다. 도는 오로지 허에 모인다. 허가 '심재'이다.[24]

장자는 본질적으로 '심재'가 제사 지낼 때의 재계와는 다르다고 본다. 제사를 지낼 때에는 그 전 며칠 동안 술을 끊고 마늘이나 생강 따위의 자극성 있는 음식을 먹지 않으며 심신을 깨끗하게 하여 부정한 일을 가까이 하지 않는다. 이것이 제사지낼 때의 재계이다. 그러나 '심재'는 제사지낼 때의 재계와는 본질적으로 차원을 달리한다.[25]

'심재'는 우리의 감각기관이 '외물'을 향하여 분주하게 치달으면서 혼란을 야기하던 것을 잠재우고, 일체의 욕망이나 정감을 비롯하여 이성적 사려까지도 깨끗하게 결재하는 방법이다. 즉 '심재'는 마음을 하나로 통일하여 귀로 듣지 않고 마음으로 들어서 감각적 욕망을 배제하고, 마음속에 깃들어 있던 분별지를 제거하여 정신을 순일하고 잡스러움이 없게 하는 것을 의미한다.

장자가 '심재'를 통하여 부정하고자 한 대상은 다름 아닌 '욕망'과 '분별지'였다. 욕망이란 기본적으로 자기에게 결여되어 있는 것에 대한 추구라고 볼 수 있다.[26] 욕망의 구체적인 대상은 부귀와 장수, 명예, 몸의 안락 등에 집중적으로 모아진다.[27]

욕망의 주체로서의 존재는 자신이 아닌 자신이 욕망하는 것 속에 자신의 현실적인 존재를 둔다. 이런 점에서 욕망은 곧 자기 아닌 것에 대한 희구라고 할 수 있다. 하지만 그런 욕망 자체는 자신이 욕망하는 것을 만나 욕망하는 것과 하나가 됨으로써 소멸한다. 욕망적 존재의 특수성은 이같이 자신의 현실화가 곧 자신

의 소멸이라는 점이다.[28]

이러한 점을 감안한다면, 욕망이 강화되면 강화될수록 그 욕망의 현실화는 오히려 그에 반비례하여 자신이 지닌 자연의 본연성을 상실하게 된다. 뿐만 아니라 그 욕망이 욕당하는 것의 불충족은 또 다른 억압의 심리적 기제로 작용함으로써 개별적 자아는 소외될 수밖에 없다. '심재'는 일차적으로 이러한 감각 충족적인 욕망을 부정한다.

그러나 문제는 여전히 남는다. 분별지가 우리의 마음속에서 작동하는 한, 문제는 또 다른 문제를 낳는다. 분별지 자체가 문제를 끊임없이 양산해 내기 때문이다. 분별지는 언제나 주객 대립적인 대상 지향성을 특징으로 한다. 내적인 것과 외적인 것의 분열은 분별지로부터 야기된다. 분별지는 결국 인간세상을 대립과 투쟁의 혼란의 상태로 몰아넣는다.

그럼에도 마음으로부터 내적인 것과 외적인 것이 한 번 분리되어 나타난 이후에는 내적인 것이 오히려 외적인 것을 편집하는 데 이른다. 이것은 분별지의 영역에 있어서 필연적으로 거론되어지는 지식주체와 지식대상의 관계 정립이 일방향성을 갖는다는 것을 의미한다. 그것은 곧 지식주체가 지식대상을 일방적으로 포획하려는 강제성을 행사한다는 의미이기도 하다.

장자는 분별지가 천박한 것이라고 비판한다.[29] 그것은 분별지가 존재사물을 논리적으로 분석하거나 개념화하는 이유와 밀접하게 관련되어 있다. 분별지의 논리적 분석과 개념화에 기초를 두고 일상적인 학문으로써 본성을 닦아 그 근원으로 돌아가려고 한다거나, 일상적인 사려로써 의식지향을 어지럽혀 참다운 지혜에 이르고자 한다면, 이는 명백한 잘못이라는 것이 장자의 생각이다.[30]

장자에게서 분별지는 부정될 대상이다. 분별지가 부정되면, 지식주체도 지식대상도 다 같이 이전의 용도가 폐기될 것이다. 여기에서 주객미분의 자연스러운 지혜가 발현한다. 이러한 자연스러운 지혜는 성현영이 언급한 것처럼 '무분별지'라고 할 수 있을 것이며, 존재 자체인 도와 일체가 되는 지식의 형태를 띤다. 성현영은 '소지(小知)'와 '대지(大知)'를 '분별지'와 '무분별지'로 대비시켜 구분한다. 그는 '소지'가 마음에서 취사선택하는 것에 의하여 분별되는 지식이라고 보는 반면, '대지'는 이러한 분별 자체가 사라진 무분별지라고 한다.[31] 무분별지는 분별지의 차원에서는 차라리 지식이라고 할 수 없는 성격을 띤다. 그렇다고 지식이 아니라고 말하기도 어렵다는 점에서, 그 성격이 매우 심오하다.[32]

장자는 이 '무분별지'에 이르기 위하여 '심재'의 방법을 통하여 존재를 듣기를 소망한다. 이전까지 우리는 너무나 많은 것을 쉴 새 없이 말하여 왔다. 그러나 장자가 볼 때, 이제는 존재를 들어야 할 때이다. 마땅히 존재의 소리를 듣는 것 이외에, 존재의 형상을 들어야 한다. 역설적으로 존재의 소리를 보고, 존재의 형상을 들어야 한다. 존재가 보고 듣는 감각의 대상이 아니기 때문이다. 불교에서 '소리를 본다'(觀音)고 말하거나, 또한 한시에서 '향기를 듣는다'(聞香)라고 말하는 종류가 이와 같은 장자의 역설과 무관하지 않다.

존재는 감각의 영역을 넘어서 존재하는 비감각적 존재이다. 차라리 그것은 보고 듣는 특정한 하나의 감각적 대상이 아닌 공감각적 심상의 대상일는지 모른다. 따라서 '존재를 듣는다'는 것은 '존재의 음성을 듣는 것'일 수도 있겠으나, 여기서는 들을 수 없는 존재를 듣는다는 형식의 역설의 의미로 사용하였다.

존재를 듣기 위해서는 먼저 분별지를 해체하지 않으면 안 된다. 마음의 분별력이 근원적으로 해체될 때까지 해체는 계속되어야 한다. 거기서 '분별없는 행위'가 가능해진다. 장자는 심재의 행위화에 대해 다음과 같은 역설을 제시한다.

> 걷지 않고 자취를 안 남기기는 쉽지만, 걸으면서 자취를 안 남기기는 어려운 일이다. 사람을 위해 일할 때는 속이기 쉬우나, 하늘을 위해 일할 때는 속이기 어려운 일이다. 날개를 가지고 난다는 닭은 들었겠지만 날개 없이 난다는 말은 못 들었을 것이다. 지식이 있어 안다는 말은 들었겠지만, 지식이 없이 안다는 말은 못 들었을 것이다.[33]

장자의 비유에 의하면, '분별없는 행위'란 날개 없이 나는 것이고, 지식 없이 아는 것이다. 심재란 결국 날개 없이 나는 방법이다. 그리고 그것은 지식이 없이 세상을 아는 방법이다. 이것은 '무지'를 통해서만 참지식에 이를 수 있는 말이다. 물론 '무지'란 이분법적인 세계의 분별로부터 우리가 얻은 상식적이고 일상적인 지식을 비우는 것이다. 장자는 비운 상태에 이르렀을 때 비로소 참지식이 생긴다고 본다. 이렇게 참지식을 가져다주는 '무지'를 서양 중세의 사상가 쿠자누스(Nicolaus Cusanu, 1401~1464)는 이른바 '박학한 무지'(docta ignorantia)라고 했다.[34]

장자는 역설적이고 반어적인 표현들을 동원하여 존재 내면으로의 환원과 복귀의 논리를 전개한다.[35] 분별지의 대상 지향적인 성향을 반성적으로 수렴하는 것이야말로 일상적인 마음의 부정적 기능을 탈각하고 순기능적 마음의 기능을 회복하는 길이라고 할 수 있다. 장자는 '심재'를 통하여 외부로 치달리는 마음의 성향이 안으로 통일되어야 함을 주장한다. 마치 그것은 외부의 소리를 내적으로 수렴하는 작용과도 같다.

그러므로 어떠한 소리일지라도 감관의 귀를 통하여 듣지 말고 마음으로 들어야 하며, 마음으로 듣지 말고 기운을 통하여 들어야 한다는 것이다. '심재'란 '이목과 마음을 버리고, 기운의 성질이 자득하는 바에 부합하여 허로써 만물에 응하는 것'[36]이기 때문에 일체의 감관적 지식과 이성적 지식을 부정하고 기운 자체의 공능을 통해 세계 자신과 만나는 것이다.

외물에 대한 욕망이나 지적 사려까지 모두 버리고 나면 참된 자기의 생명이 드러난다. 그래서 장자는 "가슴속을 교란시키지 않으면 심신은 올바르게 되고, 심신이 올바르게 되면 고요해진다. 또한 고요해지면 밝은 지혜가 생기고, 밝은 지혜가 생기면 허해지고, 허한즉 일삼아 함이 없지만 하지 못하는 바가 없게 된다"[37]고 말한다. 도는 오로지 허에 모이기 때문에 '심재'는 허를 근본으로 삼는 것이다. 허의 상태는 마치 순백과도 같다. 그리고 순백함과 길상은 모두 빈곳에 머물게 된다.[38] 만일 마음에 순백함이 갖춰지지 않으면 정신과 성격이 불안정하게 된다. 이와 같이 정신과 성격이 불안정한 사람에게는 도가 깃들 수 없다.[39]

순백함과 길상이란 마음속의 집착과 번민, 교란과 방종함 등의 해체로부터 도래한다. 장자는 이러한 마음의 해체를 '심재'라고 한 것인데, '심재'는 언제나 기운의 질서와 함께한다. 기운은 항상 사물과 더불어 끊임없이 변화하는 성질을 지닌다. 이러한 기운의 질서는 자연적 흐름 위에 놓인 존재의 힘이며, 그 작용은 언제나 역동적이다. 그것은 결코 인간처럼 특정한 감정이나 사려작용을 지니고 한 곳에 머물지 않는다. 정체되지 않는 것이 기운이 순기능이다. 반대로 부정적 존재형식으로서의 마음은 그 기운의 순기능을 정지시켜 기운의 흐름을 막을 때도 있다. 이 지점에서 '악화된 기운의 질서'가 나타나는데, 그 '악화된 기운의 질서'를 발생시키는 주범이 바로 부정적 존재형식을 가진 마음이다.

우리는 세계를 정지된 현상으로서 파악하던 마음의 지각기능을 끊어버리고 끊임없이 유동 변화하는 세계의 흐름 자체에 내맡겨 존재와 하나가 되어야 한다. 그러기 위해서는 개별적 자아를 '물화'시켜야 한다. 개별적 자아의 '물화'를 위해서는 기운의 논리가 요청된다. 마음의 폐쇄적 구조를 개방시켜 존재의 활동에 동참하게 하는 능력은 기운이 담지하고 있기 때문이다. 이와 같은 종류의 기운의 질서는 개별적 존재를 죽음의 질서로 몰고 가는 '악화된 기운의 질서'와는 전적으로 다른 것일 수밖에 없다.

장자철학에서 기운의 존재양상은 그것이 자연에 토대를 두고 있다는 점에서 긍정적이다. 이것은 곧 존재의 본원적 원동력을 의미한다. 그렇다고 장자가 말하는 기운의 개념이 전적으로 긍정되는 것만은 아니다. 장자는 「달생」 편에서 부정적 의미를 가진 기운에 관하여 말하고 있는데, 그것이 바로 노기가 등등하다는 의미를 지닌 '성기(盛氣)'이다.[40] 『열자』의 장잠(張湛) 주에는 '늘 적을 찾아 이기려고 하는 것'이 '성기'라고 되어 있다.[41] 이것을 통해 볼 때, 기운의 질서가 너무 지나치게 왕성하다면, 이러한 기운의 질서는 부정되어야 할 대상임에 틀림없다. 이러한 왕성한 기운의 질서 역시 자연의 질서를 떠난 인위의 강화로부터 연유된 것이기 때문이다. 이러한 왕성한 기운의 질서는 자연의 균형을 벗어나 있다는 점에서 '악화된 기운의 질서'라는 범주 안에 편입된다.

'심재'와 관련된 기운은 무엇보다도 지각기능을 지닌 마음의 역기능적인 부정적 양상을 무력화하고 이를 폐기하려는 해체적 기능이 강하다. 기운은 '허'를 가능하게 할뿐만 아니라 외계사물을 있는 그대로 응하게 하는 기능을 지니고 있다. 이러한 기운의 작용 위에 떠오르는 것이 '신'의 묘용이다. 기운의 질서가 존재의 본연성에 바탕을 두면, 이때 기운은 '신'의 기능을 드러낸다. 그래서 혹자는 '심재'를 설명하면서, "가장 최상의 배움은 '신'으로써 듣는 것이고, 중간의 배움은 마음으로써 듣는 것이며, 가장 아래의 배움은 귀로써 듣는 것이다"42)라고 하여 기운을 '신'의 개념과 동렬에서 파악하기도 한다.

이러한 해석을 통해 기운의 질서와 '신'의 묘용이 서로 같지는 않더라도, 이들이 상호간에 밀접한 관련성을 지닌다는 것을 확인할 수 있다. 이때의 '신'은 인격적 요소를 가지고 현상계를 초월하여 존재하는 절대자를 가리키는 개념이 아니다. 그것은 기운의 신묘한 작용 내지는 그 기능을 의미할 뿐이다. '신'은 현상계의 모든 상호 대립적인 여러 가지 조건을 무화시킴으로써 만물을 통일시키는 기능을 가지고 있다. 이러한 '신'의 기능이 역기능적인 인위의 조건들을 해체시킴과 동시에 참된 존재의 자연성을 저절로 드러낸다. '신'은 기운이 갖는 능동적 작용 인자라고 할 수 있다.

장자철학에서 '신'의 작용력과 결부된 기운의 질서는 참으로 모든 존재가 그로 말미암아 존재 가능한 존재의 원인이요, 모든 생명이 그로 말미암아 생명이 가능한 생명의 원인이며, 모든 운동이 그로 말미암아 운동 가능한 운동의 원인이다. 즉 기운은 존재의 당체이면서 스스로 존재의 원인을 가지고 있고, 운동의 당체이면서 스스로 운동의 원인을 가지고 있으며, 생명의 당체이면서 스스로 생명의 원인을 가지고 있다. 장자는 이러한 기운의 질서를 통하여 허를 확보하는 해체적 마음 닦음이 다름 아닌 '심재'라고 본 것이다.

2) 전일: 대상과 하나되기

장자는 온전한 생명력으로 세상을 보고자 한다. 즉 갖가지 욕망과 분별지의 틀 안에서 세상을 대립적으로 보던 이전의 이분법적 태도를 버리고, 빈 마음에 모인 기운의 본원적 생명력을 통하여 세상을 자연스럽게 보고자 하는 것이다. 이와 관련하여 장자는 '전일(專一)'의 방식을 제시한다.

장자철학에 있어서 '전일'의 의미는 '수기일(守其一)'[43] · '수기진(守其眞)'[44] · '수기종(守其宗)'[45] · '수기본(守其本)'[46] 등의 의미와도 상통한다. 이때 '수(守)'의 목적어로 사용되고 있는 '일(一)'·'진(眞)'·'종(宗)'·'본(本)'은 모두 본래의 근원자리를 가리킨다. 그것은 '순수한 기운'[47] 내지는 '천성 또는 자연'[48]과 '참다움'[49] 그리고 '신'[50]을 의미한다.

피상적으로 볼 때, '전일'이란 일종의 정신집중인 것처럼 보인다. 그러나 장자가 말하는 '전일'은 일반적인 정신집중과는 전연 다르다. '전일'의 방향성 자체가 일반적인 정신집중과는 다른 것이다. '전일'은 온전하게 축적하여 모으는 작업이 아니라 일체의 것들을 버리는 작업이기 때문이다. '전일'은 내가 중심이 되어 세계의 사태를 집중적으로 모아들이는 방식이 아니다. '전일'은 오히려 정신을 집중하려는 일체의 유목적적인 노력을 부정하는 무위의 공능을 통한 해체 작업의 일환이다.

이런 의미에서 '전일'은 유위적인 정신집중과 다르다. '전일'을 통한 일상적 의미의 상향적 의식의 고양이나 지식의 양적 축적이란 있을 수 없다. '전일'은 우리에게 일상의 상향적 의식의 고양이란 것의 의미를 부정하게 만들며, 지식의 양적 축적이 초래하는 결과가 오히려 자아와 존재 세계의 갈라섬이라는 것을 깨닫게 만든다. 따라서 '전일'은 우리가 이미 숙지한 지식을 해체함으로써 어떠한 분별도 없이 존재 세계와 통일되는 방식이라고 할 수 있다.

이렇게 본다면, '전일'은 일상의 단계적인 상향의식을 해체하는 철저한 무위의 공능이다. 그것은 인간의 마음이 끊임없이 추구하고 있는 자아 외적 가치에 대한 지향성을 단절하고, 본래의 근원자리에 복귀하여 물아일체가 되는 것을 말한다. 여기에 이르면 '나'라는 주체도 없게 되고 '너'라는 대상도 없게 된다. '나'와 '너'가 본래 하나였던 것처럼 '나'와 '너'가 하나로 있게 되는 것이다.

주객일체의 '하나의 자리'는 주객의 분별의식이 사라진 상태로서의 텅 빔과 고요함을 그 특성으로 삼는다. 그러므로 물아가 하나임을 깨닫고 스스로 만물과 하나가 되게 하면 사지나 육체의 각 부분은 티끌과 같이 되고 죽음과 삶, 끝과 시작은 낮과 밤이 되어 마음이 어지럽혀지지 않게 된다.[51)]

장자는 비유법을 들어 '전일'에 관하여 상징적으로 설명한 후 우리가 그 상징을 해독하게 한다. 장자는 간접적 설명만을 취할 뿐 그것이 가져올 효과는 아예 독자의 몫으로 돌린다. 그리고 이 간접 효과를 최대화하기 위하여 많은 예화를 제시한다. 장자는 '전일'이 과연 어떠한 것인지를 우리의 땀내 나는 삶의 구체성 위에서 이야기하고자 한다. 이것은 자칫 자신의 이념이 추상화되는 것을 막아보자는 의도에서 기획된 것이다. 이로부터 '전일'에 관한 장자의 설명은 오히려 생동감 있게 우리에게 전해진다.

장자가 보여주는 '전일'에 관련된 우화들은 '포정해우(庖丁解牛)'의 이야기를 비롯하여 재경의 북틀 만드는 기술, 백혼무인(伯昏無人)의 활쏘기 등이 대표적이다. 이밖에도 「달생」 편에 등장하는 매미를 잡는 노인의 이야기를 비롯하여 안연이 만난 뱃사공,

싸움닭을 기르는 기성자(紀渻子), 여량에서 헤엄치는 젊은이의 사례가 있다. 또한 「지북유」 편의 허리띠를 만드는 늙은 대장장이 이야기 역시 '전일'을 보다 구체화한 설명방식이라고 할 수 있다.

여기에서는 앞의 세 가지 사례를 좀 더 구체적으로 검토해보기로 한다. 먼저 이 세 가지 우화의 내용을 간략하게 살펴보고, 장자의 상징적 비유를 통하여 드러나는 '전일'의 구체적인 사례들이 말하고자 하는 철학적 의의는 과연 무엇인지 확인해보기로 한다.

[사례1] 백정이 소 잡는 법

포정이 문혜군을 위하여 소를 해체하여 가르는데 손의 닿는 바와 어깨의 기대는 바와 다리의 닿는 바와 무릎의 닿는 바에 뼈 가르는 소리가 들려오고 칼 놀림이 사각사각하니 음율에 적중하지 아니함이 없었다. 그 소리가 상림의 무곡에 들어맞고 경수의 음율에 들어맞았다. 문혜군이 말하기를, "아아, 좋은지고. 기술이 어찌 이에 이르렀는가?"라고 하였다. 포정이 칼을 놓고 대답하여 말하기를, "제가 좋아하는 것은 도입니다. 기술보다는 뛰어난 것이지요. 처음 제가 소를 해체할 때에는 보이는 것이 소 아닌 것이 없더니, 3년이 지난 후에는 일찍이 온전한 소가 보이지 아니하고, 지금 이때엔 제가 신성으로써 대하여 눈으로써 보지 아니하고 감각기관이 앎을 멈추고 신성이 하고자 하는 대로 자연의 결에 의거하여 큰 틈을 열어 빈 공간으로 따라가는데 이는 본래 그러한 것으로 그러한 것입니다. 그 기술이 뼈와 살이 엉긴 곳조차 거치지 아니하니 하물며 큰 뼈에 있어서야 더 말할 나위가 있겠습니까!"라고 하였다.52)

장자는 문명과 기술을 비롯한 일체의 인위적 행위에 대하여 부정적이다. 그런데 장자는 이 우화에서 역설적이게도 포정이라는 전문적인 기술자를 등장시켜 자신의 주장을 개진하고 있는 점이 주목된다. 그는 당시에 가장 천한 직업에 종사하던 포정이 도의 경지에 있음을 예로 들면서, 이 우화를 통하여 진리가 특권적 소수자에게 독점되는 것이 아님을 강조한다. 포정의 입을 통해 전해지는 장자의 발언은 실로 당당하다.

도는 감각으로써 얻어지는 것이 아니다. 인간의 주관적인 의지가 대상의 본성에 투사되어 대상을 강제로 파악하는 방법을 통해서는 결코 도를 체득할 수 없다. 도는 외물에 대한 집중을 통해서 알아지는 것이 아니다. 도를 체득하기 위해서는 외물에 대한 분별의식이 해체되어 '전일'해야만 한다. 따라서 포정은 대상적 사물인 소를 개별화하여 보지 않고 자연의 됨됨이에 따라 '전일'하게 본다. 이때 개별화된 소는 소가 아니다. 왜냐하면 알려고 하는 지식주관과 알려지는 지식대상이 모두 해체되면, 소라는 개별자는 사실상 무의미하기 때문이다. '전일'이란 존재사물의 개별성과 접촉하는 것이 아니라, 존재 자체와 하나가 되는 것을 말한다.

포정은 현상 세계를 대상으로 의식하지도 않고 집착하지도 않으며, 현상 세계를 관찰할 때 지각이나 감각에 의하여 의식하지 않고 현상에 내재하는 자연의 필연적 법칙, 즉 근원적인 도에 따라 관찰하며 현상 세계에서 생에 대한 모순과 저항에 부딪칠 때 도피하지 아니하고 그에 직면하여 '전일'한 상태를 유지하고 있음을 알 수 있다.[53)]

[사례2] 재경의 북틀 만드는 기술

재경이 나무를 깎아 북틀을 만들었는데, 그것을 본 사람들은 놀라면서 귀신의 솜씨와 같다고 경탄하였다. 노나라 임금이 그것을 보고 물었다. "그대는 무슨 기술로 그렇게 하였는가?" 이에 대하여 그는 "저는 목수에 지나지 않습니다. 무슨 비술이 있겠습니까! 그렇지만 한 가지 이런 것은 있습니다. 제가 앞으로 북틀을 만들고자 할 때는 절대로 심기를 소모시키지 않고 반드시 재계하여 마음을 깨끗이 합니다. 3일을 재계하면 상을 받거나 벼슬을 얻는다는 따위의 생각을 품지 않게 되고, 5일을 재계하면 세상의 비난이나 칭찬, 잘하고 못함 따위의 생각을 갖지 않게 되며, 7일을 재계하면 전혀 마음이 움직이지 않고 나 자신이 사지와 육체를 지녔다는 것조차 잊고 맙니다. 이때가 되면 이미 조정의 권세는 다음에 없고 그 기술에 전념하여 밖에서 마음을 어지럽히는 것이 없어지고 맙니다. 그런 뒤에야 산의 숲으로 들어가 나무 본래의 자연스러운 성질이나 모습이 가장 좋은 것을 찾아봅니다. 그런 후에 마음속에 이제 만들 북틀의 모양을 그려보고 손을 댑니다. 이렇게 하면 나무의 자연스러운 본성과 제 자연스러운 본성이 하나가 됩니다. 기물이 귀신같다고 하는 까닭도 여기에 의한 것입니다"라고 말하였다.54)

여기에서 재경의 북틀 만드는 기예가 신기에 가깝게 된 것은 마음의 재계를 통해서 가능하다는 것을 알 수 있다. 그런데 이와 같은 재경의 경지에 도달하기 위해서는 우선 심기를 소모하지 않고 재계하여 마음을 텅 비고 고요하게 만들어야 한다. '전일'이란 '차별적 존재자의 대상'—여기에서는 상을 받는다거나 벼슬을 얻는다는 생각을 비롯하여 세상의 비난이나 칭찬, 잘하고 못한다는 따위의 생각들—에 대한 목적의식을 해체한다. 요컨대 '전일'은 일체의 유목적적 지향성 자체를 해체하는데 자신의 철학적 의의가 있다.

'전일'의 지향점을 굳이 말한다면, 그것은 무이다. 무를 지향하는 것 역시 하나의 대상화일 수는 있지만, 대립 모순적 대상을 대상화하는 것이 아닌, 그것을 해체하려는 특수한 상대적 대상을 대상으로 한다는 점에서 일반적인 대상화와는 차원이 다르다. '전일'함으로써만이 마음의 갈등과 혼란과 분산을 막을 수 있다. 무엇을 만든다거나 무엇이 만들어진다고 하는 대상에 대한 목적의식 자체가 사라져버리고 대상과 자연스럽게 하나가 되기 때문이다. 재경은 이러한 상태에서 자연스러운 나무의 결대로 기물을 만들기 때문에 그 기예가 신묘한 것이다.

'전일'은 자의적인 목적의식이 개입되는 것을 배제하는 무위의 행위이다. 어떠한 목적의식일지라도 그것이 행위에 개입되면 자연의 상태는 상실되며, 그로 말미암아 '전일'의 상태는 무너진다. 그렇다면 여기에서 재경이 북틀을 만드는 행위 자체는 왜 유위가 아닌 무위인가? 다소 어려운 문제임에 분명하지만, 우리는 장자가 말하는 '무위'가 일체의 행위를 모두 부정하는 것은 아니라는 점을 간과해서는 안 된다. '무위'란 일체의 차별적 행위양상을 유발하는 작위를 부정한다는 말일 뿐이다. 그 무엇인가를 목적으로 삼고 일어나는 행위가 유위임에 비하여 그러한 목적의식을 배제하고 자연스럽게 이루어지는 행위가 '무위'이다. 그러므로 재경의 행위를 '무위'라고 한 것이다.

[사례 3] 열자 스승의 활쏘기

열어구가 백혼무인에게 활을 쏘아 보였을 때 활을 힘껏 당기면 물을 담은 잔을 팔꿈치에 올려놓아도 물이 기울지 않을 정도로 좌우로 손이 수평이 되며 활을 쏘면 앞의 화살이 시위를 떠났는가 여겨지면 다음 화살이 메워지고 한 화살이 나아가는 순간 다음 화살이 활에 메워지듯 빠른데 그동안 꼼짝도 하지 않아 꼭 나무인형 같았다. 백혼무인이 말했다. "그건 유심의 활솜씨이지 무심의 활솜씨가 아니다. 어디 시험 삼아 자네와 함께 높은 산에 올라 공중으로 튀어나온 바위 위에 서서 백 길이나 되는 벼랑 밑을 내려다본다고 하자. 그래도 자네는 잘 쏠 수 있겠는가?" 그래서 백혼무인 자신이 드디어 높은 산에 올라 튀어나온 위험한 바위 위에 서서 백 길이나 되는 벼랑을 내려다보며 뒷걸음질 쳐서 발끔치의 삼분의 이를 바위 밖 공중에 내민 채 열어구를 손짓해서 오라고 하였다. 열어구는 땅에 엎드리고 두려워서 땀을 흘리며 발꿈치에까지 이르렀다. 백혼무인은 "대체로 덕이 지극한 사람이란 위로는 푸른 하늘 끝까지도 살펴보고 아래로는 황천 바닥까지 들여다보아 천지팔방에 자유자재로 날아다니면서도 정신이나 기운이 조금도 변하지 않는다. 그런데 방금 자네는 두려움에 떨며 눈이 어지러운 모양이었는데 이러서는 과녁에 적중하기가 어려울 것이다"라고 말하였다.[55]

이 우화의 주인공인 열어구(列禦寇)는 열자의 본명이다. 그는 후일 당나라 현종에 의하여 '충허진인(冲虛真人)'에 봉하여졌고, 그 때문에 그의 저서 또는 그의 이름을 가탁한 저서라고 알려진 『열자』는 『충허진경(冲虛真经)』이라고 불리기도 한다. 송나라 휘종(徽宗) 때가 되면 '치허관묘진군(致虛观妙真君)'으로 격상되어 받들어진다. 우화에 등장하는 백혼무인(伯昏無人)은 열자의 스승이다.[56] 이름에서 비쳐지는 것처럼 백혼무인은 어두움의 대명사(伯昏)이자 일체의 인위가 제거된(無人) 자연을 따르는 사람을 상징한다고 볼 수 있다.

이 우화에서 주목되는 것은 활을 쏜다는 행위의 근거가 과연 어디에 있는가 하는 점이다. 장자는 그것이 '유심'에 근거한 활쏘기인지, 아니면 '무심'에 근거한 활쏘기인지에 따라 양자는 커다란 질적 차이가 있다고 본다. '유심'은 유위를 유발하지만 '무심'은 무위를 가능하게 한다. '유심'에 근거한 활쏘기는 의식이 그와 맞서서 대상적으로 존재하는 목표물에 전적으로 집중하는 유목적적 행위를 통하여 이루어진다.

'유심'에 근거한 활쏘기는 특정한 목적의식을 가지고 이루어지는 행위이다. 목적의식을 갖는 행위는 한계가 있다. 이러한 행위는 결국 실패하고 만다. 장자는 이것을 좀 더 구체적으로 보여주기 위하여 다음과 같이 말한다. "질그릇으로 내기 활을 쏘면 솜씨 좋게 잘 맞는다. 띠쇠로 내기 활을 쏘면 주저하여 잘 맞지 않는다. 황금을 걸고 내기 활을 쏘면 마음이 혼란하여 전혀 맞지 않는다. 그 재주는 마찬가지이지만 아끼는 마음이 있어서 외물을 중시하기 때문이다. 무릇 외물을 중시하면 내면은 옹졸해진다."[57]

결국 이것은 활을 쏜다는 행위가 무목적적인 무의식의 단계로부터 점차적으로 외물의 가치에 현혹되어 목적의식이 강화됨에 따라 오히려 그 행위의 결과가 악화되고 있음을 반증하는 설명이다. 반면에 '무심'에 근거한 활쏘기는 이러한 유위적인 집중을 통한 대상에의 몰입을 철저히 부정하고 주객미분의 무분별한 경지에서 이루어지는 무목적적 행위라고 할 수 있다.

'무심'에 근거한 활쏘기는 활을 쏜다는 의식조차 없이 쏘는 무위의 행위이다. 무위의 행위이기 때문에 활을 쏨에 있어서도 적중하지 못함이 없다. 따라서 장자는 대상에 대한 집중적인 목적의식을 해체하여 활을 쏘는 나라고 하는 주관적 자아도 목표물로 세워진 대상적 사물도 사라진 본래의 자리인 주객미분의 자리에서 활을 쏘는, 즉 쏜다는 의식조차 배제되어진 활쏘기를 제시한다. 이러한 활쏘기의 지평이야말로 '전일'의 상태가 아닐 수 없다.

이상의 예화들에 나타난 '전일'의 행위는 모두 '자연의 결'을 따르는 행위이다. 그것은 '무심'과 '무위'에 기반을 둔 행위이다. 그것은 사사로움이 없는 행위이며, 목적의식을 염두에 두지 않은 행위이고, 대상과 주체를 분열시켜 놓지 않은 행위이다. 그러므로 '전일'이란 마음의 일상적인 비본연성을 해체하고 본래의 근원자리를 지키는 행위의 일종이라고 말할 수 있다. 이것은 의식의 분별작용으로부터 발생하는 일체의 이분법적인 판단을 중지하고 그것을 하나로 감싸 안고 넘어서면서 자연의 균형에 맡기는 것이다.[58]

이와 같은 상태에 이르면 세상사에 좋아함이나 싫어함이 없게 된다. 그래서 허식을 버리고 본래의 소박함으로 복귀하여 무심하게 홀로 그 형체만 독립하여 만사만물에 얽혀 있으면서도 얽매이지 않게 된다.[59] 요컨대 '전일'은 거울처럼 마음을 텅 비게 한 주객미분의 차원을 지칭함과 동시에 만사만물과 하나가 되어 서로가 차별 없이 동거하는 존재의 지평이라고 볼 수 있다.

4. 날개 없이 날기

장자의 마음 닦음은 해체적 성격을 지닌다는 점에서 일반적 수양론과는 다른 성격을 갖는다. 장자는 근본적으로 마음과 몸을 이원화하지는 않지만 무엇보다도 마음에 관하여 유별난 관심을 보여준다. 이것은 앞에서도 살펴본 것처럼 장자가 일상의 마음에 대하여 부정적으로 생각한 결과이다.

현실적으로 마음은 많은 역기능적 문제를 유발한다. 이것은 마음이 지닌 의식지향성 때문이라고 볼 수 있다. 그러므로 마음의 의식지향성은 항상 욕망과 분별지를 양산해 내는 문제의 중심에 있다. 우리가 만일 끊임없이 외부로 치달리려는 마음의 의식지향성을 부정하지 않는다면, 인간의 삶은 한시도 편안할 날이 없을 것이다. 그러므로 장자는 대상 지향적 분별을 야기하는 마음의 의식지향성은 해체되어야 한다고 생각한다.

마음 한 가운데는 항상 '나'라는 주체가 자리 잡고 있다. '나'는 욕망의 주체로서, 또한 분별지의 주체로서 존재한다. 그러므로 주체로서의 내가 존립하는 한 마음이 욕망하는 것과 분별지를 통해 분별하는 것은 항상 자기중심적일 수밖에 없다. 장자는 그래서 마음을 떠나 기운의 질서를 통하여 세계를 보라고 한 것이다. 이것은 주체를 해체하라는 말과도 통한다. 그렇다면 이와 같이 자기가 자기의 주체를 해체해야 하는 이유는 무엇일까?

이것은 '나는 나다'라고 하는 자기동일성의 원리에 심각한 모순이 잠재되어 있기 때문이다. '나는 나로서 존재한다'는 이 원리는 모든 추론의 근원을 이루는 자기 동일적인 원리이며 일차적 원리인 것이다. 또 이 원리에 따르면, 사유의 주체인 정신적 자아는 인식의 주체가 되고, 사유의 대상이 되는 일체의 경험적 존재들은 인식의 대상으로서 이차적 위치로 자리매김 된다. 따라서 모든 인식 행위와 사유 행위의 절대적 특권과 정당성을 부여받은 사유 주체의 정립이 문제가 되는 이유는 그로부터 인식의 주체와 대상 내지 주체와 객체라는 이원 대립적 구도가 비롯되며, 주체와 객체 사이에는 주체가 객체의 속성을 소유 내지 전유하는 착취 관계가 성립되기 때문이다.[60)]

이와 같은 이유 때문에 장자는 '나는 나로서 존재한다'는 자기동일성을 부정하여 해체한다. 이때 '나는 내가 아니다'고 말할 수 있게 되지만, 장자는 이것 역시 해체한다. 해체는 해체하려는 의식마저 해체한다. 그런데 여기에 유의할 점이 있다. 장자가 해체하고자 하여 해체하는 대상으로서의 나의 존재가 과연 어떤 존재냐 하는 점이다. 그것은 두말할 것도 없이 마음과 연관된 존재로서 의식화된 나라는 존재이다. 그러므로 '나는 나로서 존재한다'는 말은 달리 표현하자면, '나는 나라고 하는 것으로서 존재한다'는 말이다.

'나'와 '나라고 하는 것'은 다른 존재이다. '나'는 존재의 당체이지만, '나라고 하는 것'은 의식의 주체이다. 존재의 당체와 의식의 주체는 하나의 존재적 기반 위에 존재하지만, 의식의 주체로서 의식된 존재는 그 외연의 폭이 결코 넓을 수 없다. '나라고 하는 것'은 의식을 통하여 분별되고 언어를 통하여 지칭된 존재이기 때문이다. 그러므로 이것은 온전한 존재일 수 없으며, 존재의 자기동일성으로부터 항시 일탈을 꿈꾸는 의식의 주체에 머물 수밖에 없다.

장자는 '나는 나다'라고 하는 자기동일성을 해체하여 '나는 내가 아니다'라고 하는 역설을 제기하는가 하면, 오히려 이 역설을 넘어 '나는 내가 아니다'라고 하는 것조차 해체한다.[61] 왜냐하면 장자가 볼 때, '나'는 '말'로 규정될 수도 있고, '소'로 규정될 수도 있는 존재이기 때문이다.[62]

참고로 내가 여기에서 사용하고 있는 '해체'의 개념은 의미론적 특성을 갖는다. 현대 서양의 해체주의자들이 현학적으로 달하는 '해체'라는 의미로서보다는, 단순히 『장자』가 말한 '포정해우(庖丁解牛)'처럼 '해우'와 같은 맥락의 '해체'의 의미로서 사용한다는 점을 전제한다. 그것은 마치 포정이 소를 가르듯이 은유된 '몸'—일종의 소 또는 일체의 은유된 '몸'에 대한 의식과 같은 것—을 가르는 것을 말한다. 따라서 내가 전제하는 해체는, 의미론적 측면의 사상의 중심으로서 은유된 몸에 대한 해체를 말할 뿐이다. 이때의 몸의 은유는 일체의 인위적 중심들과 관련된 것들이다.

이러한 사유방식은 유가에서 보면 대단히 위험스러워 보인다. 인간의 길은 금수의 길과 다르기 때문이다. 인간이 인간일 수 있는 까닭은 인간이 인성을 가졌기 때문인데, 소는 소의 본성을 가지고 말은 말의 본성을 가질 뿐 금수는 결코 인간이 될 수 없는 노릇이다. 이때 금수가 인간이 될 수 없다는 것은 금수가 윤리적 행위의 주체가 될 수 없다는 말이 될 것이고, 결국 인간다운 인간은 금수의 길에서 완벽하게 벗어나 있어야 한다는 논리가 성립한다. 이러한 사고는 대단히 가치론적이다. 그러나 장자의 사고는 존재와 지식에 관련된 판단의 양상을 문제 삼는 것으로서, 자기중심적 세계관을 유발하는 개별적 자아가 지닌 마음의 세계를 점검한다는 데 의의가 있다.

요컨대 나는 나일 수 없다. 즉 나는 자기중심적 주체일 수 없다. 장자의 해체는 이 자기 중심적 주체의 해체에 관심이 있다. 우리는 분명 존재로서 '말'일 수 없고, '소'일 수도 없다. 이것은 너무나 자명한 문제인 동시에 매우 하찮은 문제이기도 하다. 그러나 한 차원 깊게 생각해보면, 장자의 이러한 해체적 사유는 인간의 주체가 얼마나 강화되어 있기에 이 강화된 주체를 해체하지 못하고 자기중심적 세계관으로부터 자유롭지 못하는가에 대한 철학적 반성이다. 우리는 나를 벗어나서 생각하지 못한다. 내가 기준이 된 세계는 항상 나의 존재의 영역 안에 복속되어야 하는 주변일 뿐 그 자체의 존재의의는 문제가 되지 않는다. 따라서 장자의 마음 닦음은 주체로서 정립된 의식화된 자기를 해체하고자 한다.

우리는 나의 주체가 지닌 이성이 항상 올바르다고 생각할 수 없다. 주체의 지울 수 없는 편집증적 모순은 타자들을 항상 자신의 주체의 영역 안에 복속시키고자 한다. 이 지점에서 우리는 의식화된 자기의 해체 문제에 관한 료타르(J.-F. Lyotard, 1924~1997)의 견해에 귀를 기울일 필요가 있다.

> 인간이 인간에 대해서 저지른 가장 야만적인 사건들, 가령 제국주의, 양차 세계 대전, 아우슈비츠 대학살 사건, 파시즘, 나치의 등장 등은 인간의 비합리적 충동에서 나온 것이라기보다는 근대적 이성의 자기 신뢰와 그 연장선상에 있는 이론적 학문의 자기 확신에서 유래한다. 풀어서 말하면, 그것은 어떤 서술적 명제 'P이다'가 'P이어야 한다'라는 처방·법규적 명제로 받아들여지면서 일어나는 비극이다. 그 비극은 어떤 서술적 명제가 진·선·미의 기준이 되고, 이 기준에서 벗어나거나 그에 환원되지 않는 것들은 무의미한 것, 야만적인 것, 또는 무질서하고 추악한 것으로 배제되는 것에서 비롯된다. 어떤 서술 명제가 당위 명제로 바뀌고 나면, 이 당위적 권능을 기준으로 표상 세계나 사회적 공공성의 세계 내에 위계질서가 생기게 된다. 그래서 하위의 사실들은 상위의 것으로 교정되거나 제거되어야 할 것으로 전락한다. 마치 죄수처럼63)

장자 역시 그릇된 이성의 신뢰를 해체하고자 한 철학자이다. 장자는 마음과 몸의 차원을 이원화하지 않으면서도 그릇된 이성의 자기 신뢰를 양산하는 부정적 마음의 양태에 관심을 기울여 이를 부정한다. 그 이유는 주체화된 마음이 해체되면 주체와 대상이라는 것이 무의미할 뿐만 아니라 지배와 종속이라는 것도 무의미하게 되기 때문이다. 중심의 자리에 있던 주체가 해체되면 주변의 다양한 타자들은 상대적으로 자신의 참모습을 진실하게 드러낸다. 이렇게 본다면, 장자철학에 있어서 주체의 해체는 곧 자기중심적 세계관의 해체라고 할 수 있다. 이때 주체의 해체란 자기가 자기를 부정하는 것에 다름 아니다.

그렇다면 장자의 마음 닦음에 있어서 해체는 단지 해체되기만

하는 것일까? 해체가 드러내고자 하는 세계는 단지 필연적으로 또 다시 해체를 기다려야만 하는 해체될 세계에 지나지 않는 것일까? 양파 껍질을 벗기고 벗긴 끝에 남는 허무의 세계와 같이 해체 이후에 남는 세계는 그렇게 허무에 지나지 않는 것일까?

이러한 질문들에 대하여 우리는 단적으로 대답하기가 곤란하다. 왜냐하면 장자의 시각에서 보면, 이에 대한 대답은 그럴 수도 있고 그렇지 않을 수도 있겠기 때문이다. 장자는 양자택일적인 존재응답을 회피하는 경향이 있다. 언어는 일방향성을 가질 수 있기 때문이다. 결국 이 일방향성에 기초를 둔다면, 그럴 수도 있고 그렇지 않을 수도 있다는 대답 또한 해체될 대상에 지나지 않는다.

장자의 마음 닦음에 있어서 해체 이후에 남는 것은 '어떤 것'(Etwas)도 없게 된다는 사실이다. 그러나 그것이 '아무 것'도 없는 것은 아니다. '아무 것'과 '어떤 것'에 대한 정의내리기를 시도한다면, '아무 것'은 어떤 사물이든지 꼭 지정하지 않고 감추어 이르거나 가정하여 이를 때 쓰는 말인데 비하여 '어떤 것'은 일의 성질이나 상태가 어찌 되어 있다는 것을 설명할 때 사용하는 개념적 특징을 갖는다. 그렇다면 '아무 것'은 불특정한 존재에 사용되는 반면, '어떤 것'은 특정한 존재에 사용되는 용어라고 할 수 있다. 이러한 사전적 의미를 감안해 본다 하더라도 장자가 해체하고자 하는 대상은 '아무 것'이 아닌 '어떤 것'이라고 보아야 한다. 왜냐하면 특정한 존재로 있다는 것은 인간의 의식에 표상된 존재라는 말이기 때문이다. 그 특정한 존재로 규정되어진 존재가 '정유(定有, Dasein)'[64]이다. 그것이 부정의 대상이고 해체의 대상인 것이다.

부정과 해체를 통해 드러나는 세계는 그 '어떤 것'도 남는 흔적은 없다. 도리어 역설적이게도 이 해체를 통하여 그동안 숨어 있던 모든 것들이 여실하게 드러난다. '어떤 것'과 '아무 것'이란 서로 다른 언어이다. 나는 '어떤 것'의 의미를 의미차원으로, 그리고 '아무 것'의 의미를 존재차원의 개념으로 이해한다. 이러한 사유의 연장선상에서 장자의 해체는 의미차원의 '어떤 것'을 해체하는 것이지 존재차원의 '아무 것' 일체를 해체하려는 것이 아니라고 본다.

세계는 '어떤 것'으로 존재할 수 없지만, 한편으로 '어떤 것'으로 엄연히 존재한다. 다시 말하자면 세계는 인간의 의식과 특화된 언어를 통하여 규정되어 언명된다는 말이다. 이러한 존재의 양상은 본원존재에 비하여 너무도 부분적이고 유한하다. 그래서 장자는 '어떤 것'을 해체한다. 거기에 '아무 것'도 없는 허무의 존재가 남는 것이 아니라 '어떤 것'도 없는 진실한 존재가 드러난다. 장자는 이 진실한 존재를 도라고 생각하였다. 도는 인간의 의식과 언어를 통하여 특정한 것으로 존재하지 않는다. 도는 스스로 존재하기 때문이다.65)

이 스스로 존재하는 도를 특정한 것으로 판단하지 않는 방법은 의식화된 주체를 해체하는 길밖에 없다. 의식화된 주체가 존립하는 한 세계는 주객이 양분된 대립적 구도에서 벗어나지를 못한다. 그래서 장자는 마음 닦음을 통하여 의식화된 주체의 중심인 마음을 비우라고 한 것이다. 마음이 비워지면 그로부터 '나라고 하는 것'으로서의 주체적 중심도, '너라고 하는 것'으로서의 대상적 주변도 다 같이 사라지기 때문이다.

장자는 일차적으로 대상의 문제보다 주체의 문제에 관심을 갖는다. 그러나 주체는 해체되어야 한다. 주체의 해체에는 이전에 주체에 맞서 존재하던 대상의 해체가 필연적으로 수반된다. 왜냐하면 대상이 대상일 수 있었던 원인이 근본적으로 주체의 의식에 있었기 때문이다. 주체가 해체되면 내외의 분별뿐만 아니라 주체와 대상 사이에 형성되었던 대립적 관계까지도 함께 해체된다.

장자철학에서 마음 닦음의 해체는 대상을 주체의 틀로부터 분리하여 의식하는 주객대립의 일방향적인 의식을 지양하는 것을 의미할 뿐, 결코 마음 그 자체의 단멸이나 존재 그 자체의 완전한 멸식을 의미하지 않는다. 다시 말하자면 이전에 주체에 의하여 대상화되었던 대상은 대상 그 자체가 아니라 의미화된 대상이었기 때문에 이전에 대상이었던 대상이 해체된다는 것은 우리의 안전에 현전하는 대상 그 자체의 존재성이 사라져 버린다는 의미는 아니라는 말이다.

이러한 의미에서 장자는 주체의 해체가 가져오는 결과가 다름 아닌 '물화(物化)'라고 보았다. '물화'가 무엇인지를 설명하기 위하여 장자는 그 유명한 '나비 꿈' 이야기를 제시한다.

> 한번은 장주가 꿈에 나비가 되었다. 가벼이 나풀나풀 날아다니는 나비는 유유자적 즐기면서 자신이 장주라는 것을 깨닫지 못했다. 그러나 문득 깨어나 보니 틀림없는 장주 자신이 아닌가. 장주가 꿈에 나비가 된 것인지 나비가 꿈에 장주가 된 것인지 알 수가 없었다. 장주와 나비는 반드시 구분이 있을 것이다. 이것을 '물화'라고 하는 것이다.66)

이것은 의식화된 주체가 해체됨으로써 사물에 동화되어 주객의 분리가 배제된 이후에 드러나는 해체의 여백, 또는 그 결과라고 할 수 있다. 그리고 이 여백을 남기기 위하여 장자는 '나'의 주체와 '나비'라는 객체는 분별되어 차별화될 수 없다는 것을 담론화하기 위하여 꿈이라는 매개를 사용하였던 것이다. 꿈은 주체의 해체를 가져오고, 현실적으로 명백했던 주객의 대립을 무화시킨다.

주체의 해체는 주객이 분별되지 않는 존재의 일원화를 가져온다. 그러나 이러한 분별의 해체 이후에도 분명 '나'와 '나비'는 남는다. 이러한 점 때문에 장자의 '물화'는 서양의 아도르노(Adorno, 1903~1969)가 말하는 '물상화'와 차별된다. 아도르노는 벤야민(Benjamin, 1892~1940)에게 보낸 1940년의 편지에서 "물상화 그 자체가 망각이다"라는 말을 사용하였는데,[67] 장자의 '물화'는 프랑크푸르트학파 학자들이 사용한 '기억의 상실'과 같은 망각의 '물상화'와는 차원을 달리 하는 것임에 유의할 필요가 있다.

나는 이런 이유 때문에 장자를 '망각'의 개념으로 접근하는 일체의 태도를 부정한다. 주체의 해체는 오히려 개별적 존재들의 본성을 온전하게 하고, 자신이 지닌 존재력을 일방향으로 구체화하여 드러내지 않기 때문에 주체와 대상을 가르는 존재적 간극은 무의미하게 되는 결과를 가져오는 것이다.

좀 더 구체적으로 말한다면, 장자철학에서는 의식화된 주체의 해체가 오히려 「덕충부」 편에 나타나는 것과 같은 방식의 '재전이덕불형(才全而德不形)'의 맥락을 온전하게 드러나게 한다. 즉 '재(才)'와 '덕(德)'이 개별적 존재들에 의하여 편벽되게 작용하지 않고 보편적으로 살아나 활동함으로써 본원존재와 유기적 연계성을 갖게 되는 것이다.

나는 이상과 같이 장자철학에 나타난 마음 닦음이 일반적 의미의 수양론과는 다르다는 점을 전제하고, 그 해체적 성격을 살펴보았다. 기본적으로 장자철학에서 '마음의 확충'이란 무의미하다. 그것은 장자철학의 논의의 대상이 아니다. 왜냐하면 장자가 기본적으로 상정하고 있는 마음이란 부정적 성향을 지닌 것이기 때문이다.

잘못된 마음의 확충이 아닌, 그 배제와 소멸이 장자의 관심사이다. 그렇다고 장자에 표현된 긍정적 마음이라고 하여 해체의 부정 작업을 멈추지는 않는다. 해체가 멈추는 순간 자연도 떠난다. 이러한 이유 때문에라도 장자는 자신의 철학 체계 안에서 마음을 기르는 공부 방법을 논의할 수 없게 된 것이다. 장자에게서 마음 닦음이란 오히려 그 마음이 양산해 내는 비본연한 양태들을 소거해 나가는 부정적 해체작업일 수밖에 없다.

장자의 철학 체계 내에서는 마음에 관련된 논의가 중층 구조를 이루고 전개되고 있다. 즉 마음은 부정적인 현실태를 띠고 드러나 있기도 하지만, 보다 근원적으로는 긍정적 기능을 담지한 본연태로 제시되기도 한다. 장자는 무엇보다도 부정적 마음의 현실태에 관심을 갖는다. 부정적 마음은 그만큼 문제의 소지가 많기 때문이다.

이 마음은 욕망과 분별지를 양산해 내는 '분별심'이라고 할 수 있다. 분별심은 주체와 대상을 대립적으로 맞세워 이원화한다. 여기에서 주체는 마음의 한 가운데 정립된다. 그러므로 장자는 주체의 해체를 시도하게 되는 것이고, 이때 주체의 해체란 자기중심적으로 경도된 의식화된 주체로서의 마음을 해체한다는 말과 통하게 되는 것이다.

이러한 부정적 마음의 현실태를 해체할 수 있는 기능은 순기능적 마음이 지니고 있는 기운의 질서에 의하여 가능하다. 그렇다고 순기능적 마음이 가려져 있다가 별안간 등장하여 부정적 마음을 해체할 수는 없는 노릇이다. 나는 이 문제의 일부를 분별심 자체에 돌려주어야 한다고 생각한다. 분별심은 주체와 대상을 판연하게 나누기도 하지만, 자신이 이원화되어 있다는 것 또한 분별할 수 있는 능력을 자체적으로 갖고 있다고 보기 때문이다.

이렇게 본다면, 분별심의 특징이 극단적으로 부정적인 것만은 아니라는 점에서, 분별지의 일면적 가치를 용인할 부분이 있다. 분별심은 선·악 내지 참·거짓을 나누기도 하지만, 선이 좋고 참이 좋은 것이라고 일방적으로 판단하는 기능도 지니기 때문이다. 따라서 부정적 마음을 해체하고자 하는 판단의 주체를 분별심에서 찾지 않을 수 없다. 그리고 이렇게 말하는 해체라는 말조차 해체되지 않으면 안 된다. 분별심을 통한 해체는 진정한 의미의 해체가 아니기 때문이다.

이러한 해체를 통하여 마음은 거울과 같이 맑은 상태를 유지하고, 대상을 편견 없이 수용하게 된다. 이것은 기운의 질서에 의하여 세계 자신과 하나로 관류하는 마음이기 때문에 가능한 것이다. 장자는 이러한 순기능적 마음에 이르기 위하여 '심재'와 '전일'의 방법을 제시한다. 이들은 다 같이 마음 닦음의 해체를 통하여 주체와 대상의 거리를 제거하고자 하는 방법들이다. 그 거리감을 없애는 일차적 작업이 주체의 해체이다. 그래서 장자는 주체의 해체에 관심을 갖는다. 주체의 해체라는 선결조건이 이루어지면 개별화된 기운의 질서는 존재 자체의 보편성 안으로 수렴되어 주체와 대상의 존재적 틈은 사라지게 된다.

그러므로 장자철학에 있어서 마음 닦음의 해체는 대상을 주체의 틀로부터 분리하여 자기중심적으로 의식하는 주객대립의 일방향적 의식을 지양하는 것을 의미할 뿐 결코 마음 그 자체의 단멸이나 존재 그 자체의 완전한 멸식을 의미하는 것이 아님을 알 수 있다. 주체의 해체는 오히려 개별적 존재들의 본성을 온전하게 하고, 자신의 존재력을 본원존재의 존재력에 동참시키기 때문에 존재의 자연성을 있는 그대로 드러나게 한다. 이것은 은유적 몸의 해체가 자연을 드러낸다는 방증이기도 하다.

07

자유를 향한 잊음

자유를 향한 잊음

1. 장자는 자기망각의 초월론자인가?

우리는 장자철학을 논의할 때 대부분 장자의 공부론에 있어서 그의 '좌망'에 관하여 주목한다. 그럼에도 우리는 일반적으로 장자의 '좌망'보다는 선불교의 '좌선'을 더 친숙하게 느낀다. 그 개념적 유사성이 있음에도 선불교의 '좌선'의 개념이 보다 친숙하게 느껴지는 반면 장자의 '좌망'의 개념은 상대적으로 낯설게 다가온다. 그것은 오랜 동안 전승되어온 불교의 문화적 영향력이 도가의 영향력에 비하여 상대적으로 강하기 때문임을 부정할 수 없다.

물론 선불교에서도 '좌선'이라는 말 이외에 '좌망'이라는 말을 사용하기도 한다.1) 그러나 '좌망'의 용어는 불교적이라기보다는 노장적 세계관, 특히 장자적 세계관의 한 특색을 발휘하고 있는 용어이다.2) 그럼에도 이 '좌망'이라는 깨침의 방법은 후대에 중국 선종으로부터 크게 주목받게 되고 그 철학적 기반을 형성하는 데 일정 부분 기여하는 역할을 담당하기도 한다.3) 뿐만 아니라 장자의 '좌망'은 장자 이후 형성되는 도교적 세계관 형성에도 고스란히 전승됨으로써 도가철학과 도교가 상호 연관되는 중요한 계보로서의 지위를 담당하게 된다.

우리는 여기에서 장자의 '좌망'과 선불교의 '좌선'이 어떠한 맥락에서 유사하며, 또 어떠한 맥락에서 서로 다른지의 물음을 제기할 수 있을 것이다. 또한 같은 맥락에서 장자의 '좌망'과 도교의 '좌망'의 관계에 대해서도 물을 수 있을 것이다. 그러나 이러한 점은 이 글의 논의의 대상에서 제외된다. 이 글은 다만 장자의 사유 맥락 위에 자리 잡고 있는 '좌망'의 철학적 의미를 장자의 취지를 좇아 현대적 시각에서 풀어보고자 하는 목표에 충실하고자 할 뿐이다.

나는 먼저 『장자』에 표현된 '좌망'의 논의자료와 그 문맥을 구체적으로 검토해보고, '좌망'이란 도대체 어떠한 의미를 지니고 있는지 살펴보고자 한다. 이 과정에서 '좌망'의 의미가 단편적인 의미에 머무는 것이 아니라 양면성을 지니고 있음을 확인해볼 것이다. 또한 현실적으로 '좌망' 속의 잊음과 '전도된 잊음'의 상반성이 존재할 수 있다는 점을 감안하여, '좌망'과 '전도된 잊음'의 문제를 상대적으로 대비해보고, 이를 통해 '좌망'의 의미를 보다 구체적으로 검토해볼 예정이다.

그런데 한 가지 주의할 점이 있다. 장자의 '좌망'을 '자기망각'을 통한 초월적 세계로의 관념적 이주의 기획으로 규정하고,[4] 장자를 현실을 벗어나고자 하는 초월론자로 비판하는 사례가 있다는 점이다. 이때 '자기망각'이란 일종의 자기 해방과 같은 종류의 탈자아적 개념이라기보다는, 다른 주체로의 굴종과 복속을 기약하는 훼손된 정신의 표상이다. 이런 의미에서 '자기망각'은 주체 상실의 존재론에 해당한다. 주체 상실의 존재론은 자기보다 강력한 권능을 가진 새로운 주체에 대한 꿈과 그 꿈에 대한 각연한 기대감으로 부풀어있다. 초월은 막다른 골목에서 그 꿈과 조우한다. 그러나 이것은 하나의 허위의식일 뿐이다.

그럼에도 혹자는 장자가 말하는 '좌망'과 같은 방법은 단지 정신적 초월을 위한 수양방법에 지나지 않는다고 주장한다.[5] 뿐만 아니라, 그 정신적 초월의 문제와 관련하여 장자를 다음과 같이 비판하기도 한다. "장자의 초월은 어쩔 수 없는 도피이고, 그가 높여서 말하는 주관정신의 팽창은 도피에 대한 일종의 미화일 뿐이다. 그 목적은 자아의 위안일 뿐이다."[6] 그렇다면, 과연 이러한 주장은 타당성이 있는 것일까? 그리고 장자는 이러한 종류의 자기망각의 철학자였을까?

나는 이 점에 주목하고, 장자의 '좌망'에 함의된 철학적 의의를 우리들 일상의 생활세계로터 확인해보고자 한다. 이 과정에서 장자적 삶의 이상과 '좌망'의 의의가 결코 현실을 벗어난 초월적인 것에로의 이주를 기획하기 위한 심리적 기제가 아님을 논구해보도록 할 것이다. 이러한 검토를 통하여 장자의 '좌망'론이 현실적 생활세계의 일상 위에서 그 일상성에 예속되지 않는 삶의 이상을 구현해내고자 제안되었다는 점이 자연스럽게 드러날 수 있을 것이다.

2. 좌망 : 앉아서 잊기

1) 안회와 공자의 대화

중국철학사에 있어서 '좌망'에 관한 논의는 장자로부터 비롯된다. 장자 이전의 그 어떠한 철학자에게서도 '좌망'의 개념은 발견되지 않는다. 그만큼 '좌망'이 장자철학에서 차지하는 비중은 크다고 할 수 있다. '좌망'이야말로 장자의 독창적 철학사상을 대변하는 주요 개념 중의 하나이다.

그럼에도 이 '좌망'에 관한 논의는 「대종사」 편에 단 한 차례밖에 등장하지 않는다. 물론 '좌망'과 관련된 유사한 내용들이 『장자』 전편의 곳곳에서 발견된다고 할 수는 있지만, '좌망'의 개념이 표면적으로 제시된 것은 단 한 차례에 지나지 않는다. 그렇다면 이제 장자가 말하는 '좌망'의 기초적 자료를 살펴봄으로써 그 문맥의 의미를 구체적으로 검토해보기로 하자.

장자는 공자와 그의 제자 안회가 서로 문답하는 형식을 빌려 '좌망'을 언급한다. 「대종사」 편에 실린 '좌망 문답'은 다음과 같다.

> 안회가 말했다. "저는 얻은 바가 있습니다."
> 공자가 물었다. "무슨 말이냐?"
> 안회가 대답했다. "저는 인의를 잊었습니다."
> 공자가 말했다. "됐다. 그러나 아직 미흡하다."
> 안회가 다른 날 다시 (공자를) 뵙고 말하였다. "저는 얻은 바가 있습니다."
> 공자가 물었다. "무슨 말이냐?"
> 안회가 대답했다. "저는 예악을 잊었습니다."
> 공자가 말했다. "됐다. 그러나 아직 미흡하다."
> 안회가 다른 날 또 다시 (공자를) 뵙고 말하였다. "저는 잊은 바가 있습니다." 공자가 물었다. "무슨 말이냐?"
> 안회가 대답했다. "저는 '좌망'하였습니다."
> 공자가 놀라서 물었다. "무엇을 '좌망'이라 하느냐?"
> 안회가 대답했다. "육체의 욕망을 버리고 눈이나 귀 등의 감각의 작용을 없애며 이 육체를 떠나고 지식을 버려서 자연의 커다란 도와 하나가 되는 것을 '좌망'이라고 합니다."7)

우리는 여기에서 '인의예악'에 대한 잊음의 순서가 '인의를 잊음'→'예악을 잊음'이라는 단계적 순서를 밟으면서 전개되고 있음을 볼 수 있다. 그리고 이러한 잊음의 단계적 순서를 거쳐야 만이 비로소 '좌망'에 이를 수 있는 토대가 마련된다는 것을 알 수 있다.

주석가들은 이러한 순서를 있는 그대로 인정하기도 하지만, 경우에 따라서는 그 순서가 잘못되었다고 반론을 제기하기도 한다. 장자의 '좌망 문답'에 있어서 그 문맥상 가장 논란이 되는 것은 바로 '인의예악'에 대한 잊음의 순서라고 할 수 있다.

현대에 들어오면서 왕슈민(王叔岷, 1914~2008)을 비롯한 첸꾸잉(陳鼓應) 등 일부의 주석가들은 이와 같은 순서가 잘못되었기 때문에 바로 잡아야 한다고 주장한다. 즉 '인의를 잊음'→'예악을 잊음'의 순서는 마땅히 '예악을 잊음'→'인의를 잊음'의 순서로 정정되어야 한다는 것이다. 첸꾸잉은 왕숙민의 교정에 근거하여 다음과 같이 주장한다.

> 왕슈민 선생은 다음과 같이 주장하였다. 『회남자』「도응훈」 편을 보면 인의와 예악의 두 글자는 서로 바뀌어 있다. 문장의 의미를 깊이 살펴보고 마땅히 『회남자』의 원문을 따른다. 『노자』는 "도가 사라진 후에 덕이 있고, 덕이 사라진 다음에 인이 있게 되며, 인이 사라진 다음에 의가 있게 되고, 의가 사라진 다음에 예가 있게 된다"고 하였다. 『회남자』「본경훈」 편에서는 "도덕을 안 연후에는 인의의 행위가 부족하다는 것을 알고, 인의를 안 연후에는 예악을 닦는 것이 부족하다는 것을 안다"고 하였다. 도가에서는 예악을 인의의 다음의 것으로 본다. 예악은 외적인 것이고, 인의는 내적인 것이다. 외적인 것을 잊은 다음에 내적인 것까지 잊음으로써 '좌망'의 단계에 이르는 것인데, 만약 인의를 먼저 잊는다고 말한다면 곧 장자의 의도를 벗어나게 된다.[8]

이러한 견해는 『회남자』의 원문[9]에 의거하여 그 정당성이 보장되어야 하며, 마땅히 '예악을 잊음'→'인의를 잊음'이라는 순서로 수정되어야 한다는 입장이다. 왕슈민, 첸꾸잉 이외에도 류쑤야(劉叔雅, 名: 文典, 字: 叔雅, 1889~1958), 천꽌쉐(陳冠學, 1934~2011) 등이 이러한 견해에 동의한다. 즉 예악은 유형하고 인의는 무형하므로 마땅히 유형한 예악을 먼저 잊고 다음으로 무형한 인의를 잊음으로써 최종적으로 '좌망'에 이를 수 있다는 것이다.[10] 이들은 인의와 예악을 잊는 순서가 '인의를 잊음'→'예악을 잊음'의 순서로 전도된다면, 이는 도가적 사유와는 다른 것이라고 한다.[11]

그러나 전통적으로 많은 주석가들은 '인의를 잊음'→'예악을 잊음'의 순서를 그대로 받아들인다. 명말 청초의 왕부지는 원문에 나타난 '인의예악'의 잊음의 순서를 그대로 인정한 대표적인 경우이다. 왕부지는 다음과 같이 말한다.

> 먼저 인의를 말하고 뒤에 예악을 말한 것은 예악이 작용이기 때문인데 그것은 마치 존재에 깃들 수 있는 공용과 같다. 인의는 곧 마음에서 이루어져 긍정과 부정의 논리를 만들어 내는데, 지나치면 후회하고 마땅하면 자득하게 된다. 사람들은 자기 스스로를 군자라고 여겨 그 작은 것을 이루는 것이다. '좌망'은 비단 외물의 잊음만을 갈하는 것이 아니라 먼저 스스로 자기 자신의 주체적 자아의식을 잊는 것이다.[12]

이는 인의와 예악의 관계를 신유학 특유의 체용론적 관계로 보아[13] 존재의 본체가 사라지면 존재의 작용은 저절로 사라진다는 점을 강조한 것이라고 볼 수 있다.

왕부지는 여기에서 장자가 '외물을 잊음'과 '주체적 자아를 잊음'은 서로 무관하게 이루어지는 것이 아니라는 것을 역설적으로 보여준다고 본다. 즉 '외물을 잊음'이 개별적으로 이루어지는 것이 아니라 반드시 '주체적 자아를 잊음'이라는 기본적인 전제 조건 아래 놓이게 될 때라야 만이 그것이 이루어진다고 보는 것이다. '외물의 잊음'은 '주체적 자아의 잊음'과 동시에 이루어진다는 것이 왕부지의 입장이다.

이상과 같은 두 가지 주장 중에서 나는 '인의'를 잊은 다음

'예악'을 잊는다고 한 『장자』 원문의 순서를 그대로 따르는 것이 '좌망'의 본의에 더 적합할 수 있다고 본다. 물론 장자도 "도가 상실된 이후에 덕이 생겨나고, 덕이 상실된 이후에 인이 생겨나고, 인이 상실된 이후에 의가 생겨나고, 의가 상실된 이후에 예가 생겨난다"[14]고 하여, 노자와 같이[15] '인의예악'이 상실되는 순서를 '인→의→예→악'의 순으로 보고 있다.

그러나 '좌망'을 설명함에 있어서 장자는 '인의예악'이 상실되는 순서를 거꾸로 말하여 예악을 잊은 후에 인의를 잊는다는 식으로 잊음의 순서를 강조하고자 하기보다는, 인의의 내적 본질을 잊으면 경험적으로 축적된 예악의 형식적 규범은 문제가 되지 않는다는 점을 역설적으로 강조한 것이라고 볼 수 있는 측면이 있다. 도덕본질로서의 내적 인의를 잊게 된다면 외적 도덕규범으로서의 예악은 큰 문제가 되지 않을 뿐 아니라, 그 형식적 규범에 걸리지 않고 자유로울 수 있다는 것이 '좌망'에 내재된 사유의 핵심이다.

2) 예악을 잊는다는 것

장자는 '좌망'함에 있어서는 무엇보다도 유가의 도덕 덕목들을 먼저 잊어야 한다고 주장한다. 공자와 안회의 '좌망 문답'에 있어서 안회가 '인의예악'을 잊었다고 한 것이 그것이다. 이로 인하여 우리는 장자의 철학사상이 유가의 철학사상에 대한 반정립(Antithese)으로서 성립된 사상이라고 간주할 수도 있다.

그러나 이것은 성급한 결론이라고 여겨진다. 장자가 유가의 도덕 덕목들에 대하여 부정하고 있는 것만은 사실이지만, 역설과 반어의 우화들로 가득 찬 장자의 표면적 언어의 이면을 무시하고 그의 언명 자체를 그대로 인정하여 장자의 철학사상을 유가의 철학사상에 대한 안티테제라고 단정적으로 규정할 수는 없다.

도가에서 유가의 인의관에 대하여 비판적인 태도를 보이는 것은 도덕적 논의로서 제기된 인의가 절대적일 수 없다는 한계를 노정시켜 규범에 매이지 말 것을 경고한 것이다. 따라서 장자도 유가라고 하는 특정한 학파의 인의관을 전면적으로 반대한 것은 아니다. 장자의 철학 체계 내에서는 학파 간의 대결 구도를 찾는 것조차도 무의미하다. 사실상 이러한 대결 구도 자체를 해체하고자 하는 것이 장자철학의 핵심이기 때문이다. 그럼에도 장자 연구가들이 지나치게 장자의 철학 체계를 유가에 대한 반정립으로 거론하는 것은, 한나라 이후 나타나기 시작하는 학제 간의 대결 구도 속에서 자파의 학문적 우월성을 역사적으로 정착시키려고 했기 때문일 것이다.

물론 장자는 "인의는 선왕의 주막이오. 하룻밤 정도 쉬는 것은 좋을지 모르나 오래 거처해서는 안 된다. 만약 오래 거처하여 늘 만난다고 하면 책망을 많이 받게 될 것이다"[16]라거나, "티끌이 눈에 들어가면 사방을 분간할 수 없듯이 인의는 사람들의 마음을 어지럽혀 세상에 막대한 혼란을 초래한다",[17] "지나치게 인의를 내세우는 자는 자연스러운 덕을 뽑아버리고 본래의 천성을 막아 그것으로 명성을 거두려고 한다"[18]라고 한 예들에서도 알 수 있듯이 부정적인 인의관을 가지고 있다.

그러나 부정의 논리가 곧바로 반대의 논리와 정합적으로 일치하지는 않는다. 반대는 정면으로 타자를 거부하는 것이지만, 부정은 자체 내에 타자에 대한 긍정의 여지가 있을 수 있다는 개연성을 갖는다. 부정과 반대를 서로 동일한 것으로서 등치시킬 수 없는 이유가 있는 것이다. 장자가 인의예악을 대하는 태도는 정면

반대의 입장이라기보다는 그 가치영역의 한계에 대한 비판으로서 부정의 성격을 더 강하게 갖는다. 장자는 '인의예악'이라고 하는 도덕적 덕목도 시대와 상황에 따라 얼마든지 변할 수 있음을 간파하고, 인의예악을 절대적이고 불변적인 도덕률로 파악하는 유가의 명증설에 입각한 인의관[19]이 이론적으로 한계를 가질 수 있음을 경고한 것이다.

장자가 주로 비판한 유가의 '인의예악'은 도덕적 본질에 즉한 '인의예악'이라기보다는 그것이 외물화되어 형식 예교적 지엽말단으로 전도되어 나타난 비도덕적 현상으로서의 도덕규범이었다고 할 수 있다. '인의예악'이라는 도덕적 규범이 외물화되면서 인간의 본래적 자연스러움은 사라졌다고 볼 수 있다.

조선조의 유학자 계곡(谿谷) 장유(張維, 1587~1638)는 일찍이 맹자와 장자의 가설적 논변을 기록한 「설맹장논변(設孟莊論辯)」을 통해 다음과 같이 말했다.

> 자연스러움으로부터 이탈되면서 인의가 비롯되었다. 인이라는 것이 사람을 사랑하기 위한 것이라고는 하지만 사람을 사랑한다는 것이 도리어 사람을 해치기에 적당하고, 의라는 것이 사람을 다스리기 위한 것이라고는 하지만 도리어 사람을 다스린다는 것이 사람을 혼란스럽게 하기에 적당하다. 예를 가지고 밖을 제어하려 하면 할수록 안은 더욱 동요되고, 악을 가지고 조화로운 기운을 유도하려 하면 할수록 음탕함의 요소는 더욱 더 불어난다.[20]

장자는 '인의예악'이 세상에 널리 유포되면서 인간의 본연한 성정은 심하게 왜곡되고 굴절되었다고 한다. 장자가 재세하였던 전국시대의 혼란한 세태 속에서는 '인의예악'으로부터 도덕의 본질적 요소를 찾는다는 것 자체가 무의미한 실정이었다. 당시 '인의예악'의 도덕적 본질은 이미 자취를 감추어버린 지 오래였고, 지식인들은 오직 도덕 형식의 말단만을 추구하는 비본연한 작태가 만연하고 있었다.

장자는 이러한 시대적 상황을 개탄한다. "인의를 버리는 자는 적고 인의를 이용하는 자는 많다. 대체로 인의에 의한 행위는 유독 진실성이 없어서 야수처럼 탐욕 많은 자의 도구가 되었다."21) 그래서 장자는 당시 지식인들을 얽매고 있던 형식적 도덕규범으로서의 '인의예악'의 허구성을 전면적으로 재검토하여 그 역기능적 요소를 제거하여야 할 필요가 있음을 역설한 것이다. 장자는 당시 지식인들의 왜곡된 도덕의식을 비판하면서 절대적 권능을 행사하던 도덕규범의 허위성을 폭로하였던 것이다.

장자는 당시의 타락한 유자들의 작태가 마치 남의 구덤을 도굴하는 것과 다를 바 없는 도적질과 같은 행위였다고 본다. 장자는 그 전거로서 『시경』과 『예기』 등을 유자들이 원용하던 당 시대의 분위기를 예로 든다. 그것은 기껏해야 도굴을 위한 도구적 수단에 불과할 뿐이라고 한다.22) 유자들이야말로 묘혈의 내부 구조를 정확히 아는 사람들이기 때문에, 밤이면 음험한 도굴꾼으로 변하여 왕후장상들의 보물을 훔쳐내 가는 도적의 집단이나 다를 바 없었다는 것이다.23)

그러므로 감산은 장자가 어떤 때는 공자를 꾸짖으면서도 어떤 때는 공자를 비난하지 않은 것은 공자의 자취를 흉내 내는 사람들을 깨우치려는 것으로서, 공자를 실제적으로 비판하는 것이 아니라 공자의 말에 대한 세상 사람들의 집착을 깨뜨리기 위한 것이었다고 보는 것이다.24) 감산은 유도 회통론에 입각하여 두 사상의 차이점보다는 서로의 일치점을 찾고자 노력한 흔적을 보인다.

그러나 감산의 주장을 일면 인정한다 할지라도, 장자가 공자를 실제적인 측면에 있어서는 비판한 것이 아니라고 보는 것은 문제가 있다. 도덕론에 있어서 장자와 공자는 본질적인 차이점을 가지고 있었기 때문에 장자가 공자를 정면에서 공격하지 않았다고 보는 감산의 주장은 다소 무리가 있다.

물론 장자나 공자는 도덕성 자체를 본질로 파악한다. 이 점에서는 양가가 서로 일치한다. 그러나 그 본질에 내포된 가치의 내용이 서로 다르기 때문에 도덕론에 있어서 양가는 근본적인 차이가 발생한다. 공자가 말하는 도덕적 본질이란 결국 인간주의적 가치관에 기초하고 있으며, 장자의 도덕적 본질은 존재주의적 가치관 내지는 자연주의적 가치관에 기초하고 있다.

리쩌허우(李澤厚, 1930~)의 견해에 근거한다면, 유가는 '자연의 인간화'를 문제 삼는 반면에 도가는 '인간의 자연화'를 문제 삼기 때문에 사상적인 측면에 있어서 양가는 서로 근본적인 차이가 있다.[25] 즉 유가에서는 인간을 표준으로 하여 가치의 기준을 설정하고 있지만, 도가에서는 가치의 기준을 입론하는 것 자체를 부정하는 자연주의를 주장하고 있는 것이다. 이와 같이 장자와 공자는 상호간에 가치의 지향점이 서로 다르기 때문에 본질적인 측면에 있어서 사상적 차이가 발생한다. 따라서 장자는 공자의 도덕론을 비판적으로 볼 수밖에 없었던 것이다.

기존에 『장자』의 제일 주석가로 알려진 곽상은 장자와는 다른 인의관을 보여준다. 우선 곽상의 '좌망'에 대한 해석의 입장을 보자.

> 인이란 겸애의 자취이고, 의라는 것은 사물을 이루는 공효이다. 사랑하는 것은 인이 아니니 인은 그 행적을 남기기 때문이요, 이룬다는 것은 의가 아니니 의는 공적을 나타내기 때문이다. 무릇 인의를 보존함은 무심에서 애리(愛利)가 나온다는 것을 알게 하는 데는 부족하기에 인의를 잊는 것이 좋다. 다만 공적과 자취를 잊어도 현묘한 경지에는 도달하지

못한다. 예라는 것은 형체의 쓰임이고, 악이라는 것은 삶을 즐기는 도구이다. 그 도구를 잊음은 그 도구가 나오는 까닭을 잊음만 못하다.[26]

이것을 보면, 곽상 역시 인의를 잊어야 한다는 장자의 견해에 대해서는 기본적으로 찬동하고 있다.

그러면서도 곽상은, "대저 인의라는 것은 인간의 본성이다. 인간의 본성은 변화가 있어서 옛날과 지금이 같지 않다. 그러므로 의지하고 있는 데에 노닐면서 지나가면 명합한다. 만약 머물러서 한쪽에만 매어 있으면 편견을 갖게 된다. 편견을 갖게 되면 거짓이 생겨나고, 거짓이 생겨나면 잘못이 많게 된다"[27]라고 하여, 인의를 인간의 본성으로까지 파악하고 있다.

이로부터 장자와 곽상의 인의관은 현격한 차이를 드러내게 된다. 곽상은 인간의 본성이 불변적인 것이 아니라 가변적인 것이라고 파악한다. 그러면서도 곽상은 인의를 철저하게 부정하기보다는 도덕적 본질로서 요청하고 있음이 주목된다. 여기에서 곽상은 인의를 인간의 본성으로 보는 맹자의 인의관을 수용하면서도, 다른 한편으로는 본성의 개념을 순자와 같이 가변적인 것으로 봄으로써 맹자와 순자의 인간 본성에 관한 이론을 절충적으로 따르고 있음이 발견된다. 우리는 곽상이 『장자』 주석으로서 유명해지기는 했지만, 그는 충분한 유학적 소양을 지닌 교양인이었다는 점을 상기할 필요가 있다.

곽상처럼 인의를 도덕적 당위론의 측면에서 인간의 본성으로 파악한다면, 인의라는 것은 인간에게 천부적으로 부여된 도덕적 덕목이라고 볼 수 있다. 그러나 장자는 존재의 도덕적 의지가 개별적 자아의 본성에 선천적으로 수수되는 관계를 가지고 있다는 점에 대해서는 강한 회의를 느끼고 있다.

장자의 인의에 대한 관점이 곽상에 의하여 그 견해가 달라진 것은 곽상이 자신의 철학적 관점에서 유가와 장자의 철학을 상호 보완적인 관계로 보고자 하였기 때문이다. 그는 장자를 해석함에 있어서 유가의 명교적 방법으로 장자의 자연을 해명하고자 하였다. 따라서 곽상은 유가의 도덕 덕목인 '인의예악'에 대하여 호의적인 태도를 가지고 있었을 뿐만 아니라 보다 적극적으로 그것을 인간의 본성으로까지 간주한 것이다.[28] 장자는 오히려 인의라는 가치판단을 넘어서 있는, 존재론적 의미에 있어서의 도덕적 본질의 영역에 더 많은 관심을 갖는다. 일상적으로 추구되고 있는 인의란 이미 그 배면에 인에 대한 불인, 의에 대한 불의를 전제로 하고 있는 점이 문제라고 지적된다.

장자는 상대적 가치에 대한 판단의 대결 구도를 해체하고 도덕적 본질의 존재론적 영역을 드러내고자 한다. 장자는 유가의 가치론적 덕목들인 '인의예악'을 존재론적 의미로 재편성하여 도덕성의 본질을 회복하고자 한다. 나는 후대 신유학에서 신유학자들이 '인의예악'의 가치론을 존재론의 범주로 전향시키는 행위가 다름 아닌 장자철학의 신유학적 질서로의 편입과 변용과도 일정 부분 관련된다고 본다. 이것은 장자가 기본적으로는 가치의 현상론에 근거를 두면서도 그것을 넘어서 본질적 가치를 추구하기 때문에 나타난 현상이었다고 할 수 있다.

장자는 유가의 '인의예악'을 논리적 정합성의 측면에서 강하게 부정한다. 동시에 지극한 어짊은 어짊이 아니고, 지극한 정의는 정의가 아니며, 지극한 예의는 예의가 아니고, 지극한 즐거움 역시 즐거움이 아니라고 하는 방식의 역설에 근거를 둔[29] 본질적인 도덕성을 존재론적 측면에서 노정시키고자 한다.

3. 동요하는 마음 vs 잊어 고요한 마음

'좌망'이란 형식과 말단에 빠진 '인의예악'의 명분적인 예교주의를 버리고, 동시에 신체의 감각적 굴레들로부터 벗어나는 것을 의미한다. 그리고 그것은 감관의 경험적 지식을 바탕으로 성립한 개별적인 세계상과 분별적 마음으로 구상된 자아의식의 아집과 독단을 버리고, 일체의 욕망과 사려를 척결하여 자아의 주체의식과 타자의 대상성이 사라진 무분별한 세계에 크게 통달하는 것이다.

장자가 말하는 '좌망'이란 간과 쓸개에 의한 생리적 작용을 잊고, 눈과 귀 등의 감관적 지각 기능까지도 잊어버린 채 어떠한 것에도 걸림이 없는 심경에 도달하여 자유로워지는 것이다.[30] '좌망'의 경지에 이르면 주관적인 호오의 구별을 비롯한 일체의 시비의 판단은 있을 수 없다. 그야말로 장자가 달하고자 한 최고의 정신적 지평이 다름 아닌 '좌망'이라고 할 수 있다.

'좌망'에는 여러 가지 해석이 있다. 제임스 레게(James Legge, 1815~1897)는 '앉아서 모든 것을 잊는 것'이라 하고, 자일즈(Giles)와 린위탕(林語堂, 1895~1976) 같은 사람은 '앉아서 자기 자신을 잊는 것'이라 하며, 펑유란은 '일체를 잊는 것'이라 하고, 스즈키 다이세쓰(鈴木大拙, 1870~1966)는 '마음을 잊는 것' 등으로 번역하고 있다.[31] 그럼에도 장자가 '좌망'의 의미를 어떠한 뜻으로 사용하였는지, 정확하게 알기는 어렵다. 이상의 해석은 모두 '좌망'의 단면적 부분을 보여줄 뿐 그 전체적 의미를 설명해 주는 데는 일정 부분의 한계가 있는 것으로 여겨진다.

장자는 '좌망'을 설명함에 있어서 감관과 사려 작용의 제약으로부터 벗어나야 함을 역설한다. '좌망'은 타자적 사물과 주체적 자아의 두 가지 요소를 동시에 잊는 것 내지는 육신적 자아와 인

지적 자아를 동시에 잊는 것이라는 조건을 충족시켜야만 한다. 이와 같은 부정적 사유의 경향을 내포하고 있는 '좌망'이란, '앉았다는 것조차 잊고 잊었다는 것조차 잊었다'는 의미로 해석할 수 있다. 잊음 자체에 대한 부정의 강도가 강하면 강할수록 인간의 의식은 존재의 자연스러운 상태에 보다 더 가까워진다고 할 수 있다. 그러므로 잊는다고 하는 의식조차도 함께 잊어버리는 철저한 자기 부정이 바로 '좌망'의 본의라고 할 수 있다.

한편 장자는 '좌망'의 의미를 상대적으로 부각시키기 위한 방편으로 '좌치(坐馳)'라는 개념을 제시한다. 이 말은 '좌망'에 대한 상반적 개념이다.[32] 장자는 「인간세」 편에서 '좌치'와 관련하여 다음과 같이 말하고 있다.

> 걷지 않기란 쉽지만, 걸을 때 땅을 밟지 않기란 어렵다. 사람에게 사역될 때 그를 속이기는 쉽지만, 하늘에게 사역될 때 하늘을 속이기는 어렵다. 날개가 있어서 난다는 이야기는 들었지만, 날개 없이 난다는 이야기는 들은 적이 없다. 지식이 있어서 사물의 이치를 안다는 말은 들었지만, 지식 없이 안다는 말을 들은 적은 없다. 저 텅 빈 것을 잘 보라. 아무 것도 없는 텅 빈방에 눈부신 햇빛이 비쳐 환하게 밝지 않느냐. 행복도 이 호젓하고 텅 빈곳에 머무는 것이다. 그런데도 머물지 않으면 이를 '좌치'라고 한다.[33]

장자는 '심재'에 관하여 '좌망'의 문답 주체의 동일인인 공자와 안회를 등장시켜 논의한 후 바로 화자인 공자의 입을 빌어 '좌치'의 개념을 도출해 내고 있다. '좌치'는 '심재'의 반대편에 놓여 있는 상황을 의미함과 동시에 '좌망'과는 상반된 내용을 지니고 있다. 반대로 '심재'와 '좌망'은 상호 밀접한 관련을 갖는 유사 개념이라고 잠정적으로 말할 수 있을 것이다.

일찍이 임희일은 '좌치'의 의미에 관하여 "만약 내가 잠시라도 어떤 생각을 마음속에 받아들여 스스로 욕망을 멈출 수 없다면, 몸은 비록 이 곳에 앉아 있더라도 마음은 밖으로 치달려 나갈 것이니 또 어찌 '좌망'할 수 있겠는가!"[34]라고 말한 바 있다. 또한 감산도 "사람의 마음은 모두가 본래 텅 비어서 밝지만, 사람이 한결같이 여기에 머물러 있지 못하여 마음이 편안하지 못한 것이다. 그래서 사욕이 싹튼즉 몸은 여기에 앉아 있지만 마음은 저쪽으로 달아난다. 이것을 '좌치'라고 한다"[35]라고 설명하였다.

임희일이나 감산의 해석처럼 '좌치'란, 몸은 이곳에 앉아 있지만 마음은 밖으로 치닫는다는 것을 의미한다. 이것은 의식의 대상 지향적 성격을 잘 드러낸 말이라고 할 수 있다. '심재'와 '좌망'으로 우리는 날개 없이 날 수도 있고 지식 없이 알 수도 있다. 날개 없이 난다는 것은 '무심'의 상황을 비유적으로 표현한 것이고, 지식 없이 안다는 말은 '무지의 지'를 비유한 것이다. 일상인이 이러한 상황을 이해하지 못하는 것은 '무심'으로 사물에 응하는 방식을 모르기 때문이다.[36] '무심'이란 마음이 없다는 의미가 아니라, 얽매인 마음을 가지고 있지 않다는 뜻이다. 즉 어떤 경우에 있어서도 고식적이며 한정되고 판에 박힌 마음을 가지지 않아서 일체의 것에 얽매이지 않는 자유로운 자기로 존재한다는 말이다.[37]

그런데 마음이 밖으로 치달리는 상황에서는 날개가 있어야만 날 수 있고 지식이 있어야만 알 수 있다는 '유'적 경향성의 분별심에서 벗어나지 못한다. 그 분별심은 항상 자아와 타자를 이분법적으로 맞세워 보는 한에서만 의미를 보장받는다. 따라서 '좌치'는 일상의 마음이 분별의식에 사로잡힌 상황에서 외재적 타자에게 관여하는 대응방식이라고 할 수 있다. 특히 그 대응방식은 욕망의 체계와 밀접한 관련을 갖는다. 그리고 그 욕망의 체계로 인하여 세계는 유목적적 지향성을 지닌 의식의 자의적 권능 아래 놓이게 된다. 이러한 상황은 필연적으로 외물에의 집착을 유발하며, 마음의 동요와 혼란을 초래하는 부정적 요소로 작용한다.

그런데 후지요시 지까이(藤吉慈海, 1915~1993)는 장자가 언급한 '좌망'과 '좌치' 등의 용어에 나타난 '좌'라는 글자의 의미에 주목하면서 다음과 같은 견해를 피력한다.

> 일반적으로 '좌'와 관련된 용례들은 많다. '좌애(坐愛)', '좌간(坐看)', '좌회(坐懷)', '좌관(坐觀)', '좌사(坐思)', '좌시(坐視)' 등이 그것이다. 이때의 '좌'는 한결같이 '앉은 채로'라든가 '무심히'라는 의미로 새겨진다. 따라서 '좌'는 '앉는다'는 동사적 의미뿐만 아니라 '앉은 채로'라든가 '무심히'라는 부사적 의미로 사용된다. 즉 '좌'에는 단순히 '앉는다'는 의미 이외에도, 용이하게 아무런 작위도 하지 않고 '무심히', 아무 것도 없이 저절로 '자연히'라는 의미가 동시에 포함되어 있다. 장자철학에 있어서 '좌망'의 개념 가운데도 '좌'가 지칭하는 말속에는 과연 어느 정도까지 적극적인 신체적 의미가 포함되어 있는지는 정확하게 알 수 없다. 그것은 오히려 의식하지 않는 자연에 자아와 타자의 구별을 잊는 것, 바꾸어 말하면 현상계의 여러 가지 차별을 초월한 심경에 도달한 것을 가리키는 것처럼 생각된다. 따라서 장자에서 '좌망'의 '좌'는 '앉는다'는 동사적 의미보다는 오히려 뒤의 '잊는다'는 행위를 수식하는 부사적 의미가 강하다고 할 수 있다.[38]

그럼에도 우리는 '좌'의 의미로부터 '앉는다'는 동사적 의미를 전적으로 배제할 수는 없다. 장자는「제물론」편에서 남곽자기가 의자에 앉아 '내가 나를 잊었다'(吾喪我)라고 언급하는 장면을 소개하고 있는데, '앉는다'라는 측면에서 이 점을 도외시할 수 없다.[39] 나의 의식을 죽음의 상태로까지 몰아감으로써 '내가 나를 잊었다'고 하는 경지에 이른 것이 남곽자기인데, 그의 경지는 장자의 '좌망'의 맥락을 크게 벗어나지 않는다.

다만 장자는 '좌망'과 '좌치'를 서로 상대적으로 말하면서도 '좌'라는 표현에는 별다른 신경을 쓰고 있지 않은 것 같다. 또한 거기에 특별한 철학적 의미를 부여한 것 같지도 않다. 장자는 여기에서 잊는다는 행위와 밖으로 치달린다는 행위에 관하여 강조하려는 의도에서 '좌'라는 용어를 형식적으로 동원한 것이라고 보아야 한다. 그러면서도 장자는 서로 상반된 개념으로서의 '좌망'과 '좌치'의 공통분모로서 '좌'를 상정한다. 이 '좌'를 통하여 향외적인 의식지향이 일어날 수도 있지만, 또한 이것을 통하여 일체의 외치적 현상을 안으로 수렴하는 잊음의 행위가 수행되기도 한다. '좌'야말로 의식지향의 양방향성을 갖는 주체의 자리인 것이다.

이때 '좌'라는 상징적인 기반 위에서 잊는다는 행위와 밖으로 치달린다는 행위가 수행되고 있다는 의미는, 장자가 '좌치'의 현상을 극복할 수 있는 '좌망'의 기반이 초월적인 곳에 따로 있지 않다는 것을 말하고자 한 것이라 볼 수 있다. 그래서 장자는 "샘물이 마르면 물고기가 메마른 땅 위에 모여서 서로 물기를 뿜어주고 물거품을 적셔주지만, 그것은 강이나 호수 속에서 서로를 잊고 있는 것만 같지 못하다"40)라고 하였던 것이다.

한 가지 중요한 사실은, '좌망'함에 있어서 '잊는다'는 의미가 항상 소극적이고 부정적인 것만은 아니라는 점이다. '잊는다'는 개념 안에는 도리어 강한 긍정적 의미가 내포되어 있다. 장자는 이 점에 유의하면서 다음과 같이 말한다. "발을 잊는 것은 신발이 적당하기 때문이며, 허리를 잊는 것은 허리띠가 적당하기 때문이며, 지혜가 긍정의 논리와 부정의 논리를 잊는 것은 마음이 적당하기 때문이다. 안으로 마음이 움직이지 않고 밖으로 외물을 따르지 않는 것은 처해 있는 상황이 적당하기 때문이다."[41)]

장자는 흔히 부정적 언표로만 단순하게 생각하고 마는 '잊는다'는 의미에 대하여 세심한 주의를 환기시킨다. 잊음의 경지야말로 가장 자연스럽고 이상적인 '적당함의 상태'라는 것이다. 이 적당함의 상태란 형체적인 질곡으로부터 비롯되는 부자연함과 부자유스러움뿐만 아니라 일체의 왜곡되고 굴절된 의식의 비본연함까지도 사라진 자연스러움의 경지라고 할 수 있다.

'좌망'의 의미가 '잊는다'는 의미로부터 '적당함의 상태'라는 의미로 바뀌게 되면, 장자의 이른바 '좌망'의 의미는 '버린다'는 부정적 의미로부터 '그 무엇에도 결코 매이지 않는다'는 '알맞음'의 긍정적 의미로 차원이 전환된다. 버림과 잊음의 텅 빈 자리에서 본래의 '적당함'과 '알맞음'이라는 자연함이 드러나는 것이다. '좌망'의 상태야말로 어떠한 제약으로부터도 구속이나 걸림이 없는 자연한 경지이기 때문이다.

이와 같이 본다면, '좌망'에는 '버린다'는 맥락의 부정적 방법으로서의 의미와 더불어, 이로부터 '적당함'을 확보하여 '그 어디에도 매이지 않는다'는 긍정적 경지를 지칭하는 두 가지 차원이 공존함을 알 수 있다. '좌망'이란 현실의 여러 가지 제약들로부터 벗어나 본연한 존재의 경역에 자연하게 명합하는 과정을 가리킴과 동시에 그 경지를 함께 가리킨다고 볼 수 있다. 그러므로 장자 철학에서 논의되는 '좌망'이란 자연한 세계와 하나가 되기 위한 복귀의 방법이면서 동시에 그 복귀가 이루어진 경지이기도 하다. 이처럼 '좌망'에 내속된 의미는 양면성을 갖는다.

이러한 논의는 부정과 긍정의 논리를 동시에 수용하고자 하는 도가적 논의의 한 유형이다. 즉 장자의 '좌망'에 함의된 정신은 "무위하지만 도리어 이루어지지 않는 것이 없다"[42)]는 도가적 사유의 한 발전이라고 볼 수 있다. '무위'의 자기 부정적 행위 방법은 '이루어지지 않는 것이 없는' 자기 긍정적 조화의 세계를 이끌어낸다.

이때 자기 부정적 행위와 자기 긍정적 세계는 시간의 선후를 통하여 이루어지는 것이 아니라 동시적으로 이루어진다고 할 수 있다. 어떤 때는 자기 부정적 행위만이 있고 어떤 때는 자기 긍정적 세계만이 드러나는 것이 아니라, 자기 부정적 행위 속에서 자기 긍정적 세계가 드러나며 자기 긍정적 세계 속에 자기 부정적 행위가 끊임없이 작용하고 있는 것이라고 보아야 한다.

4. 물 흐르듯 도와 하나되어

장자는 '좌망'을 설명하면서 우리에게 '사지 육신을 허물고' 또한 '총명을 물리치라'고 한다. 여기에서 보는 바와 같이 장자는 다소 충격적인 화법을 구사하고 있다. 그러나 장자의 이러한 언명이 곧 인간이 지니고 있는 자신의 고유한 형체나 마음을 단멸하여 훼멸시키라는 의미를 지니지는 않는다.

이것은 일체의 비본연한 자아 외적 대상사물과 자아 내적 주관의식을 끊어 버리라는 의미론적 부정의 행위 방법과 관련을 갖는다. 그것은 존재의 훼멸을 통하여 '좌망'에 들어가는 것이 아니다. 그것은 도리어 존재의 훼멸을 꿈꾸는 우리의 분열된 의식의 부정을 통하여 '좌망'에 들어가는 것이다. 바꾸어 말한다면, 몸과 마음에 관여된 분열의 세계를 버리라는 것이 곧 '좌망'인 셈이다.

장자는 이 '좌망'의 경지에 이르면 '신체는 마치 마른 나무와 같이 되고 마음은 식은 재처럼 되어'43) 인간은 신체의 제약으로부터 벗어나 이목구비의 감관적인 분별에 매이지 않고 외적 대상을 잊은 채 자연의 커다란 도리에 명합하게 된다고 본다.[44] 이것은 외물을 추구하던 대상 지향적 욕구가 그 기능을 상실하고 정지한다는 말과도 통한다. 여기에서 외물과의 구별은 무의미하다. 인간의 자아는 외물과 더불어 근원적인 동일성을 확보하였기 때문이다. 이 상태에 이르면 세상의 모든 일들은 나에게 '적당'하지 않은 것이 없다. 그리고 '적당'하지 않음이 없는 경지에 이르면, 그 '적당'하다는 상태조차도 잊게 된다.[45] 이것이 바로 장자가 말하는 '적당하다는 것조차 잊어버리는 적당함'[46]의 경지이다.

그런데 외적 대상을 추구하는 욕망의 기능이 멈추게 되면 기존에 상실되었던 덕이 다시금 자연스럽게 회복되고, 또한 이 덕의 기능으로 말미암아 그동안 단절되었던 세계의 연속성은 다시 하나로 통하게 된다. 천지와 소통하는 덕의 기능이 자연성을 회복하였기 때문이다.[47] 그래서 인간은 만사만물의 변화에 자유자재로 응할 수 있게 된다. 장자철학에 있어서 잊음의 행위는 그 의미론적 영역에 있어서 일체의 왜곡된 것들을 부정적으로 해체한 후 곧바로 순기능적이고 긍정적인 세계를 무의식적으로 펼쳐 보이는 기능을 담지하고 있다.

이에 곽상은 다음과 같이 말한다. "무릇 밖에 노니는 사람은 안에 의지하고, 인간을 떠나는 사람은 세속에 합치한다. 그러므로 천하를 소유한 사람은 천하로 하는 일이 없다. 이런 까닭에 사물을 버린 후에 능히 무리 속으로 들어가고, '좌망'한 후에 능히 일에 응할 수 있다. 버리면 버릴수록 도리어 더욱 더 얻게 된다."[48] 그래서 장자는 자기를 잊은 경지에 있는 사람이야말로 가장 자연스러운 상태에 들어가 있는 사람이라고 한 것이다.[49] 이러한 사람은 '무심'의 경지에서 노닐기 때문에 사물에 응하더라도 결

코 얽매이는 법이 없다.[50)]

이렇게 '좌망'에 의한 '무심'의 상태에 이르게 되면 음(陰)적 기운의 질서에 놓인 상태에서는 음적 기운의 질서에 맞는 작용이 이루어지고, 양(陽)적 기운의 질서에 놓인 상태에서는 양적 기운의 질서에 맞는 작용이 이루어진다. 즉 고요할 때는 음적 기운의 질서와 함께 숨어 고요하고, 움직일 때는 양적 기운의 질서와 함께 흘러가는 것이다.

요컨대 존재의 작용적 수렴과 확산이라는 진행에 맞추어 인간의 마음이 무심하게 응하게 되는 상태가 바로 '좌망'의 경지에서 이루어진다. 그리고 이러한 상황에서는 분별적인 사고를 따르지 않게 되고, 유목적적인 기대를 하지 않으며, 외물이 유혹하는 빛이 밝아도 눈이 부시지 않고, 마음이 순수하여 혼잡하지 않으며, 일체가 텅 비고 고요하여 동요하는 마음이 없게 된다.[51)] 그 동요하는 마음이 사라진 상태가 곧 '좌망'의 자리이며, 여기에서 진정한 '자연의 즐거움'(天樂)이 상정된다고 할 수 있다.[52)]

장자는 "뜻을 기르는 자는 형체를 잊고, 형체를 기르는 자는 이익과 욕망을 잊어버리지만, 진리를 터득하는 자는 마음을 잊어버린다"[53)]고 한다. 물론 '좌망'함에 있어서 형체를 잊음과 이익을 잊음의 문제가 전혀 다른 별개의 것으로 거론될 수는 없다. 왜냐하면 그것을 나누어 보는 것은 인간의 분별적 마음이기 때문이다. 형체를 잊음과 이익을 잊는다는 욕망조차 마음의 근거가 없다면 발생하지 않는다.

그런데 형체와 이익을 욕구하는 것뿐만 아니라 형체를 잊음과 이익을 잊음이라는 욕망 또한 하나의 집착이다. 그러므로 형체를 잊음과 이익을 잊음은 마음을 잊음과 더불어 동시에 수행되어야 한다. 형체를 잊음, 이익을 잊음, 마음을 잊음에 있어서 잊음의 대상은 곧 형체와 이익으로 대표되는 외적 대상과 자아 내적인 분별적 마음이라고 말할 수 있다. 이렇게 본다면, 결국 형체를 잊음이나 이익을 잊음, 그리고 마음을 잊음은 장자가 각기 다른 차원에서 '좌망'을 설명한 것에 지나지 않는다.

일반적으로 세상 사람들은 그 잊어야 할 것으로서의 형체와 이익 내지는 마음은 잊지 않고, 도리어 잊어서는 안 될 것만을 잊고 살아간다. 그래서 일상인의 삶의 방식은 주객이 서로 전도된 양상을 드러낸다. 장자는 바로 여기에 문제의 소지가 있다고 보고, 잊음의 대상이 서로 뒤바뀌어 나타난 현상을 가리켜 '진짜 잊음'(誠忘)이라고 간주한다.54)

왕쎈챈(王先謙)은 이에 대해 다음과 같이 설명한다. "외형은 마땅히 잊어버려야 하지만, '참된 덕'은 의당 잊지 말아야 한다. 이와 반대되는 것이 곧 '진짜 잊음'이다."55) '진짜 잊음'이란 '전도된 잊음'이다. 즉 '참된 덕을 잊고 있음'이 '전도된 잊음'인 것이다. '전도된 잊음'은 늘 외물의 사태와 그 존재방식으로부터 자유롭지 못하다.

그러나 '전도된 잊음'의 반대 영역에 놓여 있는 '좌망'은 일체의 외물적 가치들로부터 우리를 해방시킬 뿐만 아니라 자유롭게 한다. '좌망'을 통하여 우리는 일체의 외적 대상에 관하여 잊게 되지만, 그 잊음이 도리어 내면적 존재의 영역에 동참하는 길잡이 역할을 해냄으로써 도리어 무엇인가를 얻게 되는 결과를 제공받는다. 마음으로 버림으로써 얻는 영역이 있다. 그것이 다름 아닌 '참된 덕'이다. 또한 '참된 덕'을 얻게 되면 외형적 가치들은 저절로 잊게 된다.56)

한편 장자는 여러 가지 비유적인 우화를 동원하여 일상인도 경험적 분별지를 해체하고 나면 참된 존재인 도의 경지에 도달할 수 있다는 가능성을 많은 곳에서 시사한다. 그러나 그는 진리를 체득하는 구체적인 과정이라든가 진리에 도달하는 가능적 요소들에 대해서는 직접 명확하게 언급하지는 않는다. 이와 같은 이유 때문에 우리는 장자에게서 이러한 물음들에 대한 구체적인 답변을 구하기가 어렵다.

그런데 일상인도 본래부터 진리를 체득할 수 있는 가능성이 부여되었다고 전제한다면 그것은 과연 무엇 때문인가, 묻지 않을 수 없다. 우리가 장자를 철학적으로 논구하고자 할 때 장자가 언어를 방기하였다고 하여 우리도 같이 말을 놓아 버린다면, 장자의 생각은 신비에 가린 채 그 말하고자 한 것이 무엇인지 전연 드러나지 않을 것이기 때문이다.

장자철학에서 진리를 체득하는 가능성의 요소는 바로 덕의 존재로부터 확인된다. 그렇다면 과연 덕이란 무엇인가? 우리의 귀에 덕이라는 개념이 익숙한 것처럼 덕의 개념이 그렇게 단순한 의미만을 가지고 있지는 않다. 왜냐하면 우리는 덕에 관하여 크게 두 가지로 존재론적 영역과 자아 수련의 행위 방법론의 영역에서 그 의미를 논구할 수 있기 때문이다. 그러나 여기에서는 그 구체적인 영역들에 대한 논의는 접어두기로 한다.[57]

장자의 이른바 덕이란 일상의 윤리 도덕적 덕행을 의미하는 것이 아니라, 소요 자득하는 자연성의 의미를 지닌다.[58] 본래 덕의 개념은 '얻는다'[59]는 의미로 통용되던 것으로서 장자 또한 현상계의 개별적인 사물이 제 각각 생명을 얻는 현상을 가리켜 덕이라고 하였다.[60] 즉 덕이란 개체적 사물의 다양한 개별성을 보장하는 사물 일반의 유적 경향성이라고 할 수 있다.

덕은 현상계의 사사물물에서 드러나는 아름다움과 추함, 그리고 이루어짐과 이지러짐의 분별에 관계없이 고든 존재사물에게 보편적으로 부여되어 있는 존재의 힘이며 생명의 공능이다. 덕의 기능은 언제나 일방적이지 않다. 덕은 자연적인 형평의 질서를 유지한다. 동시에 조화로움의 상태를 지니고 있다. 장자는 이러한 덕의 상태가 마치 물과 같다고 한다. 그리고 그 '물의 지극함'을 고요함에서 찾는다. '물의 지극함'은 안으로 고요함을 간직하면서도 밖으로 요동치지 않는 것이다. 이와 같은 '조화로움'의 상태를 담지한 것이 장자에게서는 바로 덕이다.[61]

'물의 지극함'으로 비유되는 덕은 존재의 세계에 능동적으로 참여할 수 있는 원초적 기능을 갖는다. 뿐만 아니라 덕은 본원존재와 현상적 존재인 개별적 사물을 상호 연계시켜 주는 교량 역할을 한다. 이것은 덕의 기능이 자아 수련의 행위론적 측면과 더불어 존재론적 영역에 공통으로 관여된다는 말이기도 하다.

덕은 자아 수련의 측면에 있어서 마음의 영역을 배제하고는 그 의미를 보장받지 못한다는 특징이 있다. 장자는 우리의 마음이 덕의 조화상태에서 노닐 수 있기를 소망한다.[62] 이러한 점에서 우리는 마음과 덕의 관계가 자아 수련의 행위론적인 측면에서 조망될 문제임을 염두에 둘 필요가 있다. 마음이 덕의 범주 안에 놓이느냐 그렇지 못하냐에 따라서 인간은 외적 대상과 자신의 자아에 구속되기도 하고 그로부터 벗어나기도 한다. 덕의 범주 안에 놓여 있는 마음과 덕의 범주를 벗어나 있는 마음으로부터 마음은 두 가지 차원으로 나뉜다. 그것은 열린 마음과 닫힌 마음이라는 두 가지 차원으로 구분된다.

일상인에게 포획된 덕은 자신의 기능을 온전히 발휘하지 못하고 언제나 닫힌 마음의 체계에 갇히게 된다. '전도된 잊음'의 대상이 되어서는 안 되는 덕이 진실로 잊혔기 때문이다. 장자는 일상인들이 진실로 잊힌 덕이 있다는 것조차 의식하지 못하고, 오로지 외물에만 몰두하고 있는 현실을 개탄하면서 다음과 같이 말한다.

> 사람들이 시세의 상황에 따라가면서 자기 나름의 주관적인 관심을 보인다면 결코 '무위'할 수 없다. 그들은 모두 시세의 변화에 따라 외적 대상에 이끌려가면서도 이것을 바꾸지 못한다. 따라서 그들은 자신의 몸과 생명을 혹사시켜가면서 외적 대상에 몰입하여 삶을 마칠 때까지도 참된 자기로 돌아가지 못하는 것이니, 어찌 슬프지 아니한가![63]

일상인에게 있어서 잊혀서는 안 되는 덕이 잊힐 수밖에 없는 원인은 일상인들의 행위의 방식이 인위의 방식을 선택하고 있기 때문이라고 보아야 한다. '참된 덕'이란 인위의 방식으로부터 가장 먼 범주에 놓여진다. 장자는 그 가장 먼 범주에 놓여 있는 행위를 가리켜 '행위 부정적 행위'로서의 '무위'라고 설명한다. '행위 부정적 행위'로서의 '무위'는 언제나 참된 덕을 수반한다. '무위'의 행위는 언제나 무목적적으로 이루어진다. 그러나 인위적인 행위는 항상 자기중심적 목적 위에서 이루어진다는 차이가 있다. 따라서 '무위'적 기능을 담지한 '참된 덕'은 역설적으로 '덕이 아닌 덕'이라고 밖에는 설명될 수 없다. 이러한 측면에서 일찍이 노자는 "참된 덕은 덕이 아니다"[64]라고 선언하였던 것이다.

'참된 덕'이 잊혀 있음을 깨달아 스스로 '좌망'하게 되면, 그 덕은 능동적인 힘을 가지고 인간의 대상 지향적인 욕구의 성향을 내적으로 수렴하는 기능에 동참한다. 덕은 대상적으로 존재한다거나 대상 지향적 성격을 가진 것이 아니기 때문에 외물에 대한 대상적 욕구가 강화될수록 점점 더 그 기능이 은폐되는 성질이 있다. '참된 덕'의 기능이 상실될수록 존재의 자기 개방성은 폐쇄되고 만다.

이러한 폐쇄된 존재의 구도를 개방시키는 역할을 담지하고 있는 것이 바로 덕이다. 덕은 외물에 대한 대상 지향적 욕구 체계에 매이지 않고, 자의적인 사려의 분별 작용이 사라진 '좌망'의 지반 위에서만 그 본래의 기능을 제대로 이행하는 자기 본연의 역할을 수행한다는 특징이 있다.

5. 거리두기의 여유

장자는 '좌망'을 통하여 현실을 외면하거나 이로부터 도피하고자 함을 주장하지 않는다. 또한 '좌망'을 통하여 '자유로부터의 도피'를 꿈꾸는 것도 아니다. 장자는 도리어 '좌망'의 논리를 통하여 '근원적 자유'를 소망하며, '현실'을 슬기롭고 이상적으로 살아가고자 하는 철학적 방법을 모색하였다고 보아야 한다.

그럼에도 장자의 '좌망'에 관한 담론은 장자를 극단적인 개인주의자 내지는 염세적인 사상가로 몰아넣는 논의의 대상이 되기도 한다. 이러한 논의를 주장하는 사람들에 의하면, 장자는 현실적인 인생에 관해서는 추호도 관심이 없었고, 그는 언제나 현실을 개탄하면서 단지 현실을 슬프게 울부짖었을 뿐이라고 한다.[65] 이들은 장자를 자기망각의 초월론자로 본다.

그러나 장자에서 논의되는 현실의 의미와 그 양상에 대한 견해는 그렇게 단순하다고 말할 수 없다. 부정될 대상으로서의 현실과 긍정될 삶의 토대로서의 현실의 문맥은 서로 다르다. 그것은 한편으로는 살아가는 현실이고, 다른 한편으로는 살아지는 현실이다. 살아가는 현실은 우리의 의식이 주동적으로 객관 사물들의 세계를 이끌어 나아가는 세계일 것이고, 살아지는 현실은 자연의 이법적 질서 위에서 인위적인 구속의 틀들을 버리면서 존재 자체에 귀속되어지는 삶의 세계일 것이다. 물론 장자의 삶의 이상적 현실은 후자에 놓여 있다.

장자는 '좌망'에 관한 논의를 통하여 먼저 그 현실을 혼란스럽게 만드는 원인이 어디에 있는가를 물어보고, 그것이 자아 외적인 것에 있다기보다는 자아 내적인 마음에 있다는 점에 집중적인 관심을 보인다. 그래서 분주하게 밖으로 치닫는 마음의 성향을 차단하여 단절시키고, '참된 덕'의 본질적인 기능을 안으로 수렴하기를 요청한다. 인간의 마음이 자연의 도리와 합치될 때, 기존의 자아 내적인 세계와 자아 외적인 세계의 구분 자체는 사라진다. 이 지점에서 장자는 우리에게 주객 이원화된 세계로부터 벗어나, 그 세계와는 다른 새로운 차원의 세계를 만나보기를 희구한다. 그 새로운 만남의 길잡이 역할을 '좌망'이 담당한다.

장자는 '좌망'을 논의함에 있어서 잊어야 할 것과 잊지 말아야 할 것이 서로 뒤바뀌어 주객이 전도되어서는 안 된다고 본다. 우리가 잊지 말아야 할 것은 '참된 덕'이다. 그럼에도 우리는 일상적으로 이를 잊고 사는 것이 다반사이다. 반면 장자에 의하여 제기된 우리가 잊어야 할 것들은 규범적 도덕법칙인 '인의예악'을 비롯한 인간의 사지 육신과 총명 등이었다. 장자는 이러한 일체의 것들로부터 얽매이지 않고 자유로워질 때 비로소 '좌망'할 수 있다고 한다.

장자는 그 잊어야 할 것들이 세상일과 외적인 대상, 그리고 삶에 대한 욕망이라고 거론하기도 한다. 그리고 그 잊음의 단계에 관하여 진리를 담지한 여우(女偊)라는 인물이 상대방에게 자연적 상태에 도달하는 방법을 알려줌으로써 잊음의 대상들이 점차적으로 무화되어간다는 내용의 논의를 다음과 같이 제시한다.

나는 자연적 상태를 유지하면서 그에게 이러한 상태에 도달하는 방법을 일러준 지 3일 만에 그는 세상일을 잊게 되었다. 세상일을 잊은 뒤 다시 그렇게 하였는데, 그는 7일 만에 외적 대상을 잊게 되었다. 외적 대상을 잊은 뒤 다시 그렇게 하였는데, 그는 9일 만에 삶에 대한 욕망을 잊게 되었다.[66)]

인간이 잊어야 할 대상들은 모두 인간의 주관적 자아와 밀접한 관계를 맺고 있는 것이 특징이다. 아니, 오히려 인간의 주관적 자아가 세상일과 외적인 대상 내지는 삶에 대한 욕망에 깊이 관여되어 있다고 보는 것이 더 적절할 것이다.

'나'라는 주체를 중심으로 놓고 볼 때 '나'로부터 먼 범주에 있는 것들은 상대적으로 잊기가 쉽다. 그러나 '나'와 가까운 속성을 지닌 것일수록 상대적으로 잊기가 어렵다. 그리고 '나'를 구성하고 있는 주관적 자아의식은 상대적으로 잊기가 가장 곤란하다. 장자는 우리가 '나의 것'이라고 생각하는 몸과 생명, 그리고 성품과 목숨 등이 근원적으로 '나'의 소유가 아니라 천지가 나에게 일시적으로 위탁한 것일 뿐이라고 한다.[67)] 장자는 '나'의 '나의 것'에 대한 소유의 욕망으로부터 자유로울 것을 요구한다. 장자는 그 잊기 어려운 '나'의 주관적 자아의식을 잊어야 만이 근원적 자유의 이상을 구현한다고 생각한 것이다.

장자가 생각하는 자유의 이상은 초월적인 곳에 놓여 있지 않다. 장자가 생각한 자유의 이상은 가장 일상적인 곳에 놓여 있다. 그것은 일상을 벗어나 존재하는 비현실성이나 고립성과는 무관하다. 이 말은 장자의 이상이 구현될 곳은 현실을 벗어나지 않는다는 것을 의미한다. 우리가 살아가는 현실은 이상을 드러내야 하는 기반이라고 말할 수 있다. 그래서 장자는 '생활세계와 함께 하는 삶'[68)]의 이상을 말한다. "물에 사는 것은 못을 파주면 충분히 살아갈 수 있고, 진리에 사는 사람은 세상일을 버리므로 마음이 편안하다. 그래서 물고기가 강이나 호수에서 서로를 잊는 것처럼 사람은 진리의 세계에서 서로를 잊어야 한다."[69]

일상의 생활세계에 살되 그 일상성을 비껴가며 사는 것이야말로 자유로운 삶의 표상이라고 할 수 있다. 물고기가 물을 버리고 뭍에서 살 수 없는 것과 같이 사람은 자신의 생활세계를 벗어나 삶을 영위한다는 것 자체가 무의미하다. 그러나 인간은 자신의 생활세계에서 이루어 놓은 갖가지 세상을 사는 방법과 질서에 그대로 편입되어서는 안 된다. 여기에서 세상일과 적절한 '거리두기'가 요청된다. 여기에서 말하는 '거리두기'란 말은 '외물'과의 거리두기를 말하는 것일 뿐, 구체성을 가진 현실 자체를 포기한다는 말이 아니다. 만일 일상의 일상성으로부터 거리를 두지 않는다면, 사람들은 그 일상성에 연루되어 수많은 삶의 질곡에 빠지게 될 것이다.

장자는 '좌망'을 통하여 우리의 삶의 토대라고 할 수 있는 생활세계와의 적당한 거리두기를 이루어 냄으로써 일상을 살되 일상성에 매몰되지 않는 삶의 양태를 제시한다. 이것이 현실 속에 이상적 삶을 구현하고자 한 장자의 의도라고 볼 수 있다. 이상적 삶의 세계는 현실을 벗어나 독립적으로 존재할 수 없다. '좌망'의 철학적 의의는 이러한 점에서 찾아져야 한다. 진리의 세계에 사는 사람은 일체의 외적 대상이나 세상일로부터 초연할 수 있어야 한다. 이것이 바로 일상에 살되 그 일상성에 유혹 받거나 침윤되지 않아야 한다는 장자적 삶의 이상적 방식이다.

이제 마지막으로 장자의 '좌망'과 관련하여 과제로 남는 것이 있다. 그것은 장자 이후 전개되는 도교적 사유 속에서 새롭게 탄생한 '좌망' 담론과의 관련성을 성찰하는 일이다. 그것이 구체적으로 어떠한 양상으로 전개되며, 그 사유 맥락에서 발견되는 장자철학과의 연속성과 불연속성은 어떻게 드러나고 있는지가 주목된다. 이 문제는 앞으로 구명해야 할 하나의 과제로 남는다.

뿐만 아니라 선불교의 '좌선'과 장자의 '좌망'은 또한 어떠한 점에서 유사하며, 어떠한 점에서 상이성을 드러내는지의 문제 역시 장자와 선불교의 상호 비교론적 시각에서 보다 구체적으로 검토되어야만 할 과제로 남는다.

08

마음 비움의 족보

마음 비움의 족보

1. 장자는 심재의 반계보학자인가?

동양적 사유의 전통에 있어서 '진리에 도달하는 방법은 과연 무엇인가?'라는 질문을 제기하는 것은 '진리란 무엇인가?'를 묻는 것 이상으로 중요하다. 진리에 도달하는 방법을 묻는다는 것은 곧 진리와 함께 살겠다고 하는 강한 실천의지가 이미 그 물음 안에 내재하고 있다고 볼 수 있기 때문이다. 그래서 동양에서는 그동안 수많은 철학자들이 '진리란 이런 것이다'라고 주장하기보다는 도리어 진리에 도달할 수 있는 구체적인 방법에 관하여 담론하는 경우가 더 많았다.

장자에게서 '도'의 경지에 도달하는 방법은 '심재'와 '좌망'으로 대표된다. 「인간세」 편과 「대종사」 편에서 각각 그 내용을 소개하고 있는 '심재'와 '좌망'의 논의는 장자가 공자와 안회의 대화방식을 빌어 서술하고 있다. 그런데 내가 여기에서 주목하고자 하는 것은 다음과 같다. '심재'와 '좌망'의 방법은 서로 이질적인 것인가? 아니면 이들은 다 함께 상호 공통적인 문제의식의 토대 위에서 논의된 것인가? 또는 이들이 모두 장자적 사유방식을 대변하는 것이기는 한 것인가? 즉 이 글의 초점은 '심재'와 '좌망'의 주제적 측면에 대한 상호 연관성에 관한 문제이다.

피상적으로 볼 때, 이와 같은 문제는 그렇게 중요하게 여겨지지 않을지 모른다. 그럼에도 내가 이 문제에 유의하고자 하는 것은 '심재'와 '좌망'을 독해하는 펑유란의 견해 때문이다. 그는 일찍이 '심재'와 '좌망'의 관련성을 문제 삼으며 '좌망'만이 장자나 또는 그와 생각을 공유하였던 장자학파의 방법일 뿐 '심재'의 방법은 태생적으로 장자와는 무관하다고 주장하였다.[1)]

여기에서 생각 외로 단순해 보이는 문제일지도 모르는 이러한 주장이 사실은 그렇게 단순하지만은 않다는 것이 문제라면 문제이다. 왜냐하면 펑유란은 '심재'의 방법이 '허일이정(虛一而靜)'의 심리적 상태에 도달하고자 하는 분명한 목표를 제시하는데, 이것은 장자가 아니라 송형(宋鈃)[2)]과 윤문(尹文)에 의해 제기된 것이라고 주장하기 때문이다.[3)]

이 점에 주목할 때, 우리는 참으로 해결하기 곤란한 인물・시대・저작 등에 관한 고증작업의 한계를 절감하지 않을 수 없다. 송형과 윤문의 인물과 시대가 그러하며, 그들의 유작과 관련된 기본 텍스트의 문제가 그러하며, 이들의 사상적 실체성의 규정문제에 대한 한계가 또한 그러하다.

논의의 출발선상에서 이러한 한계를 감지하고 있음에도, 내가 '심재'와 '좌망'의 상관성의 문제를 검토해보고자 하는 이유는 고전이라는 텍스트 안에서 논의되는 철학적 진술의 내용들이 텍스트 자신과 전연 무관하게 논의되지는 않는다는 점에 주목하기 때문이다. 『장자』의 텍스트 안에서 논의되는 철학적 개념들은 장자의 독창이 아니라면 타자의 사유를 빌려온 것이다. 이들 중 어떤 것을 선택하고 또한 상대적으로 배제한다고 해서 장자의 철학적 원의가 돋보이는 것은 분명 아닐 것이다.

그러나 이와 같은 사상의 연원과 차이점을 밝히기에 앞서, 짚고 넘어가야하는 문제가 있다. 그것은 '심재'의 사상적 기원과 관련하여, 장자는 일종의 '반 계보학자'라고 말할 수 있는 것인가에 관한 문제이다. 계보학이란 니체(Friedrich Wilhelm Nietzsche, 1844~1900)와 미셸 푸코(Michel Foucault, 1926~1984)에 의하여 사용된 말이다. 특히 미셸 푸코의 계보학적 개념은 특수한 징후를 만들어내는 힘들에 대한 연구로서, 기원이 아닌 출발점을 찾는 작업이라고 해석된다. 그것은 기존의 권력의 기원을 해체하여 무장 해제시키는 특징을 갖는다.

만일 미셸 푸코와 같은 관점에 따른다면, 장자가 말한 '심재'의 기원문제에서 반계보학적 성향은 찾아지지 않는다. 오히려 장자는 푸코 식의 계보학적 입장에 충실하다. 이러한 계보학의 입장에 따를 때 사실 '심재'가 장자의 것인지, 아닌지는 크게 중요하지 않다. 다만 그것이 무엇을 말하고자 한 것인지의 철학적 사유의 핵심만의 유의미성을 갖는다.

'심재'가 반계보학 계열에 선다고 본다면, 우리는 '심재'에 개입되어 있을 수 있는 내밀한 권력의 문제에 대해 주의하지 않으면 안 된다. 반계보학적 '심재'의 의의는 정치가들의 통치술의 수단에서 찾아지며, 그것은 '우민정치'를 실현하는 부정적 기제로 활용된다는 특징이 있다. 자기의 육체를 비롯하여 지식까지 배제한 새로운 유형의 인간이 지배자 앞에 서게 된다면, 이보다 수월한 통치의 수단은 달리 없을 것이기 때문이다.

그러나 장자가 요구하는 새로운 유형의 인간상은 일차적으로 통치권자들에게 전유된다. 통치권자가 마음 비움의 상태에 이르지 않는 한 온전한 정치와 이상적인 사회적 상황은 도래하지 않을 것이라는 것이 장자의 생각이기 때문이다.

2. 순자 -오직 도만 생각하며

중국철학사에 있어서 '허일이정'이라는 철학적 개념은 순자에 이르러 완성된다. 시기적으로 장자보다는 후대에 태어나 활동한 순자는 유학의 학술사상을 존숭하면서도 당대의 유학적 사유의 영역에서 잘 논의되지 않았던 개념들까지 사용하여 자신의 철학을 진술해나가는 특징을 보인다. 순자는 진리를 밝히는 자의 마음가짐이 '허일이정'하여야 한다고 주장한다. 이 경우에 있어서 '허'라든가 '전일함' 내지는 '고요함'이라는 개념들은 다 같이 유학적이라기보다는 차라리 도가적인 분위기를 반영하는 것들로 비쳐진다.

순자는 "인간은 무엇을 통하여 도를 인식하는가? 그것은 바로 마음을 통해서다. 그렇다면, 마음은 어떻게 도를 인식하는가? '텅 비고 전일하여 고요함'으로써 인식한다"[4]라고 하면서, 마음의 인지적 과정의 한 측면으로 '허일이정'을 내세운다.

우리가 도를 알기 위해서는 먼저 마음을 텅 비게 하여야 한다. 비우면 외부 사물이 아무 편견 없이 들어 올 것이기 때문이다. 또한 마음을 한 군데 쏟아 '전일'하여야 한다. '전일'하면 모든 사물의 무궁한 변화에 알맞게 응할 수 있어 사물을 깊고 정통하게 알 수 있다. 그리고 마음을 '고요함'에 이르게 해야 된다. 고요하면 사물의 이치를 깊이 알게 된다. 순자는 마음이 '허일이정'할 수만 있으면 '크게 맑고 밝은 상태'에 도달할 수 있다고 생각하였다. 그는 우리의 마음이 이런 경지에 도달하면 사물의 전체적인 이치를 파악하여 가리고 막히는 병폐를 면할 수 있다고 본다. 또한 마음이 '허일이정'하여 '크게 맑고 밝은 상태'에 도달하면 도를 파악할 수 있어 정확하게 외부의 사물세계를 알 수 있을 뿐만 아니

라 만물을 효과적으로 다스릴 수 있다고 한다.5)

순자의 생각에 의하면, 도를 인식하기 위해서는 마음을 다른 생각들로부터 자유롭게 유지할 수 있도록 하며, 한결같이 도에 대한 생각에 집중하고, 또한 고요하게 함으로써 그 의미를 새길 수 있어야 한다. 다만 그는 이를 위하여 도가의 철학자들처럼 욕망과 의지와 지식까지 버릴 필요는 없다고 본다.

이러한 순자의 '허일이정'의 방법은 장자의 '심재'와는 그 내용이 전혀 다르다. 순자는 주로 지식론적 측면에서 '허일이정'을 설명하고 있는 특징이 있다. 그의 지식론은 '본성을 변화시켜 인위를 일으킨다는 주장'에 근거를 두고 인위적 노력을 통한 지식의 축적을 강조한다. 이 지식의 축적은 새로운 것을 받아들이는데 도움이 될 수도 있으나 방해가 될 수도 있다. 이 때문에 순자는 '허'를 중요시한다. 그는 종래의 '허'의 뜻을 이미 간직한 것으로 앞으로 받아들일 것을 방해하지 않는다는 의미로 바꾸어 놓았다. 순자는 장자와 달리 도는 날마다 덜어내는 것을 통하여 파악되는 것이 아니라, 날마다 쌓아올림을 통하여 알 수 있다는 길을 터놓은 것이다.6)

마음이 비록 지식과 의지를 포함하고 있더라도 텅 빔이 존재하며, 또한 마음이 가득 차지(滿) 않은 적이 없지만(또는, 두 가지(兩) 생각을 동시에 하고 있다고 하더라도) 하나에 집중할 수 있으며, 마음은 움직이지 않은 적이 없지만 또한 고요함의 측면이 있다.7) 순자의 '허일이정'에 관한 이러한 사유는 전적으로 유가적인 의미로 이해해야 할 것이다.8)

반면에 장자의 경우에 있어서는 날마다 덜어내는 작업을 통하여 마음이 가득 차거나 두 가지 생각이 개입될 여지가 없어야만 한다고 본다. 그래서 장자는 '심재' 안의 '허일이정'을 적극적인 지식 축적의 한 과정으로 보지 않고, 철저한 내적 수렴의 반성적 과정으로 본다. 이 과정에서 욕망과 의지, 감정, 지식 등과 같은 일체의 방해요소들은 제거되어야만 한다고 보는 것이다.

알프레드 포르케(Alfred Forke, 1867~1944)는 순자가 이런 것에 대해서 아는 것이 없었다고 본다.[9] 그러나 순자가 장자의 철학적 방법이나 내용 등에 대해 아는 것이 없었다기보다는, 그 특징을 너무나 잘 알고 있어서 오히려 이를 유가적인 것으로 변용하여 새로운 형태의 사상으로 전개하였다고 보는 편이 좋을 것이다.

장자에 있어서 '심재', 또는 그 내용을 구성하는 '허일이정'은 형상적 자아로부터의 탈피와 동시에 근원적 자아로의 회귀를 지향한다. 즉 마음 비움의 결과로 말미암아 소박 순수하게 되고, 전일함으로써 인위적 작위를 쌓지 아니하며, 고요함의 상태에서 외물에 동요되지 않고 마음의 평정을 유지한다.

장자는 마음 비움의 문제를 통하여 염세주의적인 심리 상태에서 일어나는 자기 퇴영적 공허나 허무에 도달하려는 목표를 갖지는 않는다. 또한 신비주의적 직관을 내용으로 하는 극단적 정적주의를 지향하지도 않는다. 오히려 장자적 마음 비움의 방법은 존재와 자아의 근원적 소통을 가능케 하는 계기를 마련한다는 점에서 그 의의가 있다.

3. 『관자』 -도의 지혜를 내 안으로

『관자』 안에서도 「백심(白心)」, 「심술 상(心術上)」, 「심술 하(心術下)」, 「내업(內業)」의 4편은 다른 어느 편보다도 강한 도가적인 사유의 성향을 보여준다. 그럼에도『관자』4편의 도가적 사유 성향은 순수도가의 철학사상과는 구별되는 유사도가적 특징을 보인다.『관자』4편은 이미 당시대적 문제의식의 일단이『관자』라는 텍스트 안에 깊이 잠입되어 있는 일종의 사상적 변용을 보여주기 때문이다. 그것은 넓은 의미에서 '황로학적 변용'이라고 일컬어질 수 있는 종류의 것으로서, 노자나 장자와는 전연 다른 문제의식의 발로 때문에 일어난 불가피한 현상이었다.

『관자』4편이 도가적 사유의 편린을 보여주는 구체적인 예로서는 도를 '허', '무', '무형' 등으로 설명하는 것이 대표적이다.[10] 또한『관자』4편에는 '허일이정'의 사상적 성향을 보여주는 내용들이 다수 등장하는데, 이러한 점 역시 도가적 사유와 무관하지 않다. 다음의 인용문은 마음 비움과 전일함, 그리고 고요함에 관련된 내용들이다.

> ① "마음이 욕구로부터 비워지면, 신묘함이 장차 들어와 머문다. 모든 부정한 것이 제거되면 신묘함이 체류하게 된다."[11] "자기 생각만 고집하면 비우지 못하고, 텅 비지 않으면 사물에 거스르게 된다."[12]
>
> ② "뜻을 온전하게 하고 마음을 한결같이 해야 하니 … 능히 온전하게 하고 능히 한결같이 할 수 있겠느냐?"[13]
>
> ③ "자신의 마음과 고요함을 잃지 않으면 그 덕이 날마다 새롭게 되어 전체 세계를 알고 밝게 비치며 사방의 끝까지 관통한다."[14] "마음이 고요함을 지키면 도가 장차 스스로 자리할 것이다."[15]

인용문①은 '마음 비움'의 문제와 관련된 것으로서, 마음 안에 주관적인 선입견을 갖지 말아야 지혜가 자리 잡을 수 있다는 주장이다. 항상 마음을 비워 선입견을 배제하여야만 외부의 사물을 아무런 마찰 없이 받아들이게 된다. 반대로 마음이 주관적 선입견으로 가득 차 있으면 외부 사물에 거스르게 된다. 이러한 내용은 노자적인 사유라기보다는 순자적인 사유와 가깝다. 왜냐하면 『관자』 4편에서의 마음 비움의 내용은 기존의 주관적인 선입견 때문에 장차 받아들일 것을 방해하지 말라는 의미가 강하기 때문이다.[16]

『관자』 4편에 내재된 마음 비움, 전일함, 고요함의 논의는 뒤에 순자와 한비자에게 계승되어 보다 발전된 형태로 나타난다. '허일이정'이라는 철학적 개념을 완성해내는 것이 바로 한비자의 스승이기도 한 순자임을 상기할 때, 순자의 주요 활동무대이기도 했던 '직하'[17]라는 공간적 장소성은 큰 의미를 지니고 있다고 판단된다. 왜냐하면 이것은 '허일이정'에 대하여 비슷한 사유를 공유하였던 『관자』 4편의 저자가 '직하'와 무관하지 않을 것이라는 추정을 가능하게 한다는 이유 때문이다.

인용문②는 '전일함'에 관련된 진술로서, 온 마음을 치우치지 않게 한결같이 모아 사물에 집중하라는 주장이다. 마음이 전일함을 견지해야만 만물의 변화를 올바로 파악할 수 있고, 감각기관과 마음이 모두 혼란스럽지 않아 어느 한 쪽으로 치우치지 않게 된다고 한다. 그래서 『관자』는 "온 마음을 기울여 생각하고, 생각하고, 또 거듭 생각하라"[18]고 한다.

인용문③은 '고요함'에 관련된 내용으로서, 사물이 마음에 이르기 전에 조급하게 움직이지 않으면 능히 얻는 바가 있을 것이라는 주장이다. 『관자』 4편에서 마음은 감각기관을 통제하는 군주의 지위에 있지만,[19] 만약 조급하게 움직인다면 그것은 자신의 지위를 잃게 된다.[20] 그리고 마음이 자신의 지위를 상실하면, 외부의 사물은 감각기관을 혼란시키고 감각기관은 마음을 교란시켜서 제대로 사물 자체에 응할 수 없다. 따라서 고요함을 견지하기 위해서는 마땅히 '무위'하고 '무욕'하여야 한다.

쬬우궈청(焦國成, 1957~)은 장리원(張立文, 1935~)이 주편한 『현경』에서, 『관자』 4편이 송윤학파의 저작이라고 주장한다. 그는 특히 송윤학파를 도가의 한 지파로 간주한다.[21] 그러나 순자가 주장한 '허일이정'의 내용이 장자의 '심재'와는 질적으로 달랐던 것처럼 또한 송윤학파에서 주장한 '허일이정' 역시 장자의 '심재'와는 그 내용상 현격한 차이가 있다고 볼 수 있다. 그래서 쬬우궈청은 송윤학파가 '허일이정'의 방법을 통하여 도달하고자 한 실제적 목적은 장자의 그것과는 다르다고 본다. 송윤학파에서는 양기(養氣)를 통하여 신체에 충실함으로써 천수를 누리고자 하는 '장생구시'에 그 실제적 목표가 있었으나, 장자의 방법은 이른바 양신(養神)을 통하여 '자연의 이치에 따르는 것'에 초점을 맞추었다고 파악한다.[22]

『관자』의 "몸이 바르지 않으면 덕이 오지 않는다"[23]라는 말은 특히 사물을 통해 신체 조직이 교란되고 또한 이를 통해 마음이 교란되어서는 안 된다는 것을 주장한 것으로서, 신체를 강조한 대표적 예에 해당한다. 신체에 충실할 때 내적인 덕을 보유할 수 있다는 것이 『관자』의 생각이기도 하다. 이것은 의도적으로 인도된 사상내용이—이는 『관자』 4편이 도가적 사유를 빌어 자신의 주장을 옹호하려는 태도를 견지하였다는 측면에서, 그 목적의식이 무엇이냐에 따라 그 내용이 상호 일치될 수만은 없었던 점을 잘 지적한 것이 아닐 수 없다.

그러나 이와 같은 쬬우궈청의 주장을 일부 수용한다고 하더라도, '허일이정'의 사상은 장자가 활동하던 전국시대 당시의 학술계에 있어서 오로지 송윤학파만이 독점적으로 전유한 주장일 수만은 없다고 여겨진다. 이것은 선진시대, 특히 전국시대의 직하학과 밀접한 관련을 지닌 학술적 주제였을 것이다. 즉 그것은 당시에 직하를 중심으로 활발하게 논의되었던 하나의 유행 사조였을 가능성이 크다.

그러나 이미 앞에서 살펴본 바, 장자와 순자가 주장하는 '허일이정'에 담겨진 철학적 의미내용이 전혀 상반된 것과 같이 전국시대 당시에는 이 '허일이정'이라는 철학적 개념 하나를 가지고도 각 학파의 사상적 기저에 따라서 그 의미내용은 전혀 다르게 나타났음을 예상할 수 있다. 물론 장자는 그의 저서 속에 '허일이정'이라는 말을 직접 사용한 곳은 한 군데도 없다.

'허일이정'을 하나의 철학적 개념으로 직접 거론한 것은 순자일 뿐이며, 장자나 『관자』 등의 사상내용 안에서 그것은 '마음 비움', '전일함', '고요함'이라는 각각의 개별적 덕목으로 독립하여 제시되고 있을 뿐이다. 이것은 시기적으로 뒷시대를 살았던 순자에게서 그 철학적 개념이 보다 완결성을 갖추고 나타난 결과라고 할 수 있다. 그러나 그 사상의 내용면에서 장자의 '심재'는 '허일이정'의 방법과 전혀 무관하지 않다. 왜냐하면 장자가 말하는 '심재'의 의미는 마음 비움과 고요함, 전일함으로써 설명이 가능하기 때문이다.

한편 『관자』 4편의 작자문제와 관련하여 쬬우궈청이 주장한 것처럼 『관자』 4편이 과연 송윤학파에 의하여 저술되었을까, 하는 의문이 제기된다. 『관자』의 작자가 제나라의 재상이었던 관중이 아닐 것이라는 의문과 더불어 『관자』 4편의 실제 작자가 누구인가, 하는 문제는 확정적으로 논의하기가 어렵다. 다만 『관자』는 당연히 제나라 관중의 저작일 것이라는 일반적인 통념을 깨고, 그것이 관중의 저작이 아닐 것이라고 하는 주장은 일찍이 주자로

부터 비롯되었다.[24)]

그럼에도 쬬우귀청을 비롯한 일부의 학자들이 『관자』 4편을 송윤학파의 저작이라고 보는 것은 모두 꿔모뤄의 영향 때문이다. 일찍이 꿔모뤄는 『관자』 4편이 송형과 윤문의 유작이라고 주장하였는데,[25)] 쬬우귀청은 꿔모뤄의 이러한 주장을 전적으로 수용하고 있는 것이다.

그러나 펑유란은 꿔모뤄의 이러한 주장을 정면으로 반박하고 있다. 그는 『관자』를 직하 학자들의 논문집 내지는 직하 학당의 학보라고 간주한다. 관중은 당시 제나라에서 가장 유명한 사람이었기 때문에 제나라의 직하에서 활동하던 사상가들은 그의 이름에 의탁하여 자신들의 학보이름을 사용하게 되었다고 한다.[26)] 또한 『관자』 가운데 「백심」을 비롯한 4편의 저작은 송형과 윤문의 저작이 아니며, 그 계통은 직하 황로학의 체계를 담고 있다고 본다. 그리고 그는 황로학의 요점이 다름 아닌 '치신 · 치국'이라고 파악한다.[27)]

『관자』 4편의 저자문제는 아직까지 정론이 없는 상황이라서, 의견이 분분하다. 우꽝(吳光)은 『관자』 4편이 직하도가의 학자인 전병 · 신도학파나 그 후학의 작품으로 전국시대 말기 황로학이 형성되기 이전에 저술되었다고 본다.[28)] 장따이니엔(張岱年, 1909~2004)은 『관자』 4편이 송형과 윤문의 저작이 아닐 뿐만 아니라 신도의 작품도 아니며 제나라 관중학파의 저작이라고 주장한다.[29)]

『관자』 4편을 황로학의 저술로 보고, 그 철학적 내용을 '치신 · 치국'의 관점에서 본다면, 그것은 순수 도가적 사유내용과는 일정 정도 거리가 발생할 수밖에 없다. 실제로 『관자』의 일관된 학술적 목적의식이 부국강병을 위한 정치 · 경제론에 있었던 점을 염두에 둘 때, '허일이정'과 관련된 '허정', '무위', '무욕' 등의 내용은 순수도가적 사유의 참된 '허정'이나 '무위' 내지는 '무욕'일 수 없다.

『관자』는 '인군 남면의 통치술'에다 이를 응용하였을 뿐이다. 도는 '허정'이니 인군도 역시 '허정'하지 않으면 안 되며, 도는 '무위'이므로 인군도 역시 '무위'하지 않으면 안 된다. 또한 도는 '무욕'이므로 인군도 역시 '무욕'하지 않으면 안 된다. 이것이 『관자』가 주장하고자 한 실제적인 내용이라고 볼 수 있다.30)

4. 송윤학파 -비워서 오래 살기

펑유란은 1961년 3월 26일 <인민일보>에 상재한 글을 통하여 장자가 말한 '심재'의 방법이 장자학파의 방법이라기보다는 송윤학파의 방법이라고 주장한 적이 있다. 그는 '심재'란 무지와 무욕을 통해 '허일이정'의 상태에 도달하려는 것이며, 또한 '정기의 집중'을 위해 사려와 분별을 제거하는 것이라고 설명하였다.31)

이러한 펑유란의 주장은 '허일이정'과 '정기의 집중'을 함께 논의한다는 측면에서 그가 비판했던 꿔모뤄의 주장, 즉 『관자』 4편의 저자가 송윤학파라는 관점을 은연중 반영한 것이라고 여겨지게 한다. 적어도 그가 『중국철학사신편』을 쓰기 이전까지 이러한 생각은 유효하게 작용한다. 이러한 관점은 그가 『중국철학사』(1934)를 발간한 이후 새롭게 『중국철학사신편』(1964. 6. 초판발행)을 출간해 내는 바로 전 단계에서 주장되는데, 특히 그가 이 시기에 중국철학사를 바라보는 관점은 유물주의와 유심주의 간의 사상적 투쟁이었다.

이러한 결과가 초래된 이유로는 마오쩌둥과 사인방 체제, 그리고 문화대혁명 등으로 인한 정치적 압력에 굴복하여 자신의 학문적 소신을 꺾어야만 했던 펑유란의 비운의 인생행로가 작용한다. 이로 인하여 그는 중국에서 현대를 대표하는 최고의 철학자라는 칭송을 받음에도 불구하고 다른 한편으로는 중국철학 연구의 '변색용'이라는 극단적인 비판을 감내해야만 하였다.

전국시대에 송형과 윤문이라는 학자가 있었는데, 중국철학사에서는 언젠가부터 이들의 사상을 함께 병칭하여 '송윤학파'라고 명명하여 부르고 있다. 꿔모뤄의 주장에 따른다면, 송형과 윤문은 제나라의 직하에서 함께 활동하였던 학자들로서 송형은 맹자보다 그 연배가 약간 위였을 것이며, 윤문은 그 후배였을 것이다. 또한 그에 의하면, 이들은 함께 송윤학파라고 명명되며 이 학파는 선진 제자백가 중 중요한 하나의 학술유파에 해당한다고 본다.[32)]

그런데 꿔모뤄가 송형과 윤문을 선진 제자백가의 중요한 학술유파의 하나로 파악하는 근거는 『장자』「천하」편 때문이다. 그는「천하」편에서 논의되는 유가 이외의 나머지 학술유파 가운데에 송윤학파가 당당히 하나의 지위를 점유하고 있음을 강조하면서, 이를 근거로 송형과 윤문의 학술사상이 공통의 문제의식에 기반하고 있음을 강조하고 있다.[33)]

『장자』「천하」편은 송형과 윤문을 함께 거론하여 다음과 같이 기술하고 있다.

> 세속적인 일에 폐를 입지 않고, 사물을 꾸미지 않으며, 다른 사람을 업신여기는 일도 없고, 세상 사람들에게 거스르지 않으면서, 천하가 평화로워 백성이 살 수 있고 남도 나도 함께 모두 의식이 충족하기를 바라

며, 이렇게 함으로써 스스로의 마음을 명백하게 한다(白心). 옛날의 도술에는 이런 것이 있었다. 송형과 윤문은 이 가르침을 듣고 기뻐하며 위아래가 균평한 모양의 화산관을 만들어서 자기네 학파를 상징하였고, 만물을 대할 때 '선입견의 배제'(別宥)를 첫 번째 목표로 삼았다. 사람의 마음인 내면에 관해 명확히 하고, 이를 '마음의 형위'(心之行)라고 이름 붙였다. 부드러운 태도로 사람들의 기쁨을 한데 합쳐 놓고 이것으로 나라 안을 조화시키며 화합의 마음이 으뜸이 되기를 바랐다. 남에게 모욕을 당해도 부끄럽게 여기지 않고, 백성의 싸움을 멈추게 하며, 공격의 금지와 군대의 해산을 통해 세상의 전쟁을 없애려고 하였다. 이 학설을 들고 널리 천하를 돌며 윗사람을 설득하고 아랫사람들을 교화시켰다.[34]

꿔모뤄는 「천하」 편에 소개된 송형과 윤문의 학술사상의 설명내용에 등장하는 '백심(白心)'과 '심지행(心之行)'이라는 용어가 『관자』 4편 중 「백심」과 「심술(상・하)」편의 편명과 관련성을 지니고 있는 학술개념이라고 주장한다. 「천하」 편의 '백심'이란 다름 아닌 『관자』 4편의 한 편명인 '백심'과 합치되며, '심지행'은 '심술'에 해당한다는 것이다. 따라서 이러한 점만 보더라도 『관자』 4편이 송윤학파의 저술이라는 점은 의심의 여지가 없다는 것이 꿔모뤄의 생각이다.[35]

그러나 순자는 일찍이 송형을 묵자와 함께 거론함으로써 그 사상의 유사성을 묵자로부터 찾은 바 있다.[36] 송형과 윤문을 묵가의 지류이거나 묵자사상의 후예로서 파악하는 것은 펑유란의 경우에도 예외는 아니다.[37] 이러한 점을 상기한다면, 송형과 윤문의 학설을 일방적으로 어느 특정한 하나의 학파로서 규정하는 것은 경솔한 일이 될 수 있다.

실제로 송윤학파를 가리켜 소설가라고 하거나, 또는 묵가, 명가, 혹은 외적으로는 묵가이지만 안으로는 도가라고 하는 등 논하는 사람에 따라 그 견해가 각각 다르게 주장되기도 한다. 그런데 송형과 윤문의 사상 속에는 이들의 사상적 요소가 다 들어가 있다고 할 수도 있다. 그러면서도 송형과 윤문의 사상은 또한 이들과는 분명히 다른 커다란 사상적인 차이가 나타나기도 한다.

상황이 이와 같다 보니, 사실상 송형과 윤문의 사상을 어느 하나의 특정한 학파로서 규정하기가 매우 어려운 실정이다.[38] 그것은 송형과 윤문의 사상이 일치한다는 전제 아래에서도 그러하지만, 송형과 윤문을 각각 별도로 논의할 경우에도 마찬가지이다.

국내에 소개된 독일의 알프레드 포르케 같은 학자는 송형과 윤문의 학설이 서로 일치할 수 없다고 보는 대표적인 경우이다. 그는 윤문을 명가의 철학자로 규정하는 반면 송형을 '분류되지 않는 철학자'로 본다. 우리가 그의 형이상학을 알지 못하며, 제자백가의 근본원칙들에 대해서 구체적으로 어떻게 생각하였는지 알 수 없기 때문이다.[39] 또한『한서』「예문지」에 근거할 경우, 송형과 윤문은 서로 다른 학파에 배속된다.『한서』에서 송형은 소설가로 분류되는 한편 윤문은 명가라고 규정된다.

이와 같은 상황 아래, 허우와이루(侯外廬, 1903~1987)는 당시의 학술경향을 분석하여 "각 학파의 학사들이 한곳에 모여 오랫동안 강의하고 토론하는 동안 자연히 서로 영향을 주고받게 되어 자신의 본래의 학파적 성격이 희박해지고 다른 학파의 영향을 받아 심지어 조화의 색채를 가진 절충파가 형성되기도 하였다"[40]라고 주장하였다. 이와 같이 본다면, 송형과 윤문의 사상을 동일선상에 놓고 이를 송윤학파라 규정한다 하더라도 이들의 성격은 제자백가의 어떤 특정한 하나의 학파적 이념을 강하게 보여주기보다는, 오히려 절충파적인 성격에 비교적 부합되는 것으로 보인다.

그런데 이들의 유사도가적인 발언들에 주목하여 이들을 도가

철학의 연장선상에서 이해하려는 경향이 적지 않다. 이것은 송윤학파를 『관자』 4편의 실제적인 저자라고 인정하는 경우에 있어서 더욱 그렇다. 그러나 이들의 사상적 근저에 설정된 '법'과 '일상사'의 원리 등은 도가적 '무위자연'의 사상과는 궤생적으르 접목될 수 없는 한계가 있음을 간과해서는 안 된다.

송윤학파의 사상은 순수도가적 계열의 철학사상과는 질적인 상이성이 존재한다. 「천하」 편의 설명에서 이들은 "널리 천하를 들며 윗사람을 설득하고 아랫사람을 교화시켰다"고 하는데, 이러한 적극적인 삶의 행위방식은 오히려 '말 없는 가르침'을 통하여 세상을 대하고자 한[41] 도가적인 삶의 방식과는 다른 점이 발견된다.

「천하」 편에 따르면, 송윤학파의 사람들은 세상 사람들이 이들의 주장을 받아들이려고 하지 않았음에도, 도리어 시끄럽게 떠들며 자신들의 의론을 억지로 설득시키려고 하였던 한계가 있다고 한다.[42] 이러한 점은 송윤학파나 『관자』 4편의 저자를 순수도가의 계열로 인도하기보다는 다 같이 '황로학의 사상'으로 규정할 수 있게 하는 가능성을 열어두게 한다. 『한서』 「예문지」에 소개된 송형과 윤문의 설명부분에서는 이 점이 보다 분명하게 확인된다. 물론 학파규정에 있어서 반고는 송형과 윤문을 도가계열로 분류하지는 않았지만, 그는 『송자』가 황로의 설과 같다고 하였다.[43]

이러한 생각은 『장자』 「천하」편의 저자들이 송형과 윤문을 의식적으로 노자와 장자에 그 맥락을 대려고 하였던 취지와 유사한 점이 있다. 실제로 「천하」 편에서 논의되는 '백심'이라든가 '선입견의 배제'와 같은 송형과 윤문의 주장은 장자의 '심재'적 사유와 동일한 것이거나 유사한 것이라는 사유의 맥락으로 간주할 수도 있다는 해석의 개연성이 발견된다.

그러나 결론적으로 말해서 설혹 이들이 '심재'나 '허일이정'의 철학사상을 주장했다고 할지라도, 그 사유의 맥락을 장자적 사유의 연장선상에서 논의되었던 것이라고 볼 수 있는 근거는 없다. 우리는 단지 이러한 간접적인 단서만을 가지고 송윤학파를 『관자』 4편의 실질적인 저자로 규정한다든지, 장자의 '심재'가 이들의 이른바 '허일이정'이라는 사유의 연장선상에 놓여 있는 철학사상이라고 간주한다면, 이러한 생각은 지나친 견강부회일 수 있다는 점을 염두에 두어야 한다.

그래이엄(A. C. Graham, 1919~1991)이 간파한 것과 같이 송윤학파의 사상이 '주관성(subjectivity)의 발견'이라는 측면에서 그 사상사적 의의를 지니고 있는 것이 확실한 것이라고 본다 하더라도,[44] 이것은 '주관성'과 '대상성'의 변별 자체를 철저하게 무화하고자 하는 장자의 '심재'적 사유와는 근원적으로 다를 수밖에 없다.

5. 관윤과 노담 -덜고 덜고 덜고

'심재'와 연관성을 갖는 '허일이정'의 내용은 그 성격상 지식론적 측면이나 공부론적 측면, 또는 정치철학적 측면에서 각각의 논의가 가능하다. 순자나 『관자』 4편, 또는 송윤학파라 일컬어지는 일군의 사상가들에게서 이러한 논의의 단서는 충분히 찾아진다. 그럼에도 순자나 『관자』 4편, 송윤학파에서 논의되는 '허일이정'의 개념적 동일성이나 그 방법의 유사성만을 가지고 우리는 이를 곧 장자의 '심재'와 동일성을 갖는 것으로 평가할 수 없다. 이러한 점에서 우리는 다소 의도적이나마 '심재'의 도가철학적 계보성에 관심을 기울일 필요가 있다.

『장자』「천하」편은 장자의 사상과 가장 깊은 관련성을 지닌 사상가로 관윤과 노담을 제시한다. 노담은 노자를 일컫는다는 것이 일반적인 상식이다. 노자에 비해 덜 알려진 관윤은 춘추 말기의 도가사상가로서, 노자와 동시대를 산 인물이라고 본다. 관윤의 중심사상은 '맑음을 귀하게 여기는 것'(貴淸)에 있었는데, '맑음'(淸)은 곧 '고요함'(靜)이며, 이것은 노자의 주정(主靜)사상을 계승한 것이라고 한다. 그는 후대 도교에서 '무상진인(無上眞人)' 또는 '문시선생(文始先生)'이라고 받들어진다. 또한 『도장』에는 그의 이름에 위탁한 『관윤자』가 수록되어 있는데, 이는 『무상묘도문시진경(無上妙道文始眞經)』이라고 칭해지며, 간략하게 『문시진경』이라고도 한다.45)

『장자』「천하」편에 소개된 관윤과 노담에 관한 기사는 다음과 같다.

> 관윤과 노담은 … 스스로를 '공허'하게 하여 만물을 손상하지 않음을 마음의 실질로 삼았다. 관윤은 말한다. 일정한 입장이 없고 외물에 따라 응하면서 스스로를 나타낸다. 움직임에는 물과 같이 자연스러움을 따르고, 고요함에는 거울처럼 있는 그대로를 비치며, 사물에 응함에는 메아리와 같이 하였다.46)

성현영은 관윤과 노담을 다 같이 도가적 지식인으로 규정한다. 성현영은 관윤이 함곡관의 관지기인 윤희이며, 노담은 그의 스승인 이이, 곧 노자라고 한다.47) 이와 같은 성현영의 주장을 인정한다면, 이들의 사상은 장자의 철학적 사유와 직접적인 관련을 맺는 보다 큰 권능을 마련하게 된다. 관윤과 노담의 철학적 사유의 핵심은 바로 '허심'의 범주 안에 놓여 있기 때문에 장자의 '심재'적 사유의 맥락과 서로 맞닿아 있다.

장자의 '심재'나 또는 그 안에 내재된 '허일이정'의 사상적 연원은 노자에 기원을 둔다. 장자의 '심재'가 '허심'의 논의 구조를 갖추어내는 것이라면, '허심'의 문제에 대해서 일찍이 노자보다 먼저 이 문제를 명시적으로 제시한 철학자는 아직 없었다는 점은 큰 의미가 있다. 노자와 장자를 함께 병칭하든 그렇지 않든 간에 이 문제는 사상적 연원의 측면에서 도가철학적인 연원의 선차성을 갖는다.

노자는 일찍이 "그 마음을 비워라"[48] 내지는 "현묘한 거울(마음)을 닦아라"[49]라고 하여 마음 비움의 상태인 '허'에 도달할 것을 강조하였다. 또한 "근본으로 돌아가는 것을 고요함이라고 한다"[50]라거나, "내가 고요함을 좋아해야 인민이 저절로 바르게 된다"[51]라고 하여 '고요함'의 상태를 유지할 것을 주장하였다. 뿐만 아니라 "마음 비움을 지극히 하고, 고요함 지키기를 돈독히 하라"[52]고 하여 마음 비움과 고요함의 상태를 동시에 강조하기도 하였다.

노자의 이러한 논의들은 모두 존재론적 '허'의 범주를 마음의 영역에 접목시켜 마음의 상태를 텅 비고 고요하게 유지하여야 한다는 것으로서, 장자의 '심재'적 사유와 무관하지 않다. 장자는 '심재'를 설명하면서, '도'는 오로지 '허'에서 소통된다고 하였기 때문이다.[53]

특히 학술계보 상에서 노자를 장자철학의 선구로서 인정한다고 할 때, 노자의 '허심'과 관련된 논의들은 장자의 '심재'에 결정적인 영향을 제공하였다고 말할 수 있다. 그래서 타이완의 학자 천리꾸이(陳麗桂)는 장자의 '심재'뿐만 아니라 『관자』 4편에 나타나는 '허일이정'의 사상은 모두 노자가 말한 '허정'의 본지가 변

화 발전된 것이라고 평가한다.[54)]

노자는 이 세계가 어떠한 의지나 목적의식을 갖지는 않는다고 본다. 이러한 점에서 '허'는 일상적 자아의 유목적적이며 유의지적인 태도에 대한 부정이다. '허'는 고정성이 없고 늘 자기 개방적이며 타자 소통적이다. 그러나 자아의 고정된 마음은 무언가를 항상 채우고자 하지만 늘 한계가 있고, 알려고 하면 할수록 더욱 더 존재세계로부터 멀어지는 특징을 지닌다.[55)]

따라서 '허'는 이러한 자아의 폐쇄성과 한계에 대한 부정을 요청한다. 장자는 노자가 자아 내적인 무화작업으로 제시한 몇 가지 개념들을 자신의 사유 체계 안에 적극적으로 수용하여 '심재'의 직접적인 사상적 기반으로 삼았다고 할 수 있다. 노자의 '허심'이 자아의 욕망과 분별적 지식에 대한 부정뿐만 아니라, 정치적 범주에까지 연관되어 통치자의 마음가짐을 문제 삼고 있다는 점은 중요하다.[56)]

장자 역시 노자의 이러한 특색을 잘 계승하고 있다. 특히 '심재'의 논의가 장자가 설정한 공자와 안회의 대화내용 중 정치참여의 현실적 문제와 직접적으로 맞닿아 있을 뿐만 아니라 그 대안으로서 제시된다는 점은 장자의 '심재' 역시 노자가 말하는 '허심'처럼 정치문제의 해법으로 논의되고 있는 측면이 있는 것이다. 그러나 이 경우의 정치는 사실상 정치라고 할 것도 없다. 정치가 '허'를 통하여 이루어지기 때문이다.

이 지점에서 우리는 노장이 정치적 문제에 관하여 담론하였음을 인정한다고 할 때, 그것이 일종의 정치적 목적의식에서 나온 정치술을 주장한 것이 아니라는 점에 유의할 필요가 있다. 제도와 규범을 부정한 노장에게서 정치술이란 무의미하다. 법과 같은 행위의 정치적 행태를 버리라는 것이 노장의 정치적 담론에서 중요한 것일 뿐이지, 노장은 결코 범(군주)에게 정치적 지배기술을 연마하라는 의도된 목표를 전제하지는 않는다.

이러한 점이 장자의 마음 비움의 문제를 '계보학'과 관련짓게 한다. 장자는 통치자의 정치 권력적 권능의 확보 및 백성들의 우민화를 위한 통치 전략적 방편에 기원을 둔 마음 비움의 문법을 전면적으로 부정하기 때문이다. 장자는 통치자의 권력을 중심에 두고 이루어지는 일체의 '동일성의 요구' 또는 '전체성의 확보'에 대해 비판적이다. 그는 도리어 소수자의 '다양성'을 인정하고 그 권리를 확보하고자 한다.

노장의 정신 안에서는 통치한다는 것과 통치된다는 것의 분별 자체가 반자연이다.[57] 정치적 문제의식에 관련된 이러한 노장적 특징은 『관자』 4편을 저술한 저자의 문제의식과는 상호 차별된다. 그리고 그 차별성은 순수 도가적 사유와 황로학적 사유의 현실적인 거리감 때문에 형성되는 것이기도 하다.

장자는 '허심'과 연계된 노자의 철학적 개념들을 자신의 방식으로 적극적으로 수용하면서도 노자의 철학적 개념의 범주 안에만 머물려고 하지는 않았다. 장자는 당대의 제자백가의 사상을 개방적으로 수용하기도 하고 폭넓게 비판하기도 하면서 자신의 철학적 사유의 범위를 넓혀 나갔다.

이러한 점을 고려할 때, 장자는 '심재'의 개념과 관련하여 학술계보상에서 노자의 사상적 특징을 받아들이면서도, 당시 사상계에 유행하였던 '허일이정'의 방법을 자신의 철학적 범주 안에 적극적으로 수용한 후 이를 새로운 형태의 논의로 전개하였다고 할 수 있다.

6. 도에 이르는 길: 마음 잠재우기와 잊기

대부분 장자철학 연구가들은 '심재'와 '좌망'을 동일한 맥락으로 이해한다. 이것은 '심재'와 '좌망' 사이에 비록 약간의 미묘한 차이가 있을지라도, 이 두 가지는 그 방법적인 내용면에 있어서 거의 같은 역할을 수행한다고 보기 때문이다. 즉 의식의 지향성으로 인하여 왜곡된 실상을 무화하는 방식이라든가, 또는 그 도달하고자 하는 지향적 목표가 동일하다는 것이다. 그러나 '심재'와 '좌망'의 관계를 좀 더 구체적으로 구분한다면, '좌망'은 그 안에 '심재'의 의미까지 동시에 포함하고 있다.[58] 따라서 '좌망'의 범주는 '심재'보다 넓은 외연을 확보하고 있다고 볼 수 있다.

그러나 평유란은 '심재'와 '좌망'의 사유가 그 내용이나 지향점에 있어서 서로 다르다고 본다. "'심재'는 송윤학파의 방법으로서 무지와 무욕을 통해 '허일이정'의 상태에 도달하려는 것이며, 정기의 집중을 위해 사려와 분별을 제거하는 것이다. 반면에 '좌망'은 장자학파의 것으로서 모든 분별지의 부정을 통해 심리적 혼돈 상태에 도달하려는 것이다."[59]

평유란은 학술계보상에서 볼 때 '심재'는 송윤학파의 방법인 반면 '좌망'만이 장자의 철학사상으로 인정될 수 있다는 것이다. 그리고 그는 '심재'가 정기의 집중을 추구하는 것이라면 '좌망'이란 심리적 혼돈상태에 도달하려는 것이라고 하였으니, 이는 곧 '심재'가 일종의 양생적 수련의 방편임에 비하여 '좌망'은 자기 퇴영적 공허나 허무를 추구하는 방법이라고 폄하하는 관점이기도 하다.

이 같은 평유란의 주장은 온당한 것으로 보기가 어렵다. '심재'와 '좌망'은 모두 장자철학의 사상적 중추를 이루는 개념들로 이해하여야 한다. 평유란의 주장 중에서 송윤학파가 '허일이정'의 방법을 채택하였다는 주장은 일면 인정할 수 있을지 모른다. 그러나 '허일이정'을 통한 '심재'의 방법을 마치 송윤학파의 사상적 전유물인 것처럼 파악하는 것은 문제가 있다. 이와 유사한 방법이 순자의 텍스트를 비롯하여 『관자』 4편 안에서도 발견되기 때문이다.

물론 『관자』 4편의 저작이 송윤학파에 의하여 기록된 것이라는 점을 인정한다면, 『관자』 4편은 송윤학파의 사상과 일치하는 것으로 논정할 수 있을 것이다. 그러나 그 저자의 실체가 명확하지 않은 현재의 상태에서 이를 단정하는 것은 무리가 있다. 그리고 이러한 문헌고증적인 문제를 배제하고 볼 경우에 각 사상유파에서 논의하는 '허일이정'이라는 용어의 동일성 자체가 그 심층에 놓인 철학적인 의미내용의 동질성까지 보장해 주지 못한다는 점 또한 충분히 고려해야만 한다.

장자는 자신의 철학적 개념 중에서 '심재'의 방법과 같은 의미로 사용했으면서도 선진시대 당시에 다른 사상가에게서는 찾아볼 수 없는 매우 독창적인 개념을 제시하였다. 그것이 바로 '좌망'이다. '좌망'은 지식론적 측면에서 본다면, 일상적 지식의 부정과 관련된 방법이다. 장자가 '좌망'을 통하여 일상적 지식을 부정하는 이유는 일상적 경험지가 이분법적인 성격을 지닌 까닭에 분석적이고 사변적이면서도 다분히 주관적이기 때문이다. 통상적이고 세속적인 방법을 통해서는 참된 지혜에 도달할 수 없다.

그래서 일찍이 노자도 학문을 하는 것은 날마다 모르는 것을 쌓아 가는 것이지만 도를 체득한다는 것은 모든 선입견과 차별의식을 덜어내는 것이라고 주장하면서 철두철미한 부정의 방법을 제시하였던 것이다.[60] 이에 장자도 노자와 같이 버리고 또 버리는 일이 곧 도를 체득하는 방법이라고 보고, 그것은 학문의 차원

과는 현격하게 다르다는 것을 강조한 것이다.[61)]

장자가 도를 체득하는 대표적인 방법으로 제시한 것이 바로 '심재'와 '좌망'이다. 그리고 이들의 철학적 목표는 다 같이 존재와 자아가 근원적으로 소통하는 데에 있다. '심재'와 '좌망'을 통한 존재와 자아의 소통은 지식론적 계열에서는 '무분별지'의 영역이며, 따라서 '자연지'의 영역이라고 말할 수 있는 순수직관의 세계이다.

이러한 지식이란 사실상 '지식 아닌 지식'이다. 왜냐하면 이는 존재와 자아의 근원적 소통을 통한 즉각적이며 직접적이고 직증적으로 체득되는 순수한 세계인식일 뿐, 경험적이며 추론적이고 합리적인 이성을 내세워 세계와 자아를 철저히 구분하는 이항대립적인 성격의 분별지와는 다르기 때문이다. 순수직관의 세계에서는 지식의 주체와 대상 사이에 가로놓인 경계선 자체가 없고, 주객은 하나의 미분화된 상태에 그 자체로 통일되어 있을 뿐이다.

그런데 우칭슝(吳經熊, 1899~1986)은 장자의 '심재'와 '좌망'을 불교의 선과 상호 비교하여, '심재'와 '좌망'의 자증법은 순수직관에만 머물 뿐 선불교처럼 '본질에 대한 수련'에까지는 발전하지 못한 것이라고 평가한다.[62)] 이것은 '본질'의 문제에 초점이 맞추어지느냐, 아니면 '수련'의 문제에 초점이 맞추어지느냐에 따라 각각 다른 평가가 가능하겠지만, 장자의 '심재'와 '좌망'이 실천적인 측면을 다소 결여하고 있다는 해석임에는 분명하다. 이는 아마도 '수련'의 구체성이 장자에게는 상대적으로 결여되어 있다는 지적일 것이다. 물론 이러한 지적은 정확하다고 판단된다. 그럼에도 우칭슝의 해석은 그가 불교의 입장에서 불교를 옹위하고자 하는, 일종의 불교 호교론(Apologetics)의 특색을 띤 장자관이라는 한계가 있다.

장자의 '심재'와 '좌망'을 순수직관의 영역에 머무는 사변적인 것으로만 볼 수는 없다. 장자는 "천지는 개별적 자아와 더불어 살아 있고, 만사만물의 다양함도 개별적 자아와 더불어 하나가 된다"[63]고 한다. 개별적 자아와 존재사물이 하나의 존재구조 안에서 근원적으로 소통한다는 것이 장자의 생각이다.

이택후는 '심재'와 '좌망'으로 도달하는 이 '만물제동'의 경지가 유가에서 강조하는 '동구문합(同構吻合)'[64]과 '천인감응'에 비하여 한 걸음 더 나아가 물・아와 주・객의 완전한 민멸을 강조한 것이라고 평가한다. 그것은 지식주관과 지식대상이 상호 부합하는 대응으로서의 '동구(同構)'의 문제가 아니라, 지식주관과 지식대상이 이미 불가분의 관계를 갖는 '물화(物化)'의 문제라는 것이다. 이러한 주객의 동일성은 오직 순수의식의 창조적 직관 중에서만 나타날 수 있다고 한다.[65]

장자가 도를 체득하는 방법으로 제시한 '심재'나 '좌망'은 모두 인간의 이성적 지식으로써는 표현할 수 없는 순수경험의 세계에 관여한다. 이것은 개별적 자아와 천지만물이 서로 '덕'의 공능을 매개로 하여 혼연일체가 되는 '물화'의 경지이다. 그러나 장자의 순수직관은 단지 의식의 차원에만 머무는 것이 아니라, 일상의 경험적인 삶 그 자체와 분리되지 않는 특질을 지니고 있다. 이것은 이성을 통한 세계의 동일성이나 자아의 동일성을 찾는 것을 의미하지 않는다.

그러므로 이것은 이성적 절대화를 통하여 세계와 인간의 합일을 추구하는 의식의 이념화와는 근본적으로 다르다. 장자의 순수직관은 이성적 직관과는 그 차원을 달리한다. 장자의 순수직관은 오히려 이성의 절대화를 부정하여 자연의 흐름 자체에 하나가 되는 주객미분의 본질적인 소통을 문제로 삼는다.

09

알 수 없는 사차원의 세계

알 수 없는 사차원의 세계

1. 장자는 불가지론자인가?

사전적 정의에 따르면, 불가지론(agnosticism)이란 사물의 본질이나 실재의 참모습은 인식할 수 없다고 주장하고, 우리들의 경험을 초월하는 모든 문제를 거부하려는 입장을 의미한다. 회의론(scepticism)이 보편적인 인식의 성립을 부정하면서도 여러 가지 방도로 결정적인 태도를 보류하는 데 대하여 불가지론은 어떤 의미에서든지 본체적인 것과 현상적인 것을 구별하여 전자는 지식의 대상이 될 수 없는 것이라 하여 지식을 주로 경험적인 사실의 범위에 한정하려는 태도를 명시한다.1)

'불가지론'이라는 개념은 그 사유의 기원이 오래된 것이기는 하지만, 1869년 헉슬리(Thomas Henry Huxley, 1825~1895)에 의해 처음 사용되었다. 더불어 이 말은 스펜서(Herbert Spencer, 1820~1903)와 같은 실증주의자에 의해 지식이 경험 가능한 사실로만 한정되어야 한다는 의미로 사용되면서, 초경험적인 것의 존재나 본질은 인식 불가능하다는 입장을 반영하게 되었다. 이러한 사유는 고대 그리스의 소피스트나 회의주의자들에게서도 그 단초가 발견되고, 스피노자를 비롯한 흄(David Hume, 1711~1776), 칸트 등의 사유도 불가지론과 무관하지 않다. 이러한 경향은 현

대의 논리실증주의에로 이어진다.2)

중국 고대의 철학자 중에서는 장자만큼 불가지론의 문제와 밀접한 관련성을 지니고 있는 철학자도 드물다. 불가지론의 범주는 장자철학을 설명하는 필수적인 요소처럼 논의된다. 이러한 현상이 제기되는 결정적인 이유는 두 가지 측면 때문이다. 첫째, 장자가 지식에 대한 긍정적인 생각보다는 그에 대한 한계에 대한 지적을 통해 회의론적인 입장을 표방한다는 점이다. 둘째, 장자가 실제로 인간의 지식으로는 존재 자체를 알 수 없다고 하는 불가지론적 태도를 취하고 있다는 점이다.

그렇다면 장자는 과연 불가지론자인가? 이 문제는 생각 밖으로 단순하게 긍정하기도 어렵고 일방적으로 부정하기로 어려운 난제이다. 이 물음에 답변하기 이전에 우리는 선차적으로 '불가지론'이라는 서양철학의 개념을 장자철학에 정확하게 적용할 수 있느냐는 점에 대해 답변할 필요가 있다. 동양적 사유의 시각이 서양적 사유의 잣대에 의하여 재단되고 평가되는 것에는 일정한 한계가 있을 수 있기 때문이다. 그리고 장자가 불가지론적인 사유를 표명하고 있는 내용들이 과연 불가지론 자체를 철학의 대상으로 삼기 위한 것이었는지에 대해서도 깊이 생각해보아야 한다.

이와 같은 물음들에 대한 규명이 있어야만 장자철학에서 거론되는 불가지론적 태도와 그에 대한 입장의 진의가 보다 분명하게 드러날 수 있을 것이라 본다. 그렇다면 이제 이에 대한 몇 가지 물음들에 대해 좀 더 구체적으로 살펴보기로 한다.

2. 서로 다른 불가지론의 전통

불가지론에 대한 지엽적인 사유의 스펙트럼은 매우 다양하다. 따라서 불가지론을 어느 특정한 성격으로만 규정하고 접근할 수는 없다. 그것은 존재와 본질에 대한 불가지성뿐만 아니라 신에 대한 불가지성도 자신의 범주 안에 포함하고 있다.

특히 불가지론은 서양 중세의 신학사상과 밀접한 관련을 갖는다. 불가지론을 뜻하는 아그노스티시즘(agnosticism)이 그노시스(gnosis)를 부정(a)하는 입장임을 상기한다면, 이 말은 그노스티시즘(gnosticism)과 밀착된 관념이며 그에 대한 부정을 뜻한다는 사실이 드러난다. "그노스티시즘은 그노즈(gnose)를 통해서 구원에 이를 수 있다는 사유체계를 지닌 종파들을 일컫는다. 그노즈는 희랍어로 '앎', '인식'을 의미하는데, 그노스티시즘에서 사용될 때는 단순한 인식이 아닌 경이롭고 신비스러운 인식, 인간의 우주의 기원과 인간의 구원에 대한 신비한 지식을 지칭한다. 이러한 이유로 그노스티시즘은 영적인 지식을 추구하는 '영지주의'(靈智主義)로 번역된다."[3]

실제로 영지주의자들은 절대자의 지위에 있는 신의 본체를 알 수는 없지만, 일종의 영적 직관이라고 할 수 있는 그노시스에 의하여 그것을 인식할 수 있다고 주장한다. 이러한 점에서 영지주의자들은 사후 세계와 천상의 일, 영생하는 운명 등에 대해 알 수 있다는 입장에 선다.

더군다나 영지주의자들은 아주 특별하게 예외적인 자신들만이 구원될 수 있다고 본다. 이것은 그노시스라는 신비하고 비밀스런 지식을 가지고 있기 때문이라고 주장한다. 이러한 신비하고 비밀스런 지식을 가진 영적 세계의 사람들은 자신들이 신의 자리에

오를 수 있는 능력도 있다고 한다. 불가지론이라 번역되는 아그노티시즘은 역사적으로 이와 같은 그노스티시즘을 극복하기 위한 방편으로 제시된 철학사상이다.

장자는 천상의 일이나 사후 세계의 일, 영생하는 운명 등에 관하여 아예 언급하지 않거나 부정하는 입장을 갖는다. 삶과 죽음을 하나로 보고 삶에 집착하거나 죽음에 대해 두려워하지 말아야 한다는 의견을 피력하기도 한다. 장자는 경우에 따라 삶을 네발가락이나 육손이와 같은 종류의 존재의 혹처럼 보기도 하지만,[4] 그렇다고 사후 세계를 예찬하지도 않는다.[5] 죽음을 거부하고 영생을 좇는 행위는 도리어 반자연한 것으로서 부정된다. 이러한 점에서 장자는 불가지론의 표면적 특징에 일치하는 기본 입장을 표방하고 있다고 볼 수 있는 측면이 있다.

그러나 장자에게 서구적인 불가지론의 사유 틀을 그대로 적용하여 이해하기는 곤란하다. 서로 다른 지적 사유의 전통이 가로막고 있기 때문이다. 장자에게서 영지주의에 대한 부정을 확인하고자 한다면, 장자가 활동하던 시대적 정황 속에서 신의 자리에 오르고자 한 사람들과 그들이 도달하고자 한 신의 절대적 실체성이 전제되지 않으면 안 된다.

장자에게서 서구적 의미의 신의 의의를 발견하기는 현실적으로 불가능하다. 또한 영지주의자들이 기획하고 있는 종류의 영육 이원론적인 이분법적 세계관을 발견할 수도 없다. 특히 교회사의 입장에서 본 영지주의의 특징 가운데 하나는 물질적인 것이란 영원히 악하다는 것인데, 장자에게서 물질의 악함과 그의 현실적인 악순환은 의미를 보장받지 못한다. 장자에게서 물질이란 가치론적인 악의 대상이라기보다는 존재론적인 자연의 산물일 뿐이다.

장자에게서 신의 실체성 유무는 큰 의미가 없다. 장자가 '혹사

(或使)'와 '막위(莫爲)'의 논쟁에 대해 주목한 점이 이를 방증한다.[6] '혹사'는 현상하는 세계를 누군가가 만들었다는 입장이다. 이른바 장자가 말하는 '참된 주재자'나 '위대한 대장장이'가 존재함으로써, 이들에 의해 세계가 만들어졌다는 입장이다. 이러한 입장을 주장한 것이 '접자(接子)'이다. 이른바 세계의 주재적인 실체가 있다는 주장이 '혹사'라고 할 수 있고, 이러한 입장에서는 세계의 근원과 신의 존재에 대해 알 수 있다고 하는 사고가 확인된다. 이러한 특징 때문에 전국시대 접자의 '혹사' 이론은 후일『여씨춘추』의 기운의 작용론을 거쳐 한나라 때 동중서(董仲舒)의 신학적 목적론으로 전개되는 계기가 된다.[7]

반면 '막위'는 현상하는 세계를 만든 '참된 주재자'나 '위대한 대장장이'와 같은 존재는 없다는 주장이다. 이것은 '계진(季眞)'에 의하여 주장된 것으로서, 일종의 무신론적 견해를 반영한 것이라 볼 수 있다. 무신론적 견해에서만 세계의 기원과 신의 존재를 알 수 없다고 보는 것은 아니지만, '계진'은 그것을 알 수 없다고 본다. 따라서 '계진'의 '막위' 이론은 일종의 불가지론적 입장이 강하게 반영된 것이라고 볼 수 있다. 그러나 '막위'의 이론에서는 신의 존재를 상정하지 않는다. 그것은 신학적 목적론을 부정하는 일종의 원기자연론(元氣自然論)의 형태를 띤다.[8]이러한 점에서 그것은 영지주의적 전통을 부정하는 서양적 불가지론의 불가지성과는 그 성격이 다른 것일 수밖에 없다.

뿐만 아니라 장자에게서는 신의 실체성 유무와 그에 대한 지식확인 가능성 유무는 모두 부정되어 새로운 차원으로 지양된다. 도의 범주가 '혹사'와 '막위'의 어느 한 방면에 포획되지 않고, 넘어서 있기 때문이다. 신의 존재상정도 문제이지만, 신에 대한 존재부정도 문제이다. 왜냐하면 신의 존재상정은 존재를 존재자로 전락시키는 결과를 초래하고, 신에 대한 존재부정 역시 그 부정의 제한성 때문에 존재긍정의 여지를 남겨두고 있기 때문이다.

장자에게서는 일상에서 제기되는 존재부정의 불가지적 판단의 양상 역시 존재긍정의 실체성의 범주를 벗어나지 못한다는 특징이 있다. 일상적인 알 수 있음의 범주가 상대적인 알 수 없음의 범주와 맞닿아 있는 것이다. 결국 이러한 일상적 존재판단의 유무에서 제시되는 불가지론은 제한적인 불가지론이란 한계를 갖는다. 장자는 이러한 종류의 불가지론이 지닌 인위적인 특성을 부정한다.

3. 인간은 모든 것을 알 수 없다

장자는 존재에 관하여 기본적으로 '알 수 없다'고 하는, 존재에 대한 불가지론적 태도를 견지한다. 장자가 이렇게 존재의 불가지성을 전면에 내세우는 이유는, 존재의 불가지성을 부각시킴으로써 존재의 차원보다는 오히려 지식의 차원을 문제 삼으려는 의도적인 계획이 전략적으로 필요했기 때문이라고 볼 수 있다.

장자는 존재와 사유의 관계를 서로 대치시켜 존재의 부정적 성향을 드러내는 것처럼 보이기도 한다. 그러나 장자는 오히려 지식의 부정성을 문제 삼고자 하는 특유의 역설과 손을 잡는다. 따라서 우리는 장자의 불가지론을 검토함에 있어서 불가지론에 관여되어 있는 존재와 지식의 서로 다른 영역에 대하여 혼동하지 말아야 한다. '불가지하다'는 것의 논의의 초점을 존재의 영역으로부터 지식의 영역으로 옮겨볼 필요가 있다.

존재를 존재 자체로서 지식하지 못하는 분별지는 그 자체에 명백한 한계를 지니고 있다. 그래서 장자는 다음과 같이 말한다.

> 사람이 알고 있는 것을 헤아려 보면 그가 알지 못하는 것보다 적다. 사람이 살아 있는 시간은 사람이 살고 있지 않은 시간보다 길지 않다. 이와 같이 가장 작은 것으로써 가장 큰 세계를 모두 밝혀내려하기 때문에 혼란에 빠져 스스로 만족할 수가 없는 것이다. 따라서 가느다란 털끝이 가장 작은 것을 규정할 수 있는 단위를 어떻게 알 수 있으며, 또 천지가 가장 큰 것을 다 포괄할 수 있는 영역임을 어떻게 알 수 있겠는가?9)

장자는 털끝보다 작은 세계와 천지보다 큰 세계가 존재한다는 가능성을 인정한다. 이것은 우리가 알고 있는 지식보다는 알지 못하는 지식이 더 많으며, 우리가 생존한 시간보다는 생존하지 않은 시간이 더 길며, 우리가 경험한 공간의 범위보다 경험하지 못한 공간의 범위가 더 크다는 것을 인정하는 것이다. 이는 경험적 사실로부터 추론한 결과이다. 장자는 경험적 추론을 방편으로, 비 경험적 존재의 존재 가능성을 주장한다. 왜냐하면 단편적인 경험적 사실보다는 비경험적 존재의 존재 가능성이 더 크기 때문이다.

장자철학에서 존재와 지식의 관계는 상호 배타적이다. 이것은 분별지를 기준 삼을 경우이다. 참지식에서는 존재와 지식이 상호 공속성을 유지한다. 지식은 존재와 서로 긴밀한 관계를 지니고 있으면서도 오히려 문제가 되는 것은 존재의 차원이 아니라 지식의 차원이다. 분별지로는 존재 자체를 알 수 없다. 장자의 다음과 같은 발언은 이 점을 역설적으로 보여준다.

> 도에 관하여 질문하는 자가 있어서 거기에 응답하는 자가 있다면 그는 도를 모르는 것이다. 도에 대하여 묻는 자 또한 도에 대하여 모르는 것

이다. 도는 물을 수도 없고 물음에 대하여 응답할 수도 없는 것이다. 질문할 수 없는 것을 질문하는 것은 헛된 질문이며 응답할 수 없는 것이 대하여 응답하는 것은 참됨이 없는 것이다.10)

장자는 존재에 대한 분별적 물음과 그에 대한 응답 일체를 부정한다. 이 과정에서 만일 부정의 판단진술 방식을 긍정의 판단진술로 환치한다면, 그래서 존재의 불가지성을 가지성의 영역으로 돌려놓고 판단하고자 한다면, 진리는 왜곡된다. 어떠한 방식으로든 불가지성을 지닌 존재 자체를 언술을 통하여 기술한다는 것은 자체 모순을 범하기 때문이다. 장자철학에 있어서 도는 존재 자체이며, 이는 어떠한 속성도 지니지 않는 무규정적 존재이다. 따라서 존재를 분별적으로 규정하여 진술하려는 태도를 가지고 도의 본원적 실상을 있는 그대로 알고자 하는 것은 근원적으로 불가능하다.

장자철학에 나타나는 불가지론적 성향을 살펴보면, 본원적 도는 감각적 지각이나 이성적 사유를 통하여 지각할 수 있는 경험적 대상이 아니라는 것을 알 수 있다. 즉 존재의 불가지성이란 표현은 역설적으로 인간이 지닌 지식 능력의 한계를 지칭하는 것이라고 보아도 무방하다. 그러나 표현된 언어 자체를 피상적으로 해석하여 존재의 성격이 본래 불가지한 것이라고 받아들인다면, 장자철학에 있어서는 존재에 관한 어떠한 형태의 지식론도 그 성립 근거가 없다고 할 것이다.

장자는 개별적 사물에 대한 지식을 부정하기도 하지만, 한편으로 그 지식의 경험적 지식 가능성을 인정한다. 개별적 사물에 대한 지식이 부정되는 이유는 그것이 완정한 형태의 지식이라기보다는 유한한 지식의 상대성을 벗어나지 못하기 때문이다. 그러나 경험적 지식은 개별적 사물의 '안정과 위태로움', '화와 복', '느림과 빠름', '모임과 흩어짐' 등을 이성적 사유를 통하여 어느 정도 파악할 수 있다. 그래서 장자는 다음과 같이 말한다.

> 안정과 위태로움은 서로 바뀌고 화와 복이 서로 발생시키며 느림과 빠름이 서로 교체하고, 모임과 흩어짐이 서로를 이루어 준다. 이러한 점에 대한 이름과 실질은 우리가 식별할 수 있고, 그에 대한 자세한 것을 기록할 수 있다. 모든 것은 질서에 따라 서로 조리를 이루어 가고 갑작스럽게 발생하여 운행되면서 서로 영향을 끼친다. 모든 것은 궁극에 이르면 원점으로 돌아가고, 끝나면 다시 시작된다. 이것은 모든 사물에서 볼 수 있는 현상이다. 이러한 것들은 언어로써 명확하게 설명할 수 있고, 우리의 지식을 통하여 도달할 수 있는 것으로서 개별적 사물의 범위를 벗어나지 않는다.[11]

그러나 개별적 사물을 드러내는 현상적 사태들에 관해서 지식의 성립 가능성이 일정 부분 열려있는 것에 비해 본다면, 본원존재인 도는 지식의 분별성의 통로를 통한 지식화의 과정이 불가능한 측면을 지니고 있다.

장자는 기본적으로 도는 알 수 있는 경험적 대상이 아니라고 한다. "도는 들을 수 없다. 들을 수 있는 것은 도가 아니다. 도는 볼 수 없다. 볼 수 있는 것은 도가 아니다. 도는 말할 수 없다. 말할 수 있는 것은 도가 아니다."[12] 도에 관한 인간의 경험적 지식 능력은 한계를 지니기 때문에 들을 수 없고, 볼 수 없고, 말할 수 없다는 한계를 지닌다. 들을 수 없고, 볼 수 없고, 말할 수 없다는 등의 표현은 모두 지식의 한계와 밀접하게 관련된 것들이다.

장자 주석가인 성현영은 이 인용문에 대하여 다음과 같이 주석한다. "도는 소리가 없기 때문에 귀로 들을 수 없으니 귀로 들을 수 있다면 도가 아니다. 도는 색깔이 없기 때문에 눈으로 볼 수가 없으니 눈으로 볼 수 있으면 도가 아니다. 도는 이름이 없기 때문에 말로써 설명할 수 없으니 말로써 설명할 수 있으면 도가 아니다."[13] 도란 소리가 없고, 색깔이 없고, 이름이 없다. 이와 같이 도는 자체적으로 어떠한 속성도 지니고 있지 않다. 그러므로 경험적 지식의 기초 자료 위에서 온전한 존재로서의 도는 알 수 없는 존재이다.[14]

이와 관련하여 우리는 또한 다음과 같은 존재문답을 통하여 존재의 불가지성에 관한 장자의 생각을 읽을 수 있다.

> 태청이 무궁에게 물었다. "그대는 도를 아는가?"
> 무궁이 말하였다. "나는 도를 알지 못한다."
> (그러자 태청이) 또 다시 무위에게 물었다.
> 무위가 말하였다. "나는 도를 안다."
> 태청이 물었다. "그대는 도를 아는데 또한 방법이 있는가?"
> 무위가 말하였다. "방법이 있다."
> 태청이 물었다. "그 방법은 무엇인가?"
> 무위가 말하였다. "나는 도가 귀할 수도 있고 천할 수도 있으며, 묶을 수도 있고 흩어버릴 수도 있다는 것을 안다. 이것이 내가 도를 아는 방법이다."
> 태청이 이 말을 가지고 무시에게 물어보았다. "이와 같다면 무궁이 알지 못하는 것과 무위의 아는 것이 누가 옳고 누가 그른 것인가?"
> 무시가 말하였다. "모르는 것은 깊고 안다는 것은 얕으며, 모르는 것은 내적인 것이고 안다는 것은 외적인 것이다."
> 이에 태청이 하늘을 우러러 보며 탄식하여 말하였다. "알지 못하는 것이 아는 것이고 아는 것이 알지 못하는 것인가? (그렇다면 과연) 누가 '부지의 지'를 알 수 있는가?"[15]

도에 관하여 이성적으로 아는 것은 근본적으로 불가능하다. 이성적 지식은 부분적 진리만을 보장하는 유한성을 지니기 때문이다. 그러나 이성적 사유에 의한 추리나 판단을 통해서 도를 알지 못한다고 아는 것이야말로 참으로 아는 것의 진실한 계기가 된다.

도는 이성적 방법으로는 결코 알 수 없다. 이와 관련하여 장자는 다음과 같이 말한다.

> 그러므로 눈으로 보아서 볼 수 있는 것은 형체와 색깔이요, 귀로 들어서 들을 수 있는 것은 이름과 소리이다. 슬프다! 세상 사람들은 형체, 색깔, 이름, 소리로써 그것들의 실정을 알 수 있다고 생각하고 있으니. 무릇 형체, 색깔, 이름, 소리로써는 그것들의 실정을 파악할 수 없으니, 진실로 아는 사람은 말을 하지 않고 말을 하는 사람은 참으로 아는 것이 아니다. 그러나 세상 사람들이 어찌 이것을 알겠는가?16)

이것은 도가 일상의 감각경험을 통해 분별될 수 없음을 지적한 것이다. 그럼에도 장자는 알 수 없다는 것을 알 수도 있다고 하는데, 알 수 없는 것을 아는 것이야말로 중요하다. 일상의 감각경험을 통해 도를 알지 못한다고 아는 것이 바로 '부지의 지'이기 때문이다. 알 수 있는 것과 알 수 없는 것의 영역을 분명하게 아는 것이 '부지의 지'이다. 불가지론은 이 '부지의 지'를 점검하는 방법론적 전제로 제시된다. 따라서 불가지론은 분별지에 대한 철저한 자기반성과 부정을 촉구하는 동시에 참지식을 요청하는 하나의 철학적 방편이라고 할 수 있다.

장자철학에 나타난 불가지론적 측면은 분별지의 상대주의적 성격에 대한 반성에 주된 목적을 둔다. 일반적으로 개별적 사물의 현상적 사태는 상호 의존 관계에 있다. 개별적 사물은 상호간에 관계를 맺지만, 그 관계 맺음의 궁극적 원인이 과연 무엇으로부터 비롯되는지는 알기가 어렵다. 설결과 왕예의 다음과 같은 대화 내용은 이것을 잘 말해 준다.

> 설결이 물었다. "너는 모든 사물이 다 같이 옳다는 것을 아는가?"
> 왕예가 대답했다. "내가 어찌 알겠는가?"
> 설결이 물었다. "너는 네가 그 알지 못하는 까닭을 아는가?"
> 왕예가 대답했다. "내가 어찌 알겠는가?"
> 설결이 다시 물었다. "그러면 사물이란 것은 본래 알 수 없는 것인가?"
> 왕예 가 대답했다. "내가 어떻게 알겠는가? 그러나 한 번 시험 삼아 말해본다면 나의 안다고 하는 것이 진정 모르는 것이 아닌 줄 어떻게 알겠으며, 나의 모른다는 것이 진정 아는 것이 아닌 줄 어떻게 알 수 있겠는가?"17)

장자가 보기에 개별적 사물 상호간의 관계 맺음은 절대적인 것이 아니다. 왜냐하면 개별적 사물의 관계 맺음이란 지식주관이 임의적으로 관계를 맺어 놓은 것이기 때문이다. 따라서 장자가 개별적 사물의 주관적 관계 맺음과 그 상대성을 거론하면서 그것을 부정하는 이유는 일상의 주관적 판단 속에는 그 상대성을 절대성으로 고집하는 독단적 요소가 자리 잡고 있기 때문이라고 볼 수 있다.

왕예 (『열선전전(列仙全傳)』)

장자의 불가지론은 상대주의적 관점을 방편으로 삼는다. 그리고 그 방편을 통해 지식에 대한 독단을 부정함으로써, 참지식의 차원으로 지적 전환을 수행할 것을 요청한다. 장자는 일상적 사유의 독단적 성향을 파탈하기 위해서는 일상의 식견이 얼마나 허구적인가를 제시하지 않으면 안 되었다. 여기에서 그의 상대주의적 관점은 필연적으로 불가지론과 맞물려 지식 전환의 계기로 작용하게 된다. 불가지론의 전개상 상대주의의 요청은 필연적이다.

장자는 상대주의를 통하여 현상 자체의 상대성을 논의하려는 것보다는, 순수 사변적인 입장에서 개별적 사물에 대한 지칭의 상대성을 문제 삼고자 한다. 다음과 같은 장자의 주장을 살펴보자.

> 손가락을 가지고 손가락의 손가락 같지 못함을 깨우쳐 줌은 손가락 아닌 것을 가지고 손가락의 손가락답지 못함을 깨우쳐 줌만 같지 못하고, 말(馬)을 가지고 말의 말답지 못함을 깨우쳐 줌은 말 아닌 것을 가지고 말의 말답지 못함을 깨우쳐 줌만 같지 못하다. 천지는 한 손가락이요 만물은 한 마리의 말이다.[18)]

일상의 주관적 관점은 자기의 견해는 옳다고 하고 남의 견해는 그르다고 한다. 그런데 이러한 생각이 편견에 지나지 않는다는 점을 깨우쳐 주려면 자기와 타자의 입장을 서로 바꾸어 보아야 한다. 여기에서 장자는 사물이 서로 상대적으로 분별되는 원인이 개별적 자아의 주관성으로부터 비롯된다고 본다. 그러므로 그는 개별적 자아를 중심으로 세계를 보는 주관적 관념의 기준에 대하여 회의하고 부정한다. 이 주관적 관념의 기준이 지칭하는 대상은 항상 상대적이다. 이때 지칭 자체도 문제가 있지만 지칭하는 행위도 임의적이고 주관적이다.

지칭의 능력은 종으로서의 인간에게 고유한 것이다. 어떠한 개도 우리가 손가락으로 어떤 것을 가리킬 경우 그것이 무엇을 의미하는지를 파악하지 못한다. 개는 단지 손가락만을 바라볼 뿐 그 손가락이 무엇을 의미하는지 알지 못한다. 기껏해야 손가락을 빨 뿐이다. 지시하는 손가락은 자기 자신 외부에 있는, 그리고 오직 자기 자신과 더불어 생각한 어떤 것을 지칭한다. 그래서 언어의 말 역시 그러한 말이 묘사의 기능을 이룩하면 그와 같은 것을 행하게 된다. 그러한 언어의 말들은 어떤 것을 대신한다. 그러한 말들은 직접적으로 현재에 동화하지 않고 대신한다.[19]

이렇게 지칭은 직접적이지 못하고 간접적인 성격을 지닌다. 그 간접적인 지칭을 존재로 간주한다면, 그리하여 언어를 존재로 간주한다면, 이것은 명백한 자기모순이다. 어떠한 경우에도 지칭이 존재를 대신하지만, 그 대신하는 것이 곧바로 존재를 의미하지는 않는다.

따라서 장자는 "이미 (천지와 만물이 합하여) 1이라고 한다면 언어로 나타낼 수 있는가? 이미 1이라고 말하였다면 또한 언어가 없을 수 있겠는가? 1과 언어는 2가 되고 2와 1은 합하여 3이 된다. 이렇게 셈하여 나아간다면 아무리 계산을 잘하는 사람도 할 수 없는데 하물며 보통 사람들은 어떻겠는가?"[20]라고 회의한다. 언어가 존재를 완전히 대신하지는 못한다는 점을 지적한 것이다. 언어가 존재를 지칭하고 기술한다고는 하지만 이들은 엄격한 의미에서 다른 것이다.

장자가 지칭의 대상으로 삼는 것은 지식의 제1차적 대상인 현상이 아니라 제2차적 대상으로서 의식 안에 수용된 현상에 대한 표상이다. 그것을 지칭하는 행위는 상대주의를 면할 수 없다. 표상이라는 것 자체가 상대주의적인 것이지만, 그것을 지칭하는 대상화의 작업 역시 상대주의적이다. 지칭은 주관화된 표상의 영역을 대상화하는 것이지만, 표상을 또 다시 주관화한다는 특징이 있다. 따라서 표상과 지칭의 성격은 모두 상대주의적인 것이다.

지칭의 상대주의적 성격에서 벗어나기 위해서는 일차적으로 자신의 주관적 관점을 타자의 관점으로 전환시켜 사물의 사태를 볼 필요가 있다. 이와 관련하여 곽상은 "장차 옳음도 없고 그름도 없음을 밝히려면 상대방의 입장으로 되돌려서 서로 깨우치는 것만한 것이 없다"[21]고 한다. 뿐만 아니라 성현영은 "이제 상대방의 입장으로 되돌려서 피아의 시비를 서로 깨우치게 되면, (자기만이) 옳다고 하던 것도 옳지 않은 것이 되고, (타자는) 틀렸다고 하던 것도 틀린 것이 되지 않는다"[22]고 한다.

개별적 사태들의 상대주의적 성향의 기원은 모두 지식주관으로부터 비롯되고 있음을 알 수 있다. 이러한 사실을 깨닫는 것은 매우 중요하다. 자신의 주관적 관점을 통한 지칭대상의 주관화 과정이 한계가 있음을 알게 되기 때문이다. 그래서 장자는 그것을 파탈하라고 한다. 그 주관적 관점과 지칭대상의 주관화 과정을 파탈하고 나면, 역설적으로 '하늘과 땅의 크기는 손가락의 크기와 다를 바 없고 만물은 한 마리의 말과 같음'[23]을 아는 관점의 전회가 가능해진다.

또한 장자는 생사의 문제를 꿈의 문제와 연관시켜 회의하면서, 그 일상의 통념이 허구일 수도 있음을 다음과 같이 지적한다.

> 너는 어째서 죽은 자가 그가 처음에 생을 바랐던 것을 후회하지 않는다고 생각할 수 있겠는가? 꿈속에서 술을 마시던 자가 아침에 일어나서 곡을 하며 눈물을 흘리고, 꿈에서 곡하며 눈물 흘리던 사람은 아침이면 사냥을 나간다. 바야흐로 꿈꿀 때는 꿈꾸는지 알지 못한다. 꿈 가운데에서 또 그것이 꿈인가를 점친다. 깬 이후에야 그것이 꿈이었음을 깨닫는다.[24]

장자는 많은 곳에서 생사의 문제에 관련된 일상의 통념에 대하여 회의하고 부정한다. 장자는 무엇보다도 일상의 생사관에 대하여 회의하고 부정하지 않을 수 없었다. 일상인은 유한한 생이 영원하기를 희구하는 자기중심적 태도를 취하고 있기 때문이다. 그 자기중심성은 바로 '삶을 좋아하고 죽음을 싫어하는' 태도로 나타난다. '삶을 좋아하고 죽음을 싫어하는' 태도는 대단히 일방적이며 주관적인 태도가 아닐 수 없다. 이러한 태도를 통해 삶과 죽음의 근원에 대해 이해할 수는 없다.

장자는 "삶을 좋아하는 것이 미혹됨이 아닐는지 내 어찌 알겠으며, 죽음을 싫어하는 것이 어려서 고향을 떠난 자가 돌아갈 줄을 모르는 것과 같음이 아닐는지 내 어찌 알겠는가?"[25]라고 말한다. 이것은 삶과 죽음에 대한 일종의 불가지론적 태도이다. 불가지론을 통해 장자는 일상의 지적 태도에 대하여 반문하고 회의한다.

생사의 문제에 대한 일상의 지적 태도는 주관적 감정의 개입을 막아내기가 어렵다. 생사의 문제는 존재의 범주임과 동시에 의식의 범주이기도 하다. 그런데 의식의 범주를 통해 존재의 범주를 재단하고 평가하는 일은 근원적인 것이 못된다. 존재의 자연성이 감정의 주관적 호오를 통해 일방적으로 선택되는 한 한계를 면할 수 없다. 존재는 주관적 지식이나 호오의 감정을 통해 자신을 실현시키는 법이 없기 때문이다. 따라서 일상의 감정을 통한 주관적 호오를 통해서는 존재의 범주에 놓여있는 삶과 죽음의 근원을 알 수 없다.

참사람만이 일상적 삶과 죽음의 호오 문제로부터 자유롭다. 그래서 장자는 "옛날의 참사람은 삶이라는 것이 좋은 것이요, 죽음이라는 것이 나쁜 것이라는 것에 대해 알지 못했다"[26]라고 한 것이다. 장자가 볼 때, 참사람은 삶과 죽음의 문제를 자연 자체로 놓아둘 뿐 주관적 감정의 호오의 체계로 대면하지 않는다. 삶과 죽음에 대한 장자의 불가지론적 태도는 삶과 죽음의 문제를 이분법적으로 갈라 세우는 일상의 지적 태도에 대한 반성작업의 일환이다.

장자는 또한 삶과 죽음의 근원을 알 수 없는 이유가 삶과 죽음이 상호 전변하기 때문이라고 본다. 장자는 다음과 같이 말한다.

> 우리의 삶은 죽음의 곁에 있고, 죽음은 새로운 삶의 시작이다. 누가 그 원인을 알겠는가? 인간의 생명은 기운의 질서가 모인 것이다. 기운이 모이면 생명을 갖게 되고, 기운이 흩어지면 죽게 된다. 인간의 삶과 죽음은 연결되어 있으니 내가 또 무엇을 근심하겠는가? 모든 사물은 동일한 것이다. 사물 가운데 아름답게 보이는 것은 새로운 것이고, 추하게 보이는 것은 낡은 것이다. 낡은 것은 다시 변화하여 새로운 것이 되고 새로운 것은 다시 변화하여 낡은 것이 된다.[27)]

그러나 장자가 삶과 죽음의 문제에 관하여 회의하고 부정한다고 하여, 그가 삶과 죽음 자체를 전면적으로 거부하거나 부정한다는 의미는 아니다. 삶과 죽음은 인간이 거부할 수 없는 자연의 명(命)이며 아침과 저녁으로 이어지는 자연의 운행과 같은 것이다.[28)] 또한 곽상의 해석에 의하면, 그것은 낮과 밤의 교체와도 같은 자연적인 현상일 뿐이다.[29)]

본래 삶과 죽음 사이에는 가치의 우열이란 존재하지 않는다. 그 가치의 우열을 논정하게 되는 것은 인간의 주관적 평가가 대상에 개입되어 있기 때문이다. 그래서 곽상은 다음과 같이 말한다. "죽음과 삶은 하나이다. 그럼에도 유독 삶만을 기뻐한다면, 욕망과 자연의 변화는 서로 배치된다. 그러므로 그 의혹이 옳지 않음을 알지 못하는 것이다."[30)] 즉 생사의 문제에 인간의 주관적 평가와 욕망의 문제가 개입되면, 삶과 죽음은 본래의 자연성을 상실하고 만다.

장자는 이밖에도 '사물과 자아', '큼과 작음', '깊과 짧음', '위와 아래', '멂과 가까움', '이것과 저것' 등의 개별적 사물의 일반적 사태와 '옳음과 그름', '선과 악', '좋아함과 싫어함', '아름다움과 추함' 등의 주관적 평가로 드러나는 일체의 상대성에 관해 끊임없이 회의하고 부정한다. 상대적 대비 관계는 주관적 사유의 산물이기 때문에 절대성을 보장받지 못한다. 그럼에도 일체의 상대주의적 관점을 절대적인 것으로 간주한다면, 필연적으로 시비의 대립이 격화될 수밖에 없다.

장자는 불가지론의 방법을 차용함으로써 제 가치의 전도된 영역을 근원적으로 의심해 보고, '새로운 가치체계에 동참하기' 위한 관점의 전환을 요청한 것이다. 장자에게서 모든 가치의 근원은 '도'이다. 그럼에도 '도'는 가치라고 규정할 수 없는 무가치이다. 무가치의 범주는 일상의 식견으로는 알 수 없다. 이러한 '도'의 불가지성 때문에 장자는 '도'에 관한 일체의 가치 결정론의 태도를 불허한다.

장자의 불가지론은 존재의 불확실성에 대한 믿음의 부정과 관련되는 주제가 아니다. 그것은 '새로운 가치체계에 동참하기' 위한 하나의 방편이다. 그 의미는 가치 아닌 존재의 자리로 돌아가는 것을 뜻한다. 이렇게 볼 때, 장자의 불가지론은 존재를 존재자체로서 지식하지 못하는 일상의 분별적 사유에 대한 지식 반성론의 일환으로 제시된 철학 방법론이라는 점에 그 의의가 있음을 알게 된다.

4. 존재 그 자체를 알기 위해 의심한다

다음은 장자철학에 나타나는 회의론적 태도가 불가지론과 어떠한 관련성을 갖는지 살펴보기로 한다. 실제로 장자는 "~인가? ~아닌가?", "~있는가? ~없는가?" 등등으로 수많은 문제들에 대하여 끊임없이 회의만 일삼을 뿐 물음에 대한 답변을 제시하지 않을 때가 많은데, 이러한 인식의 태도는 지식의 확실성에 밀착되어 있다기보다는 지식의 불확실성과 불가지성에 연관될 수 있는 가능성에 노출되어 있기 때문이다.

장자는 "(그것에 대하여) 알지 못한다"라거나 "(내가 그것에 대하여) 어찌 알겠는가?"라는 식으로 회의와 부정으로 가득 찬 표현들을 자주 거론한다. 많은 장자 연구가들은 이와 같은 말을 장자가 자주 언급하였다고 해서 장자를 불가지론자로 규정하기도 하고, 장자철학을 불가지론이라고 규정짓는 것을 서슴지 않는다.[31] 그러나 어떤 연구가들은 이렇게 장자철학을 회의론 내지 불가지론으로 규정짓는 것은 장자철학에 대한 최대의 오류라고 간주하기도 한다.[32]

그렇다면 장자철학에 나타나 있는 회의론이나 불가지론의 사상적 경향을 보여주는 저와 같은 표현들이 의미하는 바는 과연 무엇인가? 장자철학에 보이는 불가지론의 의미와 성격이 제대로 파악되어만 장자를 불가지론자라고 규정할 수도 있고, 그렇지 않다고 부정할 수도 있을 것이다.

장자철학에 있어서 끊임없이 등장하는 회의와 부정은 독단론에 대한 비판인 동시에 기존의 분별적 사유에 대한 반성을 촉구하는 철학적 방편이다. 일반적으로 회의는 반정립을 위한 기술이라고 알려져 있다. 회의의 대상은 가능한 모든 방식으로 현상하는 개별적 사물과 사유된 사물 일반을 포함한다. 장자가 지식에 관하여 회의하는 일차적인 목표는 독단적 지식에 대한 부정이다.

장자는 사람들이 상대적 성격을 갖는 분별지에 의지하면서도 그 지식의 상대성을 상대성으로 인정하지 못하고 절대적인 것으로 고집하는 일상의 태도를 부정하기 위한 철학의 방편으로 지식에 대한 회의를 요청한다. 부정을 위한 기술로서의 회의는 독단적 지식의 반성을 통하여 진리를 찾으려는 하나의 방법이다. 따라서 지식에 관한 회의야말로 진리 파지를 위한 기본적인 태도라고 할 수 있다.

장자철학에 동원되는 회의가 어떠한 진리의 확실성도 어떠한 지식의 가능성도 전적으로 외면하고 부정해 버리는 종류의 것이라면, 장자는 세계의 인식 가능성을 부인하는 불가지론자라고 볼 수 있을 것임에 분명하다. 장자철학에 나타나는 회의는 기존의 지식을 전적으로 진리로서 받아들이고자 하는 무반성적 요소를 점검하는 철학적 의의에 충실할 뿐, 일체의 실재를 부정하고자 하는 반실재론을 위해 요청되는 것은 아니다.

장자철학에 동원되는 회의는 일체의 분별적 지식에 대하여 판단유보를 요청한다. 이러한 판단유보는 양립 가능한 상대적 지식의 시비 때문에 제기된다. 그렇지 않다면 시비 자체는 근원적으로 해소되지 않기 때문이다. 판단유보의 지적 여과를 거쳐 새롭게 정현된 지식은 일체의 지적 독단을 부정하는 반성적 지식의 성격을 띤다. 따라서 판단 중지를 거치지 않는 회의는 단순히 회의를 위한 회의일 뿐이며, 공허한 의심이라고 밖에는 달리 말할 수 없다.

장자의 회의는 상당히 적극적인 의미를 갖는다. 장자에게서 회의는 지식의 불가능성이 유도되자마자 곧바로 모든 사유 행위를 정지하고 무반성적 상태로 전락하는 것을 의미하지는 않는다. 장자는 결코 이러한 소극적 회의론을 주장한 것이 아니다. 장자의 회의는 판단유보를 통해 지적인 여과를 수행하고, 주관적인 독단을 해체하고자 하는 적극적 회의의 성격을 띤다. 이와 같은 적극적 회의는 참된 존재의 절대적 경역에 도달하고자 하는 철학의 방편으로서 방법적 회의라는 의의가 있다.

장자는 이러한 방법적 회의를 동원하여 불가지론을 주장하면서도 불가지론을 부정하는 이율배반을 제시한다. 불가지론의 입장에서 보면, 무한퇴행의 딜레마에 빠지지 않기 위해 입증 불가능한 어떤 최초의 것을 제1원인으로 설정하는 것은 독단이다. 왜냐하면 그와 같은 최초의 원인이란 결국은 어떠한 필연성도 없는 전제 위에서만 가능한 것이기 때문이다. 따라서 이 전제에 대립되는, 그러나 똑같은 권리를 갖는 다른 가설이 맞설 수 있다는 점이 문제이다.

바꾸어 말한다면, 그것은 최초의 원인으로서 가정된 하나의 가정은 필연적으로 그 안에 타자의 계기를 내포하게 되는데 이 타자의 계기가 제2의 원인을 요청하게 되고, 제2의 원인은 또 다른 타자의 개입으로 말미암아 제3의 원인을, 제3의 원인은 제4의 원인을 요청하게 되어 결론적으로 최종적인 결론을 얻을 수 없다는 것이다.

그래서 장자는 "만물을 변화하게 하는 것이 있는 것 같지만 그것들을 전변케 하는 것을 알지 못하니 어떻게 그것의 종말을 알겠는가? 어떻게 그것의 시원을 알겠는가?"33)라고 하여, 만물의 시원과 종말에 관하여 경험적으로 판단하는 것은 불가능하다고 주장한다. 이것은 만물의 시원과 종말에 대한 장자의 불가지론적 입장의 표명이다.

장자는 만물의 시원을 소급하여 판단할 때 발생하는 오류에 관하여 주목한다. 장자 당시까지만 하더라도 만물의 시원에 대한 문제는 '상제'나 '조물주'의 근원성에 대한 문제와 맞닿아 있는 일종의 형이상학적 담론과도 관련된다. 이것은 일종의 절대 타자로서의 '신'의 기원에 대한 문제라고도 할 수 있다. 그러나 장자에게서 '신'의 기원 문제는 자연의 문제로 환치될 뿐, 그것이 궁극적인 생성자로서의 의의를 갖추어내지는 못한다. 이것이 생성의 주체에 대한 타자의 기원문제에 대해 장자가 불가지론적 태도를 취할 수밖에 없었던 이유이다.

장자가 볼 때, 형이상학적으로 만물의 시원을 판단하게 되면, 우리는 필연적으로 다음과 같은 사유의 절차를 밟게 된다.34)

① "처음이 있다."
② "처음이 있다는 것이 처음부터 있지 않다."
③ "처음이 있다는 것이 처음부터 있지 않다는 것부터가 처음부터 있지 않다."

즉, "①→②→③→…"과 같은 단계로 '처음'이란 것의 기원을 물어나가는 것이다. 이때 "처음이 있다"라는 제1의 규정을 A라고 한다면, 규정 A는 이미 A의 부정 —A를 그 안에 지니게 된다. 사물의 시원을 추구하는 규정 A는 이미 자신과 반정립하는 B라는 요소를 자체 안에 내포하고 있는 것이다. 따라서 가설로 설정된 규정 A는 필연적으로 자기 부정적인 상대적 관계망을 터동시킨다. 이러한 상대적 관계망 속에서 A와 B는 다시금 관계 C와 결합하게 되고, C는 다시 D와 관계를 맺게 된다. 이와 같은 관계는 "A→B→C→D→…"와 같은 순으로 무한히 반복되게 되고, 결국 이러한 논리는 '무한소급의 오류'에 빠질 수밖에 없다는 것이 장자의 생각이다. 왜냐하면 참된 존재로서의 도는 다른 어떤 것과도 관계를 맺지 않는 자기 충족적 존재이기 때문이다.

본원존재로서의 도를 인간의 주관적 입장에서 판단하는 것은 무의미하다. 주관적 입장에서 판단하는 것은 단지 부분적 동일성을 확인하는 데 지나지 않는다. 부분적 동일성은 상대적 성격을 지닐 수밖에 없다. 이것에 대한 저것, 저것에 대한 이것이라는 식의 부분적 관계의 논리가 적용되는 곳은 현상의 세계일뿐이다. 그것은 원초적 순수 동일성을 지닌 본원존재의 세계에는 적용되지 않는다. 현상의 세계는 상호 의존적이다. 그것은 본원존재의 자체적인 자립성을 상실한 상태로서, 형식 논리적인 자기정체성에 충실한 구체화의 세계라고 할 수 있다.

현상에 대한 사태의 기술은 현상의 견해에 대한 기술이다. 이것은 이미 주관적으로 표상된 의미들의 상호 관계를 전제하고 있다. 그러므로 어떠한 사태에 대한 기술일지라도 그것은 자연의 본연한 모습과는 구별될 수밖에 없다. 어떠한 형식으로든 기술된 진술 자체는 인간의 주관적인 관념을 덮어쓴 상대적인 것일 수밖에 없다. 그러므로 어떠한 진술에 대해서도 그 시비를 논정한다는 것은 모순이다. 모든 진술들은 지식주체의 주관화 때문에 어떠한 경우라도 상대성을 벗어나지 못하는 한계가 있기 때문이다.

상대는 어디까지나 상대일 뿐 절대가 아닌데도 상대를 절대로 착각하는 것이 일반적인 경향이다. 장자는 이러한 상대성을 가지고 절대의 세계를 규명하려는 태도 자체를 회의한다. 이러한 지식의 태도는 상대주의적인 것으로 비쳐지며, 그것은 불가지론으로 연결되기도 한다. 그런데 어떤 장자 연구가는 장자가 상대주의를 자기 사상의 핵심으로 삼았으며 결과적으로 그것은 불가지

론으로 빠져버렸다고 주장한다. 짱궈쭈(姜國柱, 1938~)는 그 대표적인 인물이다.[35)]

그렇다면 이와 같은 주장은 과연 타당한 것일까? 우리는 이 문제에 대답하기 이전에, 먼저 장자에게서 발견되는 불가지론적 성향의 근원적 원인이 되는, 인간의 주체적 판단 양식에 대해 묻지 않을 수 없다. 그리고 그 판단의 형식이 상대적일 수밖에 없는 이유에 관하여 물어보지 않으면 안 된다. 그것은 다음과 같은 두 가지 이유들로부터 기인한다.

첫째, 인간의 감각 능력은 한계가 있다. 지식대상이 지나치게 작을 경우에도, 또한 지나치게 클 경우에도, 인간은 그 지식대상을 보지도 못하고 듣지도 못한다. 둘째, 인간의 주체적 판단 양식이 한계를 갖는 또 하나의 이유는, 경험지에 토대를 둔 인간의 비본질적 사유 능력이 지식대상을 주관적으로 제약하기 때문이다.

그렇다면 이제 이 두 가지 한계에 대한 보다 구체적인 특징을 확인해보기로 하자.

[1] 장자는 "인간이 감관을 통하여 보아서 볼 수 있는 것은 형체나 빛깔이다. 들어서 들려질 수 있는 것은 이름과 소리이다. 그럼에도 인간은 형체와 빛깔, 이름과 소리를 가지고 사물의 실정을 얻었다고 착각한다"[36)]라고 주장한다. 이것은 감관으로 파악되는 세계상이 단지 현상에 대하여 표상한 것에 지나지 않음을 알려준다.

현상에 대한 표상을 본원존재의 참된 형상으로 여기는 것은 마치 현상적 존재에 관여된 의미의 세계가 곧 본원존재와 같은 것이라고 규정하는 것과 같다. 이것은 '범주착오'에 지나지 않는다. 인간의 감관이 파악하는 세계상은 한계를 갖는다. 인간이 볼 수 있는 것은 가시광선에 불과하며 인간이 들을 수 있는 것은 가청주파수의 영역을 벗어나지 못한다.

이러한 점을 설명하기 위해서 자외선의 예를 들어보자. 어떠한 인간도 자외선의 영상을 가질 수는 없다. 왜냐하면 인간의 눈은 스펙트럼의 자외선 부분에 민감하지 않기 때문이다. 그럼에도 벌들과 어떤 다른 동물들은 그것을 볼 수 있다. 그러나 인간은 그것을 볼 수 없다. 인간은 자외선의 인상을 가지고 있지 않기 때문에 자외선의 영상을 가질 수 없다. 그럼에도 우리는 자외선을 아는 것처럼 착각한다.[37] 이러한 입장은 호스퍼스(John Hospers, 1918~2011)의 관점을 인용한 것인데, 그는 다음과 같이 연이어서 말한다.

물리학자들은 자외선에 대하여 이야기하고 그것을 증명할 수 있고, 그것을 스펙트럼의 다른 부분에 연결시킬 수도 있다. 사실상 그들은 빨간색에 대해 이야기하는 것만큼 쉽게 자외선에 대해 이야기할 수 있다. 유사하게 인간은 물리적 대상물의 감지할 수 있는 자질을 아는 시력, 청력, 촉각과 같은 그런 감각을 가지는 방식으로 무선 활동의 존재를 아는 어떠한 감각도 갖고 있지 않다. 우리는 무선 활동을 보거나 듣거나 접촉할 수 없다.[38]

곽상의 다음과 같은 주장은 이러한 점을 분명하게 지적하고 있는 것이라서 주목된다.

> 인간이 눈으로 대상사물을 파악하는 기능은 항상 한계가 있어서 절대적일 수 없다. 그러므로 눈으로 다 볼 수 없을 정도로 거대한 것은 그 전모를 다 파악할 수가 없고, 눈으로 보지 못할 만큼 미세한 것도 분명히 알 수가 없다. 안력이 미치지 못하기 때문이다. 그러므로 아주 미세한 것이나 아주 거대한 것이 무가 아닌데도 이러하거늘 어찌 무형이면서 그 한계를 파악할 수 없도록 거대한 도를 인간이 알 수 있겠는가?[39]

감각적 지각을 통하여 매개된 객체를 수용하는 방식은 결코 근원적이지 못하다. 그것은 감각대상으로 존재하는 존재의 원형을 단초적으로 지각하는 것이 아니라, 이미 현상으로 분화되어 표상된 것을 지각하는 것에 불과하기 때문이다. 개별적 인간은 자신의 존재 구조에 있어서 별개의 서로 다른 감각기관을 가지고 있다. 뿐만 아니라 개별적 인간이 가지고 있는 각각의 감각기관들은 다른 인간과의 관계에 있어서도 완전하게 똑같은 기능을 수행하지도 않는다.

우리는 민족학적 연구나 아동 심리학적 연구의 결과에 의지하여 다음과 같은 가설을 설정할 수 있다. 즉 우리가 사물을 어떻게 지각하는가 하는 방식은 결코 근원적인 형태가 아니라는 사실, 그리고 미개 민족이나 아이들도 동일한 현실을 그대로 지각하는 것이 아니라 현실 속에서 미리 처음부터 다르게 지각한다는 사실이다. 또는 동일한 것으로부터 나온다는 것은 우리들이 지각하는 것과는 다른 현실을 지각한다는 사실이다.[40)]

이와 관련하여 고대 그리스의 철학자 피론(Pyrrhon, BC.360~BC.270)의 회의주의를 참고할 만하다. 인간이 가지고 있는 보고, 듣고, 냄새를 맡고, 접촉하고, 맛을 보는 감각의 기능들은 각기 눈, 귀, 코, 피부, 혀의 본질적으로 서로 다른 기관들에 의존한다. 예를 들어 눈으로 보는 꿀과 혀로 아는 꿀, 냄새로 맡는 꿀과 피부에 닿는 꿀 등은 서로 같지 않다. 최소한 서로 같지 않은 것으로 알고 반응한다. 우리의 앎이 현상과 사유 기능의 직접 연결로부터 얻어지는 것이 아니라 이 사이에 감각이 끼어 있다는 데 문제가 있다. 이 감각이 때로는 눈을 통해, 때로는 귀를 통해, 때로는 코를 통해 결정되므로 앎으로 나타나는 판단 혹은 진술이 일관성을 가질 수 없다는 것이다.[41)] 리우샤오간은 장자의 회의론적

태도와 피론의 회의론적 태도가 상호 일치하는 면이 많다고 주장한다.42)

장자나 피론은 다 같이 특정한 주의 주장에 대한 동일한 반대 입장의 대치상황에 관하여 주목한다. 그리고 일체의 주의 주장과 사유의 결정을 삼가고 판단 중지시키지 않으면 안 된다는 점을 강조한다. 일상의 안정과 행복이 자리하는 곳은 대립적 주의 주장의 태도가 배제된, 일종의 이분법적인 지식이 사라진 상태이기 때문이다.

리우샤오간이 볼 때, 장자와 고대 그리스의 회의론자인 피론은 다 같이 감각기관의 한계를 자각한 점에서 상호 유사성이 있다. 특히 장자는 감각기관에 의지하여 존재를 파악한다는 것은 불가능한 일이라고 본다. 이러한 이유 때문에 장자는 차라리 간과 쓸개를 잊고 눈과 귀의 한계를 버리라고까지 주장한다.43) 이 말의 의의는 감각기관의 기능적 한계에 매이지 말라는 것이다.

[2] 장자는 인간의 사유 능력이 자신이 만나는 지식대상을 제약한다고 본다. 인간의 실존을 제약하는 문화적 조건들이나 문화수준, 취미의 차이, 풍습, 습관, 법률, 제도, 종교적 믿음 등을 통하여 형성된 선입견이 개별적 인간의 삶을 제약할 뿐만 아니라 외부의 사물을 제약한다. 이러한 선입견이 대상사물을 자기의 방식으로 제약하는 것이다. 따라서 일상의 선입견을 지식의 기준으로 삼는 한 지식대상에 대한 지식의 전화는 상대적이며 주관적일 수밖에 없다.

지식주체라고 할 수 있는 인간의 마음은 자신과 같은 것은 옳다고 하고 다른 것은 그르다고 하는 주관성에 매여 있다.44) 장자는 이와 같은 지식주체로서의 '주관화된 마음'을 가리켜 '성심'이라고 한다.[45] 문화 상대주의의 입장에서는 얼마든지 확인할 수 있는 일이기는 하지만 한 사회를 지배하는 믿음이 다른 사회에서는 미신이 될 수도 있고, 어떤 사회가 가지고 있는 선입견이 다른 사회에서는 적용되지 않을 수도 있다.

비본질적 사유의 능력을 기준으로 삼는 한 그 판단은 주관적이며 상대적일 수밖에 없다. 이러한 상대적인 판단을 절대적인 양 고집하는 일상의 태도를 문제 삼고 판단유보를 통하여 문제 자체를 문제 삼는 것이 장자철학에 나타난 지식에 대한 방법적 회의이다. 즉 장자의 회의는 상대성을 절대성으로 착각하여 고집하는 일체의 편파적 태도에 대한 회의이다. 일체의 편파적 태도는 인간의 마음이 특정한 대상에 이르자마자 그 의식 속에 구성되는 일종의 기성관념이다. 이것은 천둥과 번개로도 부술 수 없는 매우 견고하면서도 강한 것이다.[46]

장자는 "잠잘 때는 꿈을 꾸지 않고 깨어나서는 걱정하지 않는다"[47]는 언명을 통하여 비본질적 사유 능력으로 인하여 야기되는 일상적 사유의 생각들과 염려 등을 버리라고 주장한다. 이때 불가지론은 그 결여된 상태의 반정립을 떠올린다. 불가지론은 자기동일성이 결여된 상태에 대한 반정립으로서, 그 결여된 것을 충족시키려는 확실성의 요청으로부터 제기된다. 이 확실성의 요청은 참지식을 요구하는 것과 다르지 않다. 여기에 방법적 회의가 동원된다. 방법적 회의는 언제나 참지식과 밀착해 있다. 참지식을 추구하는 사람이면 반드시 회의의 과정을 밟아야만 하는데, 이때 회의가 절실하고 심각할수록 참지식과는 더욱 밀착해 있다. 회의는 참지식의 절실한 요청에서 오기 때문이다.[48]

그런데 그 회의와 부정을 수행하는 지식은 분별지를 통해 분별지의 분별성을 파기하고자 반성하는 분별지이다. 분별지는 두

가지 차원의 분별지가 있다. 하나는 일상적 의미의 분별지이며, 다른 하나는 분별지와 참지식의 구분을 알고 분별지의 분별성을 반성하는 분별지이다. 회의와 부정은 분별지의 분별성을 반성하는 분별지라는 점에서 지식 상향의 지향성을 갖는 반성적 분별지라고 할 수 있다. 분별지의 분별성은 상대적이며, 주관적인 특성을 갖는다.

분별지는 지식대상과 상대적 관계를 맺으며, 주관적 관점에 따라 판단의 양상이 달라진다. 분별지는 다분히 주관적이며, 타자의 주관화를 이루어 내는 독단적 지위에 있기도 하다. 그리고 이러한 분별지와 또 다른 분별지와의 만남은 상호 배타적이다. 분별지는 자기중심적이라서 신념화된 지식이며, 존재의 극히 일부분만을 감지하는 불완전한 지식이다.

분별지의 대상인 현상적 사물에 대해서도 감각기관은 잘못된 판단을 내릴 때가 있다. 그 대표적인 경우가 착각과 환상이다. 그런데 문제는 이러한 오류가 감각 자신에게서보다는 제2차적 주관화를 이루어 내는 판단에 있다는 점이다. 지각에 의한 근원적 오류는 판단의 오류이기 때문이다.[49] 신념화된 지식은 진위 판단에 있어서 그것이 옳다고 하는 명확한 근거가 없다. 그럼에도 사람들은 그것을 절대적으로 옳다고 고집한다. 장자는 이러한 지식의 근거를 의심한다.

이와 같은 맥락에서 장자는 '삶과 죽음', '꿈과 깸', '마지막과 시작', '있음과 없음' 사이의 어떠한 구별에 대해서도 알 수 없다는 불가지론적 입장을 취한다. 일상적으로 보아서는 이들의 관계는 명확히 구분된 상대성을 지니고 있다. 그러나 이들의 상호 관계를 상대적으로 구분해 주는 기준이 과연 무엇인가 회의해 본다면, 이와 같은 상대적 구분을 수행한다는 것도 문제가 그렇게 용이한 것만은 아니다.

일상의 모든 상대적 관계를 유지시켜 주는 근원적 원인에 관하여 경험적 지식은 어떠한 답변도 제공하지 못한다. 그 근원적 원인은 알 수 없기 때문이다. 장자가 이처럼 불가지론적 입장을 취하는 것은 그가 분별지의 한계를 직시하고 있기 때문이다. 도는 분별지를 가지고는 파악되지 않는다. 그래서 장자는 '알 수 없다'라거나 '모른다'라고 판단 자체를 방기한다.

예컨대 「제물론」에 등장하는 설결과 왕예의 문답이 이에 해당한다. 설결은 왕예에게 이 세상 모든 것이 다 옳다고 인정하는 것, 그리고 자신이 모른다는 사실 자체를 아느냐고 물었지만, 왕예는 일체의 질문에 대해 '알 수 없다' 내지는 '모른다'고 답변한다.[50] 이와 같은 왕예의 답변방식은 일종의 불가지론적 입장과 밀접한 관련성을 갖는다. 또한 내용적으로 볼 때, 왕예의 답변방식은 인간의 지식 능력에 대한 의문을 제시한다는 점에서 일단 지적 회의론의 태도와도 무관하지 않다.

설결
(임웅(任熊)의 「고사전도상(高士傳圖像)」)

엄밀하게 볼 때, 회의론과 불가지론은 그 기원과 내용, 역사적인 영향 등이 서로 다르다. 불가지론은 일종의 특수한 회의론이다. 그것은 개인의식의 긍정을 기초로 하는 반면 물자체에

대한 회의와 부정을 나타낸다는 특징이 있다. 이런 이유 때문에 그것은 긍정적 회의이기도 하다.[51)]

설결과 왕예의 문답에서 왕예는 '지식의 확실성'—즉 설결이 말한 '모두가 다 같이 옳다고 인정하는 것'—을 '모른다'고 부정한다. 왕예는 '어찌 알겠는가?'라고 회의할 뿐이다. 또한 왕예는 '모른다'라고 했지만, 더 나아가 '모른다는 것조차 모른다'는 입장을 피력한다. 이와 같은 장자의 사유는 『노자』 제2장의 지식론의 정신을 계승한 것이기도 하다.[52)]

왕예의 태도는 일체의 '모든 것을 안다'라고 하는 독단적 지식론에 대한 회의와 부정이라고 할 수 있다. 장자는 '지식의 절대성'에 대한 의심을 통해, 분별지의 기원과 내용의 확실성을 믿고자 하는 일체의 지적 태도를 반성케 한다. 이런 점에서 장자에 나타나는 회의주의적 태도들은 분별지로부터 참지식의 차원으로 지적 전환을 수행하는 하나의 철학 방법론이었음을 알게 된다.

장자는 역설적으로 '모른다'는 사실 자체에서 그것이 왜 불가지한 것인지를 깨치도록 한다. 이러한 장자의 불가지론은 일반적 의미의 불가지론과 다르다. 장자는 불가지론을 통하여 불확실한 지식의 근원을 전면적으로 재검토하기를 요구한다. 여기에서 불가지론의 사유 틀을 빌어 불가지론을 극복하는 장자의 이중적 전략이 확인된다. 장자는 불가지론적 사유를 끌어들여 '무지'를 자각하고, 참지식을 체득하고자 한 것이다. 여기에서 현상계의 모든 차이는 하나로 감싸여 상호 소통된다.[53)]

장자는 불가지론 자체에 관심이 있는 것이 아니다. 존재판단의 결과 그것을 불가지하다고 볼 수밖에 없는 근원적 이유가 과연 무엇인가, 하는 점이 장자에게서는 더 중요한 문제이다. 왜냐하면 현상하는 존재로서의 '유'의 근원이 불확실하기 때문이다.

그리고 있음의 범주인 '유'의 근원은 기본적으로 알 수 없다. 그래서 장자는 다음과 같이 회의한다.

> '그림자의 그림자'(罔兩)가 그림자에게, "그대는 조금 전에는 걷더니 지금은 멈춰 있고, 아까는 앉았더니 지금은 서 있다. 어찌 그리 지조가 없는가?"라고 물었다. 그림자가 다음과 같이 대답하였다. "그것은 내 뜻이 아니라 내가 의존하는 형체를 따라 그러는 것이다. 그런데 내가 의존하는 형체는 또 달리 그가 의존하는 것을 따라 그러는 것이니, 과연 뱀의 배 비늘이나 매미의 날개 따위에 의존하는 것일까? 아마도 그 이상의 것이 있을 것이다. 그러나 이것을 따져 본들 어찌 그러한 까닭을 알겠으며 어찌 그렇지 않은 까닭을 알겠는가?"[54]

장자가 불가지론을 통하여 불가지하다고 회의하고 부정하는 대상은 현상사물의 존재성이라기보다는 본원존재의 존재성이다. 일체의 현상적 '유'가 의존하는 것은 '무'이기 때문이다.[55]

있음의 범주를 통해 없음의 범주를 알기는 어렵다. 제한된 부분을 가지고 보편적 전체를 담아낼 수 없는 것처럼 분별지를 통해 참된 지식을 안다는 것은 불가능하다. 이러한 점 때문에 장자는 불가지론을 제시함으로써 분별지의 한계를 반성케 하고, 더 나아가 참된 지식으로의 방향전환을 요청한다. 장자가 언급하는 불가지론은 일상의 경험적 지식을 통해서는 본원의 도를 알 수 없다고 하는, 일종이 지식반성론의 일환으로 제시된 것이다.

일상의 분별적 태도를 버리지 않는 한 현상적 존재로서의 '유'의 근원인 '무'는 알 수 없다. 분별지로써 파악할 수 있는 것은 현상적 사물의 범주를 벗어나지 못하기 때문이다.[56] 이런 이유로 장자는 현상적 존재들에 관한 지식을 회의하고 부정한다. 장자에 나타나는 불가지론적 표현들에는 회의와 부정이 동반된다.

장자의 불가지론은 개인의 주관적 관념을 신념화한 지식을 기초로 제기되는 일반적 불가지론과는 다르다. 장자의 불가지론에서 불가지하다고 내세우는 것은 현상적 '유'의 본질인 '무'이기 때문에 회의와 부정의 대상은 절대적 존재의 지식 가능성에 집중되어 있다. 장자는 본원존재의 존재성 자체를 회의하지 않는다. 뿐만 아니라 장자는 본원존재를 지식함으로써 '도'를 깨칠 수 있다는 득도의 가능성까지 인정한다. 도를 알 수 없다고 하면서도 또한 알 수 있다고 하는 장자의 태도는 분명 모순적인 것임에 분명하다.[57] 그러나 이러한 모순은 도를 알 수 없다는 입장에서나 알 수 있다는 측면에서나 모두 각각의 의의가 있다.

장자철학에서는 '도'가 불가지한 특질을 지닌 존재일지라도 경우에 따라서 관점의 전환이 이루어지기만 하면 얼마든지 이를 알 수도 있다고 한다. 장자는 도를 체득하여 알 수는 있으나 전달하여 받을 수는 없고 눈으로 볼 수도 없다고 주장한다.[58] 그리고 장자는 도를 아는 방법이 '심재'와 '좌망' 같은 것이라고 제안하기도 한다. 감각과 이성적 사유를 넘어서 존재 자체와 하나가 되는 순간 도에 대한 불가지적 지식의 경향성은 파기된다는 것이 장자의 생각이다. 이렇게 볼 때 장자를 완고한 불가지론자라고 부를 수는 없는 것이다.

5. 앎이 아닌 앎

장자는 존재가 불가지하다는 주장을 통하여 분별지의 한계성을 드러내려는 특정한 목적을 가지고 있다. 다의적 해석이 가능한 불가지론이지만, 장자가 말하는 불가지론은 일반적 불가지론과는 다른 특색을 보인다. 장자는 기본적으로 불가지론을 통하여 일상적 지식으로서의 분별지의 한계인식과 더불어 그 지식의 체계를 폐기하고자 한다.

이러한 점 때문에 장자의 불가지론은 통상적 지식론과는 다른 지식론의 구조를 갖는다. 기존의 통상적 지식은 불가지론을 통해 폐기하여야만 한다. 그리고 존재의 바탕에 마련되어 있는 기운의 질서를 통하여 허심의 지평을 확보하고, 그 위에 새로운 지식론의 체계를 세워야만 한다. 이렇게 장자의 불가지론은 지식론의 체계와 밀접한 관련이 있다.

장자는 불가지론을 통하여 분별지를 폐기하고자 한다. 이 점에서 불가지론은 현상적 지식의 범주와 밀착되어 있다. 현상적 지식은 감각을 통한 세계 파악이다. 불가지론은 이러한 감각을 통한 세계 파악을 부정한다. 장자의 불가지론은 현상적 지식을 폐기하는 대신 진실한 세계와 그 세계에 대한 지식을 떠올린다. 그것은 감각이 떠올리는 세계가 아니라, 감각이 떠올리는 세계의 부정성을 알 수 있는 능력이 떠올리는 것이다. 이 능력이란 다름 아닌 마음의 사유 능력이라고 할 수 있다. 장자에게서는 마음의 기능도 분별하는 지식과 분별하지 않는 지식으로 나눠 말할 수 있는데, 전자는 불가지론을 통하여 폐기하고 후자만을 남기려는 것이라고 하겠다.

장자의 불가지론은 지식론상에서 스스로의 무지를 자각하게 하는, 일종의 '부지의 지'가 활동함으로써 떠올리는 지적 반성의 태도이다. 이 '부지의 지'를 통하여 일상적 지식의 상대성을 하나로 감싸 안고 넘어섬으로써 절대의 도에 도달하는 계기가 마련된다. 불가지론에는 경험적 지식으로서의 분별지를 통하여 비경험적 영역의 절대적 도를 알려고 해서는 안 된다는 생각이 전제되어 있다.

이렇게 존재가 분별지를 통하여 알려지지 않는다는 사실로부터 역설적으로 분별지를 통하지 않는다면 존재 자체를 알 수도 있다는 논리적 환원이 가능하다. 이러한 사실로부터 분별적 세계가 사물의 참된 형상을 반영하는 것이 아니라는 것을 알게 된다. 이 앎이라는 것도 분별지를 주관하는 마음이 양산하는 것이기 때문이다. 그런데 이 앎을 통하여 분별지를 폐기하고 나면, 우리는 분별지와는 다른 차원의 자연적 세계에 놓이게 된다. 장자철학에 있어서는 그 자연적 세계가 바로 존재 자체로서의 도의 세계이다. 분별지가 폐기된 인간 존재는 곧 존재 자신과의 직접적인 소통이 가능하게 된다.

요컨대 장자는 불가지론을 통하여 분별지의 영역을 무분별지의 영역으로 차원 전환하려는 철학적 요청을 제기하고 있다고 볼 수 있다. 불가지론이 적용되는 의의가 바로 여기에 있다. 이것은 일체의 상대적이고 분별적인 지식을 부정하는 불가지론이 참된 지식을 체득하기 위한 선결조건으로서의 방법론적 의의를 지니고 있다는 것을 의미한다.

장자의 불가지론은 결국 존재의 자명성을 가로막고 있는 분별지의 파기 작업에 동원된 하나의 철학적 방편일 뿐이다. 불가지론은 장자철학의 수단적 전략의 특성을 가질 뿐 그 자체로 철학의 목적이 되지는 않는다. 장자는 불가지론 자체의 논의를 통하여 존재와 지식의 상호 관계가 철저하게 차단되어 봉쇄되어 있다는 것을 강조하고자 한 것이 아니다. 장자의 불가지론은 지식의 한계에 대한 각성을 요구하기 위해 마련된 하나의 철학적 방편이다.

이러한 이유 때문에 장자철학은 불가지론이면서 불가지론이 아니다. 장자철학은 분별지의 한계 때문에 본원존재를 알 수 없는 불가지론의 성격을 갖지만, 반면 무분별지의 지식 포월성 때문에 본원존재를 알 수 있다는 반불가지론의 성격을 갖는다. 장자는 존재를 절대로 알 수 없다고 주장하는 완고한 회의론자도 아니며, 그렇다고 완고한 불가지론자도 아닌 것이다.

10

공허한 지식탑 무너뜨리기

공허한 지식탑 무너뜨리기

1. 장자는 반지식론자인가?

장자철학에 있어서 지식론의 문제가 대두되는 것은 장자가 처해 있었던 전국시대의 혼란한 사회상과 더불어 명변사조라고 알려진 당시의 학술적 분위기와 무관하지 않다. 특히 제자백가의 철학적 논변에 대한 장자의 비판을 본다면, 장자 당시에 지식의 독단화로 야기되는 문제점들은 매우 심각한 상황에 놓여 있었다고 볼 수 있다. 이러한 상황에서 장자는 일상적 지식의 부정을 통한 보다 근원적인 지식에 대하여 관심을 피력한 바 있다.

장자는 기본적으로 일상적 지식의 체계 및 그 지식을 옳다고 고집하는 주관적 편견의 양상을 맹목적으로 신봉하는 태도에 대하여 부정한다. 일상적 지식의 주된 문제점은 주로 대상세계를 자아중심적인 척도로 재단하고 분별하는 것이다. 그래서 장자는 끊임없이 전변하는 대상세계가 주관적 편견에 의하여 고정된 실체로서 정립되는 점에 주목한다. 여기에서 대상세계는 자신의 본연한 모습을 잃어버리고, 인간의 자의적인 의식에 의하여 왜곡된다. 이러한 연유로 장자는 "천하가 언제나 혼란스러운 것은 사람들이 알기를 좋아하는 데 그 과실이 있다"[1]고 지적한다. 이렇게 본다면, 장자철학에서 지식의 범주는 기본적으로 부정적인 것으로 평가되며, 장자 역시 반지식론의 계열에 서 있는 완고한 지식 부정론자로서 평가될 것 같기도 하다.

장자는 후일 주자(朱子, 1130~1200)가 공부 방법으로서 중시한 독서에 대해서조차 부정적인 태도를 취한다. 장자는 춘추오패의 한 사람인 제나라 환공과 수레바퀴를 만드는 장인인 윤편을 등장시켜 다음과 같은 하나의 예를 제시한다.

> 제나라 환공이 마무 위에서 독서를 하고 있었다.
> 그때 수레를 만드는 장인인 윤편이 마루 아래서 수레바퀴를 깎고 있다가 몽치와 끌을 내려놓고는 마루에 올라가 환공에게 물었다. "나으리께 묻겠습니다. 나으리께서 읽고 계신 것은 누구의 말입니까?"
> 환공이 대답했다. "성인의 말이다."
> 다시 윤편이 물었다. "성인은 살아 계십니까?"
> 환공이 대답했다. "벌써 돌아가셨지."
> 윤편이 말했다. "그렇다면 나으리께서 읽고 계신 것은 옛사람의 찌꺼기일 뿐입니다."2)

세상에 쌓여 있는 셀 수 없이 많은 책들은 수많은 정보를 담고 있다. 세상의 다양한 지식이 책속에 담겨 있다. 이러한 이유 때문에 책은 지혜의 보고라고 불린다. 그런데 장자는 윤편이라는 인물을 등장시켜 책에 담겨진 문자가 옛사람의 찌꺼기에 지나지 않는다고 하면서, 독서의 행위를 부정하고 있는 것이다. 책의 문자를 통해 이치를 터득하는 것보다 손, 또는 몸으로 직접 터득한 것에 마음이 응감하는 것이 더 낫다는 것이 윤편의 생각이다. 이른바 손이 가는대로 따라가도 마음이 호응한다는 '득수응심(得手應心)'의 논리이다. 이와 같은 의미의 윤편의 말을 곧이곧대로 수용한다면, 우리는 더 이상 아는 데로 나아가지 말고 지식행위 자체를 멈추어야만 할 것 같다.

그럼에도 우리는 끊임없이 세상일에 관하여 알고자 하고, 지식의 체계를 쌓아올리는 일에 게으르지 않다. 인간에게 지식 없이 세상을 산다는 일 자체가 또한 불가능한 일일지도 모른다. 지식의 축적성을 고려해 볼 때, 장자의 '더할 수 없는 지식'은 지식의 기본 의미와 모순된다. 장자에게서 지식은 버려야 하는 대상으로 언급되기 때문이다.

이와 같은 이유 때문에 우리는 장자가 과연 지식의 전체적 영역을 모두 부정한 것인지를 물어보지 않으면 안 된다. 그리고 이로부터 장자는 완고한 지식 부정론자로서 평가되는 것이 온당한 것인지, 그렇지 않은 것인지에 대해서도 묻지 않을 수 없다. 장자는 과연 반지식론자일까? 이에 대해 살펴보는 것이 이 글의 목적이다.

2. 지식은 불완전하다

M. 콘퍼스(M. Cornforth, 1909~1980)는 일반적인 인식의 형성과 이행과정을 다음과 같이 설명한다. "인식의 획득 및 인식의 형성은 그 본질상 항상 무지에서 지(知)로, 사물을 알지 못하던 것으로부터 그것을 아는 것에로의 이행이다. 일반적인 인식에 대해서건 어느 특정한 사물에 관한 인식에 대해서이건 간에 그것은 언제나, 처음에는 우리가 아무것도 아는 것이 없었다가 점차적으로 인식을 획득해 가는 것이다."[3)]

이러한 지적은 매우 명백하다. 지식을 부정함으로써 반지식론자처럼 평가되기도 하는 장자 역시 일상적 지식의 성장 전개과정을 외면하지는 않는다. 장자는 지식의 일상이 일상성에 매이지 말기를, 또한 일상적인 지식이 진리를 보장할 것이라는 신념에 구속되지 말기를 요청할 뿐이다. 이런 점에서 M. 콘퍼스가 언급한 지식의 결여상태인 '무지'의 개념과 장자가 말하는 '무지'의 개념은 그 성격이 다르다. 장자는 '무지'와 '부지'를 구분한다

장자가 말하는 '부지'야말로 M. 콘퍼스가 말하는 '무지'이며, 장자 자신이 말하는 '무지'는 '부지'를 거쳐 '지식'의 단계로 성장한 분별지의 요소들에 대한 반성임과 동시에 분별지와 구분되는 참다운 지식이라고 말해질 수 있다. 물론 아래서 살펴보겠지만 '부지'는 두 가지 차원의 '부지'가 있는데, 여기서 말하는 '부지'는 일차적인 '부지'를 의미할 뿐이다. 또한 '부지의 지'를 거친 '부지'는 근원적인 '무지'와 다르지 않다.

장자의 지식론은 '부지에서 분별지로의 이행'이라는 지식의 전개 과정을 거쳐 형성되는 일상의 지식보다는, 오히려 그 일상의 지식으로부터의 해방에 더 큰 관심을 갖는 지식론의 특징을 갖는다. 장자는 일상의 지식이 주관적 편견으로 강화되어 나타나는 현상들에 대해 주목하고 이를 부정한다. 뿐만 아니라 그 대체 방안의 일환으로서 '무지의 지'를 내세운다.

장자의 지식론은 기본적으로 '부지'로부터 지식으로의 이행을 설명하기보다는 지식으로부터 '부지의 지'로의 이행에 관심을 갖는 '무지의 지'를 촉구하는 성향이 강하다. 이러한 특징 때문에 장자의 지식론은 일상적 지식의 양태에 대해서 반성하고자 하는 '지식 부정적 지식론'의 성격을 띤다. 그렇다면 장자에 의하여 부정되고 있는 지식은 구체적으로 어떠한 한계를 갖고 있는지 아래에서 살펴보기로 하자.

1) 인간의 눈에 갇히다

인간의 주관적 편견은 분별적 심리 상태와 밀착되어 있다. 또한 그것은 의식의 단계에 머물지 않고 행위로 이행되는 자기 확장력을 갖는다. 주관적 편견은 일상적 지식의 부정적 양태를 고스란히 반영한다는 점에서 극복의 대상이다.

일상적 지식이란 개별적 자아의 내면에 갖추어진 지식을 의미한다. 이러한 지식은 분별심의 자료가 되는 것으로서, 자기중심적 가치를 생산하여 내고, 그 가치를 추구하여 가는 부정적 행위를 유발하기까지 한다. 그것은 자기중심적 행위로서의 유위, 사사로운 욕구에 의해 작동하는 것으로서의 유심과 같은 개념 영역을 갖는다. 장자에서 부정되는 행위의 측면은 인위적 행위, 개별적 행위, 자기중심적 행위라고 할 수 있다. 이러한 행위들은 특정한 목적이나 가치가 전제되는 것들이다. 물론 그러한 목적이나 가치들은 행위자의 내면에서 만들어지는 것이다. 이러한 의도적 행위들은 행위자의 목적에 봉사하는 것이고, 행위자의 의도에 의해 좌우되는 것이다. 이러한 행위는 행위의 주체로서 개별적 행위자를 갖고, 그 개별적 행위자는 이미 자기라는 의식을 갖추고 있는 것이므로 전체 자연의 조화 질서에 위배되는 행위를 하게 된다.4)

우리의 주관적 판단은 대상에 대하여 가치를 부여함으로써 자연의 실상을 왜곡하고, 여기에서 비본질적인 세계상을 만들어 낸다. 이것은 주관이 대상에 가치를 부여함과 동시에 대상을 주관의 자기중심적 특성 속으로 강제로 포획함으로써 이루어진다. 주관적 편견은 우리를 올바른 지식에 다가갈 수 없게 한다. 이것은 우리를 사물의 참된 형상에 다가갈 수 없게 하는 편향적 호오의 체계 때문이다. 우리가 주관적 편견에 예속되면, 대상에 대한 주관적 판단의 양상은 항상 상대적 진리성만을 갖게 된다. 이러한 점을 직시하고 장자는 「제물론」에서 다음과 같은 철학적 담론을 제시한다.

> 사람은 습한 데서 자면 허리가 아프거나 반신불수가 되는데 미꾸라지도 그러한가? 사람은 높은 나무 위에 있으면 무섭고 떨리는데 원숭이도 그러한가? 셋 중에서 어느 쪽이 올바른 거처를 알고 있는 것일까? 사람은 육식을 좋아하며, 지네는 뱀을 잘 먹고, 올빼미는 쥐를 잘 먹는데, 넷 중에서 어느 쪽이 참 맛을 알고 있는 것일까? 원숭이는 원숭이를 암컷으로 삼고, 사슴은 사슴끼리 교배하며, 미꾸라지는 물고기와 논다. 모장이나 여희는 사람들이 아름답다고 여기지만, 물고기가 그들을 보면 깊이 숨어버리고, 새가 그들을 보면 높이 날아오르며, 사슴이 그들을 보면 있는 힘을 다하여 달아나 버린다. 넷 중에서 어느 쪽이 진정한 아름다움을 알고 있는 것일까?5)

장자는 주관적 호오를 마치 절대적인 것처럼 고집하는 일상의 편향적 태도에 대하여 의문을 제기하면서 이에 대한 반성을 촉구한다. 사람과 미꾸라지와 원숭이는 거처하는 곳이 다르다. 사람과 사슴과 지네와 올빼미는 즐기는 음식이 다르다. 사람과 물고기와 새와 사슴은 아름답다고 여기는 대상이 다르다. 그래서 모두가 자기들의 거처를 올바르다고 생각하고 자기들의 음식이 올바른 맛이라고 생각하며 자기들이 아름답다고 여기는 것을 정당하다고 생각한다. 그런데 어느 곳이 올바른 거처이고, 어느 것이 올바른 맛이며, 어떤 것이 올바른 아름다움인가를 판단할 객관적 척도는 아무 데도 없다.6)

일반적으로 우리는 자신의 의식 세계가 절대적인 것처럼 판단하여 지식대상에 대하여 기준을 설정하지만, 그 기준을 절대적으로 보장해 줄 수 있는 객관적 기준은 존재하지 않는다. 그것은 한

날 종으로서의 인간이 지닌 개별적 의식의 왜곡된 집념일 뿐이다. 그래서 장자는 앞의 「제물론」 편의 인용문과 유사한 우화를 「지락」 편에서도 보여준다.

> 옛날에 해조가 날아와 노나라의 교외에 머물렀다. 노나라 제후는 이 새를 맞이하여 종묘 안에서 술을 마시게 하고 구소(九韶)의 음악을 연주하며, 쇠고기, 돼지고기, 양고기를 갖추어 대접하였다. 새는 그만 눈이 현란해져서 걱정하고 슬퍼하며 한 조각의 고기도 먹지 않고 한 잔의 술도 마시지 않은 채 사흘 만에 죽고 말았다. 이는 노나라 제후가 자기를 봉양하는 방식으로써 새를 봉양한 것이지 새를 봉양하는 방법으로써 새를 봉양하지 않은 것이다. 무릇 새를 봉양하는 방법으로써 새를 봉양하려면 그를 깊은 숲에 살게 하고 물가에 노닐게 하며 강이나 호수 위에 떠다니고 미꾸라지나 피라미를 먹게 하며 제 무리를 따라 살게 하고 스스로 만족하게 해야 한다. 새는 사람의 소리조차 듣기를 싫어하는데 어찌 저 시끄러운 음악을 듣겠는가! 함지나 구소의 음악을 동정의 들판에서 연주했다면 새는 그것을 듣고 날아가고 짐승은 그것을 듣고 달아나며 물고기는 그것을 듣고 깊이 들어가 버린다. 사람만이 그것을 듣고 서로 둘러싼 채 구경한다. 물고기가 물속에 있으면 살지만 사람이 물속에 있으면 죽는다. 물고기와 사람은 각기 다르니 좋아하고 싫어함도 같지 않다.7)

동일한 사태에 대하여 종이 다른 동물들은 서로 다른 표상을 가질 뿐만 아니라 자신들의 생물학적 구조에 의하여 각기 다른 반응을 나타낸다. 각 종들은 제 각기 특수하게 자극을 받고 거기에 대한 나름대로의 반응을 일으킨다. 따라서 어떠한 지식대상도 종이 다른 동물들 모두에게 동일한 방식으로 지각되지는 않는다.

장자는 인간이 자신의 주관적 편견을 가지고 대상사물을 임의로 평가하고 재단해서는 안 된다고 생각한다. 다음의 인용문은 이러한 장자의 생각을 잘 반영하고 있다. “물오리의 다리는 짧지만 이어주면 괴로워하고, 두루미의 다리는 길지만 잘라주면 슬퍼한다. 그러므로 본래의 됨됨이가 긴 것은 길더라도 자르지 말 것이요, 본래의 됨됨이가 짧은 것은 짧더라도 잇지 말아야 한다."[8]

이때 '길다'라거나 '짧다'라고 하는 것은 인간의 마음에 표상되어 지각된 내용들이다. 그리고 '물오리의 다리는 짧기 때문에 이어야 한다'라거나 '두루미의 다리는 길기 때문에 잘라야 한다'고 하는 것은 인간의 자기중심적 척도에서 발생한 주관적 편견이다. 이러한 편견에는 인간의 자의적인 주관적 호오의 정서가 개입되어 있다. 즉 어떠한 특정한 기준점으로부터 물오리의 다리는 짧기 때문에 나쁜 것이며, 두루미의 다리는 길기 때문에 나쁜 것이라는 정의적 태도가 개입되어 있는 것이다.

장자는 일상의 주관적 편견을 넘어서서 자연의 도리에 복귀하는 것이 이상적이라고 본다. 그 주관적 편견을 넘어서기 위해서는 일상의 지적 태도가 극복되어야만 한다. 일상인은 일상적 지식의 범주 안에 놓인 세계만을 인정하려고 할 뿐 그 범주 밖에 놓인 고차적인 세계에 관해서는 외면한다. 이런 이유 때문에 장자는 일상의 지식구조를 파기하여 본래의 자연으로 되돌리고자 하는 지식론의 기획을 갖는다.

2) 버려야 알 수 있다

장자는 인간의 삶이 유한한데도 무엇인가를 알려고 하는 우리의 의식지향은 끝이 없다고 한다. 그래서 장자는 유한한 것을 가지고 무한한 것을 추구하면 위태로울 뿐이라고 경고한다.[9] 장자가 이와 같이 인간의 의식지향에 대하여 비판적으로 보는 것은 의식지향의 성격 자체가 매우 부정적인 것이라고 진단했기 때문이다. 실제로 우리에게 의식이 있으면 그 의식으로부터 분별이 야기된다. 또한 그 분별적 의식으로부터 일상의 세상사가 끊임없는 분쟁에 휘말리게 되어 있다.

우리가 우리의 의식과정에서 체험되는 의식현상을 반성해 보면, 자아와 사물이 모두 주·객 대립의 대상적 파악에서 일어났다 사라졌다 하는 표상의식의 산물임을 깨닫게 된다. 신체를 구성하는 물질적 요소라는 것도 우리의 의식에서 사념되고 표상되어진 관념적인 것으로서 의식의 소산인 객체에 불과한 것이며, 또 이렇게 표상하고 지각하는 의식은 항상 '무엇에 대한 의식'으로서 대상을 표상하는 한에서 의미가 있다.[10] 즉 그것은 의식대상을 떠나서 저 스스로의 품성을 가지고 독자적으로 있는 것은 아니라는 말이다.

장자는 많은 곳에서 꿈과 현실을 대비적으로 표현하여 일체가 꿈이라고 주장하기도 한다. 즉 그는 현실에 대한 역설적 표상을 꿈이라고 하는 상징으로 대체하는 것이다. 장자철학에서 꿈의 상징은 우리의 의식지향과 밀접한 관련을 갖는다. 의식지향의 경향성이 조금이라도 남아 있는 한 꿈은 특정한 형태를 띠고 나타날 수 있다. 이런 경우 그 꿈의 성격이 긍정적인 것이라 여겨지든 부정적인 것이라 여겨지든 어떠한 경우에 있어서도 꿈을 통한 세계의 즉자적 동일성을 확보하지 못한다. 의식지향을 하나로 감싸안고 넘어선 주객미분의 상태에 이르러야만 세계의 원초적 동일성은 확보되기 때문이다.

꿈속에서는 꿈의 세계가 분명하고 자세하게 있지만 꿈이 깬 뒤 생시에는 온 데 간 데 없이 허망하게 느껴진다. 이와 같이 주·객 대립에서 지각되는 일체 대상의 세계와 이를 지각하는 지식주관 및 이 양자 사이에서 일어나는 의식의 세계는 모두 우리가 주·

객 대립의 대상적 파악의 입장을 취하는 한에서만 상대적으로 있는 것이라고 할 수 있다. 이 상관관계를 떠나서 제 각기 저 스스로 독자적으로 실재하는 것은 없다고 말할 수 있다.[11]

이러한 연유로 장자는 인간의 의식이 대상사물을 끊임없이 지향하여 표상하는 과정에는 필연적으로 살아 있는 세계 자체가 고정된 정지 상태로 굳어져 버리는 결과가 초래될 수밖에 없다고 생각한다. 그것은 마치 모든 것을 돌로 굳게 만드는 그리스 신화의 '메두사의 시선'과도 비유될 수 있는 종류의 것이다.

존재의 세계 자체는 '흐름'의 상태에 놓여 있는 것이라고 말할 수 있다. 이에 비하여 의식의 세계는 '머무름'의 상태에 놓여 있는 것이라고 말할 수 있다. 우리는 이것을 필름 속의 사진과 실물의 경우처럼 대비해서 생각할 수 있다. 실물은 흐름의 자리에서 있는 그 자신으로서의 살아 있는 것이라면 필름 속에 담겨진 사진은 머무름 위에 서 있는 죽음의 허상이라고 할 수 있다. 우리의 의식과 대상사물의 관계성 속에서 이루어지는 지식의 세계도 역시 마찬가지라고 볼 수 있다.[12]

장자는 분별적 의식지향을 배제하는 방안으로써 '무지의 지' 또는 '부지의 지'를 제시한다. 장자에 의하여 제기되는 '부지의 지'는 아무 것도 모른다는 것을 의미하는 것이 아니라, 상대적 지식을 절대시하거나 거기에 집착하는 일체의 태도를 버린다는 것을 의미한다. '부지의 지'는 일상의 유위적 마음에 토대를 두지 않고 무위적 '허심'의 상태에 기반을 둔다.[13] 그러면서도 '부지의 지'는 지식의 성립 과정을 단계적으로 밟은 이후에 이루어진다. 그러므로 지식이 성립되기 이전의 '부지'와는 그 차원이 근본적으로 다르다.

평유란은 이러한 두 가지 '부지'를 서로 구분하여 다음과 같이 설명한다.

> 나중에 얻은 부지는 원시적 부지와 유사해 보일지라도 그 의미가 다르다. 원시적 부지에 있는 사람은 사물에 대하여 분별력이 없다. 그러나 나중에 얻은 부지를 가진 사람은 분별을 잊고 산다. 이들은 지식이 없는 것도 아니며, 사물을 분별하지 않는 것도 아니기에 '잊음'이라는 말을 쓰는 것이다. 분별력은 지녔으나 그것을 잊었다는 말이다. 원시적 부지에 있는 사람은 사물을 분별하지도 못하고 이런 수준에 이르지도 못한다.[14)]

존재하는 모든 사물은 순수 지속적인 운동과 변화의 상태 속에 있다. 그런데 이것을 개념적으로 규정하자마자, 그것은 하나의 고정된 상태로 간주되며, 또한 유기적 전체와의 관련성 속에서 파악할 수 없게 된다. 이것이 개념적 또는 형식적 지식의 한계성이다.

장자는 이런 지식의 한계성을 극복하고 순수직관에 의하여 도를 통찰하려고 한다. 이를 위해서는 먼저 우리의 의식을 순수의식에로 복귀시켜야만 한다. 이 순수의식의 환원에는 의식지향의 부정이 필연적으로 수반된다. 그 구체적 방법으로는 먼저 세상일에 대한 관심으로부터 벗어나야 하고, 다음에 모든 사물에 대한 관심으로부터 벗어나야 하며, 최종적으로는 나의 삶에 대해서조차 무관심할 수 있어야 한다.[15)]

이러한 세 가지 관문을 통과할 때 우리의 마음은 비로소 도를 향해서 열리게 된다. 그렇게 되면 우리는 과거와 현재라는 시간의식과 이곳과 저곳이라는 공간의식, 그리고 삶과 죽음이라는 생명의식에도 구애받지 않는 진리를 체험할 수 있게 된다. 우리의 마음속에는 이미 진리에 다가설 수 있는 능력이 내재되어 있다고 보아야 한다. 그런데 장자에게서는 진리가 지식을 통하여 알려지는 것이 아니라, 역설적이게도 지식의 부정을 통하여 알려진다는 특징이 있다. 물론 장자에게서 부정되는 지식은 일상적 지식이다.

장자는 '현주(玄珠)'라는 개념을 동원하여 일상적 지식의 해체로부터 진리에 이르는 과정을 몇 가지 비유를 통해 보여준다. 장자는 '지(知)-이주(離朱)-끽후(喫詬)-상망(象罔)'이라는 주인공들을 등장시킨다. 전자에 가까울수록 분별지에 가깝고, 후자에 가까울수록 진리에 가깝다. 장자는 다음과 같이 말한다.

> 황제가 적수의 북쪽을 여행하다가 '현주'를 잃어버렸다. 그래서 '지'로 하여금 찾게 하였으나 찾지 못하였고, '이주'를 시켜 찾게 했으나 얻지 못했으며, '끽후'를 보내 찾아보았어도 찾지 못했다. 그래서 '상망'을 시켰더니 '상망'은 그것을 찾아냈다.[16)]

장자는 일상적 지식의 해체를 통한 본원적 진리의 체득 가능성에 관하여 언제나 '진리의 문'을 열어 놓고 있다. 그 '진리의 문' 밖으로 나갈 수 있는 것도 인간이고, '진리의 문' 안으로 들어갈 수 있는 것도 인간이다.

펑유란은 여기에서 말하는 '지(知)'가 일반적인 지식(knowledge)을 가리키는 것이라면, '이주'는 지각(perception)을 가리키는 것이며, '끽후'는 일종의 변증법(diaoectic)을 지시하고, '상망'은 무상(無相 : without features)과 같은 의미를 지닌다고 주장한다.[17)] 여혜경(呂惠卿, 1032~1112)은 특히 '상망'에 관하여 주석하기를, '상(象)'은 '비무(非無)'요 '망(罔)'은 '비유(非有)'라고 하여 '상망'을 '비유비무'로 규정하고, 이것을 '밝지도 않고 어둡지도 않은' 도와 같다고 해석하였다.[18)] '비유비무'의 논리로써

『장자』를 풀이하는 성현영 역시 '상망'이란 소리와 색깔을 여의고 사려를 단절한 무심의 경지와 통한다고 본다.[19)]

김항배에 따르면, 여기서 '지'는 감각적 지식을 뜻하고 '이주'는 형식적 지식을 뜻하며 '끽후'는 궤변 방법의 지식을 뜻한다. 그런데 이런 것으로는 '현주'를 찾지 못했는데, 뜻밖에도 이것을 '상망'이 찾았다는 것이다. '상망'이란 무념무상의 마음을 뜻한다. 즉 무념무상의 마음이 '현주'를 찾았다는 것이다. 이때 '현주'란 근원적 존재를 상징하는 일종의 비유적 표현에 해당한다. 이러한 '현주'를 황제가 잃어버렸다고 했으니, 처음에는 이것을 자신이 지니고 있었던 것임을 알 수 있다.[20)]

이렇게 볼 때, 장자가 진리를 깨치는 방법으로 생각한 것은 지식의 축적을 통한 일상적 방법이 아니라 그 일상적 방법의 부정을 통한 해탈의 방법이라고 볼 수 있다. 그러므로 장자철학에 있어서 도를 체득한다는 것은 단지 외재적인 도를 지식주관이 지각하는 것이 아니라 내재적인 즉 자성 속에 본시 갖추어진 존재의 빛이 드러나는 것이라고 말할 수 있다. 한 걸음 더 나가서 보면 도의 체득은 단지 지식에 머무는 것이 아니라, 본연적 존재의 자기현현이라고도 말할 수 있는 것이다.[21)]

장자철학에서 도는 형식적 사유 내지 논리적 사유를 가지고는 찾을 수 없다는 것을 알 수 있다. 그렇다면 도를 체득한다는 것은 오관이나 이성적 사유를 통해서는 도달할 수 없는 것이기 때문에 도를 체득한다는 내용 속에는 지식의 차원 전환을 요청하는 의도가 잠재되어 있다고 볼 수 있다. 장자는 일상적 지식을 해체하는 대안으로서 '부지의 지'를 제시한다. 여기에서 일상적 지식과 '부지의 지'는 서로 다른 언어 체계를 갖는다. 일상적 지식은 형식논리의 모순을 불허하는 일상적 언어를 고집하지만, '부지의 지'

는 이러한 언어 체계 자체를 부정하고 역설적 언어를 제기할 뿐만 아니라 극단적으로는 '무언'의 입장을 취하기도 한다.

장자의 이와 같은 태도는 일상적 언어와 추론적 지식이 지닌 기능적 한계 때문에 제시된다. 장자는 참지식의 내용에 관하여서는 언어적으로 표현하여 전달할 수 없다고 한다. 그래서 장자는 노자와 같이[22] "참으로 아는 자는 말을 하지 않는다. 말을 하는 자는 참으로 아는 것이 아니다"[23]라고 주장한 것이다. 이것은 언어 자체를 부정하는 것이 아니라 진리는 언어로써 온전히 표현될 수 없다는 것을 밝힌 것이다.

3. 분별하는 지식과 참된 지식

장자는 지식의 문제와 관련하여 존재의 지식 가능성의 범주에 대해 주의를 환기시킨다. 장자철학에서는 존재에 관여(participation)된 두 가지 지식의 양상이 제시되는데, 이것이 바로 '분별지'와 '무분별지'이다. 이 가운데 '무분별지'는 '참지식'에 해당한다. '참지식'이란 장자가 직접 언급한 '진지(眞知)'를 옮긴 말이지만,[24] '분별지'와 '무분별지'라는 용어는 『장자』 안에서 찾아볼 수 없다. 이것은 오히려 불교철학 관계자들이 선호하는 개념이다.

그러나 '분별지'와 '무분별지'라는 개념은 이미 많은 장자 연구가들에 의하여 별다른 거부감 없이 사용되고 있다. 『장자』를 해석하기 위한 방편으로 '분별지'와 '무분별지'라는 용어를 가장 먼저 사용한 것은 중국 당나라 때의 성현영일 것이다.[25] 성현영이 곽상과 더불어 『장자』 주석을 대표하는 한 사람이라는 점을 고려한다면, '분별지'와 '무분별지'라는 용어를 장자에 적용하는 것은 특별한 문제가 없다고 본다.

분별지는 일상적 지식에 해당하며, 무분별지는 이상적인 지식으로서 참지식에 해당한다. 이들은 각각 존재를 아는 지식과 제대로 알지 못하는 지식의 성격을 갖는다. 전자가 참지식이라면 후자는 분별지에 해당한다. 분별지는 존재에 직접적으로 관여하지 못하지만, 참지식은 존재에 직접적으로 관여하는 특성이 있다. 이로부터 존재와 지식의 범주가 상호 분리되기도 하고 일원화의 과정이 수행되기도 한다.

현대 중국철학자인 펑유란 역시 장자가 두 가지 지식에 관하여 논하였다고 보고, 이를 '저차원의 지식'과 '고차원의 지식'으로 구분한다.[26] 이 경우 '저차원의 지식'은 분별지에, '고차원의 지식'은 참지식에 해당한다. 이러한 견해를 받아들인다면, 분별지의 문제점을 제대로 파악하는 것이야말로 참지식에 도달하는 지름길이 된다고 볼 수 있을 것 같다.

장자는 기본적으로 지식에 관하여 이원화된 태도를 취한다. 이러한 태도 때문에 장자의 지식에 관한 분야는 크게 부정되는 지식의 영역과 긍정되는 지식의 영역이라는 두 가지 측면으로 분류된다. 나는 전통적인 견해를 따라서 이것을 '분별지'와 '참지식'이라고 명명하고자 한다. 분별지가 장자에 의하여 부정되는 지식의 영역이라면, 참지식은 긍정되는 지식의 영역이다.

그런데 분별지를 배제하고 참지식을 추구한다는 논의로 말미암아 장자철학은 한편으로 극단적인 '주관적 유심론'(Subjective Idealism)이라는 평가를 받기도 한다. 특히 꽌펑 같은 경우는 노자철학이 '객관적 유심주의'의 성격을 지닌다면, 장자철학은 노자의 '객관적 유심주의'가 '주관적 유심주의'로 전환된 것이라고 파악한다.[27]

런찌유는 노자철학이 전국시대에 이르러 송윤·순자·한비자 등의 '유물주의'와 장자의 '유심주의'로 분화된다고 보면서, 장자철학을 대표적인 '유심주의' 철학이라고 규정한다.[28] 베이징대학 철학과가 출간한 『중국철학사』도 장자철학의 결론은 극단적 주관주의 및 일체를 부정하는 주관적 관념론에 빠져버린 것으로 평가한다.[29] 장자가 분별지와 이에 관여된 객관적 사물의 세계를 용인하지 않는다는 것이 그 이유이다.

장자철학에 관한 이러한 평가는 온당하지 못하다. 사실상 '주관적 유심론'에서는 객관적인 세계의 실재성을 부정하면서 세계의 존재 구도를 주관적 관념의 반영으로서 파악한다. 존재하는 것은 단지 '나'의 감각이나 관념에 지나지 않는다고 보는 것이 '주관적 유심론'의 특징이다. 장자철학을 '주관적 유심론'으로 규정하는 사람들은 장자가 일체의 존재 사물들을 하나의 꿈과 같은 것으로 여겼다고 본다.

장자가 객관적 세계의 실재성을 부정하고 있다고 간주하는 것은 장자철학을 왜곡하는 것이 아닐 수 없다. 왜냐하면 장자는 무엇보다도 세계 내적 존재사물들이 지니고 있는 사물 상호간의 유기적 연계성을 강조하기 때문이다. 장자는 세계에 대한 주관적 관념의 세계를 오히려 왜곡된 세계로 간주하고, 이를 본래적 존재의 세계와 구분하면서 철저하게 부정하는 입장을 취한다. 이러한 점을 감안한다면, 장자철학을 '주관적 유심론'으로서 평가할 수는 없다.

장자철학에 있어서 지식대상과 지식주체의 이원적 분리는 무의미하다. 이렇게 지식주체와 지식대상의 이원적 분리를 용인하지 않는 장자철학에서는 주관주의적 성격이나 객관주의적 성격으로 규정되는 것을 불허할 뿐 아니라 정신이나 물질의 이원화 역시 상정하지 않는다. 따라서 장자철학을 유심주의 내지는 유물주의로서 규정하는 방식 또한 무의미하다.

지식은 기본적으로 주객의 관계가 서로 분리된 이원적 상태에서 형성된다. 분별지의 작용 속에는 지식의 객관적 대상과 지식주관이라는 두 가지 요인이 관계를 맺고 있으며, 이들의 이원성과 양극성 속에서 지식이 성립한다는 특징이 있다.[30] 이러한 분별지의 성격은 언제나 상대적이다. 이것은 개별적 존재의 양상에 대하여 우리의 마음이 차별의 관점을 가지고 항상 유추 판단하기 때문에 생겨나는 필연적 결과이다. 이것이 바로 존재에 지식이 관여하기는 하지만 존재 자신을 제대로 지식하지 못하는 분별지의 한계이다.

분별지는 지식주관과 지식대상의 이분법적 관계로부터 생겨나며, 감관으로 지각되고 의식에 의하여 관념화됨으로써 성립한다. "감각적 지식은 외물과 접촉하여 이루어지고, 분별지는 외물을 사려한 데서 이루어진다."[31] 그러나 분별지는 주관적 관념이 현상적 사물의 세계에 개입됨으로써 세계를 재구성하는 부정적 지식일 뿐이다. 그러므로 본래적 존재의 세계는 분별지를 통해 그 현전의 세계가 의미차원의 세계로 전이되면서 왜곡되어 기술된다.

인간의 관념이 존재의 세계에 주관적으로 개입함으로써 본래적 존재의 세계는 개별적인 것으로 의미화된다. 이 순간 세계와의 직접적인 소통은 차단되고 존재에 관여하던 지식의 성립 근거는 토대를 상실하고 만다. 왜냐하면 관념의 매개로 인하여 지식대상으로 파악되는 것은 개별적 의미의 징표들로서 존재의 이차적 요소들이기 때문이다.

그러나 이러한 왜곡된 관념의 세계도 존재에 개입되었던 주관적 관념을 무화시키기만 한다면 참지식의 차원으로 전환될 수 있다는 것이 장자의 기본적인 생각이다. 장자는 분별지가 자체적인 의미를 행사하는 영역과, 그것이 용도 폐기되는 또 다른 차원의 참지식의 영역을 염두에 둔다. 참지식에 도달하기 위해서는 무엇보다 분별지의 한계에 대한 비판을 수행하지 않으면 안 된다. 분별지는 감각지각이 자신의 의미를 행사하는 영역으로서, 자체적으로 많은 결함이 있다. 그것은 차별적 관점에 의거하여 대상을 주관적으로 비교하여 판단해 내는 지식이기 때문에 결코 근원적일 수 없다. 또한 그것은 제한적이고 조건적이며, 불완전하고 잠정적이라는 한계를 안고 있다.

성현영은 분별지가 일용생활의 일상적 지식과 관련된다고 본다. 이에 반하여 참지식은 분별지를 넘어서 있다. 세속을 따르는 사람들은 모두가 분별지를 존중한다. 그들은 자기의 이익을 위하여 모든 정황을 취사선택하는 일에 매우 민첩하다. 그러나 그들은 참된 본원을 관조하는 지식에 의지하려고 하지 않는다. 성현영이 볼 때, 그들은 크게 미혹된 사람들에 지나지 않는다.[32]

분별지와는 달리 참지식은 지식주체와 지식대상의 이원적 구도를 해체시킴으로써, 이들을 근원적 존재의 일원화된 구도 속에 소통시키는 지식론적 포월의 성격을 담지하고 있다. 그래서 장자는 존재에 관여된 지식을 둘로 나누어 보면서도 '부지의 지'로서의 참지식이 내적 수렴의 반성을 수반하는 심오한 것인 반면, 분별지는 외물의 가치를 대상적으로 추구하는 천박한 것이라고 간주하는 것이다.[33] 분별지가 알지 못하는 영역에 대하여 사람들은 마치 사물을 흘겨보는 것처럼 무시한다.[34]

장자에 의하면, 우리가 근원적 존재의 세계에 도달하기 위해서는 일상적 사유를 배제하기 위한 자기 부정의 과정이 필수적으로 수반되어야 한다. 뿐만 아니라 이러한 자기 부정을 통하여 도달한 세계조차 부정되어야만 한다고 본다. 그래서 장자는 근원적인 세계는 '부지의 지'로써 알아야 한다고 한다. 그 '부지의 지'의 영역은 존재 자체의 흐름의 과정에 참여하고 있는 집착 없는 지식이라고 말해질 수 있는 종류의 지식의 성격을 띤다.

'부지의 지'라는 말에는 부정되는 지식과 긍정되는 지식의 두 가지 영역이 존재한다. 그리고 부정되는 지식은 분별지로서, 긍정되는 지식은 참지식으로서 대별된다. 분별지가 감각지각의 활동을 통한 지식의 대상적 분별을 특징으로 한다면, 참지식은 도리어 감각지각의 활동을 초월한 지식의 내관적[35] 소통을 특징으로 한다. 기본적으로 장자는 감각의 지식을 크게 신뢰하지 않는다. 그러나 장자가 감각의 영역을 전적으로 배제한다고 볼 수만도 없다. 장자는 감각의 영역이 도를 체득하는데 장애가 된다는 것을 강조하기 위하여 감각을 문제 삼기 때문이다.

일상적인 지식활동은 감각경험에서 비롯된다. 이것은 '유'의 세계를 대상으로 삼는 것이기 때문에 당연히 유형한 사물을 지식대상으로 삼는 것이다. 그 다음에 이성적 지식으로써 이해를 하여 사물의 보편적 의미를 취하고자 할 때는 개념화 작업이 불가피하다. 그러나 우리가 도를 체득하기 위해서는 '유'로부터 시작하여 '유'에 머물러서는 안 되고, 반드시 '무'의 세계로 들어가야만 한다.[36]

도의 세계에 도달하기 위해서는 감관적인 세계의 속박으로부터 벗어나지 않으면 안 된다. 왜냐하면 도는 감각지각을 통한 지식의 대상이 될 수 없는 것이기 때문이다. 그래서 장자는 도를 감각지각으로 알려고 하는 일상의 태도를 부정하고 다음과 같이 말한다. "(도는) 들으려 해도 그 소리를 들을 수 없고, 보려 해도 그 형체를 볼 수 없지만, 온 천지에 가득 차고 넓은 우주를 감싸고 있다."[37)]

장자는 근원적 존재로서의 도가 분별지에 의하여 지식의 대상으로 전이되는 순간 도 자체의 전일성은 파기되고, 지식주관과 그 대상의 이원적 구조 위에 놓이게 되면서 자기동일성을 상실한 채 타자화된다고 본다. 이것은 비대상적 존재로서의 도가 어떠한 특정한 사태로서 지식주관에 의하여 포착되는 상황 때문에 비롯되는 인식의 특징이다. 분별지는 개별화된 사물을 지식대상으로 삼기 때문에 개별적 사물의 유한하고 비영속적인 성향을 탈피하지 못하는 한계가 있다. 따라서 장자는 이러한 분별지의 부정적 성향을 적극적으로 해체하고 참지식을 통하여 존재의 전일성에 동참하고자 한다.

장자가 기본적으로 분별지를 부정하면서 참지식을 추구한다고 할지라도, 그가 분별지의 영역을 전혀 인정하지 않는다고 할 수는 없다. 장자는 분별지가 비록 한계를 지닌 것으로서 부족한 것은 사실이지만, 알고 있는 지식을 기반으로 알지 못하는 영역을 추구해 나가는 것이 세상 사람들의 지식의 입장으로서는 훌륭한 것이라고 주장한다.[38)]

뿐만 아니라 장자는 자연이 그대로 자연이 되고 인간이 또한 인간이 되는 까닭을 아는 것을 지극한 것이라고 주장하기도 한다.[39)] 자연이 그대로 자연이 되는 것을 아는 것이 자연지라면, 인간이 또한 인간이 되는 것을 아는 것은 분별지와 무관하지 않다. 그렇다면 이것은 장자가 경우에 따라서 분별지도 인정하는 것이라고 할 수 있다. 그러나 보다 구체적으로 말한다면, 분별적 성격을 폐기하기 위한 분별지라면 장자도 용인하는 것이라고 볼 수 있다.

그럼에도 장자가 분별지에 대해 그 일면적 특성을 인정한다고 할지라도, 이것이 곧바로 장자가 분별지를 긍정한 것으로 이해될 수는 없다. 장자가 추구하는 지식이란 분별지의 상호 대비적 관점 너머에 존재하는 무분별지로서의 참지식이기 때문이다. 장자 철학에 있어서 무엇인가를 의도적으로 분간하여 사유하고 슬기로움을 도모함으로써 성립되는 지식이 분별지라면, 참지식은 이러한 인위적인 사유와 슬기로움의 도모방식이 철저히 배제된 상태에서 자연의 변화에 따라 무목적적으로 이루어지는 '저절로 그러함을 아는 지식'이라고 할 수 있다.40)

'저절로 그러함을 아는 지식'으로서의 참지식은 지식주체와 지식대상을 분리시킨다거나, 또는 지식주체와 지식대상의 이원화된 구도 속에 인위적 고정관념을 투사함으로써 주관적 영역으로 존재를 포획하려는 목적성을 갖지 않는다. 참지식의 상태에서는 눈으로 존재를 보기는 하지만, 본다는 의식을 가지고 존재를 보는 것도 아니며, 존재를 알지만 존재에 관하여 알고자 하는 의식을 통하여 아는 것도 아니다.41)

참지식은 분별지를 기반으로 이루어지지 않는다. 오히려 철저한 분별지의 배제로부터 참지식은 드러난다. 그런데 분별지가 의미를 갖기 위해서는 반드시 참지식의 반성적 작용을 거쳐야만 한다. 왜냐하면 분별지가 의미를 행사하기 위해서는 분별지가 무분별지에 관여하여 존재해야만하기 때문이다. 그렇다면 이때의 분별지는 분별지이면서도 반성적 여과 작업을 거친 분별지이기 때문에 이전에 분별만을 목적으로 삼던 분별지와는 그 차원이 다르게 된다. 여기에서 장자는 참지식의 영역으로부터 보장되는 분별지의 특정한 영역에 관해 인정하게 된다. 분별지가 무분별지에 관여함으로써 아는 관점을 참지식의 영역 안에서 새롭게 실현하기 때문이다.

반성적 여과 작업을 거치기 이전의 분별지는 분별지 자체를 절대적인 것으로 간주하여 맹목적으로 신봉하는 자기중심적 태도로부터 자유롭지 못하다. 그러나 반성적 여과 작업을 거친 분별지는 그 이전의 분별지와 비교하여 분별의 분별됨을 알게 되어 자기 스스로의 분별적 성격에 매이지 않는다는 차이점이 있다. 따라서 참지식 이후에 존재하는 분별지는 무분별지에 관여된 분별지로서 기능하기 때문에 현상적 사물의 어떠한 상황에 대해서도 특별하게 고집하는 것이 없게 된다.[42] 그래서 장자는 다음과 같이 말한다. "도를 아는 자는 반드시 사물의 이치에 통달한다. 사물의 이치에 통달한 자는 상황에 밝아진다. 이러한 자는 외물에 의하여 자신을 해치는 법이 없다."[43]

이로부터 본다면, 장자는 개별적 사물에 관한 지식의 성립 자체를 부정하는 것이 아니라, 이것을 주관의 대상적 포획물로 간주하여 자의식의 영역 안에 복속시키고자 하는 분별지의 전도된 지식 체계에 관하여 부정한 것이라고 할 수 있다. 결국 비대상적 존재를 대상화된 포획물처럼 소유하려는 분별지는 존재를 지식할 수 있는 통로가 차단되어 있기 때문에 이를 부정하지 않을 수 없다는 것이 장자의 생각이다. 지식주관과 지식대상이 근원적으로 미분화됨으로써 직접적으로 존재를 지식할 수 있는 통로를 열어야 하는데, 장자는 그것이 바로 '텅 빈 마음'의 바탕에서 이루어진다고 본다.

4. 물고기의 즐거움 알기

앞서 언급한 것처럼 장자는 지식의 영역을 분별지와 참지식의 두 가지 범주로 나눈다. 장자는 이를 '작은 지식'(小知)과 '큰 지식'(大知)에 각각 배당시키기도 한다. 장자는 '작은 지식'의 한계성을 지적[44]함과 동시에 새로운 차원의 지식으로서 '큰 지식'을 요청한다. 그것은 '작은 지식'이 경험적 사실의 범위에 한정되어 있기 때문이다. 장자가 말하는 '큰 지식'이 반드시 참지식이라고 말할 수는 없지만, '큰 지식'은 참지식에 이르는 하나의 창구가 되는 것만은 확실하다.

장자는 '큰 지식'의 철학적 방편을 내세워 참지식의 의의를 일깨우려고 한다. 이때 '큰 지식'의 방편에 의해 일깨워진 '큰 지식'은 '작은 지식'에 대응하는 상대적 의미의 '큰 지식'일 수 없고, '작은 지식'과 '큰 지식'의 상대성을 하나로 감싸 안고 넘어선 '큰 지식'이라는 특징이 있다. 이러한 점에서 장자는 이를 참지식의 영역으로 받아들인다.[45]

기본적으로 '작은 지식'은 오관에 의한 상대적이고 분별적인 지식이며, 마음에 의한 주관적 판단의 지식을 가리킨다. 이에 비하여 '작은 지식'과 '큰 지식'을 하나로 소통시킨 새로운 차원의 '큰 지식'은 기운의 질서로 응감하는 종류의 즉시적이고 예술적인 지식이며, 신행(神行)에 의해 달성되는 지식을 가리킨다. 장자에 있어서 '작은 지식'은 배격되고 '큰 지식'은 인정된다.[46]

장자는 이와 같은 두 가지 지식의 차원을 '호량문답(濠梁問答)'이라고 알려진 이야기를 통해 대비적으로 설명한다. 『장자』 「추수」편에는 장자와 혜자(혜시) 사이에 오고간, 이와 관련된 대화내용이 다음과 같이 소개되어 있다.

> 장자와 혜자가 함께 호수의 다리 위에서 노닐고 있다가 다음과 같은 내용의 대화를 나누었다.
> 장자가 말했다. "피라미가 조용히 헤엄치며 놀고 있는데, 이것이 물고기의 즐거움이다."
> 혜자가 물었다. "그대는 물고기가 아닌데 어찌 물고기의 즐거움을 안단 말인가?"
> 장자가 대답했다. "그대는 내가 아닌데 어찌 내가 물고기의 즐거움을 알지 못한다는 것을 아는가?"
> 혜자가 말했다. "나는 그대가 아니므로 그대를 알지 못하는 것과 같이 그대는 물고기가 아니므로 그대가 물고기의 즐거움을 알지 못한다는 것은 확실하다."
> 장자가 말했다. "대화의 처음으로 돌아가 보자. 그대가 나에게 그대가 어찌 물고기의 즐거움을 안단 말이요 하고 말한 것은 이미 내가 그것을 알고 있음을 알고 나에게 물은 것이다. 나는 호수의 다리 위에서 알았다."47)

장자는 물고기의 즐거움을 안다고 한다. 현실적으로 모순을 안고 있는 것 같은 이러한 장자의 관물(觀物) 방법은, 장자철학의 관점에서 본다면 '사물(물고기)을 사물(물고기) 자체로 보는' 태도이다. 그것은 자연사물을 특정한 의도나 목적을 통해 왜곡하여 보지 않는다는 입장이다.

이와 같은 관물방법은 '자아의 주관적인 마음으로써 사물을 보는'48) 방법과는 전혀 다른 차원의 반성적 관조의 결과를 낳는다. 장자의 관물방법에서 중요한 것은 물고기가 즐거운지, 즐겁지 않은지의 사실성 자체에 있지 않다. 여기에서 중요한 것은 타자로서의 물고기의 존재성을 차단하고 배제하여 지식과 존재의 단절을 이루지 않는다는 점이다.

'사물을 사물 자체로 보는' 관물방법은 개별적 자아의 자기중심적 욕구를 버리고 자연의 결에 따라 사물을 파악하는 방법이다.

어조도축(魚藻圖軸)
(명대 무보(繆輔, Miao Fu)의 작품)

이것은 순수직관의 범주에 해당한다. 이 '사물을 사물 자체로 보는' 관물방법은 오관과 의식의 기능에 의지하는 것이 아닌 존재 자신이 지닌 기운의 질서와 하나가 되어 감응하는 점에 의의가 있다. 그러므로 '사물을 사물 자체로 보는' 관물방법은 유위적 행위를 양산하는 '유심'에 기초하지 않고, 무위적 행위를 드러내는 '무심' 내지 '허심'에 토대를 둔다.

이러한 점에서 후대 신유학 시대의 소강절(邵康節, 1011~1077)이 주장한 '사물로써 사물을 본다'(以物觀物)와 장자가 말한 '사물로써 본다'(以物觀之)는 말은 구분되어야 한다. 양자의 의미를 동일한 것으로 보는 오류가 많기 때문이다. 실제적으로 양자의 의의는 천양지차가 있다. 소강절이 '사물로써 사물을 본다'고 말한 것은 도리어 장자가 '도로써 사물을 본다'(以道觀之)고 한 말에 더 가깝다.[49] 따라서 내가 여기서 말하는 장자의 관물방법은 소강절의 관물방법에 가까울 뿐만 아니라 장자가 말한 '도로써 사물을 본다'는 취지가 있음을 전제한다.

노자는 일찍이 장자와 같은 관물적 사유 방법의 이론적 단초를 제공한 바 있다. 노자는 다음과 같이 말한다. "그러므로 몸으로써 몸을 보고, 집으로써 집을 보고 마을로써 마을을 보고 나라로써 나라를 보고 천하로써 천하를 본다. 내가 어찌 그러함을 알겠는가? 도로써 안다."[50] 요컨대 관물의 기준은 저절로 그러한 도를 벗어나지 않으며, 결국 그것은 세계의 전일성에 기초를 두고 이루어진다.

그러므로 인간이 물고기에 대응하는 방식에 있어서 분별에 토대를 둔 지식 방법으로써는 인간과 물고기라는 이원적 차별만을 두드러지게 강조하게 될 뿐, 이들의 상호 동일성에 대해서는 전연 고려치 못하는 결과를 초래하게 되는 것이다. 반면 도를 기준으로 삼아 사물을 보면, 사물들 사이에는 어떠한 귀천도 없다.[51] 그래서 장자는 사물을 자의적으로 재단하지 말고, '자연에 비쳐 보라'[52]고 제안한다.

물고기의 즐거움을 알았다는 장자의 경우 사물(물고기)을 '자기중심적 관점'에서 파악한 것이 아니라 사물(물고기)의 '자연적 관점'에서 파악하였기 때문에 물고기의 즐거움을 알았다고 한 것이다. 그러나 혜자는 이성주의적인 사유를 동원하여 장자의 관물 방법에 대하여 비판한다. 이러한 혜자의 비판은 다분히 존재사물을 대상적으로 파악하는 분석적·논리적 방법에서 연유하는 것이라고 할 수 있다.

여기에는 자아와 다른 사람의 마음에 관한 지식의 문제가 개입되어 있다. 이 문제는 내가 나 자신에 관해서 알고 있는 것이 어떠한 의미에서든 개인적일 수 있다는 점을 일깨워준다. 장자는 사람이 아닌 물고기의 즐거움을 알았다고 하였지만, 혜자의 질문을 받고 곧바로 물고기로부터 사람의 마음으로 그 논점을 변경시킴으로써 혜자를 곤경에 빠뜨리고 있다. 일종의 '논점이탈의 오류'라고 지적될 수 있는 한계가 장자에게서 발견되고 있는 점이 특기할 점이다.

그러나 장자는 오히려 '논점이탈의 오류'를 통해 혜자의 지적 반성을 촉구한다. 장자가 제시한 '논점이탈'은 '오류'가 아닌 '역설'이다. 그것은 타자와의 교류를 가로막는 자기의식으로부터의 탈주의 기획이다. 그것은 강력한 자의식에 대한 반성이자 그에 대한 부정이다. 장자의 세계관과 마주친 혜자의 곤경은 당연한 것이다. 혜자는 자신의 심리상태가 본질적으로 자신에게만 알려지는 지극히 개인적인 영역이라고 생각한 것이다.

혜자는 자신의 경험 속에 갇혀있는 인물이다. 문제는 혜자가 개인적 영역을 통해서 공개적 세계에 도달할 수는 없다는, 특정한 분별지를 가지고 살아간다는 점이다. 성현영은 혜자가 날마다 분별지로부터 자유롭지 못했다고 평가한다.[53] 이러한 분별지는 '유아론'으로부터 발생한다. 그런데 이러한 유아론은 공개적 세계의 존재에 관한 일종의 회의주의적 속성을 갖는다는 점에서 근원적이지 못하다.[54] 따라서 장자는 물고기의 즐거움을 알았다는 모순적인 언어를 통해 오히려 혜자의 유아론적 독단에 대해 경고하고 있는 것이다.

장자는 존재사물과 개별적 자아의 간격이 없는 '물화'의 관점에서 존재사물의 비대상화를 시도하는 역설적 방법을 통하여 전일한 소통의 지식에 도달할 것을 요청한다. 사물의 귀천과 대소, 공용의 유무 등은 모두 개별적 자아가 사물을 인식하는 태도에서 기인한 것으로, 도를 체득하는 '물화'의 관점에서 비롯되는 것들이 아니다. 장자는 혜자와 같은 사물의 관점을 벗어나 '밝음에 의거함'으로써 무분별한 도의 전일성을 보라고 한다. 만물이 서로 통하여 하나가 되면, 세속에서 말하는 이른바 진실과 거짓, 옳음과 그름 등은 무의미해지게 된다.[55]

장자가 말하는 '물화'란, 생물을 포함한 모든 사물의 형태 변화에 관련된 말일 뿐, 사물의 소멸을 의미하는 것은 아니다. 장자가 물화를 통해 강조하는 것은, 도는 한 순간도 쉬지 않고 활동하여 모든 것을 변화시키기 때문에 모든 변화는 지극히 자연스러운 것이므로 이를 거부할 필요가 없다는 것이다. 즉 순수한 변화활동 속에 있으면서 어떤 하나의 형태만을 고집할 필요가 없다는 것이다.56)

장자는 '호량문답'을 통해 종차가 서로 다른 동물의 즐거움까지도 알 수 있다는, 자연적이며 동시에 심미적인 관점을 보여준다. 장자가 물고기의 즐거움을 안 것은 현상의 개별적 자아가 드러내는 일체의 시비, 선악, 미추 등과 짝을 이루는 단순한 분별력을 넘어서 있다. 장자는 분별을 버린 자리로부터 물아의 근원적 소통이 이루어진다고 본다.

이 '호량문답'의 의의는 물고기의 즐거움을 장자가 알았다는 객관적 사태 인식에 그 무게 중심이 있는 것이 아니다. 그것은 개별적 자아의 '물화'를 통한 물아일체의 자연한 세계에 다가설 수 있다는 가능성을 제시하는데 더 큰 의의가 있다. 여기에서는 물아일체의 한 사례로서 장자가 나비가 되는 것처럼, 물고기의 즐거움과 하나가 되는 것으로 묘사된 것이다.

장자가 나비가 되고, 또한 물고기의 즐거움을 안다는 것은 일종의 순수직관을 통해 세상과 만나 하나가 된다는 것을 말한다. 여기서 말하는 순수직관이라는 말은 어떠한 매개물도 없이 (im-mediate) 세상과 직접 만나 하나로 소통한다는 의미를 갖는다. 즉 만물의 동일성의 토대 위에서 '나와 너', 또는 '이것과 저것'의 구별을 무화하고 세상을 보는 관점이라고 할 수 있다. 이것은 만물 상호간의 대립을 없애고 세상을 보는 관점이기도 하다. 장자는 만물 상호간의 동일성을 확보하는 근거를 '도의 지도리'(道樞)라는 측면에서 찾는다. 이와 관련하여 장자는 다음과 같이 말한다.

이것은 또한 저것이요, 저것은 또한 이것이다. 저것이라는 것 또한 하나의 시비요, 이것이라는 것 또한 하나의 시비이다. 과연 저것과 이것이 있는 것인가? 그렇지 않으면 저것과 이것이 없는 것인가? 저것과 이것이 서로 그 짝을 얻지 못하여 상호 대립됨이 없는 것을 가리켜 '도의 지도리'라고 한다.[57]

'도의 지도리'라는 개념은 장자가 상호 차별의 관점을 없애기 위해 동원하는 개념이다. 도의 관점에서 사물을 보는 사람은 마치 원의 중심에 서 있는 것과 같다. 이로부터 그는 원운동에서 진행되고 있는 일을 모두 보지만, 자신이 이 운동에 참여하지는 않는다. 그것은 유한을 초월한 고차적인 관점에서 사물을 보기 때문이다.[58]

장자철학에 있어서 개별적 사물 상호간의 동일성은 분별적 추론의 지식을 통하여 드러나지는 않는다. 도리어 개별적 사물 상호간의 동일성은 분별적 추론의 지식이 의미를 행사하지 못할 때 드러난다. 그래서 장자는 분별적 추론의 지식을 부정하고 '부지의 지'를 통한 순수직관의 지식을 주장하게 되는 것이다.

분별적 추론의 지식은 개별적 자아의 욕망의 체계에 따라서 형성되지만, 순수직관의 지식은 존재 자신과 그 유동 변화의 과정에 처해 있는 자아의 생명적 정조가 동일한 문맥 위에 위치한다. 순수직관의 지식은 즉시적이고, 일체적이라는 성향을 갖는다. 그것은 순간적이고 일회적이다. 그러므로 그것은 지식으로 남는 것이 아니라 다른 순간에로 이행하여 감으로써 자연히 소멸되는 종류의 것이다.[59]

그러나 개별적 자아의 이기주의적인 공능은 늘 자신의 분별력을 작동시켜 세상을 바로보지 못하게 가로막는다. 장자는 이것을 파기하고자 하는 자기 부정적 반성과 지적 전환을 수행하기 위해 혜자의 문제의식을 이탈하면서까지 물고기에게 나아가는 지식의 역설을 제시하게 된 것이다. 여기에는 자아와 타자의 단절상태를 무화시킴으로써 존재와 자아의 원초적 동일성을 확보하고자 한 장자의 입장이 내재되어 있다.

5. 텅 비자 넘치는 지식

분별지는 자기중심성을 바탕으로 한 고정된 선입견 내지는 주관적 편견의 영역과 맞닿아 있다. 분별지는 기본적으로 부정되는 지식의 범주에 놓이게 되고, 일체의 선입견과 편견을 양산하는 '성심'과 연대되어 있다. 이와 같은 분별지는 당연히 부정의 대상이다. 그럼에도 분별지 없는 순수한 지식의 영역이 과연 존재할 수 있을 것인가에 대한 물음은 여전히 유효하다. 만일 장자의 지식에 대한 논의가 그리 단순한 것이 아니라면, 장자 지식론의 의의에 대하여 검토해보지 않을 수 없다.

장자에게서 분별지란 주관적 관념이 존재사물에 개입됨으로써 세계를 재구성해내는 유한한 지식을 말한다. 분별지를 통하여 본래적 존재의 세계는 그 현전의 세계가 의미차원의 세계로 전이되면서 왜곡되어 기술된다. 본래적 존재의 세계가 의미차원의 세계로 전이되는 순간 세계와의 직접적 소통을 가능하게 하던 통로는 사실상 차단된다. 왜냐하면 주관적 관념의 매개로 인하여 지식대상으로 파악되는 것은 개별적 의미의 징표들로서 존재의 이차적 요소들이기 때문이다.

장자는 주관적 관념의 매개로 인하여 왜곡되었던 지식의 세계도 존재에 개입되었던 주관적 관념을 무화시키기만 한다면 참지식의 차원으로 전환될 수 있다고 본다. 분별지는 지식대상과 지식주체를 이원적으로 분리하여 지식의 대상화를 추구하는 지식론의 구도를 형성하고 있다. 그러나 참지식은 주객의 이원적 구도를 해체시킴으로써 주객을 하나로 감싸 안고 넘어서는 소통의 구조를 지니고 있다. 그래서 장자는 '부지의 지'로서의 참지식이 내적 반성을 수반하는 심오한 것인 반면, 분별지는 대상적 외물의 가치를 무비판적으로 추구하는 천박한 것이라고 간주한 것이다.[60]

장자는 '사물'을 아는 것과 '사물을 사물이 되게 하는 것'을 아는 것은 서로 다르다고 본다. 그것은 지식의 관점에만 적용되는 문제가 아니라, '사물'과 '사물을 사물이 되게 하는 것'의 존재론적 위상에도 맞닿아 있는 문제이다.[61] 무형의 근원적 존재인 도는 유형의 현상적 개별자와는 존재하는 차원이 다르다. 장자는 그 존재론적 위상의 차이를 '사물을 사물이 되게 하는 것'을 통해 논의하고자 한다.

무형의 근원적 존재로서의 도가 지식의 대상으로 전이되는 순간 그것은 주객의 이원적 구조에 강제적으로 편입됨으로써, 개별화의 과정을 거쳐 다양성을 지닌 존재로 변형된다. 이것은 비대상적 존재로서의 도가 어떠한 특정한 사태로서 지식주관에 의하여 포착되기 때문에 야기되는 현상이다. 그러므로 '사물'은 있음의 범주에 놓인 마음의 공능을 통하여 유위의 지식으로 축적되지만, '사물을 사물이 되게 하는 것'은 무위적 공능을 지닌 무심 내지는 허심에 의하여 지식으로 정착된다. 이 경우 전자는 분별지로서, 후자는 참지식으로서 자신의 존재의의를 확보한다고 보는 것이 장자의 입장이다.

분별지는 개별화된 사물을 지식대상으로 삼기 때문에 개별적 사물의 유한하고 비영속성을 탈피하지 못하는 한계가 있다. 장자는 이러한 분별지의 부정적 성향을 적극적으로 해체하기 위한 여러 가지 전략을 부정의 판단진술을 통하여 마련해 낸다. 그가 긍정의 판단진술보다는 부정의 판단진술을 통하여 분별지의 부정적 성격을 부정하는 것은, 부정의 판단진술이 주장하고자 하는 개념적 외포가 긍정의 판단진술보다 상대적으로 더 넓기 때문이다.

일례로 「제물론」에 언급된 다음의 인용문을 보자. "지금 있는 손가락으로 그 손가락이 진짜 손가락이 아님을 설명하는 일은, 지금 있는 손가락이 아닌 것으로 설명하는 것만 같지 못하다. 그리고 지금 있는 말(馬)로 그 말이 진짜 말이 아님을 설명하는 것은, 지금 있는 말이 아닌 것으로 설명하는 것만 같지 못하다. 따라서 천지도 하나의 손가락이고 만물도 한 마리의 말이다."[62]

즉 '이것은 손가락이다'라거나 '이것은 말이다'라고 하는 긍정의 판단진술의 분별을 통하여 드러난 지식의 영역보다는 '이것은 손가락이 아니다' 내지는 '이것은 말이 아니다'라는 식의 부정의 판단진술을 통하여 언표된 것이 개념상 그 존재의 외연을 더 많이 확보한다는 말이다. 이와 같은 이유 때문에 장자는 긍정의 판단진술이 규정한 분별적 규정을 해체시키기 위한 방편으로 많은 곳에서 부정의 판단진술을 제시한다.

어떤 특정한 지식대상으로 설정된 개별적 존재자의 피규정성은 모두 이것과 대치된 지식주관으로부터 말미암는다. 대상을 규정하려는 자아의 주관성과 규정되는 사물의 대상성이 함께 부정되면, 세계의 개방성 안에서 존재의 전일성이 저절로 드러난다. 그래서 장자는 '천지는 하나의 손가락이요, 만물은 한 마리의 말'이라고 주장한 것이다.

여기에서는 천지만물을 보편적 전일성으로 본다든가, 하나의 손가락이나 한 마리의 말을 개별성이라고 규정하는 것조차 무의미하다. 근원적으로는 존재자의 개별성이 존재의 전일성 안에 삼투되어 하나로 소통되기 때문이다. 이러한 이유 때문에 장자는 "천지는 나와 더불어 생겨나고 갖가지 사물은 나와 더불어 하나가 된다"[63]고 한다.

장자는 기본적으로 분별지를 부정하면서 참지식을 추구한다. 그럼에도 그가 분별지의 영역을 전혀 인정하지 않는 것은 아니다. 장자는 자연이 하는 일과 인간이 하는 일을 아는 것을 지극한 것이라고 본다. 자연이 하는 일을 아는 사람은 자연의 도에 따라 살고 사람이 하는 일을 아는 사람은 자기의 지식으로 알고 있는 것을 가지고 자기의 지식으로 알지 못하는 것을 길러서 천수를 다 마쳐 중도에 요절하는 법이 없으니 훌륭한 것이라고 한다.[64]

이것은 경우에 따라 그 긍정적 기능을 인정받는 분별지의 영역이 있음을 인정하는 발언이다. 장자도 분별성을 폐기하기 위한 분별지라면 이를 용인한다. 여기에 분별지의 이중성이 존재한다. 그러나 장자가 분별지의 측면을 일면 인정한다고 할지라도 이것이 곧바로 분별지가 긍정된다는 의미로 이해될 수는 없다. 장자가 추구하는 지식이란 분별지의 상호 대비적 관점을 넘어서 존재하는 무분별지로서의 '참지식'이기 때문이다. 요컨대 장자철학에 있어서는 분별지가 전적으로 부정되는 것만은 아니며, 어느 측면에서는 분명 분별지가 용인되는 측면이 존재한다는 점이 중요하다.

장자철학에 있어서 무엇인가를 의도적으로 분간하여 유목적적으로 도모함으로써 성립되는 지식이 분별지라면, 참지식은 일체 유위의 경향성이 배제된 상태에서 자연의 변화에 따라 무목적적으로 아는 지식이다. 곽상은 「경상초」 편의 주석에서 이것을 '자연지'라고 해석한다.[65] 이러한 '자연지'로서의 참지식은 지식대상과 지식주체를 분리시키거나, 또는 이러한 이원화된 구도 속에 인위적 고정관념을 투사함으로써 존재를 주관적 영역 안으로 포획하려는 목적성을 가지지 않는다. 그래서 그것은 '혼돈'의 상태에 있는 '지식 아닌 지식'이라고 말할 수밖에 없다. 그것은 무분별한 것이기 때문이다.[66]

참지식의 상태에서는 눈으로 대상을 보기는 하지만 본다는 의식을 가지고 대상을 보는 것도 아니며, 대상에 대하여 알지만 대상에 관하여 알고자 하는 의식을 통하여 아는 것도 아니다. 곽상은 다음과 같이 말한다. "무릇 눈이 볼 수 있는 것은 본다는 것을 알고 보는 것이 아니다. 본다는 것을 알지 못하고 보고 안다는 것을 알지 못하고 알 뿐이니, 저절로 그렇게 되는 것이다."[67]

저절로 안다는 것이야말로 분별지의 상대적 대비를 넘어서서 아는 것이다. 그것은 안다는 것을 알지 못하고 아는 것이고, 또한 걸림 없이 아는 것이다. 장자는 그것을 참지식으로 분류한다. 분별지의 차원에서 볼 때, 참지식은 일종의 '무지'이다. '무지'는 '부지의 지'이다. 그러나 역설적이게도 '무지'와 함께 하면 자연의 덕이 떠나지 않는다.[68] 이미 무분별한 마음이 '무지'의 이치와 함께 했기 때문이다.[69] '무지'의 이치와 함께 한다는 것은 시비를 포괄하고 물아를 넘어선다는 맥락과 맞닿아 있다.[70] 참지식은 분별지의 부정을 전제하며, 분별지 자체를 기반으로 이루어지지는 않는다. 참지식은 오히려 철저한 분별지의 배제 속에서 자신의 존재의의를 드러낸다.

한편 부정적 맥락의 분별지는 상향적 긍정성을 행사하는 분별지로 전환될 가능성을 배제할 수 없다. 분별지가 올바른 의미를 행사하기 위해서는 반드시 지적 전환을 거쳐야만 한다. 왜냐하면 분별지가 제대로 된 의미를 행사하기 위해서는 '무분별지 속의 분별지'로서 존재하지 않으면 안 되기 때문이다. 여기서 내가 사용하는 '무분별지 속의 분별지'라는 용어는 장자 연구가인 정륜이 구사하는 '무분별의 분별'이라는 개념을 원용한 것이다. 정륜은 이 개념을 통하여 분별과 무분별의 상호 회통성을 주목한다.[71]

정륜의 견해는 내밀한 부분에 있어서 선불교적 지식 회통론의 범주를 적극 원용하여 장자를 해석한 특징이 있다. 물론 그가 말하는 '무분별의 분별'이라는 사유의 기원은 도가에 두고 있었음을 부정할 수는 없다. 그는 자신이 언급한 '무차별의 차별', '차별의 무차별'[72]이라고 하는 존재론적 측면으로부터 '무분별의 분별'이라는 사유의 가능성을 이끌어 왔다고 여겨지는 측면이 있기 때문이다.[73]

나 역시 '무분별의 분별'을 수행하는 무분별지의 범주에 주목한다. 뿐만 아니라 무분별지의 회통적 경지를 깨치게 되는 분별지의 의의에 대해 간과해서는 안 된다는 입장이다. 그런데 위와 같은 사유의 철학적 연원이 도가적인 것에 있음을 분명히 하지 않으면 안 된다고 본다. 나는 정륜이 제안하는 '무분별의 분별'이라는 사유의 전형은 결국 도가적인 기원을 갖고 있고, 궁극적으로는 노자에게 소급되어야 한다고 생각한다. 이러한 철학적 계기를 생략한다면, 장자의 '무분별의 분별'은 자칫 불교적 사유 가운데 특히 선불교적 사유와 연대하였다는 평가로부터 자유로울 수 없게 된다.

내가 제안하는 '무분별지 속의 분별지'는 노자가 말하는 '화광동진(和光同塵)'[74]과 같은 소통의 정신에 맞닿아 있다. 그리고 그 사유의 기원은 『노자』 제1장에 나타난 '중묘(衆妙)'에 대한 인식의 태도로 귀환한다.[75] '중'(여럿)은 '묘'(하나)를 보고, '묘'(하나)

는 '중'(여럿)을 보아야 한다는 것이 노자의 생각이다. 이러한 노자의 생각을 통해 존재자의 다양성은 존재의 전일성에 맞닿아 있고, 존재의 전일성은 존재자의 다양성 안에서 자기를 구현한다고 볼 수 있다. 이러한 '중'(여럿)과 '묘'(하나)의 관계에 대한 지식론상의 문제는 당연히 '분별지 속의 무분별지'의 영역과 '무분별지 속의 분별지'라는 두 가지 차원으로 논의를 가능케 한다. 양자는 떼려야 뗄 수 없는 관계이다.

이와 같은 장자의 지식론은 소통론적 지식론의 성격을 띤다. 그런데 지식의 소통을 구현하기 위해서는 반드시 하나의 전제조건이 수반된다. 소통론적 지식론에서 자신의 권능을 행사하는 분별지는 분별지이면서도 반성적 여과 작업을 거친 분별지라야 한다는 점이다. 따라서 그것은 이전의 분별지와는 그 차원이 다르다. 그것은 마치 '산은 산이요 물은 물이다'라는 말을 삼척동자가 이해하는 것과 그것을 '산은 산이 아니요 물은 물이 아니다', '산은 물이요 물은 산이다'라는 부정과 반성을 거친 후 '산은 산이요 물은 물이다'라고 이해하는 것이 전혀 다른 차원의 것일 수밖에 없는 것과 같다. 박이문에 의하면, 그 전혀 다른 차원에 이르게 되면 모든 것이 달라진다. 그리고 달라진다는 것의 의미는 밝아진다, 깨닫게 된다는 것이다.76)

장자가 '무분별지 속에 분별지'를 침윤시켜 하나의 지식체계로 소통시킨다는 것은 분별지 자체를 무조건적으로 수용한다는 의미가 아니라, 그것의 특성과 작용을 제대로 이해하고 반성함으로써 개별적 이치를 명료하게 깨닫는다는 의미이다. 그렇다면 이것을 가리켜 단순하게 분별지라고 언명할 수 없을지도 모른다. 참지식의 영역 안에 수렴된 분별지는 이전의 분별지와는 그 차원이 다르기 때문이다. 그것은 자신의 주관의식으로부터 최대한 객관적 거리를 유지하고자 하며, 언제나 참지식이 되기 위한 전향적 차원전환의 목적을 수행하고자 한다.

이러한 점 때문에 성현영은 장자가 '무분별지 속의 분별지'를 용인한다고 본다.77) 즉 그는 전일성 속에서 타자의 개별적 다양성을 아는 상호 침투(Interfusion)78)의 관점을 참지식의 영역 안에서 실현하고자 한 것이 장자라고 본 것이다. 이것은 반성적 여과 작업을 거치기 이전의 분별지는 분별지 자체를 절대적인 것으로 간주하여 맹목적으로 신봉하는 자기중심적 태도로부터 자유롭지 못한 한계를 지니고 있음에 대한 반성이기도 하다.

분별지는 장자가 말하는 '성심'과 연동되어 있다. 그래서 곽상은 "사람들이 모두 자기 자신만이 옳다고 주장하기 때문에 그 어느 다른 타자와도 소통하지 못한다"79)고 지적했던 것이다. 반성적 성향을 갖는 분별지는 '성심'의 기능을 파탈하고, 자신의 분별성까지 분별한 후에 타자와의 유기적 연대를 도모함으로써 새로운 유형의 분별지로 탄생한다. 이와 같은 분별지의 탄생은 '분별지 속의 무분별지'가 행사됨으로써 가능하다.

참지식 이후에 존재하는 분별지는 '무분별지 속의 분별지'로서 기능한다. 따라서 본원존재의 작용력으로 인해 현상적 사물의 모든 상황에 대해서까지 특별하게 고집하는 것이 없다. 그래서 장자는 "진리를 아는 자는 반드시 사물의 이치에 통달한다. 사물의 이치에 통달한 자는 상황에 밝아진다. 이러한 자는 외물에 의하여 자신을 해치는 법이 없다"80)고 강조한 것이다.

이로부터 본다면, 장자는 개별적 사물에 관한 지식의 성립 자체를 부정하는 것이 아니라, 이것을 주관의 대상적 포획물로 간주하여 자의식의 영역 안에 복속시키고자 하는 분별지의 전도된 지식체계에 관하여 부정한 것임을 알 수 있다. 장자는 반성적 여과작업을 거친 분별지는 그 이전의 분별지와 비교하여 분별의 분별됨을 알게 되어 자기 스스로의 분별적 성격에 매이지 않는다는 차이점이 있음에 주목한 것이다.

장자는 전도된 지식의 체계를 부정하면서, '허심'의 바탕 위에 '신묘한 기능'을 수행하는 참지식을 체득하라고 한다. '허심'으로부터 지식의 온전한 소통이 이루어진다고 보기 때문이다. 그 소통의 토대는 분별지가 아니라 무분별지로서의 참지식이라야만 가능하다. 결국 참지식을 가능케 하는 것은 유위적인 일상의 마음이 아니라 무위적 공능을 발휘하는 '허심'이나 '무심'과 같은 상태의 마음이라야 함이 확인된다.

그래서 윤천근은 '허심'이나 '무심'과 같은 상태에서 우리는 일체의 모든 것들과 하나로 소통할 수 있다고 보고, 그 가능 근거를 곽상의 견해를 빌어[81] 개별적 자아가 '자연의 덕'을 구비하고 있기 때문이라고 한다. 이 경우 '자연의 덕'이란 무의지·무가치적 자연체로서의 이법을 가리키는 것에 불과하다. 그러므로 '허심'이나 '무심'과 같은 상태란 자연한 운행질서에 따르는 것이며, 그것에 의해서 수행되는 지식작용 또한 '자연지' 내지는 '천연지'일 수밖에 없다.[82] 이러한 '자연지', 또는 '천연지'의 성격을 갖는 것이 바로 참지식이며, 참지식은 지식의 소통을 그 특질로 삼는다.

이러한 연유로 참지식은 인위적 가치의 부정을 통한 자연적 가치의 진정한 가치를 발현한다. 즉 대상적으로 목적 지향되던 인위적 가치의 상대성이 소멸되고 참지식 속에서 인위적 가치의 무가치한 영역이 역설적으로 등장한다. 이러한 이유 때문에 정륜은, 인위적 가치의 무가치한 영역은 무위적 가치의 진정한 가치의 영역을 드러낸다고 본다.

정륜에 따르면, 참지식을 얻게 되면 새로운 가치의 세계가 열릴 수 있다. 여기서 참지식의 가치는 어떤 지향성을 동반하는 것이 아니라, '무가치의 가치'라는 모순 융화적인 구조를 지니고 있다. 달리 말해서, '무가치의 가치'는 어떤 가치 있는 대상이 설정되고 그것에 대한 지향이 이루어지는 것이 아니라, 상대적 가치의식이 완전히 소멸되고 새로운 의식이 등장하면서 나타나는 '어떤 것'이다.[83)]

장자에게서 진정한 가치의 영역이란 자연적 가치의 영역이다. 도가사상에서는 인간의 시비를 부정하고 자연의 가치를 밝히고자 하는데,[84)] 그 가치라는 것이 실은 '가치 아닌 가치'이다. 그리고 자연적 가치의 '가치 아닌 가치'의 영역은 '무가치의 가치'를 드러낸다. 이것은 장자의 역설이 만들어낸 가치의 체계로서, 그의 말을 빌린다면 그것은 '지극한 것'이다. '지극한 것'은 일상을 벗어나 있다. 예컨대 '지극한 즐거움'과 '지극한 명예로움',[85)] 또는 '지극한 아름다움',[86)] 그리고 '지극한 예의', '지극한 의리', '지극한 지식', '지극한 어짊', '지극한 믿음' 등이 장자가 본 진정한 가치들이다.

참사람은 일상의 즐거움을 벗어나 있기에 그들의 즐거움은 일상의 즐거움이 아니고, 다른 사람들에게 차별을 강요하는 것이 아니기 때문에 일상의 예의가 아니며, 타자에게 관여하지 않는다는 점에서 일상의 의리가 아니고, 교활한 지혜를 도모하지 않는다는 점에서 일상의 지식이 아니며, 내 어버이만을 사랑하는 것이 아니라는 점에서 일상의 어짊이 아니고, 금옥을 저당 잡히지 않는다는 점에서 일상의 믿음이 아닌 가치체계를 가지고 있다.[87)] 이를 통해서 볼 때, 장자에 의하여 부정되는 가치의 영역은 모두 인간주의적인 일상의 가치체계들이며, 긍정되는 가치의 영역은 자연주의적 가치의 유형들임을 알 수 있다. 이것이야말로 장자가 말하고자 한 '쓸모없음의 쓸모 있음'[88]의 진정한 가치체계라고 할 수 있다.

이 '쓸모없음의 쓸모 있음'과 '무가치의 참다운 가치'의 실현을 위해서는 참사람이 존재함으로써 그를 통한 구목적적 자연성이 실현되지 않으면 안 된다. 이러한 점 때문에 윤재근은, 유가의 성인·군자는 인간의 가치를 극대화하는 인간형이고, 도가의 이상적 인간인 지인·신인·성인은 자연의 가치를 극대화하는 인간형이라고 본다.[89] 장자가 "참사람이 존재하고 난 이후에야 참지식이 존재한다"[90]고 주장한 이유가 있는 것이다.

참사람은 일상의 가치를 초탈하여 살아가기 때문에 그 자신 '자연지'로서의 참지식이 저절로 도래하는 존재론적 계기가 된다. 일상의 가치 지향적 대상으로 설정되는 자아완성의 목적의식 내지는 보람의식 및 명예의식 등을 모두 무화시킨 자연스러움 위에서만 참사람이 존재하는데,[91] 이러한 일상적 가치의 무가치의 실현을 통해서만이 참지식이 드러나게 되는 것이다.

6. 지식의 삼단 변신

나는 앞에서 '장자는 과연 반지식론자인가'라는 물음을 전제로 장자의 지식에 관한 내용에 관해 살펴보았다. 그 결과 이 같은 질문에 대하여 그렇다고 긍정할 수 있는 측면과, 한편으로는 그렇지 않다고 부정할 수 있는 측면이 동시에 공존한다는 점을 확인할 수 있었다. 그것은 장자에게서 지식의 범주가 크게 분별지와 참지식이라는 이중성으로 나타나고 있기 때문이다.

기본적으로 장자는 분별지를 부정한다. 이러한 점에서 일단 장자는 지식 부정론자라고 말해질 수 있다. 그러나 장자는 참지식을 긍정한다. 이 점이 장자를 단순한 반지식론자라고 규정할 수 없게 한다. 그것은 도리어 장자를 지식 긍정론자로서 평가할 수 있게 하는 단서가 된다.

장자는 지식의 질적 전환이 이루어져야 함을 밝힌 철학자이다. 그는 분별지와 무분별지, 또는 일상적 지식과 참지식이라는 두 가지 영역의 지식의 범주를 상정한다. 뿐만 아니라 참지식이 분별지를 배제하고 독립적으로 존재한다고 생각하기보다는, 일상적 지식의 질적 차원전환이 이루어지면 분별지는 곧 참지식으로서의 무분별지와 다를 바 없다고 주장한다. 이러한 전제가 성립 가능한 기초 위에서는 분별지가 곧 무분별지인 것이다. 또한 참지식은 분별지를 일방적으로 배제하고자 하는 지식의 배타성을 배제한다.

장자는 참지식에 이르기 위한 전초 작업으로서 일상적 지식에 대한 반성을 요구한다. 여기에서 그는 참지식을 확보하기 위한 방편으로 분별지를 부정하기는 하지만, 참지식이 확보되면 이전의 분별지를 참지식의 영역 안으로 수렴하여 그 일면적 가치를 용인하면서 '무분별지 속의 분별지'라는 상호 침투적 지식의 소통을 목표로 삼는다. 여기에서 기존의 지식론적 구도가 지니고 있던 이원적 가치 체계의 기능이 자신의 역할을 더 이상 수행하지 않고 참지식의 영역 안으로 침윤되어 하나로 소통됨으로써 지식의 체계가 일원화되는 것이다.

이로부터 '무분별지 속의 분별지'가 자신의 기능을 행사한다. 여기에서는 무분별지의 전일성과 분별지의 다양성이 상호 마찰 없이 소통된다. 따라서 지식의 영역이 전일성 안으로 수렴되기도 하고 다양성의 영역으로 전개되기도 한다. 이것을 가능하게 하는 것은 무위적 '허심' 내지는 '무심'의 기능이다. 그것은 유위적 마음의 역기능적 요소를 해체한다. 이것이 가능한 이유는 '허심'이나 '무심'의 신묘한 기능이 존재세계에 대한 왜곡 없는 응감성과 지식의 소통성을 지니고 있기 때문이다.[92]

여기에서는 어떤 것을 얻는다는 의식도 없이 대상에 대한 지식을 얻는다. '무분별지'에 의해 주체도 사라지고 대상도 사라졌던 부정적 상황이 이제는 주체도 살아나고 대상도 살아나는 긍정적 상황으로 전환되는 것이다. 얻음이라는 말은 주체와 대상을 상정하고 말하는 것이기 때문이다. 그러나 여기서 말하는 주체는 주체라고 할 것이 없는 주체이며 대상도 대상이라고 할 것이 없는 대상이다.[93] 그래서 장자는 지식에 대한 집착을 버려야 하며, 진리에 대한 집착까지 버려야 된다고 본다. 진리를 버려야 진리와 하나가 될 수 있고, 진리와 하나가 되어야 내외가 상통하여 '무분별의 분별'이라는 지혜를 얻는 것이다.[94]

장자철학에서 소통적 지식론이 지닌 지식론상의 의의는 참지식이 분별지를 하나로 감싸 안고 넘어섬으로써 주객 대립의 이원적 지식론의 구조가 일원적 지식론의 구조로 전환된다는 점에서 찾을 수 있다. 이러한 소통적 지식론의 영역에 수렴된 대상세계에 대한 정보는 인간의 의식에 의하여 임의로 굴절되거나 왜곡됨이 없이 있는 그대로의 모습으로 드러나게 된다. 그래서 장자는 있는 그대로의 세계를 있는 그대로 보라고 한다.

세계를 있는 그대로 보는 데서 얻어지는 지식은 지식이라고 볼 수 없다. 비록 그것을 지식이라 한다 하더라도 그것은 일반적 의미의 지식이 아니다. 그것은 지식으로 남겨지지 않기 때문이다. 지식이 지식으로 남겨지지 않는다는 말은 감관적 지식과 이성적 지식의 범주 안에 편입되어 논의되지 않는다는 의미이다. 이러한 점에서 장자에게서는 지식으로 남겨지는 지식은 참다운 지식이 아니라고 말해질 수 있다. 참지식이란 소유되거나 고정불변한 것으로서 머무는 법이 없기 때문이다.

이상의 논의를 종합해볼 때, 장자의 '지식 부정적 지식론'은 장자가 분별지를 부정하는 방편을 내세워 참다운 지식을 얻고자 하는 지식 긍정의 입장을 제시하였다는 점에서 그 철학적 의의가 찾아진다. 또한 부정될 지식과 긍정될 지식을 분별지와 무분별지, 또는 일상적 지식과 참된 지식으로 대별하고, 분별지와 무분별지의 상호 소통에 관하여 체계적인 모색을 시도한 지식론의 의의가 있음을 간과할 수 없다.

11

내 안의 찬란한 지혜

내 안의 찬란한 지혜

1. 장자는 궤변론자인가?

장자의 지식론은 일반적 지식론과는 다른 특징을 지닌다. 따라서 장자의 지식론에 대한 접근은 용이하지 않다. 특히 일상의 분별지와 참지식의 두 영역 중에서 참지식의 영역에 접근하는 일이 분별지의 영역에 비하여 상대적으로 더 어렵다. 그나마 우리가 분별지의 성격이라든가 분별지의 한계 같은 것을 파악하는 것은 참지식의 영역에 다가선다든가 이를 설명해 내는 일에 비한다면 그 접근과 설명이 상대적으로 용이한 편이다. 참지식의 영역에 관해서는 장자가 그 특징을 자세하게 설명하지도 않았을 뿐만 아니라 또한 그것이 언어로 전달될 수도 없다고 보기 때문에 그것을 설명해 낸다는 일은 시작부터 어려움이 예상된다.

장자 지식론의 이중구조의 특질은 일부 장자 연구가들로부터 환상적 궤변론에 해당하는 것으로 비판되기도 한다. 특히 장자가 말한 '밝음에 의거함'에 내재된 긍정적 특질보다는 그 사유 내용의 부정적 한계에 대해 주목하는 경우가 있다. 이들은 장자의 '밝음에 의거함'이 거짓된 형태 아래에서 일체의 모순과 대립을 초탈하고자 하는 일종의 환상적 궤변론을 주장한 것일 뿐이라고 비판한다. 리우샤오간이 대표적인 경우이다.[1] '궤변론'이란 진리를 왜곡하고 보고 듣는 것을 혼란스럽게 하며, 옳은 것 같지만 옳지 않은 '사이비 과학'을 일컫는다. 일부 장자 연구가들의 견해에 따르면, 장자 안에는 이러한 궤변론의 요소가 일정 브분 자리를 잡고 있다고 본다.[2)]

궤변론이란 고의로 행하는 허위의 이론으로서, 철학을 개념의 유희로 전환하고 철학적 논의나 논쟁에서 궤변을 주된 수법으로 삼는 이론을 말한다. 『세계철학대사전』에 의하면, 궤변론은 다음과 같은 두 가지 특징을 갖는다. 첫째, 외견상은 논리적으로 정확한 것 같이 보이면서도 실은 논리적 규칙에 배반되는 의논이다. 이에 의해서 일상적 현실을 살아가는 상대방을 기만한다. 둘째, 논리적 정확성을 갖추지 않으면서도 전제가 되는 명제의 뜻이 일상적으로 애매한 것을 이용하여 진실한 전제에서 진실하지 못한 결론을 이끌어 내는 의론이다. 상대방은 그를 허위라고 생각하면서도 용이하게 반박하지 못한다.[3)]

그러나 장자철학을 궤변론이라 보는 관점은 장자에 대한 오해에서 비롯된 것이다. 이제 이러한 오해의 핵심인 참지식과 '밝음에 의거함'의 특질에 대해 보다 구체적으로 검토해보기로 한다.

2. 텅 비어 고요한 마음이 진리로 이끈다

장자는 '참'(眞)이라는 말과 관련한 많은 용어를 사용한다. '참사람', '참지식', '참주재자' 등이 그것이다. 실로 중국철학사에 있어서 '참'이라는 말을 자가의 중요한 철학적 개념으로 문제를 삼기 시작한 것은 도가로부터 비롯된다. 이 문자는 원래 유가의 경전에 전연 쓰이지 않은 사상 개념이었다.[4)]

도가철학에서 '참'이라는 말의 개념은 인위를 거치지 않은 '자연 그 자체'를 의미한다.[5] 장자의 다음과 같은 말은 이 점을 잘 보여준다. "참됨이란 자연으로부터 받은 것이며 자연스러운 것이므로 바꾸지 말아야 한다. 그러므로 성인은 자연을 따르고 참됨을 존중하며 세속에 구속되지 않는다."[6] 따라서 참됨이란 인간존재의 본래적 존재방식을 일컫는 말이다.[7]

특히 '참지식'은 장자철학에서 매우 중요한 위상을 점유한다. 이것은 '자연 그 자체의 지식'을 의미한다고 볼 수 있다. 첸꾸잉은 참지식의 성격에 관하여 다음과 같은 다섯 가지 특징을 제시한다.[8]

① 참지식은 자연계에서 인간이 차지하는 위치를 알고 인간과 자연의 조화로운 관계를 이해하며, 대립적인 태도로 자연을 이기려는 것이 아니라 관조하는 태도를 취하는 것이다.
② 참지식은 변화가 만물의 본래 모습임을 아는 것이다.
③ 참지식은 사물이 양적으로 무궁하고, 시간은 끊임없이 지속되며, 득실은 일정하게 정해진 것이 아니고, 생사가 변화의 과정임을 아는 것이다.
④ 참지식은 우리가 알고자 하는 지식의 범위는 무한하고 생명은 유한하다는 것을 알기 때문에 유한한 생명 속에서 얻은 지식을 어떻게 운용하여 인생을 평안하게 할 것인가를 아는 것이다.
⑤ 참지식은 현상계의 성격이 상대적이라는 점을 이해하는 것이다.

그런데 '자연 그 자체의 지식'으로서 인식되는 참지식은 근원적 '밝음'의 상태와 연관되어 있음이 특징이다. 근원적 '밝음'과 연계된 지식은, 일상적 지식의 국한적인 성격[9]을 넘어서 일체의 사물들과 소통하는 지식의 전일성을 갖는다. 이것이 바로 근원적 '밝음'의 상태와 연계된 지식이 일상의 분별지와는 전혀 다른 존재의 양상을 지니고 있는 차이점이기도 하다. 그러므로 참지식의 내용을 구성하고 있는 '밝음'의 지식론적 함의는 일상적 지식이 지니고 있는 지식론의 의미내용과는 서로 다르게 나타날 수밖에 없다.

명말청초의 철학자 왕부지는 '지식'과 '밝음'을 등불과 태양의 관계로 비유함으로써 둘 사이의 차이점을 구분한다.[10] 왕부지는 다음과 같이 말한다.

> '밝음'과 '지식'은 서로 비슷하다. 그러므로 어리석은 사람은 지식을 밝음이라고 여긴다. 밝음은 태양과 같고 지식은 등불과 같다. 태양은 비치지 않는 곳이 없으며 일부러 불을 붙일 필요가 없다. 등불은 혹 밝게 비치기도 하고 혹은 꺼지기도 하면서 하나의 방을 비추는 데 그치고 비침이 멀어지면 어둡다. 그렇다고 하여 일찍이 스스로를 밝음이라고 이르지 않음이 없는 것이다.[11]

이렇게 본다면, 장자가 말하는 '밝음'은 일상의 밝음이 아니다. 그것은 '밝음'의 빛이 지나치게 강렬하기 때문에 현란하게 눈을 부시게 한다든가, 또는 그로 인하여 짙은 어두움을 드리우게 하는 종류의 이원화된 세계를 양산해 내는 종류의 것이 아니다. 오히려 그 빛은 양극으로 나누어진 세계를 하나로 감싸 안고 넘어섬으로써 '빛나지 않게 빛나는 빛'[12]이다.

그러므로 이 '밝음'의 빛으로 인하여 세상 사람들이 눈이 멀거나 상해를 받는 일은 없다. 그 빛은 언제나 자연으로 존재할 뿐 일상적 인간과 같은 방식으로 적극적 의지를 갖는다거나 이를 행사하지는 않는다. 그래서 나는 '밝음'의 빛의 공능이 스스로 자기 자신을 '비친다'고 하였던 것이며, 자신의 강제적 의지를 가지고 대상을 주동적으로 '비춘다'고 하지 않은 것이다.

쉬푸관은 '밝음'을 지식론의 차원에서 설명한다. 그는 이것을 일종의 감성적 측면에서 해석하면서도 그것이 일반적인 감성과는 다르다고 하여 다음과 같이 설명한다.

> 장자가 말하는 '밝음'과 '빛'은 결론적으로 말하자면, 텅 비고 고요한 것을 본체로 삼는 근원적 지각이다. 이 지각은 텅 비고 고요한 것을 본체로 삼기 때문에 일반적으로 말하는 감성과는 같지 않다. 즉 이것은 근원적인 지각이며 통찰력이 있는 지각이다.[13)]

쉬푸관은 '밝음'을 인간이 지닌 지식능력의 한 측면으로 간주함으로써 그것을 '근원적 통찰력'과 관련된 일종의 '근원적 지각'이라고 이해한다. 이러한 근원적 지각 안에는 존재의 빛이 가득 함유되어 있다고 할 수 있다. 쉬푸관이 말하는 근원적 지각이란 '허심'의 무목적적, 무의지적, 무감정적 차원에서 세계가 세계 자체로서 지각되는 것이다.

'존재의 빛'[14)]은 '허심'의 토대 위에 도래한다. 반면 일상적 지각은 유목적적, 유의지적, 유감정적이다. 일상적 지각은 존재의 빛을 차단하는 창구가 된다. 존재의 빛은 마음의 주관적 발동으로부터 차단되기 때문이다. 요컨대, 존재의 빛은 마음이 지닌 의식의 지향성 유무에 따라 자신의 빛이 밝게 비치기도 하고 어둡게 차단되기도 하는 성향을 지닌다.

이러한 측면 때문에 장자는 빛을 감싸 안으라고 한다. 장자는 '덮여 가려진 빛'(葆光)[15)]에 관하여 다음과 같이 말한다.

> 대저 큰 도는 명칭으로 나타낼 수 없고 큰 변론은 언설로써 표현하지 못한다. 큰 인은 인이 아니고, 큰 청렴은 겸양하지 않으며, 큰 용기는 남을 해치지 않는다. 도가 법칙화하면 도가 아니고, 변론을 언설화하면

효과가 없고, 인이 고착화되면 이루어지지 않고, 청렴이 결벽하면 믿음이 서지 않고, 용기가 남을 해치면 이루어지지 않는다. … 그러므로 '부지'의 극치에 머무는 것이 참지식이다. 누가 언설하지 않는 변론과 도가 아닌 도를 알겠는가? 만약에 그것을 알 수 있다면, 이것을 '자연의 곳간'(天府)이라고 말할 수 있다. 그것은 아무리 부어도 차지 않고, 아무리 퍼내도 마르지 않는다. 그런데 그것이 어찌된 까닭인지 모른다. 이것을 일컬어서 '덮여 가려진 빛'이라고 한다.16)

'존재의 빛'은 다른 데 있는 것이 아니다. 누구나 몸소 존재에 대한 대상의식만 가지지 않고 보고 듣고 살면, 보는 나도 없고 보이는 대상도 없는 '무념'의 심경에서 빛을 갖게 된다. 이 빛은 공간적 제한이나 시간적 생멸이 없이 끊임없이 존재사물을 그에 의당한 모습으로 스스로 나타나게 하는 존재현전의 빛이기 때문이다.17) 장자는 이러한 종류의 빛을 감싸 안으라고 하는 것이다.

'밝음'이라는 개념으로 유비되는 참지식은 일상적 분별지와는 현격한 차이를 갖는다. 장자는 "내가 이른바 '밝음'이라고 하는 것은 외계의 사물을 본다는 것이 아니고 스스로를 보는 것일 뿐이다"18)라고 주장한다. 즉 이것은 참지식이 외부의 사물을 지식대상으로 설정하여 그 내용을 분별해 내는 것이 아니라, 스스로를 내적으로 관조하는 '내명성'을 특징으로 함을 밝힌 것이다. 그래서 장자는 "자연은 안에 있고 인위는 밖에 있다"19)고 한 것이다.

이것은 자연적인 것의 존재방식이 제1차적인 것임에 비하여 인위적인 가치추구의 대상이 되는 외물적 요소들의 존재방식은 제2차적인 양상을 띤다는 말과 다르지 않다. '자연지'로서의 참지식 내지 밝은 지식은 내명한 지적 구조를 지니고 있지만, 분별지는 몸은 여기에 있으나 마음은 항상 분주하게 밖으로 치달리는 '좌치'20)적 성향을 지니고 있기 때문에 '외명성'을 그 특질로 삼는다는 차이가 있다.

따라서 '밝음'으로써 안다는 것은 안으로 스스로를 반성하는 지적 공능을 통하여 아는 것을 의미하며, 또한 이로 말미암아 자기가 자연으로부터 부여받은 본연한 진실을 아는 것을 말한다.[21] 이렇게 '밝음'으로써 아는 것이 바로 장자가 말하는 참지식이며, 그것은 언제나 '내적 밝음'을 그 내용으로 삼는다.

참지식은 존재의 개방성과 일체를 이루며, 존재의 빛이 지닌 '자명성'을 자신의 특질로 삼는다. 참지식은 지식주관에 의하여 타자적 대상으로 설정되는 외적 사물에 의지함이 없는 무의존적인 특성을 지니는 '밝음'과 함께 한다. 또한 그것은 일상의 상대성을 초월한다. 일상의 상대성에 준거하는 '밝음'이라면, 그것은 존재에의 폐쇄성과 관련을 갖기 때문이다.

존재는 현상적으로 존재하는 모든 존재자를 하나로 통일시키는 조화의 계기를 가지고 있다. 장자에게서 그것은 '기운의 질서'로 나타난다. '기운의 질서'가 세계를 하나로 통일시키는 근거가 되는 것이다.[22] 근원적 기운의 질서는 모든 만물에게 동일한 방식으로 개방되어 있다. 그러나 우리의 의식은 자신의 자아 편집성 때문에 항상 자신과 대립하는 타자를 정립하면서 분열의 양상을 보이고 있다.

인간에 의하여 표상적으로 정립되는 모든 만물은 의식의 관여로 인하여 항상 존재에의 폐쇄성을 지니게 된다. 그 폐쇄성으로 인하여 인간은 외부의 사물에 얽히게 되고, 이득을 잃을까 두려워하게 되고, 지위가 없음을 부끄러워하게 된다. 그러나 존재의 개방성에 몸을 담고 있는 인간은 스스로 만족할 줄 알고, 자득함을 살필 줄 알고, 안으로 스스로를 닦아 행할 줄 알기 때문에 외물에 얽히지 않고, 두려워하지 않고, 부끄러워하지 않는다.[23]

참지식은 외적 대상을 분별적으로 파악함으로써 성립하는 지식과는 달리, 자기 자신의 존재적 내명성에 근거를 둔 본연의 지식이라는 점에서 인위적 노력으로써 정립되는 분별지와는 그 성격이 근원적으로 다르다. 이것은 존재의 빛이 존재 자신의 내부에 있기 때문에 '밝음'을 가능하게 하는 것처럼, 존재의 빛에 기반을 둔 지식 역시 다른 것에 의지하지 않고 자체적인 '밝음'으로 드러날 수밖에 없다는 이유로부터 연유한다.

나는 이것을 존재 자신이 내재적으로 지니고 있는 '존재 자명성의 원리'라고 명명하고자 한다.[24] 이 점을 인정한다고 할 때, 장자는 외부의 그 어떤 다른 것을 기준으로 삼기보다는 이 '존재 자명성의 원리'를 기준으로 삼아야 한다고 주장한 철학자였음이 밝혀진다.

그렇다면 '존재 자명성의 원리'에 의거한다는 것은 어떠한 것일까? 이와 관련하여 '밝음에 의거함'의 특질을 통해 그 의미를 살펴보기로 한다.

3. 마음의 밝음에 의거한다는 것

장자는 분별지로 세계를 해석한다든가 언어로 시비논쟁을 벌이는 일체의 대립적 태도는 "'밝음에 의거함'만 같지 못하다"고 주장한다.[25] 그런데 일부의 장자 연구가들은 '밝음에 의거함'을 비일상적인 신비적 직관과 같은 것으로서 인식하는 경향이 있다.[26]

런찌유(任繼愈)의 경우는 이것을 아예 불가지론의 관점으로 해석한다. 그는 시비와 진위의 존재여부를 판별할 수 있는 기준은 어떠한 경우에도 존재할 수 없다고 보는 것이 장자의 입장이라고 한다. 그리고 이와 같은 생각에 기반을 두고, '밝음에 의거함만 같지 못하다'라는 말을 '어떠한 것도 분별해낼 수 없다', '알 수 없다'는 뜻으로 오독한다.27)

'밝음에 의거함'이라는 의미를 단지 피상적으로만 본다면, 그것이 어떠한 대상적 정보에 관한 새로운 지식을 분별적으로 알려주지는 않는다는 점에서 신비주의적인 성향을 지닌 것으로서 읽힐 수 있는 가능성을 전적으로 배제하지는 못한다. 그러나 '밝음에 의거함' 역시 지식론상에 있어서 자아의 내적인 밝힘 내지는 깨침을 수행하는 지적 반성이 전제되기 때문에 이러한 태도는 마땅히 지양되어야 한다.

장자철학에 있어서 자아의 내적인 '밝힘'은 존재의 본래적 '밝음'에 즉자적으로 동화되는 통로 역할을 담당한다. 바꾸어 말하자면, '밝음에 의거함'은 한편으로 지식론의 방법으로서 상대를 하나로 감싸 안고 넘어서는 기능을 수행할 뿐만 아니라, 다른 한편으로 존재 자체와 하나로 통일되어 스스로의 밝음을 확보하는 자연적 경지의 존재론적 정위를 스스로 마련한다. 따라서 '밝음에 의거함'이란 비대상적 존재를 주관적으로 분별하여 대상화하고 마침내 이를 존재자로 환원함으로써 드러나게 된 일체의 비본연성을 해체시킬 수 있는 지식 전환의 계기를 마련하는 근거가 된다.

'밝음에 의거함'이라는 용어를 '밝음'과 '의거함'이라는, 각각의 개별적인 자구의 개념으로 나누어 볼 때, 두 개념의 지위와 역할은 상호 대조적이다. 일상의 '의거함'이라는 말은 '밝음'이라는 말에 비해 주관적인 요소가 강한 반면 '밝음'은 주관성보다는 자연적 성격이 강하다는 차이가 있다. 이때 '의거함'은 작용론적 개념으로 통용되는 것이기 때문에 '밝음에 의거함'은 참지식에 이르는 방법을 의미한다고 볼 수 있다. '밝음에 의거함'을 체용관계로 본다면, 밝음이 '체'인 반면 의거함이 '용'이라고 할 수 있다.

'의거함'은 존재의 작용력과 의식의 작용력에 다 같이 적용된다. 존재가 자기 스스로의 자연적 작용력을 갖는 것처럼 의식의 작용력이 존재의 작용력에 수렴될 때 의식의 작용력은 존재의 작용력을 따르게 된다. 이 말은 의식의 작용력이 대상존재가 없는 존재의 작용력을 따른다는 말이며, 이 경우의 '의거함'이란 더 이상 일상의 주관성에 의거하지 않는 의거함이라는 의미를 갖는다. 요컨대 자연적 작용력에 따르는 것이 '밝음에 의거함'인 것이다.

'밝음'이란 존재의 본연상을 가리키는 개념으로서, 그것은 존재 자체의 내적 특질을 비유한 말이다. 그러므로 '밝음에 의거함'이란, 존재와 의식이 즉자적으로 일체가 된 경지를 의미하기도 한다. 즉 존재와 작용과 의식까지 일체가 된 경지가 '밝음에 의거함'으로서, 이는 사실상 '의거함이 없는 의거함'이라고 할 수 있다.

장자는 「제물론」에서 '밝음에 의거함'을 주장하는 과정 중 이와 상반된 일체의 시비대립적인 현상이 언어와 존재의 상호 관련성 속에서 발생한다고 말한다. 이것을 통하여 본다면, '밝음에 의거함'이란 「제물론」에서 주요 쟁점으로 논의되고 있는 시비의 문제와 긴밀한 관련을 맺고 있음을 알 수 있다.

장자는 일상의 시비대립은 '자연에 비쳐 봄'[28]만 같지 못하다고 한다. 일상의 시비대립은 분별지로부터 말미암지만 '자연에 비쳐 봄'은 시비대립을 벗어나 있기 때문이다. 그러므로 '자연에 비쳐 봄'으로 말미암아 참지식은 자신의 고유한 의미를 행사한다고 할 수 있다. 요컨대 일상의 시비대립을 야기하는 분별지는 참지식보다 저급한 단계의 지식임이 분명하다.

그런데 언어는 시비대립의 도구이다. 이 언어의 역할은 의미나 내용을 전달하는 데 있다. 만약 언어에 의미가 없다면 논변 자체가 성립할 수도 없다. 왜냐하면 언어에 의미가 없다는 것은, 이때의 언어가 언어의 기능을 상실한 하나의 무의미한 소리나 문자의 나열과 다를 바 없기 때문이다.[29)]

또한 말하는 것이 일정하지 않다면 이것은 곧 존재의 유무나 언어의 시비가 정해져 있지 않다는 것을 의미한다. 마찬가지로 존재도 또한 진위가 확정되어 있는 것은 아니다. 그런데 장자가 볼 때 존재와 언어가 특정한 규정적 상태에 이르게 되면, 유가나 묵가가 일으키는 것과 같은 종류의 대립적인 시비논쟁이 발생할 수밖에 없다.

그러나 유가와 묵가가 서로 시비논쟁을 한다고 할 때, 여기에 시비의 정당성은 어느 경우에도 확보될 수 없다는 것이 장자의 생각이다. 장자는 유가와 묵가가 시비대립을 초래하는 원인이 서로 상대방이 틀리다고 하는 것을 옳다고 하고, 상대방이 옳다고 하는 것을 틀리다고 하는 상호간의 관점 차이 때문이라고 본다.

이러한 이유 때문에 장자는 결론적으로 상대방이 틀리다고 하는 것을 옳다고 하고, 옳다고 하는 것을 틀리다고 하는 것보다는 차라리 '밝음에 의거함'이 낫다고 하는 것이다. 이상의 내용과 관련하여 장자는 결론적으로 다음과 같이 말한다.

> 유가와 묵가의 시비는 그 그르다고 하는 것을 가지고 옳다고 하고, 그 옳다고 하는 것을 가지고 그르다고 하는 것이다. 그러나 그 그르다고 하는 것을 가지고 옳다고 하고, 그 옳다고 하는 것을 그르다고 하고자 함은 '밝음에 의거함'만 같지 못하다.[30)]

그렇다면 '밝음에 의거함'이란 과연 어떠한 철학적 특질을 가지고 있을까? 장자가 말하는 '밝음에 의거함'은 사실상 매우 단편적인 진술에 그치고 있기 때문에 그 문맥의 의미를 정확하게 이해하기가 쉽지 않다.

추이따화(崔大華, 1938~)는 '밝음에 의거함'에 관한 해석이 주석가들마다 다르다는 점에 착안하여 이것을 세 가지 유형으로 분류하여 설명한다.

> ① '밝음에 의거함'은 바로 대립적 관점으로써 반복상명(反覆相明, 이것으로 저것을 밝히고 저것으로 이것을 밝히는 것)해서 시비가 없게 하는 것이다.
> ② '밝음에 의거함'은 대립적 관점을 '하늘의 이치'에 비추면 시비가 스스로 정해진다는 것이다.
> ③ '밝음에 의거함'은 본연으로써 대립하는 관점을 관조하면 시비가 민멸될 수 있다는 것이다.

추이따화는 '밝음에 의거함'에 관하여 ①과 같이 해석하는 대표자로서 위진남북조 시대의 곽상을 들고 있고, ②와 같은 해석은 송대 주자학의 리학적 사조의 영향 아래 그 이론적 근거를 '하늘의 이치'에 두고 해석한 임희일이 대표적이라고 보고 있으며, ③과 같은 해석은 불교적 관점을 반영하여 해석을 시도한 북송 시대의 여혜경이 대표적이라고 한다.[31)]

그런데 여기에서 '밝음에 의거함'에 관한 해석상의 기준점이 과연 어디에 있느냐 하는 점에 초점을 두고 생각해 본다면, ②와 ③의 해석은 ①의 해석과 대별된다는 점을 확인할 수 있다. 그렇다면 이제 이러한 점을 염두에 두고, 각각의 해석상의 특징을 비롯한 그 해석의 장자적 사유와의 일치성 여부에 관하여 검토해보기로 하자.

먼저 '밝음에 의거함'은 추이따화의 분류①과 같이 상호간의 대립적 관점을 가지고 '반복상명'함으로써 시비논쟁이 없게 하는 것이라고 해석할 수 있다. 곽상은 이러한 해석의 대표자이다. 곽상은 다음과 같이 말한다.

> 시비가 있다고 한다면 유가와 묵가가 옳은 것이고, 시비가 없다고 한다면 유가와 묵가가 그른 것이다. 지금 유가와 묵가가 그르다는 것이 맞고 유가와 묵가가 옳다는 것을 그르다고 말하려는 사람은 시비가 없다는 것을 밝히고자 하는데 시비가 없다는 것을 밝히려면 오히려 유가와 묵가로 되돌아가서 '반복상명'하는 것만 같지 못하다. '반복상명'하면 옳다고 하는 것은 옳지 않은 것이 되고, 그른 것은 그른 것이 아니게 된다. 그른 것이 아니니 그른 것이 없는 것이고, 옳은 것이 아니니 옳은 것도 없는 것이다.32)

곽상은 유가와 묵가의 시비대립을 소멸시키는 방법이 곧 '밝음에 의거함'이라고 파악하고, 이것을 '반복상명'의 의미로 해석한다. '반복상명'은 유가와 묵가가 서로 상대방을 부정하는 것에서 발생하는 자기 모순적 논리를 통해 시비를 초월하고자 하는 방법이다.

곽상의 해석은 '밝음에 의거함'이 유가와 묵가가 주장하는 시비의 입장이 서로 자기중심적인 것이라는 모순을 밝히려는 데 그 목적이 있다. 각자는 자기의 견해에 가려져 자신은 옳다고 하고 남은 그르다고 하여 다른 쪽의 진정한 상황을 볼 수 없다. 만일 입장을 바꾸어서 보면 이것으로 저것을 밝히고 저것으로 이것을 밝힌다. 또 자신의 처지를 상대방의 입장에 놓고 설정하여 양면에서 모두 조명해보면 전면적으로 투철한 이해가 이루어질 것이다. 이처럼 태도상의 무단은 제거되어야 한다.33)

그런데 곽상과 같은 방식으로 '반복상명'하기 위해서는 유가와 묵가의 시비가 서로 자가의 입장에서 옳다는 것이 전제되지 않으면 안 된다. 그리고 이러한 전제 위에서 이 전제와는 상반된 결론이 도출되어야만 한다. 결국 곽상의 이러한 해석은 논리적인 측면에서 그 전제와 결론이 서로 배치되는 자기모순을 범하고 만다.

그래서 궈칭판(郭慶藩, 1844~1896)은 곽상의 해석을 다음과 같이 비판한다. "'밝음에 의거함'만 같지 못하다고 하는 것은 오히려 유가와 묵가의 밝은 점을 서로가 취함으로써 서로 밝히는 것이다. 그러므로 곽상의 주석은 잘못되었다."[34] 궈칭판은 곽상의 해석을 비판하면서 유가와 묵가의 상호 긍정을 통한 어떤 새로운 지식의 가능성을 시사하고 있다. 그는 곽상과는 달리 '밝음에 의거함'이란 유가와 묵가의 밝은 점을 가지고 서로가 밝혀 주는 것이라는 의미로서 해석한다. 그렇다면 유가와 묵가의 논쟁도 시비논쟁 이전의 타당성을 나름대로 지닌다고 할 수 있다. 이러한 종류의 '밝음에 의거함'은 주관적 가치판단의 대상들을 소멸시키고, 이를 통하여 일체의 시비대립적인 요소들을 지양한다는 의의가 있다.

장자가 '밝음에 의거함'을 통하여 지향하고자 하는 것은 일상의 구상적이고 분별적인 사유로부터 본질적이고 무분별한 사유로 이르게 하는 지식 전환이라고 할 수 있다. 각자가 자신의 견해에 가려지는 것은 자신을 가치의 핵심으로 보고 폐쇄된 마음을 형성하여 정신을 협착한 범위 안에 가두기 때문이다. 그러므로 '밝음에 의거함'은 마음을 비우는 공부를 통해서 기성의 선입견을 제거하고 개방된 마음을 확장하는 것이다. 마음으로 하여금 공명한 경지에 도달하도록 하고 일단 맑은 거울과 같게 하면, 여실하게 외계사물의 진정한 상황을 드러낼 수 있다. 결국 '밝음에 의거함'

은 텅 비고 신령하여 밝게 깨칠 수 있는 마음을 통해 일체의 사물을 아무런 편견 없이 관조하는 것을 말한다.[35]

장자는「추수」편에서 북해약의 입을 빌어 "도를 통하여 본다면 사물에는 귀하고 천한 것이 없다"[36]고 전제하고, 여기에 대하여 다시 한 번 다음과 같이 강조한다. "도를 통하여 본다면 무엇이 귀하고 무엇이 천하다고 하겠는가? 이것을 '반연(反衍)'이라고 하는 것이다. 너의 뜻을 구속당하지 않게 하라. 귀하고 천한 것에 구속당하게 되면 도와 크게 어긋나게 된다."[37]

'반연'이란 끝없는 변화를 통해 경계와 울타리가 없이 이어진다는 뜻이다. 따라서 '반연'이란 '인간세'에서 귀하거나 천하다고 평가하는 일체의 경계가 무의미함을 지적한 말이라고 할 수 있다. 그런데 귀하고 천함을 고집하면서 여기에 구속당하고 마는 이유는 모두가 욕망의 확장과 그에 대한 집착 때문이다. 귀하고 천함 자체는 존재의 본연상과는 전혀 무관하다.

그러므로 사물을 보되 개별적 자아의 주관적 관점으로 보아서는 안 되며 사물이 있는 그대로의 자연함으로써 보아야 한다. 이때 사물의 자연함과 인간의 의식내용은 존재적 '밝음'의 구조를 지닌다. 이러한 맥락에서 '도를 통하여 보는 관조적 관점'은 곧 '밝음에 의거함'과 같은 의미를 지닌다고 할 수 있다. 이에 '밝음에 의거함'이란 '도를 통하여 보는 관조적 관점'을 의미한다는 해석이 가능하다. 이것이야말로 '밝음에 의거함'의 의미를 보다 정확하게 보여주는 해석이다. '밝음에 의거함'에 관한 추이따화의 세 가지 해석상의 분류 중에서 ②와 ③의 해석이 여기에 해당한다고 볼 수 있다.

그러나 ②와 ③의 해석이 모두 장자의 원의에 전적으로 부합한다고 볼 수는 없다. 이들 두 가지 해석도 그 이론적 기반을 서로 달리하고 있기 때문이다.

먼저 ②와 같은 해석은 임희일이 대표적이다. 임희일은 주자학적 관점을 가지고 '밝음에 의거함'이 곧 '하늘의 이치에 의거함'이라고 파악하고, 여기에 관하여 다음과 같이 설명한다.

> 사람들이 그르다고 하는 것에 대하여 나의 생각은 옳다고 하고, 그들이 옳다고 하는 것을 나는 그르다고 하니, 어찌 하나를 정하겠는가! 만약 시비를 꼭 정하려 한다면 반드시 자연한 '하늘의 이치'에 귀결시켜야만 바야흐로 가능할 것이다. '밝음'이란 것은 '하늘의 이치'이다. 그러므로 '밝음에 의거함'만 같지 못한 것이다.[38)]

그리고 ③과 같이 해석하는 주석가로는 북송 시대의 여혜경과 명대의 육장경(陸長庚, 1573~1620)이 대표적이다. 여혜경은 불교적 관점을 차용하여 '밝음에 의거함'을 다음과 같이 해석한다.

> '밝음'이란 생명 회복함의 덧덧함에 대한 징험이다. 오늘날 유가와 묵가의 시비는 지식을 벗어나지 못하며 '밝음에 의거함'이 아니기 때문에 시비의 올바름이 되기에는 부족하다. 불교에서 회광(回光)을 알아 '밝음에 의거함'을 보는 것과 같이 사물의 이른바 저것과 이것이라는 것은 진실로 정체가 없는 것이니, 정체가 없다면 저것 아님이 없고 이것 아님이 없다.[39)]

또한 육장경은 '밝음에 의거함'에 관하여 다음과 같이 설명한다.

> 유가와 묵가의 시비는, … 이렇게 옳은 것을 그르다고 하고 그른 것을 옳다고 하여 양쪽에 모두 정론이 없다. 이것을 정하려 하니 '밝음에 의거함'만 같지 못하다. '밝음'이라고 하는 것은 본연의 시비가 있기 전에 밝은 것이니 이후의 시비는 민멸될 수 있다.[40)]

여기에서 해석②와 해석③은 일상적 시비판별의 기준점이 모두 근원적인 것에 있다는 일치점을 보여준다. 그리고 이로부터 그릇된 기준을 설정하고 논의를 전개하는 일상의 시비논쟁이란 무의미하다는 결론으로 귀결되고 있다. 그러면서도 해석②는 시비판별에 있어서 시시비비를 가리고 있고, 해석③은 일체의 시비판별을 부정하고 있다는 차이점을 보인다. 현대의 장자 연구가인 추이따화도 해석②는 문제가 있다고 한다. 장자는 시비에 구별이 없다고 여긴데 반해, 이것은 '하늘의 이치'로써 시비를 판정할 수 있다고 주장한 점이 문제라는 것이다.41)

임희일과 같은 해석②는 결정적으로 장자의 사상과 배치되는 해석상의 한계를 드러낸다. 임희일의 해석에서 기준으로 설정하고 있는 '하늘의 이치'라는 개념은 장자의 '자연(천연)의 이법'이라는 개념과는 그 의미가 근본적으로 다르다. 임희일이 상정하고 있는 '하늘의 이치'는 그의 학문적 기반이 되는 유학 내지는 주자학적 이론의 연역적 근거가 되는 것으로서, 곧 도덕적 의리의 성격을 지닌 '주재적 하늘'의 이치를 그 의미내용으로 담고 있다.

그러나 장자는 기본적으로 도덕적 의지와는 무관한 '이법적 자연천'의 입장에서 '하늘의 이치'라는 말조차도 '자연의 결'이라는 의미로 풀이한다.42) 장자의 기준이 자연에 있는 것임에 비하여 임희일의 기준은 의리적이며 도덕적인 세계에 놓여 있다는 차이성이 있는 것이다. 임희일은 일상의 시비판단이 도덕적 준칙에 부합하는가의 여부로써 시비를 가른다. 그래서 그는 시비를 정할 수 있다고 본 것이다.

기본적으로 시비판단을 무화시키고자 하는 것이 장자의 생각이라는 점을 감안한다면, 임희일이 '하늘의 이치'라는 연역적 근거 위에서 도출해 낸 시비의 정론이란 한계를 지닐 수밖에 없다.

그러므로 '밝음에 의거함'에 관한 해석②도 장자의 생각을 제대로 반영하지는 못한다.

이와 같이 본다면, 우리는 '밝음에 의거함'의 의미가 마지막으로 남은 해석③과 같은 것이라고 생각할 수도 있다. 그러나 우리는 해석③에서도 특정한 기준으로 논의되는 불교적 사유를 배제하지 않으면 안 된다. 여혜경과 육장경의 해석으르 대표되는 해석③의 용례 중 육장경의 관점보다는 특히 여혜경의 해석이 이러한 문제요소와 직접적인 관련을 맺고 있다. 여혜경은 유가와 묵가의 시비가 문제가 되는 것은 그들의 시비가 각각의 정론으로 논정되기 때문이라고 보고, 불교의 '회광반조'가 오히려 장자의 '밝음에 의거함'과 유관한 논리를 보여준다고 생각한다.

'회광반조'란 자기의 본분을 보라는 선어록의 술어이다. 이 말은 『경덕전등록』, 『임제록』, 『종경록』 등에 보이며, 『회남자』에 소개된 '노양공의 고사'로부터 취한 것이다. '노양공의 고사'는 다음과 같다. 초나라의 노양공이 한나라와 싸우고 있을 때였다. 아직 싸움이 한창인데 태양이 지려고 했다. 그래서 창을 손에 들고 태양을 향하여 휘두르자 태양이 30도쯤 원위치로 돌아왔다.[43)]

믿기 어려운 고사임에 분명하다. 여기에서는 다만 고사의 상징성만을 염두에 두기로 한다. 그럼에도 예혜경의 해석에서 불교적 사유의 전제조건을 폐기하고 장자적 관점으르 돌아가 장자를 볼 필요성은 여전히 유효하다. 여혜경이 전제하는 불교적 조건을 배제할 때, 우리는 그가 말한 "사물의 이른바 저것과 이것이라는 것은 진실로 정체가 없는 것이니, 정체가 없다면 저것 아님이 없고 이것 아님이 없다"고 한 결과를 수용할 수 있을 것이다.

여혜경의 불교적 전제조건은 마땅히 장자적 의미의 자연에게로 돌려져야 한다. 그러나 이 말이 뜻하는 것은 전제조건의 무전제성을 설정한다는 의미 이외의 다른 것이 아니다. 그것이 장자가 말하는 자연의 본의이기도 하다. 이 경우에 있어서 자연은 존재 자신이 지니고 있는 빛과 다르지 않다. 그 빛은 스스로의 내적 자명성을 특질로 한다.

한편 불교에서는 존재의 문제에 대해서 근원적으로 부정하는 입장을 취하는데, 이에 반하여 불교에서 부정하는 존재의 의미와는 미묘한 차이가 있기는 하지만 장자는 존재 자체를 완전히 민멸하여 폐기하려는 극단적 노선을 표방하지 않는다는 점에 유의할 필요가 있다. '도'와 관련된 '무'의 의미가 존재의 결여상태(nothing)를 뜻하는 것이 아니라는 점에서, 장자의 '무'는 차라리 '무'가 아니라는 역설이 가능하다.

요컨대 여혜경이 본 불교와 장자의 사상적 기준점은 서로 다른 토대 위에 기반을 두고 있는 것이다. 불교는 어떠한 의미에서든 형이상학적 사유 자체를 부정하고자 노력하지만, 장자는 근원적 존재에 관한 형이상학적 사유를 완전히 폐기하지는 않는다는 점에서 여혜경과 같은 방식의 장자독해는 특정 지점에서 장자적인 사유와 결별할 수밖에 없는 운명에 놓인다.

물론 여혜경은 그 자신 불교인이 아니었기 때문에,[44] 장자철학의 계보를 불교가 아닌 노자로부터 찾는다. 여혜경이 장자의 '밝음에 의거함'을 설명하면서 '밝음이란 생명 회복함의 덧덧함에 대한 징험'이라고 규정한 것은 노자의 사유를 계승한 대표적 사례이다. 이는 "생명 회복함을 일러 항상됨이라고 하고 항상됨을 아는 것을 밝음이라고 한다"[45]는 노자의 말을 원용한 것이다. 뿐만 아니라 여혜경은 『장자』「제물론」에서 "천지는 나와 더불어 살아가고 만물은 나와 더불어 하나가 된다"고 하는 구절을 『노자』 제1장의 '무명'과 '유명'의 논리에 대입하여 해석하기도 하는 등 장자

철학의 직접적인 연원을 노자로부터 확인하고자 한다.[46]

그런데 여혜경은 이러한 노자의 생각이 장자의 사유와 부합하는 면이 있다는 것을 전제한 뒤, 장자가 말하는 '밝음'의 의미가 이중부정의 논의의 틀을 제시하는 불교적 사유방식과도 서로 통하는 면이 있다고 본다. 따라서 그가 시비의 정론을 정하는 것 자체가 무의미하다는 결론을 도출하는 데는 불교적 사유가 결정적인 영향을 미치게 된다. 이러한 여혜경의 독법은 장자와 불교적 사유의 상호 공속성을 보고자 하는 일종의 소통론의 관점이라고 할 수 있다.

여혜경은 유가와 불교, 도가의 사상이 본래 하나라고 하는 관점을 가지고 있었는데, 이것은 송대 사상 학술계의 삼교합류의 추세를 반영한 것이었다. 여혜경의 『장자』 주석 안에는 유가와 불교, 도가를 조화시키고자 한 주요표현들이 '유가를 원용하여 장자를 해석하고', '노자와 장자를 회통시키며', '불교로 장자를 해석하는' 등의 방면에서 제시되었다.[47] 그런데 이러한 소통론의 관점은 개별적인 철학적 사유의 특색을 희석시킴으로써 사상적 문맥의 상이성에 관하여 침묵할 수 있는 한계에 빠질 수도 있음에 유의할 필요가 있다. 서로간의 '같음'을 보고자 하는 태도 때문에 그 '다름'에 대하여 간과할 수 있기 때문이다.

이상에서와 같이 '밝음에 의거함'에 관해서는 전통적으로 곽상의 해석이 가장 큰 권능을 행사해 온 것이 사실이나, 그의 해석에 불만을 품었던 일부 사상가들의 도전적인 해석의 방식은 곽상적 해석의 결함을 드러내는 역할에 상당히 충실하였음을 확인케 한다. 특히 주자학적 관점과 불교적 관점으로부터의 새로운 해석의 시도는 장자의 원의에 다가서기 위한 또 다른 타자적인 시각으로부터의 해석의 다양성을 제공하였다는 점에서 그 나름의 의

의가 있다. 그럼에도 장자는 장자로 독해되어야 한다는 전통적 방식의 문제의식은 역시 과제로 남는다.

장자는 '지식'과 '밝음'의 존재양상을 전혀 다른 것으로 평가한다. 일상적인 지식활동을 통해서는 세계의 근원을 밝히지 못할 뿐만 아니라, 존재의 자명성을 상실하는 결과만을 초래한다. 이러한 점에서 일상적 지식의 수준은 '밝음' 자체에 미치지 못한다. 이는 '밝음'의 존재양상이 사변적 사려라는 지적 추구의 대상이 아니라는 것을 암시한다. 그럼에도 우리가 일상적 사변지를 통하여 '밝음'의 내용을 파악하고자 한다면 그 결과는 언제나 회의적일 수밖에 없다.

장자는 다음과 같이 말한다. "세속에서 본성을 닦으며 세속의 학문으로써 그 근원으로 돌아가려 하고, 세속적인 욕구에 어지럽혀지면서 사려로써 '밝음'을 다하고자 하는 사람을 가리켜 '눈이 가려진 어리석은 인간'이라고 한다."[48] '눈이 가려진 어리석은 인간'은 결코 장자가 말하는 '밝음'의 세계를 볼 수 없다.

이와 관련하여 성현영은 다음과 같이 말한다. "지금 오히려 분별하는 마음을 사용하여 생각하고 학문을 추구하여 그 '밝음'을 얻고 도에 비쳐보고자 하는 자는 반드시 옳지 않다. 오로지 '배움 없는 배움'으로만 그 본원으로 되돌아갈 수가 있으며, '사려 없는 사려'로써만이 그 '밝음'을 얻을 수 있다."[49] 성현영은 '밝음'과 일상적인 사려를 통하여 이루어지는 '지식'은 서로가 질적인 차이가 있다고 본다. 그래서 그는 '밝음'을 '배움 없는 배움' 내지는 '사려 없는 사려'라고 규정한다. '배움'과 '사려'의 부정 없이 '밝음'은 없다는 것이다.

참지식은 감각적 지식을 떠난 비감각적 차원에서 이루어진다. 이에 장자는 기본적으로 감각에 대하여 부정적이다. 감각이야말로 분별지를 야기하는 부정적 인자라는 인식 때문이다. 그래서 장자는 감각이 배제된 비감각적 지식의 문제를 담론함으로써 우리의 주의를 환기시킨다.

> 이른바 귀가 밝다는 것은 귀로 들을 수 있는 대상을 듣는 것이 아니라 저절로 들을 따름이다. 이른바 눈이 밝다는 것은 눈으로 볼 수 있는 대상을 보는 것이 아니라 저절로 볼뿐이다. 무릇 저절로 보지 못하고 대상을 보며 저절로 얻지 못하고 대상을 얻는 사람은 남이 얻는 것을 얻는 것이지 저절로 얻는 것이 아니고, 남이 나아가는데 나아가는 것이지 저절로 나아가는 것은 아니다.[50]

감각과 사려에 의지하지 않고 '밝음에 의거함'의 태도를 지닌다면, 개별적 자아는 존재사물과 더불어 하나로 통일된다. 또한 이로부터 개별적 자아는 천지만물과 더불어 근원적인 소통을 이루게 된다.[51] 이러한 차원의 자아는 소통하는 자아라고 할 수 있다. 소통하는 자아는 이전의 불소통적 자아와는 철저하게 구분되는 전혀 다른 새로운 유형의 자아라고 할 수 있다.

새로운 유형의 소통하는 자아는 '밝음에 의거함'을 통해 자연과 일체가 된다. 일체가 된다는 것은 절대 의존의 경지이다. 신동호에 따르면, 이때의 의존은 의존 아닌 것이 된다. 절대 의존은 무의존이다. 그러나 그것은 자연에의 참 의존이요, 일치이다.[52] 참지식이란 참사람과 같은 새로운 유형의 자아의 탄생으로부터 비로소 자신의 정위를 확보하게 된다는 것이 또한 장자의 생각이다.[53]

장자는 참지식이 '자연의 일'과 '사람의 일'을 바르게 구분하여 낼 수 있는 능력과 연계된다고 생각한다. 이 점은 장자가 '자연의 일'과 '사람의 일'을 아는 것을 지극한 것이라고 본다는 점에서 특히 그러하다. 장자는 자연의 일을 아는 사람은 자연의 도에 따라 살고, 사람의 일을 아는 사람은 자기의 지식으로 알고 있는 것을 가지고 자기의 지식으로 알지 못하는 것을 길러서 천수를 다 마쳐 중도에 요절하는 법이 없으니, 참된 사람의 참지식은 훌륭한 것이 아닐 수 없다고 한다.[54)]

물론 '자연의 일'이란 자연적 세계 속에 놓여있는 것으로, 존재가 받아들여서 그 속에 스스로를 위치시켜야 할 것이고, '사람의 일'이란 인위적 세계 속에 놓여있는 것으로, 존재가 배제하여 내서 그것으로부터 구속되지 않는 환경에로 옮겨가야 할 일이다. 그러니 그것은 진실한 세계와 그렇지 못한 세계를 구분할 수 있게 하는 지혜라고 할 수 있으며, 이러한 맥락에서 참지식은 '도리를 아는 것'이라고 말하여지기도 하는 것이다.[55)]

4. 빛을 누그러뜨리고 하나되기

장자가 볼 때 세속적인 시비의 견해는 모두 상대적이고 협애하며 편파적인 것이다. 따라서 그 옳음이라고 하는 것도 그름이라고 할 수 있고, 그 그름이라고 하는 것도 옳음이라고 할 수 있다. 시비의 기준이 늘 일방적으로 자신에게 맞추어져 있기 때문이다. 그래서 장자는 시비의 경계를 구하려고 하는 일보다는 차라리 '밝음에 의거함'이 낫다는 대안을 제시한다. 이것은 일상적 식견의 태도에 대한 지식론적 반성의 요청이기도 하다.

이러한 점을 염두에 두고 본다면, 시비판단의 상대성을 안다는 것이 중요한 것이라기보다는 그 시비판단의 원인과 기준 자체에 문제가 있음을 반성적으로 안다는 것이 더 중요한 일이 될 것이다. 이를 통하여 시비의 민멸에 이르는 통로가 확보되기 때문이다.

그런데 지식의 반성과 함께 일체의 시비민멸을 이루어 내기 위해서는 '밝음에 의거함'을 통하여 세계 자신과 근원적인 소통을 이루어 내야 한다. 이러한 소통의 차원에서 논의되는 지식이 참지식이며, 그것은 일상의 지식과는 구분된다. 어떠한 것에 대하여 의도적인 목적지향성을 갖고 도모되는 지식의 영역이 있다. 이러한 지식은 항용 일상적으로 지식된다. 그리고 자체적으로 분열되며, 타자와의 소통을 가로막는다. 이것이 분별지이다.

반면 인위적인 의도성이 배제되고 이지적 분별성이 무화됨으로써 변별과 모략 등이 도모되지 않는 또 다른 차원의 지식의 영역이 있다. 이것은 일종의 '자연지'로서, 장자에 따른다면 곧 참지식이라고 말해진다. 그런데 이러한 생각은 또한 장자를 자기의 방식으로 독해한 곽상의 견해를 반영하는 것이기도 하다.56)

장자는 '참지식'이라는 개념에 관하여 『장자』 안에서 단 한 차례만 언급하였을 뿐, 그 개념을 명시적으로 설명한 적은 없다. 즉 "참사람이 있은 후에야 비로소 참지식이 있다"57)는 선언적 언명만이 장자가 말한 참지식의 개념을 직접적으로 보여줄 뿐이다. 곽상은 이에 관하여 "참사람이 있은 뒤에야 천하의 지식이 모두 그 참됨을 얻어 어지러워지지 않을 수 있다"58)고 주석한다. 이것은 참지식이 세상과 소통하는 지식인 반면, 일상적 지식이란 오히려 혼란의 원인이 된다는 설명이기도 하다.

일상적 지식을 견지하는 한 우리는 세상과 반목하고 불화할 수밖에 없다. 그래서 곽상은 "변설로써 지혜를 꾸미지 않는다",59) "모략으로써 다른 사람을 이기려고 하지 않는다"60)라는 장자의 말에 주목하고, 이를 설명하기 위하여 '참지식'의 개념을 적용한다.[61] 이러한 점을 통해 보더라도 참지식이란 일차적으로 구별과 변설 내지 모략과 같은 지식의 양태와는 구분되는, 본디 그러함을 따르는 지식의 양태와 관련을 맺고 있음을 알 수 있다.

참지식은 주객 통일적일 뿐만 아니라 일체적 소통성으로 자신의 의의를 드러낸다. 그것은 일체의 시비와 대소, 미추, 수요, 이루어짐과 허물어짐 등의 차별과 대립이 소멸된 '만물제동'의 경지에 대한 지식이기도 하다. 장자가 '도의 지도리'라고 말하는,[62] 근원적 소통의 원리를 지식하는 것이 바로 참지식이다. 그것은 마음의 씀씀이는 있으나 그 마음을 텅 비운 허정의 극치에서 지식하는 것이며, 모든 움직임을 함유한 고요의 극치인 적막함에서 지식하는 것이고, 또한 그것은 외부 사물의 다양함에 관여하는 개별적 욕망을 배제함으로써 존재를 존재 자체로 살아나게 하는 담백한 염담의 상태에서 지식하는 것이기도 하다.

이러한 상태에서 세계를 만난다면, 만난다고 하는 주체도 없고 만나진다고 하는 대상도 없게 된다. 그래서 존재사물은 그 다양한 국면을 갖추고 있으면서도 하나로 통일될 수 있으며, 하나의 존재구조를 갖추고 있으면서도 다양한 사물의 국면을 유지할 수 있게 된다. 장자는 이러한 상황을 '현묘한 동일성'(玄同)이라고 묘사한다. 더불어 천하 사람들의 '덕'은 이 '현묘한 동일성'으로부터 비롯된다고 말한다.[63]

장자는 세상을 혼란에 빠뜨리는 지식인들의 언어와 행위, 그리고 도덕규범 등을 물리칠 때 '현묘한 동일성'의 경지에 도달할 수 있다고 말한다. 곽상 또한 대중을 어지럽히는 혼란의 주범을 제거하면 천하 사람들이 제 각각 자신의 자리로 돌아가서 현묘한 덕과 동일성을 유지할 수 있을 것이라고 생각한다.[64] 이렇게 본다면, '현묘한 동일성'이란 세상의 갖가지 혼란스러움이 고요하게 평정된 상황과도 연계된다고 볼 수 있다. 그런데 '현묘한 동일성'에 관한 내용은 노자에게서도 발견된다. "그 빛을 누그러뜨리고 티끌과 함께 하는 것을 일러 '현묘한 동일성'이라고 한다."65)

이러한 사고의 중심에는 일상의 이분법적 분별의 배제가 작용한다. 위와 아래, 앞과 뒤, 부드러움과 견강함, 자기와 타자, 여성과 남성, 있음과 없음 등등의 관계는 피상적으로 보더라도 모두 상대적이다. 그리고 이분법적이다. 그런데 이들은 무수한 상대적 변별이 각자 자신의 의미를 갖추어 내고 그 권능을 행사하는 자리가 바로 '우리의 일상'이라고 불리는 곳이다. '일상'이라고 불리는 곳에는 우리의 분별의식이 결집되어 있고, 거기에서 '우리'는 다자의 힘에 의지하여 공유된 사유를 하고 공동의 생활을 한다. 거기에서 비일상적인 것이란 언제나 낯선 타자일 뿐이며, 운명을 같이 하기 힘든 장애요소가 되기도 한다.

장자에게서는 이러한 세상이 먼지 티끌과 같은 상황으로 유비되기도 하고, 또한 형이상학적 세계의 목적의 왕국과 같아 보이는 빛의 세계로 비유되기도 한다. 장자가 이러한 비유를 제시하는 이유는 존재 자체의 위와 아래는 존재하지 않기 때문이다. 따라서 이것은 밝음(빛의 세계)과 어두움(먼지 티끌의 세계)의 상호 변주를 바로보라는 장자적 방식의 주문이기도 한 것이다.

존재하는 것은 빛만 존재하지 않는다. 그렇다고 빛이 사라진 어두움만이 전부도 아니다. 장자는 진정한 빛은 어두운을 지니고 있고, 진정한 어두움은 빛을 포함하고 있다고 본다. 빛과 어두움은 하나의 존재 위에서 자신의 방식으로 발현되어 나온 두 가지 양태일 뿐이다. 장자는 이러한 두 가지 존재양태로부터 양자택일을 통한 상호 배제를 요구하지 않는다. 그것이 바로 세상과의 불화의 시작이라는 것을 알기 때문이다. 장자는 빛과 어두움을 한 자리에서 소통시키고자 한다. 존재의 존재하는 방식이 개별적 존재들을 상호 소통시키는 것처럼, 일상의 지식의 자리에 놓인 빛과 어두움의 분열도 참지식의 자리로 환원시켜 상호 소통시키고자 한다.

여기에 장자 특유의 역설이 있다. 빛은 어두움이며, 어두움은 오히려 빛과 같다. 물론 장자가 이러한 말을 한 적은 없다. 그럼에도 이와 같이 생각할 수 있는 근거는 있다. 밝음(또는 빛)과 어두움의 상징으로부터 독해되는 남성성과 여성성에 기대어 볼 때, 그 '있음'이라는 긍정적 범주와 '없음'이라는 부정적 범주의 양태가 서로 교차되어 나타난다는 점이 그러하다. 뿐만 아니라 장자가 '빛나지 않게 빛나는 빛'66)이라고 역설적으로 논의한 빛의 범주가 또한 그러하다.

이상과 같이 빛과 어두움이라는 이원적 존재의 양상은 각각 자신의 반대 개념의 계열에 존재하는 누그러뜨림과 드러남이라는 역설적 상황을 동반한 '현묘한 동일성'의 면모로 나타나게 된다. 일상적으로 볼 때 상호 모순되는 개념들이 가치평가를 통한 상호 배제의 마찰 없이 조화로운 소통을 유지하며 하나의 근원자리에 복귀하게 되는 것이다. 여기에서는 본질과 현상이라는 이분법적 분열은 의미가 없다. 밝음과 어두움의 분별도 더 이상 자신의 고유한 권능을 유지하지 못한다.

밝음은 존재 자체의 고유한 동일성의 영역으로부터 일탈하여 독존적으로 존재할 수 없으며, 어두움 또한 존재와 유리된 채 개별적인 어두움의 존재양상으로만 지속될 수 없다. 존재의 연속성을 단절하여 존재의 불연속성으로 마디를 지어 구획하는 것은 존재 자체의 질서가 아니다. 그것은 이분법적 사유를 통하여 마련되는 인위적인 행위의 질서이다. 따라서 밝음과 어두움의 존재적

영속성은 '현묘한 동일성'의 방식으로 나타날 종류의 것이며, 참지식은 이러한 '현묘한 동일성'에 관여하는 지식으로서 이전의 지식과는 전혀 다른 새로운 차원의 지식의 체계라고 말해질 수 있다.

참지식의 상태에 도달한 참사람이라면, 눈으로 대상을 보기는 하지만 본다는 의식을 가지고 대상을 보지도 않으며, 대상에 관하여 지식하기는 하지만 대상에 관하여 지식하고자 하는 목적의식을 통하여 지식하지도 않는다.67) 이것은 존재의 근원적 존재방식이 이분법적으로 분열되어 있는 것이 아니라 '현묘한 동일성'을 유지하고 있다는 점으로부터 연유한다.68)

이러한 지식은 비일상적이며 무분별적일 뿐만 아니라 상호 침투적인 성향을 지닌다. 그럼에도 이러한 지식은 비일상적이면서도 일상의 일상성을 본다. 무분별지이면서도 분별지를 통해 분별되는 지식과 세계의 상황을 안다. 자신은 모순의 범주에 놓여있기 때문에 모순의 모순됨을 지식한다. 왜냐하면 참지식의 외연적 범주가 분별지의 범주보다는 넓을 뿐만 아니라 그것은 모든 것을 하나로 감싸 안고 넘어서는 경향성을 지니고 있기 때문이다.

5. 태양처럼 밝은

다시 앞으로 돌아가 보자. 장자는 일상적 지식과 서로 대조되는 참지식의 특징을 '밝음'의 비유로 설명한 바 있다. 그런데 이에 대한 해석은 장자 주석가들마다 제 각각 다르다. 특히 왕부지는 '태양'의 비유를 들고 있다는 점이 특징적이다. 등불과 태양의 비교를 통하여 일상적 지식과 참지식의 범주를 구분하여 설명한 것이 그것이다. 이러한 해석으로 인하여 왕부지는 장자의 '밝음에 의거함'에 대한 전통적 해석 가운데 현재까지 가장 영향력이 있는 해석으로서 장자가 권고하는 논쟁방법을 가리킨다고 인식되다시피 한 곽상의 자의적인 견해와는 그 입장을 달리한다고 평가된다.[69]

『장자』의 「제물론」에서는 유가와 묵가가 서로 자기의 주장이 옳고 상대방의 주장은 그르다고 하는 것에 대해, 그렇게 하는 것은 '밝음에 의거함'만 못하다고 지적한다. 그런데 왕부지의 주석에 따르면 유가와 묵가의 주장은 각자 자기들의 지식에 입각한 것으로서, 대도의 관점에서 태양이 만물을 두루 비치듯이 밝은 빛으로 쌍방의 시비를 비쳐 보는 것만 못하다는 것이다. 태양이 만물을 두루 비치듯이, 대도의 관점에서 밝은 빛으로 쌍방의 시비를 비쳐 보는 것이 '밝음에 의거함'이라는 것이다.[70]

그런데 왕부지의 견해가 장자의 전체적인 맥락에 잘 어울리지 않는다는 의견이 있다. 장자는 특히 '밝음'을 '물의 비유'와 '거울의 비유'로 표현하고 있다는 것이다. 그럼에도 왕부지는 '물의 비유'나 '거울의 비유'가 아닌 '태양의 비유'를 통해서 '밝음'을 이해하고자 한 것인데, 이러한 '태양의 비유'는 초월적 인식이나 신적인 조망으로 '밝음'을 이해하려는 것으로서, 결과적으로 세계를 모두 포괄적으로 이해하는 초월적 조망이 된다고 한다. 그래서 다음과 같이 반문되기도 한다. "그러나 '밝음'(明)을 '태양'의 비유로 이해할 수 있을까? 장자는 과연 '태양'의 비유를 쓴 적이 있는가?"[71]

그렇다면 장자는 과연 '태양의 비유'를 쓴 적이 없는가? 우리는 이 물음에 답하기 이전에 과연 '비유'란 무엇인가, 라고 하는 원론적인 문제부터 생각해 볼 필요가 있다. 비유는 이것으로써 저것을 설명하는 언어적 방편이다. 그리고 거칠게 말해서, 비유는 단지 비유일 뿐이다. 비유를 넘어 진리의 세계에 도달하고자 했던 것이 동양적 지혜의 전통이었던 것과 같이 우리는 '손가락과 달'의 관계로 돌아가 다시 생각할 필요가 있다. 만 개의 강에 달이 비치지만 결국 달은 하나이다. 그 강이 굳이 한강만을 지칭할 수도 없고, 금강이나 낙동강, 섬진강만을 지칭할 수도 없다. 지혜를 얻기 위하여 동원된 비유는 깨짐을 전제한다. 여기에 태양과 거울과 물의 비유적 의의가 있다. '태양은 있다' 또는 '태양은 없다'는 논쟁은 무의미하다.[72]

한편 내편 중 「대종사」 편에 등장하는 '조철(朝徹)'의 개념은 '태양의 비유'와 무관한 것일까? 이강수는 '조철'이란 '아침의 청명한 날씨처럼 맑고 환하게 열린 정신세계를 표현한 용어'[73]라고 해석한다. 그런데 이러한 '조철'의 의미는 주자의 인식론에 등장하는 '하루아침에 활연 관통한다'는 '격물치지'의 내용을 연상시키기도 한다. 이에 우리는 주자와 장자의 두 사상을 서로 차별화한다고, 장자가 말하는 '조철'의 논의를 장자로부터 밀어 내고자 하는 필요성을 느낄지도 모른다. 그러나 이는 무의미한 일이다.

그렇다면 장자가 '조철'을 말한 것은 과연 '물(또는 거울)의 비유'와 가까운 것인가, 아니면 '태양의 비유'에 가까운 것인가? 그리고 내편 중 「제물론」에서 '덮여 가려진 빛'[74]이라고 독해되는 '보광(葆光)'이나, 외편 중 「각의」 편에서 '빛은 있어도 빛나지 않음'[75]이라고 한 장자의 '빛'의 비유는 무엇일까? 장자는 '태양의 비유'를 들어 태양의 빛을 넘어서는 '지혜의 밝음'에 대해서 말하고 있는 것은 아닐까?[76] 왜냐하면 비유는 비유를 넘어서기 위해 존재하기 때문이다. 이러한 '태양의 비유'는 우리의 일상적 자아의 국한성을 넘어 우주적 자아의 영역으로까지 확장시키는 역할을 담당한다. 이때 우주적으로 확장된 자아는 내적 자명성의 측면에 그치지 아니하고, 자기 자신의 '자발성'의 발현을 스스로 보여 준다.[77]

장자는 빛의 담지자가 자기 자신이라는 점을 분명하게하기 위해서라도 '태양의 비유'를 적용할 필요가 있었을 것이다. 그것은 장자만의 독창이 아니다. 그것은 일종의 동아시아적 사유의 전통과도 연관된다고 볼 수 있다.[78] 또한 대상에 대한 무목적적인 수용성의 측면을 강조하기 위해서 '거울의 비유'를 생각하였을 것이다. 장자는 특히 성인의 마음이 거울과 같다고 한다. 거울은 피사체가 다가온다고 하여 물러서거나 마중하지 않으며, 피사체가 사라진다고 하여 아쉬워하거나 이를 잡아두려고 하는 집착이 없다. 성인의 마음 씀씀이가 마치 거울과 같다는 것이다.[79] 그리고 마음의 고요함과 심오함 등을 설명하기 위하여 '물의 비유'를 동원하였을 것이다. 그것은 더군다나 흙탕물이 아닌 거울처럼 맑은 물이다. 그 물은 외부의 사물을 비치는 행위에 있어서 거울처럼 자신의 선입견이나 목적의식을 가동하지 않는다는 자연스러움을 지닌다.[80]

그럼에도 장자에 나타나는 여러 가지 비유들 중에서도 유독 '태양의 비유'가 문제의 요소로 지목되는 것은 장자적 사유에서 일체의 형이상학적 요소를 걷어버리기 위한 필요성 때문이기도 하고, 서구인의 장자관을 통하여 장자의 전체 문맥을 일관되게 독해해 내기 위한 필요성 때문이기도 할 것이다. 서구인들에게는 '거울의 비유'와 '물의 비유'를 통하여 장자의 전체 문맥을 읽고자 하는 단서를 텍스트의 본질주의적인 측면에서 확인하고자 하는 태도가 확인되기 때문이다.

특히 그레이엄은 "중국인들도 이해와 시각 또는 거울의 명료성을 나타낼 때 서구인들의 'bright'와 동일한 시각적 은유로서, 날일(日) 자와 달월(月) 자의 두 글자를 짜 맞추어 결합한 글자인 '밝을 명'(明) 자를 사용한다"[81]고 말한다. 그레이엄은 장자가 제시하는 빛의 은유를 일관적으로 '거울의 비유'로써 독해할 수 있음을 강조한 것이다.[82] 요컨대 이와 같은 그레이엄의 관점은 해와 달의 은유가 거울의 비유인 동시에 물의 비유로 전환될 수 있음을 전제한다.

이 지점에서 우리는 장자가 제시하는 여러 가지 비유들이 '밝음'을 설명해 내는 방편으로 활용된다는 점에 주의를 기울일 필요가 있을 것이다. 그리고 '밝음'이 진정한 '밝음'으로 자신의 존재의 의의를 확보하기 위해서는 그것이 '어두움'의 상대적 '밝음'으로 남기보다는, '밝음'과 '어두움'의 상대성 자체를 하나로 감싸 안고 넘어선 '진정한 밝음'으로 정위되어야 한다는 점을 인식하여야 할 것이다. 장자는 '진정한 밝음'이란 이미 '밝음'이 아니라고 생각하기 때문이다.

12

생긴 대로의 유토피아

생긴 대로의 유토피아

1. 장자는 반문명론자인가?

일반적으로 중국 고대철학은 정치사상을 떠나서 생각할 수 없는 고유한 특성이 있다. 정치에서 가장 무관하다고 인식되는 노장조차 정치의 문제와 결코 무관하지 않다. 노장에 대한 가장 잘못된 인식의 특징 중 하나는 노장이 정치현실을 외면하고 세상을 피해 산림에 은둔하는 삶의 방식을 좇는 것을 이상으로 삼았다는 것이다.

그러나 노장 철학은 사회정치현실의 문제에 대한 대응의 방식이 다른 유파의 제자백가들과 달랐을 뿐, 결코 인간적인 삶의 현장성을 외면하지 않았다. 오히려 노장은 인간적 삶의 현장에서 일어나는 갖가지 문제점들에 대한 근원적인 모순의 원인을 규명하고, 이를 원점으로 복귀시키고자 한 강렬한 비판의식을 소유하고 있었다. 노장 역시 당대의 제자백가들처럼 부조리한 현실은 마땅히 극복되어야 한다는 인식으로부터 자유롭지 않다.

실제로 노장을 비롯한 제자백가가 보았던 당대의 현실은 문제투성이였고, 모순적인 것들이었다. 특히 장자가 살던 전국시대의 현실은 인류의 역사에서 보기 드문 혼란과 무질서로 점철되어 있었다. 거짓이 진실을 호도하던 시대가 다름 아닌 전국시대였다.

이러한 시대를 살아가야만 했던 지식인들의 우환의식은 피할 수 없는 운명과도 같은 것이었다. 그 우환의식은 제자백가의 공통의 것이었다. 그것은 단지 유가의 전유물만은 아니었다.[1] 장자가 만났던 시대의 상황과 그의 우환의식에 주목하지 않을 수 없는 이유이다.

인간은 이 구속의 현실 속에서도 이상을 동경한다. 분열은 현실이지만 통일은 이상이다. 그래서 현실의 혼란과 무질서를 극복하고 통일을 지향하는 것은 제자백가의 공통적인 관심사가 될 수밖에 없었다. 이것은 춘추전국시대에 있어서 주나라의 봉건제가 몰락하고 인문주의의 이념이 극도로 타락하였던 역사적 사실과 무관하지 않다. 사상가들은 분열의 시대 속에서 통일의 이상을 추구하고 있었던 것이다.

그런데 장자의 통일의 이상은 다른 제자백가에 비하여 다소 특이성을 갖는다. 장자는 마치 과거의 원시사회를 동경하는 것 같은 뉘앙스의 이상세계를 상정한다. 특히 '지극한 덕의 세계'가 그렇고, '무하유지향'의 지향점 역시 원시적 사회로의 회귀를 요청하는 것처럼 비쳐진다. 그래서 지금까지 많은 장자 연구가들은 장자를 '반문명론자'라고 규정하는 것을 서슴지 않았다. 중국의 천잉(陳瑛)이라든가 일본의 시마다 겐지(島田虔次, 1917~2000) 등이 그 대표적인 예에 해당한다.[2] '문명'이라는 말의 의미는 인간이 만들어놓은 사회나 정치 공동체 안에 산다는 것을 의미한다.[3] 그런데 장자는 문명을 반대하고, 역사 이전의 시대로 회귀하고자 하는 꿈을 꾸었다는 것이다.

그러나 과연 장자가 제시한 이상세계의 모델이 반문명적인 것인가, 하는 문제는 주의 깊게 살펴보지 않으면 안 된다. 그것은 상징과 역설로 가득 차 있는 장자철학의 구도 안에서, 역시 거기에도 장자가 무엇인가 다른 의도를 담아내고 있을 것이라는 점에 주목해야하기 때문이다. 결론적으로 나는 장자가 반문명론자가 아니라고 본다. 장자는 인간의 역사와 문명의 전개방식에 대해 주의 깊은 반성을 촉구한 문명 비판론자였다고 보는 것이 타당하다고 보는 입장이다. 이제 그의 비판적 목소리에 귀를 기울여보자.

2. 욕망이 만든 위기

개별적 인간의 존재성은 현실의 문제 상황 속에 구속되어 있다. 현실을 살아가는 일상인은 언제나 존재 구속의 상태에 있으며, 전도된 가치의 체계를 지니고 있다. 장자는 「소요유」 편에서 개별적 인간이 현실을 살아가는 존재의 양상을 '곤'이라는 물고기로 비유하여 설명한다. 이 물고기의 크기는 대단히 크다는 특징을 지닌다.[4]

'곤'은 개별적 인간의 존재방식으로서 존재 구속성을 상징한다. 특히 이것은 현실에 놓인 개별적 인간의 심리적 상태를 상징한다. 그런데 일상의 존재 구속성은 '곤'의 크기처럼 엄청나게 큰 것이다. '곤'과 같은 개별적 인간은 너무나 부자유한 삶을 영위한다.

장자는 개별적 인간의 존재상황을 특히 '북쪽 바다'라는 공간적 상징과 연결시킨다. '북쪽 바다'는 개별적 인간이 놓여 있는 현실의 상황이라고 할 수 있다. '북쪽 바다'는 다름 아닌 존재 구속의 공간이며 질곡 되어 있는 현실을 반영한다. 이것이 개별적 인간의 세계에 적용된다면, 바로 장자가 말하는 '인간세'인 것이다. 장자는 부조리한 인간주의적 방식의 삶의 현실을 가리켜 '인간세'라고 규정하고, 이를 『장자』의 편명으로도 사용한다. '북쪽 바다'는 개별적 인간이 만들어 놓은 현실의 부정적 상황이고, 이 부정적 상황은 또 개별적 인간을 구속한다는 성격을 지니게 된다. 특히 '북쪽 바다'로 상징되는 '인간세'는 타락되어 있다는 특징을 지닌다.

'북쪽 바다'의 공간 안에 놓여진 '곤'으로 상징되는 현실의 개별적 인간이 가진 심리적 상태는 이중적이다. 그것은 절망 아니면 희망이다. 그러나 장자가 말하고자 하는 '곤'은 희망을 상징한다. 우리는 이것을 '곤'의 장소 이동으로부터 읽을 수 있다. '곤'은 '북쪽 바다'로부터 '남쪽 바다'로 장소를 이동한다.[5] 이때 이동된 장소는 죽음의 장소가 아니고 새로운 삶의 장소이다. 절망이 이끄는 장소 이동이 죽음이라면, 희망이 이끄는 장소 이동은 새로운 삶이다. '남쪽 바다'는 일체의 삶의 질곡과 구속으로부터 풀려난 장소이다.

그럼에도 장자철학에서 '북쪽 바다'와 '남쪽 바다'는 공간적 측면의 상대적인 상황 설정에 지나지 않는다. 장소 이동의 출발점은 어디가 되었든 커다란 문제가 되지 않는다. 「추수」 편에 등장하는 원추라는 새는 오히려 '남쪽 바다'에서 '북쪽 바다'로 장소를 이동하기 때문이다.[6] 이외에도 장자가 조릉에서 보았던 사마귀를 노리던 이상한 까치 역시 남쪽으로부터 날아왔다는 점을 보면,[7] 공간적 장소 이동은 절대적인 것이 아니다. 중요한 것은 '지금 여기'일 뿐이다.

따라서 '곤'이 새로 변하여 도달한 '남쪽 바다'나 '원추'가 도달한 '북쪽 바다'의 장소적 계기는 중요하지 않다. 출발의 장소와 도달된 장소는 다 같이 상대적이기 때문이다. 장자는 이러한 상대적 장소의식을 부정한다. 장소가 문제가 아니라 장소의식이 문제인 것이다. 이것은 도달된 장소에도 매이지 말라는, 또 다른 의식전환의 요청과도 관련된다. 그것은 결정적으로 현재의 문제 상황에 대한 점검인 동시에 새로운 차원으로의 전환을 모색하는 철학적 요청이기도 하다.

현실의 상황에 놓여 있는 '곤'은 희망의 상징이다. 그래서 '곤'은 현실의 존재 구속의 상황으로부터 스스로 벗어나 비상을 시작한다. 현실의 존재 구속을 파탈할 수 있는 존재는 자기 자신 이외의 다른 것일 수 없다. 희망이란 곧 현실 부정이다. 이 부정을 통하여 '곤'이라는 물고기는 '커다란 봉황'이라는 새로 다시 태어난다. '물고기'의 상태에서 '새'로 다시 태어난다는 것은 삶의 질적 차원전환을 의미한다.

'물고기'가 '새'로 전환된다는 것 역시 하나의 상징이다. 이 상징이 의미하는 바는 개별적 인간의 의식적 상태의 전환이고, 지식론상의 질적 전환에 다름 아니다. 이러한 논리로부터 우리는 장자가 본 세계관의 대강을 읽을 수 있다. 장자에게서 현실의 논리는 부정적이지만 의식적 상태와 지식의 상태에서 질적인 차원전환을 이루어 낸다면, 현실은 언제든지 극복되어질 수 있는 가변적 대상임을 알 수 있다. 장자철학에서는 존재 자체의 자연성에로 유기적인 복귀를 수행하기 위해서라도 일상의 현실은 극복되지 않으면 안 된다.

그렇다면 이제 장자에서 부정의 대상세계로 설정된 '인간세'의 상황은 어떻게 나타나고 있는지, 구체적으로 장자의 언어에 귀를 기울여보기로 한다.

'인간세'에 존재하고 있는 모든 사물은 자신의 자연스런 생명의 본질을 잃어버린 채 살아간다. 특히 인간세를 살아가는 인간은 자신의 고유한 본성을 상실하고 비본연한 타락적 양상을 띠고 살아간다. 장자는 '인간세'의 한 단면을 지적하여 다음과 같이 말한다. "(인간세에서는) 되를 만들어 용량을 재면 되까지 훔쳐가 버린다. 저울을 만들어 무게를 재면 저울까지 훔쳐가 버린다. 신표나 도장을 만들어 믿게 하면 신표나 도장까지 모두 훔쳐가 버린다. 인의의 법도를 세워 질서를 바로잡으면 인의까지도 모두 훔쳐가 버린다."[8)]

뿐만 아니라 장자는 "백성들은 지식이 모자라면 거짓으로 둘러대기에 바쁘다. 그래서 나날이 거짓이 많아지게 되었다. 어떻게 백성들이 거짓을 일삼지 않을 수 있단 말인가? (백성들은) 대개 재물이 부족하면 훔치게 마련이다. 그러나 도적질의 행위는 도대체 누구의 책임이란 말인가?"[9)]라고 지적하면서, 백성들이 도적질을 할 수밖에 없는 상황을 마련한 것이 다름 아닌 특권 권력의 담지자들이었음을 강조한다.

장자의 말을 빌린다면, '인간세'는 온통 도적의 무리로 가득 차 있다. 그리고 도적질의 비중도 점차 커져간다. 특히 인의와 명분을 훔쳐가는 데 이르면, 나라까지 도적질하게 된다. 이것이 바로 혁대 고리를 훔친 자는 죽임을 당하지만 나라를 훔친 자는 제후가 되던[10)] 전국시대 당시의 암울한 '인간세'의 현실이었던 것이다. 그리고 나라를 훔친 자들이 어디 장자의 시대에만 있었겠는가?

'인간세'에서 나라를 훔친 제후들은 인의를 수단화하여 그 본질을 왜곡한다. 왜냐하면 인의는 야수처럼 탐욕 많은 위정자가 이용하는 하나의 도구였기 때문이다.[11)] 위정자들은 인의의 규범을 수단으로 인간의 삶을 구속한다. 그래서 장자는 당시의 '인간세'를 묘사하여 "지금 세상에는 죽임을 당한 시체가 겹겹이 쌓여 있고, 족쇄와 수갑을 찬 사람들이 옥에 꽉 차 있으며, 돌아보면 모두 형벌을 받아 다친 사람들뿐이다"[12)]라고 한 것이다.

장자가 본 당대 '인간세'의 현실은 비참하고 이루 형언할 수 없을 정도로 부조리한 것이었다. 그런데 어느 시대 어느 사회에서나 '인간세'의 타락상은 전쟁의 상황에 직면하여 절정에 이른다. 그 전쟁의 상황이 장자가 살던 전국시대보다 극단적이었던 시대도 인류 역사에서 별로 찾아보기 어렵다.

『장자』에 나타나는 수많은 전쟁 비판론의 견해는 장자가 당대의 무도한 현실을 직절하게 고발한 것들에 다름 아니다. 장자는 자신이 살아가던 시대상에 대해 강한 회의를 느끼고 이를 부정한다. 장자가 살아가던 전국시대는 이미 혼란이 극에 달해 있었기 때문이다. 일반적으로 사상가들은 춘추시대보다도 전국시대의 시대상이 한층 더 혼란하였다고 역설한다.

유향(劉向, BC.77~BC.6)은 『전국책』 서문에서, 춘추시대에는 아직 '염치'의 덕목이 살아있었지만 전국시대에는 극도의 '몰염치'한 타락상이 나타남으로써 전국시대가 춘추시대보다 한층 더 혼란하였다고 말한다. 유향은 다음과 같이 말한다.

> 춘추시대 초기에는 천자의 명이 아직 행해져서 제후들의 회합 뒤에 향례를 행하는 나라들은 아직 부끄러움을 알았고, 작은 나라들은 의존할 수 있는 나라가 있었으며, 백성도 안식할 토지를 가질 수 있었다. … 그러나 춘추시대 말기에는 나라마다 정사를 보좌하고 있던 현자들이 없어지고, 예의는 시들어버렸다. … 사회 윤리가 크게 황폐되어 상하의 질서가 문란해졌다. 진효공 때에 이르러서는 예양을 버리고 전쟁을 중시했으며, 인의를 버리고 백성을 기만하여 부강을 추구하였다. 왕위를 빼앗고 나라를 훔친 자는 후왕의 대열에 들어가고, 백성을 기만하는 나라는 흥성하여 강국이 되었다. … 급기야는 부자간에라도 친애의 정이 없어져버렸고, 형제 사이라도 화목할 수 없었으며, 부부 사이라도 서로 흩어져 살아야 했다. 그러고서도 자신의 생명을 보존할 길이 없었으니 사회 윤리는 완전히 없어지고 말았다. 전국시대 말엽에는 이러한 경향이 더욱 심해져서 만승의 나라가 일곱이요, 천승의 나라가 다섯으로서

세력의 균형을 이루어 패도를 다투는 바야흐로 전국시대가 되었다. 이때는 탐욕을 겉으로 드러내면서도 부끄러움이 없었고 서로 다투면서도 싫증을 내지 않았다. 나라마다 정치와 교육을 달리하고 저마다 자국의 법규를 마음대로 정하여 위로는 천자를 무시하고 아래로는 제후를 무시하게 되었다. … 전쟁은 그치지 않고 기만과 허위가 활개를 쳤으니 이 시대에는 비록 사회 윤리라는 것이 명목상으로는 있었다고 할지라도 실행될 여지가 없었다.13)

또한 고염무(顧炎武, 1613~1682)도 그의 『일지록』에서 "춘추시대에는 오히려 예의와 신의를 존숭해야 한다는 말이라도 있었지만, 전국시대에는 예의와 신의에 대한 말을 하는 것조차 끊어져 버렸다"14)라고 하여, 전국시대의 시대상이 춘추시대와 비교해 볼 때 더 암울하고 참담하였다고 주장한다. 이러한 고염무의 지적은 설득력이 있다.

장자는 당시의 시대상이 각국의 제후들에 의하여 혼란과 무질서로 점철되었다고 생각한다. 연일 계속되는 전쟁과 제후들의 부국강병 정책은 백성들의 삶을 질식시키고 있었던 것이다. 여기에서 장자는 온전한 삶이란 어떤 것인가, 고민해야만 했다. 인간이 현실을 살아간다는 것은 매우 고단한 일이 아닐 수 없다. 어느 시대의 삶이든 인간의 삶에는 끊임없는 걱정이 동반된다. 그래서 장자는 인간의 삶이란 걱정과 함께 시작하여 걱정으로 마무리되는 것이라고 여겼다.15)

장자는 인간의 삶의 모습을 지켜보면서, 특히 헌신짝처럼 하찮게 다루어지고 있는 인간의 목숨에 대한 생경경시 상황에 대해 심각하게 고민하지 않을 수 없었다. 장자에 등장하는 수많은 해골과 관련된 우화들은 이러한 당시의 현실적 상황을 잘 반영하고 있다.

장자는 '인간세'를 살아가는 개별적 인간은 서로가 자기의 이익을 위하여 파벌을 만들고 상대를 이기기 위해 분쟁을 일삼는 한편 급기야 타자를 파멸시키고자 하는 투쟁과 함정을 만드는 일에 몰두한다고 본다. 장자는 '인간세'에 이러한 왜곡된 관계망이 거대한 그물처럼 드리워져 있다고 주장한다.[16)]

당대의 인간적 삶의 현실과 부조리한 삶의 '질곡'[17)]들은 모두 장자의 우환의식을 불러일으키기에 충분하였다. 장자는 일상을 사는 사람들의 상황이 '질곡'에 갇혀있다고 평가한다. 마치 차꼬를 차고 결박되어 살아간다는 것이 '질곡'의 의미라고 한다면, 일상적 인간의 삶이 얼마나 존재 구속적인 것인지 쉽게 가늠이 간다.

장자에 의하여 비판되기도 하는 묵가 역시 자신의 시대를 살아가던 사람들이 세 가지 우환에서 자유롭지 못하다고 평가하였다. 즉 굶주린 자가 먹을 음식이 없고, 추위에 떠는 자가 입을 옷이 없으며, 노동하는 자가 잠시도 쉴 틈이 없는 상황이 당시의 '인간세'였는데, 묵가가 볼 때 이 세 가지는 특히 백성들의 큰 우환거리였다.[18)]

그렇다면 장자철학에 있어서 '인간세'의 특성이 이처럼 타락적일 수밖에 없고 존재 구속을 유발할 수밖에 없는 계기는 과연 무엇 때문인가? 장자는 그 원인이 본디 무분별한 존재의 자연스러움이 인위적으로 분리되어 해체되었기 때문이라고 본다.[19)]

장자는 자연스러운 생명의 본질이 상실되는 원인을 구체적으로 인간이 말을 조련시키는 행위에 비유하여 설명한다. 장자는 자연 상태에 있는 말은 자신의 고유한 생명을 자연스럽게 유지하면서 살아가지만, 인간의 작위가 부여되면서부터 자신의 생명을 잃어버리고 만다고 한다.

제 아무리 말을 잘 조련하는 것으로 유명한 전설상의 인물인 백락일지라도 말의 생명을 억압하지 않고는 말을 조련할 수 없다. 말을 조련한다는 것은 곧 개별적 자아의 인위적인 기준을 통해 말을 길들이는 것일 수밖에 없다. 말길들이기는 결국 말이 가지고 있는 생명성 자체를 파괴하는 결과를 낳는다.[20]

장자는 이것이 '백락의 죄'라고 지적한다. 말이 지닌 존재의 자연성을 파괴한 것은 오로지 '백락의 죄'라고 한다.[21] 이와 같이 장자는 말의 감별과 비유되는 인재 감별의 의의가 결국엔 인간의 자연스런 본성을 파기하는 부정적인 것이라는 점을 지적하고 그 인위적 행태에 대해 비판한다. 장자가 볼 때 지배자들이 세상을 훌륭하게 통치한다는 것은 '백락의 죄'를 벗어나지 못하는 한계가 있다.[22]

그것은 일상인들이 '백락일고(伯樂一顧)'의 가치관에 의미를 두는 시선과는 정반대의 관점이다. '백락일고'란 『전국책』에 나오는 고사이다. 이 말은 소대(蘇代)[23]가 연나라를 위하여 제민왕(齊湣王)에게 유세하기 전에 먼저 순우곤(淳于髡, 또는 淳於髡)을 만나서 한 말속에 등장한다.[24] 제 아무리 명마라 할지라도 백락을 만나야만 세상에 널리 알려진다는 뜻이다. 재능 있는 사람도 그 재주를 알아주는 사람을 만나야만 자신의 빛을 발할 수 있다는 말이다. 이렇게 볼 때, '백락일고'란 유능함이라든가 '쓸모 있음'의 의미를 갖는 말이라고 할 수 있다. 그러나 '쓸모없음의 쓸모 있음'을 지향하는 장자의 입장에서 볼 때, '백락일고'는 말의 본성을 파괴하는 유위의 행위에 지나지 않는다.

장자철학에서 자연한 세계와 인위적인 세계는 기본적으로 상반된 구조를 지닌다. 자연한 세계가 본원세계를 가리킨다면, 인위적인 세계란 개별적 자아가 현실에 구속되어 있는 세계를 가리킨다. 인위적인 세계란 다름 아닌 '인간세'이며, 인간이 자신을 비롯한 대별적 사물을 강제적으로 통제하고 구속하는 타락의 세계라고 할 수 있다.

그러므로 '인간세'에서 본연한 덕이 상실되는 원인은 자연적인 것이 아니라 인위적인 것 때문임을 알 수 있다. 본래적으로 황홀한 도를 인위적으로 변별하고, 거기에 자의적으로 당위론적 규범과 질서의 체계를 부여하려는 행위들로 인하여 자연적 질서의 체계는 왜곡되기 시작한 것이다.

이와 같은 존재 질서에 대한 인위적인 왜곡은 개별적 자아의 욕망 때문에 발생한다. 이러한 욕망은 일반적으로 '외물'을 추구하는 양상을 지니고 나타난다. 그런데 '외물'을 추구하는 방식에는 두 가지 층위가 있다. 그 하나가 감관에 기초한 본능적 욕구의 존재방식이라면, 다른 하나는 마음이 떠올리는 욕망의 존재방식이다. 이 둘은 상호간에 불가분의 관계를 유지하면서 존재한다.

개별적 인간은 기본적으로 식·색의 본능적 욕구를 실현시키고자 한다. 이러한 본능적 욕구의 과잉과 그 확장력으로 인하여 '인간세'는 타락하게 되는 것이고, 개별적 인간은 스스로가 구속되게 되는 것이다. 그래서 장자는 이를 두고 인간의 불안은 침상과 밥상 위에서 시작된다고 주장한 것이다.[25]

그런데 무엇보다 문제가 되는 것은 개별적 인간의 마음이 드러내는 욕망이다. 인간의 부정적 마음이 떠올리는 욕망은 권력욕이나 명예욕 내지는 재화에 대한 욕망에 이르기까지 다양한 방식으로 나타난다. 개별적 인간의 마음은 나와 남을 구별하는 의식을 형성하고, 자의식이 감관의 본능적 욕구의 충동을 받아 역기능적으로 작용할 때 개별적 자아에 집착하는 이기심으로 나타난다. 그리고 이기심의 주사로 말미암아 마음이 부정적으로 작용함으로써 진실을 왜곡하는 허위를 낳게 되는 것이다.[26]

장자는 이 마음이 떠올리는 욕망에 관하여 보다 깊은 관심을 갖는다. 장자는 개별적 인간의 마음이 떠올리는 욕망의 양상을 '좌치' 내지는 '외치'라는 말로 표현하고 있다. "만약 내가 잠시라도 어떤 생각을 마음속에 받아들여 스스로 욕망을 멈출 수 없다면, 몸은 비록 이 곳에 앉아 있더라도 마음은 밖으로 치달려 나갈 것이다."27) 이것이 바로 개별적 인간의 마음이 부정적으로 떠올리는 '좌치' 내지는 '외치'의 양상이다. 이때 개별적 인간의 의식은 가치의식을 기준으로 대상 지향성을 드러낸다.

결국 문제는 개별적 자아의 의식이 자신을 구속하고 세계를 왜곡한다는 점에 있다. 그러므로 개별적 자아가 존재 구속의 상태로부터 벗어나는 방법은 다른 것에 있지 않다. 문제와 그 문제에 관한 해소의 실마리는 모두 개별적 자아 자신에게 놓여 있다. '인간세'의 인위적인 가치 분별과 타락적 양상은 모두 개별적 자아의 욕망의 체계 때문이므로 이 욕망을 무화시킨다면, '인간세'는 곧바로 자연한 세계로 환원될 수 있다. 장자철학에서 자연한 세계의 현상론적 근거는 '지극한 덕의 세계'로 표상된다.

그렇다면 장자의 '지극한 덕의 세계'란 어떠한 세계를 의미하며, 그 논리적 방법으로 선택하고 있는 복귀의 의의는 무엇인지 보다 구체적으로 살펴보도록 하자.

3. 장자의 '오래된 미래'

헬레나 노르베리 호지(Helena Norberg Hodge, 1946~)의 『오래된 미래: 라다크로부터 배운다』라는 책이 있다.[28] 이 책은 인도 북부의 작은 마을인 라다크에 살고 있는 사람들의 삶의 가치와 행복의 문제를 통해 인류의 미래를 묻는다. 천년이 넘도록 평화를 유지하였던 라다크가 서구식 개발로 인해 환경이 파괴되고 공동체가 분열되었다는 내용을 담고 있다. 자연의 세계가 인간의 개발의지에 의하여 파괴된 사례를 구체적으로 제시한 것이다.

헬레나 호지의 문제의식은 장자와도 맞닿아 있다. 물론 시대의 차이와 사회적 삶의 차이 때문에 양자를 단순 비교하는 것은 무리가 따른다. 장자의 시대에는 서구식 개발은 찾아볼 수 없고, 오늘날과 같은 심각한 환경파괴의 문제는 생각할 수 없는 상황이기 때문이다. 단적으로 말해 장자는 환경지킴이의 철학자는 아닌 것이다. 그럼에도 양자의 사유의 시스템은 그 근원에서 만난다. 장자도 '오래된 미래'(ancient future)를 묻고 있기 때문이다.

전국시대의 혼란한 시대상은 장자로 하여금 현실에 대해 강한 회의와 부정을 갖게 하는 충분조건이었다. 장자는 이러한 '인간세'를 넘어서기를 열망한다. 그래서 장자는 '지극한 덕의 세계'라는 하나의 이상적 세계의 대안적 모델을 제시한다. 장쥔(張軍)은 장자의 '지극한 덕의 세계'가 당시 사회의 어두운 면과 모든 착취제도에 대한 부정으로 제시된 것이라고 주장한다.[29]

장자는 인간과 세계가 유기적으로 연대되어야 한다고 본다. 그 연대의 기준은 존재의 자연한 질서 이외의 다른 것이 아니다. 그러므로 인간이나 세계는 고립된 타자의 존재 질서에 얽매여서는 안 된다. 고립된 타자의 존재 질서에 동참한다는 것은 곧 자신의 존재 구속을 의미할 뿐이다. 만일 인간과 세계의 연대가 고립된 타자의 질서 체계에 따라야 하는 것이라면, 이러한 연대는 마땅히 부정되어야 한다. 이것은 인위적인 질서 체계이기 때문이다. 장자철학에 있어서 인위적인 질서 체계는 부정되지만, 자연적인 질서체계는 긍정된다.

장자는 도가 구현되어 어떠한 구속과 속박도 존재하지 않는 이상적 세계의 모델을 제안한다. 이것이 바로 '인간세'와 대별되는 '지극한 덕의 세계'이다. '지극한 덕의 세계'에서는 현상적 사물에 대한 일체의 상대적 차별이 용인되지 않는다. 오히려 상대적 차별상은 도의 세계에 하나로 통일되고, 상대를 포월한 도가 자연스럽게 자신의 형상을 드러낸다.

이 세계는 시간적으로 과거의 시점과 연관되어 있다는 특징이 있다.[30] 아래의 인용문은 이러한 점을 잘 보여준다.

> 옛날 사람은 혼돈 속에 있으며 모든 세상 사람들과 함께 편안한 고요함을 터득하고 있었다. 이러한 시대에는 음양은 조화되어 조용하고 정령은 함부로 움직이지 않으며 사계절은 순조롭고 만물은 손상되지 않으며 온갖 생물은 천수를 다하고 사람들은 지혜가 있어도 지혜를 쓸 데가 없었다. 이것을 완전한 일치라고 한다. 이러한 시대에는 의식적으로 무엇을 하려고 하는 생각이 없으면서도 언제나 저절로 그렇게 되었다.[31]

이러한 점으로 말미암아 '지극한 덕의 세계'는 마치 원시 공동체 사회를 지칭하는 것 같은 인상을 보이기도 한다. 왜냐하면 장자는 '지극한 덕의 세계'의 모델을 과거에 설정한 후에 원시 공동체 사회가 가장 이상적인 것처럼 설명하기 때문이다.

우리는 여기에서 '지극한 덕의 세계'가 원시사회와 무관하지만은 않다는 점을 알게 된다. 그래서 추이따화는 '지극한 덕의 세계'라는 용어가 바로 원시 시대의 씨족사회에서 빌린 명칭이라고 주장한 것이고,[32] 또한 런쮜유는 장자가 인류 문화는 근본적으로 계승되고 발전한다는 현실을 이해하지 못한 것이라고 비판하기도 한 것이다.[33]

그러나 장자가 비록 원시사회로부터 '지극한 덕의 세계'라는 개념을 도출하였다고 할지라도, 그가 원시사회로 인류의 문화를 되돌리려는 퇴행적 역사관을 가졌다고 말할 수는 없다. 이 문제와 관련하여 우리는 장자가 복고적 세계관을 내세운 참다운 의의가 무엇인지를 살펴보지 않으면 안 된다.

『장자』에 제시된 수많은 언어들이 비유적인 역설로 가득 차 있듯이 '지극한 덕의 세계'의 성격 또한 마찬가지이다. 장자는 '인간세'의 비본연한 일체의 당위론적 규범으로 말미암은 작위적 양상에 대한 반정립으로서 원시적 생활의 소박함을 비유적으로 보여준다. 이로써 그는 '인간세'의 타락상을 극복하려는 방향전환의 일차적 목표를 시간의식을 과거로 되돌림으로써 달성시킨다. 여기에서 우리는 '지극한 덕의 세계'의 시원적 성격을 통하여 인류의 역사문화에 대한 진보와 발전의 논리가 장자에 의하여 부정 비판되는 동시에 복귀의 논리가 새롭게 제안되고 있음을 확인한다.

실제로 진보와 발전이란 인위적인 재주와 힘을 날로 증진시키는 것이라 말할 수 있다. 여기에는 임기응변식의 지략이 적용되고 여러 가지 개념들이 사용된다. 그리고 우리가 자신의 생활에 관심을 가질 때 그 개념의 사용법을 알 수 있다. 예컨대, 의료계를 정황을 볼 때 약품과 기구가 늘어나더라도 고통을 호소하는 병자가 없다면 혼란에 빠질 수 있다. 병자가 있을 때만 약품과 기구의 사용법을 알게 된다. 다시 말해 병은 약과 도구의 중심점이다. 약과 도구가 많아질수록 우리는 질병에 더 잘 대처할 수 있다.[34] 그러나 도구가 많다는 것과 그에 대한 개념을 더 많이 알고 있다는 것이 반드시 진보와 발전이라고 말할 수는 없다.

장자에게 있어서 '지극한 덕의 세계'가 곧바로 원시사회를 지칭하지는 않는다. 뿐만 아니라 장자는 원시사회로의 회귀를 요청하지도 않는다. 여기에서 중요한 것은 과거의 시점으로 방향을 전환시킴으로써 장자는 우리의 일상적 사유의 편견을 해체하려는 '복귀론적 역설'의 전략을 취하고 있다는 점이다.

헬레나 호지의 표현을 빌린다면, 장자의 복귀론적 역설은 '오래된 미래'에 다름 아니다. '오래된'과 '미래'라는 말은 서로 조응할 수 없는 모순개념이며, '오래된 미래'는 형용모순에 해당한다. 그럼에도 이 말이 한 자리에 모인 것은 '미래'에 대한 부정을 암시한다. '미래'가 곧 '과거'라는 말이며, 다시 말하자면 긍정적 미래의 연원이 과거에 존재하는 것처럼 부정적 미래의 연원 역시 과거에 이미 존재하고 있었다는 말이다.

과거는 미래가 되고, 미래는 과거가 된다. 이 말은 하나의 역설이다. 이러한 역설은 곧 현재에 대한 부정이다. 시간적 과거가 미래가 된다는 말은 현재를 부정하는 것 이외의 다른 것일 수 없다. 현재의 문제 상황을 과거와 미래를 통해 부정하고 반성해보라는 것이 바로 '오래된 미래'의 역설이다.[35] 그리고 '오래된 미래'의 역설은 '새로운 과거'의 역설과도 통하며, 결국 과거와 미래를 현재에 소환하여 새롭게 재생시키라는 의미와도 상통한다.

한편 '오래된 미래'의 역설은 시간적 범주에만 적용되지는 않는다. 시간과 공간이 존재적으로 분리되어 있을 수 없기 때문이다. 이러한 점 때문에 '오래된 미래'는 공간적 범주의 문제에로 진입한다. 장자는 과거에 존재했던 '지극한 덕의 세계'와 더불어 '덕으로써 건설한 나라'가 공간적으로 존재하고 있음을 제시한다.

장자는 다음과 같이 말한다.

> 남쪽 월나라 지방에 '덕으로써 건설한 나라'가 있는데, 그곳 사람들은 무지한 것 같지만 소박하고 사심이나 욕망이 적으며 노동할 줄 알아도 그것을 자신의 것으로 하지 않고, 남에게 베풀어주어도 그 보답을 바라지 않으며, 의리나 예법에 맞는 것이 무엇인지 알지 못한다. 그들의 행동은 거칠 것이 없이 마음대로인데도 커다란 도리에서 벗어나지 않는다. 그들은 살아서는 즐기고 죽으면 묻힐 따름이다.[36]

장자는 여기에서 하나의 파격을 보여준다. 왜냐하면 여기에서 장자가 이상세계라고 주장하고 있는 공간은 중국인들에 의하여 오랑캐의 땅이라고 천시를 받던 곳이었기 때문이다. 즉, 남쪽의 월나라는 당시에 야만성을 대표하는 공간이었다.

장자는 남쪽의 월나라 사람들이 전국시대 당시에도 머리카락을 짧게 자르고 몸에는 온통 문신을 하고 다녔음을 지적한다.[37] 이러한 특징은 문화적인 상대성을 보여주는 것이지만, 대부분의 사람들은 월나라 사람들의 야만적 표상으로 이해한다. 이러한 남쪽의 월나라를 장자는 오히려 이상세계의 모델로 제시하고 있는 것이다. 그것은 장보관의 굴레와도 연관된다. 장보관은 유학자의 관을 상징한다. 중원의 송나라는 유학자의 관이 필요했지만, 남쪽이 월나라에서는 그것이 쓸모가 없다는 맥락이다. 후대 위진 현학의 주요 쟁점이었던 '자연'과 '명교'가 월나라와 송나라로 표상되고 있는 것이다. 장자는 남쪽 월나라에 '오래된 미래'가 있다고 본 것이다.

장자는 문명과 야만을 다시 생각하게 한다. 문명인이라고 자부심을 내세울 것은 없다는 말이다. 문명과 야만을 가르는 것 자체가 하나의 가치 분별이며, 이러한 가치 분별은 세계를 대립적으로 대치시킬 뿐이다. 따라서 장자에 있어서는 공간적으로 남쪽 월나라 지역이 이상세계가 아니라고 할지라도 문제는 없다. 장자가 의도하는 것은 장소 이동의 계기를 통하여 인간의 왜곡된 가치의식을 새로운 방향으로 전환시키고자 하는 것이다. 이러한 방향전환의 일차적인 목적이 이루어진다면, 이상 세계는 자연스럽게 도래할 것이라는 것이 장자의 생각이다.

요컨대 장자가 복귀론을 주장하는 이유는 도에 근거한 이상세계가 시·공을 넘어선 원시적 시원성을 가지고 있기 때문이다. 장자는 그 시원으로의 복귀를 희망한다. 그래서 장자는 '인간세'의 타락상을 극복하고 근원적 도의 세계로 돌아가라고 하는 것이다.

시원으로의 복귀를 위해서는 시공에 대한 초탈뿐만 아니라, 유교의 상식과 예교를 벗어나야만 한다는 것이 장자의 생각이다. 일체의 인위적인 규범과 속박의 요소들로부터 해방되지 않는 한 인간은 결코 자유로울 수 없다.[38] 이러한 점을 염두에 두고 장자는 자유의 목표와 이상세계에 도달하는 방편으로 복귀의 논리를 제창한 것이다. 복귀의 논리는 현실에 대한 비판의식을 수반한다.

이상에서 살펴본 바와 같이, 장자는 복귀의 논리를 가지고 자신의 이상세계를 주장하고 있다. 이 복귀의 논리 속에는 시간의식과 더불어 공간 의식이 동시에 부정되고 있다는 점이 확인된다. 우리의 시간의식과 공간 의식은 한계를 지닌다. 이것은 모두 상대적인 것이다. 그럼에도 우리는 한계를 지닌 자신의 시간의식과 공간 의식을 절대적인 것이라고 착각한다. 장자는 이것을 부정한다. 그 부정의 근거는 도에 있다. 도는 시간과 공간의 차별 의식을 넘어서 있는 것이기 때문이다. 개별적 인간이나 개별적 사물의 시간은 유한하다. 그러나 도는 시작과 끝이 없다.[39] 뿐만 아니라 공간적으로도 무한하다.[40]

이러한 도의 세계에 복귀하기 위해서는 일상의 방식을 가지고는 불가능하다. 『장자』의 곳곳에서 아득히 오래된 과거나 중원에서 멀리 떨어져 있는 지역에서 융성했던 이상향에 대한 밑그림이 등장하는 것은 모두 이유가 있는 것이다. 그것은 하나의 유토피아나 통치의 퇴보에 대한 개략적인 역사를 수반한다.[41] 이것은 모두 현재에 대한 부정과 반성의 일환이다. 그래서 장자철학에서는 적극적인 발전의 논리가 부정되고, 자기퇴행성을 갖는 복귀의 논리가 제시되는 것이다.

복귀의 원점에는 혼돈의 도가 있다. 여기서는 삶과 죽음도 하나이고, 군주와 신하의 구분도 무의미하며, 좋고 나쁨의 평가도 하나로 통일되어 무화된다. 그러나 인간세의 현실에서는 죽음보다는 삶이 좋은 것이고, 군주와 신하는 주종관계에 얽매여 일생을 살아야 하며, 나쁜 대상보다는 좋은 대상을 얻고자 열망하는 분주한 삶을 살아가지 않으면 안 된다. 반성 없는 역사의 축적이 인간세의 변화를 가로막고 있다.

이 지점에서 우리는 반성 없는 인류 역사의 진행이 과연 바람직한 것인가에 관해 묻지 않으면 안 된다. 이 점에서 장자는 하나의 귀감이다. 장자는 시간과 공간의 역설을 통해 인류 역사의 진행이 과연 바람직한 것인가를 묻고 있기 때문이다. 장자는 과거라는 '시간'과 야만의 땅 월나라라는 '공간'을 선택하여 현재의 상황을 묻는다. 이때의 물음은 하나의 점검이다.

장자가 본 현재의 상황은 인간의 자기중심적 사고를 벗어나지 못한다. 그래서 현재를 부정하기 위해서 인간은 결정적으로 자기중심적 사고로부터 벗어나지 않으면 안 된다고 장자는 본다. 그것은 '지금 여기'를 떠나는 것과 다르지 않은 일이다. 그런데 하필 '지금 여기'를 떠나 선택된 시간이 과거이고, 공간은 남쪽 오랑캐 땅이다. 이러한 표상은 분명 장자의 역설이다. 그리고 장자의 역설적 은유는 '지금 여기'를 제대로 보게 하려는 철학의 방편으로 작용한다.

'지금 여기'라는 시간과 공간을 무시한 이상향이란 존재할 수 없다. 장자의 이상향은 초월적 타자를 지향한다거나 현실을 배제하지 않는다. 장자의 이상향은 언제나 그 현재성과 현장성을 주목한다. 장자는 이와 관련하여 지금 당장 한 모금의 물이 필요한 물고기의 예를 든다. 갑자기 열악한 환경에 처해 지금 당장 한 모금의 물이 필요한 물고기가 있다. 그 물고기에게 지금 당장 '서강의 물'은 필요가 없다.42)

'서강의 물'은 지금 위기에 처해있는 물고기로부터 너무 멀리 떨어져 있는 공간일 뿐만 아니라 오고가는 데 소요되는 시간도 오래 걸린다. 장자가 볼 때 죽음이 임박한 현장의 상황을 외면하고 이상향을 논의하는 것은 공허할 뿐만 아니라 무의미하다. '지금 여기'의 상황이 중요하기 때문이다. 제 아무리 풍족한 강물일지라도 한모금의 물보다 못할 때가 있는 것이다. 지금과 다른 시간, 그리고 여기와 다른 공간은 여기에서 멀리 떨어진 곳에 있다는 '서강의 물'에 지나지 않는다. '서강의 물'처럼 '지금 여기'를 벗어난 시간과 공간은 모두 '지금 여기'의 현실을 보다 정확하게 깨닫게 하려는 방편적 은유로서 동원된다.

시간의 진행 방식과 문명의 발전은 궤를 같이 하지는 않는다. 장자가 볼 때, 시간이 흐를수록 '인간세'에 혼란은 더욱 더 심화되었고 자연한 존재의 질서는 상실되었다. 인간이 스스로 문명이 발전한다는 믿음을 가질수록 존재의 질서는 거꾸로 파괴되었던 것이다. 만일 이와 같은 논의를 받아들인다면, 공간적 측면에서 문명과 야만을 가르는 기준조차 무의미하다. 이러한 점은 중국 선불교의 역사에 등장하는 육조 혜능의 예를 상기시킨다. 불성에는 남북의 경계가 없다는 혜능과 홍인의 첫 대면에 있었던 '불성문답'이 그것이다. 『신회어록』과 돈황본 『단경』에 이에 대한 유사한 기록이 남아있다.43)

장자는 이러한 논리를 가지고 '인간세'의 현 상황을 점검하기를 요청한다. 결국 장자는 복귀의 역설적 전략을 가지고 문명 세계의 그릇된 요소들을 해체하기 위한 '방향전환'의 목표를 시간과 공간의 측면에서 완수하고자 하였다고 볼 수 있다. 이러한 점에서 과거로의 복귀와 오랑캐의 땅 월나라로의 귀환은 장자가 말하는 역설의 방편이다.

'지극한 덕의 세계'에서는 인간과 개별적 사물이 상호 구속하거나 구속받는 일이 없이 서로 조화로운 관계를 유지한다. 또한 거기에서는 인간에게 포획된 존재라든가 존재에 종속된 인간은 존재하지 않는다. 존재와 인간이 자연성의 기반 위에 상호간에 유기적 관계를 이루고 있을 뿐이다. 이것은 장자가 인간 외적 대상으로서의 물상적 자연을 영원한 타자로 상정하지 않았기 때문이다.

4. 너그럽게 내버려두는 세상

장자는 '지극한 덕의 세계'에 도달하기 위해서는 무위의 공능이 발현되어야 한다고 본다. 그런데 '무위'는 '무지·무욕'의 지식론과 밀접한 관련을 갖는다. 바꾸어 말한다면, '무위'하기 위해서는 '무지·무욕'하여야 하며, '무지·무욕'하게 되면 '무위'에 이른다. 그러나 여기에서 장자가 '무지·무욕'을 주장한다고 하여 그가 우민화 정책을 주장했다고 볼 수는 없다.

장자의 비판적 대상은 피치자인 백성이 아니라 당시의 시대적 혼란을 유발시킨 지식인 계층이다. 따라서 통치의 문제와 관련되는 한 '무지'와 '무욕'하여야 할 대상은 인간 일반을 지칭하는 것이 아니라 위정자 계층인 것이다. 그래서 장자는 통치자의 마음 상태가 '무지·무욕'하여야 함을 주장한다.

이때 '무지'의 의미는 마음에서 일어나는 일체의 사량 분별을 무화시키고 자신의 기준을 대상사물에게 강제하는 것을 부정하는 것이다. '무욕'의 의미 역시 존재의 생물학적인 욕구 자체를 민멸하려는 것이 아니고, 타자의 생명을 해치는 적대적 욕구를 브정하는 것을 말한다. 이러한 '무지·무욕'의 상태에 도달하면 '인간세'에 존립하는 군자나 소인의 상호 대립적 가치 체계는 성립할 근거를 상실하고 만다. 장자는 군자와 소인의 규정성에 대해 회의적이다. 그래서 장자는 "하늘의 소인이 사람에게는 군자요, 사람의 군자가 하늘에는 소인이다"44)라고 한 것이다.

장자는 '무지·무욕'한 사람들이 모여 사는 '지극한 덕의 세계'를 상정하고 다음과 같이 말한다. "무릇 '지극한 덕의 세계'에서는 금수와 더불어 살았고, 만물과 나란히 모여 있었다. 그러니 어찌 군자와 소인을 헤아리겠는가? 멍하니 무지해서 그 본래의 덕을 떠나지 않았고, 무욕해서 그야말로 소박하다 할 수 있었다. 소박하므로 백성의 자연스런 본성도 온전하였다."45)

'무지·무욕'과 연관된 무위의 공능은 생명의 자연스러운 본성을 발현시키는 역할을 담당한다. 그래서 장자는 "군자가 다지못해 천하를 다스리게 될 경우에도 무위만한 것이 없으며, 무위하면 생명의 참다운 본성에 편안해질 수 있다"46)라고 한 것이다. 이것은 부득이한 경우에 성인이 정치를 하게 될지라도, 그 정치의 핵심은 언제나 작위 없는 다스림이어야 한다는 것을 밝힌 것이다. 그렇지 못할 경우 인간의 생명성은 상실된다.

장자가 말하는 '무위'가 아무 것도 하지 않고 가만히 있는 것은 아니다. '무위'는 전칭부정이 아니라 특칭부정이다. '무위'를 통하여 부정되는 것은 일체의 인위적인 것들이다. 따라서 '무위'는 일체의 인위적인 것으로부터 벗어나도록 하는 방법이다. 이러한 한에 있어서 '무위'는 오히려 적극적이고 능동적인 기능을 수행하는 것이라고 할 수 있다. 곽상도 이를 분명하게하기 위하여 '무위'라는 것이 팔짱을 끼고 아무 것도 하지 않는 것을 의미하지는 않는다고 해석하였다.47)

이와 관련하여 장자는 '천하를 있는 그대로 너그럽게 놓아둔다'는 '무통치적 통치'의 방식을 제시한다. 천하는 차별화될 수도 없지만, 다스림의 대상도 될 수 없다는 말이다. 그래서 장자는 "'천하를 있는 그대로 너그럽게 놓아둔다'는 말은 들었어도 천하를 다스린다는 말은 듣지 못했다. 있는 그대로 두는 것은 천하가 그 본성을 방탕하게 만들까 두려워서이며, 너그럽게 하는 것은 천하가 그 덕을 고칠까 두려워서이다. 천하가 그 본성을 방탕하게 하지 않고 그 덕을 고치지 않는다면 굳이 천하를 다스릴 필요가 없지 않는가?"48)라고 말한다.

인간과 대별되어 다스림의 대상적 존재로서 상정된 천하는 자신의 본성을 상실당한 채 인간의 의식 속에 개별적으로 포획되어 존재한다. 그러므로 '지극한 덕의 세계'의 순수성이 유지되기 위해서는 대상적 존재로 상정되는 천하라는 의식과 더불어 천하를 다스림의 대상이라고 파악하는 주관의 상호 관계망이 설정되지 않아야만 한다.

일체의 작위적인 행위가 사라져야 자연의 참모습이 드러난다.

장자에 있어서 자연의 상태는 무위를 통해서 가능하다. 그리고 '인간세'에 이러한 무위가 궁극적으로 구현되면, 이 세계가 다름 아닌 '지극한 덕의 세계'라고 볼 수 있다. '지극한 덕의 세계'는 다스림이라는 행위 자체가 무의미하다. 여기에는 덕의 결여태가 더 이상 존재하지 않기 때문이다.[49] '지극한 덕의 세계'는 개별적 실체로서 인간 외적으로 독립하여 인간과 대립하는 존재의 구조를 지니는 것이 아니라, 세계와 인간의 관계성이 서로 지배와 종속으로부터 벗어난 자연의 상태로 존재한다.

'지극한 덕의 세계'에서는 '무통치적 통치'를 통치의 방식으로 삼는다. 그리고 '무통치적 통치'의 내용은 '천하를 있는 그대로 너그러이 놓아두는 것'이다. 장자는 이와 관련하여 다음과 같은 철학적 우화를 제시함으로써 이것을 보다 구체적으로 담론화한다. "그러므로 물오리의 다리는 짧지만 이어주면 괴로워하고, 두루미의 다리는 길지만 잘라주면 슬퍼한다. 그러므로 본래의 됨됨이가 긴 것은 길더라도 자르지 말 것이요, 본래의 됨됨이가 짧은 것은 짧더라도 잇지 말아야 한다."[50]

이 철학적 우화 속에 나타난 바와 같이 인간이 천하를 있는 그대로 너그러이 놓아두지 않고 왜곡하여 차별하게 되는 원인은 인간의 주관적 가치평가 때문이다. 그래서 장자는 "인위로써 자연을 궤멸시키지 말며 고의로 생명을 궤멸시키지 말라"[51]고 주장한다. 장자는 인간의 가치평가가 자칫 자연의 궤멸을 가져올 수 있음을 염려한 것이다.

'천하를 있는 그대로 너그럽게 놓아둔다'는 것은 인간의 주관적 입장에서 가치론적으로 평가되고 차별되는 대상적 세계상을 해체하고, 그야말로 '천하를 천하로서 보는 것'[52]을 말한다. 그것은 하이데거 식으로 말하자면 자유의 다른 표현이기도 하다. "자유는 적극적 자유이건 소극적 자유이건 간에 모든 자유에 앞서서, 존재자 자신의 개현 속에 나를 맡기는 것(Eingelassenheit)이다."[53]

이것은 천하를 천하에 그대로 맡겨두는 방식이다. 여기에 이르면 천하는 다스리지 않지만 저절로 다스려진다는 역설이 성립한다. 그래서 장자는 "자신의 마음을 담담한 경지에 노닐게 하고, 기운을 막막한 세계에 합치되게 하여 사물의 자연스러움에 따르게 하며 개별적 자아의 그릇된 욕망을 용납하지 않는다면, 천하는 저절로 다스려진다"[54]라고 한다. 천하는 개별적 천하로서 주관에 포획되어 통치되는 대상이 아니다. 천하가 작위의 대상으로 포획되는 한, 천하의 유기적 생명성은 결박되어 자유롭게 구현되지 못한다. 장자가 볼 때, '천하를 있는 그대로 너그럽게 놓아둔다'는 것이야말로 최상의 통치이다.

그래서 담사동(譚嗣同, 1865~1898)[55]은 '천하를 있는 그대로 너그러이 놓아두는' 시스템을 갖춘 '지극한 덕의 세계'에서는 국가의 개념조차도 무의미하다고 본다. 담사동은 장자의 사상을 높이 평가하고, 다음과 같이 말한다.

> 지구의 통치에는 천하는 있으나 국가는 없다. 장자가 말하기를, '천하를 있는 그대로 너그럽게 놓아둔다'는 말은 들었어도 천하를 다스린다는 말은 못 들었다고 한다. 다스린다는 것은 국가가 있다는 것이며, '너그럽게 놓아둔다'는 것은 국가가 없다는 뜻이다. '너그럽게 놓아둔다'는 것은 자유의 또 다른 표현이다. 훌륭하다. 장자의 말이여! 사람마다 자유로울 수 있으면 이는 반드시 국가가 없는 백성이다. 국가가 없으면 경계선이 없어지고, 전쟁이 종식되며, 시기가 끊어지고, 권모술수가 폐기된다. 너와 나의 대립이 사라지고 평등이 출현한다. 비록 천하가 있더라도 천하가 없는 것과 같다. 군주가 폐기되면 귀천이 평등하고, 공리가 밝으면 빈부가 균등하다. 천리만리의 일가일인이 가정을 여관처럼 보고, 타인을 동포로 본다. 어버이는 그 자애를 쓸 바가 없고, 자식은

그 효도를 쓸 바가 없으며, 형제는 우공을 잊고, 부부는 서로 따르는 것에 매이지 않는다.[56]

담사동은 장자의 '제물론' 사상에 깊이 공감하고, 만민 평등론을 제창한다. 그는 하늘과 인간이 서로 평등한 존재라고 생각한다.[57] 이러한 사유의 연장선에서 담사동은 다음과 같이 말한다. "(장자가 말한 것처럼) 서로가 서로를 잊는다면 (얽매임이 없어짐으로써) 평등하다. 그런데 수다스럽고 수다스러운 작은 유자들이 어찌 이것을 말할 수 있겠는가?"[58] 이 말을 통해 볼 때 담사동은 비록 장자와 유가의 사상적 대립을 논정하고 있기는 하지만, 장자의 철학적 특징이 평등에 있다는 점을 분명하게 제시한 장점이 있다.

담사동은 중국에서의 정치사회적 전제주의에 대한 비판과 평등사상의 기원은 전적으로 장자로부터 비롯된 것이라고 본다. 담사동은 그 대표적인 인물이 바로 명말청초의 철학자 황종희라고 보았다. 그는 황종희의 학문은 육구연과 왕수인을 계승한 것이고, 또한 육구연과 왕수인의 사상은 학술계보 상에서 장자 계열을 계승한 것이라고 주장하였다.[59] 이와 같은 담사동의 주장은 중국철학사에 나타난 평등사상의 기원을 장자에게 두었다는 점에서 의의가 있다.

5. 무하유지향, 인간의 손때가 묻지 않은

장자철학에 있어서 '지극한 덕의 세계'를 가능하게 하는 존재론적 근거는 도에 있다. 이러한 도의 세계상이 바로 '무하유지향'

이다. 그런데 일반인에게 '무하유지향'이란 마치 현실을 초월하여 다른 곳에 존재할지도 모른다는 유토피아적 환상의 세계를 지칭하는 것처럼 보이기도 한다. 이와 같이 본다면, '무하유지향'이란 '현실세계에서는 찾아 볼 수 없는 마을'이라는 의미가 되고 만다.

만일 이와 같다면, 장자의 '무하유지향'은 서양의 '유토피아(Utopia)'와 같은 의미가 되고 만다. 유토피아는 '우'(U: 없음)+ '토포스'(Topos: 장소)라는 어원을 가지고 있다. 이러한 점을 근거로 혹자는 장자의 이상향이란 근본적으로 현실적인 영역을 떠나 있는 데 의의가 있는 것임을 보여 준다고 한다.[60]

리우샤오간은 이러한 입장을 대표한다. 그는 다음과 같이 말한다. "장자는 현실세계에는 자유가 없다고 인식하고 '무하유지향'에 가서 자유를 찾는 환상을 가지고 있다. 그런데 장자의 이른바 '무하유지향'이나 사해의 밖, 세상의 밖은 모두가 순전히 정신적인 영역으로서 현실 세계와는 조금도 관계가 없다."[61]

그러나 장자가 추구하는 이상적 세계의 의미는 이러한 것이 아니다. 그럼에도 이러한 주장이 제기될 수 있는 원인은 『장자』에는 여전히 우리에게 신비적인 상상을 유발하게 하는 여러 가지 황당무계한 표현들이 존재하기 때문이다. 『장자』에 표현된 모든 신비적인 표현들은 일상적 사유의 맹점을 파탈하기 위하여 설정된 하나의 방편에 불과하다.

'무하유지향'이란 어떠한 타자도 대상으로 정립될 수 없는 도의 세계이다. 도는 '자기 스스로 뿌리가 되고, 천지가 존재하기 이전부터 본래적으로 존재하는'[62] 무의존적인 독립적 존재이다. 이러한 도의 별칭으로 장자는 '무하유지향'을 제시하였고, 뿐만 아니라 이것을 '조물자' 내지는 '조화자'라고 의인화하여 표현하기도 하였다.

그러나 장자에 있어서 조물자는 어떠한 인격적 요소도 지니지 않는다. 조물자는 혼돈무대의 자연을 상징한다. 그것은 자신 이외에 어떠한 타자도 존재할 수 없음을 강조하기 위하여 동원된 개념이다. 즉, 개별적 사물은 생성과 소멸을 겪는 유한한 존재이지만 도는 무한한 존재라는 말이다. 그래서 장자는 "지극한 사람은 '비롯됨 없음'에 정신을 돌아가게 하고 '무하유지향'에서 감명한다"63)라고 한다.

여기에서 '무하유지향'과 개념적 연계성을 지니고 표현된 '비롯됨 없음'이란 존재의 생성론적 입장을 의미하는 시간적 개념이 아니다. '비롯됨 없음'은 경험적 현상계의 논리가 적용되지 못하는, 절대적 도 내지는 '무하유지향'의 세계를 지칭한다. '무하유지향'이란 일체의 차별과 대립을 넘어선 존재의 즉자적 세계를 가리킨다. '무하유지향'은 일체의 논리적 제약으로부터 벗어나 있는 세계이다.

'무하유지향'에서 '무'는 '하유'를 부정하는 개념이다. '무'는 아무 것도 없는 것이 아니라, 전체가 동일형상에 있어서 구별되어지지 않는 혼돈 미분화의 경계이다. '무'로서의 도는 하나의 상징이며 부호일 뿐이다. 그런데 우리는 일반적으로 도의 본연상을 '이러이러하다'라거나 '저러저러하다'고 규정하고 개념화하려는 성향을 가지고 있다.

이러한 태도는 비대상적 존재를 대상화시켜 이것을 고정 불변한 개념으로 포착한 후 주관적 관념의 영역 안으로 포획하려는 목적의식 때문에 발생한다. 그러나 주관적 관념은 도리어 도의 본연상을 왜곡한다. 규정되고 개념화된 도는 개별적 존재일 수밖에 없으며, 그래서 상대적 속성을 벗어나지 못한다.

왜냐하면 존재에 대한 개념적 진술은 세계를 단절시키기 때문이다. 절대의 도는 무엇이라고 칭명될 수 없으며, 어떠어떠하다고 서술될 수도 없다. 이러한 절대적 도의 세계가 바로 어떠한 개념 규정도 받아들이지 않는 '무하유지향'의 세계이다. '무하유지향'은 공간적으로 아무 것도 없다는 것을 의미하지는 않는다. 즉, '무하유지향'은 절대적으로 아무 것도 존재하지 않는다는 개념이 아니라는 말이다. 이것은 아무도 살지 않는 '무인지경'의 진공 상태를 의미하는 공간적 개념이 아니다. '무하유지향'은 '아무 것도 없는 고장'이라는 의미로 해석될 수 없으며, 오히려 '어떠어떠한 것도 없는 고장'이라고 해석되어야 한다.

따라서 도의 세계를 의미하는 '무하유지향'은 이러저러한 것으로서 개념적으로 분별될 수 없다. 예를 들자면, 시각의 대상으로서 어떠한 색깔로, 청각의 대상으로서 어떠한 소리로, 후각의 대상으로서 어떠한 냄새 등으로 특정하게 개념화되고 대상화될 수 없다. '무하유지향'의 세계는 감각경험에 토대를 둔 일상적 분별의 세계상을 벗어나 있다. 그러므로 '무하유지향'은 일체의 개념 규정과 언어적 서술이 미치지 못하는 도의 절대적 경역을 형용하는 표현이라고 할 수 있다.

우리는 존재를 개념으로 규정할 수 없다. 왜냐하면 규정이란 제한을 의미하는데 만일 존재를 규정한다면 그것은 존재를 보편성에 있어서 파악하는 것이 아니라 도리어 특수화하는 것이 되기 때문이다. 또한 우리는 존재를 규정할 수도 없다. 정의는 피정의항의 상위에 있는 유개념에 의거해서 가능한 것이므로 존재는 그 자체로서 최고의 유개념이요 최후의 개념인 까닭에 정의될 수 없는 것이다.[64)]

각 규정은 오히려 하나의 제한이다. 규정은 존재를 보편성에서 파악하는 것이 아니라 그 특수상에서 파악하는 것이다. 그런데 일체의 세밀한 규정은 도리어 존재를 그르치는 것이라고 한다면 존재는 분명코 무규정인 채로 남아 있게 될 것이다. 그것은 오로지 그 자체로서는 전혀 파악되지도 않고 정의되지도 않은 채로 있는 것이다. 존재는 최후의 문제이다. 정의는 구하여지는 것의 배후에 서 있는 것에 근거해서만 가능하다. 그런데 최후의 것은 정의될 수 없다. 최후의 것은 어떠어떠한 것도 없는 것이기 때문이다.65)

도는 서술적 언어로 기술할 수 없다. 일반적으로 우리는 어떠한 대상을 객관적으로 기술하고자 할 때 술어가 주어를 서술하는 형태의 명제어를 사용한다. 이때 이 명제어가 지시하는 것은 하나의 대상적 사태가 다른 대상과 어떻게 다른가를 드러내 주는데 의의가 있다. 따라서 명제어는 특정한 사물이나 사태를 다른 대상과 판연하게 구별할 때 보다 큰 의미를 지니는 것이다.

이와 같이 서술적 언어는 언어가 지시하고자 하는 특정한 대상과 타자가 어떻게 다른가를 드러내 주는데 그 언어의 일차적 기능이 주어져 있다. 그러나 서술적 언어가 드러내는 것은 존재 사물 자체가 아니라 우리의 의식에 표상된 제2차적 대상일 뿐이다. 그러나 서술적 언어는 그 표상 내용조차도 제대로 드러내지 못하는 한계가 있다.

서술적 언어는 도의 절대적 경역에 미치지 못한다. 그래서 장자는 다음과 같이 말한다. "도는 들을 수 없는 것이니 들을 수 있으면 도가 아니요, 도는 볼 수 없는 것이니 볼 수 있으면 도가 아니며, 도는 말할 수 없는 것이니 말할 수 있으면 도가 아니다. 사물에 형체를 지니게 하는 것은 형체를 지닌 사물이 아님을 알 수 있겠는가? 도는 이름 지어 부를 수 없다."66)

이것은 절대적인 도를 형체나 색깔 등이 있는 개별적 사물처럼 묘사하거나 규정지을 수 없다는 말이다. 도는 어떤 형체도, 어떤 소리도, 어떤 냄새도 없다. 즉, 도는 어떠한 속성도 가지지 않는다. 형체와 소리, 그리고 냄새 등의 속성을 가지고 있는 것은 사물의 범주 안에 들어올 뿐 도는 아닌 것이다.[67] 도는 종일토록 보려고 하여도 볼 수 없고, 들으려 하여도 들을 수 없고, 잡으려 하여도 잡을 수 없는 것이다.[68]

결국 '무하유지향'은 인간의 그릇된 관념의 체계가 파탈된 후에 드러나는 자연한 세계인 것이다. 이와 같이 '무하유지향'은 제1차적으로는 의미론적 영역의 부정과 관련성이 있다. 따라서 장자철학은 절대의 계기를 생략할 수 없는 것이다. 절대란 구속으로부터 풀려난다는 의미를 지니고 있으며, 이것은 곧 자유를 의미하기 때문이다. 이러한 의미에서 장자철학은 '상대적 절-대'의 계기를 가지고 '절-대적 절대'를 지향한다는 특징을 지닌다.

여기에서 '무하유지향'은 존재 부정을 의미하는 것이 아니라 존재와 관련을 맺고 정립된 존재 개념의 의미 내용 일체를 부정하는 것을 의미한다. 이러한 의미론적 영역의 철저한 부정 이후에는 곧바로 존재의 절대 긍정적 세계가 나타난다. 여기에 이르면 존재와 사유는 형평의 존재 질서 위에서 상호 공속성을 유지하게 된다. 이것이 바로 장자가 추구하는 이상향으로서 제시된 '무하유지향'의 참다운 의미라고 할 수 있을 것이다.

6. 두 발은 여기에 딛다

인간이 현실을 살아간다는 것은 부조리한 상황 속에서 존재한다는 말이다. 부조리한 삶 속에서도 인간은 다른 동물과 달리 자신의 상황에 대하여 절망 내지는 희망이라는 것을 가지고 살아간다. 희망은 이중적이다. 이것은 희망이 이상과 환상이라는 이중성을 지닌다는 말이다. 이상이나 환상이나 이들은 모두 희망이라는 같은 목표를 지향한다. 그렇다면 이상과 환상은 다 같이 미래의 희망을 그 내용으로 삼고 있다는 점에 있어서 같은 논리를 지향하고 있다고 볼 수 있다.

그럼에도 이상과 환상은 다르다. 이상은 현실에 토대를 두지만 환상은 허구에 그 기반을 둔다. 사전적 정의에 따를 때 '현실적인 기초나 가능성이 없는 헛된 생각이나 공상'이 환상이다. 이에 반해 이상이란 '생각할 수 있는 가장 완전한 상태로서, 절대적 지성이나 감정의 최고 형태로 실현가능한 상태'이다. 물론 이상에도 실현가능한 이상이 있고 실현 불가능한 이상이 있다.

한 가지 분명한 사실은 이상과 환상은 현실의 기준으로부터 벗어났느냐 그렇지 않느냐의 문제라는 점이다. 일반적으로 우리는 이상과 현실을 분리하여 생각하는 경향이 있다. 그래서 이상을 꿈과 동일한 개념으로 착각하기도 한다. 이상은 결코 꿈과 같은 것이 아니다. 혹자는 장자를 가리켜 꿈꾸는 철학자라고도 하지만, 그는 결코 꿈에 머물던 철학자가 아니다. 그의 꿈은 언제나 방편이다. 철저하리만치 장자는 꿈에서 깬 현실을 보라고 한 철학자이다. 그것도 매우 정확하게 보지 않으면 안 된다는 요구가 장자의 꿈의 은유에는 내재되어 있다.

이상이 현실에 기초를 두지 않는다면 그것은 맹목적인 관념일 뿐이요, 현실에 이상이 세워지지 않는다면 그것은 추상적인 실재에 지나지 않는다. 우리가 흔히 말하는 현실이란 사실 '지금 여기'에 존재하는 개별적 자아와 사물이 현존하는 상태를 총칭하는 말이다. 이러한 한에 있어서 현실은 실재하는 것이다. 이에 반하여 이상은 실재에 관련된 존재의 한 양상이다. 따라서 이상은 하나의 관념이라고 할 수도 있다.

이상과 현실은 근본적으로 대립되는 성질을 지닌다고 할 수도 있다. 관념의 세계와 실재의 세계는 엄연히 다르다. 그러나 장자 철학에 있어서 이러한 대립은 무의미하다. 관념과 실재는 근원적 미분화의 상태에 통일되기 때문이다. 장자는 이러한 통일체를 일컬어 '도'라고 부른다. 일반적으로 실재는 관념의 존재론적 근거가 되지만, 관념은 실재의 근거가 되지는 못한다. 따라서 현실은 이상의 근거가 될 수는 있지만, 이상은 현실의 근거가 되지 못한다고 할 수 있다. 이것은 이상이 존재한 이후에 현실이 존재하는 것은 아니라는 말이다.

현실의 지반 위에서 이상은 세워진다. 장자 역시도 자신의 현실 위에서 이상을 본다. 장자는 이상주의자는 될 수 있을지언정 환상주의자는 될 수 없다. 장자가 환상주의자가 아니라는 말은 그가 현실주의자라는 말이 된다. 이상과 환상의 갈림길이 현실이라는 기준에 있기 때문이다.

장자는 이상적 세계가 현실의 밖에 있다는 '우토포스(u-topos)'를 주장한 것이 아니라, 구체적인 이 현실 안에 있다는 '인토포스(in-topos)'를 주장한 것이다.69) 장자의 이상적 세계의 진정한 의미는 그것이 현실에 기반을 둔다는 점에 초점이 놓여진다. 이것이 바로 장자의 이상적 세계의 의미인 탈현실의 논리인 것이다. 현실에 기준을 두기는 하지만 현실에 머물지 않는다는 말이다. 이것은 현실에서 현실을 극복하고 이상을 실현한다는 의미이다. 이상은 현실을 떠나 있는 것이 아니다.

장자철학은 이러한 탈현실의 논리에 근거하고 있다. 그래서 첸꾸잉의 지적처럼 장자철학은 낭만주의의 색채를 풍기기도 한다. 장자는 고난의 현실 세계에 직면하여 심미적인 정신으로 인간의 정신세계를 승화시키고자 한다. 장자의 이상적 세계의 의의는 '출세간'에 있지 않다. 이것은 장자가 "세속과 더불어 함께 한다"[70]고 한 주장을 통해서도 확인 가능하다. 장자철학은 세속적인 가치체계를 버리고 세속으로부터 벗어나려고 하지만, 결정적으로 이 세계를 버리지 않는다는 특징이 있다.[71]

우리는 장자철학이 '출세간'의 정신보다는 '탈세간'의 의의를 지닌다는 사실에 주목하지 않으면 안 된다.[72] 이것은 장자의 이상세계관에 내재된 탈현실의 논리로부터 찾아지는 철학적 진실이다. 세간의 현실은 꿈과 같다. 장자는 이러한 세간의 현실적 꿈으로부터 벗어나지 않으면 안 된다고 제안한다. 이제 본격적으로 꿈에서 깰 차례가 되었다.

13

선불교,
장자를 벤치마킹하다!

선불교, 장자를 벤치마킹하다!

1. 장자는 중국 선불교의 비조인가?

중국철학에서 선종의 탄생은 대단히 위대한 사건 가운데 하나이다. 불교가 중국에 들어온 정확한 연대는 아직까지 미해결의 상태로 남아 있다. 그러나 대략 1세기 반경에 불교는 이미 중국에 전파되었을 것이라고 추정된다. 그리고 3세기부터 4세기까지는 여러 불전들이 중국어로 번역되어 불교는 중국인들에게 좀 더 상세하게 인식되었다. 그것은 특히 도가의 장자철학과 매우 유사한 것으로 간주되었다.[1)]

분명 중국적 불학의 범주 안에서 전통적인 인도불교와 가장 큰 차이가 나며 중국사상의 색채가 가장 짙은 것은 의심할 바 없이 선종이다. 선종은 중국불교가 인도불교의 고유한 이론적 궤도에서 벗어나 독립적으로 발전시킨 가장 중요한 현상이며 결과이다.[2)] 토머스 머튼(Thomas Merton, 1915~1968)에 따르면, 장자의 사상과 정신을 '정통으로 계승'한 사람들은 당나라 때의 중국 선사들이라고 한다.[3)]

만일 이렇게 본다면, 중국 장학사의 전개는 일정한 굴절의 전기를 맞이한 것이라고 보지 않을 수 없다. 장자의 '주류'가 도가적 사상가들의 내면으로 흘러들어가지 못하고, 불교라는 새로운 사상에로 흘러들어 그 맥락을 잇게 되었다고 말할 수 있기 때문이다. 이러한 '주류의 계승'에 관한 논리는 결국 장자를 중국 선불교의 비조로까지 승격시킬 수 있는 여지를 남는다. 그러나 과연 장자가 중국 선불교의 비조일까?

물론 펑유란은 '중국불교'와 '중국의 불교'를 구분한다. '중국의 불교'는 중국에 들어오기는 했지만 인도불교의 원형을 그대로 가진 불교를 의미하는 반면, '중국불교'는 중국의 전통사상과 상호 접촉하여 중국화된 불교를 의미한다. '유식종'은 전자를 대표하고, '선종'은 후자를 대표한다.4)

이와 같은 펑유란 방식의 규정 때문에 혹자는 중국불교, 즉 선종이 중국에서 자생한 것처럼 오해하기도 하는 것 같다. 그러나 불교의 기원은 중국이 아니며, 불교의 핵심은 아무리 강조한다 하더라도 '외전'이 아니라 '내전'이라는 사실이다. 내전을 가지고 내전을 해석하는 것이 중국의 불교라면, 외전을 가지고 내전을 해석하는 것이 중국불교인 셈이다. 불교의 기원은 여전히 인도적인 것이며, 그것은 부처로부터 비롯되는 것이라고 보아야 한다. 그리고 불교 자체에서 본다면, 중국 선불교의 내재적 전승자는 부처와 달마이며, 외재적 전승에 기여한 것이 장자였다고 보아야만 한다.

나의 위와 같은 견해는 선불교에서 마음의 수행과정을 회화화한 '십우도(十牛圖)'의 사상에도 그대로 적용된다고 본다. '십우도'는 일명 '목우도(牧牛圖)', '심우도(尋牛圖)' 등으로도 불린다. 그 그림의 중심에는 '소'가 있고 '소를 치는 목동'이 있다. 소와 소를 치는 목동은 하나의 비유에 해당한다. 그림은 문자나 일상의 언어보다 폭넓은 감응으로 전해진다. 이 지점에서 그림은 그림의 역할을 다하고 그림을 넘어서는 효과를 발휘한다.

십우도에 등장하는 소는 농경문화와 관련된 구체적인 대상인식의 산물이다. 인도에서는 전통적으로 소를 성스러운 존재로 생각하였을 뿐만 아니라, 석가모니의 어릴 적 이름인 '고오타마(Gautama)' 역시 소를 의미한다는 것은 시사해주는 바가 크다. 인도의 불교가 중국에 들어와서 중국화하는 과정 중에 수행의 과정을 가르치는 방법으로써 소의 비유만큼 효과적인 것도 없었을 것이다. 농경시대의 사람들에게는 소만큼 가까운 동물도 없었으며, 소만큼 진솔하고 소만큼 근기가 강한 동물도 없었다. 선불교는 이러한 소를 통하여 자가의 철학적 입장을 보다 명증적으로 설파하고자 하였다. 그것이 바로 십우도의 탄생을 가져왔다고 생각된다. 한편, 중국의 유가는 불교의 십우도가 아닌 십마도(十馬圖)를 써서 도덕 훈련에 이르는 확실한 길을 보여주려고까지 하였다.[5)]

우리가 십우도의 기원과 그 역사에 대해 구체적으로 알 수 있는 자료는 별로 없다. 다만, 중국에서 십우도는 도가적 사유와 선불교적 사유가 만난 대표적인 예의 하나임에 분명하다는 점만큼은 확실하다. 라즈니쉬(Rajneesh, 1931~1990)에 따르면,[6)] 십우도는 원래 십우도가 아닌 팔우도(八牛圖)였다고 한다. 그리고 그것은 불교에서 생긴 것이 아니라 도가의 것이었다. 이것이 어떻게 하여 시작되었는지 그 기원은 아무도 모른다. 그러나 12세기에 와서 중국 선종의 조사인 곽암(廓庵)이 여덟 개의 소 그림에 두 개를 더하여 십우도를 만들었다고 한다. 도가에서는 팔우도로 끝나는 것을 곽암이 두 개의 그림을 추가시켰던 것이다. 라즈니쉬는 이것이야말로 선의 종교의식을 높일 수 있는 위대한 공로였다고 평가한다.

하지만 곽암 십우도 이전이나 이후에도 소에 의탁해 선의 지름길을 제시한 작품들이 있었고, 좀 더 거슬러 올라가 보면 코끼리에 의탁해 향상의 길을 제시한 티벳의 십상도(十象圖) 역시 십우도와 크게 통하는 맥이 있다 하겠다.[7] 특히 곽암 십우도 총서에 나오는 "요즈음 청거선사라는 분이…"라는 구절로 미루어 보건대, 목우도의 남상은 청거 호승(淸居皓昇)선사를 말한다고 생각되며, 또한 보명(普明)선사의 십우도가 청거 목우도를 10도로 개작한 것이라면 연대적으로 청거→보명→곽암의 십우도 순으로 보아야 할 것이다.[8]

십우도의 불명확한 역사성은 하나의 과제이다. 게다가 라즈니쉬가 말하는 것처럼 십우도의 기원 자체가 불교가 아닌 도가에 있는 것이라면, 그것은 도대체 어디로부터 오는 것인가? 또한 십우도가 본래 팔우도로부터 변용된 것이라고 한다면, 그 이전에 십우도와 관련된 사유의 내용은 찾아볼 수 없는 것인가? 나 역시 적어도 팔우도라는 그림이 먼저 있고 이것이 십우도의 그림으로 발전한 것이라는 점에는 이의가 없다. 다만, 도가철학의 정신 안에 팔우도와 같은 경향성만 있고 십우도적 사유가 결여된 것이 사실이라고 본다면, 이것은 진정 문제라고 생각한다.

이러한 문제의식을 통해 나는 십우도가 지닌 사상적 내용의 경향성을 도가철학 중에서도 특히 장자에 초점을 맞추어 그 사유 맥락의 연관성을 짚어보고자 한다. 그러나 여기에서 논의되는 장자의 십우도적 사유의 내용들 때문에 십우도가 형성되는 것이 아니라, 그 사유의 유사성 때문에 십우도의 해석에 장자가 동원되고 있다는 점을 명심해야 한다. 중국 선불교에서 장자는 여전히 외전인 것이다.

2. 선사들이 즐겨 쓴 장자

많은 사람들은 중국 선불교의 '선(禪)'과 이 말의 본래적인 의미라고 할 수 있는 산스크리트어의 '디야나(Dhyāna)' 사이에는 모종의 차이가 있다고 본다. '디야나'가 집중적, 조직적 명상을 의미하는데 대하여 '선'은 중국의 조사들이 설명하는 바와 같이 본체에 대한 일종의 돈오(頓悟) 내지는 자성(自性)에 대한 일종의 직관적 지각, 즉 증득(證得)의 뜻을 갖는다고 한다. 그래서 중국 선종의 조사들은 그 제자들에 대하여 명상이나 사색은 참선의 본질에 위배되는 것임을 거듭 강조하였던 것이다.[9)]

스즈키 다이세쓰(鈴木大拙, 1870~1966)는 선과 장자의 관계를 다음과 같이 아주 간결하게 설명하고 있다. "선의 가장 중요한 특징은 존재의 핵심에 깊이 도달하는 내적 자각, 즉 자증의 강조에 있다." 그리고 그는 나아가 "이 자증이란 장자의 좌망(坐忘)·심재(心齋) 및 조철(朝徹)과 상응한다"고 한다. 만일 이것이 사실이라면 이는 장자 사상의 본질이 바로 선의 핵심을 이룬다는 말이 된다.[10)]

그래서 중국 선종은 도가사상에다 불교의 깨침과 사도적 정열을 지닌 불교의 강한 충동을 결합시킨 것으로, 말하자면 도가사상의 극단적 발전 형태라고도 할 수 있겠다. 불교가 이 위대한 자식의 아버지라면 도가는 그 어머니이다. 그러나 이 자식이 아버지보다는 어머니를 더 닮았다는 점을 간과할 수가 없다.[11)]

오가칠종의 하나인 운문종을 개창한 운문대사에게 어느 날 한 승려가 "부처란 무엇인가?"라고 물었다. 그러자 운문의 입에서 전광석화처럼 "간시궐(乾屎橛)!"[12)]이라는 대답이 떨어졌다. 일반적으로 '마른 똥 막대기'라고 해석되는 중국 선종의 '간시궐'이라는 공안은 이렇게 운문대사의 입을 통해 탄생하였다. 이 공안은 『장자』 「지북유」 편에 등장하는 장자와 동곽자 사이에 오고간 문답 내용과 아주 유사한 사유의 측면이 발견된다.

동곽자가 장자에게 도가 어디에 있느냐고 묻자, 장자는 "없는 데가 없다"고 대답했다. 이에 동곽자가 좀 더 구체적으로 지적하여 달라고 하자, 장자는 개미나 벌레와 같은 미물에 도가 있다고 했다. 도가 어찌 그런 하찮은 것에 있느냐고 동곽자가 의아해하자 장자는 가라지와 벽돌 조각에도 있다고 했다. 이에 동곽자가 어찌 점점 더 비천한 것에로 내려가느냐고 묻자 장자는 마침내 "똥과 오줌에도 있다"고 말하여 질문자의 입을 막아버렸다.[13]

물론 이 내용은 선문답에 나타나는 '마른 똥 막대기'라는 정신과 정확하게 상호 정합성을 이루는 사상적 일치성을 보이는 것은 아니다. 그러나 적어도 장자의 도나 선불교의 불성은 그 존재적 범위가 특정한 곳이어야만 한다는 생각과 그것이 일상의 범주를 벗어난 것이어야 한다는 점에 대해서만큼은 강력하게 부정하는 차원에서 논의되고 있다는 점은 크게 다르지 않다.

도에 대한 이 같은 장자의 이해는 분명 중국철학사에서 큰 의의가 있다. 그리고 중국 선종의 탄생에 크게 기여한다. 남전(南泉)이 "도가 곧 평상심이다"[14]라고 한 것을 비롯하여 이러한 남전의 종풍을 이어받은 조주(趙州)가 "차나 한 잔 들게"(喫茶去), 혹은 "(밥을 먹었으면) 그릇을 씻어야지"[15]라고 한 말 등은 모두 본래면목 자체가 일상성의 범주를 벗어나지 않음을 가리킨다. 이러한 선종의 사유전통은 장자적 사유의 맥락과 그 귀가 맞닿아 있으며, 또한 선종의 "산은 산이요 물은 물이다"[16]라고 하는 유명한 공안 역시 장자의 사유와 결코 무관하지 않다.

많은 사람들은 장자와 동곽자 사이의 마지막 문답은 중국 선종의 유명한 ‘공안’이었던 “부처란 무엇인가?”에 대하여 “마른 똥 막대기”라고 응답하는 선문답의 기원이 되었다는 평가[17]에 대체적으로 공감한다. 그러나 그것은 특정한 선문답의 기원이 되었다는 의미이지, 중국 선종 자체의 기원을 형성했다는 의미와는 차별된다.

『장자』의 「지북유」편에는 또 다음과 같은 이야기가 있다.

> 염구가 공자에게 물었다. “천지가 생기기 전을 알 수 있을까요?” 공자가 대답하였다. “알 수 있다. 옛날이나 지금이나 마찬가지이니 말이다.” 염구는 그 이상은 질문을 못하고 물러났다. 다음날 다시 공자를 찾아가 물었다. “어제 제가 ‘천지가 생기기 전을 알 수 있을까요?’라고 물었을 때 선생님은 ‘알 수 있다. 옛날이나 지금이나 마찬가지이니 말이다’라고 대답했습니다. 어제는 저도 분명 알 수 있었던 것 같은데 오늘이 되니 흐릿해서 알 수 없게 되었습니다. 어째서 그런지 묻고 싶습니다.” 공자가 대답하였다. “어제 분명히 알 수 있었던 것은 네가 신명으로 받아들였기 때문이다. 그런데 오늘 흐릿해서 알 수 없게 된 것은 신명이 아닌 것으로 찾으려 하기 때문이다. (무릇 천지는) 옛날도 없고 지금도 없으며 처음도 없고 끝도 없이 변화하는 것이다. 그러니 아직 자손이 없는데도 자손이 있다고 한다면 어찌 되겠는가!”[18]

이 같은 내용은 「대종사」 편에도 등장한다. “대저 도는 … 아직 천지가 없었던 옛날부터 원래 존재한다.”[19] 중국 선종에도 이와 유사한 내용이 있다. 바로 “‘부모가 아직 생겨나기 이전의 너’ 혹은 ‘천지가 아직 나누어지기 이전의 너’, 그 너의 본래면목은 과연 무엇인가”라고 하는 물음이 그것이다.[20]

송대에 편집된 『경덕전등록』에는 ‘격죽(擊竹)의 깨달음’으로 유명한 향엄 지한에게 가한 위산 영우의 선문답이 기록되어 있다. “나는 네가 평생 공부하여 안 것과 경문의 책자에 있는 것을 기억하고 있는지를 묻지 않겠다. 네가 아직 어머니의 태 안에서 나오지 않았을 때, 또 아직 동서의 구별도 몰랐을 때 네 본분의 일은 어떠했는가? 시험 삼아 한 마디로 말해 보라."[21]

이러한 질문은 결국 '자기의 마음이 곧 부처'[22]라고 하는 점을 확인케 하는 점검과정의 일종이다. 부처는 시간적 산물이라거나 훈련의 축적물이 아니다. 부처는 자신의 본질이며, 그것은 이미 존재하는 것이다. 육조 혜능은 이것을 '자기면목' 또는 '본래면목'이라고 표현한다.[23] 특히, 육조 혜능이 염불 좌선에 반대하고, 자기 마음 안의 진여 본성을 깨칠 것을 주장한 것은 모두 장자의 영향을 받아 계발한 것이라고 할 수 있다.[24]

본래면목과 관련하여 우리는 시간의 혼란을 눈여겨봐야 한다. 나라는 존재는 시간의 계열 안에서는 결코 부모 이전에 성립할 수 없다. 혜능이 이처럼 모순과 역설을 '의도적으로' 쓴 것은 바로 인간 본질의 초시간성을 알리기 위해서였다.[25] 이러한 사유 안에는 개별적 존재와 그것의 본래면목인 존재 자체 사이에 벌어지는 존재론적 차이, 또는 일종의 구분이라고 말해지는 종류의 '차원의 차이'를 깨치게 하는 길안내의 방편이 숨어 있다. 선종은 곧장 비논리적 세계로 들어가는 것을 목표로 삼는다. 그것은 온몸을 깨치는 것이다.

이 밖에도 위앙종은 가능과 실제, 개념적인 것과 실험적인 것, 문자와 정신간의 차별을 강조한다. 위산이 "진리에 도달하면 언어가 필요 없다"(得意忘言)라고 한 점은 장자와 완전히 일치한다. 또한 조동종은 자기실현의 과정을 '자망(自忘)'이라고 표현하고, 임제종은 '자리가 없는 진인'이야말로 진정한 본래면목의 자리라는 점에 초점을 두었으며,[26] 운문종은 한편으로는 형언키 어려운 무극에 소요하면서 또 한편으로는 인간계에 되돌아오는 방법을 설명하고 있다. 또한 법안종은 이른바 "천지는 나와 같은 근원에서 생기고 만물은 나와 하나가 된다"[27]라고 하는 기본적 시각에 근거를 두고 있다. 이러한 것은 모두 중국 선불교 속에 흘러들어간 장자철학적 사유의 요소들이라고 할 수 있다.[28]

『장자』 안에서 '득의망언'은 「외물」 편에, '자망'은 '좌망'의 변형인 바 이는 「대종사」 편에, "천지는 나와 같은 근원에서 생기고 만물은 나와 하나가 된다"는 말은 「제물론」 편에 각각 등장하는 말이다. 그리고 '진인'이라고 하는 이상적 인간상의 개념은 춘추전국시대의 제자백가 중 특히 장자가 독창적으로 사용한 말이기도 하다.

실제로 중국 선불교는 많은 곳에서 『장자』를 원용하면서 자가의 이론적 토대를 공고히 하고자 하였고, 나아가 그 정신세계를 보다 확장하려고 하였다. 이러한 측면을 통하여 보더라도 중국 선불교는 장자의 철학적 사유로부터 많은 감응을 받았음에 틀림없다.

3. 십우도: 참나를 찾아가는 여행

'십우도'는 선 수행을 위한 안내서이다. 안내서라 해도 다른 선서처럼 난해한 한문으로 기술된 것이 아니라, 참된 자기를 추구하는 선의 실천을 통해서 단계적으로 깊어 가는 선 수행자의 심경을 열 개의 그림에 상징적으로 묘사한 것이다. 그림에는 소와 목동이 등장한다. 소는 잃어버린 참된 자기를 비유한 것이고, 목동은 그 참된 자기를 찾는 자기를 비유한 것이다.[29]

우리에게 가장 많이 알려진 것은 곽암의 십우도이다. 여기에는 제1도 '소를 찾아 나서다'(尋牛), 제2도 '자취를 보다'(見跡), 제3도 '소를 보다'(見牛), 제4도 '소를 얻다'(得牛), 제5도 '소를 길들이다'(牧牛), 제6도 '소를 타고 집으로 돌아오다'(騎牛歸家), 제7도 '소는 잊었지만 사람은 존재한다'(忘牛存人), 제8도 '사람과 소를 모두 잊다'(人牛俱忘), 제9도 '근원으로 돌아가다'(返本還源), 제10도 '저자에 들어가 손을 드리우다'(入鄽垂手)라고 하는 열 개의 내용이 담겨져 있다.

한편, 보명의 십우도는 제1도 '아직 기르지 못하다(未牧)', 제2도 '처음으로 다스리다(初調)', 제3도 '제약을 받아들이다(受制)', 제4도 '머리를 돌리다(迴首)', 제5도 '길들이다(馴伏)', 제6도 '매이지 않다(無碍)', 제7도 '흐름에 맡기다(任運)', 제8도 '서로 잊다(相忘)', 제9도 '홀로 비추다(獨照)', 제10도 '모두 소멸하다(雙泯)'라는 열 가지 내용으로 구성되어 있다. 보명의 십우도는 검은 소를 흰 소로 길들여서 바꾸어나가는 과정을 묘사하고 있는데, 원천적으로 소와 사람 사이의 대립을 극복하는 훈련을 강조하고 있음이 특징이다. 요컨대 보명의 십우도는 '점수돈'적인 과정을 중시하는 조동종계의 선지에 근거한다고 볼 수 있다.

그림 안에 나타나는 소와 소를 치는 목동은 모두 마음의 비유에 해당한다. 양자의 관계는 경우에 따라서 상호 긴장성에 토대를 두기도 하고, 상호 소통의 일체성을 확보하기도 하며, 서로가 하나라고 하는 일체성 자체를 넘어서기도 하는 것으로서 나타난다. 요컨대, 십우도는 마음공부의 중요성과 그 공부의 과정 등에 관한 선담(禪談)을 회화라고 하는 매우 시각적인 매개체를 통하여 보다 상징적으로 논의해보고자 한 것이라고 볼 수 있다.

처음에 목동은 다만 자기의 본심인 소를 찾는데 골몰한다. 그러는 동안 목동은 점차적으로 소의 발자취를 찾아 소를 발견하고,

소를 잡아, 그 소를 길들여서, 소를 타고 무위의 깨달음의 세계인 집으로 돌아온다. 이제 소는 목동이 낮잠을 잔다 하더라도 결코 목동의 곁을 떠나는 일이 없다. 그리고 마침내 소도 없고 목동도 없는 경지에 도달한다. 이 지점에서 십우도의 화면은 갑자기 모든 것이 사라진 공백의 상태로 나타난다. 그러나 세상과의 진정한 소통을 위해서라도 세상은 공백 자체로 남을 수만은 없다. 이 세상은 꽃은 꽃대로 붉고 버들은 버들대로 그렇게 푸르기만 하다. 이를 제대로 보기만 한다면 세상과의 차별 없는 조우를 이룰 것이라는 것이 십우도의 결론이다.

이와 같은 곽암 십우도의 내용을 압축적으로 정리한다면 다음과 같은 세 가지 특징이 발견된다.[30]

첫째, 소를 찾아 소를 얻고 소를 길들이기까지 항상 중요한 과제로 따라다녔던 소는 다른 것이 아니라 그 자체적인 것이다. 그 자체적인 소의 자연성은 검은 소와 흰 소의 분열을 전제하지 않는다. 따라서 검은 소가 흰 소로 바뀌어야만 한다는 변혁의 대상성은 자체적인 소의 범주 밖에 놓이게 된다. 그럼에도 제4도와 제5도에서 발견되는 소와 소치는 목동 사이의 내면적 긴장의 구조는 '깨달음의 성품'에 대한 사색의 엄밀성을 결여한 측면이 있으며, 보명 목우도의 관점을 본의 아니게 혼동하고 있는 것 같은 한계가 발견되기도 한다.[31] 요컨대, 자체적인 소란 자각되어야 할 자신의 소이다.

둘째, 소를 타고 '집으로' 돌아가지만 소는 없어지고, 마침내 목동마저 없어져서 일원상을 현성한다. 이것이 바로 곽암의 십우도가 상정한 참다운 '무문관(無門關)'의 지평이다.

셋째, 봄 동산에 꽃이 만발하듯이 있는 그대로의 세계에서 있는 그대로의 모습으로 살아간다. 시장에 들어가서 가슴을 풀어헤치고 맨발로 흙 묻히며 일하는 가운데도 늘 기쁨으로 가득하다. 이 경지야말로 곽암이 옛 성현의 모범인 목우도의 사상적 내용을 검토한 뒤 '자기의 흉금'을 기울여 새로운 십우도를 저작한 목적이라 하겠다.

이와 같은 곽암의 십우도는 어디까지나 임제종의 선지에 의한 목우사상의 전개로 여겨지며, 그 사상의 중요한 과제는 무엇보다 소 자체가 과연 무엇인가, 하는 점을 깨닫는 일이었다고 할 수 있다.[32]

곽암의 십우도는 검은 소와 흰 소의 대립관념이 희박한 것이 특징이다. 그 사상적 성격은 역시 임제가풍의 특징인 '돈오돈증(頓悟頓證)'적 성격을 반영하고 있으며, 행위론상에 있어서 그것은 동적인 선풍으로 대변된다. 이것은 보명의 십우도가 제10도에서 일원상을 그린 것에 대해 곽암의 십우도가 제8도를 원상으로 표시한 점에서도 확인된다.[33]

곽암의 십우도가 동적인 선풍을 보이는 것은 특히 제8도의 일원상이 자신을 포함한 제9도, 제10도의 세 가지 단계를 통하여 보다 능동적인 활동성을 펼쳐 보이는 것과도 무관하지 않다. 이러한 점은 분명 보명의 십우도에 대한 곽암 십우도의 조직적 발전의 형태라고 볼 수 있다.

4. 십우도도 장자로부터?

1) 장자도 소를 좋아한다

비유란 표현하려는 대상을 다른 대상에 빗대어 나타내는 표현법을 통틀어 이르는 말이다. 어떤 특별한 의미나 효과를 얻기 위해 한 언어의 화자가 일상적, 표준적이라고 생각하는 단어의 의미와 그 단어 연결체로부터 벗어나는 것을 말한다.

특히, 비유 중에서도 은유는 원관념은 숨기고 보조관념만 드러내어, 표현대상을 설명하거나 그 특질을 묘사하는 표현방법이다. 즉 비상사성 속에서 상호 유사성을 인식하는 정신 행위를 의미한다. 언어적 관점에서는 어떤 사물에 적합한 이름이 다른 사물로 전이됨을 뜻한다.[34)]

십우도는 '소'와 '마음', 또는 '본래면목'이라는 비상사성을 상호 유사성으로 전이시키려는 하나의 구체적인 도상이다. 소를 마음에 비유하는 것은 은유이며, 그것은 '이것을 다른 것으로' 바꾸어 부르는 것이다. 또한 '다른 것을 이것'으로 바꾸어 부르는 것이다. 그러므로 비유나 은유에는 반드시 소통이 전제된다. 이것과 저것으로 분열되었던 경계가 사라지기 때문이다.

그런데 십우도의 사상 형성에 장자의 철학사상이 일정 정도 이바지한 것이 사실이라고 한다면, 십우도의 핵심적 상징이기도 한 소의 비유는 과연 장자에게서도 나타나는가? 결론은 분명 그렇다는 것이다.

십우도는 『장자』의 「양생주」 편에 기록되어 있는 '포정해우'[35)]의 이야기와 비슷한 곳이 있다. 십우도의 내용 안에 있는 '목우'의 사고방식도 『장자』에서 힌트를 얻고 있는 것임에 틀림

없다.36) 포정은 대상적 사물인 소를 개별화하여 보지 않고 자연의 됨됨이에 따라 '전일'하게 본다. 이때 개별화된 소는 소가 아니다. 왜냐하면 알려고 하는 지식주관과 알려지는 지식대상이 모두 해체되면 소라는 개별자는 사실상 무의미하기 때문이다. '전일'이란 존재사물의 개별성과 접촉하는 것이 아니라 존재 자체와 하나가 되는 것을 말한다.

장자의 '전일'의 방식은 분별지의 배제와 직접적인 관련을 갖는 것으로서, '포정해우'의 논의가 일방적으로 정치철학적 측면이라든가 공부론, 또는 수양론의 측면에서만 논의될 수 있는 일면적 구조를 갖지는 않는다는 점에 주목해야 한다. 여기에는 일상적이고 명시적인 주객의 경계에 대한 반성적 사고가 깊이 개입되고 있다는 점이 중요하다.

이렇게 '전일'의 방식으로 포정이 소를 보고 소와 하나가 되어 드디어는 소 자체를 넘어서게 된다는 내용을 담고 있는 '포정해우'에 나타난 '소의 비유'는 그 일련의 진행과정이라든가 내면에 관류하는 철학적 정신이 십우도의 논지와 흡사한 면이 있다. 시기적으로 본다 하더라도 '포정해우'에 나타난 '소의 비유'는 중국 선불교의 십우도 안에 나타나는 '소의 비유'보다는 분명 앞선 것이라고 말할 수 있을 것이다. 이러한 점은 양자의 영향관계를 짐작하게 하는 측면이 아닐 수 없다.

또한 『장자』의 「지북유」 편에 등장하는 '송아지'의 비유 역시 십우도의 사상 형성에 긴밀한 영향을 미쳤을 것임에 분명하다. 「지북유」 편에 표현된 '송아지'의 비유는 다음과 같다.

> 설결이 피의에게 도에 대하여 묻자 피의가 다음과 같이 대답하였다. "너는 네 모습을 바르게 하고, 눈길을 하나로 모으라. 자연의 화기가 이

를 것이다. 네 앎을 없애고 네 태도를 전일하게 하라. 신명이 찾아와 머물게 되고, 덕이 너를 아름답게 하고, 도가 네 안에 살리라. 너는 새로 갓 태어난 송아지처럼 사물을 보고 그 이유를 묻지 않게 될 것이다!"[37)]

송아지는 하나의 은유이다. 송아지에 빗대어 비유 너머의 세계를 보라는 것이다. 장자가 이처럼 사물을 '송아지' 같은 마음으로 보라는 것은 마치 노자가 '갓난아이'와 같아지라는 말과도 유사하다. 아니, 오히려 노자보다도 더 역설적이기까지 하다. 이 말의 의미는 지적, 논리적, 이분법적 여과 없이 사물을 직접 인식하는 일이라고 할 수 있을 것이다.[38)]

뿐만 아니라 「응제왕」 편에서 "한 번은 자기 자신을 말이 되게 하고, 한 번은 자기 자신을 소가 되게 하라"[39)]는 말에 등장하는 바로 그 '소가 되라'는 의미가 십우도의 내용 안에 깊이 개입되었을 가능성 또한 간과할 수 없다. 여기에서 중요한 것은 '소가 되라'는 비유를 넘어 비유 속에 내재된 참된 정신이 무엇인가를 알아내는 일일 것이다. 이것은 자기의 본분을 바로 보라는 장자 특유의 언어진술의 한 방식임에 틀림없다.

소가 아닌 자아가 소가 될 리 만무한 일이지만 소가 되라고 하는 언명은 분명 하나의 역설임에 틀림없다. 이것은 편협한 자아에 대한 해방의 돌파구를 마련하는 하나의 시도이다. 즉, 자아가 소처럼 된다는 것은 주체적 자아를 부정한다는 의미 이외의 다른 것이 아니다. 자아의 부정을 통하여 자아는 오히려 소와 더불어 소통할 수 있게 된다는 것이다.

자아가 세계와 소통하기 위해서는 자아 자신이 세계가 되지 않으면 안 되는데, 일상적으로 우리의 자아는 늘 주체의 견고한 성을 쌓고 있기 때문에 그 소통 자체에 어려움이 있다. 여기에서 주체의 경계 허물기가 요청된다. 장자는 이를 '소가 되라'는 역설적 언어로 제시한 것이라 볼 수 있다.

2) 다른 가르침, 같은 10단계

상징은 인간이 다른 동물과 구분될 수 있는 종차적 특징 중의 하나이다. 그것은 단순한 기호의 체계와 구별된다. 기호는 '다만 그것'을 생각하게 하는 '실제적 상상력'을 제공하지만 상징은 '그것에 관하여' 생각하게 하는 '상징적 상상력'을 제공한다.[40]

따라서 상징은 일상의 사고를 새로운 세계로 진입하게 하는 하나의 도구라고 할 수 있다. 상징은 어떤 사물이나 추상적인 개념을 보다 효과적으로 전달하기 위하여 쓴다. 상징은 그것을 매개로 삼아 다른 것을 알게 하는 작용을 갖기 때문이다.

장자는 상징적 언어가 도를 전수하는 과정에 있어서 하나의 기초적인 도구가 된다고 생각한다. 이 때문에 장자는 실제로 도의 전달과정을 몇 개의 의인화된 상징들을 동원하여 설명하기도 한다. 장자는 상징이 형성되어야 언어는 비로소 그 두엇인가를 의미하기 시작한다는 점을 적극 활용하는 것이다.

십우도에 등장하는 열 가지 상징은 『장자』에도 나타난다. 양자에는 그 각각의 상징적 언어가 가리키는 철학적 의미의 영역이 모두 상징세계의 바깥에 존재한다는 특징이 있다. 그것은 상징적 세계가 비유적 세계의 틀로 고정화될 수 없음을 말하는 것이기도 하다. 이러한 종류의 유형은 『장자』 안에서는 특히 「대종사」 편에 등장하는 남백자규와 여우라는 인물 사이에 오고간 대화로부터 보다 분명하게 찾아진다.

남백자규가 여우에게 도를 누구에게 들었느냐고 질문하자 여우는 이에 관하여 다음과 같이 답변한다.

> '나(女偊)'는 그것을 '부묵(副墨)의 아들'에게 들었는데, '부묵의 아들'은 그것을 '낙송(洛誦)의 손자'에게서 들었고, '낙송의 손자'는 그것을 '첨명(瞻明)'에게서 들었으며, '첨명'은 그것을 '섭허(聶許)'에게서 들었고, '섭허'는 그것을 '수역(需役)'에게서 들었으며, '수역'은 그것을 '오구(於謳)'에게서 들었고, '오구'는 그것을 '현명(玄冥)'에게서 들었으며, '현명'은 '삼료(參寥)'에게서 들었고, '삼료'는 그것을 '의시(疑始)'에게서 들었다.[41]

여기에는 여러 가지 상징이 제시되고 있다. 이러한 상징을 통해 장자는 도를 체득해 가는 과정과 의식지향이 점차적으로 소멸되어 가는 과정을 동시에 비유적으로 보여준다. 이야기의 화자는 그 단계를 ① '여우', ② '부묵의 아들', ③ '낙송의 손자', ④ '첨명', ⑤ '섭허', ⑥ '수역', ⑦ '오구', ⑧ '현명', ⑨ '삼료', ⑩ '의시'라고 하는 열 단계로 분류하여 설정하고 있다.

마치 십우도가 마음을 깨치는 열 개의 단계행정을 마련해 놓고 있는 것처럼 선불교 이전 시대에 활동한 장자 역시 열 가지 단계들을 통하여 개별적 자아가 세상과 소통하는 방법에 대해 상징적 설명을 시도한 것이다. 열 가지 상징의 내용은 다음과 같다.[42]

① '여우(女偊)'라는 이름을 지닌 사람은 도를 전수받는 개별적 자아를 상징한다. '여우'의 인물이 남성인지 여성인지는 불명확하다. 다만 진경원이 본 것처럼 '여우'가 '옛날에 도를 지니고 있었던 여인'[43]이라고 하는 점을 인정한다면, 우리는 도의 체득 가능자에 대한 '자리'의 외연을 더 넓게 확보할 수 있을 것이다.

만일 '여우'가 여성이라고 한다면, 이것은 도의 주체적 담지자가 남성이어야 한다는 전통적 이데올로기에 대한 여성적 자각의 새로운 전범을 보여준다는 점에서 큰 의미가 있다. 장자의 사상적 골수를 얻은 임제 의현이 '자리가 없는 진인'을 언급할 때, 자리가 없다는 것은 결국 '남/녀', '노/소', '빈/부', '귀/천', '상/하' 등의 차별이 없다는 것에 다름 아니기 때문이다. 이러한 사유는 중국 선종의 육조 혜능에게서도 나타난다. 즉, 드를 깨치는 데는 '남/북'의 공간적 경계가 무의미하고, '중원인/오랑캐인'의 문화적 경계가 무의미한 것이다.

장자가 도의 담지자를 '의도적으로' 천민 중의 천민인 '포정'과 같은 백정으로 상정한다거나 수많은 불구자들로 상정한 것을 통해 본다면, 여기에 주인공으로 등장하는 '여우' 역시 여성이라고 보더라도 무방하다. 이와 같은 장자의 철학적 사유가 기존에 존재하고 있었기에 선불교에서는 혜능의 출신을 '의도적일 만큼(?)' 오랑캐 땅의 영남인으로서 규정할 수 있었던 것이며, 또한 『신심명』의 저자 제3조 승찬을 문둥병 환자로 등장시킬 수 있지 않았을까 생각된다. 자기 개방성을 지닌 도나 불성의 세계에 대하여 개별적 자아는 도리어 존재망각으로 인한 대타적 폐쇄성을 드러내는 것이 현실이다.

그런데 이러한 현실에 대한 인식이 막다른 곳에 봉착하게 되면 개별적 자아는 회의와 자기부정을 통한 본래면목 자체로의 복귀를 요청하기도 한다. 이것은 개별적 자아가 지닌 분별력의 상승적 작용이라고 말해질 수 있는 종류의 것이다. 그리고 이러한 상승적 작용은 근원적 무지에 대한 물음과 함께 자기의 근원자리에 대한 존재물음의 형태를 띠고 나타난다는 특징이 있다. "도란 무엇인가?" 또는 "부처란 무엇인가?"와 같은 형태의 물음이 그것이다.

② '부묵의 아들'(副墨之子)에서 '부묵'은 인명이기는 하지만 특정한 역사적 인물을 지칭하는 것이 아니라, 문자를 쓰는 도구인 '먹'을 상징적으로 의인화한 것이다. '부묵의 아들'은 먹으로 씌어진 문자를 가리킨다. 먹이 문자를 낳은 것이다. 이 문자의 기능은 도를 전달하는 수단적 도구의 역할을 충실히 담당한다.[44]

따라서 이것의 상징성은 제1단계의 개별적 자아가 존재물음에 눈을 뜨고 난 후 서책에 의지하여 문자를 적극적으로 수용하는 자세를 의미하는 것이라고 할 수 있다. 십우도의 제2도는 경서와 논서를 연구하여 불교적 가르침의 귀결처를 이해함으로써 근원자리에 대한 입장을 학문적으로 탐구한다는 내용을 담고 있는데, 이러한 측면은 '부묵의 아들'이 지니고 있는 상징성을 크게 벗어나지 않는다. 개별적 자아는 문자의 모범에 의지하여 참된 존재가 실재한다는 믿음을 갖게 된다. 그러나 이 단계는 아직 문자에 걸려 있는 상태이기 때문에 문자의 근원적 원인에 대해서는 여전히 은폐되어 있다.

③ '낙송의 손자'(洛誦之孫)는 도를 암송하여 끊임없이 잇는다는 연속성의 의미를 상징한다. 도는 일회적이거나 유한한 것이 아닌 영원성에 기초한 연속성을 갖는 것으로서, 이를 전할 때는 부득이 말로써 수단을 삼을 수밖에 없는 한계가 있다.

역사적으로 보더라도 문자 이전에는 문자가 없었기 때문에 기록을 할 수 없었으므로 도를 전할 때 역시 말을 매개로 전할 수밖에 없었다. 문자가 생겨난 이후에야 이를 기록하였던 것이다. 이러한 것이 자자손손 이어져 내려왔다는 것을 의인화하여 표현한 것이 '낙송의 손자'이다.

④ '첨명(瞻明)'이라는 말은 보는 눈이 밝다는 뜻이다. 환하게 꿰뚫어 보고서 분명히 아는 것이 '첨명'이다. 이 단계는 '본다'고

하는 행위론적 공통분모 때문에라도 십우도의 제3도인 '소를 보다'라고 하는 사유맥락과 상호 대비될 수 있는 측면이 매우 강하다. 우리는 무엇인가를 보고 난 다음에야 비로소 이것을 말로써 전할 수 있다. '첨명'은 특히 도를 환하게 꿰뚫어 보고 난 사람을 의미하는 것으로, 이는 공부가 지속적으로 쌓이면 지극한 도리를 보아 마음이 분명해진다는 것을 의미한다.

'첨명'은 잘 보라는 말이다. 그것은 학의 다리를 길다고 보지 않을 뿐만 아니라 또한 물오리의 다리 역시 짧다고 보지도 않는 것과 같은 방식의 '제대로 봄'을 상징한다.

⑤ '섭허(聶許)'는 스승이 제자에게[45] 가르치는 것을 제자가 들어서 '이해한다', 또는 '얻다'라고 하는 의미를 지닌다. 이렇게 본다면, '섭허'의 단계는 십우도의 제4도 '소를 얻다'라고 하는 단계와 상호 대비될 수 있는 측면이 존재한다. 그러므로 '섭허'는 듣는 것이 밝다는 뜻이다. 듣는 것이 밝아져야 보는 것이 밝아지므로 '첨명'은 '섭허'에게 들었다고 한 것이다. 즉, 귀 있는 자들은 잘 들으라는 말이다.

이것은 귀로 듣지 말고 마음으로 들어야 하며, 마음으로 듣지 말고 기운의 질서에 따라 그 마음을 텅 비워서 '허심' 또는 '무심'으로 들으라는 요청이기도 하다. 이러한 논의는 '심재'와 관련된다.[46] 이 '섭허'의 존재론적 근거는 다음에 제시되는 제7단계 '오구'의 음악에 있다. 개별적 자아가 본래면목의 음율 자체에 공명하고, 자신 또한 그 음률에 맞게 '살아지기' 위해서는 '제대로 들음'이란 필수적인 것이다.

⑥ '수역(需役)'은 도의 실행 또는 실천을 의미한다. 여기에서 개별적 자아는 그동안 자신이 추구한 것들이 모두 발자취에 불과하며, 존재의 본래면목을 자기 자신에게 현실화하여야 한다는 것

을 통감한다. 단순히 지금까지 보고 들었던 것에 머물러서는 안 되기 때문이다.

개별적 자아는 이 단계에 이르러 자신이 보고 들었던 것들을 온몸으로 직접 증득해 나아가는 노력을 수행한다. 이러한 노력의 수행은 십우도의 제5도의 공부와 흡사하다. 이때의 수행이란 '소를 기르는 것'으로 상징되며, 그 결과는 행주좌와(行住坐臥)의 일체에 틈새가 벌어지지 않는 행위의 일관성으로 나타난다. 따라서 '수역'의 단계에 이르면 이전의 문자나 언어의 체계가 몸으로 소급되어 도리어 몸이 언어가 됨으로써 존재와 개별적 자아가 일원화되는 계기를 마련한다고 할 수 있다.

⑦ '오구(於謳)'는 노래를 부른다는 의미이다. 이때의 노래는 가르침을 전수받고 도를 몸으로 체득한 자가 부르는 노래이다. 이것은 곽암 십우도의 제6도에서 피리 한 곡조, 노래 한 가락을 부르며 '소를 타고 집으로 돌아가는 것'과 유사하다. 언제나 '줄 없는 거문고'에서는 한량없는 곡조가 흘러나온다. 그러나 이 경지에서는 '곡조를 아는 사람'(知音)을 상정하는 것조차 무의미하다. 이는 『장자』의 「제물론」에 등장하는 '하늘의 피리소리', '땅의 피리소리', '사람의 피리소리' 중에서 '하늘의 피리소리'를 공명하는 단계라고 할 수 있다.

그러나 그 노래는, 도가 개별적 자아 자신만의 도가 될 수 없는 것처럼, 자신만이 소유하는 한정적인 노래는 아니다. 그런데 이전의 제6단계 '수역'은 존재와 개별적 자아가 상호 긍정적 통일을 이루고 있기는 하지만, 그 통일이 아직은 불완전하여 이탈될 수 있는 계기성이 남아 있기 때문에 항상 이중적 긴장관계에 놓여 있다는 특징이 있다. 그것은 '수역'이 행하는 도의 실행이 아직은 자연 그대로의 본래면목으로부터 나타나기보다는 인위적 노력의 행위를 통하여 이루어지기 때문이다.

이 단계에 이르면 존재와 개별적 자아는 서로간의 분열과 갈등의 긴장관계를 더 이상 유지하지 않음으로써 개별적 자아는 세계의 동일성 자체에서 노래를 부르며 소요할 수 있게 된다. '오구'는 세계와 개별적 자아가 통일된 상태에서 나오는 노래이기 때문에 세계의 동일성 자신이 스스로의 노래를 부르는 것을 상징한 것이기도 하다.

⑧ '현명(玄冥)'이라는 말은 심원하고 고요한 '무'의 경지를 말한다. 쳰치티앤(陳啓天, 1893~1984)은 '현명'을 가리켜 "이른바 현동(玄同) 묘명(杳冥)한 무형의 경계를 터득한 것을 찬탄한 말이다"라고 하여,[47] '현명'이 '무'와 관련된 경역임을 분명하게 시사하고 있다. 이 단계는 십우도의 제8도 '사람과 소를 모두 잊다'라고 하는 사유내용과 상당한 유사성을 보이는 점이 특징이다.

'현명'은 존재와 개별적 자아의 일원화조차도 존재의 당체에서 사라지고 만다는 것을 상징한다. 이 단계에서는 일체의 우형적 상태가 표상될 수 없음을 통하여 개념적 유의미성 자체를 모두 무화시킨다. 그리고 상호 지속성을 통하여 단계적 상승을 보이던 이전의 단계들과는 다르게 여기에서는 이전의 모든 과정들을 단멸시키는 환원이 수행된다.

개별적 자아는 이러한 환원을 거쳐야만 자기동일성의 집착으로부터 벗어날 수 있다. 그 범주는 '무'의 경역에 맞닿아 있다. 이러한 점에서 '현명'은 새로운 시원의 전환적 계기를 스스로 마련하고 있는 셈이다. 그것은 또한 곽상의 말대로 '무이면서 무가 아닌 경역'[48]이기 때문이다.

⑨ '삼료(參寥)'[49]란 끝없이 높고 넓은 존재의 경역을 상징한다. 즉 이것은 우주 삼라만상의 실상을 비유한 하나의 상징이다.

이 단계에서는 이전 단계의 절대부정으로부터 절대긍정으로 대전환을 이루고 있다. '삼료'의 단계에 이르면 개별적 자아는 존재 자체에 그대로 '물화'된다. 장자가 나비가 되고 나비가 장자가 된다. 장자가 소가 되고 소가 장자가 된다. 장자가 말이 되는가 하면 말이 장자가 된다. 또한 물고기의 즐거움이 장자의 즐거움이 되고 장자의 즐거움이 물고기의 즐거움이 된다.

여기에서 개별적 자아는 이전까지 타자로 상정했던 대상적 존재로서의 개별적 사물과 동화되고, 그로부터 개별적 자아는 자연 그대로의 모습으로 드러나게 된다. 이는 높고 넓은 자기 개방성이 없이는 불가능한 일이다. 이전까지의 자아와 타자의 만남이란 자기와 또 다른 방식의 자기가 만난 것이었을 뿐 타자를 자연 그 자체로 만난 것이 아니었다.

이와는 달리 '삼료'의 상징 속에서는 무아가 타자에게 개방되면서 자아를 타자에게 전이시키지 않을 뿐만 아니라 오히려 자아와 타자를 무아의 범주 안으로 환원시킨다. 그러므로 산은 산대로 절로 푸르고, 물은 물대로 절로 푸른 것이다. 이러한 자연 그대로의 세계는 세상사의 시끄러운 시비의 소식이 가 닿지 않기에 늘 그렇게 높고 넓어서 오히려 고요한 것이라고 비유된다. 제9단계의 상징은 『노자』 제25장의 '자연'의 의미를 비롯한 '적요함'의 상황과 무관하지 않다.[50)]

⑩ '의시(疑始)'는 시작이 있는 것 같으면서도 애초부터 시작이 없다는 것을 의미한다.[51)] 이것은 궁극적 시원을 상징한다. 그 시원은 언제나 자기 자신을 벗어나는 일이 없다.[52)] 이 마지막 단계에 제시된 '의시'는 제9단계와 같이 제8단계인 '현명'으로부터 비롯되어 나왔으면서도, 특히 그 비롯됨조차 '무'로서 정립될 수 없다는 것을 보여준다는 것이 특징이다. 그래서 장자는 '의시'가

일체의 유형적 작용성을 단멸하고 새로운 차원적 전기를 맞이한 제8단계로부터 비롯된다고 보아, "'현명'으로부터 시작하여 비로소 '커다란 소통'으로 돌아간다"[53]고 한 것이다.

요컨대, '무'에서 비롯되어 나왔다는 그 '무'조차 무화하는 경역이 바로 '의시'이다. 이 점을 깨쳐야 만이 '커다란 소통'의 세계에서 아무런 걸림 없이 노닐 수 있다. 그 '커다란 소통'이란 단순히 이성적 인식의 소통을 말하는 것이 아니다. 그것은 몸의 소통이며 사회적 소통인 동시에 시대와의 소통이기도 하다. 우리가 이러한 '의시'의 세계에 산다는 것은 '도에서 산다'는 말이며, 동시에 '도로부터 살아진다'는 것을 의미한다. 그야말로 이것은 '빛나지 않는 빛'[54]으로 살아가는 삶의 모습이며 '빛을 누그러뜨려 먼지 티끌의 세계와 하나가 되어'[55] 살아가는 존재적 삶의 방식이다.

이것은 세계의 근원자리가 형이상학적이라거나 초월적인 곳에 별도로 존재하는 것이 아니라는 것을 염두에 두면서 말해진 것으로, 십우도의 제10도 '저자에 들어가 손을 드리우다'라고 하는 정신과 상호 부합하는 측면이 있다. 그것은 과연 진정한 소통이란 무엇인가라고 하는 물음과 직결되어 있기 때문이다.

장자는 이상과 같은 열 가지 '상징적 상상력'을 동원하여 외적인 지식의 상태로부터 점차 내적인 지식으로 전환하는 방법적 가능성을 모색하는 동시에 의식지향의 무화에 관한 '잊음'의 철학에 관해 논의하였다. 그는 여기에서 세계와 소통하여 하나가 되는 단계적 경로를 의인화의 기법을 통해 설명한 것이다.

즉, 장자는 제1단계에 상정된 개별적 자아의 존재물음을 시발점으로 삼아 처음에는 문자와 언어에 의지하다가 점차적으로 그 도구적 수단을 폐기하고 궁극적 근원에 직접적으로 환원한다는 내용의 지식 전환의 과정과 함께 깨침의 의의에 관한 '암시적 설명'을 폭넓게 보여준 것이다.

3) '좌망'과 잊음의 철학

십우도의 내용 중에서 '잊음'에 관한 논의는 특히 장자의 '좌망'의 논의와 상호 밀접한 연관성을 갖는다. 십우도에서 '소를 잊는다'는 제7도의 내용이나 '소와 사람을 동시에 모두 잊는다'고 하는 제8도의 내용은 사실상 모두 '잊음'을 주제로 한 장자의 '좌망' 논의와 그 사유의 맥락을 같이 한다고 볼 수 있다.

십우도의 제1도로부터 제7도까지의 논의들은 제8도의 '소와 사람을 동시에 모두 잊는다'라는 목표에 도달하기 위한 전 단계적 공부과정이라고 볼 수 있으며, 이후 제9도와 제10도는 제8도의 철학적 지평 위에서 펼쳐지는 실제적인 효능에 대한 암시라고 볼 수 있다.

'좌망'이란 일상의 의식지향의 부정과 걸림 없는 이상적 삶의 형태에 대한 이중적 논의이다. 따라서 '좌망'은 태생적으로 일방적인 부정과 긍정의 논리를 배제한다. 우리에게는 잊음의 대상과 부정의 대상들이 얼마든지 존재한다. 장자는 이러한 대상을 가리켜 구체적으로 '외물'이라고 하였고, 그 종류도 각양각색의 형태로 나타난다는 점을 많은 곳에서 지적하였다.

우리는 진실로 잊어야만 될 것들을 잊지 못하기 때문에 일상의 삶이 곤고하고 피로하다고 볼 수 있다. 심한 경우엔 자신이 죽어라고 좇아가던 그 외물 때문에 급기야 죽는 경우도 허다하다. 이렇게 본다면, 사람에 따라서 개별적 외물에 대한 반응과 태도도 각각 다르게 나타난다고 할 수 있다. 명예와 권력 때문에 죽는 사람이 있는가 하면, 돈을 좇다가 죽는 사람도 있고, 환락을 따르다가 죽는 경우도 생긴다. 장자가 볼 때 이러한 삶은 결정적으로 전도된 삶이다.

장자는 이러한 '삶의 전도'를 벗어나라고 한다. 그런데 우리가 부정하고자 하는 외물 중에서도 가장 마지막까지, 부정하려 해도 부정하기 어려운 강력한 유혹의 존재가 있다. 그것은 '삶의 지속성'과 '죽음의 단절성'에 대한 욕망이다. 그래서 우리의 일상은 늘 '삶을 좋아하고 죽음을 싫어하는' 양상으로 나타나고 있는 것이다. 장자는 이것을 잊는 일이야말로 참사람의 범주에 동참하는 것이라고 한다.[56] '좌망'과 '잊음'의 막바지에는 반드시 삶과 죽음에 대한 근원적 통찰과 반성이 수반되어야 한다. 장자는 이것을 '하늘의 속박으로부터의 해방'[57]이라고 하였다.

한편, 장자는 우리에게 열 가지 '상징적 상상력'을 제공한 '여우'라는 인물의 또 다른 논의 하나가 앞서 살펴본 열 가지 상징과 직접적으로 관련을 맺고 있음을 보여준다. '여우'는 우리가 잊어야 할 것들이 '세상일'과 '외물', 그리고 '삶에 대한 욕망'들이라고 하는데, 이들에 대한 '잊음'의 과정은 그 경중에 따라 단계적인 순서를 밟으며 이루어진다.

> 나는 자연적 상태를 유지하면서 그에게 이러한 상태에 도달하는 방법을 일러준 지 3일 만에 그는 세상일을 잊게 되었다. 세상일을 잊은 뒤 다시 그렇게 하였는데, 그는 7일 만에 외물을 잊게 되었다. 외물을 잊은 뒤 다시 그렇게 하였는데, 그는 9일 만에 삶에 대한 욕망을 잊게 되었다.[58]

장자는 우리가 '나의 것'이라고 생각하는 몸과 생명, 그리고 성품과 목숨 등이 근원적으로 '나'의 소유가 아니라 천지가 나에게 일시적으로 위탁한 것일 뿐이라고 한다.59) 장자는 이러한 '나'의 '나의 것'에 대한 소유의 욕망으로부터 벗어나라고 한다. 장자는 그 잊기 어려운 '나'의 주관적 자아의식을 잊어야 만이 근원적 자유의 이상을 구현한다고 생각한 것이다.

그런데 '나'의 '나의 것'이 '나의 것'이 아니라면 진정한 '나의 것' 아닌 '나'란 무엇인가? 이것은 비단 장자만의 문제가 아니라 중국 선불교에서 끊임없이 찾아 나선 나의 '본래면목'이라는 주제적 접근에 다름 아니다. 이러한 점에서, 장자의 '좌망'에 대한 논의 내지는 '잊음'의 철학은 중국 선불교의 사상 형성에 커다란 영향을 미치고 있음이 다시금 확인된다.

5. 일상이 도이다

이상과 같은 논의의 의의는 십우도의 사상이 장자철학과 매우 밀접하게 연관된다는 점이다. 양자의 사상은 너무나 많은 곳에서 닮은꼴을 지니고 있다.

물론 그 사상적 전개에서 나타나는 사유내용의 상호 유사성 때문에 도가와 불교, 또는 장자의 사유와 선불교의 십우도적 사유가 동일한 형태를 띤 것이라거나, 또는 분명하게 전자가 후자에게 영향을 미쳤을 것이라고 단정적으로 말하기는 곤란한 점이 있다. 다만 중국철학사의 전개 양상에 있어서 '불교의 중국화된 특징'을 감안한다고 할 때, 그 사유내용의 상호 유사성은 양 사상의 상호 접촉을 고려해볼 수 있는 전거로써 부족함이 없다고 판단된다.

그럼에도 도가와 불교가 근원적으로 다른 측면이 있는 것과 마찬가지로 장자와 십우도의 사유내용 역시 무언가 다른 점은 분명히 존재할 것이라 여겨진다. 이 글은 양자의 사상적 상호 유사성과 문맥의 상호 일치성에 초점을 두고 그 사상적 기원의 문제를 중점적으로 다루다보니, 상대적으로 양자의 상이성에 대한 검토가 배제될 수밖에 없었다. 이 문제는 차후에 보완할 하나의 연구과제로 남는다.

다만, 장자와 선불교를 상호 비교하면서 장자보다는 선불교의 정신적 우위성에 관하여 논의하는 일각의 태도들은 분명 불식되어야 한다고 여겨진다. 장자에 등장하는 '좌망'이 선의 '좌선'과 다를 수는 있지만, 그 구체적인 수행 방법들이 있느냐 없느냐 하는 점을 통해 '좌망'보다는 '좌선'이 훌륭한 것이라고 말하는 것과 같은 태도는 마땅히 지양되어야 한다. 또한 그 구체적 방법의 결여로 인한 장자의 '좌망'이 '심리적 망아'의 관념성을 탈피하지 못한 반면 선의 '좌선'은 그야말로 실증적이며 실천적이라는 상대적 분별60) 역시 배제되어야 마땅하다. 이런 점에서, 장자의 '좌망'과 선불교의 '좌선'에 관련된 사상적 성격과 내용에 대한 상호 비교론적 검토도 객관적인 시각을 통하여 필수적으로 수행되어야만 할 과제임에 분명하다.

그렇다면 우리는 십우도를 통하여 과연 무엇이 진정한 삶이며, 무엇이 진정한 실천인가, 묻지 않을 수 없다. 불교인들 중에는 십우도의 제10도, 즉 '저자에 들어가 손을 드리우다'라고 하는 주제를 내세워 장자의 사유가 단지 사변에 그칠 뿐, 구체적인 실천성까지는 보여주지 못한다고 비판하면서 자가의 우위성을 보장받고자 하는 경우가 있다. 그리고 십우도는 저자에 들어간 깨친 자가 '어리석은 성인'이라고 하여 오히려 '일상적 성인'을 부정하는데, 장자는 이러한 단계로까지는 나아가지 못했다는 것이다. 그러나 과연 그럴까? 도리어 그 정반대의 경우는 아닐까?

장자가 생각하는 삶의 이상은 신비롭거나 초월적인 곳에 도달하려는 데 있지 않다. 장자가 생각한 이상적 삶이나 실천의 대안들은 늘 가장 가까운 우리의 일상세계 안에 놓여 있다. 그래서 장자는 '세속과 더불어 함께 하는 삶'[61]의 이상을 말한다. 세속에서 도와 하나가 되어 살아가는 장자의 주인공들은 임제의 표현을 빌린다면 '자리가 없는 진인'들이다. 그 '자리 없음'을 상징하기 위하여 장자는 '포정'과 같은 백정과, '윤편'과 같이 수레바퀴를 만드는 기술자와, 심지어는 곱사등이에 언청이의 몰골을 가진 '지리소'와 같은 불구자들을 주인공으로 상정한다.

또한 십우도의 사유맥락의 기원과 맞닿아 있는 도의 전수 과정상의 실질적 주인공이기도 한 '여우'를 '의도적으로' 남성이 아닌 여성으로 '자리'하게 한 것이다.[62] 천지만물이 모두 한 자리에 있으니 '남성'만의 자리가 있다는 것은 분명 독단이며, 사회정치적으로 높은 자리에 있는 자들만이 자리를 갖는 것이라고 한다면 이 또한 경계할 일이다.

이러한 장자의 '상징적 상상력'이 후대에 선의 십우도에서 표명하는 '상징적 상상력'과 유관한 맥락성을 보이고 있다는 점은 대단히 흥미로운 사실이 아닐 수 없다. 그렇다면 이것은 단순히 중국과 중국인들의 풍토성이나 '입장'으로부터만 기인하는 것일까? 아니면 십우도에는 불교 자체적인 내재적 기원이 달리 있기는 한 것인가? 만일 불교 자체적인 내재적 연원이 달리 존재하는 것이라고 한다면, 그것은 과연 무엇이며 구체적으로 어떠한 내용을 담고 있는 것일까?

이와 관련해서 십우도의 내재적 연원을 탐구하는 과정 중에는 그 중심소재인 소의 등장에 대한 구체적 전거가 과연 어디로부터 비롯되는 것인지가 먼저 밝혀져야 하고, 그 사상형성에 직접적으로 관여하는 '공의 논리'를 비롯한 주체와 대상의 관계에 대한 연기론적 접근이 반드시 수반되어야 한다. 특히, 화엄종의 '민절무기관(泯絕無寄觀)'이 '잊음'의 철학에 직접적인 관련을 갖는다는 점에서 이러한 불교 내적 전통은 십우도의 사상형성에 어떠한 방식으로 영향을 미치게 되는지 등의 문제 또한 브다 구체적으로 검토되어야만 한다. 이러한 과제에 대해서는 차후의 연구 성과를 기다릴 수밖에 없는 것이 현실이다.

또한 불교적 기준에서 십우도와 동등하게 장자의 철학적 담론을 종교적 수행의 측면으로써 독해하고자 한다면, 이러한 종교적 의의는 장자에서보다는 차라리 후대 도교적 신념의 신봉자들로부터 찾아져야 마땅하다고 본다.

[참고] 아래에서 선의 수행을 소와 동자에 비유하여 열 단계의 그림으로 묘사한 십우도를 소개한다. 선종에서는 전통적으로 모든 중생이 본래 가지고 있는 마음의 본성을 소에 비유하고 이것을 닦는 것을 소를 찾는 것으로 설명한 십우도를 선 수행의 방편으로 제시해 왔다. 한국의 사찰에도 십우도를 확인할 수 있는 곳이 많다. 아래 소개하는 십우도는 1996년 무렵 필자가 경북 김천의 직지사에서 직접 찍어서 보관하고 있던 사진이다. 현재 직지사에 전해지는 십우도의 보존상태에 비해 본다면 그나마 훼손이 덜하고 선명한 편이다.

[참고] 직지사의 십우도

제1도 심우(尋牛)

제2도 견적(見跡)

제3도 견우(見牛)

제4도 득우(得牛)

제5도 목우(牧牛)

제6도 기우귀가(騎牛歸家)

제7도 망우존인(忘牛存人)

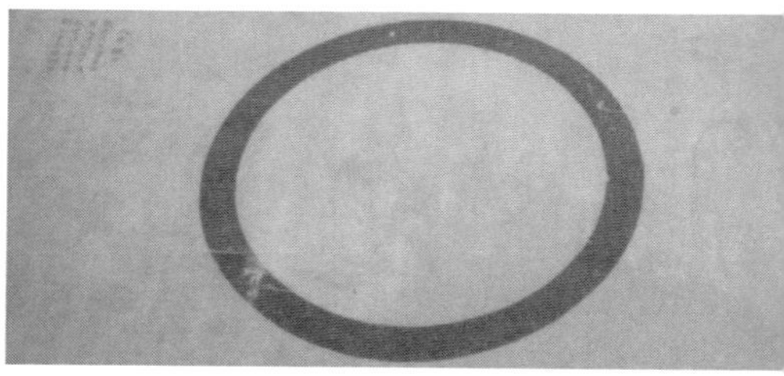

제8도 인우구망(人牛俱忘)

제9도 반본환원(返本還源)

제10도 입전수수(入廛垂手)

참고문헌

『老子』
『莊子』
『列子』
『論語』
『孟子』
『荀子』
『管子』
『尸子』
『墨子』
『韓非子』
『淮南子』
『呂氏春秋』
『朱子語類』
『臨濟錄』
『中華道藏』(全49册), 北京: 華夏出版社, 2004.
『景德傳燈錄』, 北京: 文物出版社, 1989.
許　愼, 『說文解字』, 北京: 中華書局, 1992.
許　愼, 段玉裁 注, 『說文解字注』, 上海: 上海古籍出版社, 1988.
『織田 佛敎大辭典』, 東京: 大藏出版株式會社, 1983.
劉　向 集錄, 『戰國策』, 上海: 上海古籍出版社, 1990.
司馬遷, 『史記』, 北京: 中華書局, 1989.
班　固, 『漢書』, 北京: 中華書局, 1995.
李百藥, 『北齊書』, 北京: 中華書局, 1992.
楊　寬, 『戰國史』, 上海: 上海人民出版社, 1998.
張　維, 『谿谷集』, 서울: 曺龍承 個人影印本, 1980.
顧炎武, 黃汝成 集釋, 『日知錄集釋』, 鄭州: 中州古籍出版社, 1990.
譚嗣同, 『仁學』(『譚嗣同全集』, 下册), 北京: 中華書局, 1990.
王闓運, 『爾雅集解』, 長沙: 岳麓書社, 2010.
王　圻・王思義 編集, 『三才圖會』(全3册), 上海: 上海古籍出版社, 1988.
劉義慶, 劉孝標 注, 『世說新語』, 臺北: 中華書局, 1999.

江蓮隆, 『諸子百家の事典』, 東京: 大修館書店, 2000.
日原利國, 『中國思想辭典』, 東京: 研文出版, 1984.

『中國歷代人名大辭典』, 上海: 上海古籍出版社, 1999.
『두산세계대백과사전』, 서울: 두산동아, 2002.
『문학비평용어사전』, 서울: 국학자료원, 2006.
『세계철학대사전』, 서울: 학원출판공사, 1983.
『인명사전』, 서울: 민중서관, 2002.
철학사전편찬위원회, 『철학사전』, 서울: 도서출판 중원문화, 2009.
『교학대한한사전』, 서울: 교학사, 2003.
『한한대자전』, 서울: 민중서림, 2003.

莊 周, 『莊子』, 臺北: 中華書局, 1984.
憨 山, 『莊子內篇憨山註』, 臺北: 琉璃經房, 1985.
郭慶藩, 『莊子集釋』, 北京: 中華書局, 1990.
關 鋒, 『莊子內篇譯解和批判』, 北京: 中華書局, 1961.
方 勇, 『莊子纂要』, 北京: 學苑出版社, 2012.
______, · 陸永品, 『莊子詮評』, 成都: 巴蜀書社, 1998.
______, 『莊學史略』, 成都: 巴蜀書社, 2008.
______, 『莊子學史』(全3册), 北京: 人民出版社, 2008.
______, 主編, 『莊子鑑賞辭典』, 上海: 上海辭書出版社, 2011.
徐廷槐, 『南華簡鈔』(『無求備齋莊子集成』, 初篇, 第20卷), 臺北: 藝文印書館, 影印本.
宣 穎, 王輝吉 校, 『莊子南華經解』, 臺北: 宏業書局, 1977.
葉蓓卿, 『莊子逍遙義演變研究』, 北京: 學苑出版社, 2011.
楊伯峻, 『列子集釋』, 北京: 中華書局, 1996.
嚴靈峯, 『無求備齋學術論集』, 臺北: 中華書局, 1969.
嚴靈峯, 『莊子章句新編』(『道家四子新編』), 臺北: 商務印書館, 1977.
呂惠卿, 『莊子義』, 『無求備齋莊子集成』 初篇 第5卷, 臺北: 藝文印書館 影印本.
呂惠卿, 湯君 集校, 『莊子義集校』, 北京: 中華書局, 2009.
吳 康, 『老莊哲學』, 臺北: 商務印書館, 1987.
吳 光, 『黃老之學通論』, 杭州: 浙江人民出版社, 1985.
吳光明, 『莊子』, 臺北: 東大圖書公司, 1988.
袁宙宗, 『莊子學說體系闡微』, 臺北: 黎明文化事業公司, 1977.
劉叔雅, 『莊子補正』, 臺北: 新文豐出版公司, 1975.
汪國棟, 『莊子評傳』, 南寧: 廣西教育出版社, 1996.
王夫之, 『莊子解』(『船山全書』 第13册), 長沙: 嶽麓書社, 1993.
王先謙, 『莊子集解』, 成都: 成都古籍書店, 1988.

王世舜・韓慕君 編著,『老莊詞典』, 濟南: 山東教育出版社, 1995.
王 煜,『老莊思想論集』, 臺北: 聯經出版事業公司, 1986.
熊鐵基,『中國莊學史(上)』, 福州: 福建人民出版社, 2009.
劉笑敢,『莊子哲學及其演變』, 北京: 中國社會科學出版社, 1987.
陸長庚,『南華眞經副墨』,『無求備齋莊子集成』, 續篇 第7卷, 臺北: 藝文印書館, 影印本.
陸書星,『南華眞經副墨』, 北京: 中華書局, 2010.
陸樹芝,『莊子雪』, 上海: 華東師範大學出版社, 2011.
李 回,『莊子譯析』, 沈陽: 遼寧教育出版社, 1993.
林雲銘,『莊子因』(『無求備齋莊子集成』, 初篇, 第18卷), 臺北: 藝文印書館 影印本.
林希逸, 周啓成 校注,『莊子鬳齋口義校注』, 北京: 中華書局, 1977.
蔣伯潛,『諸子學纂要』, 臺北: 正中書局, 1988.
蔣錫昌,『莊子哲學』, 成都: 成都古籍書店, 1988.
褚伯秀,『南華眞經義海纂微』(『道藏要籍選刊』 第2冊), 上海: 上海古籍出版社, 1989.
錢 穆,『莊子纂箋』, 臺北: 東大圖書公司, 1989.
曹礎基,『莊子淺注』, 北京: 中華書局, 1985.
朱文熊,『莊子新義』, 上海: 華東師範大學出版社, 2011.
周紹賢,『莊子要義』, 臺北: 中華書局, 1983.
陳紹燕,『莊子的知慧』, 石家莊: 河北人民出版社, 1997.
紫圖編繪,『圖解莊子』, 海口: 南海出版公司, 2007.
張 湛 注,『列子』(『諸子集成』 第5冊), 石家莊: 河北人民出版社, 1992.
張文江,『『莊子』內七篇釋義』, 上海: 上海古籍出版社, 2012.
張尙仁,『道家哲學』, 北京: 人民出版社, 2011.
張雙棣,『淮南子校釋』, 北京: 北京大出版社, 1997.
蔣錫昌,『莊子哲學』, 成都: 成都古籍書店, 1988.
張松如 外 3人, 共著『老莊論集』, 濟南: 齊魯書社, 1987.
張松輝,『莊子研究』, 北京: 人民出版社, 2009.
張豊乾 編,『莊子天下篇注疏四種』, 北京: 華夏出版社, 2009.
張洪興,『『莊子』"三言"研究』, 北京: 學苑出版社, 2011.
曹受坤,『莊子哲學』, 臺北: 文景出版社, 1973.
曹礎基,『莊子淺注』, 北京, 中華書局, 1985.
周紹賢,『莊子要義』, 臺北: 中華書局, 1983.
陳景元,『南華眞經章句音義』(『正統道藏』(第26冊), 서울: 법인문화사 영인본,

1987.
______, 『南華眞經章句餘事』(『正統道藏』(第26册), 서울, 법인문화사 영인본, 1987.
陳鼓應, 『莊子今注今譯』, 香港: 中華書局, 1990.
______, 『老莊新論』, 香港: 中華書局, 1991.
______, 『莊子淺說』, 香港: 商務印書館, 1991.
陳冠學, 『莊子新注』, 臺北: 東大圖書公司, 1989.
陳紹燕, 『莊子的知慧』, 石家莊: 河北人民出版社, 1997.
陳志良 主編, 『畵說道家(上)』, 北京: 華夏出版社, 1998.
陳品卿, 『莊學新探』, 臺北: 文史哲出版社, 1984.
哲學研究編輯部 編, 『莊子哲學討論集』, 北京: 中華書局, 1961.
焦 竑, 『老子翼』(『漢文大系』 第9册), 臺北: 新文豐出版公司, 1983.
______, 『莊子翼』(『漢文大系』 第9册), 臺北: 新文豐出版公司, 1983.
崔大華, 『莊子歧解』, 河南: 中州古籍出版社, 1988.
______, 『莊學研究』, 北京: 人民出版社, 1992.
黃錦鋐, 『新譯莊子讀本』, 臺北: 三民書局, 1977.
黃瑞云, 『莊子本原』, 武漢, 湖北人民出版社, 2013.
黃 釗 主編, 『道家思想史綱』, 長沙: 湖南師範大學出版社, 1991.
『莊子引得』, 上海: 上海古籍出版社, 1988.

姜國柱, 『中國思想通史(先秦卷)』, 武漢: 武漢大學出版社, 2011.
郭沫若, 『十批判書』, 北京: 東方出版社, 1996.
勞思光, 『中國哲學史(Ⅰ)』, 臺北: 三民書局, 1982.
唐君毅, 『中國哲學原論(導論篇)』, 臺北: 學生書局, 1993.
馬曉東, 『魏晋南北朝莊學史論』, 北京: 中華書局, 2012.
蒙培元, 『中國哲學主體四維』, 北京: 新華書店, 1993.
方東美, 『元始儒家道家哲學』, 臺北: 黎明文化事業公司, 1987.
方立天, 『中國古代哲學問題發展史(下册)』, 北京: 中華書局, 1990.
北京大學哲學系 中國哲學教研室, 『中國哲學史』, 北京: 北京大學出版部, 2002.
復旦大學哲學系中國哲學教研室, 『中國古代哲學史』(全2册), 上海: 上海古籍出版社, 2011.
徐復觀, 『中國人性論史』, 臺北: 商務印書館, 1984.
______, 『中國藝術精神』, 臺北: 學生書局, 1983.
蕭公權, 『中國政治思想史』, 臺北: 聯經出版事業公司, 1982.

邵漢明,『儒道人生哲學』, 張春: 吉林教育出版社, 1992.
楊榮國,『中國古代思想史』, 北京: 人民出版社, 1973.
劉文英 主編,『中國哲學史(上卷)』, 天津: 南開大學出版社, 2002.
劉蔚華・苗潤田,『稷下學史』, 北京: 中國廣播電視出版社, 1992.
劉澤華,『中國古代政治思想史』, 天津: 南開大學出版社, 1992.
李澤厚,『華夏美學』, 香港: 三聯書店有限公司, 1988.
______,・劉綱紀 主編,『中國美學史(1)』, 北京: 中國社會科學出版社, 1990.
______,『新版中國古代思想史論』, 天津: 天津社會科學出版社, 2008.
任繼愈 主編,『中國哲學史(第1冊)』, 北京: 人民出版社, 1992.
______, 主編,『中國哲學發展史(先秦編)』, 北京: 人民出版社, 1983.
張岱年,『中國哲學大綱』, 北京: 中國社會科學出版社, 1982.
張立文 主編, 陸玉林 著,『中國學術通史(先秦卷)』, 北京: 人民出版社, 2004.
蔣伯潛,『諸子學纂要』, 臺北: 正中書局, 1988.
錢 穆,『先秦諸子繫年攷辨』, 上海: 上海書店, 1992.
朱伯崑,『先秦倫理學概論』, 北京: 北京大學出版社, 1984.
陳麗桂,『戰國時期的黃老思想』, 臺北: 聯經出版事業公司, 1991.
陳瑛 外 4人 共著,『中國倫理思想史』, 貴陽: 貴州人民出版社, 1985.
馮 契,『中國古代哲學的邏輯發展(上)』, 上海: 上海人民出版社, 1987.
馮友蘭,『中國哲學史(上册)』, 香港: 三聯書店有限公司, 1992.
______,『中國哲學史新編(上)』, 北京: 人民出版社, 2004.
胡 適,『中國古代哲學史』, 臺北: 商務印書館, 1967.
侯外廬 主編,『中國思想通史(第1卷)』, 北京: 人民出版社, 1980.

關正郎,『莊子の思想とその解釋』, 東京: 三省堂, 1999.
金谷治,『儒家思想と道家思想』, 東京: 平河出版社, 1997.
______,『中國古代の自然觀と人間觀』, 東京: 平河出版社, 1997.
內山俊彦,『中國古代思想史における自然認識』, 東京: 創文社, 1987.
大濱晧,『莊子の哲學』, 東京: 勁草書房, 1982.
______,『中國古代の論理』, 東京: 東京大出版會, 1959.
島田虔次,『中國の傳統思想』, 東京: みすず書房, 2001.
渡邊卓,『古代中國思想の硏究』, 東京: 創文社, 1977.
藤吉慈海,『禪淨雙修の展開』, 東京: 春秋社, 1974.
木村英一,『中國哲學の探究』, 東京: 創文社, 1981.
福永光司,『莊子』, 東京: 中央公論社, 1981.
________,『中國の哲學・宗教・藝術』, 京都: 人文書院, 1988.

森 三樹三郎,「莊子の思想」,『老子・莊子』, 東京: 講談社, 1978.
小島祐馬,『中國思想史』, 東京: 創文社, 1987.
宇野精一 外 編,『講座東洋思想』(第3卷 中國思想Ⅱ), 東京: 東京大學出版會, 1967.
日原利國 編,『中國思想辭典』, 東京: 研文出版, 1984.
赤塚忠,『中國古代思想史硏究』, 東京: 硏文社, 1987.
池田知久,『道家思想の新研究－『莊子』を中心として』, 東京: 汲古書院, 2009.
津田左右吉,『道家の思想とその展開』, 東京: 岩波書店, 1964.
穴澤辰雄,『中國古代思想論考』, 東京: 汲古書院, 1982.

郭沫若,「宋鈃尹文遺著考」,『靑銅時代』, 北京: 人民出版社, 1982.
______,「稷下黃老學派的批判」,『十批判書』, 北京: 人民出版社, 1982.
關 鋒,「莊子哲學批判」,『莊子哲學討論集』, 北京: 中華書局, 1961.
劉昌元,「莊子的觀點主義」,『道家文化硏究』 第6輯, 上海: 上海古籍出版社, 1995.
任繼愈,「莊子探源」,『莊子哲學討論集』, 北京: 中華書局, 1962.
林麗星,「莊子價值思想研究」,『國立臺灣師範大學國文硏究所集刊』 第35號, 國立臺灣師範大學國文硏究所, 1991.
張 軍,「論『莊子』的"至德之世"」, 張松如 外 3人, 共著『老莊論集』, 濟南: 齊魯書社, 1987.
張岱年,「管子的「心術」等篇非宋尹著作考」,『道家文化硏究』 第2輯, 上海: 上海古籍出版社, 1992.
周啓成,「莊子思想的矛盾」,『中國哲學史研究』 1988年 第1期, 北京: 中國社會科學出版社, 1988.
陳鼓應,「尼采哲學與莊子哲學的比較研究」,『老莊論集』, 濟南: 齊魯書社, 1987.
焦國成,「道學與倫理學」,『玄境-道學與中國文化』, 北京: 人民出版社, 1996.
馮友蘭,「論莊子」,『莊子哲學討論集』, 北京: 中華書局, 1961.

加納喜光, 동의과학 연구소 옮김,『몸으로 본 중국 사상』, 서울: 소나무, 1999.
강신주,『장자의 철학: 꿈, 깨어남 그리고 삶』, 서울: 태학사, 2004.
高亨坤,『禪의 世界』, 서울: 三英社, 1981.
______,『선의 세계(Ⅰ)』, 서울: 운주사, 1995.
교양교재편찬위원회 편,『철학개론』, 서울: 서울대 출판부, 1989.
구본명,『중국사상의 원류체계』, 서울: 대왕사, 1982.

김광수, 『논리와 비판적 사고』, 서울: 철학과 현실사, 1991.
김득만 · 장윤수, 『중국철학의 이해』, 서울: 예문서원, 2000.
김상환, 『해체론 시대의 철학』, 서울: 문학과 지성사, 1999.
김용옥, 『기철학산조』, 서울: 통나무, 1997.
______, 『도올 논어(1)』, 서울: 통나무, 2000.
김충열, 『노장철학 강의』, 서울: 예문서원, 1995.
김항배, 『장자철학정해』, 서울: 불광출판사, 1992.
김형효, 『사유하는 도덕경』, 서울: 소나무, 2004.
노만 맬컴, 류의근 옮김, 『마음의 문제』, 서울: 서광사, 1987.
라즈니쉬, 길연 역, 『잠에서 깨어나라』, 서울: 범우사, 1983.
로버트 앨린슨, 김경희 옮김, 『장자, 영혼의 변화를 위한 철학』, 서울: 그린비, 2004.
마루야마 게이자부로, 고동호 옮김, 『존재와 언어』, 서울: 서광사, 2002.
마틴제이, 황재우 옮김, 『변증법적 상상력』, 서울: 돌베개, 1981.
務臺理作, 홍윤기 옮김, 『철학개론』, 서울: 도서출판 한울, 1982.
박이문, 『과학철학이란 무엇인가』, 서울: 민음사, 1993.
서복관, 권덕주 외 역, 『중국예술정신』, 서울: 東文選, 1990.
송영배, 『제자백가의 사상』, 서울: 현음사, 1997.
송지영 역해, 『장자』, 서울: 동서문화사, 1975.
송항용, 『동양철학의 문제들』, 서울: 여강출판사, 1987.
狩野直喜, 오이환 역, 『중국철학사』, 서울: 을유문화사, 1988.
신동준, 『장자』, 서울: 인간사랑, 2012.
신오현, 『절대의 철학』, 서울: 문학과 지성사, 1993.
안동림 역주, 『장자』, 서울: 현암사, 1993.
알프레드 포르케, 양재혁 · 최해숙 역주, 『중국고대철학사』, 서울: 소명출판, 2004.
엄정식 편역, 『비트겐슈타인과 분석철학』, 서울: 서광사, 1986.
오강남 풀이, 『장자』, 서울: 현암사, 1999.
오경웅, 조영록 · 정인재 역, 『선의 향연(상)』, 서울: 동국대학교부설 역경원, 1988.
吳光明, 김용섭 옮김, 『장자철학』, 경산: 대구한의대학교출판부, 2009.
요코야마 고이츠, 장순용 옮김, 『십우도 · 마침내 나를 얻다』, 서울: 도서출판 들녘, 2001.
요한네스 헤센, 이강조 역, 『인식론』, 서울: 서광사, 1988.
윤재근, 『동양의 본래미학』, 서울: 나들목, 2006.

윤효녕 외 3인 공저, 『주체 개념의 비판』, 서울: 서울대출판부, 1999.
이강수, 『도가사상의 연구』, 서울: 고려대 민족문화연구소, 1989.
______, 『노자와 장자: 무위와 소요의 철학』, 서울: 도서출판 길, 1997.
이용주, 『도, 상상하는 힘』, 서울: 이학사, 2003.
이원섭, 『깨침의 미학』, 서울: 법보신문사, 1991.
이은봉, 『중국 고대사상의 원형을 찾아서』, 서울: 소나무, 2003.
이종성, 『도가철학의 문제들』, 대전: 문경출판사, 1999.
이진경, 『불온한 것들의 존재론』, 서울: 휴머니스트, 2011.
장순용 엮음, 『선이란 무엇인가-십우도의 사상』, 서울: 도서출판 세계사, 1991.
赤塚忠·金谷治 외, 조성을 옮김, 『중국사상개론』, 서울: 도서출판 이론과 실천, 1987.
전경갑, 『욕망의 통제와 탈주』, 서울: 한길사, 1999.
정화열, 『몸의 정치』, 서울: 민음사, 1999.
竹村牧男, 정승석 옮김, 『유식의 구조』, 서울: 민족사, 1989.
중국 북경대 철학과 연구실, 박원재 옮김, 『중국철학사(1)』, 서울: 자작아카데미, 1994.
陳鼓應, 최진석 옮김, 『老莊新論』, 서울: 소나무, 1997.
出 隆, 이명성 옮김, 『철학이전』, 서울: 집현전, 1987.
토머스 머튼, 황남주 옮김, 『장자의 길』, 서울: 고려원, 1991.
하르트만, 하기락 역, 『존재학원론』, 서울: 형설출판사, 1989.
한형조, 『무문관, 혹은 너는 누구냐』, 서울: 여시아문, 1999.
황병국 편저, 『장자와 선사상』, 서울: 문조사, 1988.
후루타 쇼킨·다나카 료쇼, 남동신·안지원 옮김, 『중국 선종의 육조 혜능』, 서울: 현음사, 1993.
후지요시 지까이, 한보광 옮김, 『선정쌍수의 전개』, 서울: 민족사, 1991.
J. 호이징하, 김윤수 옮김, 『호모루덴스』, 서울: 도서출판 까치, 1996.
K. 아두키에비츠, 송병옥 옮김, 『철학, 그 문제와 이론들』, 서울: 서광사, 1989.
M.. J. 아들러, 장건익 옮김, 『열 가지 철학적 오류』, 서울: 서광사, 1990.
O. F. 볼노오, 백승균 옮김, 『인식의 해석학: 인식의 철학 I』, 서울: 서광사, 1993.

김갑수, 「장자철학에서의 자연과 인간에 관한 연구」, 성균관대 박사학위논문, 1994.
김여수, 「상대주의 논의의 문화적 위상」, 『철학과 현실』 1991년 봄호, 서울: 철학문화연구소, 1991.
김용섭, 「『회남자』 철학체계의 연구」, 경북대 박사학위논문, 1995.
김시천, 「정신과 유희: 『장자』의 '유'와 일상성의 복원」, 『'놀이와 축제 그리고 여가'로서의 삶』(새한철학회 2012년 가을학술발표회 발표문), 2012.
김태길, 「현대 한국의 윤리적 상황」, 『현대사회와 철학』, 서울: 문학과 지성사, 1983.
류인희, 「노장의 본체론」, 『동양철학의 본체론과 인성론』, 서울: 연세대출판부, 1986.
박원재, 「도가의 이상적 인간상에 대한 연구-'자아의 완성'을 중심으로-」, 고려대 박사학위논문, 1996.
박종홍, 「부정에 관한 연구」, 『박종홍전집(2)』, 서울: 형설출판사, 1980.
변선환, 「십우도에 나타난 진정한 자기의 추구」, 『불교연구』 제6·7집, 한국불교연구원, 1990.
신동호, 「노자사상의 존재론적 검토」, 『인문과학논문집』 제8권 2호, 충남대 인문과학연구소, 1981.
______, 「장자 「제물론」 연구」, 『인문과학 논문집』 제7권 2호, 충남대 인문과학연구소, 1980.
______, 「선진도가의 인간관」, 『동서철학연구』 제3호, 한국동서철학연구회, 1986.
______, 「혜시 역물십사의 연구(1)」, 『인문과학 논문집』 제5권 1호, 충남대 인문과학연구소, 1978.
윤병태, 「퓌론의 회의주의」, 『희랍 철학의 문제들』, 서울: 현암사, 1993.
윤천근, 「장자철학에 있어서의 인식의 문제」, 고려대 석사학위 논문, 1982.
______, 「장자철학에 있어서의 인식의 문제」, 『노·장 철학의 현대적 조명』, 서울: 외계출판사, 1990.
______, 「박세당의 『장자』 이해를 통해 보는 '자유와 해방'의 논리」, 『도가사상과 한국도교』, 서울: 국학자료원, 1997.
______, 「박세당의 『장자』 이해를 통해 보는 '자유와 해방'의 논리」, 『도가사상과 한국도교』, 서울: 국학자료원, 1997.
이강수, 「장자의 철학정신」, 『철학연구』 제19집, 고려대 철학연구소, 1996.
______, 「장자 제물론의 이해」, 『도가철학』 제4집, 한국도가철학회, 2002.
이성구, 「춘추전국시대의 국가와 사회」, 『강좌 중국사(Ⅰ)』, 서울: 지식산업사,

1991.
이종관, 「상대주의」, 『우리말 철학사전 3』, 서울: 지식산업사, 2003.
이종성, 「장자의 삶의 문법과 당대 비평」, 『동서철학연구』 제35호, 한국동서철학회, 2005.
______, 「소요와 노닒 또는 걸림 없는 자유-장자 '소요유'의 부정정신과 자유의식을 중심으로-」, 『동서철학연구』 제67호, 2013.
______, 「장자의 상대주의적 관점에 대한 반성적 고찰」, 『범한철학』 제30호, 2003.
______, 「장자철학에 있어서 절-대의 해체전략과 도의 자연성에 관한 고찰」, 『도가철학』 창간호, 한국도가철학회, 1999.
______, 「장자철학에서의 '성심'에 대한 성찰」, 『대동철학』 제23호, 대동철학회, 2003.
______, 「장자철학에 있어서 마음 비움의 해체적 성격」, 『철학논총』 제21집, 새한철학회, 2000.
______, 「장자의 '좌망'론」, 『대동철학』 제24집, 대동철학회, 2004.
______, 「마음 비움의 계보학-장자의 '심재'와 '좌망'의 상관성을 중심으로-」, 『철학연구』 제98호, 대한철학회, 2006.
______, 「장자철학에 있어서 불가지론의 의의」, 『동서철학연구』 제28호, 2003.
______, 「장자 지식론의 이중 구조와 모순 융해적 회통의 논리」, 『동서철학연구』 제31호, 2004.
______, 「장자의 참된 지식과 '밝음에 의거함'의 특질」, 『대동철학』 제35호, 대동철학회, 2006.
______, 「장자의 이상적 세계상」, 『동서철학연구』 제16호, 한국동서철학회, 1998.
______, 「장자와 십우도」, 『동양철학』 제25집, 한국동양철학회, 2006.
______, 「장자의 상상력과 대중문화의 소통-현대 한국의 대중가요를 중심으로-」, 『동서철학연구』 제66호, 한국동서철학회, 2012.
______, 「이강수 교수 장자보기의 철학적 진정성」, 『이강수 읽기를 통해 본 노장철학연구의 현주소』, 서울: 예문서원, 2005.
______, 「허」, 『21세기의 동양철학』, 서울: 을유문화사, 2005.
______, 「곽상의 독화론-그 장자철학의 변주에 관하여」, 『위진현학』, 서울: 예문서원, 2001.
______, 「장자의 '소대지변'에 관한 지식론적 고찰」, 『동양철학연구』 제19집, 동양철학연구회, 1998.

______, 「서계 박세당의 『신주도덕경』에 있어서의 노자관」, 『동양철학연구』 제16집, 동양철학연구회, 1996.

______, 「『노자』 제25장의 존재론적 검토」, 『철학논총』 제26집, 새한철학회, 2001.

______, 「풍우란의 선진도가에 대한 인식의 특징과 한계-『중국철학사』 서술의 관점을 중심으로-」, 『동서철학연구』 제72호, 한국동서철학회, 2014.

______, 「장이머우 <영웅>의 철학적 배경과 천하주의」, 『동서철학연구』 제78호, 한국동서철학회, 2015.

임홍빈, 「부정의 양상」, 『교양과정부 논문집(인문 · 사회과학편)』 제5집, 서울대 교양과정부, 1973.

정 륜, 「장자철학의 유대와 무대에 관한 연구」, 전북대 박사학위논문, 1996.

______, 「장자와 역설」, 『대동철학』 제6집, 대동철학회, 1999.

정인재, 「순자의 지식론」, 『榴軒 李鍾厚 博士 華甲紀念論文集』, 대구: 이문사, 1981.

조광제, 「몸, 욕망, 그리고 권력」, 『시대와 철학』 제7호, 한국철학사상연구회, 1993.

한기두, 「목우도에 관한 연구」, 『이기영박사 고희기념논총』, 한국불교연구원, 1991.

A. C. Graham, *Disputers of the Tao: Philosophical in Ancient China*, La Salle, Illinois: Open Court, 1989.

____________, *Chuang-Tzu The Inner Chapter*, Indianapolis/Cambridge: Hackett Publishing Company, Inc. 2001.

Benjamin I. Schwartz, *The World of Thought in Ancient China*, Cambridge Masschusetts: The Belknap Press of Harvard University Press, 1985.

Burton Watson, *The Complete Works of Chuang Tzu*, New York: Columbia University Press, 1968.

Chang Chung-Yyan, *Creativity and Taoism*, New York: Harper & Row, 1970.

Erich Fromn, *To Have or To Be?*, New York: Harper & Row, 1976.

Ernst Cassirer, *An Essay on Man: An Introduction to a Philosophy of Human Culture*, New Haven: Yale University Press, 1944.

Fung Yu-Lan, *A Short History of Chinese Philosophy*, New York: The Free

Press, 1966.

____________, *A Taoist Classic Chuang-Tzu*, Beijing: Foreign Languages Press, 1989.

John Hospers, *An Introduction to Philosophical Analysis*, Michigan: Michigan University Press, 1983.

Roger T. Ames, *Wander at Ease in The Zhuangzi*, Albany, N.Y.: State University of New York Press, 1998.

Victor H. Mair, *Expermental Essays on Chuang-tzu*, Hawaii: University of Hawaii Press, 1983.

Harold D. Roth, "Who Compiled the Chuang Tzu?", *Chines Texts and Philosophical Contexts: Essays Dedicated to Angus C. Graham*, (ed.) Jr. Henry Rosemont, La Salle, Illinois: Open Court, 1991.

Kristofer Schipper, "Daoist Ecology: The Inner Transformation. A Study of the Precepts of the Early Daoist Ecclesia", (ed.) N.J. Girardot, James Miller and Liu Xiaogan., *Daoism and: Ways within a Cosmic Landscape*, Cambridge Masschusetts: Harvard University Press, 2001.

Robert E. Allinson, "On the question of relativism in the Chuang-tzu", Philosophy East and West, V.30 N.1, January 1989.

미주

제1장

1) 北京大學哲學系 中國哲學研究室, 『中國哲學史』(北京: 北京大學出版社, 2002), 84쪽 참조.

2) 郭沫若, 『十批判書』(北京: 東方出版社, 1996), 197쪽. 염세주의는 비관주의와 동일한 말로 사용된다. 허무주의 어원은 '최악'을 뜻하는 라틴어 'pessimum'에서 유래한다. 낙천주의(optimism)는 염세주의에 대응되는 개념이다. 대체적으로 염세주의는 허무주의와 맞닿아 있다.

3) 나는 여기에서 허무주의 자체에 대한 의론을 개진하고자 하지는 않는다. 따라서 장자의 '허'의 존재론이나 인생론은 예외적인 주제가 된다. 여기에서는 다만 장자의 삶의 과정 속에 나타난 인생관과 시대적 대응이 장자를 허무주의자로 규정하는 사람들이 내건 종류의 허무주의와는 거리가 멀었음을 집중 검토할 것이다.

4) 日原利國, 『中國思想辭典』(東京: 研文出版, 1984), 264쪽.

5) 陳志良 主編, 『畵說道家(上)』(北京: 華夏出版社, 1998), 52쪽. 진지량(陳志良)은 742년을 천보 6년이라고 적고 있는데, 천보 원년으로 바로잡는다.

6) 司馬遷, 『史記』(北京: 中華書局, 1989), 「老子韓非列傳」, 2143~2145쪽, "莊子者, 蒙人也, 名周. 周嘗爲蒙漆園吏, 與梁惠王·齊宣王同時. 其學無所不闚, 然其要本歸於老子之言. 故其著書十餘萬言, 大抵率寓言也. 作漁父·盜跖·胠篋, 以詆訿孔子之道, 以明老子之術. 畏累虛·亢桑子之屬, 皆空語無事實. 然善屬書離辭, 指事類情, 用剽剝儒墨, 雖當世宿學不能自解免也. 其言洸洋自恣以適己, 故自王公大人不能器之. 楚威王聞莊周賢, 使使厚幣迎之, 許以爲相. 莊周笑謂楚使者曰: 千金, 重利; 卿相, 尊位也. 子獨不見郊祭之犧牛乎? 養食之數歲, 衣以文繡, 以入大廟. 當時之時, 雖欲爲孤豚, 豈可得乎? 子亟去, 無污我. 我寧游戲污瀆之中自快, 無爲有國者所羈, 終身不仕, 以快吾志焉."

7) 회남왕 유안이나 그와 뜻을 같이 했던 독서인들은 일반적으로 우리가 하나의 학파로 규정하는 노자와 장자를 병칭함으로써 노장이 동일한 사유의 맥락을 지니고 있다고 평가한다(『淮南子』, 「要略」, "考驗老莊之術." 참조).

8) 『장자』의 저자와 편찬에 대한 논의는 다음을 참조하라. Harold D. Roth, "Who Compiled the Chuang Tzu?", *Chines Texts and Philosophical Contexts: Essays Dedicated to Angus C. Graham*, (ed.) Jr. Henry Rosemont(La Salle, Illinois: Open Court, 1991), pp.79~128.

9) 錢穆, 『先秦諸子繫年攷辨』(上海: 上海書店, 1992), 346~347쪽 참조.

10) 『장자』에는 장자와 혜시가 만나 대화를 나누는 내용들이 10여 곳에서 발견된다. 대표적인 이야기로는 ① '쓸모 있음'과 '쓸모없음'에 관하여 논쟁한 내용(「逍遙遊」), ② '호량문답'이라고 알려진 '물고기의 즐거움을 사람이 알 수 있는가?'에 관련된 내용(「秋水」), ③ 그리고 '봉황새와 올빼미의 비교'에 관련된 내용(「秋水」)들이 있다. 여기에서 ③에 해당하는 장자의

비유적 언설은 너무나 유명한 이야기이므로 그 원문을 인용해보기로 한다. 「秋水」, 605쪽, "惠子相梁, 莊子往見之. 或謂惠子曰: 莊子來, 欲代子相. 於是惠子恐, 搜於國中三日三夜. 莊子往見之, 曰: 南方有鳥, 其名爲鵷鶵, 子知之乎? 夫鵷鶵, 發於南海而飛於北海, 非梧桐不止, 非練實不食, 非醴泉不飮. 於是鴟得腐鼠, 鵷鶵過之, 仰而視之曰: 嚇! 今子欲以子之梁國而嚇我邪?" 또한 혜시가 장자보다 먼저 죽자 장자가 이제는 더불어 대화할 사람이 없게 되었다고 애석해하던 장면(「徐无鬼」)에서 우리는 두 사람 간의 친밀한 교우 관계를 읽을 수 있다.

11) 任繼愈, 「莊子探源」, 『莊子哲學討論集』(北京: 中華書局, 1962), 188쪽.

12) 蔣伯潛, 『諸子學纂要』, 臺北, 正中書局, 1988, 186쪽 및 勞思光, 『中國哲學史(Ⅰ)』(臺北: 三民書局, 1982), 200쪽 참조.

13) 崔大華, 『莊學硏究』(北京: 人民出版社, 1992), 6~9쪽 참조.

14) 楊向奎, 「莊子的思想」, 『莊子哲學討論集』(北京: 中華書局, 1962), 329쪽.

15) 黃錦鋐, 『莊子及其文學』(臺北: 東大圖書公司, 1984), 3~4쪽 참조.

16) 『史記』, 「宋微子世家」, 1632쪽 참조.

17) 『맹자』, 「滕文公 下」, "萬章問曰: 宋, 小國也" 참조.

18) ① 金谷治, 『儒家思想と道家思想』(東京: 平河出版社, 1997), 334쪽. ② 江蓮隆, 『諸子百家の事典』(東京: 大修館書店, 2000), 123쪽. ③ 日原利國 編, 『中國思想辭典』(東京: 硏文出版, 1984), 264쪽. ④ 王國棟, 『莊子評傳』(南寧: 廣西敎育出版社, 1996), 9쪽. ⑤ 蕭公權, 『中國政治思想史』(臺北: 聯經出版事業公司, 1984), 174쪽. ⑥ 劉澤華, 『中國古代政治思想史』(天津: 南開大學出版社, 1992), 173쪽. ⑦ 楊寬, 『戰國史』(上海: 上海人民出版社, 1998), 484쪽. ⑧ 陳鼓應, 「尼采哲學與莊子哲學的比較硏究」, 『老莊論集』(濟南: 齊魯書社, 1987), 346쪽 등 참조.

19) 이강수, 『도가사상의 연구』(서울: 고려대 민족문화연구소, 1989), 3쪽 참조.

20) 小島祐馬, 『中國思想史』(東京: 創文社, 1987), 118쪽.

21) 「秋水」, 603~604쪽, "莊子釣於濮水, 楚王使大夫二人往先焉, 曰: 願以境內累矣! 莊子持竿不顧, 曰: 吾聞楚有神龜, 死已三千歲矣, 王巾笥而藏之廟堂之上. 此龜者, 寧其死爲留骨而貴乎? 寧其生而曳尾於塗中乎? 二大夫曰: 寧生而曳尾塗中. 莊子曰: 往矣! 吾將曳尾於塗中."

22) 「外物」, 924쪽, "莊周家貧, 故往貸粟於監河侯. 監河侯曰: 諾. 我將得邑金, 將貸子三百金, 可乎? 莊周忿然作色曰: 周昨來, 有中道而呼者. 周顧視車轍中, 有鮒魚焉. 周問之曰:鮒魚來! 子何為者邪? 對曰: 我, 東海之波臣也. 君豈有斗升之水而活我哉? 周曰: 諾. 我且南遊吳越之王, 激西江之水而迎子, 可乎? 鮒魚忿然作色曰: 吾失我常與, 我無所處. 吾得斗升之水然活耳, 君乃言此, 曾不如早索我於枯魚之肆!" 참조.

23) 「列御寇」, 1049쪽, "困窘織屨."

24) 「列御寇」, 1049~1050쪽, "宋人有曹商者, 為宋王使秦. 其往也, 得車數乘; 王說之, 益車百乘. 反於宋, 見莊子曰: 夫處窮閭阨巷, 困窘織屨, 槁項黃馘者, 商之所短也; 一悟萬乘之主, 而從車百乘者, 商之所長也. 莊子曰: 秦王有病召醫, 破癰潰痤者得車一乘, 舐痔者得車五乘, 所治愈下, 得車愈多. 子豈治其痔

邪? 何得車之多也? 子行矣!” 참조.

25) 「山木」, 687~688쪽, “莊子衣大布而補之, 正緳係履而過魏王. 魏王曰: 何先生之憊邪? 莊子曰: 貧也, 非憊也. 士有道德不能行, 憊也; 衣弊履穿, 貧也, 非憊也; 此所謂非遭時也.” 참조.

26) 「讓王」, 976쪽, “原憲應之曰: 憲聞之: 無財謂之貧, 學而不能行謂之病. 今憲, 貧也, 非病也.”

27) 「至樂」, 614~615쪽, “莊子妻死, 惠子弔之, 莊子則方箕踞鼓盆而歌. 惠子曰: 與人居, 長子老身, 死不哭亦足矣, 又鼓盆而歌, 不亦甚乎! 莊子曰: 不然. 是其始死也, 我獨何能无概然! 察其始而本无生, 非徒无生也而本无形, 非徒无形也而本无氣. 雜乎芒芴之間, 變而有氣, 氣變而有形, 形變而有生, 今又變而之死, 是相與爲春秋冬夏四時行也. 人且偃然寢於巨室, 而我噭噭然隨而哭之, 自以爲不通乎命, 故止也.”

28) 「至樂」, 郭象 注, 619쪽, “舊說云莊子樂死惡生, 斯說謬矣! 若然, 何謂齊乎? 所謂齊者, 生時安生, 死時安死, 生死之情旣齊, 則無爲當生而憂死耳. 此莊子之旨也.”

29) 「列禦寇」, 1063쪽, “莊子將死, 弟子欲厚葬之. 莊子曰: 吾以天地爲棺槨, 以日月爲連璧, 星辰爲珠璣, 萬物爲齎送. 吾葬具豈不備邪? 何以加此! 弟子曰: 吾恐烏鳶之食夫子也. 莊子曰: 在上爲烏鳶食, 在下爲螻蟻食, 奪彼與此, 何其偏也!”

30) 「庚桑楚」, 郭象 注, 801쪽, “死生出入, 皆欻然自爾, 無所由.” 참조.

31) 「大宗師」, 229쪽, “古之眞人, 不知說生, 不知惡死.”

32) 그레이엄(A. C. Graham)은 이 ‘조릉의 사건’으로부터 장자는 양주의 사상과 결별하면서 자신의 독자적 사유체계를 갖추게 된다고 본다(A. C. Graham, *Disputers of the Tao: Philosophical in Ancient China*(La Salle, Illinois: Open Court, 1989), p.176. & A. C. Graham, *Chuang-Tzu. The Inner Chapter*(Indianapolis/Cambridge: Hackett Publishing Company, Inc. 2001), p.117.

33) 「山木」, 695~698쪽, “莊周遊於雕陵之樊, 覩一異鵲自南方來者, 翼廣七尺, 目大運寸, 感周之顙而集於栗林. 莊周曰: 此何鳥哉, 翼殷不逝, 目大不覩? 蹇裳躩步, 執彈而留之. 覩一蟬, 方得美蔭而忘其身; 螳螂執翳而搏之, 見得而忘其形; 異鵲從而利之, 見利而忘其眞. 莊周怵然曰: 噫! 物固相累, 二類相召也! 捐彈而反走, 虞人逐而誶之. 莊周反入, 三月不庭. 藺且從而問之: 夫子何爲頃間甚不庭乎? 莊周曰: 吾守形而忘身. 觀於濁水而迷於淸淵. 且吾聞諸夫子曰: 入其俗, 從其俗, 今吾遊於雕陵而忘吾身, 異鵲感吾顙, 遊於栗林而忘眞, 栗林虞人以吾爲戮, 吾所以不庭也.”

34) 「大宗師」, 262쪽, “今之大冶鑄金, 金踊躍曰: 我且必為鏌鋣, 大冶必以為不祥之金. 今一犯人之形, 而曰: 人耳人耳, 夫造化者必以為不祥之人. 今一以天地為大鑪, 以造化為大冶, 惡乎往而不可哉! 成然寐, 蘧然覺.”

35) 이성구, 「춘추전국시대의 국가와 사회」, 『강좌 중국사(Ⅰ)』(서울: 지식산업사, 1991), 121~122쪽 참조.

36) 『노자』, 제30장, “師地所處, 荊棘生焉, 大軍之後, 必有凶年.”

37) 『孟子』, 「離婁上」, “爭地以戰, 殺人盈野, 爭城以戰, 殺人盈城. 此所謂率土地, 以食人肉, 罪不容於死.”
38) 이성구, 「춘추전국시대의 국가와 사회」, 135쪽.
39) 이성구, 「춘추전국시대의 국가와 사회」, 134쪽 참조.
40) 김갑수, 「장자철학에서의 자연과 인간에 관한 연구」, 성균관대 박사학위논문, 1994, 20~22쪽 참조.
41) 『史記』, 「宋微子世家」, 1632쪽, “君偃十一年, 自立為王. 東敗齊, 取五城; 南敗楚, 取地三百里; 西敗魏軍, 乃與齊、魏為敵國. 盛血以韋囊, 縣而射之, 命曰射天. 淫於酒婦人. 群臣諫者輒射之. 於是諸侯皆曰桀宋. 宋其復為紂所為, 不可不誅. 告齊伐宋. 王偃立四十七年, 齊湣王與魏、楚伐宋, 殺王偃, 遂滅宋而三分其地.”
42) 『史記』, 「田敬仲完世家」, 1898~1899쪽, “三十六年, … 曰: 兩帝立約伐趙, 孰與伐桀宋之利? 王曰: 伐桀宋利. 對曰: 夫約鈞, 然與秦為帝而天下獨尊秦而輕齊, 釋帝則天下愛齊而憎秦, 伐趙不如伐桀宋之利, 故願王明釋帝以收天下, 倍約賓秦, 無爭重, 而王以其間舉宋. 夫有宋, 衛之陽地危; 有濟西, 趙之阿東國危; 有淮北, 楚之東國危; 有陶、平陸, 梁門不開. 釋帝而貸之以伐桀宋之事, 國重而名尊, 燕楚所以形服, 天下莫敢不聽, 此湯武之舉也. 敬秦以為名, 而後使天下憎之, 此所謂以卑為尊者也. 願王孰慮之.”
43) 王國棟, 『莊子評傳』, 南寧, 廣西教育出版社, 1996, 9~10쪽 참조.
44) 「人間世」, 132쪽, “衛君, 其年壯, 其行獨; 輕用其國, 而不見其過; 輕用民死, 死者以國量乎澤若蕉, 民其无如矣.”
45) 福永光司, 『莊子』(東京: 中央公論社, 1981), 32쪽 및 陳鼓應, 『老莊新論』(香港: 中華書局, 1991), 260쪽 참조.
46) 「則陽」, 891~892쪽, “有國於蝸之左角者, 曰觸氏. 有國於蝸之右角者, 曰蠻氏. 時相與爭地而戰, 伏尸數萬.”
47) 張岱年, 『中國哲學大綱』(北京: 中國社會科學出版社, 1982), 167~168쪽 참조.
48) 「達生」, 654~655쪽, “紀渻子為王養鬥雞. 十日而問: 雞已乎? 曰: 未也. 方虛憍而恃氣. 十日又問. 曰: 未也. 猶應嚮景. 十日又問. 曰: 未也. 猶疾視而盛氣. 十日又問. 曰: 幾矣. 雞雖有鳴者, 已無變矣, 望之似木雞矣, 其德全矣, 異雞無敢應者, 反走矣.”
49) 『列子』, 「黃帝」, “紀渻子為周宣王養鬬鷄, 十日而問: 鷄可鬬已乎? 曰: 未也, 方虛驕而恃氣. 十日又問. 曰: 未也, 猶應影嚮. 十日又問. 未也, 猶疾視而盛氣. 十日又問. 曰: 幾矣. 鷄雖有鳴者, 已无變矣. 望之似木鷄矣, 其德全矣. 異鷄无敢應者, 反走耳.”
50) 「徐无鬼」, 827쪽, “夫殺人之士民, 兼人之土地, 以養吾私與吾神者, 其戰不知孰善? 勝之惡乎在?”
51) 「說劍」, 1016~1023쪽 참조.
52) 紫圖編繪, 『圖解莊子』(海口: 南海出版公司, 2007), 228~229쪽 참조.
53) 이에 대해서는 다음의 논고를 참고하라. 이종성, 「장이머우 <영웅>의 철학적 배경과 천하주의」, 『동서철학연구』 제78호, 한국동서철학회, 2015.
54) 임원빈, 「장자의 지식론」, 연세대 석사학위 논문, 1987, 6쪽 참조.

55) 「齊物論」, 63쪽, "道惡乎隱而有眞僞? 言惡乎隱而有是非? 道惡乎往而不存? 言惡乎存而不可? 道隱於小成, 言隱於榮華. 故有儒墨之是非, 以是其所非而非其所是. 欲是其所非而非其所是, 則莫若以明."

56) 「齊物論」, 66쪽, " 故曰彼出於是, 是亦因彼. 彼是方生之說也, 雖然, 方生方死, 方死方生; 方可方不可, 方不可方可; 因是因非, 因非因是. 是以聖人不由, 而照之於天."

57) 「齊物論」, 56쪽, "夫隨其成心而師之, 誰獨且无師乎? 奚必知代而心自取者有之? 愚者與有焉. 未成乎心而有是非, 是今日適越而昔至也. 是以無有爲有. 無有爲有, 雖有神禹, 且不能知, 吾獨且奈何哉!"

58) 「天下」, 1069쪽, "天下大亂, 賢聖不明, 道德不一, 天下多得一察焉以自好. 譬如耳目鼻口, 皆有所明, 不能相通. 猶百家衆技也, 皆有所長, 時有所用. 雖然, 不該不徧, 一曲之士也."

59) 蕭公權, 『中國政治思想史』(臺北: 聯經出版事業公司, 1982), 102쪽 참조.

60) 이강수, 『도가사상의 연구』, 4쪽 참조.

61) 「天下」, 1065쪽, "天下之治方術者多矣, 皆以其有爲不可加矣. 古之所謂道術者, 果惡乎在? 曰: 无乎不在."

62) 금골리(禽滑釐)의 이름에 대한 독음방식은 다양하다. 그의 이름은 '활려(滑黎)', '골리(骨釐)', '굴리(屈釐)'로도 쓴다. 전국시대 초기의 인물이다(『中國歷代人名大辭典(下冊)』(上海: 上海古籍出版社, 1999), 2338쪽 참조). 이 책에서는 금골리로 통일한다.

63) 일반적으로 '송형'의 이름은 『장자』 안에서는 '송견(宋鈃)', 『맹자』어서는 '송경(宋牼)'으로 불리고 있다. 그러나 나는 안사고(顔師古)의 주를 근거로 마땅히 '송형'이라고 읽어야 한다고 본다. 안사고가 『한서』, 「예문지」에서 윤문자를 설명하는 과정 중 "유향의 말에 따르면, (윤문자는) 송형과 더불어 직하에서 함께 유학하였다"고 하고, "鈃의 음은 '형'이다"라고 설명한 것이 그 근거이다(班固, 『漢書』(北京: 中華書局, 1995), 「藝文志」, 顔師古 注, 1737쪽, "師古曰: 劉向云與宋鈃俱遊稷下. 鈃音形." 참조.

64) 王夫之, 『莊子解』(『船山全書』(長沙: 岳麓書社, 1993. 제13책), 「天下」, 462쪽, "乃自墨至老, 褒貶各殊, 而以己說綴于其後, 則亦表其獨見獨聞之眞, 爲群言之歸墟. 至其篇末舉惠施以終之, 則莊子之在當時, 心知諸子之短長, 而未與之辨, 唯遊梁而遇惠子, 與相辨論, 故惠子之死, 有臣質已死之歎, 則或因惠子而有內七篇之作, 因末述之以見其言之所繇興."

65) 李百藥, 『北齊書』(北京: 中華書局, 1992), 「杜弼傳」, 353쪽, "弼 … 耽好玄理, 老而愈篤. 又注莊子惠施篇、易上下繫, 名新注義苑, 竝行於世."

66) 焦竑, 『莊子翼』, 臺北, 廣文書局, 1979, 「天下」, 呂吉甫 注, 279쪽, "墨翟禽滑釐 … 故論道術爲天下裂, 而先及之. 次以宋尹, 則爲知道. 田愼則知而近之. 由粗以及精也."

67) 「天下」, 1072쪽, "不侈於後世, 不靡於萬物, 不暉於數度, 以繩墨自矯而備世之急, 古之道術有在於是者." 참조.

68) 「天下」, 1074~1075쪽, "墨翟禽滑釐聞其風而說之, 爲之太過, 已之大循. 作為非樂, 命之曰節用; 生不歌, 死無服. 墨子汎愛兼利而非鬥, 其道不怒; 又好

學而博, 不異, 不與先王同, 毁古之禮樂. 古之喪禮, 貴賤有儀, 上下有等, 天子棺槨七重, 諸侯五重, 大夫三重, 士再重. 今墨子獨生不歌, 死不服, 桐棺三寸而無槨, 以為法式. 以此教人, 恐不愛人; 以此自行, 固不愛己. 未敗墨子道, 雖然, 歌而非歌, 哭而非哭, 樂而非樂, 是果類乎? 其生也勤, 其死也薄, 其道大觳; 使人憂, 使人悲, 其行難爲也. 恐其不可以爲聖人之道, 反天下之心, 天下不堪. 墨子雖獨能任, 奈天下何! 離於天下, 其去王也遠矣." 참조.

69) 장빙린(章炳麟, 1869~1936)은 '용(容)'을 '욕(欲)'의 가차로 보았지만, 순자의 송형과 윤문에 대한 비판을 고려하면 이러한 해석은 잘못되었다. 북경대학 철학과의 중국철학사교연실에서 본 '관용'이라는 해석(北京大學哲學系中國哲學史教研室選注, 『中國哲學史教學資料選輯(上册)』(北京: 中華書局, 2003), 171쪽)도 문제가 있다. 구쉬(顧實, 1878~1956)은 『순자』의 「정론」 편에서 순자가 송형의 학설을 두 단계로 나누어 비판한 점에 주목한다. 『순자』는 송형이 제1단계로 '영욕'을 논하고, 제2단계에서 '정욕'을 논한 점을 적기하였는데, 이러한 『순자』의 문장과 『장자』의 이 문장은 서로 밀접한 관련을 갖는다고 한다(顧實, 『莊子·天下篇』講疏」, 張豊乾 編, 『莊子天下篇注疏四種』(北京: 華夏出版社, 2009), 35쪽 참조). 한편, 쉔더훙(沈德鴻, 모순(矛盾)의 원명이다. 1896~1981)은 容'을 '內'의 오사로 보고 이 문장을 다음과 같이 해석한다. "'심지용(心之容)'은 인간 내심의 잠재의식이며, '심지행(心之行)'은 인간 내심의 외적 표현이다. 인간의 일체 행위가 모두 심리적 표현임을 말하는 것이다."(方勇, 『莊子纂要(6)』(北京: 學苑出版社, 2012), 865쪽). 그러나 나는 김형효의 『노자』 제16장의 '용(容)'에 대한 해석에 근거하여, 이를 종용하다(Gelassenheit)라고 풀이하고자 한다(김형효, 『사유하는 도덕경』(서울: 소나무, 2004), 168쪽). 고실 역시 『노자』 제16장의 '용'의 용례로 이곳을 풀이해야 한다는 입장이다(顧實, 『莊子·天下篇』講疏」, 36쪽).

70) 「天下」, 1082쪽, "不累於俗, 不飾於物, 不苟於人, 不忮於衆, 願天下之安寧以活民命, 人我之養畢足而止, 以此白心, 古之道術有在於是者. 宋鈃尹文聞其風而悅之, 作為華山之冠以自表, 接萬物以別宥為始; 語心之容, 命之曰心之行, 以聏合驩, 以調海內, 請欲置之以為主. 見侮不辱, 救民之鬪, 禁攻寢兵, 救世之戰. 以此周行天下, 上說下教." 참조.

71) 「天下」, 1082쪽, "雖天下不取, 强聒而不舍者也. 故曰上下見厭而強見也. 雖然, 其為人太多, 其自為太少, 曰: 請欲固置五升之飯足矣. 先生恐不得飽, 弟子雖飢, 不忘天下, 日夜不休, 曰: 我必得活哉! 圖傲乎救世之士哉! 曰: 君子不為苛察, 不以身假物. 以為無益於天下者, 明之不如已也, 以禁攻寢兵為外, 以情欲寡淺為內, 其小大精粗, 其行適至是而止." 참조.

72) 오강남 풀이, 『장자』(서울: 현암사, 1999), 40쪽 참조.

73) 「逍遙遊」, 16~17쪽, "而宋榮子猶然笑之. 且擧世而譽之而不加勸, 擧世而非之而不加沮, 定乎內外之分, 辯乎榮辱之竟, 斯已矣."

74) 「天下」, 1086쪽, "公而不當, 易而無私, 決然无主, 趣物而不兩, 不顧於慮, 不謀於知, 於物无擇, 與之俱往, 古之道術有在於是者. 彭蒙田駢愼到聞其風而悅之, 齊萬物以爲首." 장자의 제물론은 만물을 차별하지 않을 뿐만 아니라

도의 관점에서 모든 것을 하나로 보는 소통론의 특징이 있다. 「齊物論」, 70쪽, "道通爲一" 참조.

75) Benjamin I. Schwartz, *The World of Thought in Ancient China* (Cambridge Masschusetts: The Belknap Press of Harvard University Press, 1985), p.242.

76) 「天下」, 1088쪽, "是故愼到棄知去己而緣不得已, 冷汰於物以爲道理."

77) 「天下」, 1088~1091쪽, "豪傑相與笑之曰: 愼到之道, 非生人之行而至死人之理, 適得怪焉. 田駢亦然, 學於彭蒙, 得不敎焉. … 常反人, 不見觀, 而不免於魭斷. 其所謂道非道, 而所言之韙不免於非. 彭蒙田駢愼到不知道."

78) A. C. Graham, *Chuang-Tzu The Inner Chapter*(Indianapolis/Cambridge: Hackett Publishing Company, Inc. 2001), pp.280~281.

79) 「天下」, 1093~1098쪽, "以本爲精, 以物爲粗, 以有積爲不足, 澹然獨與神明居, 古之道術有在於是者. 關尹老聃聞其風而悅之, 建之以常無有, 主之以太一, 以濡弱謙下爲表, 以空虛不毁萬物爲實. 關尹曰: 在己无居, 形物自著. 其動若水, 其靜若鏡, 其應若響. 芴乎若亡, 寂乎若淸, 同焉者和, 得焉者失. 未嘗先人而嘗隨人. 老聃曰: 知其雄, 守其雌, 爲天下谿; 知其白, 守其辱, 爲天下谷. 人皆取先, 己獨取後, 曰受天下之垢; 人皆取實, 己獨取虛, 无藏也故有餘, 巋然而有餘. 其行身也徐而不費, 无爲也而笑巧; 人皆求福, 己獨曲全, 曰苟免於咎. 以深爲根, 以約爲紀, 曰堅則毁矣, 銳則挫矣. 常寬容於物, 不削於人, 可謂至極. 關尹老聃乎! 古之博大眞人哉!" 벽허자(碧虛子) 진경원(陳景元)에 의하면, 여기에서 노담을 종합적으로 비평하는 마지막 문장 중 '可謂至極'이란 말은 강남이씨본(江南李氏本)과 문여해본(文如海本)에는 다 같이 '雖未至極'으로 표기되어 있다고 한다(陳景元, 『南華眞經章句音義』(『正統道藏』(서울: 법인문화사 영인본, 1987), 제26책), 「天下」, 21207쪽, "舊作可謂至極. 江南古藏本作雖未至極" 및 陳景元, 『南華眞經章句餘事』(『正統道藏』 제26책), 「闕誤」, 21218쪽, "江南李氏文本同. 舊作可謂至極." 참조). 이러한 문장 기술은 「천하」 편의 전체적 맥락에 보다 잘 부합하는 측면이 있다. 왜냐하면 「천하」 편의 비평은 각 학파가 '옛날의 도술'로부터 일정한 일탈을 보이고 있다는 한계를 일관되게 지적하고 있기 때문이다. 이는 노담뿐만 아니라 장주에 대한 평가 역시 예외가 아니라는 점을 상기할 때 보다 분명해진다.

80) 「大宗師」, 226쪽, "且有眞人而後有眞知. 何謂眞人? 古之眞人, …" 참조.

81) 「天下」, 1098~1099쪽, "芴漠无形, 變化无常, 死與生與, 天地竝與, 神明往與! 芒乎何之, 忽乎何適, 萬物畢羅, 莫足以歸, 古之道術有在於是者. 莊周聞其風而悅之, 以謬悠之說, 荒唐之言, 無端崖之辭, 時恣縱而不儻, 不以觭見之也. 以天下爲沈濁, 不可與莊語, 以巵言爲曼衍, 以重言爲眞, 以寓言爲廣. 獨與天地精神往來而不敖倪於萬物, 不譴是非, 以與世俗處."

82) 이에 관한 자세한 논의에 대해서는 다음을 참고하라. 張洪興, 『『莊子』"三言"硏究』(北京: 學苑出版社, 2011).

83) 吳光明, 김용섭 옮김, 『장자철학』(경산: 대구한의대학교출판부, 2009), 118쪽 참조.

84) 「齊物論」, 79쪽, "天地與我竝生."
85) 「齊物論」, 79쪽, "萬物與我爲一."
86) 「天下」, 1099쪽, "雖然, 其應於化而解於物也, 其理不竭, 其來不蛻, 芒乎昧乎, 未之盡者."

제2장

1) 關鋒, 『莊子內篇譯解和批判』(北京: 中華書局, 1961), 26쪽.
2) 인명사전편찬위원회, 『인명사전』(서울: 민중서관, 2002), 「아큐」 조 참조,
3) 劉笑敢, 『莊子哲學及其演變』(北京: 中國社會科學出版社, 1988), 166쪽.
4) 명나라 때 육방호(陸方壺)가 옛 사람의 시를 인용하여 '대장부'의 세계를 읊은 것이다. "昔人有云: 振衣千仞岡, 濯足萬里流. 大丈夫不可無此氣節. 海闊從漁躍, 千空任鳥飛. 大丈夫不可無此度量." 이에 대한 원문 및 번역은 안동림 역주, 『장자』(서울: 현암사, 1993), 25쪽에서 재인용하였다.
5) Fung Yu-Lan, *A Short History of Chinese Philosophy*(New York: The Free Press, 1966), p.109.
6) 신동준, 『장자』(서울: 인간사랑, 2012), 184쪽 참조. 안동림은 '구속이 없는 절대의 자유로운 경지에서 노닌 것'을 '소요유'라고 보았고(안동림 풀이, 『장자』(서울: 현암사, 1993), 25쪽), 오강남은 '자유롭게 노닐다'라는 의미로 풀이하였으며(오강남, 『장자』(서울: 현암사, 1999), 25쪽), 김항배는 '대자유인으로서 노니는 일'이라고 풀이하였다(김항배, 『장자철학정해』(서울: 불광출판사, 1992), 2쪽). 이러한 점 때문에 오랜 동안 장자는 자유의 철학자로 명명되어 오고 있다(이종성, 「장자의 상상력과 대중문화의 소통-현대 한국의 대중가요를 중심으로-」(『동서철학연구』 제66호, 한국동서철학회, 2012), 117쪽).
7) 구본명, 『중국사상의 원류체계』(서울: 대왕사, 1982), 255쪽 참조.
8) 王先謙, 『莊子集解』, 「逍遙遊」, "言逍遙乎物外, 任天而遊無窮也."
9) 『교학대한한사전』(서울: 교학사, 2003), 3284쪽.
10) 「逍遙遊」, 成玄英 疏, 41쪽, "彷徨, 縱任之名; 逍遙, 自得之稱; 亦是異言一致, 互其文耳." 참조.
11) 方勇, 『莊子纂要(1)』(北京: 學苑出版社, 2012), 1쪽, "顧桐栢曰: 逍者, 銷也; 遙者, 遠也. 銷盡有爲累, 遠見無爲理." 이 구절은 성현영의 「장자주소서」에 인용된 말이기도 하다.
12) 方勇, 『莊子纂要(1)』, 20쪽, "陸德明曰: 逍, 亦作消. 遙, 如字, 亦作搖." 같은 책, 2쪽, "黃幾復曰: 消者, 如陽動而冰消, 雖耗也不竭其本; 搖者, 如舟行而水搖, 雖動也而不傷其內." 같은 책, 5쪽, "金兆淸曰: 逍遙, 古作消搖. 消者, 如陽動而冰消, 雖耗也不竭其本; 搖者, 如舟行而水搖, 雖動也而不傷其內."
13) 方勇, 『莊子纂要(1)』, 4쪽, "李光縉曰: … 逍者, 灑也; 遙者, 遠也. 逍遙遠去, 優遊自在也." 참조.
14) 이것은 놀이에 대한 J. 호이징하의 규정으로서(J. 호이징하, 김윤수 옮김, 『호모루덴스』(서울: 도서출판 까치, 1996), 9쪽), 적당한 번역어가 없는 상황에

서 놀이 개념을 노닒의 번역에 직접 적용한 것이라고 할 수 있다.

15) J. 호이징하, 김윤수 옮김, 『호모루덴스』, 317쪽.

16) 『장자』에 표현된 '노닒'(遊)은 '자유', '자적'이라는 의미 이외에도 '유세하다', '놀다', '교유하다' 등의 다양한 뜻을 지니고 있다.

17) J. 호이징하, 김윤수 옮김, 『호모루덴스』, 70~71쪽 참조.

18) 김시천, 「정신과 유희: 『장자』의 '유'와 일상성의 복원」, 『'놀이와 축제 그리고 여가'로서의 삶』(새한철학회 2012년 가을학술발표회 발표문), 2012, 20~21쪽 참조.

19) 이와 관련된 『장자』 각 편의 구절들은 다음과 같다. "乘物以遊心."(「人間世」, 160쪽), "遊心乎德之和."(「德充符」, 1191쪽), "汝遊心於淡."(「應帝王」, 294쪽), "吾遊心於物之初."(「田子方」, 712쪽), "知遊心於無窮."(「則陽」, 892쪽), "心有天遊. … 心無天遊."(「外物」, 939쪽).

20) 이 점은 내가 김시천이 제시한 노닒의 세 가지 특징에 대해 대체로 동의하면서도, 그가 제시한 구체적 노닒의 특징에 대해 결정적으르 의견을 달리하는 부분이다. 특히, 장자가 말하는 노닒이 정치적, 사회적 태도이기보다 단지 한 개체가 겪는 갈등과 억압의 승화를 의미한다는 김시천의 주장(김시천, 앞의 발표문, 21쪽)은 재고될 필요가 있다고 본다.

21) '힘의 질서'라는 말은 김태길이 황석영의 소설 『어둠의 자식들』에 나타난 뒷골목 상태와 밑바닥 인생의 모습을 윤리학적으로 검토하기 위해 사용한 용어이다. 김태길, 「현대 한국의 윤리적 상황」, 『현대사회와 철학』(서울: 문학과 지성사, 1983), 232쪽 참조.

22) J. 호이징하, 김윤수 옮김, 앞의 책, 71~72쪽 참조.

23) 陳鼓應, 『老莊新論』(香港, 中華書局, 1991), 264쪽.

24) 「應帝王」, 289~291쪽, "肩吾見狂接輿. 狂接輿曰: 日中始何以語女? 肩吾曰: 告我君人者以己出經式義度, 人孰敢不聽而化諸! 狂接輿曰: 是欺德也; 其於治天下也, 猶涉海鑿河而使蚉負山也." 참조.

25) 송영배, 『제자백가의 사상』(서울: 현음사, 1997), 288~303쪽 참조.

26) 陳鼓應, 『老莊新論』, 264쪽 참조.

27) 「天運」, 519쪽, "逍遙, 無爲也." 및 「大宗師」, 268쪽, "逍遙乎無事之業."(「達生」, 663쪽에도 같은 말이 나온다) 참조.

28) 「外物」, 939쪽, "天遊."

29) 「達生」, 634쪽, "遊乎萬物之所終始."

30) 「大宗師」, 268쪽, "而遊乎天地之一氣."

31) 「大宗師」, 244쪽, "遊於物."

32) 「天地」, 438쪽, "遊世俗之間."

33) 崔大華, 『莊學研究』(北京: 人民出版社, 1992), 165쪽 참조.

34) 崔大華, 『莊學研究』, 162쪽 참조.

35) 崔大華, 『莊學研究』, 165쪽 참조.

36) 成玄英, 「莊子序」, 6~7쪽, "所言逍遙遊者, 古今解釋不同. 今汎擧紘綱, 略爲三釋. 所言三者: 第一, 顧桐栢云: 逍者, 銷也; 遙者, 遠也. 銷盡有爲累, 遠見無爲理. 以斯而遊, 故曰逍遙. 第二, 支道林云: 物物而不物於物, 故逍然不我

待; 玄感不疾而速, 故遙然靡所不爲. 以斯而遊於天下, 故曰逍遙遊. 第三, 穆夜云: 逍遙者, 蓋是放狂自得之名也. 至德內充, 無時不適; 忘懷應物, 何往不通! 以斯而遊天下, 故曰逍遙遊."

37) 『世說新語』, 「文學」, 劉孝標 注, "向子期郭子玄逍遙義曰: 夫大鵬之上九萬, 尺鷃之起榆枋, 小大雖差, 各任其性, 苟當其分, 逍遙一也. 然物之芸芸, 同資有待, 得其所待, 然後逍遙耳. 唯聖人與物冥而循大變, 爲能無待而常通. 豈獨自通而已! 又從有待者不失其所待, 不失則同於大通矣."

38) 여기에서는 통례처럼 곽상을 『장자주』의 저자로 인정하고 상수와 곽상은 다만 곽상이라고만 표기하기로 한다.

39) 「逍遙遊」 郭象 注, 1쪽, "夫小大雖殊, 而放於自得之場, 則物任其性, 事稱其能, 各當其分, 逍遙一也, 豈容勝負於其間哉!"

40) 곽상이 본 '소요'에 대한 해석의 문제점에 대해서는 이종성, 「곽상의 독화론-그 장자철학의 변주에 관하여」(『위진현학』(서울: 예문서원, 2001), 168~172쪽을 참조하라.

41) 『世說新語』, 「文學」, 劉孝標 注, "支氏逍遙論曰: 夫逍遙者, 明至人之心也. 莊生建言大道, 而寄指鵬鷃. 鵬以營生之路曠, 故失適於體外; 鷃以在近而笑遠, 有矜伐於心內. 至人乘天正而高興, 遊無窮於放浪. 物物而不物於物, 則遙然不我得; 玄感不爲, 不疾而速, 則逍然靡不適. 此所以爲逍遙也." 여기에서 보는 것처럼 유효표가 인용하고 있는 지도림의 소요론은 성현영의 「장자서」에 인용된 내용과 약간의 차이가 있음이 확인된다.

42) 『世說新語』, 「文學」, 劉孝標 注, "此向郭之注所未盡."

43) 이 말은 감산(憨山, 釋德淸, 1546~1623)이 '소요'를 풀이하면서, 그것이 마치 불경의 '무애해탈'과 같은 것이라고 한 말로부터 원용한 것이다. 憨山, 『莊子內篇憨山註』(臺北: 琉璃經房, 1985), 「逍遙遊」, "逍遙者, 廣大自在之意, 卽如佛經無礙解脫." 참조.

44) 「山木」, 668쪽, "物物而非物於物."

45) 方勇, 『莊子纂要(1)』, 8쪽, "陸樹芝曰: … 遊者, 身之所寄; 逍遙者, 徜徉自得, 高遠而無拘束也."

46) 方勇, 『莊子纂要(1)』, 8쪽, "梅沖曰: 逍遙, 廣大自得之意. 遊者活潑流行, 惟意所適也." 참조.

47) 「人間世」, 150쪽, "夫且不止, 是之謂坐馳." '좌치'의 설명에 대해서는 다음과 같은 임희일의 주석을 참고하라. 林希逸, 『莊子鬳齋口義』, 「인간세」, "身雖坐於此, 而心馳於外."

48) 「田子方」, 714쪽, "遊乎至樂."

49) 정화열, 『몸의 정치』(서울: 민음사, 1999), 10쪽 참조.

50) 「逍遙遊」, 2쪽, "北冥有魚, 其名爲鯤. 鯤之大,不知其幾千里也. 化而爲鳥, 其名爲鵬. 鵬之背, 不知其幾千里也; 怒而飛, 其翼若垂天之雲. 是鳥也, 海運則將徙於南冥. 南冥者, 天池也."

51) 憨山, 『莊子內篇憨山註』, 「逍遙遊」, "南冥, 猶南明, 謂陽明之方, 乃人君南面之喩, 謂聖人應運出世, 則爲聖帝明王, 卽可南面以臨莅天下也." 참조.

52) 여기서 언급되는 '포월(包越)'이란 의미는 자아와 타자를 함께 감싸 안고

넘어선다는 뜻을 지니고 있다. 따라서 장자의 포월주의는 타자를 소외시키거나 배제하지 않는 포용성을 의미한다.

53) 憨山, 『莊子內篇憨山註』, 「逍遙遊」, "海運謂海氣運動, 以喩聖人乘大氣運以出世間, 非等閒也. 將徙, 徙者遷也." 참조.

54) 이러한 입장(鯤, 當爲鯨)은 육덕명(陸德明), 최선(崔譔), 해동(奚侗) 등에 의해 주장된다.

55) 『爾雅』, 「釋魚」, "鯤, 魚子" 및 段玉裁, 『說文解字注』, 「魚部」, "鯤卽卵字." 참조.

56) 段玉裁, 『說文解字注』, 「魚部」, "魚子未生者曰鯤."(『장자집석』, 「소요유」, 3쪽에서 재인용함).

57) 段玉裁, 『說文解字注』, 「魚部」, "凡未出者曰卵, 已出者曰子."

58) 段玉裁, 『說文解字注』, 「魚部」, "鯤卽卵字."

59) 「逍遙遊」, 11쪽, "小知不及大知, 小年不及大年."

60) 「逍遙遊」, 4쪽, "天之蒼蒼, 其正色邪?"

61) 「齊物論」, 93쪽, "民溼寢則腰疾偏死, 鰌然乎哉? 木處則惴慄恂懼, 猨猴然乎哉? 三者孰知正處? 民食芻豢, 麋鹿食薦, 蝍蛆甘帶, 鴟鴉嗜鼠. 四者孰知正味? 猨猵狙以爲雌, 麋與鹿交, 鰌與魚游. 毛嬙麗姬, 人之所美也; 魚見之深入, 鳥見之高飛, 麋鹿見之決驟. 四者孰知天下之正色哉?" 참조.

62) 「逍遙遊」, 9쪽, "鳥與學鳩笑之曰: 我決起而飛, 搶楡枋, 時則不至而控於地而已矣, 奚以之九萬里而南爲?" 참조.

63) 「逍遙遊」, 40쪽, "子獨不見狸狌乎? 卑身而伏, 以候敖者; 東西跳梁, 不避高下; 中於機辟, 死於罔罟." 참조.

64) 「應帝王」, 295쪽, "虎豹之文來田." 및 「山木」, 671쪽, "夫豊狐文豹, … 然且不免於罔羅機辟之患. 是何罪之有哉? 其皮爲之災也." 참조.

65) 「駢拇」, 323쪽, "士則以身殉名."

66) 「駢拇」, 323쪽, "小人則以身殉利, 士則以身殉名, 大夫則以身殉家, 聖人則以身殉天下." 참조.

67) '도치된 인간'(倒置之民), '몽매함에 가려진 인간'(蔽蒙之民)이라는 개념은 모두 「선성」 편에 나온다.

68) 「徐无鬼」, 835쪽, "此皆順比於歲, 不物於易者也, 馳其形性, 潛之萬物, 終身不反, 悲夫!" 참조.

69) 「逍遙遊」, 24쪽, "鷦鷯巢於深林, 不過一枝; 偃鼠飮河, 不過滿腹."

70) 페터 비트머, 홍준기 · 이승미 옮김, 『욕망의 전복』(서울: 한울아카데미, 1998), 94~95쪽 참조.

71) 「逍遙遊」, 9쪽, "適莽蒼者, 三飡而反, 腹猶果然; 適百里者. 宿舂糧; 適千里者, 三月聚糧. 之二蟲又何知!" 참조.

72) 곽상은 이에 대한 해석에서도 장자의 본의를 왜곡한다. 그는 "이 말은 곧 큰 것은 작은 것에 노닐지 못해 즐겁지 않은 것을 밝힌 것이다"(「秋水」, 郭象 注, 600쪽, "明大之不遊於小, 非樂然.")라고 풀이한다. 큰 것(동해의 거북)은 큰 데서 노닐어야 하고, 작은 것(우물 안 개구리)은 작은 데서 노닐어야 한다는 입장이다. 그러나 장자의 의도는 일반적으로 알려진 것처

럼 식견의 한계에 대해 지적한 것이라고 할 수 있다.

73) 「逍遙遊」, 17쪽, "至人無己, 神人無功, 聖人無名." 참조.

74) 『世說新語』, 「文學」, 劉孝標 注, "若夫有欲, 當其所足, 足於所足, 快然有似天眞, 猶饑者一飽, 渴者一盈, 豈忘烝嘗於糗糧, 絶觴爵於醪醴哉! 苟非至足, 豈所以逍遙乎!"

75) 「逍遙遊」, 28쪽, "而遊乎四海之外.", 「齊物論」, 96쪽, "遊乎四海之外.", 「大宗師」, 267쪽, "彼, 遊方之外者也.", 「徐无鬼」, 832쪽, "遊於六合之外." 참조.

76) 「大宗師」, 268쪽, "遊乎天地之一氣." 참조.

77) 「逍遙遊」, 40쪽, "今子有大樹, 患其無用, 何不樹之於無何有之鄕, 廣莫之野, 彷徨乎無爲其側, 逍遙乎寢臥其下." 참조.

78) 이진경, 『불온한 것들의 존재론』(서울: 휴머니스트, 2011), 58쪽.

79) 이진경, 『불온한 것들의 존재론』, 57쪽 참조.

80) 「逍遙遊」, 40쪽, "何不樹之於無何有之鄕, 廣莫之野, 彷徨乎無爲其側, 逍遙乎寢臥其下. 不夭斤斧, 物無害者, 無所可用, 安所困苦哉!" 참조.

81) 「大宗師」, 228쪽, "古之眞人, 其寢不夢."

제3장

1) 「齊物論」, 45쪽, "女聞人籟而未聞地籟, 女聞地籟而未聞天籟夫!"

2) 袁宙宗, 『莊子學說體系闡微』(臺北: 黎明文化事業公司, 1977), 104쪽.

3) 『세계철학대사전』(서울: 학원출판공사, 1983), 513쪽 참조.

4) 김여수, 「상대주의 논의의 문화적 위상」, 『철학과 현실』, 1991년 봄호, 서울, 철학문화연구소, 66~67쪽 참조. 그런데 서양철학에 있어서조차 상대주의가 정식 철학적 용어로 정착된 것은 20세기 초엽부터이다. 상대주의란 용어를 처음으로 사용한 것은 1911년 『키르히너 철학사전』 제6판에서이다. 이처럼 상대주의가 철학 용어로서 시민권을 획득한 것은 최근의 일이지만, 상대주의적 관점을 함축하는 철학은 이미 고대 철학으로부터 비롯되었다고 할 수 있다(이종관, 「상대주의」, 『우리말 철학사전 3』(서울: 지식산업사, 2003), 239~240쪽 참조).

5) 陳鼓應, 『莊子淺說』(香港: 商務印書館, 1991), 115쪽.

6) 森 三樹三郎, 「莊子の思想」, 『老子·莊子』(東京: 講談社, 1978), 55~57쪽 참조.

7) 關鋒, 「莊子哲學批判」, 『莊子哲學討論集』(北京: 中和書局, 1961), 5쪽.

8) 革峰, 「莊子哲學相對主義的實質」, 『莊子哲學討論集』, 322~328쪽 참조.

9) 「秋水」, 577~578쪽, "以功觀之, 因其所有而有之, 則萬物莫不有; 因其所無而無之, 則萬物莫不無; 知東西之相反而不可以相無."

10) 汪國棟, 『莊子評傳』(南寧: 廣西教育出版社, 1996), 86쪽.

11) 「秋水」, 577~578쪽, "以功觀之, 因其所有而有之, 則萬物莫不有; 因其所無而無之, 則萬物莫不無; 知東西之相反而不可以相無."

12) 「秋水」, 郭象 注, 579쪽, "天下莫不相與爲彼我, 而彼我皆欲自爲, 斯東西之相反也. 然彼我相與爲脣齒, 脣齒者未嘗相爲, 而脣亡則齒寒. 故彼之自爲, 濟我之功弘矣, 斯相反而不可以相無者也."

13) 장자철학에서 사물의 형태나 색깔, 성질, 작용 등은 서로 상대주의적 성향을 띤 개념들로 등장한다. 다음의 개념들이 여기에 해당한다. '대(大)/소(小)', '미(美)/추(醜)', '선(善)/악(惡)', '귀(貴)/천(賤)', '고(高)/저(低)', '일(日)/야(夜)', '유(有)/무(無)', '생(生)/사(死)', '성(成)/훼(毁)', '수(壽)/요(夭)', '장(長)/단(短)', '원(遠)/근(近)', '취(聚)/산(散)', '상(賞)/벌(罰)', '이(利)/해(害)', '전(前)/후(後)', '출(出)/입(入)', '성(盛)/쇠(衰)', '청(淸)/탁(濁)', '고(故)/신(新)', '취(吹)/구(呴)', '호(呼)/흡(吸)', '유궁(有窮)/무궁(無窮)', '종(終)/시(始)', '영(盈)/허(虛)', '회(晦)/명(明)', '신(神)/형(形)', '본(本)/말(末)', '거(去)/취(就)', '안(安)/위(危)', '화(禍)/복(福)', '완(緩)/급(急)', '유상(有常)/무상(無常)', '유애(有涯)/무애(無涯)', '부후(腐朽)/신기(神奇)', '소소(昭昭)/명명(冥冥)', '상생(相生)/상살(相殺)' 등등(이에 관해서는 汪國棟, 앞의 책, 85쪽 참조).

14) 劉笑敢, 『莊子哲學及其演變』(北京: 人民出版社, 1988), 188쪽.

15) 「德充符」, 190쪽, "自其異者視之, 肝膽超越也; 自其同者視之, 萬物皆一也."

16) 「秋水」, 577쪽, "以差觀之, 因其所大而大之, 則萬物莫不大; 因其所小而小之, 則萬物莫不小; 知天地之爲稊米也, 知豪末之爲丘山也, 則差數覩矣."

17) 오강남 풀이, 『장자』, 358쪽 참조.

18) 이러한 점에 초점을 두고 장자철학을 해석하는 리우창유앤(劉昌元)의 경우에는 장자철학에 제시되고 있는 분별지의 상대주의적 성격을 '관점주의(Perspectivism)'라는 개념을 도입함으로써 장자를 이해하기도 한다. 그는 장자의 '관점주의'를 세 가지로 구분하였는데, ① 경험적 관점주의, ② 사변적 관점주의, ③ 형이상학적 관점주의가 그것이다(劉昌元, 「莊子的觀點主義」, 『道家文化硏究』(上海: 上海古籍出版社, 1995) 第6輯, 102~115쪽 참조).

19) Fung Yu-Lan, *A Short History of Chinese Philosophy*, p.84.

20) 『네이버 지식백과』, 「종합명제」(셸링, 『철학의 원리로서의 자아(해제)』(서울: 서울대 철학사상연구소, 2006) 참조.

21) 이은봉, 『중국 고대사상의 원형을 찾아서』(서울: 소나무, 2003), 242쪽 참조.

22) 로버트 앨린슨, 김경희 옮김, 『장자, 영혼의 변화를 위한 철학』(서울: 그린비, 2004), 224~253쪽 참조.

23) 이은봉, 『중국 고대사상의 원형을 찾아서』, 253쪽.

24) 여기에 관해서는 신동호, 「장자 「제물론」 연구」, 『인문과학 논문집』 제7권 2호, 충남대 인문과학연구소, 1980, 199~214쪽을 참조하기 바람.

25) 吳光明, 『莊子』(臺北: 東大圖書公司, 1988), 181쪽 참조.

26) 黃錦鋐, 『新譯莊子讀本』(臺北: 三民書局, 1977), 67쪽 참조.

27) 袁宙宗, 『莊子學說體系闡微』, 108쪽.

28) 「齊物論」, 79쪽, "天下莫大於秋豪之末, 而大山爲小; 莫壽於殤子, 而彭祖爲夭."

29) 신동호, 「장자 「제물론」 연구」, 202쪽 참조.

30) 「齊物論」, 69쪽, "可乎可, 不可乎不可. 道行之而成, 物謂之而然. 惡乎然? 然於然. 惡乎不然? 不然於不然. 物固有所然, 物固有所可. 無物不然; 無物不可."

31) 「齊物論」, 69~70쪽, "故爲是擧莛與楹, 厲與西施, 恢詭憰怪, 道通爲一. 其分

也, 成也; 其成也, 毁也. 凡物無成與毁, 復通爲一."

32) 「齊物論」, 70쪽, "謂之朝三. 何謂朝三? 狙公賦芧, 曰: 朝三而暮四, 衆狙皆怒. 曰: 然則朝四而暮三, 衆狙皆悅. 名實未虧而喜怒爲用, 亦因是也."

33) 郭沫若, 『十批判書』(北京: 東方出版社, 1996), 208쪽.

34) 郭沫若, 『十批判書』, 200쪽.

35) 「齊物論」, 70쪽, "是以聖人和之以是非而休乎天鈞, 是之謂兩行."

36) 김충열, 『노장철학 강의』(서울: 예문서원, 1995), 285~286쪽 참조.

37) 「齊物論」, 66쪽, "物無非彼, 物無非是. 自彼則不見, 自是則知之. 故日, 彼出於是, 是亦因彼. 彼是方生之說也. 雖然, 方生方死. 方死方生. 方可方不可. 方不可方可. 因是因非. 因非因是." 이 문장에서 '自是則知之'는 원문에 '自知則知之'로 표현되어 있다. 그러나 이것은 텍스트상의 잘못으로 판단되는 바 옌링펑(嚴靈峯)의 『장자장구신편』에 의거하여 바로 잡는다. 엄영봉은, 여기에서의 '知'자는 의미에 부합되지 않는다고 한다. 이 절의 앞 뒤 문장에서도 '彼'와 '是'를 반대되는 자로 간주하는데, 여기서만 '知'로 하는 것은 마땅치 않다. 아래의 '知'자가 잘못 붙은 것이 아닌가 한다. 따라서 엄영봉은 윗 구절이 '自彼則不見'이면 아래의 구절은 '自是則知之'가 되어 '彼'와 '是'가 대구가 되고 '見'과 '知'가 대구가 되기 때문에 문법적으로 정연하다고 주장한다(嚴靈峯, 『莊子章句新編』, 『道家四子新編』(臺北: 商務印書館, 1977), 527쪽).

38) 陳紹燕, 『莊子的知慧』(石家莊: 河北人民出版社, 1997), 65쪽.

39) 竹村牧男, 정승석 옮김, 『唯識의 構造』(서울: 民族社, 1989), 160쪽 참조.

40) 신동호, 「장자 「제물론」 연구」, 206쪽 참조.

41) 「齊物論」, 郭象 注, 66쪽, "物皆自是, 故無非是; 物皆相彼, 故無非彼. 無非彼, 則天下無是矣; 無非是, 則天下無彼矣. 無彼無是, 所以玄同也."

42) 「齊物論」, 107쪽, "旣使我與若辯矣, 若勝我, 我不若勝, 若果是也, 我果非也邪? 我勝若, 若不吾勝, 我果是也, 而果非也邪? 其或是也, 其或非也邪? 其俱是也, 其俱非也邪? 我與若不能相知也, 則人固受其黮闇. 吾誰使正之? 使同乎若者正之? 旣與若同矣, 惡能正之! 使同乎我者正之? 旣同乎我矣, 惡能正之! 使異乎我與若者正之? 旣異乎我與若矣, 惡能正之! 使同乎我與若者正之? 旣同乎我與若矣, 惡能正之! 然則我與若與人俱不能相知也, 而待彼也邪?"

43) 신동호, 「장자 「제물론」 연구」, 209쪽 참조.

44) 신동호, 「장자 「제물론」 연구」, 209쪽 참조.

45) 오강남 풀이, 『장자』(서울: 현암사, 1999), 88쪽 참조. 오강남은 이것이 화엄에서 말하는 상즉(相卽), 상입(相入)이라고 보면서, 영어로 옮기면 'mutual identification'과 'interpenetration'과 같다고 한다(오강남 풀이, 앞의 책, 88쪽).

46) 吳光明, 김용섭 옮김, 『장자철학』(경산: 대구한의대학교출판부, 2009), 315쪽 참조.

47) 「天下」, 1102쪽, "萬物畢同畢異." 이것은 혜시의 '역물십사(歷物十事)'의 명제 중 다섯 번째 명제에 해당한다. 참고로 혜시의 '역물십사'에 해당하는 열 개의 명제를 『장자』의 「천하」 편에서 인용해 보면 다음과 같다. ①

"至大無外, 謂之大一; 至小無內, 謂之小一.", ② "無厚, 不可積也, 其大千里.", ③ "天與地卑, 山與澤平.", ④ "日方中方睨, 物方生方死.", ⑤ "大同而與小同異, 此之謂小同異; 萬物畢同畢異, 此之謂大同異.", ⑥ "南方無窮而有窮.", ⑦ "今日適越而昔來.", ⑧ "連環可解也." ⑨ "我知天下之中央, 燕之北越之南是也.", ⑩ "氾愛萬物, 天地一體也."

48) 劉笑敢, 『莊子哲學及其演變』, 196쪽.
49) 「德充符」, 190쪽, "自其異者視之, 肝膽楚越也; 自其同者視之, 萬物皆一也."
50) 馮友蘭, 『中國哲學史(上册)』(香港: 三聯書店有限公司, 1992), 192~193쪽.
51) 신동호, 「혜시 역물십사의 연구(1)」, 『인문과학 논문집』 제5권 1호, 충남대 인문과학연구소, 1978, 141~142쪽 참조.
52) 혜시의 '역물론적 사유'란 사물의 속성을 두루 밝히는 사유방식을 뜻하며, '역물십사'는 혜시의 '역물론적 사유'가 구체적인 열 개의 명제로 제시된 것을 말한다.
53) 신동호, 「혜시 역물십사의 연구(1)」, 141~142쪽 참조.
54) 「應帝王」, 287쪽, "一以己爲馬, 一以己爲牛."
55) 「齊物論」, 112쪽, "昔者莊周夢爲胡蝶, 栩栩然胡蝶也, 自喩適志與! 不知周也. 俄而覺, 則蘧蘧然周也. 不知周之夢爲胡蝶與, 胡蝶之夢爲周與? 周與胡蝶, 則必有分矣. 此之謂物化."
56) 「寓言」, 948쪽, "與己同則應, 不與己同則反; 同於己爲是之, 異於己爲非之."
57) 신동호, 「장자「제물론」 연구」, 214쪽 참조.
58) 曹礎基, 『莊子淺注』(北京: 中華書局, 1985), 26쪽 참조.
59) 汪國棟, 『莊子評傳』, 63쪽.
60) 任繼愈 主編, 『中國哲學史』(北京, 人民出版社, 1992), 제1책, 166~173쪽 참조.
61) Robert E. Allinson, "On the question of relativism in the Chuang-tzu", *Philosophy East and West*(Honolulu: Hawaii University of Hawaii Press, 1989), V.30 N.1, January, pp.22~23.
62) 『세계철학대사전』, 514쪽.

제4장

1) 현실이 곧바로 전쟁터와 다를 바 없었던 장자 당시의 전국시대는 지적인 무정부 상태 내지는 도덕적 무질서, 정치적 불안 등으로 인하여 인간의 실존적 자아가 극도로 타락되어 있었다.
2) 宇野精一 外 編, 『講座東洋思想』(東京: 東京大學出版會, 1967) 第3卷 中國思想Ⅱ 道家と道教, 赤塚忠, 「第一章 道家思想の本質」, 3~13쪽 참조.
3) 「逍遙遊」, 2쪽, "北冥有魚, 其名爲鯤. 鯤之大, 不知其幾千里也. 化而爲鳥, 其名爲鵬. 鵬之背, 不知其幾千里也; 怒而飛, 其翼若垂天之雲. 是鳥也, 海運則將徙於南冥."
4) 임홍빈, 「부정의 양상」, 『교양과정부 논문집』(인문·사회과학편) 제5집, 서울대 교양과정부, 1973, 3쪽 참조.

5) '실체'(substance, ousia)란, "생멸 변화하는 현상에 대하여 상주적、불변적、자기 동일적、실질적 본체를 가리킨다"(『세계철학대사전』(서울: 학원출판공사, 1983), 660쪽)고 정의된다. 그런데 한 동안 중국 대륙에서 마르크스주의가 유행하던 시절에 장자 연구가들은 장자의 '도'를 형이상학적 실체로 간주하면서도, 그 사유노선에 따라 '정신적 실체'와 '물질적 실체'로 규정하였던 적이 있다(이에 관해서는, 哲學硏究編輯部 編, 『莊子哲學討論集』(北京: 中華書局, 1961)에 상재된 관련내용을 참고할 필요가 있다). 그들이 이렇게 '도'를 '실체'로서 규정하게 된 배면에는 그것이 현상적인 '물'과는 다른 차원의 존재라는 사실 때문이었다(「知北遊」, 763쪽, "物物者非物." 및 「大宗師」, 253쪽, "生生者不生." 참조).

6) 『荀子』, 「解蔽」, "莊子蔽於天而不知人."

7) 渡邊卓, 『古代中國思想の硏究』(東京: 創文社, 1977), 787쪽.

8) '절대(絕對)'의 개념에 있어서 '絕'은 '無' '非' '不' '莫' 등과 같은 부정사의 일종이다. 이러한 용례를 『장자』에서 찾는다면, '絕雲氣', '絕聖棄智', '絕學損書', '絕音', '絕力而死' 등이 있다.

9) 신오현, 『절대의 철학』(서울: 문학과 지성사, 1993), 172쪽.

10) 務臺理作, 홍윤기 옮김, 『철학개론』(서울: 도서출판 한울, 1982), 234~235쪽 참조.

11) 黃釗 主編, 『道家思想史綱』(長沙: 湖南師大出版社, 1991), 115쪽.

12) F. 카프라, 이성범·구윤서 옮김, 『새로운 과학과 문명의 전환』(서울: 범양사 출판부, 1993), 35쪽.

13) 「知北遊」, 749~750쪽, "東郭子問於莊子曰: 所謂道, 惡乎在? 莊子曰: 無所不在. 東郭子曰: 期而後可. 莊子曰: 在螻蟻. 曰: 何其下邪? 曰: 在稊稗. 曰: 何其愈下邪? 曰: 在瓦甓. 曰: 何其愈甚邪? 曰: 在屎溺. 東郭子不應."

14) 張再林, 『弘道-中國古典哲學與現象學』(西安: 陝西人民敎育出版社, 1991), 91쪽.

15) 福永光司, 『中國の哲學·宗敎·藝術』(京都,: 人文書院, 1988), 26쪽.

16) 이원섭, 『깨침의 미학』(서울: 법보신문사, 1991), 61쪽.

17) 福永光司, 『莊子』(東京: 中央公論社, 1981), 134쪽.

18) 吳康, 『老莊哲學』(臺北: 商務印書館, 1987), 87~89쪽 및 馮契, 『中國古代哲學的邏輯發展(上)』(上海: 上海人民出版社, 1987), 194~199쪽 참조.

19) 王煜, 『老莊思想論集』(臺北: 聯經出版事業公司, 1986), 245쪽.

20) 許愼, 『說文解字』(北京: 中華書局, 1992), 8쪽, "天神引出萬物者也."

21) 특히, 장자는 전통적인 의인론(擬人論)적 신관을 자연적 신관으로 전환시키면서도, '진군(眞君)', '진재(眞宰)', '조물자(造物者)' 등의 개념을 여전히 사용한다. 그럼에도 이러한 개념이 자신의 의지와 권능을 행사하는 절대자에 대한 묘사가 아니라는 점은 매우 신선하다. 장자는 도리어 그것을 부정하기 위한 방편으로 의인화된 개념들을 역설적으로 원용하고 있기 때문이다.

22) 이에 관해서는 박원재, 「도가의 이상적 인간상에 대한 연구-'자아의 완성'을 중심으로-」, 고려대 박사학위논문, 1996, 31~37쪽을 참고하라.

23) 류인희, 「노장의 본체론」, 『동양철학의 본체론과 인성론』(서울: 연세대출판부, 1986), 51쪽.
24) 김광수, 『논리와 비판적 사고』(서울: 철학과 현실사, 1991), 129쪽 참조.
25) 「知北遊」, 729쪽, "知北遊於玄水之上, 登隱弅之丘, 而適遭無為謂焉. 知謂無為謂曰: 子欲有問乎若: 何思何慮則知道? 何處何服則安道? 何從何道則得道? 三問而無為謂不答也, 非不答, 不知答也." 성현영에 따르면, '지'는 분별을 의미하는 반면 '무위위'는 무분별을 의미한다(「知北遊」, 成玄英 疏, 730쪽, "知, 分別也. … 無爲謂 … 無分別." 참조).
26) 「知北遊」, 756쪽, "泰淸問乎無窮曰: 子知道乎? 無窮曰: 吾不知. 又問乎無爲. 無爲曰: 吾知道. 曰: 子之知道, 亦有數乎? 曰: 有. 曰: 其數若何? 無爲曰: 吾知道之可以貴, 可以賤, 可以約, 可以散, 此吾所以知道之數也. 泰淸以之言也問乎無始曰: 若是, 則無窮之弗知與無爲之知, 孰是而孰非乎? 無始曰: 不知深矣, 知之淺矣; 弗知內矣. 知之外矣. 於是泰淸中而歎曰: 弗知乃知乎! 知乃不知乎! 孰知不知之知?"
27) 「知北遊」, 758쪽, "有問道而應之者, 不知道也. 雖問道者, 亦未聞道. 道無問, 問無應. 無問問之, 是問窮也; 無應應之, 是無內也."
28) 김광수, 『논리와 비판적 사고』, 180쪽 참조.
29) 고형곤, 『선의 세계』(서울: 삼영사, 1981), 84쪽 참조.
30) 出隆, 이명성 옮김, 『철학 이전』(서울: 집현전, 1987), 126쪽 참조.
31) 엄정식 편역, 『비트겐슈타인과 분석 철학』(서울: 서광사, 1986), 128쪽 참조.
32) 胡適, 『中國古代哲學史(3)』(臺北: 商務印書館, 1967), 34쪽 참조.
33) 이종성, 「장자의 '소대지변'에 관한 지식론적 고찰」, 『동양철학연구』 제19집, 동양철학연구회, 1998, 407쪽.
34) 「駢拇」, 317쪽, "鳧脛雖短, 續之則憂; 鶴脛雖長, 斷之則悲. 故性長非所斷, 性短非所續."
35) 철학사전편찬위원회, 『철학사전』(서울: 도서출판 중원문화, 2009), 84~85쪽 참조.
36) 『두산세계대백과사전』(서울: 두산동아, 2002) 제24권, 234쪽 참조.
37) 「齊物論」, 66쪽, "物無非彼, 物無非是. 自彼則不見, 自是則知之. 故曰, 彼出於是, 是亦因彼. 彼是方生之說也. 雖然, 方生方死. 方死方生. 方可方不可. 方不可方可. 因是因非. 因非因是."
38) 「齊物論」, 郭象 注, 66쪽, "物皆自是, 故無非是; 物皆相彼, 故無非彼. 無非彼, 則天下無是矣; 無非是, 則天下無彼矣."
39) 「齊物論」, 66쪽, "彼是方生之說."
40) 「應帝王」, 309쪽, "南海之帝爲儵, 北海之帝爲忽, 中央之帝爲渾沌. 儵與忽時相與遇於渾沌之地. 渾沌待之甚善. 儵與忽謀報渾沌之德, 曰: 人皆有七竅以視聽食息, 此獨無有, 嘗試鑿之. 日鑿一竅, 七日而渾沌死."
41) 「天道」, 488~489쪽, "視而可見者, 形與色也; 聽而可聞者, 名與聲也. 悲夫, 世人以形色名聲爲足以得彼之情!" 참조.
42) 「知北遊」, 757쪽, "道不可聞, 聞而非也. 道不可見, 見而非也. 道不可言, 言而非也. 知形形之不形乎. 道不當名."

43) 성현영은 '혼돈'을 '비유비무'의 존재라고 본 대표적 주석가이다(「應帝王」, 成玄英 疏, 309쪽, "故以渾沌爲非無非有者也" 참조).

44) 「人間世」, 150쪽, "絶迹易, 无行地難. 爲人使易以僞, 爲天使難以僞. 聞以有翼飛者矣, 未聞以无翼飛者也; 聞以有知知者矣, 未聞以无知知者也." 참조.

45) 張立文 主編, 陸玉林 著, 『中國學術通史(先秦卷)』(北京: 人民出版社, 2004), 328쪽.

46) 「大宗師」, 246쪽, "夫道, … 自本自根."

47) 정륜, 「장자철학의 유대와 무대에 관한 연구」, 전북대 박사학위논문, 1996, 12쪽 참조.

48) 蒙培元, 『中國哲學主體思維』(北京: 新華書店, 1993), 143쪽 참조.

49) 『노자』, 제4장, "象帝之先."

50) 「則陽」, 916~917쪽, "少知曰: 季眞之莫爲, 接子之或使, … 太公調曰, … 或之使, 莫之爲, 未免於物而終以爲過. 或使則實, 莫爲則虛. … 或之使, 莫之爲, 疑之所假. 吾觀之本, 其往無窮; 吾求之末, 其來無止, 無窮無止, … 道不可有, 有不可無. 道之爲名, 所假而行. 或使莫爲, 在物一曲, … 道物之極, 言默不足以載; 非言非默, 議有所極."

51) 「知北遊」, 763쪽, "物物者非物."

52) 「秋水」, 584쪽, "道無終始, 物有生死."

53) 「知北遊」, 750쪽, "無乎逃物, 至道若是." 참조.

54) 「則陽」, 917쪽, "道之爲名, 所假而行."

55) 「大宗師」, 246~247쪽, "夫道, 有情有信, 無爲無形; 可傳而不可受, 可得而不可見; 自本自根, 未有天地, 自古以固存; 神鬼神帝, 生天生地; 在太極之先而不爲高, 在六極之下而下爲深. 先天地生而不爲久, 長於上古而不爲老." 참조.

56) 「齊物論」, 83쪽, "大道不稱", "不道之道." 참조.

57) 「則陽」, 917쪽, "道不可有, 有不可無."

58) 『노자』에는 '있는 것 같으나 없는 것'(似有而無)이 '황(恍)'으로 표현되며, '없는 것 같으나 있는 것'(似無而有)이 '홀(惚)'로 표현된다. 『노자』, 제14장, "是謂無狀之狀, 無物之象, 是謂惚恍." 및 『노자』, 제21장, "孔德之容, 唯道是從. 道之為物, 唯恍唯惚." 참조.

59) Erich Fromn, *To Have or To Be?*(New York: Harper & Row, 1976), p.20.

60) 고형곤, 『선의 세계』(서울: 삼영사), 18쪽 참조.

61) 장자가 시·공간의 무한성을 보여주는 것으로는 '無終始', '無古今', '量無窮', '無涯' 등을 예거할 수 있다.

62) 「知北遊」, 762쪽, "無古無今, 無始無終."

63) 「則陽」, 885쪽, "無內無外."

64) 박종홍, 「부정에 관한 연구」, 『박종홍전집(2)』(서울: 형설출판사, 1980), 640쪽 참조.

65) 金忠烈, 『時空與人生』(臺北: 華岡書局, 1970), 51~52쪽.

66) 劉笑敢, 『莊子哲學及其演變』(北京: 中國社會科學出版社, 1987), 106~110쪽 참조.

67) Chang Chung-Yyan, *Creativity and Taoism*(New York: Harper & Row,

1970), p.34.

68) 張立文 主編, 陸玉林 著, 『中國學術通史(先秦卷)』, 329쪽.

69) 「知北遊」, 750쪽, "周遍咸三者, 異名同實, 其指一也."

70) 「知北遊」, 733쪽, "人之生, 氣之聚也; 聚則爲生, 散則爲死. … 通天下一氣耳."

71) 「大宗師」, 247쪽, "伏戲氏得之, 以襲氣母."

72) 『세계철학대사전』(서울: 학원출판공사, 1983), 308쪽 참조.

73) 「秋水」, 577쪽, "以道觀之, 物無貴賤; 以物觀之, 自貴而相賤." 참조.

제5장

1) 『한비자』, 「顯學」, "故孔墨之後, 儒分為八, 墨離為三, 取舍相反不同, 而皆自謂真孔墨, 孔墨不可復生, 將誰使定世之學乎? 孔子墨子俱道堯舜, 而取舍不同, 皆自謂真堯舜, 堯舜不復生, 將誰使定儒墨之誠乎?" 참조. 이러한 한비자의 말을 참고할 경우, 공자와 묵자의 사후 유가는 여덟 갈래로 나뉘어졌고, 묵가는 세 개의 갈래로 나뉘어졌음을 알 수 있다.

2) 郭沫若, 『十批判書』(北京: 東方出版社, 1996), 206쪽.

3) Benjamin I. Schwartz, *The World of Thought in Ancient China* (Cambridge: Harvard University Press, 1985), p.199.

4) 「齊物論」, 56쪽, "夫隨其成心而師之, 誰獨且無師乎?"

5) 노만 맬컴, 류의근 옮김, 『마음의 문제』(서울: 서광사, 1987), 34쪽 참조.

6) 任繼愈 主編, 『中國哲學史』(北京: 人民出版社, 1992) 제1책, 166쪽 참조.

7) 「庚桑楚」, 810쪽, "知者, 接也; 知者, 謨也." 참조.

8) 「秋水」, 563~564쪽, "吾在於天地之間, 猶小石小木之在大山也, 方存乎見少, 又奚以自多! 計四海之在天地之間也, 不似礨空之在大澤乎? 計中國之在海內, 不似稊米之在太倉乎? 號物之數謂之萬, 人處一焉; 人卒九州, 穀食之所生, 舟車之所通, 人處一焉; 此其比萬物也, 不似豪末之在於馬體乎?"

9) 『老子』, 제25장, "道大, 天大, 地大, 人亦大. 域中有四大, 而人居其一焉."

10) 方立天, 『中國古代哲學問題發展史(下册)』(北京: 中華書局, 1990), 429쪽.

11) 「盜跖」, 1000쪽, "天與地無窮, 人死者有時, 操有時之具而託於無窮之閒, 忽然無異騏驥之馳過隙也. 不能悅其志意, 養其壽命者, 皆非通道者也."

12) 「養生主」, 115쪽, "吾生也有涯, 而知也無涯. 以有涯隨無涯, 殆已; 已而爲知者, 殆而已矣."

13) 「秋水」, 568쪽, "計人之所知, 不若其所不知; 其生之時, 不若未生之時; 以其至小求窮其至大之域, 是故迷亂而不能自得也."

14) 「秋水」, 563쪽, "井蛙不可以於海者, 拘於虛也; 夏蟲不可以語於冰者, 篤於時也; 曲士不可以語於道者, 束於教也."

15) 「天下」, 1069쪽, "不該不徧, 一曲之士也. 判天地之美, 析萬物之理, 察古人之全."

16) 「秋水」, 563쪽, "曲士不可以語於道者, 束於教也."

17) 「人間世」, 135쪽, "名也者, 相軋也; 知也者, 爭之器也. 二者凶器."

18) 「列禦寇」, 1057쪽, "凶德有五, 中德爲首. 何謂中德? 中德也者, 有以自好也

而吡其所不爲者也."

19) 「列禦寇」, 成玄英 疏, 1058쪽, "謂心耳眼舌鼻也. 曰此五根, 禍因此得, 謂凶德也. 五根禍主, 中德謂心也."

20) 徐廷槐, 『南華簡鈔』(『無求備齋莊子集成』(藝文印書館, 臺北, 影印本), 初篇, 第20卷, 427쪽, "中德卽意識也. 有意識, 則有分別. 謂人莫我及而訛毁之."

21) 윤천근, 「장자철학에 있어서의 인식의 문제」, 고려대 석사학위 논문, 1982, 26~27쪽.

22) 「天運」, 515쪽, "故西施病心而矉其里."

23) 「山木」, 688쪽, "此比干之見剖心徵也夫!"

24) 「田子方」, 712쪽, "心困焉而不能知, 口辟焉而不能言."

25) 「外物」, 939쪽, "目徹爲明, 耳徹爲聰, 鼻徹爲顫, 口徹爲甘, 心徹爲知."

26) 加納喜光, 동의과학 연구소 옮김, 『몸으로 본 중국 사상』(서울: 소나무, 1999), 170쪽 참조.

27) 加納喜光, 동의과학 연구소 옮김, 『몸으로 본 중국 사상』, 203쪽 참조.

28) 고형곤, 『선의 세계』(서울: 삼영사, 1981), 42~43쪽 참조.

29) 「庚桑楚」, 795쪽, "兵莫僭于志, 鏌鋣爲下; 寇莫大於陰陽, 無所逃於天地之間. 非陰陽賊之, 心則使之也."

30) 「山木」, 677쪽, "侗乎其無識, 儻乎其怠疑; 萃乎芒乎, 其送往而迎來; 來者勿禁, 往者勿止; 從其彊梁, 隨其曲傅, 因其自窮."

31) 徐復觀, 『中國人性論史』(臺北: 商務印書館, 1969), 393쪽.

32) 「齊物論」, 56쪽, "夫隨其成心而師之, 誰獨且無師乎? 奚必知代而心自取者有之? 愚者與有焉. 未成乎心而有是非, 是今日適越而昔至也. 是以無有爲有."

33) 곽상(郭象), 임희일(林希逸), 감산(憨山), 여혜경(呂惠卿), 조이부(趙以夫), 진심(陳深), 유봉포(劉鳳苞), 유사련(劉士璉), 심일관(沈一貫), 석성통(釋性通), 왕원택(王元澤), 장사유(張四維), 선영(宣穎), 주공진(周拱辰), 마취창(馬其昶), 장시창(蔣錫昌) 등이 이러한 입장을 취한다.

34) 성현영(成玄英), 임운명(林雲銘), 곽량한(郭良翰), 육수지(陸樹芝), 진경원(陳景元), 장지순(張之純), 호방(胡方), 왕인지(王引之), 육영품(陸永品), 소순백(蕭純伯), 천썅또우(陳詳道), 챈무(錢穆), 왕이(王煜), 황용(方勇), 천쏘우얜(陳紹燕) 등이 이러한 입장을 취하고 있다.

35) 「大宗師」 郭象 注, 225쪽, "人之生也, 形雖七尺而五常必具, 故雖區區之身, 乃擧天地以奉之. 故天地萬物, 凡所有者, 不可一日而相無也."

36) 임희일(林希逸)은 송나라 복주(福州) 복청(福清) 사람으로서, 자는 숙옹(肅翁), 호는 죽계(竹溪) 또는 권재(鬳齋)이다. 정확한 출생, 사망연도가 미상인데, 남송의 5대 황제인 이종(理宗, 1205~1264]) 때 활약한 인물이다. 그림과 글씨, 시에 모두 뛰어났으며, 벼슬이 중서사인(中書舍人)까지 올랐다. 저서에 『역강(易講)』, 『고공기해(考工記解)』, 『죽계고(竹溪稿)』, 『권재속집(鬳齋續集)』 등이 있다(『中國歷代人名大辭典』(上海: 上海古籍出版社, 1999, 1450쪽 참조). 그가 남긴 『노장열삼자구의(老莊列三子口義)』는 조선조 사대부들의 도가철학연구에 많은 영향을 미쳤다.

37) 林希逸, 周啓成 校注, 『莊子鬳齋口義校注』(北京: 中華書局, 1997), 21쪽,

"成心者, 人人皆有此心, 天理渾然而無不備者也."

38) 憨山, 『莊子內篇憨山注』(臺北: 琉璃經房, 1985), 23쪽, "現成本有之眞心也."

39) 宣穎, 王輝吉 校, 『莊子南華經解』(臺北: 宏業書局, 1977), 24쪽, "成心之中有妙道存焉."

40) 蔣錫昌, 『莊子哲學』(成都: 成都古籍書店, 1988), 124쪽, "成心自爲眞君所成之心, 換言之, 成心者, 卽吾人天然自成之心."

41) 「齊物論」, 成玄英 疏, 61쪽, "夫域情滯著, 執一家之偏見者, 謂之成心."

42) 林雲銘, 『莊子因』(『無求備齋莊子集成』(臺北: 藝文印書館, 影印本), 初篇, 第18卷, 49쪽, "成心謂人心之所至, 使有成見在胸中, 牢不可破, 無知愚皆然."

43) 楮伯秀, 『南華眞經義海纂微』(『道藏要籍選刊』(上海: 上海古籍出版社, 1989), 第2册, 陳詳道 注, 284쪽, "夫不師道法古, 而自執己見, 謂之成心."

44) 錢穆, 『莊子纂箋』(臺北: 東大圖書公司, 1989), 「齊物論」, 12쪽, "明, 芒之對文, 各師成心則芒, 知化則明矣. 則陽篇云, 鷄鳴狗吠, 是人之所知, 雖有大知, 不能以言讀其所自化, 又不能以意其所將爲. 若明此理, 則知代而化, 成心泯而是非亦泯矣." 참조.

45) 「齊物論」, 63쪽, "道惡乎隱而有眞僞? 言惡乎隱而有是非? 道惡乎往而不存? 言惡乎存而不可? 道隱於小成, 言隱於榮華. 故有儒墨之是非, 以是其所非而非其所是. 欲是其所非而非其所是, 則莫若以明."

46) 장자의 '성심'이 '크게 이루어진 마음'에 대별되는 '작게 이루어진 마음'이라는 상대성의 의미와 관련을 갖는 한, 이것은 「소요유」 편에 제시된 '소대지변(小大之辯)'이라는 철학적 주제의 문제의식과 크게 다르지 않음을 확인할 수 있다. 장자의 '소대지변'의 의의에 대해서는 다음을 참고하라. 이종성, 「장자의 '소대지변'에 관한 지식론적 고찰」, 『동양철학연구』 제19집, 동양철학연구회, 1998.

47) 嚴靈峯, 『莊子章句新編』, 『道家四子新編』(臺北: 商務印書館, 1977), 519쪽.

48) 「齊物論」, 成玄英 疏, 64쪽, "小成者, 謂仁義五德, 小道而有所成得者, 謂之小成也. 世薄時澆, 唯行仁義, 不能行於大道, 故言道隱於小成, 而道不可隱也. 故老君云, 大道廢, 有仁義."

49) 林雲銘, 『莊子因』, 50~51쪽, "小成, 謂安於一察以自好."

50) Benjamin I. Schwartz, *The World of Thought in Ancient China*, p.220.

51) 曹礎基, 『莊子淺注』(北京: 中華書局, 1985), 22쪽.

52) 성현영은 소문(昭文)에 대해, "성은 소(昭)이고, 이름이 문(文)이며, 옛날에 거문고를 잘 연주했던 사람이다"(「齊物論」, 成玄英 疏, 76쪽, "姓昭名文, 古之善鼓琴者也")라고 설명하고 있다.

53) 「齊物論」, 74쪽, "果且有成與虧乎哉? 果且無成與虧乎哉? 有成與虧, 故昭氏之鼓琴也; 無成與虧, 故昭氏之不鼓琴也." 참조.

54) 「齊物論」, 郭象 注, 76쪽, "夫聲不可勝擧也, 故吹管操絃, 雖有繁手, 遺聲多矣. 而執籥鳴弦者; 欲以彰聲也, 彰聲而聲遺, 不彰聲而聲全."

55) 陳紹燕, 『莊子的智慧』(石家莊: 河北人民出版社, 1997), 38~39쪽 참조.

56) 「齊物論」, 103쪽, "麗之姬, 艾封人之子也. 晉國之始得之也, 涕泣沾襟; 及其

至於王所, 與王同筐牀, 食芻豢, 而後悔其泣也. 子惡乎知夫死者不悔其始之蘄生乎!"

57) 「齊物論」, 104쪽, "夢飮酒者, 旦而哭泣; 夢哭泣者, 旦而田獵. 方其夢也, 不知其夢也. 夢之中又占其夢焉, 覺而後知其夢也. 且有大覺而後知此大夢也, 而愚者自以爲覺, 竊竊然知之. 君乎, 牧乎. 固哉! 丘也與女皆夢也. 予謂女夢, 亦夢也."

58) 陳紹燕, 『莊子的智慧』, 38~39쪽 참조.

59) 「庚桑楚」, 815쪽, "有生, 黬也, 披然曰移是. 嘗言移是, 非所言也. 雖然, 不可知者也. … 請常言移是, 是以生爲本, 以知爲師, 因以乘是非; 果有名實. 因以己爲質; 使人以爲己節, 因以死償節. 若然者, 以用爲知, 以不用爲愚, 以徹爲名, 以窮爲辱. 移是, 今之人也, 是蜩與學鳩同於同也."

60) 王煜, 『老莊思想論集』(臺北: 聯經出版事業公司, 1971), 146쪽.

61) 유아(俞兒)는 황제 시대의 최고가는 요리사였다고 전한다. 유아에 관한 내용이 『시자』에 다음과 같이 소개되어 있다. "유아가 요리를 만들 때 생강과 계피를 넣어 음식의 맛을 맞추었는데 임금을 위한 최고의 음식이었다."(『尸子』 卷下, 「散見諸書文彙輯」 제48장, "膳俞兒和之以薑桂, 爲人主上食.")

62) 사광(師曠)은 자가 자야(子野)이며, 진평공(晉平公) 때의 악사로서(「齊物論」, 成玄英 疏, 76쪽), 악성으로 추앙받는 인물이다. 그는 공자보다 조금 이른 시대의 사람으로, 음악을 공부할 때 마음을 집중시키기 위하여 스스로 맹인이 된 인물이었다고 전한다.

63) 황제의 신하로서 낭간수 옆에 있는 복상수(服常樹)를 지키는 임무를 맡았는데, 세 개의 머리를 가지고 있었고 특히 눈이 밝았다고 하는 전설상의 인물이다.

64) 「駢拇」, 327쪽, "屬其性於五味, 雖通如俞兒, 非吾所謂臧也; 屬其性乎五聲, 雖通如師曠, 非吾所謂聰也; 屬其性乎五色, 雖通如離朱, 非吾所謂明也." 참조.

65) 「逍遙遊」, 37쪽, "則夫子猶有蓬之心也夫!"

66) 「天地」, 433~434쪽, "有機械者必有機事, 有機事者必有機心. 機心存於胸中, 則純白不備; 純白不備, 則神生不定; 神生不定者, 道之所不載也."

67) 「庚桑楚」, 郭象 注, 807쪽, "所知雖異, 而各師其知." 참조.

68) 「齊物論」, 56쪽, "人之生也, 固若是芒乎?" 참조.

69) 「齊物論」, 83쪽, "故分也者, 有不分也; 辯也者, 有不辯也. 曰: 何也? 聖人懷之, 衆人辯之以相示也. 故曰辯也者有不見也."

70) 이용주, 『도, 상상하는 힘』(서울: 이학사, 2003), 132쪽 참조.

71) 「至樂」, 609쪽, "夫天下之所尊者, 富貴壽善也; 所樂者, 身安厚味美服好色音聲也; 所下者, 貧賤夭惡也; 所苦者, 身不得安逸, 口不得厚味, 形不得美服, 目不得好色, 耳不得音聲; 若不得者, 則大憂以懼. 其爲形也亦愚哉!" 참조.

72) 「人間世」, 147쪽, "若一志, 無聽之以耳而聽之以心, 而聽之以心而聽之以氣! 聽止於耳, 心止於符. 氣也者, 虛而待物者也. 唯道集虛. 虛者, 心齋也."

73) 「大宗師」, 284쪽, "墮枝體, 黜聰明, 離形去知, 同於大通. 此謂坐忘."

74) 徐復觀, 『中國藝術精神』(臺北: 學生書局, 1983), 72쪽 참조.

75) 「人間世」, 147쪽, "若一志, 無聽之以耳而聽之以心, 無聽之以心而聽之以氣! 聽止於耳, 心止於符. 氣也者, 虛而待物者也. 唯道集虛. 虛者, 心齋也." 참조.

제6장

1) 張尙仁, 『道家哲學』(北京: 人民出版社, 2011), 168~201쪽.
2) 『노자』, 제48장, "爲學日益, 爲道日損, 損之又損." 참조.
3) 대표적인 몇 가지만 열거해보면 다음과 같다. ① '養己', '養其身'(「人間世」), ② '養天下之形'(「在宥」), ③ '養民', '心養'(「在宥」), ④ '養德'(「天地」), ⑤ '養乎陰陽'(「天運」), ⑥ '養形之人'(「刻意」), ⑦ '以恬養知', '以知養恬'(「繕性」), ⑧ '以己養養鳥', 以鳥養養鳥'(「在宥」 및 「達生」).
4) 張尙仁, 『道家哲學』, 202~237쪽.
5) 「在宥」, 371쪽, "人心排下而進上, 上下囚殺, 淖約柔乎剛彊. 廉劌彫琢, 其熱焦火, 其寒凝冰. 其疾俛仰之間而再撫四海之外, 其居也淵而靜, 其動也縣而天. 僨驕而不可係者, 其唯人心乎!"
6) 「齊物論」, 56쪽, "其形化, 其心與之然, 可不謂大哀乎? 人之生也, 固若是芒乎? 其我獨芒, 而人亦有不芒者乎? 夫隨其成心而師之, 誰獨且無師乎?"
7) 「大宗師」, 229쪽, "不以心損道."
8) 「人間世」, 成玄英疏, 134쪽, "心中擾亂則憂患斯起."
9) 唐君毅, 『中國哲學原論(導論篇)』(臺北: 學生書局, 1993), 121쪽 참조.
10) 이강수, 『도가사상의 연구』(서울: 고려대 민족문화연구소, 1989), 23~24쪽 참조.
11) 徐復觀, 『中國人性論史』(臺北: 商務印書館, 1984), 387쪽 참조.
12) 方東美, 『原始儒家道家哲學』(臺北: 黎明文化事業公司, 1987), 264쪽.
13) 장자가 마음을 거울에 비유하는 것은 노자의 철학적 사유 전통을 계승한 결과라고 할 수 있다. 노자는 마음을 가리켜 '현묘한 거울'이라고 상징화하기 때문이다(『노자』, 제10장, "滌除玄覽." 참조).
14) 「應帝王」, 307쪽, "至人之用心若鏡, 不將不迎, 應而不藏, 故能勝物而不傷."
15) 「天道」, 457쪽, "水靜猶明, 而況精神! 聖人之心靜乎! 天地之鑑也, 萬物之鏡也."
16) 「庚桑楚」, 810쪽, "不盪胸中則正, 正則靜, 靜則明, 明則虛, 虛則無爲而無不爲也."
17) 윤천근, 「박세당의 『장자』 이해를 통해 보는 '자유와 해방'의 논리」, 『도가사상과 한국 도교』(서울: 국학자료원, 1997), 232~233쪽 참조.
18) ① 「齊物論」, 郭象 注, 55쪽, "日夜相代, 代故以新也. 夫天地萬物, 變化日新." ② 「大宗師」, 成玄英 疏, 244쪽, "變故日新, 驟如逝水." ③ 「秋水」, 郭象 注, 570쪽, "死生者, 日新之正道也." ④ 「田子方」, 成玄英 疏, 710쪽, "殆, 近也. 著, 見也. 唐, 道; 肆, 市也. 吾所見者, 變故日新者也." 등 참조.
19) 「人間世」, 成玄英 疏, 147쪽, "氣無情慮, 虛柔任物."
20) 「齊物論」, 83쪽, "故知止其所不知, 至矣. 孰知不言之辯, 不道之道? 若有能知, 此之地謂天府."

21) 「德充符」, 212쪽, "不可入於靈府."
22) 「馬蹄」, 成玄英 疏, 337쪽, "旣無分別心, 故同乎無知之理." 참조.
23) 오강남 풀이, 『장자』(서울: 현암사, 1999), 179쪽.
24) 「人間世」, 147쪽, "若一志, 無聽之以耳而聽之以心, 無聽之以心而聽之以氣! 聽止於耳, 心止於符. 氣也者, 虛而待物者也. 唯道集虛. 虛者, 心齋也." 또한 장자는 이밖에도 「지북유」 편에서, "그대는 먼저 재계하고 마음을 깨끗이 씻어내며, 정신을 깨끗하게 하고, 분별지를 배제하여야 한다"(「知北遊」, 741쪽, "汝齊戒, 疏瀹而心, 澡雪而精神, 掊擊而知!")고 언명함으로써 '심재'의 해체적 성향을 보여주고 있다.
25) 「人間世」, 146~147쪽, "顔回曰: 回之家貧, 唯不飮酒不茹葷者數月矣. 如此, 則可以爲齋乎? 曰: 是祭祀之齋, 非心齋也."
26) 라캉은 욕구와 요구 및 욕망을 구분하는데, 그는 식욕이나 성욕과 같은 생리적 충동이 욕구라고 보고, 욕구의 언어적 표현 내지는 상징적 표현이 곧 요구라고 한다. 그리고 욕망이란 이들 생리적 욕구와 언어적 요구 간의 메울 수 없는 심연에서 형성된다고 한다(전경갑, 『욕망의 통제와 탈주』(서울: 한길사, 1999), 141쪽 참조.).
27) 「至樂」, 609쪽, "夫天下之所尊者, 富貴壽善也; 所樂者, 身安厚味美服好色音聲也."
28) 조광제, 「몸, 욕망, 그리고 권력」, 『시대와 철학』 제7호, 한국철학사상연구회, 1993, 189~190쪽 참조.
29) 「知北遊」, 757쪽, "知之淺矣 … 知之外矣."
30) 「繕性」, 547쪽, "繕性於俗學, 以求復其初; 滑欲於俗思, 以求致其明." 원문에는 '俗學'이 '俗俗學'이라고 되어 있으나, 유숙아(劉叔雅)의 『장자보정(莊子補正)』에 의거하여 '俗' 자 하나를 빼기로 한다.
31) 「外物」, 成玄英 疏, 935쪽, "小知取捨於心, 大知無分別." 참조.
32) 「知北遊」, 757쪽, "不知深矣 … 弗知內矣."
33) 「人間世」, 150쪽, "絕迹易, 无行地難. 爲人使易以僞, 爲天使難以僞. 聞以有翼飛者矣, 未聞以无翼飛者也; 聞以有知知者矣, 未聞以无知知者也."
34) 오강남 풀이, 『장자』, 186쪽 참조.
35) 「在宥」, 381쪽, "愼女內, 閉女外."
36) 「人間世」, 郭象 注, 147쪽, "遺耳目, 去心意, 而符氣性之自得, 此虛以待物者也."
37) 「庚桑楚」, 810쪽, "不盪胸中則正, 正則靜, 靜則明, 明則虛, 虛則無爲而無不爲也."
38) 「人間世」, 150쪽, "虛室生白, 吉祥止止."
39) 「天地」, 433~434쪽, "純白不備, 則神生不定; 神生不定者, 道之所不載也."
40) 「達生」, 655쪽, "猶疾視而盛氣." 참조.
41) 『列子』, 「黃帝」, 張湛 注, 『諸子集成』(石家莊: 河北人民出版社, 1992), 제5책, 28쪽, "常求敵而必己之勝."
42) 焦竑, 『莊子翼』, 「人間世」, 詳道 注, 15쪽, "上學以神聽, 中學以心聽, 下學以耳聽."

43) 「在宥」, 381쪽.
44) 「漁父」, 1031쪽.
45) 「德充符」, 189쪽.
46) 「天道」, 486쪽.
47) 「達生」, 634쪽, "純氣之守."
48) 「達生」, 634쪽, "其天守全."
49) 「漁父」, 1031쪽, "愼守其真."
50) 「刻意」, 546쪽, "唯神是守."
51) 「田子方」, 714쪽, "得其所一而同焉, 則四支百體將爲塵垢, 而死生終始將爲晝夜而莫之能滑."
52) 「養生主」, 117~118쪽, "庖丁爲文惠君解牛, 手之所觸, 肩之所倚, 足之所履, 膝之所踦, 砉然嚮然, 奏刀騞然, 莫不中音. 合於桑林之舞, 乃中經首之會. 文惠君曰: 譆, 善哉! 技蓋至此乎? 庖丁釋刀對曰: 臣之所好者道也, 進乎技矣. 始臣之解牛之時, 所見無非牛者. 三年之後, 未嘗見全牛也. 方今之時, 臣以神遇而不以目視, 官知止而神欲行. 依乎大理, 批大郤, 導大窾, 因其固然. 技經肯綮之未嘗, 而況大軱乎!"
53) 大濱皓, 『莊子の哲學』(東京: 勁草書房, 1982), 79쪽 참조.
54) 「達生」, 658~659쪽, "梓慶削木爲鐻, 鐻成, 見者驚猶鬼神. 魯侯見而問焉, 曰: 子何術以爲焉? 對曰: 臣工人, 何術之有! 雖然, 有一焉. 臣將爲鐻, 未嘗敢以耗氣也, 必齊以靜心. 齊三日, 而不敢懷慶賞爵祿; 齊五日, 不敢懷非譽巧拙; 齊七日, 輒然忘吾有四枝形體也. 當是時也, 無公朝, 其巧專而外滑消; 然後入山林, 觀天性; 形軀至矣, 然後成見鐻, 然後加手焉; 不然則已. 則以天合天, 器之所以疑神者, 其是與!"
55) 「田子方」, 724~725쪽, "列禦寇爲伯昏無人射, 引之盈貫, 措杯水其肘上, 發之, 適矢復沓, 方矢復寓. 當是時, 猶象人也. 伯昏無人曰: 是射之射, 非不射之射也. 嘗與汝登高山, 履危石, 臨百仞之淵, 若能射乎? 於是無人遂登高山, 履危石, 臨百仞之淵, 背逡巡, 足二分垂在外, 揖禦寇而進之. 禦寇伏地, 汗流至踵. 伯昏無人曰: 夫至人者, 上闚青天, 下潛黃泉, 揮斥八極, 神氣不變. 今汝怵然有恂目之志, 爾於中也殆矣夫!"
56) 「열어구」 편에는 '없을 무' 자가 '어두울 무' 자로 바뀌어 표기된 '伯昏瞀人'이라는 이름으로 등장한다. 여기서도 백혼무인은 열자의 스승으로 등장한다. 다만 「덕충부」 편에는 「전자방」 편과 같이 백혼무인(伯昏瞀人)이라는 이름으로 나타나는데, 여기서는 신도가와 정자산의 스승으로 등장한다. 백혼무인은 제자들에게 '무위', '무심', '무능'할 것을 강조한다.
57) 「達生」, 642쪽, "以瓦注者巧, 以鉤注者憚, 以黃金注者殙. 其巧一也. 而有所矜, 則重外也. 凡外重者內拙."
58) 「齊物論」, 70쪽, "休乎天鈞, 是之謂兩行."
59) 「應帝王」, 306쪽, "於事無與親, 雕琢復朴, 塊然獨以其形立. 紛而封哉."
60) 윤효녕 외 3인 공저, 『주체 개념의 비판』(서울: 서울대 출판부, 1999), 31쪽 참조.
61) 「제물론」 편에 등장하는 남곽자기와 안성자유의 대화 가운데 '오상아(吾

喪我)'라는 개념을 주목하라. 「齊物論」, 43~44쪽, "南郭子綦隱机而坐, 仰天而噓, 嗒焉似喪其耦. 顏成子游立侍乎前, 曰: 何居乎? 形固可使如槁木, 而心固可使如死灰乎? 今之隱机者, 非昔之隱机者也. 子綦曰: 偃, 不亦善乎, 而問之也! 今者吾喪我, 汝知之乎?"

62) 「應帝王」, 287쪽, "一以己爲馬, 一以己爲牛."

63) J.-F. Lyotard, *Au juste*(Paris: Ch. Bourgeois, 1979), 44~45쪽(김상환, 『해체론 시대의 철학』(서울: 문학과 지성사, 1999), 36쪽 재인용).

64) 이 말은 원래 헤겔철학의 용어로서, Dasein에 대한 번역어이다. 추상적인 것의 존재방식, 즉 단순히 있는 것(有)에 대하여, 개개의 특정한 사물이 현실에 그러한 것으로서 존재한다고 하는 그 현존하는 모습을 말한다. 헤겔은 사물의 이러한 존재방식을 『논리학』에서 하나의 논리적 범주로서, 가장 추상적인 형태로 받아들였다. 거기에서 '정유'는 질적 규정성 그 자체, 즉 어떤 질을 가진 존재라고 하는 그 존재방식을 일반적으로 가리킨다. '정유'의 존재방식은 '어떤 것'(Etwas)인데, 이것은 타자 즉 '다른 어떤 것'에 대한 관계를 부정적인 자기관계로서 내재시키고 있으며, 이것에 의해서 '어떤 것'은 필연적으로 유한하고 가변적인 특성을 갖는다(철학사전편찬위원회, 『철학사전』(서울: 도서출판 중원문화, 2009), 807~808쪽 참조).

65) 「大宗師」, 246쪽, "夫道, … 自本自根."

66) 「齊物論」, 112쪽, "昔者莊周夢爲蝴蝶, 栩栩然蝴蝶也, 自喻適志與! 不知周也. 俄而覺, 則蘧蘧然周也. 不知周之夢爲蝴蝶與, 蝴蝶之夢爲周與? 周與蝴蝶, 則必有分矣. 此之謂物化."

67) 마틴제이, 황재우 옮김, 『변증법적 상상력』(서울: 돌베개, 1981), 400쪽 참조.

제7장

1) 예컨대 여산(廬山) 혜원(慧遠)의 「염불삼매시집서(念佛三昧詩集序)」의 "猶或若夫尸居坐忘, 冥懷至極, 智落宇宙, 而闇蹈大方者哉."라는 문장을 비롯하여 혜원의 제자인 주도조(周道祖)의 『난석의론(難釋疑論)』의 "若直置而已, 則自非坐忘, 事至必感, 感因於事, 則情亦昇降."이라는 문장(藤吉慈海, 『禪淨雙修の展開』(東京: 春秋社, 1974), 64쪽에서 재인용)을 통하여 볼 때 선불교에서도 장자의 '좌망'이라는 용어를 차용하여 사용하고 있음을 알 수 있다.

2) 藤吉慈海, 『禪淨雙修の展開』, 44쪽 참조.

3) 渡邊卓, 『古代中國思想の硏究』(東京: 創文社, 1977), 792쪽 참조.

4) 북경대 철학과 중국철학교연실에서 펴낸 『중국철학사』에 따르면, 장자의 '좌망'은 정신적인 환상에 해당하며, 일종의 자아도취에 지나지 않는다고 평가한다(北京大學哲學系 中國哲學教研室, 『中國哲學史』(北京: 北京大學出版部, 2002), 84쪽 참조).

5) 劉文英 主編, 『中國哲學史(上卷)』(天津: 南開大學出版社, 2002), 157쪽 참조.

6) 劉笑敢, 『莊子哲學及其演變』(北京: 人民出版社, 1988), 230쪽.

7) 「大宗師」, 282~284쪽, "顔回曰: 回益矣. 仲尼曰: 何謂也? 曰: 回忘仁義矣. 曰: 可矣. 猶未也. 他日, 復見, 曰: 回益矣. 曰: 何謂也? 曰: 回忘禮樂矣. 曰: 可矣, 猶未也. 他日, 復見, 曰: 回益矣. 曰: 何謂也? 曰: 回坐忘矣. 仲尼蹴然曰: 何謂坐忘? 顔回曰: 墮肢體, 黜聰明, 離形去知, 同於大通, 此謂坐忘."
8) 陳鼓應, 『莊子今注今譯』(香港: 中華書局, 1990), 「大宗師」, 206쪽. "王叔岷先生說: 淮南道應篇: 仁義與禮樂二字互錯. 審文義, 當從之. 老子云, 失道而後德, 失德而後仁, 失仁而後義, 失義而後禮. 淮南本經篇: 知道德, 然後知仁義之不足行也; 知仁義; 然後知禮樂之不足脩也. 道家以禮樂爲仁義之次; 禮樂, 外也. 仁義, 內也. 忘外及內, 以至於坐忘. 若先言忘仁義, 則乖厥旨矣."
9) 張雙棣, 『淮南子校釋』(北京: 北京大出版社, 1997), 「道應訓」, 1282쪽. "顔回謂仲尼曰: 回益矣. 仲尼曰: 何謂也? 曰: 回忘禮樂矣. 仲尼曰: 可矣. 猶未也. 異日復見, 曰: 回益矣. 仲尼曰: 何謂也? 曰: 回忘仁義矣. 仲尼曰: 可矣, 猶未也. 異日復見, 曰: 回坐忘矣. 仲尼造然曰: 何謂坐忘? 顔回曰: 墮肢體, 黜聰明, 離形去知, 洞於化通, 此謂坐忘."
10) 劉叔雅, 『莊子補正』(臺北: 新文豐出版公司, 1975) 卷3上, 「大宗師」, 32면.
11) 陳冠學, 『莊子新注』(臺北: 東大圖書公司, 1989), 「大宗師」, 338쪽.
12) 王夫之, 『莊子解』(『船山全書』(長沙: 嶽麓書社, 1993), 第13册, 「大宗師」, 174쪽, "先言仁義, 後言禮樂者, 禮樂用也, 猶可寓之庸也, 仁義則成乎心而有是非, 過而悔, 當而自得, 人之所自以爲君子而成其小者也. 坐忘, 則非但忘物, 而先自忘其吾."
13) 王夫之, 『莊子解』, 「齊物論」, 105쪽, "夫緣用而體始不可廢, 如不適於用而立其體, 則駢母枝指而已." 참조.
14) 「知北遊」, 731쪽, "失道而後德, 失德而後仁, 失仁而後義, 失義而後禮."
15) 『노자』, 제38장, "失道而後德, 失德而後仁, 失仁而後義, 失義而後禮."
16) 「天運」, 517쪽, "仁義, 先王之蘧廬也, 止可以一宿而不可以久處, 覯而多責."
17) 「天運」, 522쪽, "夫播穅眯目, 則天地四方易位矣; 蚊虻噆膚, 則通昔不寐矣. 夫仁義憯然乃憤吾心, 亂莫大焉."
18) 「駢拇」, 314쪽, "枝於仁者, 擢德塞性以收名聲."
19) 赤塚忠、金谷治 외, 조성을 옮김, 『중국사상개론』(서울: 도서출판 이론과 실천, 1987), 149쪽 참조.
20) 張維, 「設孟莊論辯」, 『谿谷集』(서울: 曺龍承 個人影印本, 1980), 59쪽, "自然之離, 仁義之始也. 仁以愛人, 而愛人適所以害人也. 義以治人, 而治人適所以亂人也. 禮制於外而內益湯. 樂道其和而淫以滋."
21) 「徐无鬼」, 861쪽, "捐仁義者寡, 利仁義者衆. 夫仁義之行, 唯且无誠, 且假乎禽貪者器."
22) 「外物」, 927~928쪽, "儒以詩禮發冢. 大儒臚傳曰: 東方作矣, 事之何若? 小儒曰: 未解裙襦, 口中有珠. 詩固有之曰: 青青之麥, 生於陵陂. 生不布施, 死何含珠爲. 接其鬢, 壓其顪. 儒以金椎控其頤, 徐別其頰, 无傷口中珠!" 참조.
23) 김용옥, 『도올 논어(1)』(서울: 통나무, 2000), 119쪽. 한편 김용옥은 시대적 상황으로 보았을 때, 도적과 다를 바 없던 유자들의 신분 질서는 전통적 성읍 국가의 붕괴 과정에서 등장한 사회적 산물이었다고 주장한다(김

용옥, 앞의 책, 105~107쪽 참조).

24) 憨山, 「觀老莊影響論」, 『莊子內篇憨山註』(臺北: 琉璃經房, 1985), 16쪽, "詆訾孔子, 非詆孔子, 詆學孔子之迹者也, 且非實言, 乃破執之言也."

25) 李澤厚, 『華夏美學』(香港: 三聯書店有限公司, 1988), 101쪽 참조.

26) 「大宗師」, 郭象 注, 283~284쪽, "仁者, 兼愛之迹; 義者, 成物之功. 愛之非仁, 仁迹行焉; 成之非義, 義功見焉. 存夫仁義, 不足以知愛利之由无心, 故忘之可也. 但忘功迹, 故猶未玄達也, 禮者, 形體之用, 樂者, 樂生之具. 忘其具, 未若忘其所以具也."

27) 「天運」, 郭象 注, 519쪽, "夫仁義者, 人之性也. 人性有變, 古今不同也. 故游寄而過去則冥, 若滯而係於一方則見. 見則僞生, 僞生而責多矣."

28) 이종성, 「곽상의 독화론-그 장자철학의 변주에 관하여」, 『위진현학』(서울: 예문서원, 2001), 147~175쪽 참조.

29) 「庚桑楚」, 808쪽, "至禮有不人, 至義不物, 至知不謀, 至仁无親, 至信辟金" 및 「天運」, 498쪽, "曰: 請問至仁. 莊子曰: 至仁无親. 太宰曰: 蕩聞之, 无親則不愛, 不愛則不孝. 謂至仁不孝, 可乎? 莊子曰: 不然. 夫至仁尙矣, 孝固不足以言之. 此非過孝之言也, 不及孝之言也." 참조.

30) 「達生」, 663쪽, "忘其肝膽, 遺其耳目, 芒然彷徨乎塵垢之外, 逍遙乎无事之業."

31) 吳經熊, 曺永祿·鄭仁在 譯, 『禪의 饗宴(上)』(서울: 東國大附設 譯經院, 1988), 15~16쪽 참조.

32) 林希逸, 周啓成 校注, 『莊子鬳齋口義校注』(北京: 中華書局, 1977), 「人間世」, 65쪽, "坐馳二字, 反說坐忘也." 참조.

33) 「人間世」, 150쪽, "絕迹易, 无行地難. 爲人使易以僞, 爲天使難以僞. 聞以有翼飛者矣, 未聞以无翼飛者也; 聞以有知知者矣, 未聞以无知知者也. 瞻彼闋者, 虛室生白, 吉祥止止. 夫且不止, 是之謂坐馳."

34) 林希逸, 周啓成 校注, 앞의 책, 「人間世」, 65쪽, "若我纔容心, 而不能自止, 則身雖坐於此, 而心馳於外, 又安能坐忘乎!"

35) 憨山, 『莊子內篇憨山註』, 「人間世」, 18쪽, "言人心皆本虛明, 第人不安心止此. 私慾萌發, 則身坐於此, 而心馳於彼是之謂坐馳."

36) 憨山, 『莊子內篇憨山註』, 「人間世」, 17쪽 참조.

37) 福永光司, 『莊子』(東京: 中央公論社, 1981), 166~167쪽.

38) 藤吉慈海, 『禪淨雙修の展開』, 52쪽.

39) 「齊物論」, 43~45쪽, "南郭子綦隱机而坐, 仰天而噓, 嗒焉似喪其耦. 顔成子游立侍乎前, 曰: 何居乎? 形固可使如槁木, 心固可使如死灰乎? 今之隱机者, 非昔之隱机者也. 子綦曰: 偃, 不亦善乎, 而問之也! 今者吾喪我. 汝知之乎?"

40) 「大宗師」, 242쪽, "泉涸, 魚相與處於陸, 相呴以濕, 相濡以沫, 不如相忘於江湖" 및 「天運」, 522쪽, "泉涸, 魚相與處於陸, 相呴以濕, 相濡以沫, 不若相忘於江湖." 참조.

41) 「達生」, 662쪽, "忘足, 屨之適也; 忘要, 帶之適也; 知忘是非, 心之適也; 不內變, 不外從, 事會之適也."

42) 이것은 노자의 철학정신을 대변하는 것이기도 하지만(『노자』, 제37장, "無爲而無不爲."), 『장자』에서도 두 차례 언급되고 있다. 「庚桑楚」, 810쪽 및

「則陽」, 909쪽 참조. 또한 다음의 구절 역시 이와 같은 맥락에서 벗어나지 않음을 감안한다면, 총 세 차례 "無爲而無不爲"가 언급되고 있다고 할 수 있다. 「知北遊」, 731쪽, "無爲而不無爲."

43) 『장자』에는 이와 관련된 표현이 여러 차례 등장한다. ① 「齊物論」, 43쪽, "形固可使如槁木, 心固可使如死灰乎?" ② 「知北遊」, 738쪽, "形若槁骸, 心若死灰." ③ 「田子方」, 711쪽, "形體掘若槁木." ④ 「庚桑楚」, 790쪽, "身若槁木之枝而心若死灰."

44) 「在宥」, 390쪽, "墮爾形體, 吐爾聰明, 倫與物忘; 大同乎涬溟."

45) 陳鼓應, 『莊子今注今譯』, 「大宗師」, 劉鳳苞 注, 207쪽. "與物玄同, 則無不適矣. 無不適則忘適矣." 참조.

46) 「達生」, 662쪽, "忘適之適."

47) 「天地」, 404쪽, "通於天地者, 德也."

48) 「大宗師」, 郭象 注, 271쪽, "夫遊外者依內, 離人者合俗, 故有天下者无以天下爲也. 是以遺物而後能入羣, 坐忘而後能應務, 愈遺之, 愈得之."

49) 「天地」, 428쪽, "忘乎物, 忘乎天, 其名爲忘己. 忘己之人, 是之謂入於天" 참조

50) 「知北遊」, 741쪽, "其應物无方."

51) 「刻意」, 539쪽, "靜而與陰同德, 動而與陽同波; 不爲福先, 不爲禍始; 感而後應, 迫而後動, 不得已而後起. 去知與故, 循天之理. 故无天災, 无物累, 无人非, 无鬼責. 其生若浮, 其死若休. 不思慮, 不豫謀, 光矣而不耀, 信矣而不期. 其寢不夢, 其覺无憂. 其神純粹, 其魂不罷. 虛无恬淡, 乃合天德" 참조

52) 「天道」, 462~463쪽, "靜而與陰同德, 動而與陽同波. 故知天樂者, 无天怨, 无人非, 无物累, 无鬼責. 故曰: 其動也天, 其靜也地, 一心定而王天下; 其鬼不祟, 其魂不疲, 一心定而萬物服. 言以虛靜推於天地, 通於萬物, 此之謂天樂" 참조.

53) 「讓王」, 977쪽, "故養志者忘形, 養形者忘利, 致道者忘心矣."

54) 「德充符」, 216~217쪽, "人不忘其所忘而忘其所不忘, 此謂誠忘." 참조.

55) 王先謙, 『莊子集解』(成都: 成都古籍書店, 1988), 「德充符」, 34쪽, "形宜忘, 德不宜忘. 反是, 乃眞忘也."

56) 「德充符」, 316쪽, "故德有所長而形有所忘."

57) 이에 관해서는 이강수, 『도가사상의 연구』(서울: 고려대 민족문화연구소, 1989), 96~105쪽을 참고하는 것으로 논의를 대신한다.

58) 楊榮國, 『中國古代思想史』(北京: 人民出版社, 1973), 212쪽.

59) 許愼, 段玉裁 注, 『說文解字注』(上海: 上海古籍出版社, 1988), 76쪽, "得卽德也."

60) 「天地」, 424쪽, "物得以生, 謂之德."

61) 「德充符」, 214~215쪽, "平者, 水停之盛也. 其可以爲法也, 內保之而外不蕩也. 德者, 成和之脩也."

62) 「德充符」, 191쪽, "遊心乎德之和."

63) 「徐无鬼」, 835쪽, "遭時有所用, 不能无爲也. 此皆順比於歲, 不物於易者也. 馳其形性, 潛之萬物, 終身不反, 悲夫!"

64) 『노자』, 제38장, "上德不德."

65) 郭沫若, 『十批判書』(北京: 東方出版社, 1996), 197쪽.
66) 「大宗師」, 252쪽, "吾猶守而告之, 參日而後能外天下; 已外天下矣, 吾又守之, 七日而後能外物; 已外物矣, 吾又守之, 九日而後能外生; 已外生矣."
67) 「知北遊」, 739쪽, "汝身非汝有也, … 是天地之委形也; 生非汝有, 是天地之委和也; 性命非汝有, 是天地之委順也; 孫子非汝有, 是天地之委蛻也."
68) 「天下」, 1098쪽, "以與世俗處." 참조.
69) 「大宗師」, 272쪽, "相造乎水者, 穿池而養給; 相造乎道者, 无事而生定. 故曰: 魚相忘乎江湖, 人相忘乎道術."

제8장

1) 馮友蘭, 「論莊子」, 『莊子哲學討論集』(北京: 中華書局, 1961), 119쪽 참조.
2) 『맹자』에는 '송경(宋牼)'이란 이름이 등장하는데(『孟子』, 「告子 下」), 여기서 말하는 '송형'과 같은 인물이다. 일반적으로 '宋鈃'을 한국학계에서는 '송견'이라고 읽는다. 그것은 한국에서 출간된 옥편에 ① 술그릇 형, ② 사람이름 견이라고 적시되어 있기 때문일 것이다(『한한대자전』(서울: 민중서림, 2003), 2130쪽). 그러나 『한서』에 나타난 안사고의 주석에 따르면, 이 이름은 마땅히 '송형'이라고 읽어야 한다. 이 책에서는 안사고의 견해에 따라 전체적으로 '송형'이라고 통일한다.
3) 馮友蘭, 「論莊子」, 앞의 책, 119쪽 참조.
4) 『순자』, 「해폐」, "人何以知道? 曰: 心. 心何以知? 曰: 虛壹而靜."
5) 『순자』, 「해폐」, "人生而有知, 知而有志,. 志也者, 臧也, 然而有所謂虛, 不以所已臧害所將受謂之虛. 心生而有知, 知而有異, 異也者, 同時兼知之. 同時兼知之, 兩也, 然而有所謂一, 不以夫一害此一謂之壹. 心, 臥則夢, 偷則自行, 使之則謀. 故心未嘗不動也, 然而有所謂靜, 不以夢劇亂知謂之靜. 未得道而求道者, 謂之虛壹而靜, 作之, 則將須道者之虛則入, 將事道者之壹則盡, 盡將思道者靜則察. 知道察, 知道行, 體道者也. 虛壹而靜, 謂之大清明." 참조.
6) 정인재, 「순자의 지식론」, 『榴軒 李鍾厚 博士 華甲紀念論文集』(대구: 이문사, 1981), 376쪽 참조.
7) 『순자』, 「해폐」, "心未嘗不臧也, 然而有所謂虛; 心未嘗不滿也, 然而有所謂一; 心未嘗不動也, 然而有所謂靜."
8) 알프레드 포르케, 양재혁・최해숙 역주, 『중국고대철학사』(서울: 소명출판, 2004), 336쪽.
9) 알프레드 포르케, 양재혁・최해숙 역주, 『중국고대철학사』, 336쪽.
10) 『관자』, 「심술 상」, "虛無無形, 謂之道, 化育萬物, 謂之德."
11) 『관자』, 「심술 상」, "虛其欲, 神將入舍; 掃除不潔, 神乃留處."
12) 『관자』, 「심술 상」, "自用則不虛, 不虛則仵於物矣."
13) 『관자』, 「심술 하」, "專於意, 一於心, … 能專乎? 能一乎?" 특히, 『관자』 4편의 이 문장과 바로 이어서 연결되는 문장("能無卜筮而知吉凶乎? 能止乎? 能已乎? 能勿求諸人而得之已乎?")은 『장자』 「경상초」 편의 내용("能

抱一乎? 能勿失乎? 能無卜筮而知吉凶乎? 能止乎? 能已乎? 能舍諸人而求己乎?")과 상당한 유사성을 보이기 때문에 주목된다.

14) 『관자』, 「심술 하」, "正靜不失, 日新其德, 昭知天下, 通於四極."

15) 『관자』, 「내업」, "心能執靜, 道將自靜."

16) 北京大學哲學系 中國哲學敎研室, 『中國哲學史』(北京: 北京大學出版部, 2002), 80쪽 및 胡家聰, 『管子新探』(北京: 中國社會科學出版社, 2003), 496~498쪽 참조.

17) 순자는 젊은 시절 '직하'에 유학한 적이 있을 뿐만 아니라 말년에는 이곳에서 세 번의 좨주(libationer)를 지내기도 한다. 좨주란 주어진 공동체에서 가장 나이가 많고, 가장 존경받는 구성원을 나타내는 아주 오래된 용어이다. 이 사람은 주기적인 제례를 주관하는 권한을 갖는다. Kristofer Schipper, "Daoist Ecology: The Inner Transformation. A Study of the Precepts of the Early Daoist Ecclesia", (ed.) N.J. Girardot, James Miller and Liu Xiaogan., *Daoism and: Ways within a Cosmic Landscape* (Cambridge Masschusetts: Harvard University Press, 2001), p.81.

18) 『관자』, 「내업」, "思之, 思之, 又重思之."

19) 『관자』, 「심술 상」, "心之在體, 君之位也."

20) 『관자』, 「심술 상」, "動則失位, 靜乃自得." 참조.

21) 焦國成, 「道學與倫理學」, 『玄境-道學與中國文化』(張立文 主編, 北京: 人民出版社, 1996), 85~87쪽 참조.

22) 焦國成, 「道學與倫理學」, 앞의 책, 85~87쪽 참조.

23) 「심술 하」, "形不正者, 德不來." 및 「내업」, "形不正, 德不來." 참조.

24) 『주자어류』, 권137, 「戰國漢唐諸子」, "管子之書雜. 管子以功業著者. 恐未必曾著書." 및 "管子非仲所著." 참조.

25) 郭沫若, 「宋鈃尹文遺著考」, 『青銅時代』(北京: 人民出版社, 1982), 547~572쪽 및 郭沫若, 「稷下黃老學派的批判」, 『十批判書』(北京: 東方出版社, 1982), 157쪽 참조. 궈모뤄는 『관자』 4편 중 「백심」은 윤문의 우저이며, 「심술 상」과 「심술 하」, 「내업」편은 송형의 저작이라고 본다.

26) 馮友蘭, 『中國哲學史新編(上)』(北京: 人民出版社, 2004), 118쪽.

27) 馮友蘭, 『中國哲學史新編(上)』, 500쪽 참조.

28) 吳光, 『黃老之學通論』(杭州: 浙江人民出版社, 1985), 93쪽.

29) 張岱年, 「管子的「心術」等篇非宋尹著作考」, 『道家文化研究』(上海: 上海古籍出版社, 1992), 제2집, 320~325쪽.

30) 狩野直喜, 오이환 역, 『中國哲學史』(서울: 을유문화사, 1988), 234~235쪽 및 北京大學哲學系 中國哲學敎研室, 『中國哲學史』(北京: 北京大學出版部, 2002), 76쪽 참조.

31) 이 글은 『장자철학토론집』 안에 재편집되어 출간되었는데, 여기에서는 이에 근거한다. 馮友蘭, 「論莊子」, 『莊子哲學討論集』(北京: 中華書局, 1961), 119쪽.

32) 郭沫若, 「宋鈃尹文遺著考」, 앞의 책, 548쪽.

33) 郭沫若, 「宋鈃尹文遺著考」, 앞의 책, 547쪽.

34) 「天下」, “不累於俗, 不飾於物, 不苟於人, 不忮於衆, 願天下之安寧以活民命, 人我之養畢足而止, 以此白心, 古之道術有在於是者. 宋鈃尹文聞其風而悅之, 作爲華山之冠以自表, 接萬物以別宥爲始; 語心之容, 命之日心之行, 以聏合驩, 以調海內, 請欲置之以爲主. 見侮不辱, 救民之鬪, 禁攻寢兵, 救世之戰. 以此周行天下, 上說下敎.”

35) 郭沫若, 「宋鈃尹文遺著考」, 앞의 책, 553쪽. 이에 대한 반론으로는 장따이니엔의 다음 논문을 참조할 것. 張岱年, 「管子的「心術」等篇非宋尹著作考」, 『道家文化硏究』 제2집, 323~325쪽. 사실상 궈모뤄의 주장은 간접적인 관련밖에 없으며 명증적인 타당성이 결여되어 있음을 부인하기 어렵다.

36) 『순자』, 「비십이자」, “不知壹天下建國家之權稱, 上功用大儉約而優差等, 曾不足以容辨異縣君臣, 然而其持之有故, 其言之成理, 足以欺惑愚衆. 是墨翟宋鈃也.”

37) 馮友蘭, 『中國哲學史新編(上)』, 385~392쪽.

38) 劉蔚華、苗潤田, 『稷下學史』(北京: 中國廣播電視出版社, 1992), 135쪽.

39) 이에 관해서는 알프레드 포르케의 『중국고대철학사』에 상재된 ‘송형’과 ‘윤문’에 대한 해설부분을 각각 참조할 것.

40) 侯外廬 主編, 『中國思想通史』(北京: 人民出版社, 1980), 제1권, 352쪽.

41) 『노자』, 제2장, “是以聖人, 處無爲之事, 行不言之敎.” 참조.

42) 「天下」, 1082쪽, “雖天下不取, 强聒而不舍者也. 故日上下見厭而強見也. 雖然, 其為人太多, 其自為太少, 曰: 請欲固置五升之飯足矣. 先生恐不得飽, 弟子雖飢, 不忘天下, 日夜不休, 曰: 我必得活哉! 圖傲乎救世之士哉! 曰: 君子不為苛察, 不以身假物. 以為無益於天下者, 明之不如已也, 以禁攻寢兵為外, 以情欲寡淺為內, 其小大精粗, 其行適至是而止.” 참조.

43) 『한서』, 「예문지」, “宋子, 其言黃老意.”

44) A. C. Graham, *Disputers of the Tao: Philosophical in Ancient China* (La Salle, Illinois: Open Court, 1989), pp.95~100.

45) 陳志良 主編, 『畵說道家(上)』(北京: 華夏出版社, 1998), 64~70쪽 참조.

46) 「天下」, 1093~1094쪽, “關尹老聃 … 以空虛不毁萬物爲實. 關尹曰: 在己无居, 形物自著. 其動若水, 其靜若鏡, 其應若響.”

47) 「天下」, 成玄英 疏, 1093쪽, “姓尹, 名喜, 字公度, 周平王時函谷關令, 故謂之關尹也. 姓李, 名耳, 字伯陽, 外字老聃, 卽尹喜之師老子也.” 참조.

48) 『노자』, 제3장, “虛其心.”

49) 『노자』, 제10장, “滌除玄覽.”

50) 『노자』, 제16장, “歸根曰靜.”

51) 『노자』, 제57장, “我好靜而民自靜.”

52) 『노자』, 제16장, “致虛極, 守靜篤”

53) 「人間世」, 147쪽, “唯道集虛.”

54) 陳麗桂, 『戰國時期的黃老思想』(臺北: 聯經出版事業公司, 1991), 131쪽 참조.

55) 이종성, 「허」, 『21세기의 동양철학』(서울: 을유문화사, 2005), 243쪽 참조.

56) 『노자』, 제3장, “是以聖人之治, 虛其心, 實其腹.” 참조.

57) 이종성, 「허」, 앞의 책, 242쪽 참조.

58) 邵漢明, 『儒道人生哲學』(張春: 吉林教育出版社, 1992), 90쪽.
59) 馮友蘭, 「論莊子」, 앞의 책, 119쪽.
60) 『노자』, 제48장, "爲學日益, 爲道日損, 損之又損."
61) 「知北遊」, 731쪽, "爲道者日損. 損之又損之以至於無爲 無爲而無不爲也."
62) 吳經熊, 조영록 · 정인재 역, 『선의 향연(상)』(서울: 동국대학교부설 역경원, 1988), 14쪽.
63) 「齊物論」, 79쪽, "天地與我竝生, 而萬物與我爲一."
64) 「齊物論」, 100쪽, "為其脗合." 참조. '吻合'이라는 표현은 『장자』 「제물론」에서는 '脗合'으로 표기되어 있다. 판본에 따라 '吻合'이라고 표기되어 있는 것도 있으나, 『장자집석』은 조간의(趙諫議) 본에 의하여 '脗合'으로 교감되어 있다(「齊物論」, 103쪽). 한편, 의학적으로는 신체의 내강(內腔)이 있는 장기와 장기를 서로 접합시켜 잇는 수술을 가리켜 문합술(吻合術)이라고 하는데, 이러한 점을 통해 볼 때 '문합'이란 서로 다른 두 개의 타자가 접합하여 일체화된다는 주객이원성을 벗어나지 못함을 확인할 수 있다.
65) 李澤厚, 『華夏美學』(香港: 三聯書店有限公司, 1988), 74쪽.

제9장

1) 『세계철학대사전』(서울: 학원출판공사, 1983), 446쪽 참조.
2) 『두산세계대백과사전(13)』(서울: 두산동아, 2002), 226쪽 참조.
3) 『문학비평용어사전』(서울: 국학자료원, 2006), <그노시즘> 조 참조.
4) 「騈拇」, 311쪽, "騈拇枝指, 出乎性哉! 而侈於德. 附贅縣疣, 出乎形哉! 而侈於性. 多方乎仁義而用之者, 列於五藏哉! 而非道德之正也. 是故騈於足者, 連無用之肉也; 枝於手者, 樹無用之指也; 多方騈枝於五藏之情者, 淫僻於仁義之行, 而多方於聰明之用也." 참조.
5) 드물게나마 『장자』에는 삶의 세계보다 죽음의 세계가 더 나을지도 모른다는 사고가 발견되기도 한다. 「지락」 편에 등장하는 다음과 같은 우화가 대표적이다. 장자는 어느 날 초나라로 가던 도중 길에서 해골을 보았는데, 이 해골이 밤에 꿈에 나타나 죽음의 세계에 관해 이야기하는 것을 듣는다. 해골은 다음과 같이 죽음의 세계를 예찬한다. "죽음의 세계에는 위로 군주도 없고, 아래로는 신하도 없다. 또한 사시사철의 변화도 없다. 그라서 그저 편안하게 몸을 맡긴 채 천지와 함께 수명을 누릴 뿐이다. 비록 인간세상에서 임금의 즐거움이 있다 한들 이에는 미치지는 못할 것이다."(「至樂」, 619쪽, "髑髏曰: 死, 無君於上, 無臣於下, 亦無四時之事, 從然以天地為春秋, 雖南面王樂, 不能過也."). 그러나 이러한 죽음관은 지나치게 삶을 예찬하는 일상적 태도에 대한 반성을 위해 제시된 역설적 방편일 뿐이다. 살아있는 사람들의 삶의 관점이 하나의 주관적 판단인 것과 같이 죽어있는 해골이 보여준 죽음의 관점 역시 자기중심적인 하나의 주관적 판단일 수도 있음에 유의하여야 한다.
6) 장자가 본 '혹사(或使)'와 '막위(莫爲)'의 논쟁에 관해서는 다음과 같은 「則

陽」 편의 내용을 참고하라. 「則陽」, 916~917쪽, "少知日: 季真之莫為, 接子之或使, 二家之議, 孰正於其情? 孰偏於其理? 太公調日: 雞鳴狗吠, 是人之所知, 雖有大知, 不能以言讀其所自化, 又不能以意其所將為. 斯而析之, 精至於無倫, 大至於不可圍, 或之使, 莫之為, 未免於物而終以為過. 或使則實, 莫為則虛. 有名有實, 是物之居; 無名無實, 在物之虛. 可言可意, 言而愈疏. 未生不可忌, 已死不可阻. 死生非遠也, 理不可睹. 或之使, 莫之為, 疑之所假. 吾觀之本, 其往無窮; 吾求之末, 其來無止. 無窮, 無止, 言之無也, 與物同理; 或使、莫為, 言之本也, 與物終始. 道不可有, 有不可無. 道之為名, 所假而行. 或使莫為, 在物一曲, 夫胡為於大方? 言而足, 則終日言而盡道; 言而不足, 則終日言而盡物. 道物之極, 言默不足以載; 非言非默, 議有所極."

7) 劉蔚華、苗潤田, 『稷下學史』(北京: 中國廣播電視出版社, 1992), 212쪽.

8) 劉蔚華、苗潤田, 『稷下學史』, 213쪽.

9) 「秋水」, 568~569쪽, "計人之所知, 不若其所不知; 其生之時, 不若未生之時; 以其至小求窮其至大之域. 是故迷亂而不能自得也. 由此觀之, 又何以知豪末之足以定至細之倪! 又何以知天地之足以窮至大之域!"

10) 「知北遊」, 758쪽, "有問道而應之者, 不知道也. 雖問道者, 亦未聞道. 道無問, 問無應. 無問問之, 是問窮也; 無應應之, 是無內也."

11) 「則陽」, 914쪽, "安危相易, 禍福相生, 緩急相摩, 聚散以成. 此名實之可紀, 精微之可志也. 隨序之相理, 橋運之相使, 窮則反, 終則始. 此物之所有, 言之所盡, 知之所至, 極物而已."

12) 「知北遊」, 757쪽, "道不可聞, 聞而非也; 道不可見, 見而非也; 道不可言, 言而非也."

13) 「知北遊」, 成玄英 疏, 757~758쪽, "道無聲, 不可以耳聞, 耳聞非道也; 道無色, 不可以眼見, 眼見非道也; 道無名, 不可以言說, 言說非道也."

14) 「田子方」, 716~717쪽, "吾不知天地之大全也."

15) 「知北遊」, 756쪽, "泰淸問乎無窮日: 子知道乎? 無窮日: 吾不知. 又問乎無爲. 無爲日: 吾知道. 日: 子之知道, 亦有數乎? 日: 有. 日: 其數若何? 無爲日: 吾知道之可以貴, 可以賤, 可以約, 可以散, 此吾所以知道之數也. 泰淸以之言也問乎無始日: 若是, 則無窮之弗知與無爲之知, 孰是而孰非乎? 無始日: 不知深矣, 知之淺矣; 弗知內矣. 知之外矣. 於是泰淸中而歎日: 弗知乃知乎! 知乃不知乎! 孰知不知之知?"

16) 「天道」, 488~489쪽, "故視而可見者, 形與色也; 聽而可聞者, 名與聲也. 悲夫, 世人以形色名聲爲足以得彼之情! 夫形色名聲果不足以得彼之情, 則知者不言, 言者不知, 而世豈識之哉!"

17) 「齊物論」, 91~92쪽, "齧缺問乎王倪日: 子知物之所同是乎? 日: 吾惡乎知之! 子知子之所不知邪? 日: 吾惡乎知之! 然則物無知邪? 日: 吾惡乎知之! 雖然, 嘗試言之. 庸詎知吾所謂知之非不知邪? 庸詎知吾所謂不知之非知邪?"

18) 「齊物論」, 66쪽, "以指喻指之非指, 不若以非指喻指之非指也; 以馬喻馬之非馬, 不若以非馬喻馬之非馬也. 天地一指也. 萬物一馬也."

19) O. F. 볼노오, 백승균 옮김, 『인식의 해석학: 인식의 철학 I』(서울: 서광사, 1993), 93~94쪽 참조.

20) 「齊物論」, 79쪽, “旣已爲一矣, 且得有言乎 旣已謂之一矣, 且得無言乎 一與言爲二. 二與一爲三. 自此以往, 巧歷不能得, 而況其凡乎! 故自無適有以至於三, 而況自有適有乎!”
21) 「齊物論」, 郭象 注, 69쪽, “將明無是無非, 莫若反覆相喩.”
22) 「齊物論」, 成玄英 疏, 69쪽, “今以彼我是非反覆相喩, 則所是者非是, 所非者非非.”
23) 「齊物論」, 66쪽, “天地一指也, 萬物一馬也.” 참조.
24) 「齊物論」, 103~104쪽, “予惡乎知夫死者不悔其始之蘄生乎! 夢飮酒者, 旦而哭泣; 夢哭泣者, 旦而田獵. 方其夢也, 不知其夢也. 夢之中又占其夢焉, 覺而後知其夢也. 且有大覺而後知此其大夢也.”
25) 「齊物論」, 103쪽, “予惡乎知說生之非惑邪! 予惡乎知惡死之非弱喪而不知歸者邪!”
26) 「大宗師」, 229쪽, “古之眞人, 不知說生, 不知惡死.”
27) 「知北遊」, 733쪽, “生也死之徒, 死也生之始, 孰知其紀! 人之生, 氣之聚也; 聚則爲生, 散則爲死. 若死生爲徒, 吾又何患! 故萬物一也, 是其所美者爲神奇, 其所惡者爲臭腐; 臭腐復化爲神奇, 神奇復化爲臭腐.”
28) 「大宗師」, 241쪽, “死生, 命也, 其有夜旦之常, 天也.”
29) 「齊物論」, 郭象 注, 101쪽, “以死生爲晝夜, 旁日月之喩也” 참조.
30) 「齊物論」, 郭象 注, 103쪽, “死生一也, 而獨說生, 欲與變化相背. 故未知其非惑也.”
31) 關鋒, 『莊子內篇譯解和批判』(北京: 中華書局, 1961), 60쪽 및 任繼愈, 『中國哲學史』 第1冊, 271~274쪽 참조.
32) 嚴靈峯, 『無求備齋學術論集』(臺北: 中華書局, 1969), 413쪽.
33) 「山木」, 694쪽, “化其萬物而不知其禪之者, 焉知其所終? 焉知其所始?”
34) 「齊物論」, 79쪽, “有始也者, 有未始有始也者, 有未始有夫未始有始也者.”
35) 姜國柱, 『中國思想通史(先秦卷)』(武漢: 武漢大學出版社, 2011), 222쪽.
36) 「天道」, 488~489쪽, “故視而可見者, 形與色也; 聽而可聞者, 名與聲也. 悲夫, 世人以形色名聲爲足以得彼之情!”
37) John Hospers, *An Introduction to Philosophical Analysis*(Michigan: Michigan University Press, 1983), pp.106~107.
38) John Hospers, *An Introduction to Philosophical Analysis*, p107.
39) 「秋水」, 郭象 注, 572쪽, “目之所見有常極, 不能無窮也, 故於大則有所不盡, 於細則有所不明, 直是目之所不逮耳. 精與大皆非無也, 庸詎知無形而不可圍者哉!”
40) O. F. 볼노우, 백승균 옮김, 『인식의 해석학: 인식의 철학 I』, 90쪽 참조.
41) 윤병태, 「퓌론의 회의주의」, 『희랍 철학의 문제들』(서울: 현암사, 1993), 316쪽 참조.
42) 劉笑敢, 『莊子哲學及其演變』(北京: 人民出版社, 1988), 183~184쪽 참조.
43) 「大宗師」, 268쪽, “忘其肝膽, 遺其耳目.”
44) 「寓言」, 948쪽, “與己同則應, 不與己同則反; 同於己爲是之, 異於己爲非之.”
45) 「齊物論」, 56쪽, “夫隨其成心而師之, 誰獨且无師乎?” 참조.

46) 陳鼓應, 『莊子今注今譯』(香港: 中華書局, 1990), 50쪽, 「齊物論」, 林雲銘注, "成心, 謂人心之所知, 便有成見在胸中, 牢不可破, 無知愚皆然."
47) 「大宗師」, 228쪽, "其寢不夢, 其覺無憂."
48) 송항룡, 『동양철학의 문제들』(서울: 여강출판사, 1987), 102쪽 참조.
49) John Hospers, *An Introduction to Philosophical Analysis*(Michigan: Michigan University Press, 1983), pp.122~123.
50) 「齊物論」, 91~92쪽, "齧缺問乎王倪曰: 子知物之所同是乎? 曰: 吾惡乎知之! 子知子之所不知邪? 曰: 吾惡乎知之! 然則物無知邪? 曰: 吾惡乎知之! 雖然, 嘗試言之. …"
51) 劉笑敢, 『莊子哲學及其演變』(北京: 人民出版社, 1988), 178~184쪽 참조.
52) 『노자』, 제2장, "天下皆知美之為美, 斯惡已. 皆知善之為善, 斯不善已." 참조.
53) 大濱皓, 『莊子の哲學』(東京: 勁草書房, 1982), 397쪽 참조.
54) 「齊物論」, 110~111쪽, "罔兩問景曰: 曩子行, 今子止; 曩子坐, 今子起; 何其無特操與? 景曰: 吾有待而然者邪? 吾所待又有待而然者邪? 吾待蛇蚹蜩翼邪? 惡識所以然! 惡識其所以不然!"
55) 신동호, 「장자 「제물론」 연구」, 『인문과학 논문집』 제7권 2호, 충남대 인문과학연구소, 1980, 205쪽 참조.
56) 「則陽」, 914쪽, "知之所至, 極物而已." 참조.
57) 周啓成, 「莊子思想的矛盾」, 『中國哲學史硏究』(北京: 中國社會科學出版社, 1988), 1988年 第1期, 51~52쪽 참조.
58) 「大宗師」, 246~247쪽, "夫道, 有情有信, 無爲無形; 可傳而不可受, 可得而不可見."

제10장

1) 「胠篋」, 359쪽, "天下每每大亂, 罪在於好知."
2) 「天道」, 490쪽, "桓公讀書於堂上, 輪扁斲輪於堂下, 釋椎鑿而上, 問桓公曰: 敢問公之所讀者何言邪? 公曰: 聖人之言也. 曰: 聖人在乎? 公曰: 已死矣. 曰: 然則君之所讀者, 古人之糟魄已夫!"
3) M. 존퍼스, 이보임 옮김, 『인식론』(서울: 동녘, 1984), 139쪽 참조.
4) 윤천근, 「장자철학에 있어서의 행위 부정적 행위론」, 『노·장 철학의 현대적 조명』(서울: 외계출판사, 1990), 241쪽 참조.
5) 「齊物論」, 93쪽, "民溼寢則腰疾偏死, 鰌然乎哉? 木處則惴慄恂懼, 猨猴然乎哉? 三者孰知正處? 民食芻豢, 麋鹿食薦, 蝍蛆甘帶, 鴟鴉耆鼠, 四者孰知正味? 猨猵狙以爲雌, 麋與鹿交, 鰌與魚游. 毛嬙麗姬, 人之所美也; 魚見之深入, 鳥見之高飛, 麋鹿見之決驟. 四者孰知天下之正色哉?"
6) 신동호, 「장자 「제물론」 연구」, 『인문과학 논문집』 제7권 2호, 충남대 인문과학연구소, 1980, 204쪽 참조.
7) 「至樂」, 621쪽, "昔者海鳥止於魯郊, 魯侯御而觴之于廟, 奏九韶以爲樂, 具大牢以爲膳. 鳥乃眩視憂悲, 不敢食一臠, 不敢飲一杯, 三日而死. 此以己養養鳥

也, 非以鳥養養鳥也. 夫以鳥養養鳥者, 宜栖之深林, 遊之壇陸, 浮之江湖, 食之鰌鯈, 隨行列而止, 委蛇而處. 彼唯人言之惡聞, 奚以夫譊譊爲乎! 咸池九韶之樂, 張之洞廷之野, 鳥聞之而飛, 獸聞之而走, 魚聞之而下入, 人卒聞之, 相與還而觀之. 魚處水而生, 人處水而死, 彼必相與異, 其好惡故異也."

8) 「騈拇」, 317쪽, "鳧脛雖短, 續之則憂; 鶴脛雖長, 斷之則悲. 故性長非所斷, 性短非所續."

9) 「養生主」, 115쪽, "吾生也有涯, 而知也无涯. 以有涯隨无涯, 殆已."

10) 고형곤, 『선의 세계』(서울: 삼영사, 1981), 27쪽 및 42쪽 참조.

11) 고형곤, 『선의 세계』, 27~28쪽 참조.

12) 송항용, 『동양철학의 문제들』(서울: 여강출판사, 1987), 187쪽 참조.

13) 大濱晧, 『莊子の哲學』(東京: 勁草書房, 1982), 259쪽.

14) Fung Yu-Lan, *The Spirit of Chinese Philosophy*(Boston: Beacon Press, 1967), p.78.

15) 「大宗師」, 252쪽, "吾猶守而告之, 參日而後能外天下; 已外天下矣, 吾又守之, 七日而後能外物; 已外物矣, 吾又守之, 九日而後能外生; 已外生矣."

16) 「天地」, 414쪽, "黃帝遊乎赤水之北, 登乎崑崙之丘而南望, 還歸, 遺其玄珠. 使知索之而不得, 使離朱索之而不得, 使喫詬索之而不得也. 乃使象罔, 象罔得之."

17) Fung Yu-Lan, *The Spirit of Chinese Philosophy*, p.73.

18) 焦竑, 『莊子翼』, 『漢文大系(9)』(臺北: 新文豐出版社, 1983), 「天地」, 呂吉甫注, 35쪽, "象則非無, 罔則非有, 非有非無, 不皦不昧."

19) 「天地」, 成玄英 疏, 415쪽, "罔象, 無心之謂. 離聲色, 絕思慮."

20) 김항배, 「장자의 지식론」, 한국도교학회 학술대회 발표논문요지, 1991. 11. 16, 2~3쪽 참조.

21) 김항배, 「장자의 지식론」, 2~3쪽 참조.

22) 『노자』, 제56장.

23) 「天道」, 489쪽, "知者不言, 言者不知."

24) 「大宗師」, 226쪽, "且有眞人而後有眞知." 참조.

25) 「養生主」, 成玄英 疏, 116쪽, "所凜形性, 各有限極, 而分別之智, 徇物無涯.", 「徐無鬼」, 成玄英 疏, 870쪽, "夫運分別之智, 出於藏府而自伐能者, 必致危亡也.", 「知北遊」, 成玄英 疏, 730쪽 및 「漁父」, 成玄英 疏, 1034쪽, "知, 分別也." 참조.

26) Fung Yu-Lan, *A Short History of Chinese Philosophy*(New York: The Free Press, 1966), pp.110~115.

27) 關鋒, 「莊子哲學批判」, 『莊子哲學討論集』(北京: 中華書局, 1961), 2~3쪽.

28) 任繼愈 主編, 『中國哲學史』(北京: 人民出版社, 1992) 第1册, 163쪽.

29) 北京大學哲學系 中國哲學教研室, 『中國哲學史』(北京: 北京大學出版部, 2002), 90쪽 참조.

30) 요한네스 헤센, 이강조 역, 『인식론』(서울: 서광사, 1988), 20쪽 참조.

31) 「庚桑楚」, 810쪽, "知者, 接也; 知者, 謨也."

32) 「則陽」, 成玄英 疏, 906쪽, "所知者, 俗知也; 所不知者, 眞知也. 流俗之人,

皆尊重分別之知, 銳情取捨, 而莫能賴其(分別)[不知]之知以照眞原, 可謂大疑惑之人也.” 참조.

33) 「知北遊」, 757쪽, “不知深矣, 知之淺矣; 弗知內矣, 知之外矣.”

34) 「庚桑楚」, 810쪽, “知者之所不知, 猶睨也.”

35) 원래 ‘내관(內觀)’이란 개념은 『열자』에 처음 등장하는 개념으로서(楊伯峻, 『列子集釋』(北京: 中華書局, 1996), 「仲尼」, 128쪽, “務外游, 不知務內觀, 外游者, 求備於物; 內觀者, 取足於身, 取足於身, 游之至也.”), 이것이 하나의 철학 체계로 등장한 것은 대만의 현대 철학자 첸꾸잉(陳鼓應)에 의해서라고 할 수 있으며, 국내에서는 김득만이 이 개념을 장자에 적용하여 설명하고 있다(김득만 · 장윤수, 『중국철학의 이해』(서울: 예문서원, 2000), 161쪽 참조).

36) 이진, 최기섭·안은수 옮김, 『중국 형이상학』(서울: 성바오로, 2001), 165쪽 참조.

37) 「天運」, 508쪽, “聽之不聞其聲, 視之不見其形, 充滿天地, 苞裹六極.”

38) 「大宗師」, 224쪽, “以其知之所知以養其知之所不知, 終其天年而不中道夭者, 是知之盛也.” 참조.

39) 「大宗師」, 224쪽, “知天之所爲, 知人之所爲者, 至矣.”

40) 「庚桑楚」, 郭象 注, 809쪽, “謀而後知, 非自然知.” 참조.

41) 「庚桑楚」, 郭象 注, 812쪽, “夫目之能視, 非知視而視也; 不知視而視, 不知知而知耳, 所以爲自然. 若知而後爲, 則知僞也.”

42) 이종성, 「장자의 ‘소대지변’에 관한 지식론적 고찰」, 411쪽 참조.

43) 「秋水」, 588쪽, “知道者必達於理, 達於理者必命於權, 明於權者不以物害己.”

44) 「逍遙遊」, 11쪽, “小知不及大知.”

45) 이에 관해서는 이종성, 「장자의 ‘소대지변’에 관한 지식론적 고찰」, 『동양철학연구』 제19집, 동양철학연구회, 1998, 389~414쪽을 참조 바람.

46) 윤천근, 「장자철학에 있어서의 인식의 문제」, 『노·장 철학의 현대적 조명』(서울: 외계출판사, 1990), 197~198쪽 참조.

47) 「秋水」, 606~607쪽, “莊子與惠子遊於濠梁之上. 莊子曰: 儵魚出游從容, 是魚之樂也. 惠子曰: 子非魚, 安知魚之樂? 莊子曰: 子非我. 安知我不知魚之樂? 惠子曰: 我非子, 固不知子矣; 子固非魚也, 子之不知魚之樂, 全矣. 莊子曰: 請循其本. 子曰: 汝安知魚樂云者, 旣已知吾知之而問我, 我知之濠上也.”

48) 「齊物論」, 93쪽, “自我觀之, 仁義之端, 是非之塗, 樊然殽亂, 吾惡能知其辯.” 참조.

49) 林麗星, 「莊子價値思想硏究」, 『國立臺灣師範大學國文硏究所集刊』 第35號, 國立臺灣師範大學國文硏究所, 1991, 351쪽 참조.

50) 『노자』, 제54장, “故以身觀身, 以家觀家, 以鄕觀鄕, 以邦觀邦, 以天下觀天下, 吾何以知天下之然哉, 以此.”

51) 「秋水」, 577쪽, “以道觀之, 物无貴賤.”

52) 「齊物論」, 66쪽, “照之於天.”

53) 「天下」, 1112쪽, “惠子日用分別之知.”

54) D. W. 햄린, 이병욱 옮김, 『인식론』(서울: 서광사, 1991), 215쪽 참조.

55) 張立文 主編, 陸玉林 著,『中國學術通史(先秦卷)』(北京: 人民出版社, 2004), 333쪽 참조.

56) 김항배,『불교와 도가사상』(서울: 동국대 출판부, 1999), 215~216쪽 참조.

57)「齊物論」, 66쪽, "是亦彼也. 彼亦是也. 彼亦一是非, 此亦一是非. 果且有彼是乎哉? 果且无彼是乎哉? 彼是莫得其偶, 謂之道樞."

58) Fung Yu-Lan, *A Short History of Chinese Philosophy*, p.112.

59) 윤천근,「장자철학에 있어서의 행위 부정적 행위론」, 193쪽 참조.

60)「知北遊」, 757쪽, "不知深矣, 知之淺矣; 弗知內矣, 知之外矣."

61)「知北遊」, 763쪽, "物物者非物." 참조.

62)「齊物論」, 66쪽, "以指喻指之非指, 不若以非指喻指之非指也. 以馬喻馬之非馬, 不若以非馬喻馬之非馬也. 天地一指也, 萬物一馬也."

63)「齊物論」, 79쪽, "天地與我並生, 而萬物與我為一."

64)「大宗師」, 224쪽, "知天之所爲, 知人之所爲者, 至矣. 知天之所爲者, 天而生也; 知人之所爲者, 以其知之所知以養其知之所不知, 終其天年而不中道夭者, 是知之盛也."

65)「庚桑楚」, 郭象 注, 809쪽, "謀而後知, 非自然知." 참조.

66)「天地」, 成玄英 疏, 438쪽, "夫渾沌者, 無分別之謂也." 참조.

67)「庚桑楚」, 郭象 注, 812쪽, "夫目之能視, 非知視而視也; 不知視而視, 不知知而知耳, 所以爲自然.."

68)「馬蹄」, 336쪽, "同乎無知, 其德不離." 참조.

69)「馬蹄」, 成玄英 疏, 337쪽, "旣無分別之心, 故同乎無知之理." 참조.

70)「齊物論」, 成玄英 疏, 86쪽, "夫達理聖人, 冥心會道, 故能懷藏物我, 包括是非, 枯木死灰, 曾無分別矣." 참조.

71) 정륜,「장자철학의 유대와 무대에 관한 연구」, 전북대 박사학위논문, 1996, 96쪽 참조.

72)「知北遊」, 752쪽, "不際之際, 際之不際者也." 나는 여기서 제시된 '際'의 의미를 정륜처럼 '차별'이라는 의미로 가치 평가하여 해석하기보다는, '구분'이나 '한계' 정도의 판단개념으로 보는 것이 타당하다고 본다. 따라서 '한계 없는 한계'와 '한계의 한계 없음' 내지는 '구분 없는 구분'과 '구분의 구분 없음' 정도의 의미로 해석하는 것이 바람직하다는 입장이다.

73) 정륜,「장자철학의 유대와 무대에 관한 연구」, 67~74쪽 참조.

74)『노자』, 제4장 및 제56장 참조.

75)『노자』, 제1장, "故常無欲, 以觀其妙; 常有欲, 以觀其徼. 此兩者同, 出而異名, 同謂之玄. 玄之又玄, 衆妙之門." 참조.

76) 박이문,『노장사상』(서울: 문학과 지성사, 1985), 77쪽 참조.

77) 다음과 같은 성현영의 해석이 이를 잘 말해준다. ①「天運」, 成玄英 疏, 502쪽, "故心無分別, 有同暗惑者也", ②「天運」, 成玄英 疏, 510쪽, "心無分別, 事同愚惑也", ③「天運」, 成玄英 疏, 511쪽, "心無分別, 有同闇惑" 등 참조.

78) Chang Chung-Yyan, *Creativity and Taoism*(New York: Harper & Row, 1970), p.68.

79) 「庚桑楚」, 郭象 注, 807쪽, "人皆謂己是, 故莫通."
80) 「秋水」, 588쪽, "知道者必達於理, 達於理者必明於權, 明於權者不以物害己."
81) 「刻意」, 郭象 注, 544쪽, "象天德者, 無心而偕會也."
82) 윤천근, 「장자철학에 있어서의 행위 부정적 행위론」, 202쪽 참조.
83) 정륜, 「장자철학의 유대와 무대에 관한 연구」, 97쪽 참조.
84) 윤재근, 『동양의 본래미학』(서울: 나들목, 2006), 40쪽 참조.
85) 「至樂」, 611쪽, "至樂無樂, 至譽無譽."
86) 「田子方」, 714쪽, "至美."
87) 「庚桑楚」, 808쪽, "至禮有不人, 至義不物, 至知不謀, 至仁無親, 至信辟金." 장자는 특히 당대 최고의 가치론적 대명사이기도 한 어짊의 문제와 관련하여 "지극한 어짊은 친애함이 없다"(至仁無親)고 하였는데, 이 말은 이곳 「경상초」 편 이외에도 「천운」 편에서 재차 언급하고 있어서 주목된다. 「天運」, 498쪽, "至仁無親."
88) 「人間世」, 186쪽, "無用之用." 및 「外物」, 936쪽, "然則無用之為用也亦明矣." 참조.
89) 윤재근, 『동양의 본래미학』, 41쪽 참조.
90) 「大宗師」, 226쪽, "且有眞人而後有眞知."
91) 「逍遙遊」, 17쪽, "至人无己, 神人无功, 聖人无名."
92) 윤천근, 「장자철학에 있어서의 행위 부정적 행위론」, 203쪽 참조.
93) 정륜, 「장자와 역설」, 『대동철학』 제6집, 대동철학회, 1999, 282~283쪽 참조.
94) 정륜, 「장자와 역설」, 285쪽 참조.

제11장

1) 劉笑敢, 『莊子哲學及其演變』(北京: 中國社會科學出版社, 1987), 194~195쪽.
2) 劉笑敢, 『莊子哲學及其演變』, 185쪽 참조.
3) 『세계철학대사전』(서울: 학원출판공사, 1983), 「궤변」, 112쪽 참조.
4) 小野澤精一 外 2人 編著, 『氣の思想』(東京: 東京大學出版會, 1983), 127쪽 참조.
5) 이강수는 장자의 '참진(眞)'자에 주목한다. 유가의 중요한 경전인 사서를 비롯하여 십삼경 경전의 그 어디에도 '참진'자는 나타나지 않는다. 이렇게 유가서에서 그 흔적을 찾을 수 없는 '참진'자와 이에 연계된 철학적 개념은 『노자』와 『장자』 등 도가서에서는 대량으로 쏟아져 나오는데, 『노자』에 3회, 그리고 『장자』에는 무려 47회나 나타나고 있다고 한다(이강수, 「장자의 철학정신」, 『철학연구』 제19집, 고려대 철학연구소, 1996, 2쪽 참조).
6) 「漁父」, 1032쪽, "真者, 所以受於天也, 自然不可易也. 故聖人法天貴真, 不拘於俗."
7) 小野澤精一 外 2人 編著, 『氣の思想』(東京: 東京大學出版會, 1983), 127쪽.
8) 陳鼓應, 『老莊新論』(香港: 中華書局, 1991), 254~256쪽 참조.
9) 분별지는 일차적으로 대상에 대한 감각경험을 통하여 이루어지지만, 그

성격이 상대적이며 일정한 한계를 노정한다. 장자는 이에 관하여, 우리의 감각기관에 포착된 것은 알 수 있지만 포착되지 않은 것은 알 수 없고, 우리의 지식능력의 한계 내에 있는 것은 알 수 있지만 그 한계를 벗어난 것은 알 수 없기 때문이라고 한다(「知北遊」, 765쪽, "夫知遇而不知所不遇, 知能能而不能所不能." 참조).

10) 왕부지의 이러한 해석은 성현영의 해석에 많은 시사를 받았다고 할 수 있다. 성현영은 왕부지보다 일찍이 이와 유사한 견해를 피력하였기 때문이다(「刻意」, 成玄英 疏, 541쪽, "智照之光, 明逾日月." 참조).
11) 王夫之, 『莊子解』, 『船山全書』(長沙: 嶽麓書社, 1993), 제13책, 102쪽, "明與知相似, 故昧者以知爲明. 明猶日也, 知猶燈也. 日無所不照, 而無待於爀. 燈則或爀之, 或熄之, 照止一室, 而燭遠則昏, 然而亦未嘗不自謂明也."
12) 「刻意」, 539쪽, "光矣而不耀." 이 말은 전통적인 노장의 학술계보를 인정한다고 할 때 『노자』 제58장의 "光而不耀"로부터 비롯된 말이라고 할 수 있다.
13) 徐復觀, 『中國藝術精神』(臺北: 學生書局, 1983), 84쪽.
14) 「庚桑楚」, 791쪽, "宇泰定者, 發乎天光." 참조.
15) 그레이엄은 '덮여 가려진 빛'이라는 '보광(葆光, *Pao kuang*)'의 개념이 모호하다고 보고, 이것을 '베네트나쉬(Benetnash)'를 의미하는 '요광(瑤光, *Yao-kuang*)'으로 보아야 한다는 입장이다. '베네티나쉬'란 국자모양의 북두칠성의 손잡이 부분의 가장 끝에 있는 별이다. 그레이엄은 장자가 궁극적 운동자의 메타포를 '북극성'으로 보지 않고 주기적 운동을 일으키는 '주극성(周極星, circumpolar star)'으로 본 점이 특이하다고 한다(A. C. Graham, *Chuang-Tzu The Inner Chapter*(Indianapolis/Cambridge: Hackett Publishing Company, Inc. 2001), p.57).
16) 「齊物論」, 83쪽, "夫大道不稱, 大辯不言, 大仁不仁, 大廉不嗛, 大勇不忮. 道昭而不道, 言辯而不及, 仁常而不成, 廉淸而不信, 勇忮而不成. … 故知止其所不知, 至矣. 孰知不言之辯, 不道之道? 若有能知, 此之謂天府. 注焉而不滿, 酌焉而不竭, 而不知其所由來, 此之謂葆光."
17) 고형곤, 『선의 세계(Ⅰ)』(서울: 운주사, 1995), 138~139쪽 참조.
18) 「騈拇」, 327쪽, "吾所謂明者, 非謂其見彼也, 自見而已矣. 夫不自見而見彼, 不自得而得彼者, 是得人之得而不自得其得者也."
19) 「秋水」, 588쪽, "天在內, 人在外."
20) 「人間世」, 150쪽, "瞻彼闋者, 虛室生白, 吉祥止止. 夫且不止, 是之謂坐馳." 장자가 말한 '좌치'만으로는 그 의미가 명확하지 않은데, 이에 대해서는 다음과 같은 임희일의 주석을 참조할 필요가 있다. 林希逸, 周啓成 校注, 『莊子鬳齋口義校注』(北京: 中華書局, 1997), 「人間世」, 65쪽, "若我纔容心, 而不能自止, 則身雖坐於此, 而心馳於外, 又安能坐忘乎!"
21) 陳品卿, 『莊學新探』(臺北: 文史哲出版社, 1984), 242쪽, "經由內省之功, 知道自己天賦之本眞者謂之明."
22) 「知北遊」, 733쪽, "通天下一氣耳." 참조.
23) 「讓王」, 978쪽, "知足者不以利自累也, 審自得者失之而不懼. 行修於內者无

位而不怍." 참조.

24) 여기에서 말하는 '자명성'의 원리란 어떤 명제가 다른 증명을 필요로 하지 않는다는 의미의 자체적인 명백함(self-evidence)에 관하여 말하는 것이 아니라, '밝음'(明)이라는 것이 '외명성'에 기반을 두지 않고 '내명성'을 특질로 한다는 것을 의미한다. 따라서 '자명성'이란 그 존재방식의 양상 자체가 대타적 성향과 외물 지향적인 것의 정반대 편에 놓여 있는 특징이 있다.

25) 「齊物論」, 63쪽, "莫若以明."

26) 劉笑敢, 『莊子哲學及其演變』(北京: 中國社會科學出版社, 1987), 194~195쪽 참조.

27) 任繼愈 主編 『中國哲學史』(北京: 人民出版社, 1992) 第1册, 170~172쪽 참조. 임계유는 장자의 '막약이명(莫若以明)'의 의미를 불가지론적으로 해석하기 위한 방편으로 곽상의 해석을 잘못된 것으로 비판한다. 그리고 모든 시비의 근본을 알 수 없다는 입장을 취한 것이 바로 '막약이명'의 의의라고 하면서, 별도의 각주를 통해 이를 명시적으로 밝히고 있다(任繼愈 主編, 앞의 책, 170쪽 참조).

28) 「齊物論」, 66쪽, "照之於天."

29) 「齊物論」, 63쪽, "其以為異於鷇音, 亦有辯乎, 其無辯乎?" 참조.

30) 「齊物論」, 63쪽, "故有儒墨之是非, 以是其所非而非其所是. 欲是其所非而非其所是, 則莫若以明."

31) 崔大華, 『莊學研究』(北京: 人民出版社, 1992), 281~282쪽.

32) 「齊物論」, 郭象 注, 65쪽, "夫有是有非者, 儒墨之所是也; 無是無非者, 儒墨之所非也. 今欲是儒墨之所非而非儒墨之所是者, 乃欲明無是無非也. 欲明無是無非, 則莫若還以儒墨反覆相明. 反覆相明, 則所是者非是而所非者非非矣. 非非則無非, 非是則無是."

33) 陳鼓應, 『老莊新論』, 247쪽.

34) 「齊物論」, 郭慶藩 集釋, 65쪽, "莫若以明者, 還以彼是之所明, 互取以相證也. 郭注誤."

35) 陳鼓應, 『老莊新論』, 248쪽.

36) 「秋水」, 577쪽, "以道觀之, 物无貴賤."

37) 「秋水」, 584쪽, "以道觀之, 何貴何賤, 是謂反衍; 无拘而志, 與道大蹇."

38) 林希逸, 周啓成 校注, 『莊子鬳齋口義校注』, 23쪽, "人之所非, 我以爲是, 彼之所是, 我以爲非, 安得而一定! 若欲一定是非, 則須是歸之自然之天理方可. 明者, 天理也, 故曰莫若以明."

39) 呂惠卿, 『莊子義』, 『無求備齋莊子集成』, 初篇 제5권, 27쪽, "明者, 復明知常之驗也. 今儒墨之是非, 不離乎智識, 而未嘗以明, 故不足爲是非之正. 若釋知回光以明觀之, 則物所謂彼是者果無定體, 無定體則無非彼無非是矣."

40) 陸長庚, 『南華眞經副墨』, 『無求備齋莊子集成』, 續篇 제7권, 82쪽, "儒墨之是非, … 如此是非非是, 兩無定論, 伊欲定之, 則莫若以明. 明者, 明乎本然之未始有是非, 而後是非可泯也."

41) 崔大華, 『莊學研究』, 282쪽 참조.

42) '포정해우'의 고사에 등장하는 '자연의 결(天理)'이라는 의미(「養生主」,

117~119쪽, "庖丁爲文惠君解牛, … 而神欲行. 依乎大理." 참조)가 주자학의 근본이념인 '하늘의 이치(天理)'와 같을 수는 없다. 이러한 점을 통해서도 장자와 임희일의 기준은 각각 다르게 설정되어 있다는 점이 확인된다.

43) 『淮南子』「覽冥訓」, "魯陽公與韓搆難, 戰酣日暮, 援戈而撝之, 日爲之反三舍." 이에 대한 자세한 내용은 『織田 佛敎大辭典』(東京: 大藏出版株式會社, 1983), 1862쪽을 보라.

44) 여혜경(呂惠卿, 1032~1112)은 북송 시대 천주(泉州) 진강(晉江) 사람으로서, 자는 길보(吉甫)이다. 왕안석(王安石, 1021~1086)과 교유하면서, 그의 신법 운영에 적극 참여하기도 한 현실 정치인이다. 왕안석의 아들 왕방(王雱, 1044~1076)과 함께 『삼경신의(三經新義)』를 편수하였고, 『장자의(莊子義)』를 지었다(『中國歷代人名大辭典』(上海: 上海古籍出版社, 1999), 536쪽 참조).

45) 『노자』, 제16장, "復命曰常, 知常曰明."

46) 熊鐵基, 『中國莊學史(上)』(福州: 福建人民出版社, 2009), 275쪽 참조.

47) 熊鐵基, 『中國莊學史(上)』, 270쪽 참조.

48) 「繕性」, 547쪽, "繕性於俗學, 以求復其初; 滑欲於俗思, 以求致其明; 謂之蔽蒙之民."

49) 「繕性」, 成玄英 疏, 547쪽, "今還役用分別之心, 思量求學, 望得獲其明照之道者, 必不可也. 唯當以無學學, 可以歸其本矣; 以無思思, 可以得其明矣."

50) 「駢拇」, 327쪽, "吾所謂聰者, 非謂其聞彼也, 自聞而已矣; 吾所謂明者, 非謂其見彼也, 自見而已矣. 夫不自見而見彼, 不自得而得彼者, 是得人之得而不自得其得者也, 適人之適而不自適其適者也. 夫適人之適而不自適其適."

51) 「齊物論」, 79쪽, "天地與我並生, 而萬物與我爲一." 참조.

52) 신동호, 「장자 「제물론」 연구」, 『인문과학논문집』 제7권 2호, 충남대학교 인문과학연구소, 1980, 205쪽 참조.

53) 「大宗師」, 226쪽, "且有眞人而後有眞知." 참조.

54) 「大宗師」, 224쪽, "知天之所爲, 知人之所爲者, 至矣. 知天之所爲者, 天而生也; 知人之所爲者, 以其知之所知以養其知之所不知, 終其天年而不中道夭者, 是知之盛也." 참조.

55) 윤천근, 「박세당의 『장자』 이해를 통해 보는 '자유와 해방'의 논리」, 『도가사상과 한국도교』(서울: 국학자료원, 1997), 236쪽 참조.

56) 「庚桑楚」, 郭象 注, 809쪽, "謀而後知, 非自然知." 참조.

57) 「大宗師」, 226쪽, "且有眞人而後有眞知."

58) 「大宗師」, 郭象 注, 226쪽, "有眞人, 而後天下之知皆得其眞而不可亂也."

59) 「繕性」, 556쪽, "不以辯飾知."

60) 「徐无鬼」, 827쪽, "无以謀勝人."

61) 「繕性」, 郭象 注, 556쪽, "任其眞知而已." 및 「徐无鬼」, 郭象 注, 827쪽, "率其眞知而知各有所長則均." 참조.

62) 「齊物論」, 66쪽, "彼是莫得其偶, 謂之道樞."

63) 「胠篋」, 353쪽, "天下之德始玄同矣."

64) 「胠篋」, 郭象 注, 356쪽, "去其亂羣之率, 則天下各復其所而同於玄德也."

65) 『노자』, 제56장, "和其光, 同其塵, 是謂玄同."
66) 「刻意」, 539쪽, "光矣而不耀." 참조.
67) 「庚桑楚」, 郭象 注, 812쪽, "夫目之能視, 非知視而視也; 不知視而視, 不知知而知耳, 所以爲自然. 若知而後爲, 則知僞也."
68) 이런 점 때문에 장자의 참지식은 실천적 경험의 운용과 밀접한 관련을 갖는다. 이것은 마치 포정이 소를 해부하면서 엄청난 시행착오를 겪은 이후 자연의 결대로 소를 해부하게 된 것과도 같다. 눈으로도 대상으로서의 소를 보지 않으며, 의식으로도 소를 대상적으로 마주 대하지 않는, 주객미분화의 상태에 이르는 것이 장자가 말하는 '참지식'이다. 장자의 참지식은 경험적인 실천의 체험과 직접적으로 연대되어 있는 것이다(蒙培元, 『中國哲學主體四維』(北京: 新華書店, 1993), 126쪽 참조).
69) 강신주, 『장자의 철학: 꿈, 깨어남 그리고 삶』(서울: 태학사, 2004), 232쪽.
70) 이강수, 『노자와 장자: 무위와 소요의 철학』(서울: 도서출판 길, 1997), 162쪽 참조.
71) 강신주, 앞의 책, 232쪽. 이러한 강신주의 주장은 대단히 래디컬한 입장에서 있다. 나는 이미 강신주와는 다른 입장에서 '밝음'의 비유에 관한 문제를 논의한 적이 있다. 아래에서 주장되는 '밝음'에 관한 논의들은 나의 기존입장을 반영하는 것들이다. 이에 관해서는 다음의 글을 참조하라. 이종성, 「이강수 교수 장자보기의 철학적 진정성」, 『이강수 읽기를 통해 본 노장철학연구의 현주소』(서울: 예문서원, 2005).
72) 이종성, 「이강수 교수 장자보기의 철학적 진정성」, 앞의 책, 182쪽 참조.
73) 이강수, 『도가사상의 연구』(서울: 고려대 민족문화연구소, 1989), 122쪽.
74) 이강수, 「장자 제물론의 이해」, 『도가철학』 제4집, 한국도가철학회, 2002, 29쪽.
75) 「刻意」, 539쪽, "光矣而不耀."
76) 성현영은 이 빛을 지혜의 빛이라고 보고, 이것은 태양이나 달보다도 밝다고 한다(「刻意」, 541쪽, "智照之光, 明逾日月." 참조).
77) 이종성, 「이강수 교수 장자보기의 철학적 진정성」, 앞의 책, 183~184쪽 참조.
78) 이종성, 「이강수 교수 장자보기의 철학적 진정성」, 앞의 책, 183쪽 참조.
79) 「應帝王」, 307쪽, "至人之用心若鏡, 不將不迎, 應而不藏, 故能勝物而不傷." 참조.
80) 「天道」, 457쪽, "水靜猶明, 而況精神! 聖人之心靜乎! 天地之鑑也, 萬物之鏡也." 참조.
81) A. C. Graham, *Disputers of the Tao: Philosophical in Ancient China* (La Salle, Illinois: Open Court, 1989), p.178.
82) 이종성, 「이강수 교수 장자보기의 철학적 진정성」, 앞의 책, 185쪽 참조.

제12장

1) 시대적 우환의식은 비단 유가만의 것은 아니었다. 흔히들 무의자연의 세계관 때문에 노장에게는 우환의식이 결여되어 있다고 비판하는 경우가 있는데, 시대에 대한 진단과 고민이 특정한 학파의 전유물일 수는 없는 일이다.
2) 陳瑛 外 4人 共著, 『中國倫理思想史』(貴陽: 貴州人民出版社, 1985), 155쪽 및 島田虔次, 『中國の傳統思想』(東京: みすず書房, 2001), 79쪽 참조.
3) M. J. 아들러, 장건익 옮김, 『열 가지 철학적 오류』(서울: 서광사, 1990), 178쪽 참조.
4) 「逍遙遊」, 2쪽, "北冥有魚, 其名爲鯤. 鯤之大, 不知其幾千里也."
5) 「逍遙遊」, 2쪽, "化而爲鳥, 其名爲鵬. 鵬之背, 不知其幾千里也; 怒而飛, 其翼若垂天之雲. 是鳥也, 海運則將徙於南冥."
6) 「秋水」, 605쪽, "南方有鳥, 其名爲鵷鶵. 子知之乎? 夫鵷鶵, 發於南海而飛於北海."
7) 「山木」, 695쪽, "莊周遊於雕陵之樊, 覩一異鵲自南方來者, 翼廣七尺, 目大運寸, 感周之顙而集於栗林."
8) 「胠篋」, 350쪽, "爲之斗斛以量之, 則并與斗斛而竊之. 爲之權衡以稱之, 則并與權衡而竊之. 爲之符璽以信之, 則并與符璽而竊之. 爲之仁義以矯之, 則并與仁義而竊之."
9) 「則陽」, 903쪽, "民知力竭, 則以僞繼之, 日出多僞, 士民安得不僞. 夫力不足則僞, 知不足則欺, 財不足則盜. 盜竊之行, 於誰責而可乎?"
10) 「胠篋」, 350쪽, "彼竊鉤者誅, 竊國者為諸侯."
11) 「徐无鬼」, 861쪽, "捐仁義者寡, 利仁義者衆. 夫仁義之行, 唯且無誠, 且假夫禽貪者器."
12) 「在宥」, 377쪽, "今世殊死者相枕也, 桁楊者相推也, 刑戮者相望也."
13) 劉向 集錄, 『戰國策』(上海: 上海古籍出版社, 1990), 下册, 1195~1198쪽, "及春秋時, … 天子之命, 猶有所行. 會享之國, 猶有所恥. 小國得有所依, 百姓得有所息. … 及春秋之後, 衆賢輔國者旣沒, 而禮義衰矣. … 道德大廢, 上下失序. 至秦孝公, 捐禮讓而貴戰爭, 弃仁義而用詐譎, 苟以取强而已矣. 夫篡盜之人, 列爲侯王; 詐譎之國, 興立爲强. … 父子不相親, 兄弟不相安, 夫婦離散, 莫保其命, 湣然道德絕矣. 晚世益甚, 萬乘之國七, 千乘之國五, 敵侔爭權, 蓋爲戰國. 貪饕無耻, 競進無厭; 國異政教, 各自制斷; 上無天子, 下無方伯; … 兵革不休, 詐僞並起. 當此之時, 雖有道德, 不得施謀."
14) 顧炎武, 黃汝成 集釋, 『日知錄集釋』(鄭州: 中州古籍出版社, 1990), 304쪽, "如春秋時, 猶尊禮重信, 而七國則絕不言禮與信矣."
15) 「至樂」, 609쪽, "人之生也, 與憂俱生, … 久憂不死, 何苦也!"
16) 陳鼓應, 『老莊新論』(香港, 中華書局, 1991), 175쪽 참조.
17) 『장자』에는 「덕충부」에 2번, 「재유」에 2번, 총 4번에 걸쳐 '질곡'이란 용어가 나타난다. 장자는 '질곡'이 하늘로부터 형벌을 받은 상황과 같은 것이라고 설명한다. 「德充符」, 204~205쪽, "無趾語老聃曰: 孔丘之於至人, 其

未邪! 彼何賓賓以學子為? 彼且蘄以諔詭幻怪之名聞, 不知至人之以是為己桎梏邪? 老聃曰: 胡不直使彼以死生為一條, 以可不可為一貫者, 解其桎梏, 其可乎? 無趾曰: 天刑之, 安可解!" 참조.

18) 『墨子』, 「非樂上」, "民有三患: 飢者不得食, 寒者不得衣, 勞者不得息, 三者民之巨患也."

19) 「齊物論」, 74쪽, "古之人, 其知有所至矣. 惡乎至? 有以爲未始有物者, 至矣, 盡矣, 不可以加矣. 其次以爲有物矣, 而未始有封也. 其次以爲有封焉, 而未始有是非也. 是非之彰也, 道之所以虧也." 참조.

20) 「馬蹄」, 330쪽, "馬, 蹄可以踐霜雪, 毛可以禦風寒, 齕草飲水, 翹足而陸, 此馬之眞性也. 雖有義臺路寢, 無所用之. 及至伯樂曰: 我善治馬. 燒之, 剔之, 刻之, 雒之, .連之以羈馽, 編之以皁棧, 馬之死者十二三矣; 飢之, 渴之, 馳之, 整之, 齊之. 前有橛飾之患, 而後有鞭筴之威, 而馬之死者已過半矣." 참조.

21) 송지영 역해, 『장자』(서울: 동서문화사, 1975), 210쪽 참조.

22) 「馬蹄」, 330쪽, "伯樂善治馬, … 此亦治天下者之過也." 참조.

23) 소대(蘇代)는 종횡가를 대표하는 합종책의 주인공 소진(蘇秦)의 아우이다. 그 또한 형이었던 소진과 마찬가지로 합종책을 통해 진나라에 의한 천하 통일의 흐름을 마지막까지 막아보려던 유세가였다. 합종책이란 당시의 강대국이던 진나라의 침입에 대비하기 위하여 나머지 6국이 연합하여 방어 전선을 결성해야 한다는 주장이다.

24) 『戰國策』 第30卷, 燕策2, 「蘇代為燕說齊」, "蘇代為燕說齊, 未見齊王, 先說淳於髡曰: 人有賣駿馬者, 比三旦立市, 人莫之知. 往見伯樂曰: 臣有駿馬, 欲賣之, 比三旦立於市, 人莫與言, 愿子還而視之, 去而顧之, 臣請獻一朝之賈. 伯樂乃還而視之, 去而顧之, 一旦而馬價十倍. 今臣欲以駿馬見於王, 莫為臣先後者, 足下有意為臣伯樂乎? 臣請獻白璧一雙, 黃金萬鎰, 以為馬食. 淳於髡曰: 謹聞命矣. 入言之王而見之, 齊王大說蘇子." 참조.

25) 「達生」, 647쪽, "人之所取畏者, 衽席之上, 飲食之間."

26) 신동호, 「선진도가의 인간관」, 『동서철학연구』 제3호, 한국동서철학연구회, 1986, 7~9쪽 참조.

27) 林希逸, 周啓成 校注, 『莊子鬳齋口義』, 65쪽, "若我纔容心, 而不能自止, 則身雖坐於此, 而心馳於外."

28) 헬레나 노르베리 호지, 양희승 옮김, 『오래된 미래: 라다크로부터 배운다』(서울: 중앙북스, 2007).

29) 張軍, 「論『莊子』的"至德之世"」, 張松如 外 3人, 共著 『老莊論集』(濟南: 齊魯書社, 1987), 247쪽.

30) 정륜, 「장자철학의 유대와 무대에 관한 연구」, 전북대 박사학위논문, 1996, 185쪽 참조.

31) 「繕性」, 550~552쪽, "古之人, 在混芒之中, 與一世而得澹漠焉. 當是時也, 陰陽和靜, 鬼神不擾, 四時得節, 萬物不傷, 羣生不夭, 人雖有知, 無所用之, 此之謂至一. 當是時也, 莫之爲而常自然."

32) 崔大華, 『莊學研究』(北京: 人民出版社, 1992), 252쪽.

33) 任繼愈 主編, 『中國哲學發展史(先秦編)』(北京: 人民出版社, 1983), 397쪽.

34) 吳光明, 김용섭 옮김, 『장자철학』(경산: 대구한의대학교출판부, 2009), 314쪽 참조.
35) 개발로 몸살을 앓게 된 라다크의 현재와 끊임없는 전쟁의 격화로 황폐화된 장자 당시의 전국시대의 현재는 모두 부조리한 현실이라는 점에서 공통적이다. 현재는 극복되어야 하고, 과거는 현재의 거울인 것이다.
36) 「山木」, 671~672쪽, "南越有邑焉, 名爲建德之國. 其民愚而朴, 少私而寡欲; 知作而不知藏, 與而不求其報; 不知義之所適, 不知禮之所將; 猖狂妄行, 而蹈乎大方; 其生可樂, 其死可葬."
37) 「逍遙遊」, 31쪽, "越人斷髮文身."
38) 陳鼓應, 『老莊新論』, 142~143쪽 참조.
39) 「知北遊」, 762쪽, "無古無今, 無始無終." 참조.
40) 「則陽」, 885쪽, "無內無外." 참조.
41) A. C. Graham, *Chuang-Tzu The Inner Chapter*(Indianapolis/Cambridge: Hackett Publishing Company, Inc. 2001), p.170.
42) 「外物」, 924쪽, "莊周家貧, 故往貸粟於監河侯. 監河侯曰: 諾. 我將得邑金, 將貸子三百金, 可乎? 莊周忿然作色曰: 周昨來, 有中道而呼者. 周顧視車轍中, 有鮒魚焉. 周問之曰: 鮒魚來! 子何為者邪? 對曰: 我, 東海之波臣也. 君豈有斗升之水而活我哉? 周曰: 諾. 我且南遊吳越之王, 激西江之水而迎子, 可乎? 鮒魚忿然作色曰: 吾失我常與, 我無所處. 吾得斗升之水然活耳, 君乃言, 曾不如早索我於枯魚之肆!" 참조.
43) 후루타 쇼킨、다나카 료쇼, 남동신、안지원 옮김, 『중국 선종의 육조 혜능』(서울: 현음사, 1993), 66~67쪽 참조.
44) 「大宗師」, 273쪽, "天之小人, 人之君子; 人之君子, 天之小人也."
45) 「馬蹄」, 336쪽, "夫至德之世, 同與禽獸居, 族與萬物竝. 惡乎知君子小人哉! 同乎無知, 其德不離; 同乎無欲, 是謂素樸; 素樸而民性得矣."
46) 「在宥」, 369쪽, "故君子不得已而臨莅天下, 莫若無爲. 無爲也而後安其性命之情."
47) 「在宥」, 郭象 注, 369쪽, "無爲者, 非拱默之謂也."
48) 「在宥」, 364쪽, "聞在宥天下, 不聞治天下也. 在之也者, 恐天下之淫其性也; 宥之也者, 恐天下之遷其德也. 天下不淫其性, 不遷其德, 有治天下者哉!"
49) 「秋水」, 574쪽, "至德不得."
50) 「駢拇」, 317쪽, "是故鳧脛雖短, 續之則憂; 鶴脛雖長, 斷之則悲. 故性長非所斷, 性短非所續."
51) 「秋水」, 590~591쪽, "無以人滅天, 無以故滅命."
52) 『노자』, 제54장, "以天下觀天下."
53) M. Heidegger, *Vom Wessen der Wahrheit*(2 Aufl: Vittorio Klostermann, 1943), S.15. 고형곤, 『선의 세계』(서울: 삼영사, 1981), 90쪽에서 재인용.
54) 「應帝王」, 294쪽, "無名人曰: 汝遊心於淡, 合氣於漠, 順物自然而無容私焉, 而天下治矣."
55) 담사동(譚嗣同, 1865~1898)은 중국 청나라 말기의 사상가로서, 부르주아적 개혁운동을 선도한 대표자의 한 사람이다. 그의 사상은 전통적인 유교

와 유럽 자연과학 사상이 혼합되어 있고, 더구나 불교 화엄학의 법계 세계관(法界世界觀)을 내포하고 있다. 그는 인(仁)을 도덕의 기준이 되는 형이상학적 원리로, 그리고 에너지를 본체로 보고, 이로부터 모든 사물, 현상이 나온다고 생각했다. 그리고 남녀평등을 비롯한 인간 상하 관계의 부정, 세계국가의 건설, 인간 동포주의를 주창하였다. 따라서 전통적인 예교의 윤리, 청조의 전제주의를 근본적으로 부정하고 인간은 하늘의 자식으로서 모두 평등·자유·자주에 의한 붕우라는 윤리를 수립하고, 이것이 사회결합의 원리가 되어야 한다고 주장했다. 그는 청조를 반대하고 비판하는 앞장섰으며, 강유위(康有爲, 1858~1927) 등이 계획한 무술정변(戊戌政變, 1898)에 참가하였고, 그것이 실패한 후에 33세의 나이로 처형되었다(철학사전편찬위원회, 『철학사전』(서울: 도서출판 중원문화, 2009), 160~161쪽 참조).

56) 譚嗣同, 『仁學』(『譚嗣同全集(下册)』(北京: 中華書局, 1990), 47, 367쪽, "地球之治也, 以有天下而無國也. 莊日: 聞在宥天下, 不聞治天下. 治者, 有國之義也; 在宥者, 無國之義也. ㅁㅁㅁ 日'在宥', 蓋'自由'之轉音. 旨哉言乎! 人人能自由, 是必爲無國之民. 無國則畛域化, 戰爭息, 猜忌絕, 權謀棄, 彼我亡, 平等出; 且雖有天下, 若無天下矣. 君主廢, 則貴賤平; 公理明, 則貧富均. 千里萬里, 一家一人. 視其家, 逆旅也; 視其人, 同胞也. 父無所用其慈, 子無所用其孝, 兄弟忘其友恭, 夫婦忘其倡隨."

57) 譚嗣同, 『仁學』, 37, 348쪽, "且天又以元統之, 人亦非天所得而陵壓也, 平等也."

58) 譚嗣同, 『仁學』, 37, 348쪽, "相亡則平等矣. 詹詹小儒, 烏足以語此哉?"

59) 譚嗣同, 『仁學』, 31, 338쪽, "黃出於陸王, 陸王將續莊之彷彿." 참조.

60) 김용섭, 「『회남자』 철학 체계의 연구」, 경북대 박사학위논문, 1995, 76쪽.

61) 劉笑敢, 『莊子哲學及其演變』(北京: 中國社會科學出版社, 1988), 291~292쪽.

62) 「大宗師」, 246~247쪽, "夫道, … 自本自根, 未有天地, 自古以固存."

63) 「列禦寇」, 1047쪽, "彼至人者, 歸精神乎無始而甘冥乎無何有之鄉."

64) 교양교재편찬위원회 편, 『철학 개론』(서울: 서울대출판부, 1989), 270쪽.

65) 하르트만, 하기락 역, 『존재학원론』(서울: 형설출판사, 1989), 71쪽 참조.

66) 「知北遊」, 757쪽, "道不可聞, 聞而非也; 道不可見, 見而非也; 道不可言, 言而非也. 知形形之不形乎! 道不當名."

67) 「則陽」, 914쪽, "言之所盡, 知之所至, 極物而已."

68) 「知北遊」, 759쪽, "終日視之而不見, 聽之而不聞, 搏之而不得也."

69) 김용옥, 『기철학산조』(서울: 통나무, 1997), 72쪽 참조.

70) 「天下」, 1099쪽, "以與世俗處."

71) 陳鼓應, 『老莊新論』, 259쪽 참조.

72) 장자의 탈세간주의적 입장에 관해서는 다음을 참조하라. 이종성, 「풍우란의 선진도가에 대한 인식의 특징과 한계-『중국철학사』 서술의 관점을 중심으로-」, 『동서철학연구』 제72호, 한국동서철학회, 2014.

제13장

1) Fung Yu-Lan, *A Short History of Chinese Philosophy*(New York: The Free Press, 1966), p.241.
2) 崔大華, 『莊學研究』(北京: 人民出版社, 1992), 530쪽
3) 토머스 머튼, 황남주 옮김, 『장자의 길』(서울: 고려원, 1991), 12쪽.
4) Fung Yu-Lan, *A Short History of Chinese Philosophy*, pp.242~243.
5) 변선환, 「십우도에 나타난 진정한 자기의 추구」, 『불교연구』 제6、7집, 한국불교연구원, 1990, 354쪽 참조.
6) 라즈니쉬, 길연 역, 『잠에서 깨어나라』(서울: 범우사, 1983), 19~20쪽 참조.
7) 장순용 엮음, 『선이란 무엇인가－십우도의 사상』(서울: 세계사, 1991), 29쪽.
8) 장순용 엮음, 『선이란 무엇인가－십우도의 사상』, 112~113쪽 참조.
9) 오경웅, 조영록、정인재 역, 『선의 향연(상)』(서울: 동국대학교부설 역경원, 1988), 12~13쪽 참조.
10) 오경웅, 조영록、정인재 역, 『선의 향연(상)』, 14쪽 참조.
11) 오경웅, 조영록、정인재 역, 『선의 향연(상)』, 26쪽 참조.
12) 『무문관』 제20칙, "雲門因僧問, 如何是佛. 門云: 乾屎橛."
13) 「知北遊」, 749~750쪽, "東郭子問於莊子曰: 所謂道, 惡乎在? 莊子曰: 無所不在. 東郭子曰: 期而後可. 莊子曰: 在螻蟻. 曰: 何其下邪? 曰: 在稊稗. 曰: 何其愈下邪? 曰: 在瓦甓. 曰: 何其愈甚邪? 曰: 在屎溺. 東郭子不應."
14) 『무문관』 제19칙, "平常心是道."
15) 『무문관』 제7칙, "洗鉢盂去."
16) 『경덕전등록』 권22, "見山是山, 見水是水."
17) 福永光司, 『中國の哲學、宗教、藝術』(京都: 人文書院, 1988), 26쪽.
18) 「知北遊」, 762쪽, "冉求問於仲尼曰: 未有天地可知邪? 仲尼曰: 可. 古猶今也. 冉求失問而退, 明日復見, 曰: 昔者吾問未有天地可知乎? 夫子曰: 可. 古猶今也. 昔日吾昭然, 今日吾昧然. 敢問何謂也? 仲尼曰: 昔之昭然也, 神者先受之; 今之昧然也, 且又爲不神者求邪? 无古无今, 无始无終. 未有子孫而有子孫, 可乎?"
19) 「大宗師」, 246~247쪽, "夫道, … 未有天地, 自古以固存."
20) 황병국 편저, 『장자와 선사상』(서울: 문조사, 1988), 182쪽 참조.
21) 『景德傳燈錄』(北京: 文物出版社, 1989), 제11권, "吾不問, 汝平生學解, 及經卷册子上記得者. 汝未出胞胎, 未辨東西時本分事, 試道一句."
22) 『무문관』 제29칙, "卽心卽佛."
23) 『무문관』 제22칙 참조.
24) 復旦大學哲學系中國哲學教研室, 『中國古代哲學史(上)』(上海: 上海古籍出版社, 2011), 78쪽.
25) 한형조, 『무문관, 혹은 너는 누구냐』(서울: 여시아문, 1999), 134쪽 참조.
26) 임제종의 시조인 임제 의현은 "우리의 알몸(냄새나는 가죽부대, 또는 똥주머니(糞袋)라고도 해석함) 위에 자리가 없는 하나의 진인이 있다. … 자리가 없는 진인이라고? 이 뭐꼬? 마른 똥 막대기!"(『임제록』, 「上堂」, "赤肉

團上, 有一無位眞人. … 無位眞人, 是什麽? 乾屎橛!")라고 하여 진인의 위계가 특정한 범주나 틀에 갇혀 있는 것이 아니라는 점을 강조하고 있다.

27) 「齊物論」, 79쪽, "天地與我並生, 萬物與我爲一."

28) 오경웅, 조영록ㆍ정인재 역, 『선의 향연(상)』, 26쪽 참조.

29) 요코야마 고이츠, 장순용 옮김, 『십우도ㆍ마침내 나를 얻다』(서울: 도서출판 들녘, 2001), 6쪽.

30) 장순용 엮음, 『선이란 무엇인가－십우도의 사상』, 210쪽 참조.

31) 장순용 엮음, 『선이란 무엇인가－십우도의 사상』, 198쪽 참조.

32) 한기두, 「목우도에 관한 연구」, 『이기영박사 고희기념논총』(한국불교연구원, 1991), 325쪽 참조.

33) 한기두, 「목우도에 관한 연구」, 211쪽 참조.

34) Naver 백과사전, 「비유언어(比喩言語, figurative language)」 참조.

35) 「養生主」, 117~119쪽, "庖丁爲文惠君解牛, 手之所觸, 肩之所倚, 足之所履, 膝之所踦, 砉然嚮然, 奏刀騞然, 莫不中音. 合於桑林之舞, 乃中經首之會. 文惠君曰: 譆, 善哉! 技蓋至此乎? 庖丁釋刀對曰: 臣之所好者道也, 進乎技矣. 始臣之解牛之時, 所見無非牛者. 三年之後, 未嘗見全牛也. 方今之時, 臣以神遇而不以目視, 官知止而神欲行. 依乎天理, 批大郤, 導大窾, 因其固然. 技經肯綮之未嘗, 而況大軱乎!" 참조.

36) 황병국 편저, 『장자와 선사상』, 185쪽 참조.

37) 「知北遊」, 737쪽, "齧缺問道乎被衣, 被衣曰: 若正汝形, 一汝視, 天和將至; 攝汝知, 一汝度, 神將來舍. 德將爲汝美, 道將爲汝居, 汝瞳焉如新生之犢而無求其故!"

38) 오강남 풀이, 『장자』(서울: 현암사, 1999), 397쪽 참조.

39) 「應帝王」, 287쪽, "一以己爲馬, 一以己爲牛."

40) Ernst Cassirer, *An Essay on Man: An Introduction to a Philosophy of Human Culture*(New Haven: Yale University Press, 1944), p.38.

41) 「大宗師」, 256쪽, "聞諸副墨之子, 副墨之子聞諸洛誦之孫, 洛誦之孫聞之瞻明, 瞻明聞之聶許, 聶許聞之需役, 需役聞之於謳, 於謳聞之玄冥, 玄冥聞之參寥, 參寥聞之疑始."

42) 여기에서 『장자』의 이 열 가지 상징에 대한 해석은 주로 오강남의 풀이를 원용하기로 한다(오강남 풀이, 앞의 책, 289~291쪽 참조).

43) 陳景元, 『南華眞經章句音義』, 「大宗師」, "古之有道女人."

44) 「大宗師」, 成玄英 疏, 356쪽, "副, 副貳也, 墨, 翰墨也; 翰墨, 文字也."

45) 그러나 장자나 도가철학에서 나타나는 실질적인 사승관계는 상당히 불철저한 것이 특징이다. 장자나 도가에서 나타나는 사승관계의 형태는 그 학문적이거나 제도적인 차원으로부터 유발되는 힘의 권능과는 근원적으로 차단되어 있다고 말할 수 있다. 남백자규와 여우의 문답 안에 나타나는 스승과 제자의 관계 역시 하나의 암시이거나 상징이라는 점을 염두에 둘 때, 이러한 사유의 형태는 유가의 '도통론'이나 불교의 '전등론'과는 근본적으로 다를 수밖에 없다.

46) 「人間世」, 147쪽, "若一志, 無聽之以耳而聽之以心, 而聽之以心而聽之以氣!

聽止於耳, 心止於符. 氣也者, 虛而待物者也. 唯道集虛 虛者, 心齋也" 참조.

47) 「大宗師」, 陳啓天 注, "謂讚歎得之於玄同杳冥無形之境界)陳鼓應."(『莊子今注今譯』, 187쪽에서 재인용).

48) 「大宗師」, 郭象 注, 257쪽, "玄冥者, 所以名無而非無也."

49) '參寥'의 '參'은 독음의 방식이 두 가지로 나누어진다. 우선 '참여한다'(羅勉道) 또는 '깨우친다'(宣穎)는 의미의 '참'으로 독음하는 방식과, '셋'(成玄英: 성현영은 특히 '寥'를 '끊어버리다'로 보아 '參寥'를 '絕有', '絕無', '非有非無'의 경지로 본다) 또는 '높다'(李頤)라는 의미의 '삼'으로 독음하는 방식이 그것이다. 여기서는 '높다'는 의미를 채택하여 '삼'으로 독음하기로 한다. 진계천 역시 "현명의 경계는 요곽 무극의 경계로부터 터득한 것임을 말한다(謂玄冥之境界得之於寥廓無極之境界)"라고 한 것을 보면(陳鼓應, 앞의 책, 187쪽에서 재인용), '參寥'는 '높고 광대한 모습'을 형용한 것이라 할 수 있을 것이다. 필자는 이를 십우도의 제9도와 연관시켜 독해하였고, 특히 그 '근원자리'의 높고 광대함을 상징한 것으로써 이해하였다.

50) 『노자』, 제25장, "有物混成, 先天地生, 寂兮寥兮, … 道法自然" 참조.

51) 「大宗師」, 宣穎 注, "疑始者, 似有始而未嘗有始也."

52) 「大宗師」, 246쪽, "夫道, … 自本自根."

53) 「秋水」, 602쪽, "始於玄冥, 反於大通."

54) 「刻意」, 539쪽, "光矣而不耀."

55) 『노자』, 제56장, "和其光, 同其塵, 是謂玄同."

56) 「大宗師」, 229쪽, "古之眞人, 不知說生, 不知惡死."

57) 「養生主」, 128쪽, "古者謂是帝之縣解."

58) 「大宗師」, 252쪽, "吾猶守而告之, 參日而後能外天下; 已外天下矣, 吾又守之, 七日而後能外物; 已外物矣, 吾又守之, 九日而後能外生."

59) 「知北遊」, 739쪽, "汝身非汝有也, … 是天地之委形也; 生非汝有, 是天地之委和也; 性命非汝有, 是天地之委順也; 孫子非汝有, 是天地之委蛻也."

60) 藤吉慈海, 한보광 옮김, 『선정쌍수의 전개』(서울: 민족사, 1991), 74~75쪽 참조.

61) 「天下」, 1099쪽, "以與世俗處." 참조.

62) 오강남은 '여우'를 '등 굽은 여인'이라고 해석한다(오강남 풀이, 앞의 책, 284쪽 참조). 『경전석문』의 『장자음의』에도 여우가 남성이 아닌 부인이라고 풀이하고 있다(곽경번, 『장자집석』, 「大宗師」, 252쪽 참조).

찾아보기

ㄱ

ㄴ

ㄷ

ㅅ

ㅇ

ㅈ

ㅊ

ㅋ

저자소개

이종성(李鍾晟)

1965년 충북 청주에서 출생하여 청주고등학교를 졸업했다. 이후 충남대학교 철학과에서 동서양의 철학사상을 균형 있게 배웠고, 같은 학교 대학원에서 동양철학을 전공했다. 효촌(曉村) 신동호(申東浩, 1934~2013) 선생님의 문하에서 장자철학관련 연구로 철학박사학위를 취득한 후 1999년부터 충남대학교 철학과 교수로 재직 중이다. 그동안 한국연구재단 전문위원, 충남대학교 유학연구소장 등을 역임했고, 2017년 현재 한국동서철학회, 새한철학회, 한국도가도교학회, 율곡학회 등의 부회장 및 한국도교문화학회 편집위원장으로 활동하고 있다.

지은 책으로는 『도가철학의 문제들』, 『믿음이란 무엇인가』, 『율곡과 노자』가 있고, 『위진현학』, 『21세기의 동양철학』 등 20여 권의 공저와 「『노자』 제25장의 존재론적 검토」, 「장자의 소대지변에 관한 지식론적 고찰」, 「함석헌의 장자관」 등 90여 편의 연구논문이 있다. 주요 관심분야는 노장철학・제자백가・위진현학・한국도가철학이며, '현재가 된 고전과 제자백가'에 관심을 갖고 동양철학과 현대의 대화에 관해 다양한 모색을 시도하고 있는 중이다.